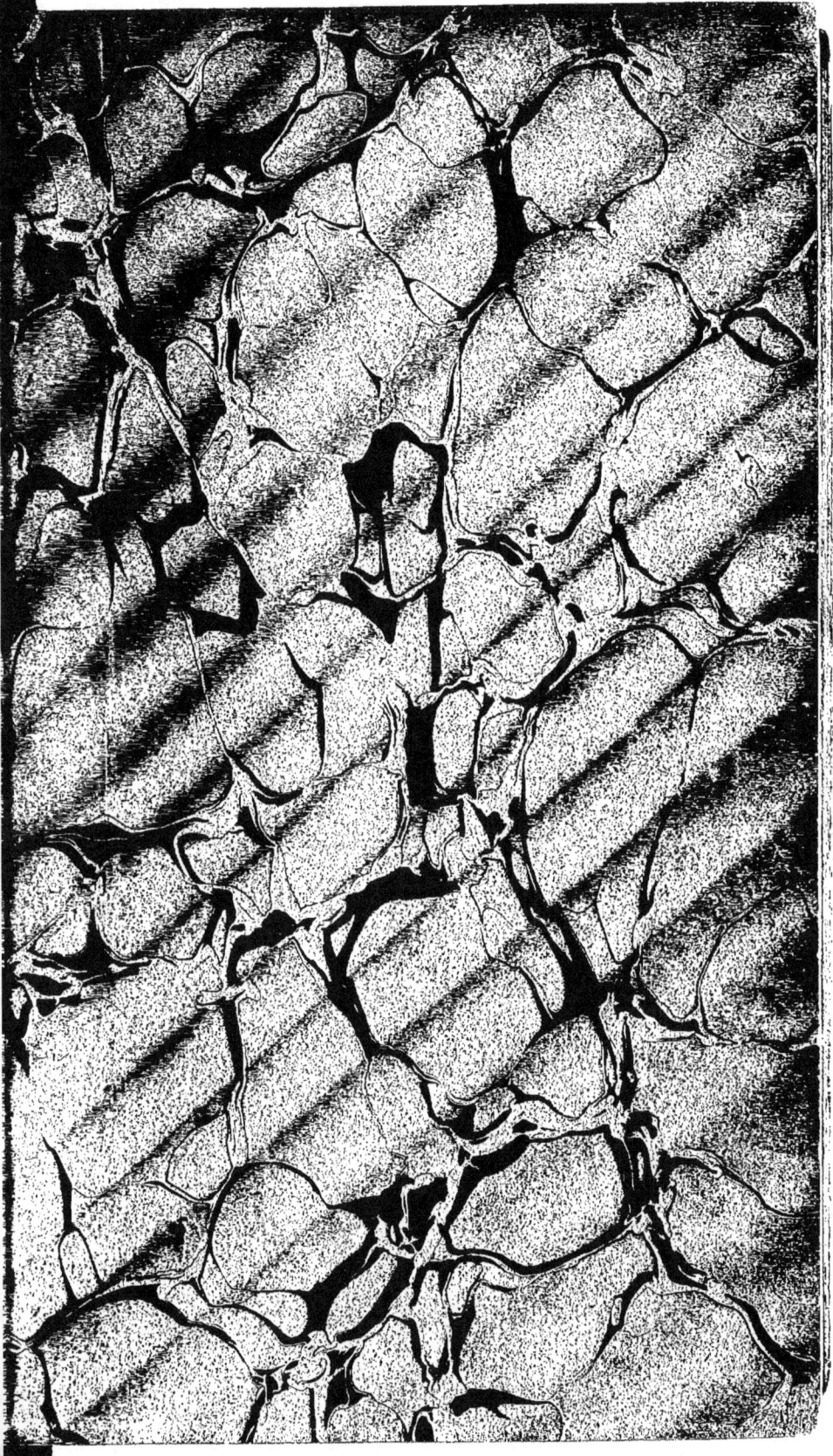

LA VIE & LES ŒUVRES

DE

JEAN-JACQUES ROUSSEAU

PAR

Henri BEAUDOUIN

TOME SECOND

PARIS
LAMULLE & POISSON, LIBRAIRES-ÉDITEURS
Rue de Beaune, 14

1891

LA VIE & LES ŒUVRES

DE

JEAN-JACQUES ROUSSEAU

LA VIE & LES ŒUVRES

DE

JEAN-JACQUES ROUSSEAU

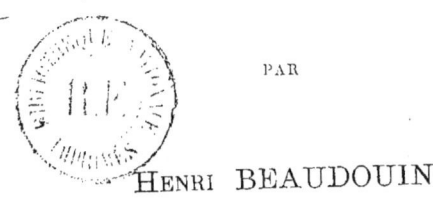

PAR

Henri BEAUDOUIN

TOME SECOND

PARIS

LAMULLE & POISSON, LIBRAIRES-ÉDITEURS

Rue de Beaune, 14

1891

CHAPITRE XVIII

1762

Sommaire : Le Contrat social. — I. Fragments inédits à joindre au *Contrat social*.
II. Du contrat, comme base de l'état civil. — De l'unanimité comme condition du contrat. — Le principe de Rousseau détruit tout état social et tout gouvernement. — De la clause du contrat : aliénation totale de l'individu. — Rousseau confond la liberté avec l'égalité. — De la violation du contrat.
III. De la volonté générale et de la souveraineté du peuple. — De la volonté générale et de l'intérêt général ou privé. — Caractères de la volonté générale. — De la loi. — Des assemblées du peuple. — De l'esclavage. — Résultat du système : le despotisme. — Passage de l'intérêt privé à l'intérêt général. — Du législateur.
IV. Du gouvernement ou pouvoir exécutif. — Rôle du gouvernement. — Précautions à prendre contre le gouvernement.
V. De la religion civile de Rousseau. — Règles, dogmes et pénalités de la religion civile. — Sur un chapitre additionnel du *Contrat social*.
VI. Résumé du système de Rousseau. — Tempéraments d'application apportés par Rousseau. — Jugements sur le *Contrat social*.

I

De tous les ouvrages de Rousseau, le *Contrat social* est sans contredit le plus travaillé. Son style concis, ses maximes presque lapidaires, ses formules abstraites, ses idées s'enchaînant suivant une logique implacable, à la manière des théorèmes de géométrie ; tout cela suppose un travail constant, fécondé par de longues réflexions.

On sait que Jean-Jacques avait détruit la plus grande partie de ses *Institutions politiques*, pour n'en conserver que le *Contrat social*. Les pages détruites ne l'ont pas été pourtant à tel point qu'on n'en ait retrouvé quelques brouillons épars, tantôt sur des feuilles volantes ou sur des cartes à jouer, tantôt sur des registres, pêle-mêle avec des recettes de cuisine et des comptes de lessive ; plusieurs sont écrits de la main de Thérèse, Dieu sait avec quelle orthographe. Le tout a été récemment réuni et imprimé sous le nom de *Fragments et Pensées*[1].

Ces *Fragments* renferment peu de choses qu'on ne retrouve dans les autres ouvrages de l'auteur. Parle-t-il du luxe ou des richesses, c'est le *Discours sur les sciences* ou le *Discours sur l'inégalité*; est-il question des lois ou du gouvernement, c'est l'article *Économie politique* ou le *Contrat social*. Un seul point est à noter dans ces essais, mais il est important, c'est le but élevé, « rendre les hommes meilleurs ou plus heureux » que Rousseau attribue à l'institution politique[2]. Aurait-il donc vu que les vertus morales sont aussi des vertus économiques et politiques ? que le travail est mieux accepté, la richesse mieux répartie, l'assistance plus affectueuse, l'envie moins aiguë, si le pauvre et le riche, l'ouvrier et le patron sont pénétrés de leurs devoirs réciproques ; que les rois sont plus sages, plus ménagers de l'or et du sang du peuple, les sujets plus soumis aux lois et les nations moins exposées aux révolutions, si princes et sujets recherchent avant tout la justice et le droit ; en un mot, que l'harmonie sociale d'un pays quelconque est en raison directe de sa moralité ? S'il vit ces choses, il les vit

---

1. STRECKEISEN-MOULTOU, *Œuvres et correspondance inédites de J.-J. Rousseau*, 1861. — 2. *Fragments et pensées.* — 2. *Fragments*, préface.

bien vaguement, et, en tout cas, les mit bien mal en pratique. Il faut néanmoins lui savoir gré de ses aspirations morales, tout en ajoutant qu'elles étaient moins rares alors qu'on n'avait pas encore fait de la politique et de l'économie politique des sciences indépendantes, ne relevant que d'elles seules.

On peut joindre aux *Fragments* un discours en forme de lettre sur les richesses[1], où l'on reconnaît les déclamations, l'orgueil jaloux, les germes d'envie si communs dans les ouvrages de Rousseau.

Enfin, en 1884, la Bibliothèque de Genève a fait l'acquisition d'un manuscrit important de Rousseau, ne comprenant pas moins de quatre-vingts pages, dont une trentaine absolument inédites. Ce document, très élaboré, très soigné, paraît absolument prêt pour l'impression ; pourquoi l'auteur l'a-t-il néanmoins laissé de côté? On ne peut guère attribuer cette détermination qu'à une modification assez grave dans le cours de ses idées. Il est à remarquer en effet que, si cette œuvre peut servir parfois à élucider certains points du *Contrat social*, elle est au moins aussi souvent en contradiction avec lui. Elle a été tout récemment l'objet d'une communication fort intéressante faite à l'Académie des sciences morales et politiques par M. Bertrand, professeur de philosophie à la Faculté des lettres de Lyon. M. Bertrand lui assigne la date de 1754 et la regarde comme la souche primitive dont sont issus le *Discours sur l'économie politique* et le *Contrat social*[2].

---

[1]. ALFRED DE BOUGY, *Fragments inédits, etc., de J.-J. Rousseau*, in-18, 1853. — [2]. Le texte primitif du *Contrat social*. Mémoire lu à l'Académie des sciences morales et politiques dans la séance du 4 avril 1891 par M. Alexis Bertrand, professeur de philosophie à la Faculté des lettres de Lyon.

Venons maintenant à la partie des institutions politiques qui fut conservée. On doit l'étudier avec d'autant plus de soin qu'elle marque la pensée définitive de l'auteur sur ce sujet. Dans son *Discours sur les sciences*, il a des tâtonnements et des hésitations ; il cherche sa voie ; dans l'*Inégalité*, il dépasse le but : le *Contrat social* fixe son point d'arrêt, celui où il acquiert son équilibre politique. Combien de fois remit-il son œuvre sur le métier ? Nul ne saurait le dire ; mais il est aisé de voir qu'il dut le faire à plusieurs reprises, et les soins qu'il apportait à ses écrits confirment ce sentiment.

Nous voudrions commencer par donner une analyse du *Contrat social*. Rien ne semble plus facile au premier abord : le livre est si bien ordonné ; les divisions en sont si précises, la marche si régulière ! Cependant nous devons confesser qu'un obstacle grave nous a parfois arrêté : il y a plusieurs points du *Contrat social*, et non des moins importants, qu'il nous a été impossible de comprendre. Nous adresser aux commentateurs eût été courir le risque d'augmenter encore notre embarras, tant les interprétations sont diverses et parfois contradictoires. De sorte que ce livre si vanté, si souvent cité, serait en définitive, selon nous, plus cité que compris. Et comment l'aurions-nous compris ? l'auteur ne se comprenait pas lui-même. « Ceux qui se vantent d'entendre mon *Contrat social*, disait-il un jour, sont plus habiles que moi. C'est un livre à refaire[1]. » « J'avertis le lecteur, dit-il quelque part, que ce chapitre doit être lu posément, et que je ne sais pas l'art d'être clair pour qui ne veut pas être atten-

---

1. DUSAULX. *De mes rapports avec J.-J. Rousseau*.

tif¹. » Que de fois il aurait pu répéter le même avertissement².

Mais s'il a quelquefois été obscur, il ne l'a pas toujours été, tant s'en faut. Essayons de donner une idée de son système.

Rousseau a traité les questions les plus importantes et les plus pratiques du droit politique : les fondements sur lesquels la société est assise, l'autorité, la liberté, la loi, la religion, les droits et les devoirs des peuples et des individus. Sa théorie peut être ramenée à trois chefs : 1° du *contrat* considéré comme base de la société ; 2° de la *volonté générale* et de la souveraineté ; 3° du *pouvoir exécutif* et du gouvernement.

II

« Qu'est-ce qui fait que l'État est un, dit-il ? c'est l'union de ses membres. — Et d'où naît l'union

---

1. *Contrat social*, l. III, ch. I. — 2. M. Bertrand (p. 16 et suiv.) voit dans le manuscrit de Genève la clé des contradictions et des incohérences du *Contrat social*. Le manuscrit était relativement modéré, clair, exact ; l'abus des abstractions, l'amour du paradoxe, le désir d'atteindre à la rigueur mathématique, la crainte de paraître ressembler à Montesquieu engageant l'auteur dans des remaniements déplorables et dans des argumentations pitoyables, l'auraient entraîné « à se rendre laborieusement inintelligible. Au fond, dit M. Bertrand, Rousseau n'a qu'un tort, mais il est grave : ses idées se modifient, et il s'obstine à n'en convenir ni avec les autres, ni peut-être avec lui-même. » Nous avouons n'être pas convaincu par ces raisons ; nous croyons, au contraire, que Rousseau savait ce qu'il faisait ; mais en définitive, s'il modifiait ses idées, nous ne voyons pas pourquoi nous en demande-

de ses membres? — De l'obligation qui les lie. — Mais quel est le fondement de cette obligation? — La convention, le libre engagement de ceux qui s'obligent[1]. » Rousseau en reste là. Ajoutons encore un mot : Qu'est-ce qui donne à la convention sa force obligatoire? — La justice. Cette addition n'est pas superflue; car si, quand il a à se justifier, Rousseau déclare qu'il n'est pas permis d'enfreindre les lois naturelles par le contrat social[2], rappelons-nous qu'il a donné ailleurs la moralité et la justice comme les produits exclusifs de l'établissement des sociétés[3]. Dans le *Contrat social* lui-même, il ne voit que deux bases possibles à l'ordre social, la nature et la convention. « Cependant, dit-il, ce droit ne vient pas de la nature; il est donc fondé sur les conventions[4]. » « Les bonnes institutions sociales, dit-il dans un autre ouvrage, sont celles qui savent le mieux dénaturer l'homme; car on ne peut être à la fois homme et citoyen[5]. » Et ailleurs : « Ce passage de l'état de nature à l'état civil produit dans l'homme un changement très remarquable, en substituant dans sa conduite la justice à l'instinct et donnant à ses actions la moralité qui leur manquait auparavant[6]. » La vraie philosophie avait toujours regardé la justice comme la règle suprême de nos actions; Rousseau la renverse du trône du haut duquel elle commandait à l'humanité. Ce n'est plus la justice qui com-

---

rions l'expression à un premier travail, que lui-même a voué à l'oubli, plutôt qu'à l'œuvre capitale qu'il a livrée au public comme un des principaux monuments de sa gloire. — 1. *Lettres de la Montagne*, lettre VI. — 2. *Id.* — 3. *Discours sur l'Inégalité*. — 4. *Contrat social*, l. I, ch. I. — 5. *Émile*, l. I. — 6. *Contrat social*, l. I, ch. VIII.

mande à l'homme, c'est l'homme qui commande à la justice.

Le contrat ne saurait donc être la base première de l'ordre social, puisqu'il y en a, dans tous les cas, une autre avant lui, la justice : si le contrat est injuste, il ne peut obliger. Mais dans ces conditions mêmes, et sous l'autorité de la justice, peut-il seulement prétendre à être le fondement de l'ordre social ? En fait, il est impossible de l'établir. Si Rousseau avait pu citer un seul exemple à l'appui de sa thèse, il l'aurait plus avancée en deux lignes qu'il ne l'a fait par ses longues considérations. S'il ne l'a pas fait, il est permis d'en inférer qu'il ne l'a pas pu. D'autres, il est vrai, ont voulu le tenter à sa place ; mais ils n'y sont parvenus qu'en dénaturant l'idée du maître dans son fond et dans ses conditions[1]. Si loin qu'on remonte dans la nuit des temps, toujours on y voit les sociétés établies et en exercice. Les temps préhistoriques eux-mêmes, si pauvres en faits, nous en montrent au moins un, la réunion des hommes en société. Quant à la naissance même des sociétés, nul ne peut se vanter d'y avoir assisté ; l'histoire est muette à cet égard ; ce qui prouve que la société remonte plus haut et plus loin que l'histoire. Des sociétés ont été détruites ; leurs débris ont formé des sociétés plus petites, ou ont été se perdre dans des sociétés déjà existantes ; mais on ne parle pas de sociétés se créant de toutes pièces par un acte libre de la volonté de leurs membres. La légende ou l'histoire citent à la vérité des établissements de sociétés : Nemrod, Orphée, les cités

---

[1]. BARNI, *Histoire des idées morales et politiques au* XVIIIᵉ siècle, 27ᵉ leçon.

grecques, Romulus, Mahomet: on a voulu y joindre les États-Unis d'Amérique, la France de 89, la Confédération helvétique. Ces exemples ne sont pas tous authentiques, et aucun n'est concluant. Ils supposent des sociétés déjà existantes, la plupart se personnifient dans un chef, aucune ne renferme le contrat; aucune surtout ne remplit la condition d'unanimité que Rousseau juge nécessaire.

Car ce contrat, dont on ne peut apporter un exemple, Rousseau commence par y mettre cette condition impossible, l'unanimité.

Que dix ou vingt personnes se réunissent en une volonté commune, sur des intérêts graves et personnels, c'est déjà chose assez rare. Mais qu'une réunion nombreuse, un peuple tout entier, quelque petit qu'on le suppose, se mette d'accord, sans qu'une dissidence se produise ; il faudrait, pour le croire, n'avoir aucune expérience des assemblées. Voyons comment les choses se passent dans nos chambres des députés et dans nos sénats, dans nos assemblées électorales et dans nos clubs. Où trouver un candidat accepté de tout le monde, une loi qui réunisse tous les suffrages? Et ce qu'on ne voit point dans une commune ou dans un canton, entre hommes soumis à la même éducation et aux mêmes habitudes, accoutumés à vivre sous le même régime et sous les mêmes lois, parvenus à un degré relativement élevé de connaissances, on voudrait le voir se produire spontanément, entre gens grossiers, primitifs, habitués à vivre sans règle et sans frein, ignorants des lois de la moralité et de la justice, appelés, ou plutôt venus sans appel de qui que ce soit, pour se prononcer sur un état dont ils ont à peine l'idée, mais qui doit, en tout cas, bouleverser leurs habitudes, gêner leur liberté, contrarier leurs penchants! Le danger commun a pu les réunir, dit Rousseau; mais, sans remarquer ce que ce moyen a de violent et, en quelque sorte, de forcé, n'est-il pas à craindre que, le danger une fois passé, la division ne se mette au sein de cette société d'un jour? Car, il ne faut pas l'oublier, le contrat est essentiellement révocable, et rien ne m'oblige à vouloir aujourd'hui ce que je voulais hier; rien surtout ne m'autorise à engager la volonté de mes enfants[1].

Rousseau, dans ses *Lettres de la Montagne*[2], se défend énergiquement contre la pensée d'attaquer les gouvernements; mais n'a-t-il pas dit que le contrat est la base unique et nécessaire de tout ordre social, « l'acte par lequel un peuple est un peuple; » que sans lui « il n'y a ni bien public, ni corps politique[3]; » que « tout homme étant né libre et maître de lui-même, nul ne peut, sous quelque prétexte que ce puisse être, l'assujettir sans son aveu[4]; » que « la loi concernant la pluralité des suffrages est elle-même un établissement de convention[5]? » D'un autre côté, ne savons-nous pas que ce contrat n'a jamais été constaté, n'a jamais existé et n'existera jamais; que cette unanimité est une chimère? Les conséquences maintenant sont faciles à tirer : point de contrat, donc point d'ordre social, point de corps politique, point de lien, point de patrie, point de lois, point de gouvernement, point de magistrature, point de police, point d'armée, point de commerce, pas même de moralité ni de justice; rien, absolu-

---

1. *Contrat social*, l. 1, ch. IV. — 2. Lettre VI. — 3. *Contrat social*, l. VI, ch. v. — 4. *Id.*, l. IV, ch. II. — 5. *Id.*, ch. v.

ment rien que des individus en droit de reprendre, si bon leur semble, leur indépendance de nature et leur isolement de sauvages ; pouvant se tuer, se voler, se traiter en amis ou en ennemis selon leur intérêt du moment. Acceptez l'idée du contrat, et pas un gouvernement ne reste debout. Non seulement pas un ne peut établir son droit ; mais il n'en est pas un qui ne soit convaincu d'être illégitime et sans droit. Il aura peut-être la force ; mais, comme le dit très bien Rousseau, la force ne constitue pas le droit, et n'attend, pour être détruite, qu'une force égale et contraire [1]. « Le Genre humain avait perdu ses titres, a dit un auteur, Jean-Jacques les a retrouvés [2] ; » tout au plus aurait-il constaté qu'ils étaient définitivement perdus, et qu'on ne les retrouvera jamais.

Heureusement rien n'oblige à recourir à cette idée de contrat. Quelle imprudence de donner à la société un fondement si précaire, de la soumettre au flux et au reflux continuel de l'opinion, de la livrer à la merci d'un vote ! Rousseau n'admet même pas que la société vienne de la nature ; parole grave dans la bouche de l'apôtre de la nature ; à moins qu'elle ne soit une nouvelle épigramme à l'adresse de la société. Mais nous croyons plutôt qu'ici il ne s'entendait pas lui-même. On doit remarquer en effet, qu'il donne comme raisons déterminantes du contrat, le besoin, l'intérêt [3], principes que l'on peut trouver mesquins et impuissants à engendrer le droit, mais qui n'en sont pas moins naturels. Du reste il n'est pas besoin de fixer la date de l'établissement de la

---

1. *Contrat social*, l. I, ch. III. — 2. BRIZARD, Avertissement du *Contrat social*. — 3. *Contrat social*, l. I, ch. II.

société pour décider qu'elle est naturelle. Partout où il y a des hommes, ils vivent en société, quelle meilleure preuve qu'ils sont faits pour la société ; que la société est un produit spontané de leur nature et l'expression même de leurs facultés ?

Nous avons insisté longuement sur ce mot de *contrat social*, parce qu'il est la clé du système. « Si on passe à Rousseau son titre, a dit un auteur, on risque d'être obligé de lui passer le reste [1]. » Nous ne voudrions lui passer ni son titre ni le reste.

Car si l'idée de contrat social est une idée absurde, les termes n'en sont pas plus acceptables. Rousseau ne propose qu'un article, mais cet article unique ne peut que faire reculer tout ami de la liberté. « Ces clauses, dit-il, se réduisent toutes à une seule, savoir, l'aliénation totale de chaque associé avec tous ses droits à toute la communauté... Clause tellement déterminée par la nature de l'acte que la moindre modification le rendrait vain et de nul effet. » Et voilà ce que Jean-Jacques appelle « une forme d'association qui défend et protège de toute la force commune la personne et tous les biens de chaque associé, et par laquelle chacun s'unissant à tous n'obéit pourtant qu'à lui-même et reste aussi libre qu'auparavant [2]. »

Ainsi, pour être libre, je commence par aliéner totalement et sans réserve tous mes droits ; « car s'il m'en restait quelqu'un, je serais en quelque point mon propre juge... l'état de nature subsisterait. » Il est vrai que « chacun se donnant à tous, ne se donne à personne ; et comme il n'y a pas un asso-

---

1. TOROMBERT, *Principes de droit politique*. — 2. *Contrat social*, l. I, ch. VI et IX.

cié sur lequel on n'acquière le même droit qu'on lui cède sur soi, on gagne l'équivalent de tout ce qu'on perd, et plus de force pour conserver ce qu'on a[1]. » Autrement dit, j'aliène ma liberté mais j'acquiers un droit infiniment petit sur la liberté de chacun de mes concitoyens, et ces infiniment petits, additionnés ensemble, forment un total équivalent à ce que j'ai cédé.

Rousseau suppose ici bien gratuitement que la liberté est une monnaie courante et sans effigie, une sorte de fonds commun où chacun peut indifféremment puiser sa part. Mais la liberté est au contraire ce qu'il y a de plus personnel et de plus spécial à chaque individu. Elle l'est au point de constituer presque la personne humaine. La liberté en général n'existe pas ; c'est la mienne, c'est la vôtre, c'est toujours celle de quelqu'un. Chacun naturellement tient à la sienne ; je tiens à la mienne comme vous tenez à la vôtre ; mais nous ne pouvons pas plus les échanger que nous ne pouvons échanger notre œil ou notre bras. Je puis attaquer votre liberté, je puis la détruire dans ses manifestations extérieures, je ne puis me l'approprier ; elle tient tellement à la personne qu'elle s'évanouit plutôt que de se laisser prendre par un autre. Comme Rousseau le dit lui-même, « le pouvoir peut bien se transmettre, mais non pas la volonté[2]. » Prenons, par exemple, la liberté de la presse ; je puis vous empêcher d'écrire votre pensée ; mais si, à la place, j'écris soit la mienne, soit même la vôtre, ce n'est pas votre liberté que j'emploie, pas plus que ce n'est votre action que je fais. Que m'importe donc la liberté du

---

1. *Contrat social*, l.-I, ch. vi et ix. — 2. *Id.*, l. II, ch. i.

voisin, que Rousseau met si généreusement à ma disposition? Est-ce que j'en ai besoin? Est-ce que j'en puis user? Qu'il me laisse la mienne; c'est celle-là qu'il me faut, et non une autre. Ce que je vois de plus clair, c'est qu'il m'enlève ma liberté, sans rien me donner à la place; que, pour me consoler, il enlève aussi celle des autres, et qu'ainsi il réunit tout le monde dans une commune et mutuelle servitude. Rousseau en convient quand il dit : « L'homme est né libre, et partout il est dans les fers... qu'est-ce qui peut rendre ce changement légitime? Je crois pouvoir résoudre cette question[1]. » Tel est en effet l'objet de son livre. Cette entrée en matière est peu engageante. Il aurait mieux fait d'indiquer les moyens de rompre les fers de l'humanité, si tant est qu'elle en soit toute chargée, que de composer le code de la servitude.

L'erreur de Rousseau et de ceux qui l'ont suivi, c'est que, presque toujours, ils ont confondu deux choses absolument différentes, la liberté et l'égalité. Que Rousseau ait été l'apôtre de l'égalité, de l'égalité sociale comme de l'égalité politique, c'est un point (nous ne disons pas c'est un mérite) qu'on ne peut lui contester. Ajoutons aussi que c'est le secret de son succès auprès des masses, dont il nourrissait ainsi l'envie et exaltait les passions. Mais qu'il ait également défendu la liberté, il faudrait être bien aveugle pour le croire.

Il est à supposer que ce contrat, si laborieusement préparé, devra au moins être bien solide. Hélas! rien de plus fragile au contraire. Une viola-

---

1. *Contrat social*, l. I, ch. I.

tion, une seule violation du pacte, et chacun rentre dans ses premiers droits et reprend sa liberté naturelle[1]. Or, on sait ce que c'est que la liberté naturelle ; c'est la table complètement rase, c'est la sauvagerie, du moins d'après Rousseau ; c'est l'anarchie ; c'est l'absence de toute loi, de toute police et de toute justice. Et que faut-il donc pour violer le contrat? Peu de chose, quoique Rousseau ne s'en explique pas formellement. Que le Prince n'administre pas l'État selon les lois ; que le Gouvernement usurpe le pouvoir souverain ; que les membres du gouvernement exercent séparément le pouvoir qu'ils ne doivent exercer qu'en commun[2] ; que le peuple soit empêché de s'assembler[3] ; qu'il cesse d'avoir des assemblées périodiques[4] de manière à ne plus ratifier les lois en personne[5] ; qu'un certain nombre de citoyens se fatiguent du contrat et se mettent en tête de le révoquer[6], et tout est à refaire. Si donc on ne peut être certain que le contrat, qui donne la vie à l'État, ait jamais existé, on peut être sûr que le coup qui lui donnera la mort lui sera porté tôt ou tard ; car, c'est Rousseau qui le dit, tout État a de la pente à dégénérer et est destiné à périr[7]. Cependant la société, déliée de toutes les lois qui la rattachent à la famille, à la patrie, n'en conservera pas moins les habitudes qui lui rendent ces choses nécessaires. Croit-on alors que le contrat, une fois rompu, sera facile à renouer ; que l'unanimité des suffrages sera moins difficile à réunir quand le nombre des contractants sera plus grand,

---

1. *Contrat social*, l. I, ch. VI. — 2. — *Id.*, l. III, ch. X. — 3. *Id.*, ch. XII. — 4. *Id.*, ch. XIII. — 5. *Id.*, ch. XV. — 6. *Id.*, l. IV, ch. II. — 7. *Id.*, l. III, ch. X et XI.

leurs intérêts plus compliqués, leurs intrigues plus habiles, leurs passions plus ardentes? Ainsi ils se trouveront placés dans une situation contradictoire ; sans société et cependant ayant besoin de la société, soupirant après un état à la fois nécessaire et impossible.

III

« Si on écarte du pacte social ce qui n'est pas de son essence, on trouvera qu'il se réduit aux termes suivants : chacun de nous met en commun sa personne et toute sa puissance sous la suprême direction de la volonté générale ; et nous recevons encore chaque membre comme partie indivisible du tout [1]. » La volonté générale est, sans contredit, le nœud et le point saillant du système de Rousseau. L'opinion que la société est fondée sur des conventions était commune au XVIIIe siècle ; le mot, sinon l'idée de volonté générale, appartient plus spécialement à Rousseau. Il en a déjà parlé dans son *Discours sur l'Économie politique*[2]; il y revient longuement dans le *Contrat social*. Pas assez cependant pour faire connaître d'une façon précise sa pensée. Faute de mieux, on a imaginé que la volonté générale n'est autre chose que la souveraineté du peuple. Quoique l'interprétation soit douteuse, on peut la regarder comme approchant notablement de la vérité. « La souveraineté, dit Rousseau, n'est que l'exercice de la volonté générale [3]. »

Dans le manuscrit de Genève, il en avait donné

---

1. *Contrat social*, l. I, ch. VI. — 2. Voir ci-dessus, ch. XII. — 3. *Contrat social*, l. II, ch. I.

une autre définition. « C'est, dit-il, dans chaque individu, un acte pur de l'entendement qui raisonne dans le silence des passions, sur ce que l'homme peut exiger de son semblable, et sur ce que son semblable peut exiger de lui[1]. » Cette manière d'entendre la volonté générale est assurément fort belle. Elle revient du reste à la vieille maxime : « Faites à autrui ce que vous voudriez raisonnablement qu'il fît pour vous ; ne lui faites pas ce que vous ne voudriez pas qu'il vous fît. » Ou plus simplement : « Aimez votre prochain comme vous-même. » Toute constitution, toute législation a le devoir, et sans doute aussi la prétention de s'inspirer de cette règle, qui est la loi suprême de l'équité et de la charité universelle. Rousseau ne s'y est pourtant pas arrêté, puisqu'il ne l'a pas conservée dans son *Contrat social*. Peut-être a-t-il pensé que cette sorte d'appel à la conscience de chacun n'avait pas sa place dans un traité de législation et risquerait trop de n'être pas entendu. Les constitutions humaines, tout extérieures, imposent des préceptes et formulent des articles de code ; mais seuls, le philosophe, et mieux encore Dieu ou celui qui parle au nom de Dieu, peuvent s'adresser à la conscience.

D'après cette définition, la conscience raisonnable et bien éclairée serait investie des droits et des prérogatives de la souveraineté, non seulement dans l'individu, mais dans l'État. Mais où aller chercher la conscience générale, et n'arriverait-on pas ainsi à

---

[1]. Manuscrit, p. 6 : BERTRAND, p. 11. Voir aussi toutefois la page 67 du manuscrit, qui ne semble qu'à moitié conforme à l'explication que nous venons de donner.

avoir dans l'État autant de souverains que d'individus ?

Avec son esprit absolu, il ne faut pas espérer de moyens termes : qui dit souverain, dit supérieur à tout, et nous savons que chacun a remis son corps et ses biens, et même son âme entre les mains de tous. Ainsi, il ne reste plus de place pour l'individu ; la volonté générale absorbe tout ; elle est l'arbitre suprême du droit et de la puissance, le dernier mot de la raison ; elle peut tout exiger ; il est interdit de lui refuser quoi que ce soit. Sans répéter ce que nous avons dit du danger de fonder le droit sur un fait, remarquons l'élément nouveau que Jean-Jacques introduit dans son système. Dans le principe, il avait surtout été question d'utilité ou d'intérêt individuel ; nul ne pouvant aliéner sa liberté que pour son utilité[1]. La volonté générale n'est plus l'intérêt ; elle n'en est pas davantage l'expression nécessaire : ma volonté peut être l'expression de mon devoir, aussi bien que de mon intérêt. Rousseau voudrait bien rattacher la volonté générale à l'intérêt, même privé ; il nous dira que chacun se donnant tout entier à tous, reçoit l'équivalent de ce qu'il donne ; qu'il fait donc un simple échange et non une aliénation ; mais à qui fera-t-il croire qu'en me dépouillant de ma personne et de toute ma puissance, il me laissera aussi entier qu'auparavant ? « Tous, dit-il, veulent constamment le bonheur de chacun, parce qu'il n'y a personne qui ne s'approprie ce mot *chacun*[2]. » Voilà de ces phrases qu'on peut mettre dans une idylle ; dans un livre savant, et surtout dans le domaine de la vie réelle, elles sont ridicules. Que Jean-Jacques se rappelle donc ce qu'il a dit jadis, ce qu'il

---

1. *Contrat social*, l. I, ch. II. — 2. *Id.*, l. II, ch. IV.

répète presque dans le *Contrat social*, que « malheureusement l'intérêt personnel se trouve toujours en raison inverse du devoir[1]. »

Quoi qu'il en soit, il concède à la volonté générale ou à la souveraineté, ce qui est la même chose, des qualités merveilleuses.

Elle est inaliénable. Qui pourrait, en effet, la représenter dignement? Toute volonté particulière n'en saurait être que l'écho imparfait et souvent infidèle. Le peuple ne peut se dessaisir. « Un peuple qui promet simplement d'obéir se dissout par cet acte; il perd sa qualité de peuple. A l'instant qu'il y a un maître, il n'y a plus de souverain, et dès lors le corps politique est détruit[2]. »

Elle est indivisible; car si elle était seulement la volonté d'une partie du peuple, elle ne serait plus la volonté du corps tout entier; elle ne serait plus qu'une volonté particulière[3].

Elle est infaillible et toujours droite; car elle tend toujours à l'utilité publique. Ici pourtant, malgré son assurance, Jean-Jacques s'aperçoit que le terrain est glissant et sent le besoin de faire quelques distinctions. « On veut toujours son bien, dit-il, mais on ne le voit pas toujours : jamais on ne corrompt le peuple; mais souvent on le trompe, et c'est alors qu'il paraît vouloir ce qui est mal. Il y a souvent bien de la différence entre la volonté de tous et la volonté générale : celle-ci ne regarde qu'à l'intérêt commun, l'autre regarde à l'intérêt privé et n'est qu'une somme de volontés particulières. Mais ôtez de ces mêmes volontés les plus

---

1. *De l'Économie politique*, et *Contrat social*, l. II, ch. I. — 2. *Contrat social*, l. II, ch. I. — 3. *Id.*, l. II, ch. II.

et les moins qui s'entredétruisent, reste pour somme des différences la volonté générale. Quand il se fait des brigues, des associations particulières aux dépens de la grande,... alors il n'y a plus de volonté générale et l'avis qui l'emporte n'est qu'un avis particulier [1]. » Distingue qui pourra la volonté de tous de la volonté générale ; supprime qui pourra les brigues et les associations particulières ; se débrouille qui pourra de cet enchevêtrement ; ce que nous voyons de plus clair, c'est que rarement la volonté générale parviendra à se dégager de ces causes d'erreur et à garder son caractère d'infaillibilité.

La volonté générale est absolue ; car, si elle n'était pas absolue, elle aurait quelque chose au-dessus d'elle, elle ne serait plus la souveraineté. Elle ne doit, il est vrai, exiger de chacun que ce qui importe à la communauté ; mais, comme elle est seule juge de cette importance, elle n'admet aucun recours particulier. Qu'on ne craigne pas qu'elle charge les sujets de chaînes inutiles à la communauté ; elle ne peut même pas le vouloir, car elle y perdrait quelque chose de sa rectitude.

Elle est encore égale pour tous. Il est de son essence d'obliger ou de favoriser également tous les citoyens ; de considérer seulement le corps de la nation, sans distinguer aucun de ses membres. Le jour où elle aurait pour objet un homme ou un fait particulier, elle ne serait plus générale. Est-il vrai, d'un autre côté, que les sujets, en obéissant à la volonté générale, « n'obéissent à personne, mais seulement à leur propre volonté ? » On nous permettra d'en douter [2].

---

1. *Contrat social*, l. II, ch. III. — 2. *Id.*, ch. IV.

La volonté générale est toute-puissante; car elle a à son service la force de tous et ne peut avoir contre elle que des forces particulières et divisées. « Comme la nature, dit Rousseau, donne à chaque homme un pouvoir absolu sur tous ses membres, le pacte social donne au corps politique un pouvoir absolu sur tous les siens [1]. » « Quiconque refusera d'obéir à la volonté générale y sera contraint par tout le corps, ce qui ne signifie autre chose sinon qu'on le forcera d'être libre [2]. » C'est la devise républicaine : liberté, égalité, fraternité ou la mort.

La volonté générale, qui a tout pouvoir sur ses membres, n'est elle-même soumise à aucune loi obligatoire, pas même à la loi du contrat. Elle ne peut être obligée envers ses membres, car elle ne serait plus au-dessus d'eux; elle ne peut être obligée envers elle-même, car on ne contracte pas avec soi-même. Inutile d'ailleurs de lui demander des garanties; il est impossible que le corps veuille nuire à ses membres. « Le souverain, par cela seul qu'il est, est toujours tout ce qu'il doit être [3]. »

La volonté générale, comme toute volonté, ne peut rester renfermée en elle-même; il faut qu'elle s'exprime en acte; cet acte, c'est la loi. La loi est donc l'expression de la volonté générale, « le registre de nos volontés », et en cette qualité, elle participe à tous les caractères de la volonté générale : elle est toujours juste, toujours droite, toujours égale et s'appliquant à tous, sans acception de personnes. Comme la volonté générale, elle est obligatoire et toute-puissante; elle est inaliénable et

---

1. *Contrat social*, l. II, ch. IV. — 2. *Id.*, l. I, ch. VII. — 3. *Id.*

n'admet ni délégation, ni représentation. « Les députés du peuple ne sont ni ne peuvent être ses représentants, ils ne sont que ses commissaires ; ils ne peuvent rien conclure définitivement. Toute loi que le peuple en personne n'a point ratifiée est nulle ; ce n'est point une loi[1]. » « Le souverain, n'ayant d'autre force que la puissance législative, n'agit que par des lois, et les lois n'étant que des actes authentiques de la volonté générale, le souverain ne saurait agir que quand le peuple est assemblé. Le peuple assemblé, dira-t-on, quelle chimère ! C'est une chimère aujourd'hui, mais ce n'en était pas une il y a deux mille ans[2]. » Quoi qu'il en soit, Rousseau nous donne comme une nécessité actuelle ce qui actuellement est une chimère. Il paraît que, depuis deux mille ans, il n'y a plus de lois dans le monde.

Ne recherchons pas si le régime plébiscitaire est toujours la fidèle expression de la volonté générale ; si les réponses ne dépendent pas de la manière de poser les questions ; s'il n'y a pas mille moyens d'influer sur les votes ; les précautions que Rousseau veut prendre contre ces inconvénients montrent qu'il en a senti la gravité. La volonté générale est inaliénable et ne saurait être déléguée ; voilà la théorie ; mais Rousseau savait assez d'histoire pour ne pouvoir ignorer qu'en fait, cette volonté si inaliénable a presque toujours été aliénée ; que le pouvoir du peuple a presque toujours été le pouvoir de quelqu'un ou de quelques-uns. « La souveraineté du peuple, dit Taine, interprétée par la foule, produit l'anarchie ; interprétée par les chefs, le des-

---

1. *Contrat social*, l. III, ch. xv. — 2. *Id.*, ch. xii.

potisme parfait. Anarchie ou despotisme, triste alternative, dont, en fait, on ne voit guère que l'une des faces, le despotisme. Sauf, peut-être, aux jours d'insurrection ou d'émeute, le peuple, en effet, ne manque jamais d'*amis dévoués*, tout prêts à gouverner en son nom, et, pour son plus grand bien, à le décharger du fardeau du pouvoir[1]. » C'était déjà la théorie romaine : les Césars gouvernaient au nom du peuple et comme les délégués du peuple. *Quod principi placuit legis habet vigorem, utpote populus ei et in eum omne suum imperium et potestatem conferat*[2].

Cependant, de l'aveu de Rousseau, le pouvoir direct est impossible aujourd'hui ; cela suffit pour faire justice de son système. Il a constamment en vue le régime politique des Anciens ; mais il n'y a aucune parité à établir entre eux et les modernes. Les Anciens vivaient sur la place publique ; la famille les occupait peu ; ils faisaient à peine le commerce et laissaient le travail aux esclaves. Il est vrai que la première République française voulut imiter, au moins de loin, les beaux temps de l'antiquité. Les assemblées de toute sorte : assemblées primaires et secondaires, assemblées de baillages et de paroisses, les élections perpétuelles et pour toute sorte de fonctions, le service de la garde nationale, y devinrent, presque dès l'origine, une charge très laborieuse. On a calculé que, pour satisfaire au vœu de la loi, chaque citoyen, chaque électeur y devait donner aux affaires publiques environ

---

1. TAINE, *L'Ancien Régime*, l. III, ch. IV, sect. 3. — 2. *Digeste*, tit. IV, *De constitutionibus principum*. — Voir aussi manuscrit de Genève, p. 48 et 55.

deux jours par semaine, un tiers de son temps [1]. Il est heureux que tout le monde ne se soit pas soumis à ces exigences. Qui est-ce qui aurait labouré la terre ? Les Anciens, au moins, avaient les esclaves. Mais pourquoi les modernes n'en auraient-ils pas aussi ? « Quoi, dit Rousseau, la liberté ne se maintient qu'à l'appui de la servitude ? Peut-être. Les deux excès se touchent. Tout ce qui n'est point dans la nature a ses inconvénients, et la Société civile plus que tout le reste. Il y a telles positions malheureuses, où l'on ne peut conserver sa liberté qu'aux dépens de celle d'autrui, et où le citoyen ne peut être parfaitement libre, que l'esclave ne soit extrêmement esclave. Pour vous, peuples modernes, vous n'avez point d'esclaves, mais vous l'êtes ; vous payez leur liberté de la vôtre. Vous avez beau vanter cette préférence, j'y trouve plus de lâcheté que d'humanité [2]. » Ces paroles n'ont pas besoin de commentaires. Rousseau ajoute : « Je n'entends point par là qu'il faille avoir des esclaves. » Q'entend-il donc ?

Continuons à exposer les caractères de la loi. Comme la volonté générale, elle est, sinon la source, au moins l'expression exacte du droit. Point de droits hors de la loi de l'État ; point de droits contre la loi de l'État. A ce propos, Rousseau consent à déclarer ici, contrairement à ce qu'il a dit ailleurs, que ce qui est bien est tel par la nature des choses et indépendamment des conventions sociales ; que toute justice vient de Dieu, et que lui seul en est la source. Il ajoute, il est vrai, que ces notions méta-

---

1. TAINE, *De la Révolution*, t. I, l. II, ch. III, sect. 4. —
2. *Contrat social*, l. III, ch. xv.

physiques n'ont rien à voir dans un traité de politique. Donnons-lui acte néanmoins de ces bonnes paroles [1].

On pourrait ajouter des détails à ce code du despotisme ; le résumé que nous venons de faire est suffisant. Louis XIV disant : l'État c'est moi ; Napoléon soumettant les rois et les peuples à son pouvoir personnel n'élevèrent jamais l'absolutisme à une telle puissance ; il n'y eut à en approcher que la Convention et le Comité de salut public.

Il ne faut pas croire d'ailleurs que Rousseau ait toujours été si opposé au despotisme d'un homme. Il a comparé à la quadrature du cercle « la forme de gouvernement qui met la loi au-dessus de l'homme. Si cette forme est trouvable, ajoute-t-il, cherchons-la et tâchons de l'établir... Si malheureusement cette forme n'est pas trouvable, et j'avoue ingénument que je crois qu'elle ne l'est pas, mon avis est qu'il faut passer à l'autre extrémité et mettre tout d'un coup l'homme autant au-dessus de la loi qu'il peut l'être ; par conséquent établir le despotisme arbitraire, et le plus arbitraire qu'il est possible ; je voudrais que le despote pût être Dieu [2]. »

Rousseau, et après lui ses disciples, répondent à tout par les mots magiques de volonté générale, de démocratie, de loi des majorités ; mais l'individu a bien, lui aussi, ses droits, et la tyrannie, pour être la loi des majorités, n'en est pas moins la tyrannie [3]. Point de despotisme pire que le despotisme démo-

---

1. *Contrat social*, l. II, ch. VI. — 2. *Lettre au marquis de Mirabeau*, 26 juillet 1767. — 3. Voir STUART MILL, *La Liberté*, ch. I.

cratique[1] ; car il est plus impersonnel, plus irresponsable, armé de moyens plus formidables qu'aucun autre. Du reste, que le souverain s'appelle roi, empereur, assemblée ou nation, ne reconnaissons à personne un pouvoir aussi exorbitant sur les hommes. Dieu seul a ce pouvoir, parce que seul il est la justice, il est le droit, il est la sagesse, il est tout ce qu'il doit être. Sa souveraineté aussi est inaliénable ; la transporter à l'État, ce serait diviniser l'État. Autrefois on avait le Peuple-Roi ; on parle beaucoup aujourd'hui du Peuple-Souverain ; c'est le Peuple-Dieu qu'il faudrait appeler ce peuple qui a toujours raison, ce peuple à qui tout est permis.

Cette doctrine de l'absolutisme de l'État, qui révoltait lorsque le prince pouvait dire : l'État c'est moi, a dû au contraire flatter le peuple, lorsqu'on a prétendu faire de tous ses membres autant de souverains ; mais dans un cas, aussi bien que dans l'autre, elle aboutit à l'asservissement. Dans ce double rôle de souverain et de sujet que Jean-Jacques assigne à chaque citoyen de sa république, on n'a pas réfléchi que chacun est souverain pour un infiniment petit et sujet pour le tout ; que le millième ou le millionième de souveraineté de chacun n'est qu'une souveraineté insignifiante, qui ne peut s'exercer que collectivement ; tandis que les entraves à la liberté sont des réalités individuelles que chacun ressent par toute sa personne. Le peuple qui exerce le pouvoir n'est pas toujours le même peuple que celui sur qui on

---

1. *Du Despotisme démocratique*, titre très caractéristique d'un chapitre de la *France nouvelle*, par PRÉVOST-PARADOL.

l'exerce, et le gouvernement de soi-même, dont on parle, n'est pas le gouvernement de chacun par lui-même, mais de chacun par tous les autres[1]. Ce sophisme, qu'on appelle dans l'École le passage du sens composé au sens divisé, ou réciproquement, est le raisonnement de prédilection de Rousseau. Cent fois il applique aux membres ce qui ne doit s'appliquer qu'au corps, ou au corps ce qui ne doit s'appliquer qu'aux membres. Joignez-y ce qu'on pourrait appeler le sophisme de la mutualité, et vous aurez tout le *Contrat social*. Vous entravez ma liberté, mais j'entrave également la vôtre; au lieu de dire que nous sommes tous deux asservis, Rousseau conclut au contraire qu'il y a équivalence, et que c'est comme si nous étions libres l'un et l'autre.

Désire-t-on avoir un exemple de ce passage du sens divisé au sens composé : Rousseau fait de l'intérêt privé et de la liberté de l'individu la base de son système : voilà le sens divisé. Puis il se trouve que l'intérêt public a remplacé l'intérêt privé, que la volonté générale a remplacé la volonté de l'individu, que le souverain est devenu un être collectif : voilà le sens composé. Comment s'est faite la transformation? Pourquoi ce qui convenait à l'individu devient-il applicable à la collection? Pourquoi ce qui est devenu applicable à la collection cesse-t-il de l'être à l'individu? En attendant que Rousseau réponde à ces questions, on pourrait lui demander de ne pas refuser à l'individu les prérogatives merveilleuses que déjà il n'a accordées au peuple que par une extension fort contestable; si la volonté du

---

1. STUART MILL, *La Liberté*, ch. I.

peuple est toujours juste, toujours droite, toujours bonne, toujours tout ce qu'elle doit être, on ne voit pas, dans son système, pourquoi la volonté de chacun ne serait pas également juste, également droite, également bonne, également tout ce qu'elle doit être. La raison pour laquelle un peuple n'est pas lié, c'est qu'il est la source du droit et de la justice ; ne suis-je pas au même titre, et à un titre plus élevé, la source du droit et de la justice ? Mes intérêts sont la racine primordiale et la base de ceux du peuple. Tout ce qu'il peut, je le puis comme lui, et plus que lui. Du moment que la justice n'oblige pas le peuple, elle n'oblige pas davantage l'individu ; car l'individu est lui-même, *par nature*, son maître absolu et ne dépend de personne.

L'idée de loi appelle naturellement celle de législateur. En principe, il n'y a qu'un législateur, le peuple ; mais ici encore prenons garde aux subtilités. Aucune loi ne peut exister que par la volonté du peuple, c'est convenu ; mais si cela signifie qu'il doit approuver et ratifier toutes les lois, cela ne veut pas dire qu'il doive les préparer et les proposer. La préparation et la proposition des lois, tel est l'office du législateur. Office merveilleux, car « celui qui ose entreprendre d'instituer un peuple doit se sentir en état de changer, pour ainsi dire, la nature humaine ; de transformer chaque individu ;... d'altérer la constitution de l'homme pour la renforcer ;... d'ôter à l'homme ses propres forces, pour lui en donner qui lui sont étrangères et dont il ne puisse faire usage sans le secours d'autrui [1]. » Changer la nature humaine ; altérer la constitution

---

1. *Contrat social*, l. II, ch. VII.

de l'homme ; grande entreprise en effet ! Qui sera capable de l'accomplir ? Il y faut « un homme à tous égards extraordinaire ; » d'autant plus extraordinaire qu'il doit réunir « deux choses qui sont incompatibles : une entreprise au-dessus de la force humaine, et, pour l'exécuter, une autorité qui n'est rien. »

« Autre difficulté qui mérite attention. Les sages qui veulent parler au vulgaire leur langage au lieu du sien, n'en sauraient être entendus. Or, il y a mille sortes d'idées qu'il est impossible de traduire dans la langue du peuple. Les vues trop générales et les objets trop éloignés sont hors de sa portée : chaque individu ne goûtant d'autre plan de gouvernement que celui qui se rapporte à son intérêt particulier, aperçoit difficilement les avantages qu'il doit retirer des privations continuelles qu'imposent de bonnes lois... Voilà ce qui força de tout temps les pères des nations de recourir à l'intervention du ciel et d'honorer les dieux de leur propre sagesse[1]. » La ruse, le mensonge, de faux prestiges et de faux miracles, tels sont les moyens que Rousseau préconise pour emporter les suffrages. Ne demandons pas jusqu'à quel point un vote ainsi obtenu est sincère, éclairé et valable.

IV

La nature, l'organisation et le choix d'un gouvernement, telle est la troisième des questions fondamentales que Rousseau avait à traiter dans son

---

1. *Contrat social*, l. II, ch. VII.

Contrat social. Gardons-nous de confondre la souveraineté avec le gouvernement ; l'une est la puissance législative et appartient essentiellement au peuple ; l'autre est la puissance exécutive et appartient à des agents chargés d'exécuter la volonté générale. Qu'ils s'appellent magistrats, princes, rois ou empereurs, ils ne sont, dans tous les cas, que de simples commis ou officiers du peuple, choisis par lui, et tous les jours révocables par lui. Ils répondent assez exactement à nos ministres actuels et à l'armée des fonctionnaires placés sous leurs ordres. Du reste, que le gouvernement soit démocratique, aristocratique ou monarchique, et chacune de ces formes a, suivant les temps et les lieux, ses avantages, il n'y a, dans tous les cas, qu'une constitution légitime, c'est la constitution républicaine. « Le gouvernement civil, dit Voltaire, résumant très bien ici, contre son habitude, la pensée de Rousseau, est la volonté de tous, exécutée par un seul ou par plusieurs, en vertu de lois que tous ont portées [1]. »

On a vu quelle autorité Rousseau confère au souverain ; il se montre beaucoup plus parcimonieux pour le gouvernement. Émile rapporte de son grand voyage d'exploration à la recherche de la meilleure des constitutions « l'avantage d'avoir connu les gouvernements par tous leurs vices, et les peuples par toutes leurs vertus [2]. » Un peuple fort et un gouvernement faible, tel paraît être l'idéal de l'auteur du *Contrat social*. Sous ce rapport, il a été écouté, nous le savons ; mais nous n'ignorons pas non plus combien peu les gouvernements se

---

1. VOLTAIRE, *Idées républicaines*, XIII. — 2. *Émile*, l. V.

sont fait faute de s'approprier par tous les moyens les pouvoirs qui leur étaient refusés. Tout gouvernement tend à empiéter et à se mettre à la place du souverain ; de là un luxe de précautions à prendre contre lui. Et cependant il faut que chacun reste dans son rôle ; que le souverain se borne à faire des lois, que le gouvernement se contente de gouverner, que les sujets ne refusent jamais l'obéissance. Autrement la nation s'expose à tomber dans le despotisme ou dans l'anarchie et à consommer la dissolution du corps social. Les considérations que Rousseau fait à ce sujet ne sont pas toutes à dédaigner, mais elles nous entraîneraient dans des détails que ne comporte point une simple histoire.

V

Malgré le désir que nous avons de nous borner à l'examen des principes généraux, nous devons, à cause de son importance, faire une exception pour le chapitre de la *Religion civile*[1]. Ce chapitre a été très discuté et très critiqué. Rousseau déclare qu'il ne faisait pas partie de son premier travail et ne fut composé qu'à l'époque de l'impression de son livre[2]. On dirait qu'il voulut, en le publiant, enlever à la liberté individuelle son dernier et suprême refuge, la conscience. Il a prétendu, pour se justifier, que le *Contrat social* a été calqué sur le gouvernement de Genève[3] ; il en faut rabattre de cette affirmation.

---

1. *Contrat social*, l. IV, ch. VIII. — 2. *Lettre à Rey*, 23 décembre 1761. — 3. *Lettres de la Montagne* ; lettre VI.

Quoique Genève fût alors soumise plus durement qu'aucun autre pays aux exigences de la religion d'État, Rousseau trouva moyen d'enchérir encore sur ces rigueurs. Ainsi ce n'est pas à Genève qu'il avait appris que Jésus, en établissant son empire spirituel, avait fait une œuvre mauvaise, car « tout ce qui rompt l'unité sociale ne vaut rien ; » ou bien encore qu'un peuple de vrais chrétiens serait le dernier des peuples. Il s'est défendu d'avoir émis de telles doctrines, mais ses paroles n'en existent pas moins, et n'ont jamais été retirées[1].

Il est du reste comme tous les révolutionnaires ; il s'annonce au nom de la liberté, pour aboutir au despotisme. Ainsi « les sujets, dit-il, ne doivent compte au souverain de leurs opinions qu'autant que ces opinions importent à la communauté ; » voilà qui est bien ; mais comme, en définitive, c'est le souverain, c'est-à-dire l'État, qui est juge de l'importance que ces opinions peuvent avoir pour lui, autant valait dire tout de suite que l'État est maître des âmes comme des corps. Cependant Rousseau prend la peine d'indiquer quelques règles, qui pourront aider l'État et les citoyens à suivre leurs lignes de conduite. Il sera permis, par exemple, dans ce beau pays de France, d'insulter la religion, qui l'a fait ce qu'il est, qui l'a civilisé, que professent presque tous ses citoyens ; d'outrager le Christ et de mettre son culte en compagnie des lamas thibétains et des Japonais, au-dessous des fétiches qui, s'ils sont faux, sont au moins patriotiques. On pourra

---

1. Comparer le *Contrat social*, l. IV, ch. VIII, avec les *Lettres de la Montagne*, lettre 1. — Voir sur le même sujet, *Lettre de Rousseau à Usteri*, 13 juillet 1763.

soutenir en morale les monstruosités les plus révoltantes, nier la famille, la propriété, la justice, la moralité. Cependant, comme « il importe à l'État que chaque citoyen ait une religion qui lui fasse aimer ses devoirs, il y a une profession de foi purement civile, dont il appartient au souverain de fixer les articles, non pas précisément comme dogmes de religion, mais comme sentiments de sociabilité, sans lesquels il est impossible d'être bon citoyen ni sujet fidèle. » La liberté de penser et de dogmatiser aura donc ses limites, qu'il sera interdit de franchir. Qu'elle atteigne ce point fixé par les bornes de l'utilité générale et aussitôt l'État survenant à son tour fera entendre son — tu n'iras pas plus loin. Il formulera, lui aussi, sa profession de foi et sa religion; religion simple, peu chargée de dogmes, mais nette et catégorique. « L'existence de la divinité puissante, intelligente, bienfaisante et pourvoyante, la vie à venir, le bonheur des justes, le châtiment des méchants, la sainteté du contrat social et des lois ; voilà les dogmes positifs. Quant aux dogmes négatifs, je les borne, dit Rousseau, à un seul, l'intolérance. » Intolérance civile ou simplement théologique, peu importe, car elles sont inséparables. « Quiconque ose dire : *Hors de l'Église, point de salut*, doit être chassé de l'État, à moins que l'État ne soit l'Église et que le prince ne soit le pontife. » Si quelqu'un refuse de croire ces articles, l'État peut le bannir, « non comme impie mais comme insociable. — Que si, après avoir reconnu publiquement ces mêmes dogmes, il se conduit comme ne les croyant pas ; qu'il soit puni de mort; il a commis le plus grand des crimes, il a menti devant les lois. » Robespierre décrétait aussi au milieu des échafauds l'existence de l'Être suprême et l'immortalité de l'âme.

Rousseau, toujours partisan des petits États[1], avait formé le projet de leur enseigner les moyens de vivre et de se conserver à côté des grands, en formant des confédérations. Le plan de l'ouvrage était déjà tracé, les principales idées des seize chapitres qui devaient le composer étaient indiquées. Il confia cette ébauche au comte d'Entreigues, en l'autorisant à en faire tel usage qu'il jugerait convenable.

En 1789, le comte crut que le moment était opportun pour le publier; mais un ami l'en détourna énergiquement, à cause du fâcheux abus qu'on ne manquerait pas d'en faire : on mépriserait ce qu'il renfermait de salutaire; on prétendrait appliquer ce qu'il contenait de funeste ou de dangereux; enfin il détermina le comte à le détruire.

Mais ce ne fut pas sans déchirement. « Combien je murmurai d'abord, ajoute d'Entreigues; mais que j'ai bien reçu depuis le prix de cette déférence! Grand Dieu! Que n'auraient-ils pas fait de cet écrit! Comme ils l'auraient souillé, ceux qui dédaignant d'étudier les écrits de ce grand homme, ont dénaturé et avili ses principes; ceux qui n'ont pas vu que le *Contrat social*, ouvrage isolé et abstrait, n'était applicable à aucun peuple de l'Univers; ceux qui n'ont pas vu que ce même J.-J. Rousseau, forcé d'appliquer ces préceptes à un peuple existant en corps de nation depuis des siècles, pliait

---

[1] « L'État, avait déjà dit précédemment Rousseau, devrait se borner à une seule ville tout au plus. » Manuscrit de Genève, p. 59.

aussitôt ses principes aux anciennes institutions de ce peuple... Cet écrit, que la sagesse d'autrui m'a préservé de publier, ne le sera jamais. J'ai trop bien vu, et de trop près, le danger qui en résulterait pour ma patrie[1]. » Et c'est un ami qui parle ainsi! Qu'aurait dit de plus un ennemi?

VI

Les principes de Rousseau sont détestables, on voit, en analysant son système, que, des trois choses qui sont l'âme et la vie des sociétés et des nations, la justice ou le droit, comme principe, la liberté et l'autorité, comme moyens essentiels, il n'en laisse pas subsister une seule. Le droit, il le supprime par son contrat; la liberté, il la détruit par sa théorie de la volonté générale; l'autorité, il l'annule par ses règles sur le gouvernement. Il est complètement hors nature et n'aboutirait dans la pratique qu'à un tissu d'impossibilités. On sait ce que valent ces idées d'unanimité, de résiliation perpétuelle du pacte social, d'absence de représentation dans un grand État, et même dans un petit. Si Rousseau a cherché parfois à sauver l'absurdité du système, ce n'est qu'au prix de contradictions.

Cependant, il serait injuste de ne voir en Rousseau que ses erreurs de principes. Ce politicien, si hardi dans la région des idées, devient presque timide, quand il faut passer de la théorie à l'application. « On a, de tout temps, beaucoup disputé,

---

1. *Sur le sort d'un manuscrit de 60 pages, 1790. de trente-deux pages*, etc., in-8

dit-il, sur la meilleure forme de gouvernement, sans considérer que chacune est la meilleure en certains cas, et la pire en d'autres [1]. » Et il examine avec beaucoup de sagacité, quoique avec une pointe de subtilité et d'esprit systématique, les mérites comparés de la démocratie, de l'aristocratie et de la monarchie. Malgré sa prédilection pour la forme républicaine, ou plutôt pour une aristocratie élective, il reconnaît que la monarchie est le gouvernement qui convient le mieux aux grands États et aux nations opulentes. Il déclare que le meilleur gouvernement est celui sous lequel, toutes choses égales d'ailleurs, la population s'accroît davantage [2]. On dirait qu'il redoutait l'usage qu'on pouvait faire de ses principes et les révolutions dont il posait les prémisses. Il était de mœurs pacifiques, et son système ne respirait que la guerre et le sang. Cette incohérence entre les idées et les sentiments, entre les excitations et les réserves, n'avait pas d'aboutissant pratique. Ces forces contraires, dont plusieurs étaient puissantes et terribles, s'entravant, se corrigeant, s'annulant réciproquement, pouvaient-elles donc laisser la machine sociale au repos? Ces aspirations au progrès pouvaient-elles rester à l'état de simple désir? Non, car si ces forces étaient opposées, elles n'étaient pas égales. Entre ces principes de feu et ces réserves timides, la partie était trop inégale. La passion surtout, y ajoutant tout son poids, ne pou-

---

1. *Contrat social*, l. III, ch. III. Il a dit plus tard : « La science du gouvernement n'est qu'une science de combinaisons, d'applications et d'exceptions, selon les temps, les lieux, les circonstances. » *Lettre au M¹ˢ de Mirabeau*, 26 juillet 1767. — Voir aussi manuscrit de Genève, p. 22. — 2. *Contrat social*, l. III, ch. I à X.

vait tarder à incliner la balance du côté des réformes les plus radicales. Allez donc conseiller la conservation, quand vous avez soufflé la révolution ! Allez dire à l'humanité, allez dire au peuple : Voici tes droits, mais je t'engage à n'en pas user; voici ta force, mais je te conseille de la laisser dormir; voici la tyrannie dont on te rend la victime, mais tu feras bien de la respecter! Non, on ne lance pas impunément des idées aussi ardentes sur la foule, et il ne suffit pas, pour éteindre l'incendie qu'on vient d'allumer, d'y verser soi-même quelques gouttes d'eau. Dans un siècle inflammable comme l'était celui de Rousseau, ses théories devaient nécessairement faire leur chemin. On ne pouvait sans doute songer à ce qu'il appelle l'égalité de nature; on ne pouvait supprimer d'un trait de plume la société tout entière; se réduire, ne fût-ce qu'un jour, à la condition de sauvages, sauf à redemander à un accord chimérique et unanime le rétablissement d'une société rudimentaire; on ne pouvait en France, par exemple, dans un État de quinze ou vingt millions d'habitants adultes, réunir sur la place publique ces quinze ou vingt millions d'hommes et de femmes, pour voter les articles du contrat social et les lois. Mais, ces impossibilités mises de côté, ce serait mal connaître le public, toujours amoureux des opinions extrêmes, que de s'imaginer qu'il se laisserait arrêter par des correctifs et des réserves qui auraient été la négation du principe. Rousseau tout entier, révolutionnaire dans ses principes, conservateur dans ses conseils, était un Rousseau contradictoire et impossible; Rousseau simplement révolutionnaire était souvent utopiste et inapplicable, plus grand que nature, comme on aurait dit alors. Il fallut donc l'arranger, le réduire à la taille humaine; pour cela, on le rogna par tous les côtés, par en haut et par en bas, et l'on eut une espèce de Rousseau en raccourci, qui, ainsi rapetissé, produisit la Révolution et les hommes de la Révolution.

Le *Contrat social* tranchait trop complètement avec les idées reçues en politique pour ne pas exciter l'attention. Il était de ces livres auxquels ne manquent ni la critique, ni l'éloge, ni même, comme nous le verrons plus tard, les persécutions et les triomphes. Dès le principe, les amis de Rousseau furent effrayés de ses hardiesses. Plusieurs, surtout à Genève, s'affligèrent de la manière dont il parlait de la religion [1]. Roustan se décida, non sans hésitation et sans regret, à combattre son chapitre *de la Religion civile* [2]. Jean-Jacques ne s'en formalisa pas. « Mon ami, lui dit-il, quand nous ne voyons pas la vérité au même lieu, c'est nous accorder que de nous combattre [3]. » Et il engagea lui-même Rey à se charger de l'ouvrage et à le publier dans les conditions les plus avantageuses pour l'auteur, qui n'était pas riche [4]. D'autres personnes moins bienveillantes accusèrent Jean-Jacques de plagiat. L'abbé de Laurens prétendit qu'il avait pris son livre tout entier dans Ulrici Huberti, *De jure civitatis*. Don Cajot montra, non sans raison, qu'il s'était largement inspiré de Locke [5].

Son plus terrible adversaire fut, comme d'habi-

---

1. *Lettre de Moultou à Rousseau*, 18 juin 1762. — 2. *Offrande aux autels et à la patrie*. Brochure in-8. — 3. *Année littéraire*, 1768, t. V. — 4. *Lettre à Rey*, 26 décembre 1762. — 5. QUÉRARD, *Les supercheries littéraires dévoilées*; article Rousseau.

tude, Voltaire. Non content de lui faire dans ses lettres une guerre d'épigrammes [1], Voltaire le prenant publiquement à partie dans ses *Idées républicaines*, entreprit de le convaincre d'absurdité et de le mettre en contradiction avec lui-même [2].

Rousseau eut toutefois, pour se consoler, des témoignages d'estime qui lui furent précieux. Moultou fut ravi d'admiration [3]. « Une société, disait le Prince Henri, frère du Grand Frédéric, qui se gouvernerait suivant les principes de Rousseau, serait la plus douce et la plus heureuse, un vrai paradis [4]. » Mme de Créqui, elle-même, s'unit à ces éloges [5].

Enfin, si nous voulons avoir l'opinion d'un homme considérable, qui, plus tard, devint le ministre de Louis XVI et presque son ami particulier, mais qui ne fut jamais celui de Rousseau, Turgot, grand partisan du *Contrat social*, y admirait surtout la distinction établie entre le souverain et le gouvernement, vérité lumineuse, disait-il, qui fixe à jamais les idées sur l'inaliénabilité et la souveraineté du peuple dans quelque gouvernement que ce soit. Du reste, Turgot, sous la réserve de certains paradoxes, qu'il regardait comme des espèces de tours de force et d'éloquence, non exempts de charlatanisme, pensait que Rousseau, loin de s'être trop écarté des idées communes, avait encore respecté trop de préjugés. « Je crois, ajoutait-il, qu'il n'a pas marché

---

1. *Lettres de Voltaire à Damilaville*, 25 juin, 31 juillet 1762, 6 janvier 1766, etc. — 2. *Idées républicaines, par un citoyen de Genève*. — 3. *Lettres de Moultou à Rousseau*, 5, 16, 18, 19, 22 juin 1762. — 4. *Lettre du duc de Wirtemberg à Rousseau*, 2 février 1765. — 5. *Lettre de Mme de Créqui à Rousseau*, juin 1762.

assez avant dans la route ; mais c'est en suivant sa route que l'on arrivera au but, qui est de rapprocher les hommes de l'égalité, de la justice et du bonheur[1]. »

Mais ce ne sont là que les petits côtés de la question. Le *Contrat social* est un acte, plus encore qu'une œuvre de littérature ou de philosophie. Son importance est bien moins dans les éloges ou les réfutations qu'il suscita que dans les événements dont il fut la cause ou l'occasion. Aussi aurons-nous souvent, dans la suite de cette histoire, à revenir sur cet ouvrage, à propos du rôle politique de Rousseau pendant sa vie, et surtout de son influence après sa mort.

1. *Lettre de Turgot à Hume*, 25 mars 1767.

CHAPITRE XIX

1762

Sommaire : L'ÉMILE. — I. Les antécédents de l'*Émile*. — Rousseau se propose de suivre la nature. L'a-t-il fait? Variété des sujets traités dans l'*Émile*. — Difficultés d'une appréciation d'ensemble de l'*Émile*.
II. De l'éducation du premier âge. — De l'allaitement maternel. — Des soins physiques à donner à l'enfance. — Première éducation, complètement sensitive, sans aucun mélange de moralité. — Effets déplorables de cette méthode.
III. Nécessité de faire l'éducation de toutes les facultés. — Importance et choix des influences extérieures. — Rôle de la nécessité. — Éducation artificielle et autoritaire à l'excès. — Application à l'idée de propriété. — Pas de livres, pas d'explications. — Comment Émile apprend à lire. — Ce qu'on n'apprend pas à Émile. — Rousseau partisan déterminé de l'ignorance. — Il veut entraver même le jugement. — Premières notions de dessin, de musique et de géométrie.
IV. Des leçons de l'utilité. — Toujours des artifices et des compères. — Pratique des premières relations sociales. — Émile apprend un métier. — Rousseau ne met pas d'autre livre que *Robinson* entre les mains d'Émile.
V. Le monde moral. — Les passions. — Emploi de l'amitié, comme dérivatif du déréglement des sens. — Beaux préceptes sur la manière de régler ses affections. — De l'amour de soi. — De la vertu; de la conscience ; Rousseau ne s'élève pas au-dessus du sensualisme. — De la politique. Union de la morale et de la politique. — Étude de l'histoire. — Manière de combattre l'amour-propre. — Préparation aux affections et à la pratique du monde : Les bonnes œuvres. — Étude pratique de la rhétorique. — Émile insulté.
VI. Des idées intellectuelles et religieuses. — Rousseau ne pouvait choisir plus mal son temps pour y initier Émile. — Le jeune homme élevé en dehors de toute église ou association religieuse en choisira-t-il une à dix-huit ans?

I

Les antécédents de l'*Émile* remontent loin dans la vie de Rousseau. Notre auteur de grandes théories pédagogiques a préludé à ses hautes fonctions par celles de précepteur des fils de M. de Mably. Dès cette époque, il a ébauché des mémoires sur la manière d'élever les enfants, et il aurait sans doute continué, s'il n'avait abandonné la partie, après avoir volé le vin des maîtres. Plus tard, il a été le conseiller attitré de Mme d'Épinay. Les parents, disait-il alors, ne sont pas faits pour élever les enfants, ni les enfants pour être élevés. Mme d'Épinay se révoltait à ces paroles; dans la suite, sans doute après avoir lu l'*Émile*, elle se rangea à cet avis [1]. Dans la *Nouvelle Héloïse*, on sait l'importance qu'il donne à l'éducation et l'honneur qu'il entend faire à Saint-Preux, en l'élevant au rang de précepteur des enfants de Julie.

Ainsi cet homme, qui ne sut jamais se montrer le père de ses propres enfants, se donna toute sa vie comme l'éducateur des enfants des autres. Son livre le plus considérable, celui qui a été le principal titre de sa réputation, est un livre sur l'éducation.

Quoique l'*Émile* ne soit pas, comme la *Nouvelle Héloïse*, de nature à monter une imagination facile à exalter, Rousseau dit néanmoins en avoir composé le cinquième livre dans une continuelle extase [2]. Il est certain au moins qu'il y apporta les plus grands soins. Les nombreuses corrections du manuscrit montrent assez avec quelle attention il revenait sur sa pensée et sur son style, pour les amener à la perfection qu'il était capable de leur donner [3].

---

1. *Lettre de Mme d'Épinay à Diderot*, citée dans les *Mémoires de Mme d'Épinay*. Édition Boiteau, t. II, ch. VII, note de l'éditeur. — 2. *Confessions*, l. X. — 3. V. Cousin, *Du Manuscrit d'Émile conservé à la Chambre des Représentants*; au *Journal des Savants*, septembre et novembre 1848.

Mais, nous dira-t-il encore, « pouvez-vous croire que l'*Émile* soit un vrai traité d'éducation? C'est un ouvrage assez philosophique sur ce principe avancé par l'auteur dans d'autres écrits, que l'homme est naturellement bon. Pour accorder ce principe avec cette autre vérité, non moins certaine, que les hommes sont méchants, il fallait, dans l'histoire du cœur humain, montrer l'origine de tous les vices. C'est ce que j'ai fait dans ce livre[1]. » Que l'*Émile* soit un traité d'éducation, personne n'en doute, et le titre seul : *Émile ou de l'Éducation* le dit assez ; mais de plus, il est en effet un livre à thèse. Rousseau, en le composant, avait devant lui une conclusion à laquelle, bon gré mal gré, il voulait arriver, des idées préconçues auxquelles il fallait plier les observations et les faits, et, par là, cet ouvrage se rattache à son système général et à ses autres écrits.

« Celui qui ose entreprendre d'instituer un peuple, lit-on dans le *Contrat social,* doit se sentir en état de changer, pour ainsi dire, la nature humaine, de transformer chaque individu... d'altérer la constitution de l'homme[2]. » Par une conséquence qui paraît assez légitime, on doit croire que celui qui ose entreprendre d'élever un homme pour la société ne doit pas avoir un procédé différent. Cependant, par une bizarrerie qui ne doit étonner qu'à moitié de la part de Jean-Jacques, ce qui était bon dans un cas devient mauvais dans l'autre, et le même auteur qui fonde la société sur l'altération de la nature, la respecte au contraire jusqu'au scrupule,

---

1. *Lettre à Philibert Cramer,* 13 octobre 1764. — 2. *Contrat social,* l. II, ch. VII.

quand il s'agit de former l'homme, élément nécessaire et unique de la société. Il y aurait lieu de rechercher les motifs de cette différence, si véritablement elle était aussi profonde qu'elle en a l'air. Mais, comme on sait, l'exécution chez Rousseau, et chez d'autres aussi, n'est pas toujours la réalisation du programme annoncé. Il faut suivre de tout point la nature ; — les enfants ne sont pas faits pour être élevés ; — le rôle du précepteur doit être purement négatif et expectant ; — le grand art de l'éducation est surtout l'art de ne rien faire ; — voilà de ces phrases à effet, qui peuvent servir de frontispice pour éblouir les curieux ; mais pénétrez dans le sanctuaire et vous verrez que les choses se passeront tout autrement. Et de fait, si l'enfant ne doit pas être élevé, à quoi bon un précepteur et un gros livre de préceptes? Il n'y a pas besoin de quatre volumes pour apprendre à ne rien faire. Si l'on en croyait les premiers mots de l'*Émile*, l'enfant devrait s'élever tout seul, et le rôle du précepteur ne serait guère que celui d'une sorte de matière isolante, destinée à prémunir l'élève contre le contact des autres hommes et les atteintes de la société. Rousseau commence par nous dire que l'éducation doit être le fruit des occasions, des nécessités ; mais attendez ; ces occasions, ce sera au précepteur à les faire naître ; ces nécessités, il devra s'arranger de façon qu'elles s'imposent ; de sorte que cette éducation, prétendue naturelle et spontanée, ne sera qu'une suite d'artifices et de hasards savamment préparés ; ce précepteur, qui ne devait avoir qu'à regarder tranquillement agir la nature, sera sans cesse occupé à la diriger et à l'aider, sinon à la contrarier. En somme, Rousseau s'annonce d'une façon et agit d'une autre. Sous ce rapport, l'*Émile* tient donc à la fois du *Discours sur l'Inégalité*, qui prétend donner tout à la nature, et du *Contrat social*, qui a pour but, au contraire, de la remplacer et de l'annuler. Cela vient peut-être de ce que l'auteur se trouvait en face d'un double problème, dont il regardait les deux termes comme incompatibles : former un homme et un citoyen [1] ; un homme dont il prenait le type dans la nature ; un citoyen, c'est-à-dire un être social, en quelque sorte contre nature, un être qui est presque l'opposé de l'homme. Cette double préoccupation de laisser l'homme à lui-même et de diriger le citoyen se manifeste à chaque page de l'*Émile* ; mais, de cet antagonisme, résulte un système faux et bâtard, qui n'est ni la liberté ni l'autorité, mais une sorte d'autorité hypocrite, qui n'ose se montrer. On a beaucoup parlé en politique des inconvénients du pouvoir occulte ; l'*Émile* est fondé d'un bout à l'autre sur le pouvoir occulte du précepteur. Ces considérations générales trouveront leurs applications dans la suite de l'ouvrage, et les exemples ne manqueront pas pour les justifier et les confirmer.

L'*Émile* est encore plus difficile à analyser que le *Contrat social*. On n'y rencontre ni la même marche régulière, ni la même liaison entre les propositions. Sans vouloir dire qu'il manque de méthode, la méthode en est au moins différente et plus cachée. En outre, à cette plus grande liberté d'allures, se joint une plus grande variété de sujets. L'éducation et l'instruction s'occupant de tout, ou à

---

[1] « Il faut opter entre faire un homme et un citoyen ; car on ne peut faire à la fois l'un et l'autre. » *Émile*, l. I.

peu près, il n'est, pour ainsi dire, rien dont on ne puisse parler à propos d'éducation. Rousseau use largement de la permission. Il serait long de citer tous les sujets qu'il se plaît à greffer sur le tronc principal, les digressions qui viennent interrompre ou confirmer les préceptes. Naturellement, les théories sur la constitution de l'homme et de la société y figurent avec honneur ; la philosophie, la religion, la morale y occupent aussi des places importantes ; la politique, l'économie politique ou domestique, les lettres et les sciences, les arts et les métiers manuels, l'hygiène et la santé, l'amour et le mariage, la femme, ses qualités, ses défauts, ses occupations, l'agriculture, le commerce, les finances, le luxe et la toilette, le monde, les mœurs, les voyages, les particularités même de la vie de l'auteur ; toutes ces choses et bien d'autres encore y ont leur place marquée, comme dans une sorte d'encyclopédie. Elles y sont traitées par lui, non d'une façon complète et didactique, mais de manière à faire connaître sur chacune les opinions et les idées qu'il regarde comme lui appartenant plus spécialement. Il est évident qu'il a voulu faire de ce livre le résumé de ses doctrines ; il l'a travaillé longtemps ; vingt fois il l'a abandonné, et vingt fois un goût déterminé l'y a ramené. Aussi, est-ce celui qui porte le plus l'empreinte de son génie [1], et à ce titre, il est particulièrement précieux à consulter.

Mais si l'*Émile* se prête difficilement à l'analyse, il se prête plus difficilement encore à un jugement d'ensemble. Quand on considère le *Discours sur l'Inégalité* ou le *Contrat social,* on est en général peu

---

1. DUSAULX, *De mes rapports avec J.-J. Rousseau.*

embarrassé, et l'on approuve ou l'on blâme, selon qu'on est l'ami ou l'ennemi des idées de la Révolution. En face de l'*Émile*, il n'en est pas de même ; il faudra faire distinctions sur distinctions ; et, quand on en aura fait beaucoup, on se demandera encore si on n'en a pas omis. Voyez la *Profession de foi du Vicaire savoyard*, par exemple, que de beautés, que de grandes vérités admirablement dites dans la première partie ! que d'erreurs, que de sophismes dangereux dans la seconde ! Si encore le partage était toujours aussi facile ; mais il arrive souvent que le bien se mêle au mal, le vrai au faux dans la même page et jusque dans la même phrase, de manière qu'on ne sait comment les débrouiller.

Le plan de l'*Émile* est simple et naturel. Rousseau y prend l'enfant au moment de sa naissance et le conduit progressivement jusqu'après son mariage. Parcourons avec lui cette longue et intéressante carrière.

II

Dans le principe, il avait eu l'intention de ne s'occuper de l'enfant qu'à partir de l'époque où il quitte les mains de sa nourrice. Piron l'exhorta à faire remonter ses conseils jusqu'aux premiers instants de la naissance. Et comme Rousseau s'excusait sur son incompétence ; prenez, lui dit Piron, le *Traité de l'éducation corporelle des enfants en bas âge*, par le médecin Desessartz. Vous y trouverez tout ce qui vous sera nécessaire pour compléter votre plan [1]. On ne peut que louer Rousseau d'avoir

---

1. Préface de la seconde édition du *Traité* de Desessartz, 1799. La première édition est de 1760.

suivi ce conseil, de même qu'on doit également le féliciter d'avoir continué à prendre soin de son élève plus longtemps qu'on ne le fait d'habitude. L'éducation, en effet, commence avec la vie, pour ne se terminer qu'à la mort. L'homme, arrivé à un certain âge, cesse d'avoir un précepteur et des maîtres ; mais il ne doit jamais cesser de travailler au grand œuvre de son éducation et de son accroissement dans le bien.

La première partie du livre, plus ou moins puisée dans Desessartz, doit, ce semble, renfermer peu de choses neuves ; mais outre que Rousseau n'était pas homme à copier servilement un auteur, on retrouve toujours chez lui quelque chose qui est bien à lui, le charme de son style. Il est à remarquer que c'est précisément à cette première partie qu'appartient le précepte qu'on lui attribue comme une de ses innovations les plus heureuses, l'allaitement maternel.

L'allaitement maternel, bien que peu connu de la société mondaine du xviiie siècle, n'est pas une invention de Rousseau. Sans remonter jusqu'à Plutarque et aux saints Pères ; sans remarquer que les femmes du peuple, surtout à la campagne, n'ont jamais cesser d'allaiter leurs enfants, l'auteur de l'*Émile* avait sous les yeux deux autorités importantes, celle de Desessartz et celle de Tronchin [1]. Il n'en eut pas moins, sur ce point, un mérite incontestable ; il obtint, ce qui est rare, qu'on mit ses préceptes en pratique. Nous avons conseillé tout cela, disait un jour Buffon à ce sujet ; mais Rousseau seul le commande et se fait obéir [2].

1. *Lettre de Tronchin à Rousseau*, tirée de la Bibliothèque de Neufchâtel, citée par Sayons, t. I, ch. III. — 2. Note de l'éditeur Petitain, au livre I de l'*Émile*.

A partir de l'*Émile*, en effet, la maternité devient à la mode. Toutes les mères veulent nourrir, même celles qui ne le peuvent pas ou qui n'en veulent pas prendre les moyens; on en voit qui, pour accorder leurs plaisirs avec leur devoir, emmènent leurs enfants avec elles en visite, au bal et jusqu'à l'Opéra. Les enfants n'en étaient pas toujours mieux. Il est certain que la mère est, en général, la meilleure nourrice, mais cette règle a ses exceptions. Il y a des causes volontaires et des causes involontaires qui peuvent rendre l'allaitement maternel pernicieux à la mère ou à l'enfant, et quelquefois à tous deux. Ne parlons pas des causes involontaires; Rousseau en admettait à peine, ce qui prouve simplement son esprit de système. Quant aux autres, il n'avait qu'un mot à en dire, il fallait les supprimer. Il a de belles pages à ce sujet. Car il ne faut pas croire que les mères qui mènent de front les plaisirs du monde et les fonctions de la maternité, soient fidèles à ses conseils. Loin de là, il fait de l'allaitement maternel un devoir sérieux et le premier pas vers la régénération de l'esprit de famille, plus encore qu'un moyen hygiénique, plus même que la satisfaction d'un sentiment naturel. « Que les mères, dit-il, daignent nourrir leurs enfants, les mœurs vont se réformer d'elles-mêmes, les sentiments de la nature se réveiller dans tous les cœurs; l'État va se repeupler; ce premier point, ce point seul va tout réunir. L'attrait de la vie domestique est le meilleur contrepoison des mauvaises mœurs... Qu'une fois les femmes redeviennent mères, bientôt les hommes redeviendront pères et maris [1]. »

1. *Émile*, l. I.

Cette reconstitution de la famille par l'importance donnée à l'enfant est, sans doute, le plus grand service que Rousseau ait rendu à ses contemporains. Il y insiste en toute occasion. Le Prince duc de Wirtemberg l'ayant prié de le diriger dans l'éducation de son enfant, Rousseau hésite d'abord : « Vous êtes prince, lui écrit-il, rarement pourrez-vous être père... M*me* la Duchesse sera dans le même cas à peu près [1]. » Mais il apprend que le Prince et sa femme élèvent eux-mêmes leur enfant; qu'ils n'ont pas même de gouvernante [2]. Il est vrai que la Princesse ne peut pas allaiter [3]; mais qu'importe? « Vous m'avez tiré, Monsieur le Duc, s'écrie Rousseau, d'une grande inquiétude, en m'apprenant la résolution où vous êtes d'élever vous-même votre enfant... Si vous persévérez, je ne suis plus en peine du succès. Tout ira bien, par cela seul que vous y veillerez vous-même [4]. » Et à propos de la duchesse : « Ce qui est rare, c'est une femme de son rang qui aime à remplir ses devoirs de mère, et voilà ce qu'il faut admirer [5]. » Et à une dame qui se plaignait de l'ennui, du vide de l'âme, de la tristesse habituelle qu'elle éprouvait au milieu du tourbillon du monde. « Comment s'y prendre, me direz-vous? Que faire pour cultiver et développer le sens moral? Voilà, Madame, à quoi j'en voulais venir. Le goût de la vertu ne se prend point par des préceptes; il est l'effet d'une vie simple et saine; on parvient bientôt à aimer ce qu'on fait, quand on ne fait que

---

1. *Lettre au prince de Wirtemberg*, 10 novembre 1763. — 2. *Lettre du prince de Wirtemberg à Rousseau*, 19 novembre 1763. — 3. *Id.*, 4 octobre 1763. — 4. *Lettre au prince de Wirtemberg*, 15 décembre 1763. — 5. *Id.*, 21 janvier 1764.

ce qui est bien. Mais, pour prendre cette habitude, qu'on ne commence à goûter qu'après l'avoir prise, il faut un motif. Je vous en offre un que votre état me suggère : nourrissez votre enfant... Jeune femme, voulez-vous travailler à vous rendre heureuse, commencez d'abord par nourrir votre enfant. Ne mettez pas votre fille dans un couvent; élevez-la vous-même [1]. »

Il était impossible de mieux dire, et ces paroles ont aujourd'hui, peut-être autant qu'au xviiie siècle, leur triste et continuelle application. L'enfant ne compte plus dans la famille : affaires, visites, plaisirs, spectacles, tout cela fait que l'enfant gêne et qu'il faut s'en débarrasser. Est-on, surtout à Paris, dans les affaires, dans le commerce, dans une condition médiocre, on l'envoie loin de chez soi, à la campagne; est-on dans l'opulence, on lui donne une nourrice ou une bonne. Mais, pendant que le ménage s'occupe de ses affaires, que Monsieur est au cercle, que Madame est en soirée, comment l'enfant est-il soigné par sa nourrice ou par sa bonne? Comment surtout est-il élevé par elles? A quel usage l'emploient-elles quelquefois? Quelle éducation lui donnent-elles toujours? Mais on compte sur le collège ou la pension pour réparer les vices d'une première éducation, sans songer qu'on fait ainsi passer l'enfant, des mains mercenaires d'une bonne aux mains mercenaires d'un maître ou d'une maîtresse, et que la pension ou le collège ne font souvent que consommer le mal.

Est-ce que nous aurions besoin d'un nouveau Rousseau pour travailler à la restauration de la fa-

---

1. *Lettre à Mme B.*, 17 janvier 1770.

mille? Dieu nous en préserve ! Ses leçons sont belles parfois ; mais sa bouche n'est pas faite pour les prononcer. Sa conduite fait tort à ses paroles. Lui-même a prévu l'objection et y a répondu avec une franchise dont il faut lui savoir gré. « Mais moi qui parle de famille, d'enfants... Madame, plaignez ceux qu'un sort de fer prive d'un pareil bonheur ; plaignez-les, s'ils ne sont que malheureux ; plaignez-les beaucoup plus, s'ils sont coupables. Pour moi, jamais on ne me verra falsifier les saintes lois de la nature et du devoir pour exténuer mes fautes. J'aime mieux les expier que les excuser [1]. »

On a reproché à Rousseau (il est vrai que c'est un médecin) d'avoir, sur l'allaitement maternel, donné trop de place aux considérations morales, au préjudice des moyens hygiéniques et physiques [2] ; nous croyons, au contraire, qu'en s'élevant pour considérer la question à une plus grande hauteur, il l'a observée de son vrai point de vue. Mais où le médecin reprend ses avantages, c'est à propos des soins physiques à donner à l'enfance. Rousseau, qui n'était pas médecin et qui n'avait jamais eu d'enfants à soigner, ne pouvait, à ce sujet, que suivre ses auteurs. Il a dit d'après eux, et mieux qu'eux, si l'on veut, d'excellentes choses. Il a bien mérité de l'enfance en s'élevant contre l'usage du maillot ; ses prescriptions contre une éducation molle et trop délicate et en faveur des exercices du corps sont, en général, et sauf des exagérations qui vont parfois jusqu'à

---

1. *Lettre à Mme B.*, 17 janvier 1770. — 2. MOREAU, de la Sarthe, *Quelques Réflexions philosophiques et médicales sur l'Émile*; *décade philosophique*, 20 prairial an VIII.

l'extravagance, très propres à fortifier les tempéraments ; mais son inexpérience ne pouvait manquer de se trahir à chaque pas. Son aplomb, qui n'est que l'aplomb de l'ignorance, ne connaît ni les difficultés, ni les exceptions. Il ne veut qu'un élève sain et robuste : c'est facile à dire ; mais que deviendront les autres? A l'en croire, ils sont si peu nombreux, qu'il n'y a pas lieu de s'en inquiéter. Il a d'ailleurs une confiance absolue dans sa méthode pour maintenir la santé. Aussi, quel suprême dédain n'a-t-il pas pour les médecins! « Faute de savoir se guérir, que l'enfant sache être malade. Cet art supplée à l'autre et souvent réussit beaucoup mieux : c'est l'art de la nature[1]. » Du reste, aucun détail ne l'effraie, et il connaît la cuisine et l'hygiène aussi bien que la morale. Il traite du choix d'une bonne nourrice, de l'âge et des qualités de son lait; il parle de son genre de nourriture, qui doit être végétal, parce que, dit-il, le lait est une substance végétale, ce qui est faux, et que le lait des femelles herbivores est plus doux et plus salutaire que celui des carnivores, ce qui n'est nullement vrai d'une façon absolue.

Puis vient l'excellente pratique des bains. Vous pouvez d'abord baigner vos enfants dans l'eau tiède, « mais à mesure qu'ils se renforcent, diminuer par degrés la tiédeur de l'eau, jusqu'à ce qu'enfin vous les laviez, été et hiver, à l'eau froide, et même glacée… Cet usage, une fois établi, ne doit plus être interrompu, et il importe de le garder toute sa vie[2]. » — « Vous désirez, écrit-il à une mère, baigner votre enfant de très bonne heure dans l'eau froide. C'est très bien fait, Madame.

---

1. *Émile*, l. I. — 2. *Id.*

Mon avis est que, pour ne rien risquer, on commence dès le jour de sa naissance[1]. »

Plus tard il parlera des vêtements. Ils doivent être amples, commodes, légers et les mêmes en toute saison. Point de coiffure. Habituez vos enfants à passer brusquement du chaud au froid, à boire de l'eau fraîche, à se coucher sur la terre humide, même quand ils sont en sueur[2]. L'instinct de la nature, plus fort que l'esprit de système, a généralement garanti les parents contre ces conseils insensés. Il y en a cependant qui les ont suivis ; on doit penser que les enfants ont été plus d'une fois les victimes de leur imprudence.

Rousseau donne une importance très grande aux soins physiques, non seulement pour le petit enfant, mais pour l'enfant déjà grand et même pour le jeune homme. Il a remarqué que ce qui apparait d'abord dans l'homme, ce sont les sens ; il voit là une indication de la nature et en conclut que pendant longtemps il n'y a à s'occuper que des sens. « Exercez son corps, dit-il, ses organes, ses sens, ses forces ; mais tenez son âme oisive aussi longtemps qu'il se pourra[3]. » Mais « exercer les sens n'est pas seulement en faire usage ; c'est apprendre à bien juger par eux ; c'est apprendre pour ainsi dire à sentir ; car nous ne savons ni toucher ni voir, ni entendre que comme nous avons appris[4]. » De là toute une éducation longuement expliquée de chacun des sens l'un après l'autre[5]. Voulez-vous juger de ce que sera à douze ans l'enfant élevé suivant cette méthode « mêlez-le avec d'autres et laissez-le faire ;

---

1. *Lettre à M*^{me} *Roguin*, 31 mars 1764. — 2. *Émile*, l. II. — 3. *Id.* — 4. *Id.* — 5. *Id.*

vous verrez bientôt lequel est le plus vraiment formé ; lequel approche le mieux de la perfection de leur âge. Parmi les enfants de la ville, nul n'est plus adroit que lui, mais il est plus fort qu'aucun autre ; parmi de jeunes paysans, il les égale en force et les passe en adresse... Donnez-lui l'habit et le nom qu'il vous plaira ; peu importe, il primera partout ; il deviendra partout le chef des autres ; ils sentiront toujours sa supériorité sur eux ; sans vouloir commander il sera le maître ; sans croire obéir, ils obéiront[1]. »

Surtout n'exigez de lui ni obéissance, ni devoir, ni moralité ; « les mots obéir et commander sont proscrits de son dictionnaire ; encore plus les mots devoir et obligation. » De peur qu'Émile n'attache d'abord à ces expressions de fausses idées, on a mieux aimé ne rien lui en dire. On a fait en sorte que « toutes ses pensées s'arrêtent aux sensations ; que de toutes parts il n'aperçoive autour de lui que le monde physique[2]. » Ne lui demandez ni pourquoi il fait une chose, ni s'il fait bien de la faire ; on n'a point raisonné avec lui ; on ne lui a parlé ni de bien ni de mal ; « connaître le bien et le mal, sentir la raison des devoirs de l'homme, n'est pas en effet l'affaire d'un enfant. » Ne cherchez pas non plus à le tirer de son égoïsme, à lui inspirer des égards ou seulement des sentiments de justice envers ses parents ou ses camarades. Nos premiers devoirs étant envers nous-mêmes, les sentiments de l'enfant se sont concentrés en lui seul, tous ses mouvements se sont rapportés à sa conser-

---

1. *Émile*, l. II. — 2. *Id.*

vation et à son bien-être. La justice, celle du moins dont on lui a dit quelques mots, n'est pas l'expression de ce qu'il doit aux autres, mais de ce qui lui est dû. On a pu lui parler de ses droits, mais non de ses devoirs, pensant bien qu'il entendrait mieux les premiers que les seconds[1]. En un mot, comme l'auteur l'avait déjà dit ailleurs, « le seul moyen de rendre les enfants dociles à la raison, n'est pas de raisonner avec eux, mais de les bien convaincre que la raison est au-dessus de leur âge[2]. »

La première éducation doit donc être purement négative. Elle consiste, non pas à enseigner la vérité, mais à « garantir le cœur du vice, et l'esprit de l'erreur. Si vous pouviez ne rien faire et ne rien laisser faire ; si vous pouviez amener votre élève, sain et robuste, à l'âge de douze ans, sans qu'il sût distinguer sa main droite de sa main gauche, dès ses premières leçons, les yeux de son entendement s'ouvriraient à la raison. Sans préjugés, sans habitudes, il n'aurait rien en lui qui pût contrarier l'effet de vos soins. Bientôt il deviendrait entre vos mains le plus sage des hommes, et en commençant par ne rien faire, vous auriez fait un prodige d'éducation[3]. »

Ce système purement négatif, qui n'est que l'absence d'éducation, peut paraître singulier dans un traité d'éducation ; il faut convenir qu'il était

---

1. *Émile*, l. II. — 2. *Nouvelle Héloïse*, l. V, lettre 3. Cette lettre, qui est très longue, peut être regardée comme un résumé anticipé de l'*Émile*. Cela ne paraîtra pas étonnant si l'on songe que les deux ouvrages ont été composés simultanément. Ainsi l'on peut remarquer que, dans la maison de Wolmar, « personne ne commande ni n'obéit ; que toute contrainte est épargnée à l'enfance. » — 3. *Émile*, l. II.

imposé à Rousseau par son principe fondamental de la bonté originelle de l'homme. Mais aussi pourquoi s'aviser, quand on a un tel principe, de faire un livre d'éducation? Toute éducation, en effet, quelle qu'elle soit, est fondée sur cette idée, que l'enfant est un mélange de bien et de mal; qu'il a les germes des vertus; qu'il a également ceux des vices; qu'il est possible, par une culture convenable, de développer les premiers, de combattre et de corriger les autres. L'enfant n'a-t-il rien que de bon; laissez-le se développer librement, gardez-vous d'y toucher; vous aurez alors une sorte d'évolution spontanée, dont le gamin, poussant on ne sait comment sur le pavé de Paris est le modèle plus ou moins accompli. L'enfant n'a-t-il, au contraire, rien que de mauvais; vous n'avez également qu'à l'abandonner à lui-même; vous ne changerez point sa nature. Dans un cas comme dans l'autre, il n'y a pas matière à éducation.

En attendant toutefois qu'il soit devenu sage, s'il le devient jamais, que sera cet être fort, robuste, adroit, égoïste, sans moralité, sans souci du bien ni du mal? Rousseau, dans le portrait beaucoup trop flatté qu'il en fait, conviendrait volontiers qu'il sera un franc polisson et un assez mauvais sujet; disons plutôt qu'il sera une bête féroce, un petit tyran dans sa famille, le fléau des sociétés où il se trouvera. Gardez-vous de réunir ensemble bien des enfants de cette espèce; mieux vaudrait une troupe de loups dévorants. Mais heureusement pour lui et pour les autres, Émile est seul. Son isolement au moins l'empêchera de nuire.

Rousseau semble croire à la raison, aimer la justice, avoir confiance dans la moralité. On dirait même que c'est par suite d'un respect exagéré pour ces grandes choses et par crainte de les compromettre dans une intelligence et dans un cœur novices, qu'il en remet l'enseignement à un temps plus opportun. Croirait-il donc qu'elles soient bonnes seulement pour les parents et que l'enfant puisse s'en affranchir sans inconvénient ? — Au moins, dit-il, il sera sans vices et sans erreurs. — En est-il bien sûr ? Croit-il que cet être, s'il a la force du lion ou du tigre, n'en aura pas aussi les appétits ? Les passions n'ont pas besoin, pour se révéler, qu'on leur apprenne d'où elles viennent et comment elles s'appellent. Rousseau en reconnaît une chez son élève, l'amour exclusif de soi ou l'égoïsme ; soyons sûrs que, sur ce tronc, il en poussera bien d'autres, et que cette triste germination donnera naissance à bien des idées fausses et à bien des actes dépravés. Il craint de diriger la raison et le cœur, de peur de leur donner une mauvaise direction ; il est bien plus à craindre que, faute de direction, autre que celle des passions, ces facultés ne s'égarent et ne se perdent. Quant à soutenir que la raison et la moralité n'existent pas avant douze ans, il faut n'avoir jamais vu un enfant pour le croire. Considérez l'enfant au berceau, et dites s'il n'a pas ses préférences et ses antipathies, s'il n'est pas accessible à l'affection et à la reconnaissance. Un peu plus tard, observez-le dans ses rapports de famille et dans ses jeux, et dites s'il ne voit pas quand il fait bien et quand il fait mal, s'il n'est pas froissé par l'injustice, et s'il ne se condamne pas lui-même au besoin, quand il s'est rendu coupable d'une action qu'il regarde comme mauvaise et injuste. Rousseau, d'ailleurs, le proclame au moins une fois, et dans l'*Émile* même. « Je n'oublierai jamais, dit-il, d'avoir vu un de ces incommodes pleureurs frappé par sa nourrice. Il se tut sur-le-champ ; je le crus intimidé ; je me trompais ; le malheureux suffoquait de colère : il avait perdu la respiration ; je le vis devenir violet. Un moment après vinrent les cris aigus ; tous les signes du ressentiment, de la fureur, du désespoir étaient dans ses accents. Je craignis qu'il n'expirât dans cette agitation. Quand j'aurais douté que le sentiment du juste et de l'injuste fût inné dans le cœur de l'homme, cet exemple seul m'aurait convaincu [1]. » Oui, dès son premier jour, pour ainsi dire, au moral aussi bien qu'au physique, l'enfant est complet dans sa petitesse et dans sa faiblesse. Il naît raisonnable, comme il naît avec tous ses membres, et sa raison se développe comme ses membres grandissent. Rousseau voudrait que les enfants ne fissent rien de leur âme jusqu'à ce qu'elle eût toutes ses facultés [2]. Précisément elle les a, et il ne s'agit que de cultiver ce qui existe.

Il n'y a donc pas lieu de suivre une méthode pour les sens et une autre pour la raison ; de se hâter dans un cas, d'attendre dans l'autre. Rousseau n'attend pas que les sens aient acquis leur plein développement pour les soumettre à un régime sévère et à des exercices choisis. « Les enfants, dit-il, ont des sens, il faut qu'ils apprennent à en faire usage [3]. » De même, les enfants, qui ont une intelligence, de la mémoire, un cœur, une volonté, doivent apprendre à en faire usage. Il est d'une hardiesse excessive quand il s'agit des sens « On

---

1. *Émile*, l. I. — 2. *Id.*, l. II. — 3. *Id.*, l. I.

craint qu'un enfant ne se noie en apprenant à nager ; qu'il se noie en apprenant ou pour n'avoir pas appris, ce sera toujours votre faute[1]. » S'agit-il, au contraire, de la raison et de la morale, il n'ose se mouvoir, de peur de faire un faux pas : par crainte de l'erreur, il préconise l'ignorance ; par crainte du vice, il se garde de la vertu ; par crainte de la civilisation, il se défie de l'éducation, ou plutôt il n'admet comme naturelle qu'une éducation, celle des sens ; la moralité et la volonté ne sont sans doute pas naturelles à ses yeux[2].

Et il veut faire un homme ! Mais il ne fera qu'un animal ! Quand il aura bien exercé les sens, leur éducation sera faite ; ils seront devenus puissants et délicats ; mais à quel point en seront les autres facultés ? Que Rousseau dise, tant qu'il voudra, que sa méthode disposera l'enfant à suivre, quand le temps en sera venu, les leçons de la raison ; c'est là le contraire de la vérité. Ce n'est pas en négligeant la raison qu'on lui donnera de la puissance. On rapporte que des parents qui ont élevé leurs fils d'après le système de Rousseau en ont fait des idiots ; leur raison, faute de culture, est demeurée à l'état rudimentaire. Nous ne garantissons pas ces anecdotes ; néanmoins elles paraissent vraisemblables.

Il y aurait exagération à prétendre qu'il est permis de négliger l'éducation des sens ; ils ont leur rôle important dans l'économie humaine, et à ce titre ils ont droit à être soignés et cultivés. Mais on peut être sûr que, même sans aide, ils sauront se faire leur place et la conserver. Les sens sont essentiellement envahissants ; un des objets de l'éducation est

---

1. *Émile*, l. II. — 2. *Id.*

précisément de les contenir dans leurs limites légitimes. Faire l'éducation d'un enfant, c'est, au moins en partie, le tirer de la domination des sens ; c'est développer chez lui les germes d'intelligence, de raison, de conscience, de sentiments affectueux et nobles que Dieu y a déposés le jour de sa naissance ; c'est, en un mot, remettre chaque chose à sa place. On peut dire tout cela à Rousseau, parce qu'il est capable de le comprendre, et que lui-même l'a affirmé plus d'une fois.

Ce serait bien vainement d'ailleurs que le maître prétendrait soustraire l'enfant à toute action extérieure. Cette difficulté ne pouvait échapper à Rousseau. « Si votre élève n'apprend rien de vous, se dit-il à lui-même, il apprendra des autres ; si vous ne prévenez l'erreur par la vérité, il apprendra des mensonges. Les préjugés que vous craignez de lui donner, il les recevra de tout ce qui l'environne ; ils entreront par tous ses sens. » On ne pouvait mieux poser l'objection. « Il me semble, ajoute-t-il, que je pourrais aisément répondre à cela ; mais pourquoi toujours des réponses[1] ? » Et il poursuit tranquillement sa route. Dans un autre passage cependant, il semble se préoccuper davantage de ce cas embarrassant. Il reconnaît que l'enfant ne peut vivre absolument écarté de tous les humains, comme dans le globe de la lune ou dans une île déserte, et il s'en désole[2]. Regrets inutiles. Il ferait mieux de s'appliquer à choisir et à régler ces influences extérieures. Malheureusement, ces impressions, dues au hasard, seront rarement salutaires, et il arrivera que le temps perdu pour la

---

1. *Émile*, l. II. — 2. *Id.*

vertu ne le sera pas pour le vice. « Tenez son âme oisive », c'est facile à dire, mais l'âme n'est guère oisive ; si elle ne fait pas le bien, elle fait le mal ; et puis l'oisiveté de l'âme serait-elle autre chose que l'idiotisme ? Vicieux ou idiot, voilà ce que sera l'élève de Rousseau.

III

Cependant, pour remplacer la raison et la moralité, il faut quelque chose. Jean-Jacques a imaginé *la nécessité*, pauvre motif, s'il en fut, et bien peu digne d'un esprit élevé et libéral. Il est vrai qu'à l'en croire, « la dépendance des choses, qui est de la nature, ne nuit point à la liberté et n'engendre point de vices ; tandis que la dépendance des hommes, qui est de la société... est désordonnée et engendre tous les vices[1]. » Nous avouons ne pas comprendre cette distinction. Il est parfaitement conforme à la nature, croyons-nous, d'obéir à ses parents, et nous ne voyons pas en quoi l'enfant qui se heurte à un obstacle insurmontable est plus libre que celui qui se soumet volontairement et affectueusement à sa mère. Mais ne parlons pas de soumission. « Ne lui commandez jamais rien, dit Rousseau, quoi que ce soit au monde ; absolument rien. Ne lui laissez pas même imaginer que vous prétendiez avoir quelque autorité sur lui. Qu'il sache seulement qu'il est faible et que vous êtes fort ; que par son état et le vôtre, il est nécessairement à votre merci. Qu'il le sache, qu'il l'apprenne, qu'il le sente ; qu'il sente de bonne heure sur sa tête al-

---

1. *Émile*, l. II. — *Nouvelle Héloïse*, l. V, lettre 3.

tière le dur joug que la nature impose à l'homme, le pesant joug de la nécessité, sous lequel il faut que tout être fini plie [1]. »

Qu'il vaudrait bien mieux qu'il sût que vous êtes père ; que Dieu ou (pour parler le langage de Rousseau) la nature vous a revêtu d'une autorité respectable, vous a doué d'une tendresse profonde, vous a donné la sagesse, a fait de vous sa providence et son soutien. Assurément les leçons de la nécessité et de l'expérience ont leur prix ; mais elles ne manquent à personne, pas plus à l'homme fait qu'à l'enfant. Père sage et prudent, vous ne priverez point votre fils de ce précieux appoint ; vous n'entreprendrez pas de lui frayer dans la vie un chemin de roses et d'en enlever jusqu'aux plus petites pierres. Il est bon qu'il s'aguerrisse et apprenne à se tirer des épreuves et des difficultés de la vie. Mais vous ne lui refuserez pas non plus le secours de votre direction prévoyante, ferme et affectueuse. Qu'il compte avec la nécessité, parce qu'il le faut ; mais aussi qu'il écoute les leçons de ses parents et de ses maîtres, parce que sa raison, son cœur et, au besoin, une autre espèce de nécessité l'y obligent. Mais, nous dira Rousseau, l'enfant n'a-t-il donc pas assez de sa faiblesse, qui l'enchaîne de tant de manières, sans ajouter à cet assujettissement celui de nos caprices [2] ? Eh ! pourquoi des caprices ? L'autorité s'exerce-t-elle nécessairement par voie de caprices ? Vraiment Rousseau se montre ici bien compatissant. Il ne l'est pas autant quand il soumet la tête altière de l'enfant au dur joug de la nature. Si encore il ne laissait à ce joug que ce qu'il est

1. *Émile*, l. II. — 2. *Id.*

impossible de lui enlever; mais comme si ce n'était pas assez de la nécessité vraie, il y ajoute une nécessité factice. « Il ne faut point se mêler, dit-il, d'élever un enfant, quand on ne sait pas le conduire où l'on veut par les seules lois du possible et de l'impossible. La sphère de l'un et de l'autre lui étant également inconnue, on l'étend, on la resserre autour de lui comme on veut. On l'enchaîne, on le pousse, on le retient avec le seul lien de la nécessité, sans qu'il en murmure [1]. »

Voilà le maître, en dépit de ce que Rousseau en a pu dire, rentré en possession de l'autorité; seulement il y rentre par une bien mauvaise porte. Qu'il prescrive, qu'il défende, il ne sera pas embarrassé pour se faire obéir; il peut faire tout ce qu'il veut au moyen de cette arme de la nécessité, que Rousseau met entre ses mains; arme sûre, qui frappe sans qu'on sache d'où part le coup; arme déloyale aussi, qui abuse de la simplicité de l'enfant, mais qui ne l'abusera pas toujours. Que l'enfant s'aperçoive qu'on le trompe, et ce moment ne peut tarder à arriver, et tout est perdu sans retour. Au lieu d'une autorité respectable, il ne verra plus devant lui qu'un vilain système de ruses et de finesses, qu'il méprisera et qu'il mettra toute son application à déjouer. Rousseau vante, et avec raison, les leçons de l'exemple; il en fait même quelque part la règle fondamentale de l'éducation [2]. Il ne voit donc pas que le premier exemple qu'il donne à son élève, c'est l'exemple du mensonge.

En toute circonstance, il se montre l'adversaire de l'autorité. Cette haine de toute supériorité, qui

---

1. *Émile*, l. II. — 2. *Lettre à l'abbé M.*, 2 février 1770.

n'est pas toujours franche, comme on vient de le voir, est une conséquence de son système. Du moment que l'homme est naturellement bon et que la société le déprave, et ce sont les premiers mots de l'*Émile* [1], l'individu sortant bon des mains de la nature, doit, autant que possible, rester isolé, et se garder avec ses semblables de rapports qui ne serviraient qu'à le pervertir. Il est dur de supprimer les rapports entre le père et le fils, entre le maître et l'élève (il est vrai que Rousseau ne fait que les déguiser). Serait-il même téméraire de supposer que, s'il a déchargé le père des soins de l'éducation d'Émile, c'est pour sauver en partie l'odieux d'une altération par trop flagrante des rapports les plus naturels? Quoi qu'il en soit, il est curieux de voir la façon dont il pose, en face l'un de l'autre, le maître et l'élève, pourvus l'un et l'autre de leur liberté, en usant chacun de leur côté, sans se rien devoir ni se rien commander. Mais la partie n'est pas égale; les forces ne sont pas les mêmes, et l'élève cédera nécessairement à la force [2]. Rousseau appelle cela l'éducation et trouve que c'est le triomphe du système; nous croyons, nous, que c'en est la ruine. Là où il n'y a que des forces, sans relations morales de devoir et d'affection, il n'y aura que chocs durs et violents. Jean-Jacques a prétendu travailler au bonheur de l'enfant, surtout à son bonheur présent, que, pour rien au monde, il ne consentirait à sacrifier aux chances d'un avenir toujours incertain; par le fait, il n'a travaillé qu'à son malheur présent et futur.

---

1. « Tout est bien, sortant des mains de l'auteur des choses, tout dégénère entre les mains de l'homme. » *Émile*. l. I, ligne 1ʳᵉ. — 2. *Id.*, l. II.

Et ce qu'il y a de plus singulier, c'est qu'à cette absence apparente de rapports, à cette indépendance, tantôt prétendue et tantôt réelle, se joignent le commerce le plus constant et l'assujettissement le plus absolu. Il n'est pas trop pour l'élève d'avoir un maître pour lui seul, sans cesse occupé de lui, ne pensant qu'à lui, n'agissant que pour lui, combinant, nuit et jour, ses moyens et ses effets, apostant au besoin ses compères, leur distribuant leurs rôles : de sorte que cette éducation annoncée comme naturelle, négative et libérale, est en réalité très artificielle, très affirmative et très autoritaire. « Convenons, dit Julie, qu'avec toute la peine que j'aurais pu prendre, il fallait être aussi bien secondée, pour espérer de réussir, et que le succès de mes soins dépendait d'un concours de circonstances qui ne s'est peut-être jamais trouvé qu'ici [1]. »

Comme exemple de cette méthode artificielle, on peut citer la manière dont Rousseau enseigne ce que c'est que la propriété. L'idée de propriété est, d'après Rousseau, la première qu'il faut donner à l'enfant. Cependant, suivant une méthode pour le moins contestable, il prend la question par son côté le plus difficile et le plus obscur et commence par remonter à l'origine de la propriété. L'enfant aime les travaux champêtres ; il voit l'œuvre du jardinier ; il a le désir de l'imiter ; il s'empare d'un coin du jardin. Pourquoi pas ? N'est-il pas vrai que « les fruits sont à tous, et la terre à personne [2]. » Il y sème des fèves ; il les voit lever avec transport ; le maître partage sa joie, travaille avec lui ; tout est

---

1. *Nouvelle Héloïse*, l. V, lettre 3. — 2. *Discours sur l'Inégalité*, 2ᵉ partie.

au mieux. Mais un jour, ô douleur ! les fèves sont arrachées, la terre bouleversée. Qui lui a ainsi ravi son bien? C'est le jardinier. Et pour comble d'infortune, quand on va le trouver pour se plaindre, c'est ce dernier qui se plaint le plus haut. — Ce terrain est à moi, s'écrie-t-il, je l'avais cultivé ; j'y avais semé des melons, et vous les avez détruits pour mettre à la place vos misérables fèves. — De là, avec le jardinier, un dialogue convenu et arrangé à l'avance, sur le droit du premier occupant par le travail. Cette conversation n'est pas bien longue ; mais Rousseau a soin de prévenir qu'il n'en donne qu'un extrait, et que la notion qu'il renferme en deux pages, pourra bien être, dans la pratique, l'affaire de deux années [1]. Remarque peu encourageante pour les gens pressés. Mais il ne faut pas perdre de vue que « la règle la plus grande, la plus importante et la plus utile de toute éducation, ce n'est pas de gagner du temps, c'est d'en perdre [2]. »

Avec la propriété, « nous voilà, dit Jean-Jacques, dans le monde moral ; voilà la porte ouverte au vice ; avec les conventions et les devoirs, naissent la tromperie et le mensonge [3]. » Toujours, comme on le voit, cette timidité inexplicable chez un homme aussi audacieux d'ailleurs ; toujours ce désir de fermer la porte à la vérité et à la vertu, de peur que l'erreur et le vice n'entrent par la même occasion ; toujours ces réminiscences du *Discours sur l'Inégalité*, qui sont la mutilation de la plus noble moitié de l'homme. Il faut pourtant se résigner à tenir compte du progrès. L'enfant grandit ; il a une idée ; mais une idée ne vient jamais seule.

1. *Émile*, l. II. — 2. *Id.* — 3. *Id.*

Que va-t-on lui enseigner, et comment va-t-on le lui enseigner? Surtout, pas un seul livre; pas de leçons écrites; ne faites rien apprendre par cœur. L'enfant, d'ailleurs, sait-il lire? Dans tous les cas, on ne le lui a pas appris. Pas de leçons verbales non plus, mais seulement celles des faits, de l'expérience et de la nécessité [1]. Les *leçons de choses,* aujourd'hui à la mode, étaient entendues d'une manière bien plus complète par l'auteur de l'*Émile* que par nos instituteurs communaux, puisqu'il n'admet ni livres ni explications, et se contente de placer l'enfant en face de l'objet ou du fait dont il doit tirer son profit. Libre à Rousseau de s'imaginer qu'il prépare ainsi des progrès rapides à son élève.

C'est d'après cette méthode que l'enfant apprendra à lire. Gardez-vous de vous en occuper; il est convenu que vous n'avez rien à lui enseigner, et que lui-même ne doit savoir que ce qu'il juge à propos d'apprendre. Il s'agit donc de lui inspirer le désir de savoir lire. Rien de plus simple : mettez en jeu son intérêt. Il reçoit des billets d'invitation pour un dîner, pour une promenade, pour une partie sur l'eau ; il faut que quelqu'un les lui lise. Faites en sorte que ce quelqu'un ne se trouve pas à point nommé ou manque de complaisance ce jour-là, et voilà notre Émile forcé de les lire lui-même. Il y sera pris dans le commencement, il manquera quelques parties ; mais il y aura bien du malheur, si l'envie de manger de la crème ou d'aller en bateau ne le détermine pas promptement à apprendre, sans le secours de personne ou à peu près. « Parlerai-je à présent de l'écriture, continue Rous-

---

1. *Émile,* l. II.

seau ? Non ; j'ai honte de m'amuser à ces niaiseries dans un traité d'éducation¹. » Ne pourrions-nous pas, nous aussi, avoir honte d'insister sur l'inanité d'une pareille méthode ? Que d'hommes ont un intérêt grave à savoir lire et écrire, et ne le sauront jamais faute de l'avoir appris dans leur jeunesse ! Croit-on que des enfants seront plus énergiques, plus persévérants, mieux éclairés sur leurs intérêts ?

Avant de savoir ce que nous apprendrons à Émile, il est pour le moins aussi important de savoir ce que nous ne lui apprendrons pas. Nous ne lui avons pas appris à lire et à écrire ; mais on nous assure qu'il aura appris sans nous. Il ne faut pas compter qu'il apprendra de même les autres choses, dont il ne sentira pas autant le besoin. Ainsi il n'apprendra pas les langues ; nous ne les lui enseignerons pas davantage ; car on doit les compter, au moins à cet âge, au nombre des inutilités de l'éducation². Encore moins lui ferons-nous étudier l'histoire ; elle n'est pas à sa portée³. Du reste et d'une façon générale, il n'y a pas d'étude qui convienne aux enfants, par la raison qu'ils ne peuvent apprendre que des mots ; or, il n'y a pas de science de mots. L'horreur de Jean-Jacques pour les mots ne connaît point de bornes. C'est donc, d'après lui, peine plus que perdue d'enseigner une langue à un enfant, s'il n'en pénètre les origines, le génie, les caractères distinctifs, — l'histoire, s'il ne saisit les rapports qui lient entre eux les événements, leurs causes morales ou autres, leurs effets. En un mot, point d'enseigne-

---

1. *Émile*, l. II ; — *Nouvelle Héloïse*, l. V, lettre 3. — 2. *Émile*, l. II. — 3. *Id.*

ment élémentaire; point de connaissance des langues, sans les principes généraux de la grammaire et du langage; point d'histoire, sans la philosophie de l'histoire; et ainsi du reste.

« L'intelligence humaine a ses bornes,... il y a donc un choix dans les choses qu'on doit enseigner... Des connaissances qui sont à notre portée, les unes sont fausses, les autres sont inutiles, les autres servent à nourrir l'orgueil de celui qui les a. Le petit nombre de celles qui contribuent réellement à notre bien-être est seul digne des recherches d'un homme sage, et par conséquent d'un enfant qu'on veut rendre tel. Il ne s'agit point de savoir ce qui est, mais seulement ce qui est utile.

« De ce petit nombre, il faut ôter encore ici les vérités qui demandent, pour être comprises, un entendement déjà tout formé; celles qui supposent la connaissance des rapports de l'homme, qu'un enfant ne peut acquérir; celles qui, bien que vraies en elles-mêmes, disposent une âme inexpérimentée à penser faux sur d'autres sujets.

« Vous voilà réduits à un bien petit cercle, relativement à l'existence des choses; mais que ce cercle forme encore une sphère immense pour la mesure de l'esprit d'un enfant! Ténèbres de l'entendement humain, quelle main téméraire osa soulever votre voile? Que d'abîmes je vois creuser par vos vaines sciences autour de ce jeune infortuné! O toi qui vas le conduire dans ces périlleux sentiers, et tirer devant ses yeux le rideau sacré de la nature, tremble. Assure-toi premièrement de sa tête et de la tienne. Crains qu'elles ne tournent à l'un ou à l'autre, et peut-être à tous les deux. Crains l'attrait spécieux du mensonge et les vapeurs enivrantes de l'orgueil. Souviens-toi, souviens-toi sans cesse que l'ignorance n'a jamais fait de mal, que l'erreur seule est funeste, et qu'on ne s'égare point parce qu'on ne sait pas, mais parce qu'on croit savoir [1]. »

Ces paroles servent en quelque sorte d'introduction aux études que va faire Émile. Et, comme conclusion, Rousseau, après avoir parcouru le cercle scientifique qu'il veut lui faire embrasser, revient sur les mêmes idées. Ce qu'il voudrait par-dessus tout, ce serait d'empêcher Émile d'user de son jugement. « Puisque toutes nos erreurs nous viennent de nos jugements, il est clair que, si nous n'avions jamais besoin de juger, nous n'aurions nul besoin d'apprendre ; nous ne serions jamais dans le cas de nous tromper ; nous serions plus heureux de notre ignorance que nous ne pouvons l'être de notre savoir... Il est de la dernière évidence que les compagnies savantes de l'Europe ne sont que des écoles publiques de mensonges, et très sûrement, il y a plus d'erreurs dans l'Académie des sciences que dans tout un peuple de Hurons.

« Puisque plus les hommes savent, plus ils se trompent, le seul moyen d'éviter l'erreur est l'ignorance. Ne jugez point, vous ne vous abuserez jamais ; c'est la leçon de la nature, aussi bien que de la raison... Que m'importe ? est le mot le plus familier à l'ignorant et le plus convenable au sage [2]. »

A voir ces recommandations et ces frayeurs, on pourrait croire qu'il est question de secrets terribles. Tranquillisons-nous ; il s'agit simplement de

---

1. *Émile*, l. III. — 2. *Id.*

notions très élémentaires en géométrie, en géographie, en physique, en histoire naturelle, et de connaissances plus complètes en technologie, toutes sciences de sensations, mais de sensations plus parfaites et, en quelque sorte, plus savantes que celles qui avaient frappé Émile jusqu'alors. Quant à savoir d'où il vient, où il va, pourquoi il est dans le monde et ce qu'il doit y faire, il n'a point à s'en occuper ; il est trop tôt. Il est arrivé à douze ans sans avoir l'idée des relations sociales, sans savoir ce que c'est que conscience et devoir. Cet état est bon ; il faut s'appliquer à le prolonger le plus possible.

IV

Cependant on a laissé l'enfant s'essayer, sans maître, à barbouiller des dessins d'après nature, à rendre, et même à composer une musique très simple ; on l'a excité à acquérir quelques notions de géométrie, mais sans raisonnement et au moyen de ses simples observations personnelles[1] ; le temps est venu pour l'élève d'aller plus loin et de se préparer peu à peu à la connaissance des premières relations sociales. Les sens ont servi de guides jusque-là, on n'ira point en chercher d'autres ; l'expérience et les faits ont été les seuls maîtres, ils continueront à l'être ; la nécessité a été l'unique loi, elle sera encore la loi, mais elle ne sera plus l'unique ; on y joindra l'*utilité*. Quelle utilité ? L'utilité personnelle,

---

1. Ainsi, par une anomalie incroyable, Rousseau, qui n'admet pas le simple récit des faits en histoire, recommande la géométrie sans raisonnement.

et même l'utilité présente et sensible ; Émile n'en saurait concevoir d'autre. Et voilà un enfant qui, à douze ans, par un progrès que Rousseau ne peut considérer sans trembler, découvre enfin ce que c'est que son utilité personnelle et apprend l'art d'être égoïste. A quoi était-il donc réduit auparavant, sinon à une sorte d'instinct bestial ? Et à quatorze ans, n'aimant personne, n'obéissant à personne, ne songeant pas s'il a un père, une mère, des camarades, se confinant dans son utilité égoïste, « il se considère sans égard aux autres, et trouve bon que les autres ne pensent point à lui. Il n'exige rien de personne et ne croit rien devoir à personne. Il est seul dans la société humaine ; il ne compte que sur lui seul [1]. » Quand nous disions que Rousseau ne sait former qu'un animal ou un sauvage !

Cette notion de l'utile donne une grande prise de plus pour gouverner l'élève. Cet instrument sera d'autant plus puissant que, suivant un artifice familier à Rousseau, le maître mettant à profit l'inexpérience de l'enfant et sa propre expérience, s'arrangera de façon à disposer de l'utile à son gré [2]. A quoi cela est-il bon ? Voilà désormais le mot sacré, voilà la règle qui dirigera dans le choix des études.

Afin de rester fidèle à la loi qui prescrit de ne rien imposer à l'élève, il faudra, la curiosité aidant, lui faire goûter l'utilité de chaque science qu'on désirera qu'il cultive. S'agit-il de la géométrie, par exemple, on fera en sorte qu'il ait besoin de trouver un carré égal à un rectangle donné, le jour où l'on

1. *Émile*, liv. III. — 2. *Id.*

voudra lui faire chercher une moyenne proportionnelle entre deux lignes [1]. Ces artifices ne seront pas toujours faciles ; mais l'embarras sera encore plus grand, quand il sera question d'étudier l'astronomie ou la géographie, sans globes, sans cartes, sans instruments ; la géographie sur le terrain ; l'astronomie sur une montagne, par une belle nuit d'été, ou au moment du lever et du coucher du soleil. Ce sera le cas de faire appel à la curiosité ; mais on ne renoncera pas pour cela au motif de l'utilité. A quoi cela sert-il de savoir s'orienter, par exemple, demandera un jour Émile à son précepteur? et il faudra lui donner la réponse par expérience, le seul moyen de démonstration qui soit à son usage. Le lendemain, on fait une promenade dans la forêt de Montmorency ; on s'égare ; Émile est las ; il a faim, il pleure ; comment faire? On a sa montre, on se rend compte de la situation du soleil ; on sait que Montmorency est au sud de la forêt ; on s'oriente, on se retrouve ; on reconnaît que l'astronomie est bonne à quelque chose.

Jean-Jacques aime à multiplier ces exemples. Ainsi la leçon de physique se prendra à la foire, avec le concours d'un bateleur complaisant, qui donnera d'excellents conseils à Émile. Mais ces artifices, tout ingénieux qu'ils soient, ne nous séduisent point. Ils n'abuseront pas longtemps Émile, et, d'ailleurs, combien faudrait-il de siècles en allant de ce train, avec cette méthode à bâtons rompus et cette condition de se réduire à la science attrayante, pour faire une éducation complète? Rousseau l'a peut-être

---

1. *Émile*, l. III.

compris; car désormais il ne veut plus qu'on perde de temps et trouve au contraire qu'on ne saurait trop se hâter[1].

Sans renier ce qu'il a dit ailleurs, il veut bien constater que la société est nécessaire, par cela seul qu'elle existe. La terre étant ce que les hommes l'ont faite, celui qui prétendrait se regarder comme isolé, serait nécessairement misérable et n'aurait pas même les moyens de vivre. Pour initier Émile aux relations sociales, sans quitter le domaine des sens, on s'adressera avec fruit aux arts mécaniques. En voyant que le maçon ne bâtit pas pour lui seul, que l'habitant de la ville est obligé de demander sa subsistance à l'agriculteur, Émile commencera à comprendre la dépendance des hommes entre eux; le commerce lui fera encore mieux sentir les règles et les conventions qui président aux échanges; mais il aura d'autres motifs de fréquenter les ateliers, c'est l'utilité qu'il en pourra retirer. Il n'entrera pas dans la boutique d'un artisan sans s'informer de tout, sans se rendre compte de tout, et même sans mettre la main à l'œuvre; et comme il n'y a point de meilleur précepte que l'exemple, le précepteur tiendra à se mettre au travail avec lui.

Bien plus, Émile devra posséder à fond un métier, s'y rendre habile, l'exercer souvent, non pas en amateur, pendant quelques heures, mais en ouvrier, sous un patron le payant à la journée. Cette idée que tout homme doit apprendre un métier est une de celles sur lesquelles Rousseau revient le plus souvent. Il y consacre de longues pages; il prouve sa thèse: il répond aux objections[2]. S'il se bornait à préconiser

---

1. *Émile*, l. III. — 2. *Id.*, l. III, et passim. — *Lettre à* Mme *Guyenet*, 1765. etc.

le travail, on ne pourrait qu'applaudir à ses efforts. S'il se contentait de dire : « Travailler est un devoir indispensable à l'homme social. Riche ou pauvre, puissant ou faible, tout citoyen oisif est un fripon; » on pourrait encore, malgré leur dureté, souscrire à ces paroles. Mais ce qu'il veut, ce n'est pas un travail quelconque, c'est « un métier, un art purement mécanique. » Pourquoi donc exige-t-il qu'on se rende utile à la société de telle façon plutôt que de telle autre ? On en peut indiquer plusieurs motifs. En premier lieu, ses idées égalitaires ont influé sur sa pensée. Il était content de passer le niveau populaire sur la tête des princes et des marquis; l'outil du manœuvre lui a paru propre à remplir cet office. L'importance qu'il donnait aux sensations, aux exercices corporels, à l'habileté de la main ont contribué aussi à le déterminer. Enfin, il a encore obéi à d'autres considérations. Celle qui touche aux vicissitudes de la fortune ressemble presque à une prophétie et montre avec quelle netteté on prévoyait déjà, non seulement la Révolution, mais jusqu'à ses conséquences extrêmes [1]. « Vous vous fiez à l'ordre actuel de la société, sans songer que cet ordre est sujet à des révolutions inévitables, et qu'il vous est impossible de prévoir ou de prévenir celle qui peut regarder vos enfants. Le grand devient petit, le riche devient pauvre, le monarque devient sujet : les coups du sort sont-ils si rares

---

1. Elle l'était du reste par bien d'autres que par Rousseau. Voir F. ROCQUAIN, *L'Esprit révolutionnaire avant la Révolution*. 1 vol. in-8, p. 240 et suivantes. Tout le monde connaît les étranges prédictions de Cazotte. On peut citer aussi les révélations encore plus étranges du livre qui a pour titre : *Rêve s'il en fut jamais*, etc.

que vous puissiez compter d'en être exempt? Nous approchons de l'état de crise et du siècle des révolutions; qui peut vous répondre de ce que vous deviendrez alors[1]? » Et comme conclusion, Émile apprend l'état de menuisier.

La faveur que Rousseau accorde à la sensation, à l'exclusion des autres facultés, l'a encore guidé dans le choix du seul livre qu'il consente à mettre entre les mains d'Émile : ce livre, c'est *Robinson*[2]. Ne veut-il pas en effet faire de son Émile une sorte de Robinson. Et Robinson, seul dans son île, obligé de se suffire à lui-même, d'observer, d'expérimenter, de borner sa vie et sa science à ce qui est utile, ayant à compter à chaque instant avec la nécessité, n'est-il pas un excellent modèle à proposer à Émile?

V

Émile arrive à quinze ans; il sort de l'enfance au temps prescrit par la nature; mais ce moment de crise exerce sur le reste de la vie une longue influence. « Comme le mugissement de la mer précède de loin la tempête, cette orageuse révolution s'annonce par le murmure des passions naissantes... Ulysse, ô sage Ulysse, prends garde à toi; les outres que tu fermais avec tant de soin sont ouvertes; les vents sont déjà déchaînés. Ne quitte plus un moment le gouvernail ou tout est perdu... Jusqu'ici nos soins n'ont été que des jeux d'enfant; ils ne prennent qu'à présent une véritable importance[3]. » Les passions, les relations so-

---

1. *Émile*, l. III. — 2. *Id.* — 3. *Id.*, l. IV.

ciales, l'ordre moral, les idées intellectuelles, la religion, telles sont, en attendant le mariage et la politique, les problèmes qui vont se presser, mais que, malgré ce qu'en dit Rousseau, Émile est bien peu préparé à résoudre.

Rousseau semble ici appliquer exclusivement le mot de passions à l'attrait qui porte un sexe vers l'autre. Ce sens est trop restreint. L'effervescence de la jeunesse est toujours précédée d'autres passions qui n'ont pas d'âge, comme la colère, la vanité, l'orgueil, la jalousie, ou même de passions plus spéciales à l'enfance, comme la paresse ou la gourmandise. Jean-Jacques n'en parle pas ou en parle à peine, sans doute parce qu'elles n'entraient pas dans son plan; elles l'auraient fait sortir du monde des sens, le seul qu'il regardât comme accessible à l'enfant, pour l'introduire dans le monde moral. Comme il n'en a rien dit à Émile, il suppose peut-être qu'elles sont restées muettes; mais la passion, quelle qu'elle soit, n'attend la permission de personne pour se manifester.

Ces réserves faites, nous n'en admirerons que plus à notre aise les vues excellentes et élevées que Jean-Jacques a répandues sur cette matière. Il a senti l'importance du problème qui se posait devant lui et s'est appliqué courageusement à le résoudre. Non content de voir, il a cherché à prévoir; il a étudié la passion, telle qu'il l'entend, dans ses premiers symptômes et dans ses premiers mouvements. Sachant qu'il n'est ni possible, ni conforme à la nature de l'empêcher de naître, il a voulu du moins en retarder l'éclosion, afin de lui préparer une naissance plus heureuse [1]. Cette pensée n'est pas neuve;

---

1. *Émile,* l. IV.

elle n'en est pas moins une des plus justes et des plus salutaires du livre. La méthode expectante et négative de l'auteur le servait bien d'ailleurs dans cette circonstance, et c'était le cas de l'employer. Tant qu'une passion, quelque direction qu'on lui donne, quelque tempérament qu'on lui applique, n'a aucun moyen de s'exercer légitimement et utilement, il est évident qu'elle est prématurée. Or, il est à remarquer que, par une infirmité originelle de notre espèce, l'éveil des sens ayant lieu bien avant le temps où ils peuvent avoir un usage conforme aux vues de la nature, il est par conséquent à propos de le retarder le plus possible.

Nous ne savons si, comme l'assure Rousseau, les instructions de la nature sont tardives et lentes ; mais on peut affirmer avec lui que nos mœurs corrompues et notre civilisation, comme il dit, produisent à cet égard une précocité désastreuse. Il a, à ce sujet, de belles considérations. Ses portraits du jeune homme adonné au libertinage et de celui qui a été élevé dans la simplicité et l'innocence méritent d'être conservés. « J'ai toujours vu, dit-il, que les jeunes gens corrompus de bonne heure et livrés aux femmes et à la débauche, étaient inhumains et cruels... Au contraire, un jeune homme élevé dans une heureuse simplicité est porté par les premiers mouvements de la nature vers les passions tendres et affectueuses... Oui, je le maintiens, et je ne crains point d'être démenti par l'expérience, un enfant qui n'est pas mal né et qui a conservé jusqu'à vingt ans son innocence est, à cet âge, le plus généreux, le meilleur, le plus aimant et le plus aimable des hommes[1]. »

---

1. *Émile*, l. IV.

Afin de maintenir le jeune homme dans cette simplicité si désirable, Rousseau a imaginé de tempérer les passions déréglées par des passions généreuses et bien ordonnées; car il ne conserve pas toujours au mot de passion le sens restreint qu'il lui donne habituellement. Le premier dérivatif qu'il propose est l'amitié. L'amitié, dit-il, se développe avant l'amour; le sage précepteur n'a qu'à favoriser cette disposition pour prolonger l'innocence du jeune homme. Nous ne contredirons point Rousseau à cet égard; nous nous étonnerons toutefois qu'il ait mis quinze ou seize ans à s'apercevoir que son élève est capable de sentiments affectueux. Du moment donc que vous aurez gagné le cœur de votre élève, voyez-vous, dit-il, quel nouvel empire vous allez acquérir sur lui? Du reste, les autres passions vous donneront également des prises sur son cœur. « Tant qu'il n'aimait rien, il ne dépendait que de lui-même et de ses besoins; sitôt qu'il aime, il dépend de ses attachements[1]. »

De l'amitié à une bienveillance plus générale, il n'y a qu'un pas. Dirigez la sensibilité du jeune homme vers les nobles sentiments; tournez son caractère vers la bienfaisance, la bonté, l'humanité; cela vaudra mieux que de le lancer dans les plaisirs du monde, dont il ne peut encore apprécier la vanité et les dangers. Choisissez avec soin ses sociétés, son entourage, ses occupations, ses plaisirs. Défiez-vous des livres, des gouvernantes, des laquais. Que les spectacles que vous lui ménagerez le modèrent et le retiennent plutôt que de l'exciter. Mettez un frein à son imagination; appliquez-vous

---

1. *Émile*, l. IV.

à régler ses affections selon l'ordre de la nature. Apprenez-lui à « aimer tous les hommes, même ceux qui le déprisent... C'est par ces routes, et d'autres semblables, bien contraires à celles qui sont frayées, qu'il convient de pénétrer dans le cœur du jeune adolescent, pour y exciter les premiers mouvements de la nature, le développer et l'étendre sur ses semblables. A quoi j'ajoute qu'il importe de mêler à ces mouvements le moins d'intérêt personnel qu'il est possible. Surtout point de vanité, point d'émulation, point de gloire, point de ces sentiments qui nous portent à nous comparer aux autres; car ces comparaisons ne se font jamais sans quelque sentiment de haine contre ceux qui nous disputent la préférence, ne fût-ce que dans notre propre estime[1]. »

Pourquoi faut-il que nous interrompions ces belles réflexions par la note discordante de la critique? Ces conseils sont fort bons; le malheur est qu'ils ne s'appuient sur rien. Remarquons qu'Émile ne sait pas encore ce que c'est qu'une action bonne ou mauvaise. Il ne faut assurément pas blâmer les parents qui cultivent chez leurs enfants une heureuse disposition aux sentiments affectueux, et encore veillent-ils à ce que, dès l'origine, cette tendance à aimer soit éclairée par la loi du devoir et des convenances. Ces sentiments, ces idées se développent avec l'âge, et le pli d'une habitude saine, contractée avant l'éveil des passions, se maintient pour ainsi dire naturellement après. Mais un être parvenu à l'âge de raison, un adolescent de quinze ou seize ans, va-t-il se contenter de cette vague sentimen-

1. *Émile*, l. IV.

talité? Ces impressions, encore neuves, seront-elles de force à résister à l'effort de la passion? Le sentiment est, de sa nature, variable et capricieux; ne le sera-t-il pas doublement quand la passion lui aura enlevé sa loi et sa règle?

Attendez, Rousseau a aussi sa règle de générosité, d'amour du prochain, de bienfaisance; cette règle, c'est l'amour de soi. « La source de nos passions, l'origine et le principe de toutes les autres, la seule qui naît avec l'homme et ne le quitte jamais tant qu'il vit, est l'amour de soi : passion primitive, innée, antérieure à toute autre, et dont toutes les autres ne sont, en un sens, que des modifications... L'amour de soi-même est toujours bon, toujours conforme à l'ordre... Il faut que nous nous aimions pour nous conserver; il faut que nous nous aimions plus que toute chose; et, par une suite immédiate du même sentiment, nous aimions ce qui nous conserve... C'est la faiblesse de l'homme qui le rend sociable ; ce sont nos misères communes qui portent nos cœurs à l'humanité... Quand la force d'une âme expansive m'identifie avec mon semblable et que je me sens, pour ainsi dire, vivre en lui, c'est pour ne pas souffrir que je ne veux pas qu'il souffre; je m'intéresse à lui pour l'amour de moi, et la raison du précepte est dans la nature elle-même, qui m'inspire le désir de mon bien-être, en quelque lieu que je me sente exister. D'où je conclus qu'il n'est pas vrai que les préceptes de la loi naturelle soient fondés sur la raison seule; ils ont une base plus solide et plus sûre. L'amour des hommes, dérivé de l'amour de soi, est le principe de la justice humaine[1]. » Ces paroles montrent à nu le système de Rousseau ; système égoïste, qui, à moins d'admettre l'identité des contraires, ne fera jamais de héros. Si je ne me crois obligé à n'aimer mon semblable et à lui faire du bien qu'autant que cela m'est avantageux, je ne l'aimerai, je ne lui ferai du bien que quand j'y verrai mon intérêt. Il n'y a pas là grande vertu, et cela restreint singulièrement le champ du sacrifice.

Pendant quelque temps, le précepteur se borne à cultiver chez son élève les sentiments affectueux, la pitié, la bienveillance, l'humanité, à l'état d'instinct inconscient et de simple émotion ; mais ces mouvements tendent naturellement à s'élever et à devenir des vertus.

Nous entrons *enfin*, dit Rousseau, dans l'ordre moral. Enfin ! dirons-nous à notre tour. Il en est temps ; il y a plus de quinze ans que nous attendons. Émile est prêt à entendre les premiers accents de la conscience, ils s'élèvent du fond de son cœur ; à connaître les premières notions du bien et du mal, elle naissent de ses sentiments d'amour et de haine. Tel est le point culminant de la théorie de Rousseau. Qu'elle soit sensualiste, nous n'avons pas le droit d'en être surpris ; ne citions-nous pas il y a un instant ces paroles : « l'amour des hommes, dérivé de l'amour de soi, est le principe de la justice humaine. » Le sensualisme n'est-il pas d'ailleurs l'erreur du xviiie siècle ? Il est vrai que Rousseau s'est donné constamment comme supérieur

---

[1]. *Émile*, l. IV. — Voir aussi : *Lettre à l'abbé de X.*, 4 mars 1764.

à son siècle. Nous parlions de vertus; mais il est à craindre qu'Émile, dès qu'il aura été initié aux lois de la morale, ne commence par les violer, à l'instigation de l'amour-propre et de l'orgueil. Du moment qu'on n'est plus seul, il est nécessaire que chacun se fasse sa place; celle qu'on désirera sera toujours la première. C'est au maître à combattre cette fâcheuse disposition, en montrant à son élève ce que sont les hommes et ce qu'il doit attendre d'eux.

Ceci amène Rousseau à la politique, qu'il prend ici, comme on voit, dans un sens très large, et qu'il ne veut pas traiter séparément de la morale; autrement, dit-il, on n'entendrait jamais rien à aucune des deux[1]; parole parfaitement juste, mais qui n'est guère à l'usage des politiques de profession. Il n'avait point du reste à parler longuement de politique dans l'*Émile*; le *Discours sur l'Inégalité* et le *Contrat social* y avaient largement pourvu. Il lui suffisait, à son point de vue, d'affirmer l'importance qu'il attachait à ce qu'Émile connût bien les contradictions sociales : d'un côté, l'égalité réelle et voulue par la nature; et, en face, l'égalité mensongère et chimérique de l'état civil, qui n'aboutit qu'au privilège, à la violence et à l'iniquité. Qu'il sache que l'homme, naturellement bon, car il le jugera d'après lui-même, devient, aussitôt qu'il se réunit avec d'autres hommes, mauvais, rempli de préjugés et de vices. Qu'il en conclue que la société le déprave et le pervertit.

Ces connaissances ne sont pas sans danger. Il est à craindre qu'en rendant Émile observateur, on ne le rende médisant et satirique; qu'en l'accoutumant

---

1. *Émile*, l. IV.

au spectacle du vice, on ne le déshabitue de la pitié ; qu'enfin la perversité générale lui serve moins de leçons que d'excuse.

Cependant cette science de la perversité humaine, il est nécessaire qu'il l'acquière. L'idéal serait « qu'il pensât bien de ceux qui vivent avec lui, et qu'on lui apprît à si bien connaître le monde, qu'il pensât mal de tout ce qui s'y fait... qu'il fût porté à estimer chaque individu, mais qu'il méprisât la multitude. »

« Pour lever à la fois ces deux obstacles et pour mettre le cœur humain à sa portée, sans risquer de gâter le sien, je voudrais, dit Rousseau, lui montrer les hommes au loin ; les lui montrer dans d'autres temps ou dans d'autres lieux, et de sorte qu'il pût voir la scène, sans jamais y pouvoir agir. Voilà le moment de l'histoire[1]. »

On doit bien penser qu'Émile n'apprendra pas l'histoire en suivant, comme tout le monde, des cours réguliers. S'il lui faut des livres, il en aura le moins possible ; son premier livre sera, comme toujours, l'expérience. Chemin faisant, Jean-Jacques profite de son traité pour donner ses idées sur l'histoire, de même qu'il l'a fait sur d'autres sujets, et qu'il le fera encore. Il regrette, non sans raison, que l'histoire, ne racontant guère que les combats, les crimes, les malheurs des nations, calomnie le genre humain ; mais lui-même en fait-il donc d'habitude un portrait si flatteur ? Il se défie des historiens, de leurs préjugés, de leur partialité, de leur ignorance, et il en conclut que « les pires historiens pour un jeune homme sont ceux qui jugent. » La conclu-

1. *Émile*, l. IV.

sion aurait été plus juste s'il avait dit que les meilleurs sont ceux qui jugent bien, et qu'il faut, autant que possible, les choisir éclairés et impartiaux. Il se plaint qu'ils fassent connaître les actions plutôt que les hommes ; mais comment connaître les hommes, sinon par leurs actions? Deux pages plus haut, il avait dit : « Les faits, les faits ! et qu'il juge lui-même ; c'est ainsi qu'il apprend à connaître les hommes. » Reste à savoir si l'élève se donnera la peine de juger, s'il est en état de le faire, et si des jugements sages ne lui en apprendraient pas plus long que des réflexions qu'il ne fera pas. Rousseau a craint maintes fois de donner à Émile une instruction au-dessus de sa portée ; ne tomberait-il point ici dans l'écueil dont il se gardait si soigneusement? Fidèle à son amour pour les Anciens, il bannit l'histoire moderne ; il aime les vies; elles font mieux connaître l'homme ; il n'admet pas la philosophie de l'histoire et paraît la rechercher sans cesse. En somme, au lieu de connaître l'histoire par les hommes, il regarde comme plus sage et plus prudent de connaître les hommes par l'histoire ; pensée juste, mais qui n'a rien de nouveau [1].

Émile, esprit neuf, cœur libre de préjugés et de passions, âme bienveillante et équitable, est au seul moment de la vie où il puisse juger sainement et impartialement les hommes ; il a au plus haut degré le sens de l'histoire. Il faut toutefois craindre pour lui l'écueil de l'amour-propre. Toutes les fois qu'il se comparera aux autres hommes, son équité même le forcera à se préférer à tous. « Je suis sage, se dira-t-il, et les hommes sont fous. En les plai-

---

1. *Émile*, l. IV.

gnant, il les méprisera. » Allez-vous, pour le ramener, lui faire de beaux raisonnements? Ce serait bien peine perdue. Faites-lui faire des écoles. Exposez-le volontairement à tous les accidents qui peuvent lui prouver qu'il n'est pas plus sage qu'un autre : laissez les étourdis l'entraîner dans leurs extravagances, les flatteurs se moquer de lui, les filous le dévaliser, les grecs le plumer au jeu. « Les seuls pièges dont je le garantirais avec soin, ajoute Rousseau, seraient ceux des courtisanes. » Et encore, s'il tient à en essayer, faut-il que le maître l'accompagne ; car il est de règle que le maître, après avoir dûment averti son élève, doit ensuite partager toutes ses folies. « Je demanderais volontiers, dit Jean-Jacques, au gouverneur de certain jeune homme, combien de fois il est entré dans un mauvais lieu, pour le service de son élève. Combien de fois? Je me trompe. Si la première n'ôte à jamais au libertin le désir d'y rentrer ; s'il n'en rapporte le repentir et la honte ; s'il ne verse dans votre sein des torrents de larmes, quittez-le à l'instant ; il n'est qu'un monstre, ou vous n'êtes qu'un imbécile. Vous ne lui servirez jamais à rien[1]. » Nous aussi, nous sommes persuadés, mais dans un autre sens, que le gouverneur qui accompagne son élève dans un mauvais lieu, ne fût-ce qu'une seule fois, n'est en effet qu'un imbécile, et qu'il fera bien de chercher fortune ailleurs.

L'expérience personnelle étant parfois dangereuse ou impossible, le rôle de l'histoire est de nous instruire par l'expérience d'autrui. La fable partage le même privilège. Le jeune homme est arrivé à un

1. *Émile*, l. IV.

âge où il en peut comprendre les leçons ; mais supprimez-en les morales. Il les tirera aussi bien lui-même et les appropriera mieux à sa situation. Que s'il n'est pas capable d'entendre les fables sans l'explication, il ne les entendra pas même ainsi.

Ces études préparent Émile à tenir sa place dans le monde, mais elles sont bien théoriques ; il est à propos de lui en donner aussi de plus pratiques. « Quand je vois, dit Rousseau, que dans l'âge de la plus grande activité, l'on borne les jeunes gens à des études purement spéculatives, et qu'après, sans la moindre expérience, ils sont tout d'un coup jetés dans le monde et dans les affaires, je trouve qu'on ne choque pas moins la raison que la nature, et je ne suis plus surpris que si peu de gens sachent se conduire[1]. » Paroles assez justes, qui signalent un abus très commun alors, et que nos surnumérariats et nos filières administratives ont atténué, mais non détruit. Mais qu'a donc fait Rousseau jusqu'à présent d'Émile, sinon un bon menuisier et un être très ignorant d'ailleurs ? Aussi confesse-t-il qu'il y a une lacune à l'éducation de son élève. Pour la combler, il propose un moyen qu'on n'attendait sans doute pas de sa part, les bonnes œuvres. « Occupez votre élève, dit-il, à toutes les bonnes actions qui sont à sa portée. Que l'intérêt des indigents soit toujours le sien, qu'il ne les assiste pas seulement de sa bourse, mais de ses soins, qu'il les serve, qu'il les protège, qu'il leur consacre sa personne et son temps, qu'il se fasse leur homme d'affaires ; il ne remplira de sa vie un si noble emploi[2]. »

1. *Émile*, l. IV. — 2. *Id.*

Du moment qu'Émile est entré en relations avec les autres hommes, il lui faut se faire entendre d'eux et les persuader; voilà la vraie rhétorique. C'est encore l'expérience qui la lui enseignera. « Quel extravagant projet, dit Jean-Jacques, d'exercer les jeunes gens à parler, sans sujet de rien dire... Qu'importe à un écolier de savoir comment s'y prit Annibal pour déterminer ses soldats à passer les Alpes? Si, au lieu de ces magnifiques harangues, vous lui disiez comment il doit s'y prendre pour porter son préfet à lui donner un congé, soyez sûr qu'il serait plus attentif à vos règles[1]. » Cette méthode est vraie dans un sens; mais prenez garde d'en abuser. Elle fait bon effet dans un livre ; elle risque fort d'égarer dans la pratique. Dire ce qu'on a à dire est fort bien ; encore est-il qu'il y a manière de le dire ; que l'étude, l'art, si l'on veut, est un secours qui n'est pas à négliger. Eh! qui donc est plus artiste que Rousseau en littérature? Qui cisela sa phrase avec plus de soin? Qui, plus que lui, s'éleva au-dessus de ce qu'on pourrait nommer l'éloquence utilitaire?

Émile est entré dans le monde et s'y est distingué par son esprit sûr, ferme, exempt de préjugés, supérieur à la passion. A force d'étendre son amour-propre sur les autres hommes, il l'a transformé en vertu ; à force de généraliser son propre intérêt, il s'est pénétré de l'intérêt d'autrui; ce qui signifie qu'à force d'égoïsme, il a acquis l'esprit de dévouement et de sacrifice. Cependant il ne peut espérer que sa sagesse corrigera la folie de tous les hommes. Il est doux et ennemi des querelles; mais il ne peut

1. *Émile*, l. IV.

répondre qu'un brutal, un ivrogne ou un brave coquin ne lui donne pas un soufflet ou un démenti. Quelle conduite tiendra-t-il alors? L'hypothèse est délicate; Jean-Jacques aurait d'autant mieux fait de la laisser de côté, qu'elle arrivait là à titre de digression et qu'il était peu propre à la résoudre. Lui-même s'était fermé la solution mondaine par l'éloquente protestation qu'il avait insérée contre le duel dans la *Nouvelle Héloïse* [1], et la solution chrétienne n'était guère à sa portée. Il en a cherché une troisième ; il faut convenir que l'invention n'est pas heureuse. « L'insuffisance des lois, dit-il, lui rend (à Émile) son indépendance; il est alors seul magistrat, seul juge entre l'offenseur et lui ; il est seul interprète et ministre de la loi naturelle; il se doit justice et peut seul se la rendre. Je ne dis pas qu'il doive s'aller battre ; c'est une extravagance ; je dis qu'il se doit justice et qu'il en est le seul dispensateur [2]. » Ces paroles paraîtront, sans doute, obscures ; allons en chercher ailleurs l'explication : « L'honneur d'un homme, écrit Rousseau à l'abbé M., ne peut avoir de vrai défenseur, ni de vrai vengeur que lui-même... Si donc un homme indignement, injustement flétri par un autre, va le chercher, un pistolet à la main, dans l'amphithéâtre de l'Opéra, et lui casse la tête devant tout le monde, et puis, se laissant tranquillement mener devant les juges, leur dit : Je viens de faire un acte de justice, que je me devais et qui n'appartenait qu'à moi, faites-moi pendre si vous l'osez, — il se pourra bien qu'ils le fassent pendre en

---

1. *Nouvelle Héloïse*, 1ʳᵉ partie, lettre 57. — 2. *Émile*, l. IV, note.

effet ; parce qu'enfin, quiconque a donné la mort la mérite ; qu'il a dû même y compter ; mais je réponds qu'il ira au supplice avec l'estime de tout homme équitable, comme avec la mienne. Et si cet exemple intimide un peu les tateurs d'hommes, et fait marcher les gens d'honneur qui ne ferraillent pas la tête un peu plus haute, je dis que la mort de cet homme de courage ne sera pas inutile à la société². » Il est superflu de s'attarder à la réfutation de cette opinion. Nous croyons qu'elle présente peu de danger et sera peu suivie dans la pratique.

VI

La manière dont Rousseau façonne son élève rappelle assez celle des fabricants d'automates et de poupées à ressort, qui composent leurs personnages de pièces et de morceaux, ajustant une jambe, puis une autre, puis les bras, les mains, la tête, etc. Il ne manque plus guère à Émile qu'une seule pièce, mais elle est importante ; c'est celle qui correspond aux idées purement intellectuelles et religieuses.

Comment? N'avons-nous pas parlé déjà de passions, de morale, de vertus? Oui, mais de vertus extérieures et égoïstes, d'une morale en l'air, sans Dieu et sans idées. Nous avons parlé de passions; mais, chose incroyable, Rousseau commence par les laisser croître et se fortifier, et c'est quand elles ont déjà produit des ravages, qu'il songe à leur opposer la digue de la religion, la seule pourtant que lui-

---

1. *Lettre à l'abbé M.*, 14 mars 1770.

même regarde comme suffisante. Autant vaudrait attendre, pour munir une place, qu'elle fût investie par l'ennemi. « A quinze ans, Émile ne savait pas s'il avait une âme, et peut-être à dix-huit, n'est-il pas encore temps qu'il l'apprenne[1]? » Mais quelle était donc sa morale, quelle était sa vertu, sinon la morale et la vertu de son âme? Émile, nous l'avons vu, doit se rendre compte de tout ce qu'il fait. Quelle raison de sa vertu ira-t-il chercher dans la matière? (Remarquons que Rousseau n'a jamais été matérialiste). Est-ce dans son corps qu'il fera résider sa morale? Nous ne disons pas même dans ses sens; car les opérations des sens sont elles-mêmes des opérations de l'âme. — Ne pense-t-il point? Ne parle-t-il point? Qu'est-ce que la pensée? Qu'est-ce que la parole, si ce n'est l'âme? On dirait que Jean-Jacques ne sait ce que c'est qu'une idée intellectuelle. Émile, qui est adroit, sait assurément qu'en faisant telle chose, il en résultera tel effet; s'il se rend compte de ce qu'il fait, il en voit la raison suffisante. Mais la cause, la raison suffisante, voilà des idées intellectuelles. A force de vouloir faire de l'éducation expectante et négative, avouons que Rousseau ne sait plus ce qu'il dit.

Et l'idée de Dieu, comment s'y prendra-t-il pour empêcher qu'elle ne pénètre mille fois dans l'esprit de son élève? Émile est observateur : n'a-t-il donc jamais vu une église, un prêtre, une croix, un baptême, un mariage, des obsèques? Que Rousseau entasse difficultés sur difficultés; qu'il énumère la

---

1. *Émile*, l. IV. — C'était aussi l'avis de Diderot : « On sait à quel âge un enfant doit apprendre à lire, à chanter, à danser, le latin, la géométrie. Ce n'est qu'en matière de religion qu'on ne consulte point sa portée. » *Pensées philosophiques*, XXV.

série des échelons qu'il faut traverser, des obstacles qu'il faut surmonter pour arriver à se former une idée abstraite; tout cet échafaudage ne tient pas un instant devant les faits. Est-ce que tous nous n'avons point passé par cette filière, que Jean-Jacques prétend si encombrée? Est-ce que nous n'avons pas pu constater par nous-mêmes que rien, au contraire, n'entre plus naturellement et plus facilement dans l'esprit qu'une idée abstraite? Si nos souvenirs ne nous rappellent pas le moment où, pour la première fois, elle a frappé notre intelligence, ne serait-ce point, parce qu'en effet elle remonte plus haut que nos plus lointains souvenirs? Et le catéchisme, contre lequel Rousseau n'a pas assez d'anathèmes — on sait que, sous ce rapport, il a eu des successeurs et des émules — qui de nous ne l'a pas compris à dix ou douze ans, sinon aussi complètement, du moins aussi clairement qu'un théologien? Non, l'idée abstraite, non surtout, l'idée religieuse n'est pas fermée à l'enfance. Il semble plutôt que, dans ces intelligences limpides, comme dans un pur cristal, elle pénètre plus aisément que dans les âmes déjà usées et souillées par les frottements de la vie. L'enfant a-t-il besoin pour cela de leçons en règle et de raisonnements savants? Pas le moins du monde; il a bien plutôt besoin des influences de la famille et d'une atmosphère religieuse. « La Religion, dit Guizot, n'est pas une étude et un exercice auquel on assigne son lieu et son heure; c'est une foi, une loi qui doit se faire sentir constamment et partout, et qui n'exerce qu'à ce prix sa salutaire influence [1]. »

---

1. GUIZOT, *Mémoires pour servir à l'histoire de mon temps,* t. III, ch. XVI.

Rousseau aurait fait une gageure contre l'expérience et le sens commun, qu'il n'agirait pas autrement. Quel est l'âge qu'il choisit pour apprendre à son élève la morale et la religion ? Mais c'est précisément l'âge des doutes et des objections intéressées. C'est l'âge où le jeune homme, qu'une vue claire et sereine a illuminé jusque-là, se sent moins sûr et plus troublé. Non, ce n'est pas au moment où la pratique de la religion et de la morale devient plus difficile qu'il faut en parler pour la première fois au jeune homme. Rousseau prétend fonder sa méthode sur l'observation ; ce n'est pas, en tout cas, sur l'observation d'un autre Émile ; le sien est le premier de son espèce ; et quant aux autres, qu'il cite donc bien des jeunes gens élevés sans religion, et qui deviennent religieux et moraux à dix-huit ans.

Notre philosophe s'indigne qu'on élève un jeune homme dans la religion de son père. C'est, en effet, un très grand malheur, si cette religion est fausse ; mais, dussions-nous scandaliser quelques esprits timorés, nous osons dire que le malheur est moins grand que si on l'élevait en dehors de toute religion. Une religion, même fausse, possède encore une part de vérité qui peut servir à la conduite de la vie ; tandis que l'absence de la religion, c'est le néant, c'est la mort de l'âme. Le père qui dit à son fils ce qu'il croit être la vérité, remplit un grand devoir moral ; on ne peut lui demander davantage. Rappelons-nous que la sincérité est déjà la moitié de la vérité ; elle en est le côté humain, en quelque sorte. Prenez un père fermement convaincu de la vérité et de l'importance de la religion qu'il professe, et dites-lui de fermer à son fils l'accès de ce qu'il croit être la vérité nécessaire ! Mais sa parole éclatera malgré lui du fond de son cœur ; mais il serait un monstre, s'il gardait le silence. C'est pourtant ce que voudrait Rousseau. Sa crainte de l'erreur lui fait chérir toutes les ignorances. « A quelle secte, dit-il, agrégerons-nous l'homme de la nature ? La réponse est fort simple, ce me semble ; nous ne l'agrègerons ni à celle-ci, ni à celle-là ; mais nous le mettrons en état de choisir celle où le meilleur usage de sa raison doit le conduire. » Et Rousseau ne paraît pas se douter que le jeune homme, qui ne comprenait pas le catéchisme à douze ans, le comprendra moins encore à dix-huit, pour toutes sortes de raisons intéressées ; que, mis en demeure de choisir une religion, il n'en choisira aucune et restera libre penseur toute sa vie. C'est peut-être, du reste, ce que voulait le maître. O Rousseau, apôtre de l'ignorance, vous n'êtes pas toujours aussi timide ; mais votre circonspection pourrait bien n'être ici que le manteau de votre indifférence. Si vous attachiez de l'importance à la religion, vous montreriez sans doute plus d'empressement. On n'attend pas, pour dire à l'enfant qu'il est défendu de voler, qu'il ait approfondi les divers systèmes sur la propriété ; on n'attend pas, pour lui dire qu'il doit obéir aux lois de son pays, qu'il ait étudié les constitutions et vérifié l'assiette et la nécessité des impôts ; nos devoirs envers Dieu seraient-ils moins certains et moins sacrés que nos devoirs envers nos semblables ?

Nous croyons qu'au fond Rousseau est plus embarrassé qu'il ne veut le paraître. Il n'impose, il n'ose même indiquer aucune religion formelle à son élève, parce que lui-même n'en a aucune. Avec beaucoup de sentiments vagues sur la religion, il n'a ni dogmes précis, ni pratique arrêtée, ni culte positif. Ceci nous amène à parler de la religion de Rousseau ; sujet très important, qui mérite bien un chapitre spécial.

CHAPITRE XX

Sommaire : PROFESSION DE FOI DU VICAIRE SAVOYARD. — I. Importance donnée à la religion par Rousseau. — Variations religieuses de Rousseau.
II. Rousseau prend pour guides la conscience et le sentiment. — Des développements de la connaissance, depuis la perception sensible jusqu'à Dieu. — Spiritualité de l'âme. — Liberté. Existence du mal. — Justice divine. Vie future. — Morale. Conscience. — Dieu, principe de la morale. — Pas de prière. — La religion naturelle est-elle suffisante ?
III. Deuxième partie de la profession de foi. — Première objection : la révélation est inutile. — Deuxième objection : la révélation n'est fondée sur aucune preuve certaine. — Procédés d'argumentation de Rousseau. — Indifférence religieuse de Rousseau. — Conclusions contradictoires. — Parti que l'incrédulité a tiré de la *Profession de foi*.

I

Rousseau a consigné ses idées religieuses un peu partout. Il n'a pas voulu seulement être un réformateur de la société, il a prétendu refaire la religion à sa façon. Il savait d'ailleurs la puissance sociale, aussi bien que l'importance doctrinale de la religion. Aussi n'a-t-il jamais été de ceux qui l'ont passée sous silence, et lui donne-t-il dans tous ses ouvrages une grande et honorable place. Il a fait, sur cette matière, un résumé important et raisonné de ses doctrines, c'est la *Profession de foi du vicaire savoyard*.

On sait que Rousseau a mis cette œuvre dans la bouche d'un certain abbé Gaime, dont il avait fait la connaissance à l'hôpital des catéchumènes à Turin ; de là son nom de *Profession de foi du vicaire savoyard*.

Cet ouvrage n'est qu'un épisode du quatrième livre de l'*Émile* ; il a néanmoins suscité des centaines de volumes d'apologies ou de critiques, d'attaques ou de défenses, et il en pourrait susciter bien d'autres encore ; il n'embrasse en effet rien moins que la religion toute entière, la religion naturelle et la religion révélée.

Afin qu'on ne nous accuse pas de nous escrimer à vide, il est bon d'établir que cette profession de foi n'est pas seulement celle du vicaire, mais qu'elle est bien celle de Rousseau en personne. Cela a été quelque peu discuté dans le temps ; Jean-Jacques lui-même l'a contesté parfois pour le besoin de sa cause [1] ; plus souvent il l'a affirmé. « Vous concevrez aisément, écrit-il à Moultou, que la *Profession de foi du vicaire savoyard* est la mienne [2]. » Enfin, ce qui est le plus décisif, il l'a constamment traitée, aimée et défendue comme son œuvre la plus chère. « Je la tiendrai toujours, écrit-il à l'archevêque de Paris, comme l'écrit le meilleur et le plus utile, dans le siècle où je l'ai publié [3]. » Aujourd'hui il n'y a plus ni doute ni contestation à ce sujet.

Rousseau a répété maintes fois qu'il n'a jamais changé sur la religion ; cela n'est pas tout à fait exact. Sans aller fouiller dans ses œuvres de jeunesse et lui rappeler la belle prière qu'il faisait aux Charmettes ; sans opposer les unes aux autres ses variations du même jour et de la même heure, chez Mme d'Épinay ; sans parler de ses deux abjurations,

---

1. *Déclaration de J.-J. Rousseau relative à M. le pasteur Vernes*; février, mars 1763. *Lettre à Marcet*, 24 juillet 1762. — 2. *Lettre à Moultou*, 23 décembre 1761. — 3. *Lettre à l'archevêque de Paris*, 1763. —

qu'il a expliquées tant bien que mal ; on trouverait, aux diverses époques de sa vie, des différences qu'il est impossible d'interpréter par un simple développement de la même pensée. Si l'on en croyait Diderot, « rien ne tient dans ses idées ; c'est un homme excessif, qui est ballotté de l'athéisme au baptême des cloches[1]. » Mais nous avons des autorités plus sûres et plus impartiales que celles de Diderot. Il est certain, par exemple, qu'après sa seconde abjuration, Jean-Jacques se montra un protestant autrement orthodoxe qu'il ne le fit plus tard. Dans ce temps-là, les pasteurs comptaient sur lui, pour les soutenir dans les conjonctures délicates; ils désiraient le consulter pour une nouvelle édition de la Bible ; ils entretenaient avec lui une correspondance très suivie ; ils voulaient l'opposer à l'impie Voltaire ; ils lui faisaient écrire sa lettre sur la Providence[2]. Ces belles dispositions n'avaient pas toutefois des racines assez profondes pour le déterminer à défendre ses amis de Genève contre ceux de Paris, contre Diderot, contre Grimm, contre la société frivole et railleuse qu'il rencontrait chez Mme d'Épinay. Plus tard, il écrivit son *Émile*, sa *Lettre à l'archevêque de Paris*, ses *Lettres de la Montagne*, où se mêlent et s'amalgament dans son impressionnable cervelle toutes les influences que nous venons d'indiquer. Celle de Diderot notamment est visible ; chemin faisant, nous en pourrons signaler quelques traits. Enfin il ne faut pas oublier que, dans les dernières années de sa vie, il a, dans un superbe morceau, sous forme d'allégorie, réhabi-

---

1. *Lettre de Diderot à Mlle Volant*, 1762. — 2. SAYOUS, t. I, ch. IV. GABEREL, *Rousseau et les Génevois*, ch. III.

lité la révélation chrétienne, qu'il avait trop longtemps combattue. Cette page mérite d'être rapportée avec quelque détail. Un philosophe voit en rêve un immense édifice, soutenu par sept statues colossales (les sept péchés capitaux), hideuses si on les regarde de face, mais très belles, si on les voit d'un certain côté. Au milieu est une huitième statue voilée, à laquelle l'édifice est consacré. Des prêtres introduisent la foule des adorateurs, mais en ayant soin de ne laisser pénétrer personne qu'après lui avoir bandé les yeux. Leur culte est fondé sur l'imposture, le carnage, la prostitution. Cependant un vieillard, se donnant comme aveugle, est dispensé de bandeau. Il s'élance sur l'autel, arrache le voile de la statue, en montre la difformité ; mais sur l'appel des prêtres, le peuple, au lieu de se montrer reconnaissant, se précipite sur lui et le condamne à boire l'eau verte. Et le vieillard consacre son dernier discours à rendre hommage à cette statue qu'il venait de dévoiler. Tout à coup une voix se fait entendre : C'est ici le Fils de l'homme ; les cieux se taisent devant lui, terre, écoute sa voix ; et l'on aperçoit sur l'autel un personnage en habits d'artisan, au regard céleste, simple et sublime. On sent que le langage de la vérité ne lui coûte rien, parce qu'il en possède la source en lui-même. — O mes enfants, dit-il, je viens expier et guérir vos erreurs ; aimez celui qui vous aime, et connaissez celui qui est ; — et il renverse sans effort la statue et prend sa place [1]. Que n'avons-nous de Rousseau beaucoup

---

[1]. Fiction ou morceau allégorique sur la révélation, publié par Streckeisen Moultou. *Correspondance et œuvres*, etc., 1861.

d'œuvres semblables! Oh! alors nous n'aurions qu'à répéter avec Moultou : Oui, Rousseau était un esprit religieux[1]! Le tableau qu'il fait dans cette allégorie de la mission de Jésus-Christ, de sa révélation, de sa divinité, de ses bienfaits, de sa mort, est complet, et quoi qu'on en puisse dire, c'est la contre-partie du vicaire savoyard. Plusieurs y ont vu, non sans de sérieux motifs, une preuve de retour de Jean-Jacques aux idées chrétiennes, dans les dernières années de sa vie. Moultou, qui avait reçu ce morceau en dépôt, pense qu'il était destiné à remplacer la discussion sur les miracles, dans une nouvelle édition de l'*Émile*. Il fut composé entre 1770 et 1777[2].

Ces réserves faites; si on laisse de côté certains détails, principalement, comme deux exceptions en sens contraire, le *Conte à Mme d'Épinay* et le *Fragment sur la Révélation*, il est certain que Rousseau a parcouru pendant presque toute sa vie un courant religieux assez uniforme; qu'on en peut observer la marche d'une manière suivie, et en voir le terme dans la *Profession de foi du vicaire savoyard*.

II

La *Profession de foi* est divisée en deux parties très différentes; nous nous proposons de les examiner successivement.

---

1. Mot de Moultou à propos de ce même fragment que nous venons d'analyser. Si Sayous est d'un avis contraire et n'y voit qu'un monument d'orgueil, c'est que sans doute il le connaissait imparfaitement; son livre ayant précédé de quelques mois celui de Streckeisen-Moultou. — 2. Gaberel croit que ce fut en 1774, *Rousseau et les Génevois*, ch. III, § 8.

On sait que Rousseau avait rompu avec les philosophes matérialistes et athées. « Je consultai les philosophes, fait-il dire à son vicaire, je feuilletai leurs livres, j'examinai leurs diverses opinions ; je les trouvai tous fiers, affirmatifs, dogmatiques, même dans leur scepticisme prétendu ; n'ignorant rien, ne prouvant rien, se moquant les uns des autres ; et ce point, commun à tous, me parut le seul sur lequel ils ont tous raison. »

Cependant Rousseau voulant, comme un simple philosophe, élever aussi son système, a senti le besoin de remonter à l'origine de nos connaissances et de chercher un principe sur lequel il pût s'appuyer. La pensée était bonne ; il n'en fut pas de même de l'exécution. La raison et ses interprètes habituels, les philosophes, une fois écartés, il lui fallait prendre un autre guide ; il donne la préférence à la lumière intérieure, à la conscience. Il aurait bien fait de dire ce qu'il entend par ces mots. Ne désigneraient-ils pas simplement la raison, sous une autre forme, ou plutôt, sous un autre nom ; la raions amoindrie et réduite à des élans vagues et primesautiers qui échappent à l'analyse ; la raison, sans le raisonnement et sans la science ; en d'autres termes, l'inspiration, le sentiment, le bon sens tout au plus. Pascal disait : Vérité en deçà des Pyrénées, erreur au delà ; il faudra étendre le mot de Pascal et dire : vérité pour telle personne, erreur pour telle autre ; vérité dans tel moment, erreur dans tel autre.

Comme conséquence de ce principe, il importera assez peu de posséder la vérité objective, pourvu qu'on croie la posséder ; en philosophie, il n'y aura plus de certitude ; en religion plus de dogmes ; l'évidence sera remplacée par l'opinion, la foi par la bonne foi. Telle est, en effet, la pensée de Rousseau, et ainsi, dès l'origine, il préconise le scepticisme qu'il vient de combattre, et renverse d'une main ce qu'il prétendait élever de l'autre. C'était bien la peine de montrer l'état pénible et déplorable d'un homme livré au doute sur la cause de son être et la règle de ses devoirs, pour aboutir à cette phrase : « Je crois donc que le monde est gouverné par une volonté puissante ; je le vois, ou plutôt je le sens, et cela m'importe à savoir. Mais ce même monde est-il éternel ou créé ? Y a-t-il un principe unique des choses ? Y en a-t-il deux ou plusieurs, et quelle est leur nature ? Je n'en sais rien, et que m'importe ? » Remarquons que ces paroles se lisent dans la partie de la *Profession de foi* qu'on pourrait appeler affirmative et dogmatique, celle qui est admirée avec raison pour ses belles démonstrations religieuses. On voit que les meilleures choses chez Rousseau ont bien leurs taches.

La méthode suivant laquelle il recherche la vérité n'a rien de bien neuf. On dirait qu'il s'est inspiré du souvenir de Descartes, avec cette différence qu'au lieu de partir de la pensée, Jean-Jacques, en homme de son siècle, prend son point de départ dans les sens. « J'existe et j'ai des sens, par lesquels je suis affecté ; voilà la première vérité qui me frappe. » Mes sensations ont une cause étrangère, un objet qui leur est extérieur, et je connais ainsi, dès le premier jour, l'existence de l'univers. Je me sens doué d'une force active ; non seulement je sens, mais je compare et je juge. Mon jugement est tout autre chose que ma sensation et est la marque distinctive de mon intelligence. Ainsi, il est acquis que je suis un être intelligent, un être qui pense. Je sais aussi que « la vérité est dans les choses, et que moins je mets du mien dans les jugements que j'en porte, plus je suis sûr d'approcher de la vérité ; ainsi ma règle de me livrer au sentiment plus qu'à la raison, est confirmée par la raison même. » D'autres verraient là au contraire un motif de se livrer à la raison plus qu'au sentiment ; mais Rousseau a des manières de raisonner qui n'appartiennent qu'à lui.

La matière, avec ses propriétés, m'amène aux idées de repos et de mouvement. La matière est inerte, et pourtant elle est souvent en mouvement ; le mouvement lui vient donc de causes étrangères. Je sens que je suis moi-même une de ces causes : je veux mouvoir mon bras, et je le meus. Comment s'exerce cette action ? peu importe ; mais ce qui est hors de doute, c'est que je la sens en moi, que je la vois hors de moi. Il y a par conséquent deux sortes d'êtres, les êtres matériels, et ceux qui ne sont pas matériels. « Je crois qu'une volonté meut l'univers et anime la nature : voilà mon premier dogme ou mon premier article de foi. »

Mais « si la matière mue me montre une volonté, la matière mue selon de certaines lois me montre une intelligence : c'est mon second article de foi. » Je vois qu'il y a une correspondance entre les êtres ; que des moyens sont disposés en vue d'une fin à atteindre. On parle de hasard ; mais loin que tout soit livré au hasard dans le monde, tout, au contraire, y suit des lois fixes et harmoniques ; tout montre l'action d'une volonté puissante et sage. « Cet être qui veut et qui peut ; cet être actif par lui-même ; cet être enfin, quel qu'il soit, qui meut l'univers et ordonne toutes choses, je l'appelle Dieu. »

Cette démonstration de l'existence de Dieu par l'ordre de la nature était connue de longue date ; cependant on doit savoir gré à Rousseau d'avoir osé la rappeler à un siècle et à des hommes qui avaient désappris à parler de Dieu et de l'âme. Mais pendant qu'il était en veine de courage, n'était-on pas en droit d'attendre davantage de lui ? Qu'est-ce donc que ces preuves de l'existence et des attributs de Dieu, qui ne peuvent arriver jusqu'à son unité, ni prononcer qu'il est créateur et que le monde n'est pas éternel ? Même dans les limites restreintes où il s'est tenu, donne-t-il à sa démonstration toute la fermeté dont elle est susceptible ? Hélas ! il ne parvient pas seulement à la certitude. Il croit en Dieu ; c'est très bien ; mais pourquoi y croit-il ? Est-ce chez lui une certitude absolue, qui répond à une réalité objective et qui s'impose à toutes les intelligences, ou simplement une opinion très probable, qui tient à la nature de son esprit et lui est personnelle ? « Je crois, dit-il quelque part ; mais je ne sais pas [1]. » Et dans une autre circonstance : « Mon dessein, en vous disant ici mon *opinion* sur les principaux points de votre lettre (et il ne s'agissait de rien moins que de l'existence de Dieu et de la spiritualité de l'âme) est de vous la dire avec simplicité, et sans chercher à vous la faire adopter. Ce serait contre mes principes, et même contre mon goût... Si je me suis trompé, ce n'est pas ma faute ; c'est celle de la nature, qui n'a pas donné à ma tête une plus grande mesure d'intelligence et de raison [2]. »

1. *Lettre à M. X.*, 7 décembre 1763. — 2. *Lettre à M. X.*, 13 janvier 1769.

Mais il tarde à Rousseau d'aborder des vérités plus pratiques. « Je pense, dit-il dans la même lettre, que chacun sera jugé, non sur ce qu'il a cru, mais sur ce qu'il a fait[1]. » Maxime qui, comme beaucoup d'autres du même auteur, couvre une vérité ou une erreur, selon la manière dont on l'entend. Alors il reprend de nouveau, comme préparation à la morale, les questions qu'il vient de traiter, celles de l'âme et de Dieu ; mais il le fait, avec une tout autre puissance. Il se voit dominant les animaux, disposant des éléments, connaissant les êtres et leurs rapports, s'élevant à la contemplation de la divinité, capable d'aimer le bien et de le pratiquer ; et sa première pensée est une pensée d'adoration et de reconnaissance envers ce Dieu qui l'a distingué des animaux et lui a assigné la première place parmi les êtres créés.

L'homme est le roi de la nature. Quel roi, hélas ! Le tableau de la nature ne m'offrait qu'harmonie, dit Rousseau, celui du genre humain ne m'offre que confusion et désordre. O Providence, où sont tes lois ? Je vois le mal sur la terre. Mais ce chaos et ces contradictions apparentes ne l'effraient pas ; il y trouve au contraire un moyen de parvenir à des vérités qui ne l'avaient pas frappé jusque-là. La double tendance de l'homme qui, d'un côté, l'élève à la connaissance des vérités éternelles, à l'amour de la justice et du beau moral ; qui, d'un autre côté, l'asservit à l'empire des sens et des passions, lui démontre que l'homme n'est pas un, mais qu'il est composé de deux substances, la substance de son corps et la substance de son âme. De quelle perversité en

---

1. *Lettre à M. X.*, 13 janvier 1769.

effet, dit-il plus loin, de purs esprits auraient-ils été capables ?

Cette seconde démonstration du spiritualisme paraît sans réplique à Rousseau. Cependant, tout en rendant justice à ses bonnes intentions, il faut convenir que la preuve est faible, ou du moins mal présentée. Assurément, il y a une infinité d'actes chez l'homme, qui, tout en étant très spirituels, ne s'exercent qu'à l'aide des sens, et qui démontrent ainsi sa double nature ; mais ces actes ne sont pas nécessairement l'apanage de la passion. Le spectacle d'une belle campagne, la vue d'un objet quelconque, l'exercice, légitime ou non, de n'importe lequel de nos sens en dit tout autant à cet égard que tous les mouvements de la passion ; ce que, du reste, Rousseau finit par reconnaître. D'un autre côté, s'il y a des passions, comme la gourmandise ou la luxure, qui s'exercent par le moyen des sens, il en est d'autres, comme l'orgueil, qui n'ont pas besoin de leur secours. Ainsi, il y a des sensations sans passion, et il y a des passions étrangères à toute sensation. Il était donc difficile de faire une démonstration plus complètement à côté.

L'activité spontanée et libre est encore une preuve que l'âme n'est pas matérielle. « L'homme est libre dans ses actions, et comme tel, animé d'une substance immatérielle : c'est, dit Rousseau, mon troisième article de foi. De ces trois premiers, vous déduirez aisément tous les autres. »

Le mal n'est que l'abus de notre liberté ; gardons-nous de l'imputer à la Providence. « Homme, ne cherche plus l'auteur du mal ; cet auteur, c'est toi-même. Il n'existe point d'autre mal que celui que tu fais ou que tu souffres ; et l'un et l'autre te vient de toi[1]. » Il s'en faut de peu, par moments, que Rousseau ne nie jusqu'à l'existence du mal physique. Et quant au mal moral, « ôtez nos funestes progrès ; ôtez nos erreurs et nos vices ; ôtez l'ouvrage de l'homme et tout est bien... Où tout est bien, rien n'est injuste ; la justice est inséparable de la bonté... Celui qui peut tout, ne peut vouloir que ce qui est bien. Donc, l'être souverainement bon, parce qu'il est souverainement puissant, doit être aussi souverainement juste. Cependant, à considérer l'état présent des choses, le méchant prospère et le juste est opprimé... La conscience s'élève alors et murmure contre son auteur ; elle lui crie, en gémissant : Tu m'as trompé ! — Je t'ai trompé, téméraire ! Et qui te l'a dit ! Ton âme est-elle anéantie ? As-tu cessé d'exister ? Tu vas mourir, penses-tu ; — non, tu vas vivre, et c'est alors que je tiendrai tout ce que je t'ai promis. On dirait, au murmure des impatients mortels, que Dieu leur doit la récompense avant le mérite, et qu'il est obligé de payer leur vertu d'avance. Oh ! soyons bons premièrement, et puis nous serons heureux. N'exigeons pas le prix avant la victoire, ni le salaire avant le travail... Si l'âme est immatérielle, elle peut survivre au corps ; et si elle lui survit, la Providence est justifiée. Quand je n'aurais d'autres preuves de l'immatérialité de l'âme que le triomphe du méchant et l'oppression du juste en ce monde, cela seul m'empêcherait d'en douter. »

Ces choses ont été dites cent fois, rarement elles l'ont été d'une façon plus brillante. Pourquoi faut-il

---

1. *Lettre à M. X.*, 13 janvier 1769.

que Rousseau, toujours indécis, toujours timide, quand il est dans le chemin de la vérité, termine ce beau passage par ces mots : « Mais quelle est cette vie? et l'âme est-elle immortelle par sa nature? Je l'ignore. Mon entendement borné ne connaît rien sans bornes. Tout ce qu'on appelle infini m'échappe. » Il est donc vrai, Rousseau n'est pas matérialiste ; il déclare n'avoir jamais été tenté de le devenir ; mais, « sur un grand nombre de propositions, il est d'accord avec les matérialistes [1]. »

« Les bons seront heureux, parce que leur auteur, l'auteur de toute justice, les ayant faits sensibles, ne les a pas faits pour souffrir, et que, n'ayant point abusé de leur liberté sur la terre, ils n'ont pas trompé leur destination par leur faute... Ne me demandez pas non plus si les tourments des méchants seront éternels, et s'il est de la bonté de l'auteur de leur être de les condamner à souffrir toujours ; je l'ignore encore et n'ai point la vaine curiosité d'éclairer des questions inutiles. Que m'importe ce que deviendront les méchants? Je prends peu d'intérêt à leur sort. Toutefois, j'ai peine à croire qu'ils soient condamnés à des tourments sans fin. Si la suprême justice se venge, elle se venge dès cette vie. Vous et vos erreurs, ô nations, êtes ses ministres. » C'était se tirer bien légèrement et bien fièrement d'un pas difficile. Questions inutiles, nos destinées éternelles ! Question sans importance, le sort des méchants ! Saint Paul se demandait s'il était digne d'amour ou de haine ; mais Jean-Jacques Rousseau est bien plus sûr de lui que saint Paul.

---

1. *Lettre à Dupeyrou*, 8 décembre 1764.

Ces vérités, toutes belles qu'elles sont, seraient peu de chose, si elles n'aboutissaient à l'amour du bien et à la pratique de nos devoirs. On doit penser que Rousseau a consacré à cette partie de son travail tout son talent et tous ses soins. Il ne croit pas que la vérité métaphysique soit à notre portée ; mais il est persuadé que la vérité morale, la vérité qui nous est utile, est bien plus près de nous [1]. Si donc il a fondé ses opinions métaphysiques sur la conscience, à plus forte raison y fera-t-il appel pour la morale. Il est élémentaire, à la vérité, que le mot conscience ne peut avoir la même signification dans les deux cas ; Jean-Jacques s'en explique à peine. Entre la raison qui trompe et la passion qui égare, il place donc la conscience, qui ne trompe jamais, qui est la voix de la nature écrite au cœur de l'homme en caractères ineffaçables.

Si l'on voulait rassembler tout ce que Jean-Jacques a dit sur la conscience, on ferait un recueil charmant, sinon toujours exact. « Conscience ! conscience ! s'écrie-t-il, instinct divin, immortelle et céleste voix, guide assuré d'un être ignorant et borné, mais intelligent et libre, juge infaillible du bien et du mal, qui rends l'homme semblable à Dieu ! C'est toi qui fais l'excellence de sa nature et la moralité de ses actions ; sans toi je ne sens rien en moi qui m'élève au-dessus des bêtes, que le triste privilège de m'égarer d'erreurs en erreurs, à l'aide d'un entendement sans règle et d'une raison sans principe. »

Il est difficile de faire sortir la vertu désintéressée de l'amour de soi ; mais Rousseau, sans renier ici son principe, le laisse sagement dans l'ombre ou

---

1. *Lettre à M. M.*, 7 décembre 1763.

l'accommode pour le besoin de sa cause. Aussi ses conclusions valent-elles beaucoup mieux que ses prémisses. Sa distinction de la passion, voix du corps, et de la conscience, voix de l'âme ; la qualité d'être sociable, qu'il veut bien reconnaître à l'homme, lui viennent en aide pour montrer la puissance de notre faculté morale. « Il est donc, dit-il, au fond des âmes, un principe inné de justice et de vertu, sur lequel, malgré nos propres maximes, nous jugeons nos actions et celles d'autrui, comme bonnes ou mauvaises, et c'est à ce principe que je donne le nom de conscience. »

Il faut voir comme Rousseau fait bonne justice des objections contre la conscience. Il est vrai que, tout en se défendant de philosopher, il ne fait pas autre chose ; mais pourquoi s'en plaindrait-on, s'il fait de bonne philosophie ?

N'est-ce pas encore de la philosophie, et de la meilleure, que la netteté avec laquelle il place Dieu à la base de la morale. « Si la divinité n'est pas, dit-il, il n'y a que le méchant qui raisonne ; le bon n'est qu'un insensé. » Et il développe le bonheur que le juste éprouve à remplir ses devoirs, sous les yeux de l'éternelle justice, à se sentir son ouvrage et son instrument, à acquiescer à l'ordre établi par elle, sûr de jouir un jour de cet ordre et d'y trouver sa félicité. « Mon fils, dit-il encore, tenez votre âme en état de désirer qu'il y ait un Dieu, et vous n'en douterez jamais. »

Cette doctrine du reste n'est pas, chez Rousseau, l'opinion d'un moment ; il la professa toute sa vie. On la rencontre déjà dans sa *Lettre sur la Providence*, et Deleyre lui en fait un reproche [1]. Il la reproduit

---

1. *Lettre de Deleyre à Rousseau*, 29 octobre 1758.

dans les *Pensées,* qui lui servirent sans doute pour la composition de l'*Émile.* « Sans religion, il ne peut y avoir ni vraie probité, ni bonheur solide[1]. » Il y revient dans sa lettre du 15 janvier 1769. « Arracher toute croyance en Dieu du cœur de l'homme, c'est y détruire toute vertu... Le moyen, Monsieur, de résister à des tentations violentes, quand on peut leur céder sans crainte, en se disant : A quoi bon résister? — Pour être vertueux, le philosophe a besoin de l'être aux yeux des hommes ; mais sous les yeux de Dieu, le juste est bien fort. Il compte cette vie, et ses biens, et ses maux, et toute sa gloire pour si peu de chose! Il aperçoit tant au-delà[2]. » La foi persévérante de Rousseau lui fait ici d'autant plus d'honneur, qu'il lui fallait, pour la garder intacte, un véritable courage : courage contre son siècle et ses amis, et, ce qui est plus méritoire, courage contre lui-même ; contre ses principes, qui l'inclinaient visiblement vers la morale indépendante ; contre la pratique de sa vie, si peu en harmonie avec les préceptes austères de la religion et de la vertu.

Il est vrai qu'à l'en croire, aucune vie n'aurait été plus que la sienne, pénétrée de la pensée et de la présence de Dieu. « Je médite, dit-il, sur l'ordre de l'Univers, non pour l'expliquer, par de vains systèmes, mais pour l'admirer sans cesse, pour adorer le sage auteur qui s'y fait sentir. Je converse avec lui, je pénètre toutes mes facultés de sa divine essence, je m'attendris à ses bienfaits, je le bénis de ses dons, mais je ne le prie

---

1. *Pensées d'un esprit droit,* ch. IX. — 2. *Lettre à M. X.,* 15 janvier 1769. Voir aussi, *Lettre à Moultou,* 14 février 1769.

pas. » Et Rousseau prétend justifier son opinion par deux ou trois sophismes cent fois réfutés : l'ordre établi par Dieu est l'œuvre de sa sagesse; vouloir le lui faire changer serait substituer ma sagesse à la sienne; implorer son secours pour mieux faire serait lui demander ce qu'il m'a donné; le prier de changer mes dispositions serait lui demander ce qu'il me demande et vouloir qu'il fasse mon œuvre. Mais ces arguments couvrent plus d'orgueil que de bonnes raisons et sont un excellent moyen de se dispenser du travail effectif de notre amélioration morale. Pour prouver que la prière est irrationnelle, il faudrait prouver d'abord que Dieu s'est lié les mains en établissant l'ordre de la nature et ne peut pas y introduire les exceptions qu'il lui plait et que lui-même a prévues; qu'il n'a pas jugé digne de sa sagesse et utile à notre progrès moral de faire dépendre son secours de la demande que nous lui en ferions. Au fond, un acte spéculatif de contemplation ou d'adoration coûte peu, parce qu'il engage à peu de chose; mais on peut dire aussi qu'il profite en proportion de ce qu'il coûte. Une demande formelle suppose de notre part une soumission plus complète, nous met en communication plus fréquente et plus intime avec Dieu par le sentiment naturel de notre intérêt et la pensée incessante du besoin que nous avons de lui, nous dispose davantage à nous rendre dignes de ses dons; la simple demande que nous lui faisons de nous aider est déjà une disposition à nous aider nous-mêmes et à correspondre à sa grâce.

La première partie de la *Profession de foi* est pleine de belles et grandes vérités, exprimées en termes magnifiques. Elle n'est autre chose que la religion naturelle; c'est le plus bel éloge que nous en puissions faire; et si nous avons apporté des réserves à nos louanges, c'est précisément parce que nous avons signalé plusieurs points où elle s'en écarte. Mais de ce que la religion naturelle est la vérité, s'ensuit-il qu'elle soit toute la vérité? Elle est nécessaire à l'homme; lui suffit-elle? Ces questions nous amènent à l'examen de la seconde partie de la *Profession de foi*.

III

Cette seconde partie est destinée à traiter de la Révélation et des Écritures. Mais hélas! dit le bon prêtre, « je ne vous avais rien dit, jusqu'ici, que je ne crusse vous être utile et dont je ne fusse intimement persuadé. L'examen qui me reste à faire est bien différent; je n'y vois qu'embarras, mystères, obscurités; je n'y porte qu'incertitude et défiance. » Singulière entrée en matière, pour un *bon prêtre!* Mais s'il ne croit pas à la religion révélée, comment en reste-t-il le ministre? Qu'il la quitte d'abord, et nous verrons ensuite si nous devons ajouter foi à ses paroles. Si Jean-Jacques avait eu le moindre sentiment des convenances, aurait-il pris pour interprète de la religion ce prêtre, qu'il suppose scandaleux et hypocrite[1], qui a commencé par se débarrasser du fardeau de la continence, qui du reste trafique des choses de Dieu, remplit pour de l'argent des fonctions sacrées, sans y joindre le

---

1. Supposition toute gratuite d'ailleurs, comme nous l'avons vu ci-dessus, ch. III.

tribut intérieur de sa pensée et de son cœur, qui dit la messe sans foi, qui administre des sacrements qu'il croit inutiles, qui prêche, quoiqu'il soit fort embarrassé pour le faire; qui, en un mot, reste prêtre catholique sans croire au catholicisme, et champion de la religion naturelle, bien qu'il en observe assez mal les préceptes?

Par un hasard singulier, Rousseau, qui, toute sa vie, a compris plus ou moins dans ses fonctions celle de directeur des consciences, a eu l'occasion de donner pratiquement son avis sur cette situation anormale d'un prêtre hésitant entre son incrédulité et son état. On ne doit pas s'étonner qu'il se soit inspiré alors des souvenirs de son livre. Un abbé, sorte de vicaire savoyard (espérons que l'espèce en est rare), lui a exposé ses doutes et ses scrupules. « Votre délicatesse sur l'état ecclésiastique, répond Rousseau, est sublime ou puérile, selon le degré de vertu que vous avez atteint. Cette délicatesse est sans doute un devoir pour quiconque remplit tous les autres; et qui n'est ni faux ni menteur en rien dans ce monde, ne doit pas l'être, même en cela. Mais je ne connais que Socrate et vous, à qui la raison pût passer un tel scrupule; car, à nous autres hommes vulgaires, il serait impertinent et vain d'en oser avoir un pareil. Il n'y a pas un de nous qui ne s'écarte de la vérité cent fois le jour, dans le commerce des hommes, en des choses claires, importantes et souvent préjudiciables; et, dans un point de pure spéculation, dans lequel nul ne voit ce qui est vrai ou faux, et qui n'importe ni à Dieu, ni aux hommes, nous nous ferions un crime de condescendre aux préjugés de nos frères et de dire *oui*, là où nul n'est en droit de dire *non!*[1]. » Rousseau fait ici bien bon marché de la sincérité et de la dignité morale; il y tranche bien cavalièrement la grave question de la religion révélée. Il est vrai qu'il l'a examinée plus longuement dans sa *Profession de foi*. Revenons donc à la *Profession de foi*.

Avant de formuler ses objections, le bon vicaire déclare humblement « qu'il n'a que des doutes,... qu'il ignore s'il est dans l'erreur... » Cela me donne déjà une assez triste idée de son caractère. — Mais alors, pourrait-on lui répondre, au lieu de me dire de *chercher moi-même*, ce qui ne vous empêche pas, en attendant, de me donner vos instructions, vous feriez bien mieux de chercher tout le premier et de ne m'instruire que quand vous auriez de bonnes choses à m'apporter. Enseigner quand on n'a rien à dire, à quoi bon, et que peut-on enseigner?

Les objections de Rousseau, ou du vicaire, peuvent se réduire à deux : 1° la révélation est inutile, si même elle n'est nuisible; 2° la révélation est douteuse; elle n'est fondée sur aucune preuve certaine et évidente; par suite elle ne saurait être obligatoire [2].

Sur le premier point, Rousseau, qui craignait tant tout à l'heure de sonder les desseins de Dieu, se montre bien tranchant. La révélation est inutile! Qu'en sait-il? Et si Dieu la juge utile? — Je ne puis

---

1. *Lettre à l'abbé de X.*, 6 janvier 1764. — 2. Mme de Chenonceaux a assez bien réfuté ces objections, surtout la seconde, dans une longue lettre qu'elle écrivit à Rousseau en février 1765. — Où sont les femmes d'aujourd'hui qui seraient capables de soutenir une discussion théologique contre nos libres-penseurs?

être coupable, dit-il, en servant Dieu selon les lumières qu'il donne à mon esprit. — Mais les vérités révélées, s'il y en a, ne sont-elles pas aussi des lumières données à mon esprit? « Vous ne reconnaissez dans la révélation, lui écrivait Mme de Chenonceaux, que les idées que la raison et la conscience nous persuadent sur notre auteur et nos devoirs ; mais est-ce qu'une révélation n'a pas précisément pour but de nous découvrir des vérités que la raison seule ne peut connaître[1]. » Montrez-moi, continue Rousseau, les vérités et les vertus qu'on peut faire naître d'un nouveau culte. — Mais lisez l'Évangile, dont vous êtes l'admirateur, et dites s'il ne contient rien que votre esprit n'ait pu trouver à lui seul ; regardez les peuples chrétiens qui ont reçu la révélation, et dites s'ils ne sont pas plus éclairés et plus moraux que les peuples païens qui l'ignorent. — Les Persans, dit-il encore, d'après Chardin, ont un pont appelé Poul-Serrho, où doit se faire la séparation des bons d'avec les méchants. Quand quelqu'un a souffert d'une injure, sa dernière consolation est de dire : Tu me le paieras au double au dernier jour ; tu ne passeras pas le Poul-Serrho, que tu ne m'aies satisfait. « Philosophe, conclut Rousseau, tes lois morales sont fort belles, mais montre-m'en de grâce la sanction. Cesse un moment de battre la campagne et dis-moi nettement ce que tu mets à la place du Poul-Serrho. » Tes lois morales sont fort belles, pourrait-on dire de même à Rousseau ; mais valent-elles seulement le Poul-Serrho des Persans?

Mais les guerres de religion, mais les absurdités

---

[1]. *Lettre* de février 1765.

de certains cultes ne prouvent-elles pas que les révélations rendent les hommes orgueilleux, intolérants, cruels? — Peut-être prouvent-elles simplement que les révélations peuvent avoir leurs abus et que l'orgueil, l'intolérance, la cruauté sont le triste apanage de l'humanité. Les païens et les idolâtres de tous les pays sont-ils donc si humbles et si doux? — Mais, nous dira Rousseau, eux aussi ont leurs révélations, tandis que « si l'on n'eût écouté que ce que Dieu dit au cœur de l'homme, il n'y aurait jamais eu qu'une religion sur la terre. » C'est peu probable, et quand Dieu aurait révélé à tous la même chose, il n'est rien moins que sûr que tous auraient entendu de même. Pures hypothèses d'ailleurs, qui n'apprennent rien et ne sont bonnes qu'à favoriser les habiletés et les sophismes.

Rousseau se préoccupe peu du culte extérieur. Sait-il si Dieu n'y attache pas plus de prix? Il le regarde comme pure affaire de police, sans songer que cette question de police peut devenir, entre les mains d'un gouvernement habile, un moyen puissant de peser sur les consciences et de fonder la tyrannie.

On en vient donc en définitive à se demander si Dieu a parlé. Rien ne l'empêchait, évidemment, de se révéler aux hommes. S'est-il révélé à eux? Question de fait, qui, comme toutes les questions de fait, se résoud mieux par le témoignage; mais que Rousseau, ennemi du raisonnement, préfère résoudre par le raisonnement.

Ou toutes les religions sont bonnes, ou, s'il en existe une que Dieu prescrive, il a donné des moyens certains de la distinguer. — Rien de mieux; mais, ajoute Rousseau, ces moyens ne sauraient être l'autorité des hommes. — Et pourquoi non? L'autorité des hommes peut-elle produire la certitude? Voilà la question. Puis-je savoir que Pékin existe, quoique je n'y aie jamais été ; que César a existé, quoique je ne l'aie jamais vu? Pourquoi ne saurais-je pas de même que Jésus a fondé une religion ; qu'il a chargé ses apôtres de la prêcher et qu'elle s'est perpétuée d'âge en âge jusqu'à nos jours ; que, pour prouver sa mission, il a guéri des malades, ressuscité des morts, donné l'exemple de la plus haute sainteté? De toutes ces choses, Rousseau en admet plusieurs, comment les sait-il autrement que par le témoignage des hommes? Mais ce témoignage, si précieux en certains cas, s'arrête net, aussitôt qu'il est question de miracles ou de choses surnaturelles. Pourquoi? Rousseau ne le dit pas, et, en effet, il eût été embarrassé pour le dire.

Voyons par un exemple, ses procédés d'argumentation : « Dieu a parlé : voilà certes un grand mot. Et à qui a-t-il parlé? — Il a parlé aux hommes. — Pourquoi donc n'en ai-je rien entendu? — Il a chargé d'autres hommes de vous rendre sa parole. — J'entends : ce sont des hommes qui vont me dire ce que Dieu a dit. J'aimerais mieux avoir entendu Dieu lui-même ; il ne lui en aurait pas coûté davantage, et j'aurais été à l'abri de la séduction. — Il vous en garantit en manifestant la mission de ses envoyés. — Comment cela? — Par des prodiges. — Et où sont ces prodiges? — Dans les livres. — Et qui a fait ces livres? — Des hommes qui les attestent. — Quoi! toujours des témoignages humains! Toujours des hommes qui me rapportent ce que d'autres hommes ont rapporté ! Que d'hommes entre Dieu et moi ! [1] » — Quelques mots répétés à propos, des équivoques, de mauvaises raisons artistement groupées, en faut-il davantage à ce maître passé en sophismes pour faire illusion? Le reste est à l'avenant. Si, malgré ce qu'il vient de dire, il consent à discuter les titres des religions révélées, il ne veut les admettre qu'à des conditions irréalisables. Il ne s'agit, en effet, de rien moins pour chacun que « de remonter au préalable dans les plus hautes antiquités, pour examiner, peser, confronter les prophéties, les révélations, les faits, tous les monuments de la foi proposés dans tous les pays du monde, pour en discuter les temps, les lieux, les auteurs, les occasions,… il s'agit de distinguer les pièces authentiques des pièces supposées… de comparer les objections aux réponses, les traductions aux originaux… de voir si l'on n'a rien supprimé, rien ajouté, rien transposé, changé, falsifié. Il faut connaître les lois des sorts et les probabilités éventuelles, le génie des langues orientales, les sciences physiques et théologiques, afin de vérifier si les miracles prétendus ne pourraient point être l'œuvre de la nature, ou même l'œuvre du démon. Il faut dire pourquoi Dieu choisit, pour attester sa parole, des moyens qui ont eux-mêmes si grand besoin d'attestation. Il faut que j'aille en Europe, en Asie, en Palestine, examiner tout par moi-même. » Il faut que je sache si le culte, la morale, les maximes qui font l'objet de ces révélations sont dignes de Dieu, de sa sagesse, de sa justice, de sa clémence, s'ils sont en tout conformes à ma raison.

---

1. Voir aussi les objections de Diderot contre les miracles. *Pensées philosophiques*, II.

Et ce travail, il faudra le faire, non pas pour une religion, mais pour toutes, les unes après les autres. Moi qui ne concevrai jamais que l'homme ait besoin de livres pour connaître ses devoirs, quelle immense lecture il me faudra faire ! Quelle érudition il faut acquérir ! Que de langues il faut apprendre ! Que de bibliothèques il faut feuilleter ! « D'où il suit que s'il n'y a qu'une religion véritable, et que tout homme soit obligé de la suivre, sous peine de damnation, il faut passer sa vie à les étudier toutes, à les approfondir, à les comparer, à parcourir les pays où elles sont établies. Nul n'est exempt du premier devoir de l'homme ; nul n'a droit de se fier au jugement d'autrui. L'artisan qui ne vit que de son travail, le laboureur qui ne sait pas lire, la jeune fille délicate et timide, l'infirme qui peut à peine sortir de son lit, tous, sans exception, doivent étudier, méditer, disputer, voyager, parcourir le monde ; il n'y aura plus de peuple fixe et stable ; la terre entière ne sera couverte que de pèlerins allant, à grands frais et avec de longues fatigues, vérifier, comparer, examiner par eux-mêmes les cultes divers qu'on y suit. Alors, adieu les métiers, les arts, les sciences humaines et toutes les occupations civiles ; il ne peut plus y avoir d'autre étude que celle de la religion. A grand'-peine, celui qui aura joui de la santé la plus robuste, le mieux employé son temps, le mieux usé de sa raison, vécu le plus d'années, saura-t-il dans sa vieillesse à quoi s'en tenir, et ce sera beaucoup s'il apprend avant sa mort dans quel culte il aurait dû vivre. »

Rousseau croyait peut-être prouver ainsi, par l'absurde, l'inutilité de la révélation ; il montrait simplement l'aberration de son esprit et l'audace de ses sophismes. Ce n'est pas en se créant à dessein des difficultés chimériques, afin de se donner la satisfaction de ne pas les résoudre, qu'on pourra convaincre les esprits sensés.

Nous aimons mieux lui entendre dire que les objections insolubles étant communes à tous les systèmes, les preuves directes dispensent de s'arrêter aux difficultés[1]. Il est vrai qu'il déclare en même temps ne s'être prononcé sur l'existence de Dieu qu'après avoir examiné tous les systèmes qu'il a pu connaître sur la formation de l'univers, méditer sur ceux qu'il a pu imaginer. Mais si l'on veut encore une autre opinion de Jean-Jacques sur le même sujet, on la trouvera dans la *Profession de foi*. L'intérêt de son argumentation le portant à donner comme très facile tout ce qui touche à la religion naturelle ; sans souci de ce qu'il a dit quelques pages plus haut : « Nul, dit-il, n'est excusable de ne pas lire dans le livre de la nature, parce qu'il parle à tous les hommes une langue intelligible à tous les esprits. Quand je serais né dans une île déserte, quand je n'aurais jamais appris ce qui s'est fait anciennement dans un coin du monde, si j'exerce ma raison, si je la cultive, si j'use bien des facultés immédiates que Dieu me donne, j'apprendrai de moi-même à le connaître, à l'aimer, à aimer ses œuvres, à vouloir le bien qu'il veut, et à remplir pour lui plaire tous mes devoirs sur la terre. Qu'est-ce que tout le savoir des hommes m'apprendra de plus[2] ? » A cela nous n'avons que

---

1. *Lettre à M. de M.*, 15 janvier 1769. — 2. Voir aussi : | *Lettre à l'archevêque de Paris.*

deux mots à répondre : c'est que cette espèce de Robinson n'en saura pas si long ; c'est que le savoir des hommes, et surtout le savoir de Dieu, en peuvent apprendre encore davantage.

Peu importe d'ailleurs que les religions soient toutes bonnes ou qu'elles soient toutes mauvaises. Les arguments de Rousseau sont en faveur de la seconde de ces hypothèses, ses conclusions sont plutôt en faveur de la première. Aussi, pour plus de commodité, ne comprend-il pas qu'on suive un autre culte que celui où l'on est né. Que le bon vicaire reste catholique, que Rousseau, son disciple, soit protestant, et, dût la vérité en souffrir, tout sera pour le mieux[1]. Mais il est une troisième hypothèse qu'il faut rejeter absolument, c'est celle d'une église prétendant au monopole de la vérité. Depuis le *Contrat social*, la maxime, hors de l'Église point de salut, inspire à Jean-Jacques une sainte horreur. Lui, l'apôtre de la tolérance, ne veut être intolérant que pour les intolérants. Le salut des sauvages et des enfants sans baptême semble le préoccuper beaucoup plus que le sien propre. Il n'est pas de raison qu'il n'apporte en leur faveur, pas de larmes qu'il ne verse sur leur sort. C'est là son grand argument, on pourrait presque dire son argument triomphant, s'il n'était visible qu'il dénature à dessein la question, pour se ménager un plus facile triomphe[2].

Par un de ces contrastes qui plaisaient à Rousseau, cette seconde partie de sa profession de foi

---

1. Comparer avec Diderot : *Pensées phil.*, LVIII. — 2. Les objections de Rousseau sur le salut des sauvages sont presque copiées d'une lettre de Diderot à Mlle Volant, du 27 septembre 1760.

contient le plus bel éloge qu'il ait jamais fait de l'Évangile et de Jésus-Christ. Ce morceau ayant été cent fois cité, nous pouvons nous dispenser de le citer de nouveau. « Oui, dit-il en finissant, si la vie et la mort de Socrate sont d'un sage, la vie et la mort de Jésus sont d'un Dieu. Dirons-nous que l'histoire de l'Évangile est inventée à plaisir ? Mon ami, ce n'est pas ainsi qu'on invente, et les faits de Socrate, dont personne ne doute, sont moins attestés que ceux de Jésus-Christ... L'Évangile a des caractères de vérité si grands, si frappants, si parfaitement inimitables, que l'inventeur en serait plus étonnant que le héros. » Voilà Rousseau bien près d'être chrétien ? Non. « Avec tout cela, continue-t-il, ce même Évangile est plein de choses incroyables, de choses qui répugnent à la raison, et qu'il est impossible à tout homme sensé de concevoir ni d'admettre. » Et Rousseau reste sceptique, et il conserve dans son esprit l'amalgame incohérent des opinions les plus opposées. Réservant tous ses anathèmes pour l'athéisme, qu'il regarde comme plus pernicieux que le fanatisme lui-même, et pour l'indifférence philosophique, il est prêt à regarder toutes les religions positives comme également bonnes. « Que d'œuvres de miséricorde, dit-il, sont l'ouvrage de l'Évangile ! Que de restitutions, de réparations la confession n'a-t-elle pas fait faire chez les catholiques ! Chez nous, combien les approches du temps de la communion n'opèrent-elles point de réconciliations et d'aumônes ! Combien le jubilé des Hébreux ne rendait-il pas les usurpateurs moins avides[1] ! » Et il a, malgré cela, la conscience d'a-

---

1. Voir aussi *Lettre à l'abbé de X...*, 11 novembre 1764.

voir fait, par l'ensemble de sa *Profession de foi*, une œuvre méritoire et utile à son siècle. Tant qu'il reste, s'écrie-t-il, quelque bonne croyance parmi les hommes, il ne faut point troubler les âmes paisibles ni alarmer la foi des simples par des difficultés qu'ils ne peuvent résoudre et qui les inquiètent sans les éclairer ; mais quand une fois tout est ébranlé, on doit conserver le tronc aux dépens des branches[1]. » Il eût été plus fier et plus franc de ne sacrifier ni le tronc, ni les branches. Ou la révélation est vraie, et il faut la soutenir ; ou elle est fausse, et il faut la combattre. L'Opportunisme n'est point ici de saison. Quel droit avons-nous donc sur la vérité, pour la mutiler, sous prétexte de lui être utiles? Défendons-la d'abord, advienne que pourra, et soyons sûrs qu'elle saura bien ensuite retrouver son compte.

Est-ce à dire que le chrétien confonde le déisme de Rousseau avec l'athéisme de certains philosophes? Non, mais il combat l'un et l'autre, quoique par des raisons différentes. On ne confond pas non plus la guerre avec la peste, ce qui n'empêche pas de les regarder comme deux fléaux. Mais Jean-Jacques, qui faisait campagne contre deux adversaires différents, la philosophie et ce qu'il appelait le fanatisme, s'est imaginé qu'en se posant entre les deux, il les vaincrait plus facilement ; il a fait de la politique et de l'habileté au lieu de faire de la doctrine, et il s'est trouvé engagé dans une foule de contradictions et d'inconséquences.

Elles sont si évidentes qu'on se demande si elles ont pu échapper à sa clairvoyance, et s'il ne les a

---

1. *Profession de foi* et *Lettre à J. Burnand*, 28 mars 1763.

pas vues et voulues. Toutefois, cet assemblage de pièces disparates, qui jurent de se trouver réunies, ces affirmations contraires, ces doutes, ces audaces, ces hésitations sont assez l'image de l'auteur, de sa tête mal équilibrée, qui ne se plaît qu'au milieu des paradoxes, de son âme faible et incertaine, accessible à tous les entraînements, capable de toutes les sagesses et de toutes les folies, religieuse, sceptique, incrédule, poursuivant le bien moral, et trop souvent ne sachant où le prendre, aimant la vertu, et n'ayant pas le courage de la pratiquer.

D'un autre côté, on ne peut nier que le procédé de Rousseau ne fût habile, pour attaquer la religion. Cette sorte de position d'assembleur de nuages est, à ce qu'il paraît, assez forte, car elle réussit presque toujours. Comme il le dit, il n'y a point de vérité contre laquelle on ne puisse élever des objections insolubles. Lui-même connaissait bien ce moyen, pour l'avoir expérimenté de longue date. Ses deux premiers *Discours* n'étaient guère, en effet, qu'un amas de difficultés, et son *Émile,* avec son éducation négative, était presque dans le même cas. C'est encore la tactique de sa *Profession de foi.* Laissant à la religion la tâche, toujours longue, d'établir ses preuves, ne se donnant pas la peine de les détruire, ni presque de les attaquer de front, il se contente de les entourer d'un tissu d'objections, de dérouter les esprits, d'ébranler le Christianisme par le doute, au lieu de le combattre par une affirmation contraire. Ses ménagements même ont leur place dans son plan et servent à lui donner un vernis d'impartialité, presque de bienveillance. Objection n'est pas preuve, dit-on, et il sert peu de détruire, si l'on ne peut remplacer. Ceci n'est pas tout à fait exact dans cette circonstance. Celui qui doute n'a plus la foi, et celui qui n'a pas la foi n'est pas chrétien. On ne peut donc pas dire que Rousseau flotte entre le Christianisme et l'incrédulité. Il n'est pas possible de n'avoir qu'un pied dans l'Église : l'on est dedans ou l'on est dehors.

Quel qu'ait été, au fond, le but qu'il se proposait, Rousseau, qui se donnait comme l'adversaire des philosophes, et qui l'était à certains égards, entrait pleinement par son système de doute religieux dans le courant à la mode. Les incrédules, Voltaire en tête, en critiquèrent pour la forme la première partie et firent des réserves sur la seconde ; mais le tout ensemble faisait trop bien leur affaire pour qu'ils ne se montrassent pas satisfaits. Aujourd'hui, on serait peut-être plus difficile. L'incrédulité, sans être plus profonde, est plus affirmative, parce qu'elle a une situation plus assurée et peut plus hardiment lever la tête. Mais alors la religion avait, dans les mœurs et dans l'État, une foule d'attaches officielles et officieuses, qui obligeaient à certains ménagements. C'était le temps où Helvétius faisait amende honorable de son livre de *l'Esprit;* où Voltaire faisait des protestations d'orthodoxie, désavouait ses livres les uns après les autres, et érigeait ses désaveux à la hauteur d'un principe. « Il ne faut jamais rien donner sous son nom, écrivait-il à Helvétius, je n'ai pas même fait *la Pucelle*[1]. » Sans s'abaisser aux mêmes procédés, Jean-Jacques servit puissamment la même cause. Sa religion, s'il en eut une, a eu peu de fidèles. Des pasteurs genevois, dit-on, sans l'approuver entière-

---

1. *Lettre de Voltaire à Helvétius,* 13 auguste 1762.

ment, s'en firent les défenseurs et s'en servirent comme d'un échelon pour ramener à la foi et à la cène un grand nombre d'hommes[1]. Cela leur fait peu d'honneur. En revanche, Rousseau a produit beaucoup de libres-penseurs ; ses doctrines ont fait école, et souvent, dans la bouche de ses disciples, se sont transformées en affirmations antireligieuses très positives.

1. GABEREL, *Rousseau et les Genevois*, ch. III, § 8.

CHAPITRE XXI

Sommaire : L'Émile. — I. De la religion considérée comme moyen d'action sur les passions. — Autres moyens. — Émile apprend à connaître le monde. — Études qui conviennent alors; éloquence, poésie, langues. — Moyens de se former le goût.
II. Sophie, ou de l'éducation de la femme. — Premier principe de Rousseau : la femme est faite pour plaire à l'homme. — Différences entre l'éducation de la jeune fille et celle du jeune homme. — Du respect de l'opinion. — Des plaisirs du monde.
III. Amours d'Émile et de Sophie. — Épisodes. — Voyage à la recherche de la meilleure des constitutions. — Choix d'une profession. — Mariage d'Émile.
IV. *Émile et Sophie, ou les Solitaires.* — Appréciation générale de l'*Émile*.

I

Quoique la *Profession de foi* soit faite un peu trop pour le public, et pas assez pour Émile, on doit penser que celui-ci en a profité, car Rousseau suppose aussitôt, sans autre transition, que son élève connaît au moins les principes et les devoirs de la loi naturelle. C'est peu assurément, mais un retour sur le temps présent nous fait penser qu'au lieu de nous en plaindre, nous ferions mieux de proposer Jean-Jacques à nos hommes d'État, comme une autorité en faveur de la religion. Aujourd'hui, l'on refuse aux Français, même ce minimum; on ne permet pas de prononcer à l'école le nom de Dieu, de Dieu sur qui repose toute morale, de Dieu grâce à qui l'on « trouve son véritable intérêt à faire le bien loin des regards des hommes et sans y être forcé par les lois, et à remplir son devoir même aux dépens de sa vie... Sortez de là, continue Rousseau, je ne vois plus qu'injustice, hypocrisie et mensonge parmi les hommes... Oui, je le soutiendrai toute ma vie; quiconque a dit dans son cœur, il n'y a point de Dieu et parle autrement, n'est qu'un menteur ou un insensé[1]. »

Quelles nouvelles prises le maître s'est données sur son élève! S'il a beaucoup tardé à les acquérir, au moins va-t-il faire en sorte de ne pas les laisser échapper. Et pourtant, c'est le moment qu'il choisit pour le traiter, non plus en élève, mais en ami, pour lui rendre ses comptes et lui parler comme à un homme.

« Quoi, dirons-nous avec Rousseau, faut-il abdiquer mon autorité lorsqu'elle m'est le plus nécessaire? Faut-il abandonner l'adulte à lui-même, au moment qu'il sait le moins se conduire et qu'il fait les plus grands écarts? » Rassurons-nous; ce n'est là qu'une petite supercherie, à ajouter à beaucoup d'autres. Le maître ne propose d'abdiquer ses droits que pour mieux les assurer. Il sait de quelles nouvelles chaînes il a entouré le cœur d'Émile. Jusqu'ici, il n'avait rien obtenu de lui que par force ou par ruse; la raison, l'amitié, la reconnaissance vont désormais lui venir en aide; Émile refusera une liberté qui lui serait trop lourde à porter.

Mais aussi ne vous montrez pas trop sévère. Vous devez savoir que la situation est délicate, que les passions commencent à élever la voix; n'allez pas « heurter de front les désirs naissants du jeune homme, sottement traiter de crimes ses nouveaux besoins. » D'un autre côté, si vous ne combattez

---

1. *Émile*, l. IV.

pas ses penchants, allez-vous donc les favoriser? Pas davantage. — Alors vous vous hâterez de le marier? — Ce procédé a du bon; cependant, ici encore, il ne faut pas se presser.

La direction du jeune homme, dans ce moment critique, est, de l'aveu de tous les moralistes, extrêmement difficile. Jean-Jacques venait d'affaiblir entre ses mains le frein le plus puissant et le plus assuré contre les passions, le frein religieux. Il l'avait, à la vérité, conservé en partie, en maintenant les principes de religion naturelle, et l'on voit par moments qu'il entend bien s'en servir; mais contre un danger si pressant, il n'est pas trop de garder tous ses moyens, et dans toute leur énergie. Sans faire des considérations à ce sujet, il est d'expérience que, sauf de très rares exceptions, la loi naturelle ne suffit point à un jeune homme pour la conservation de la pureté des mœurs; que la religion sincèrement pratiquée, la confession, la communion sont au contraire merveilleusement efficaces, et seules efficaces, pour atteindre ce but. Convenons que Rousseau, réduit, ou à peu près, aux ressources de la sagesse humaine, les emploie avec habileté; malheureusement, il est rare que la sagesse humaine ne cloche pas par quelque côté.

Le premier moyen du précepteur est de retarder le moment de l'éclosion des passions. Nous n'en dirons pas de mal assurément; mais il n'était pas nécessaire d'aller jusque dans l'ancienne France ou chez les Romains du temps de César, pour en trouver des exemples; tous les parents sages l'emploient, autant que cela leur est possible. Cependant, puisque chaque enfant n'a pas pour lui seul, comme Émile, un précepteur, afin de le tenir séquestré de toute influence extérieure, il faut bien tenir compte des possibilités et des circonstances.

Un second moyen proposé par Rousseau consiste à prendre le jeune homme par l'amour-propre, à lui donner la liberté et à le rendre responsable de ses actions. Moyen dangereux, s'il en fut, qui peut réussir quelquefois avec des natures exceptionnelles, mais auquel il ne faut pas se fier. Rousseau lui-même n'y avait, à ce qu'il paraît, qu'une demi-confiance, car il compte que son offre de liberté sera refusée. Le plus sûr toutefois serait de ne rien offrir, de peur d'être pris au mot.

Autre moyen, qui semble presque le contre-pied du premier. Instruisez vous-même le jeune homme des dangereux mystères des passions. S'il les apprend par d'autres que par vous, il ne les apprendra pas impunément. Sans doute. — Vous n'empêcherez pas les indiscrétions d'un camarade, d'un domestique. — Ne vous en flattez pas. — Prenez donc les devants. — Peut-être. C'est une question de prudence, que vous aurez à résoudre selon les circonstances. — Soyez le confident de votre élève. — Cela est en effet très désirable, et nous ne le croyons pas impossible. Faudra-t-il toutefois rechercher ces confidences au prix de sacrifices incompatibles avec les devoirs du maître? « Comptez, dit Rousseau, que si l'enfant ne craint de votre part ni sermon ni réprimande, il vous dira toujours tout. » — C'est possible; mais à quoi lui aura-t-il servi de le dire, s'il n'a pas à compter sur une direction? Soyez bon, soyez père, sachez tempérer vos conseils et vos reproches par les encouragements et l'indulgence; mais aussi soyez juste; imposez, s'il le faut, votre autorité; blâmez ce qui est blâmable. — Choisissez votre moment, continue l'auteur de l'*Émile*; il ne suffit pas de dire ce qu'il faut : il faut le dire à propos. Préparez vos batteries. — Certainement; mais nous sommes si fatigués des artifices de cette éducation que nous dirions volontiers : préparez-les, mais ne les préparez pas trop. Nous ne parlerons pas de ce qu'on peut appeler la préparation éloignée : régler les lectures du jeune homme, le détourner de l'oisiveté, d'une vie molle et sédentaire, du commerce des femmes et des jeunes gens, donner le change à son imagination en fatiguant son corps, le faire travailler, marcher, chasser, toutes choses excellentes, mais qui sont de la vieille méthode. Arrive enfin le jour que vous avez choisi pour instruire votre élève; car cela se fera en un seul jour, jour solennel, qui doit rester éternellement gravé dans sa mémoire, et non point par une série de conversations intimes et familières. Ce sera avec un appareil imposant, en présence de l'Être éternel, au milieu des bois, des rochers, des montagnes, en face de la nature entière, appelée comme témoin de la sainteté de l'entretien; ce sera avec les accents de l'enthousiasme, avec l'émotion du cœur, avec la flamme et l'ardeur du sentiment que vous lui parlerez. Quelle mise en scène! Quel comédien que ce Jean-Jacques! Et que lui direz-vous? Ah! ici notre auteur, malgré son audace, hésite et se trouble. Il a essayé, mais il a reconnu que les fausses délicatesses de la langue française se refusent à « la naïveté des premières instructions sur certains sujets. » Quoi qu'il en soit, s'il doit, dans la suite de son ouvrage, recommander vivement la pudeur pour la jeune fille, on ne voit pas qu'il y songe pour le jeune homme; aussi n'aura-t-il plus rien de caché pour lui. Mais en même temps qu'il lui dévoilera les mystères de l'amour, de la génération, du mariage, il lui montrera en traits de feu les avantages de la chasteté et les terribles châtiments de la débauche.

Rousseau semble attendre de superbes effets de cette épreuve. Il y compte même pour recouvrer, plus complète que jamais, l'autorité dont il a feint de vouloir se dessaisir. En dehors de ce résultat incertain, que le maître aurait mieux fait de ne pas mettre en balance, nous craignons que le reste ne soit pour le moins inutile.

A ces moyens, on en peut joindre d'autres. Nous avons déjà dit un mot de celui qui consiste à changer le cours des occupations et des désirs. A cet ordre d'idées peuvent se rattacher : 1° les études qu'Émile doit cultiver ; 2° l'art de combattre les passions par les passions, autrement dit, de rendre Émile sage en le rendant amoureux.

Rousseau est pénétré des périls qu'offre le monde ; il n'est pas moins persuadé des dangers auxquels Émile est exposé, rien que par son âge. De ces deux dangers, réunis dans des conditions convenables, il entend faire la sauvegarde de son cœur. Il n'admet pas qu'on doive combattre la passion directement ; ce serait aller contre la nature ; il préfère demander à la passion même le moyen de sauver son élève du libertinage, en lui montrant de loin le mariage comme un but à atteindre. « Ton cœur, dis-je au jeune homme, a besoin d'une compagne ; allons chercher celle qui te convient. Nous ne la trouverons pas aisément peut-être : le vrai mérite est toujours rare ; mais ne nous pressons et ne nous rebutons point. Sans doute il en est une, et nous la trouverons à la fin, ou du moins celle qui en approche le plus. Avec un projet si flatteur pour lui, je l'introduis dans le monde. Qu'ai-je besoin d'en dire davantage? Ne voyez-vous pas que j'ai tout fait? »

Quelle séduction pourra désormais effleurer le cœur d'Émile? Il sera défendu par sa chère Sophie. Les discours licencieux, les conseils pernicieux des jeunes gens ne feraient que l'éloigner d'elle. Les agaceries des femmes le laisseront froid ; Sophie est si modeste ! Comment aimerait-il les manières des coquettes? Sophie a tant de simplicité !

On peut reprocher à ces considérations de tenir beaucoup plus du roman que de la réalité. Ne les méprisons pas trop toutefois. Espérons que Sophie sauvera Émile de quelques écarts ; c'est déjà beaucoup ; mais ne comptons pas qu'elle les lui évitera tous. Ainsi elle ne le garantira pas, c'est Rousseau qui nous le dit, du plus redoutable de tous, et ce danger, c'est lui-même. Il semblerait que Jean-Jacques en vient à admettre que le pire ennemi du jeune homme, c'est son propre cœur. Que devient alors son grand principe de la bonté originelle? Quoi qu'il en soit, il craint par-dessus tout pour son élève les habitudes solitaires. Si, par malheur, celui-ci vient à s'y livrer, il est un homme perdu sans retour, et l'âge même ne le corrigera pas. Rousseau connaissait en effet par sa propre expérience les tristes effets de ce vice. Il n'est point de précautions qu'il n'indique pour le combattre ; ou plutôt il n'en oublie qu'une, et c'est la bonne, la religion. Pour en préserver Émile, accompagnez-le plutôt, dit Rousseau, dans les mauvais lieux. Voilà un moyen héroïque sur lequel nous ne nous étendrons pas trop. Il a plu à l'auteur de l'*Émile* de n'être pas très explicite sur ce point; ne cherchons pas à l'être plus que lui. Malheureusement, ses principes ne lui laissaient que l'alternative entre des embarras inextricables et des complaisances inavouables. D'une part, il exige non seulement que le maître sache tout, ce qui est bien, mais en outre qu'il ne paraisse rien ignorer; qu'il ne ferme les yeux sur quoi que ce soit. Joignez à cela qu'il l'oblige à ne jamais commander ni défendre, et pourtant à ne jamais lâcher son élève d'un seul pas, et voyez où le malheureux maître pourra se trouver entraîné.

Émile a si peu étudié dans son enfance qu'il a encore presque tout à apprendre. A l'âge où il est arrivé, les études qui lui conviennent sont l'éloquence, la poésie, les langues. Elles ne lui servent pas seulement de dérivatif contre les passions; elles ont encore l'avantage de lui former le goût. Dans le monde, Émile aura aussi plus d'une occasion d'apprendre les règles du goût; mais nous savons qu'il y sera conduit par une pensée autrement grave, le désir d'y chercher la compagne de sa vie.

Comme application de ses idées sur le goût, Rousseau réunit dans son imagination les conditions capables de constituer la vie qui lui plairait davantage, qui serait le plus de son goût. Ce tableau, qui est très long, n'est pas sans charmes, quoiqu'il ait le défaut d'être bien épicurien pour un livre d'éducation. C'est là qu'il est question de la fameuse petite maison blanche avec des contrevents verts. Mais il se trouve à la fin que cet assemblage de tous les plaisirs est à la portée de beaucoup de personnes, et n'est autre chose qu'une douce et aimable médiocrité. « On a du plaisir quand on en veut avoir. » Voilà une conclusion qu'on n'attendait pas de Rousseau et une maxime qu'il n'a guère mise en pratique.

II

Puisque notre jeune gentilhomme, dit Locke, est prêt à se marier, il est temps de le laisser auprès de sa maîtresse. Jean-Jacques n'a garde d'imiter Locke, et il fait bien [1]. Il va donc s'occuper de trouver une compagne à Émile, et, naturellement, il la trouvera la plus parfaite possible. De là de longues dissertations sur les qualités de la femme. Comme ces qualités s'acquièrent, au moins en partie, par l'éducation, l'occasion était bonne pour greffer, sur son grand traité de l'éducation du jeune homme, un petit traité de l'éducation de la jeune fille : première et longue digression. Mais pour trouver cette perle rare autant que précieuse, il faut la chercher ; nous ne regretterons pas les longs voyages que nous aurons à faire pour obtenir un si beau résultat : seconde digression, les voyages. En voyageant, on apprend à connaître les peuples et leurs constitutions ; on conviendra que cette connaissance est éminemment utile, sinon nécessaire, pour se mettre en état d'exercer le droit que possède chaque homme de se choisir sa patrie : troisième digression, les constitutions et les gouvernements. Ces trois digressions, qui d'ailleurs en renferment d'autres, ne comprennent guère moins d'un volume.

Si Rousseau nous avait donné un bon traité de l'éducation de la femme, nous ne regretterions pas les longues pages qu'il y a consacrées ; malheureu-

---

1. Voir *Émile*, l. V.

sement, c'est toujours Rousseau, c'est-à-dire, un mélange impossible de vrai et de faux, de sagesse et de folie, de préceptes excellents et d'utopies.

Presque dès le début, il pose un principe qui lui servira souvent, et sur lequel il y aurait beaucoup à dire : « la femme, d'après lui, est faite spécialement pour plaire à l'homme. » Ces paroles auraient pour conséquence extrême de nous reporter aux mœurs du sérail. Dans la société antique, chez les peuples sauvages ou barbares, dans toutes les civilisations inférieures ou corrompues, la femme sert de jouet ou de bête de somme. Est-ce là ce que veut Rousseau ? Il compte beaucoup sur les charmes de la femme pour rétablir en sa faveur l'égalité et presque la suprématie. Hélas ! tant que la femme ne sera que *la femelle* de l'homme, c'est son expression, elle court grand risque de n'être ni libre, ni honorée, ni digne de l'être. Ce n'est pas d'aujourd'hui que ses charmes sont cultivés dans un but qui n'est pas précisément celui de la morale, et servent à tout autre chose qu'à assurer les fins de la nature. Ne faisons pas à Rousseau l'injure de penser que c'est là ce qu'il veut. Cependant il nous faut constater que, même quand il parle de la pudeur, qu'il regarde, bien à tort, comme l'apanage exclusif de la femme, il se dégage de ses plus belles pages comme une senteur d'obscénité. Il ne laisse voir, pour ainsi dire, dans l'homme que l'animal. Qu'il demande après cela une éducation sérieuse ; qu'il soit parfois exigeant sur le devoir ; son motif, plaire à l'homme, n'en est pas moins frivole et mesquin. La femme qui n'en aurait pas d'autre ne resterait pas longtemps honnête. Aussi, pour un ou deux résultats heureux, à combien de concessions mauvaises ou dangereuses l'amène ce principe ; car c'est pour lui un principe, qui se continue par ses conséquences à travers tout le traité. Ce n'est pas seulement la douceur et la politesse qu'il prêchera aux jeunes filles et aux jeunes femmes ; ce n'est pas seulement la docilité, c'est, pour employer son expression, *l'asservissement,* auquel il veut qu'on les accoutume ; il leur permettra, il leur recommandera même une certaine coquetterie ; il trouvera bon qu'elles aient recours à la ruse ; il les rabaissera à dire, non ce qui est bien et utile, mais seulement ce qui plaît ; à suivre, non pas la vraie religion, mais la religion de leur mère ou de leur mari. Il ne peut entrer dans notre pensée de vanter la femme maussade et ennuyeuse ; de mettre en opposition la femme qui plaît et celle qui fait son devoir. La femme doit être à la fois aimable et vertueuse, charmante et sage ; mais enfin elle a autre chose à faire que d'être l'ornement du foyer ; elle en doit être aussi l'honneur, la gardienne et l'appui ; elle a des devoirs sérieux, un ménage à tenir, des enfants à élever ; quelquefois aussi, car la vie n'a pas que des jours heureux, des revers de fortune ou de situation à conjurer ou à réparer, des malheurs de famille et des chagrins à supporter ou à consoler. On dirait que Rousseau n'a pas songé à toutes ces choses ; elles n'entraient sans doute pas dans le plan de son roman.

Il expose avec plaisir, et parfois il exagère, les différences qui existent entre les deux sexes, et par suite les différences des éducations à leur appliquer. Ses considérations ont du vrai ; mais nos hommes d'État, qui prétendent s'inspirer de lui, s'en éloignent grandement en beaucoup de points. Qu'aurait-il dit, grand Dieu! des lycées de filles, lui qui n'en voulait pas même pour les garçons[1]? Lui qui n'admet pour les filles, ni maîtres, nous dirions presque ni maîtresses, ni pensions, ni études abstraites, ni sciences de raisonnement; mais principalement la couture, la dentelle, le dessin d'ornement, le chant, les arts d'agrément, enfin la science pratique du monde et des hommes. Il est vrai qu'ils se rencontreraient ensuite avec lui dans leur haine du catéchisme et des couvents. Non pas que Jean-Jacques érige l'irréligion ou l'indifférence en système de gouvernement; il est au contraire l'ennemi déclaré de la neutralité. Il ne demande pas beaucoup d'instruction ni de pratiques religieuses pour la jeune fille; mais le peu qu'il demande, il l'exige fortement.

On doit bien penser que Rousseau est l'ennemi des corsets; on ne s'étonnera pas qu'il s'élève contre les abus de la toilette; mais ce qu'on attendait moins de sa part, c'est le respect de l'opinion qu'il exige de la femme. Ses raisons sont bonnes, et sans admettre la séparation radicale qu'il établit (Rousseau est toujours exclusif) entre l'homme, qui ne doit avoir que du mépris pour l'opinion, et la femme, qui lui doit le plus grand respect, on ne peut nier que la réputation de la femme ait des délicatesses qui demandent des ménagements tout particuliers.

Les questions du bal, de la danse, du théâtre, ne peuvent guère se traiter en quelques lignes. L'au-

---

1. « Elles n'ont point de collèges. Quel malheur! Eh! plût à Dieu qu'il n'y en eût point pour les garçons! Ils seraient plus sérieusement et plus honnêtement élevés. » *Émile*, l. V.

teur de la *Lettre sur les spectacles* devient à cet égard singulièrement facile, même pour le théâtre, et tance vertement le christianisme, qui a tout outré et qui se montre l'ennemi des plaisirs les plus innocents. Mais la manière dont Rousseau en parle, les précautions et les préparations qu'il réclame autorisent à croire qu'il n'est pas si loin de partager sur ce point l'idée chrétienne.

Sophie, la femme destinée à Émile, est le fruit de cette éducation. Il est superflu de faire son portrait : on sait d'avance qu'elle doit avoir beaucoup de perfections, avec quelques légers défauts, quelques ombres, placées à dessein, pour mieux faire ressortir les côtés lumineux. Rousseau, par une sorte de coquetterie, a voulu joindre à ses qualités celle d'une grande simplicité. Sophie n'est point un prodige ; elle est mieux que cela, elle est femme, comme Émile est homme ; voilà toute leur gloire. Le talent de l'auteur consiste donc à faire avec des traits ordinaires, une figure médiocre, des qualités communes, de légers défauts, des vertus de tous les jours et une vie tout unie et en quelque sorte sans relief, un portrait charmant et unique.

Rousseau nous a fait connaître la femme qu'il destine à Émile, mais Émile ne la connaît pas encore. A quoi bon? Émile croit qu'il lui appartient de choisir, tandis que c'est le maître qui choisit à sa place. La nature, dit le précepteur, lui a destiné une épouse. « Mon affaire est de trouver le choix qu'elle a fait. Mon affaire, je dis la mienne et non celle du père ; car, en me confiant son fils, il me cède sa place ; il substitue mon droit au sien ; c'est moi qui suis le vrai père d'Émile ; c'est moi qui l'ai fait homme. J'aurais refusé de l'élever, si je n'avais pas été le maître de le marier à son choix, c'est-à-dire au mien. » Aussi le voyage de découvertes qu'ils vont faire à la recherche de Sophie n'est qu'un prétexte. « Dès longtemps Sophie est trouvée. Peut-être Émile l'a-t-il déjà vue ; mais il ne la reconnaîtra que quand il en sera temps. »

Il est assez douteux que tous ces arrangements soient bien le vœu de la nature. Rousseau pourtant ne rêve que convenance naturelle. Ne la sacrifiez jamais, dit-il, car « c'est elle qui décide du sort de la vie, et il y a telle convenance de goûts, d'humeurs, de sentiments, de caractères qui devrait engager un père sage, fût-il prince, fût-il monarque, à donner sans balancer son fils à la fille avec laquelle il aurait toutes ces convenances, fût-elle née dans une famille déshonnête, fût-elle la fille du bourreau. » Ne nous effarouchons pas de ce préambule ; nous savons que Jean-Jacques aime à débuter par le paradoxe, pour aboutir au lieu commun. Aussi, cette entrée en matière nous conduira-t-elle, à force de correctifs, à un mariage parfaitement assorti, et que bien des pères seraient heureux de trouver pour leur enfant.

Émile a commencé par chercher Sophie à Paris ; on doit penser que ce n'est pas là qu'elle est ; mais il importait qu'il ne la trouvât pas trop vite. L'élève et le précepteur continuent leur voyage d'exploration, sans se presser, le bâton à la main, côtoyant les ruisseaux, se reposant à l'ombre des bois, recueillant des minéraux et des plantes, s'informant des cultures, restant où il leur plaît, partant quand ils commencent à s'ennuyer.

Cependant un jour, *par hasard,* ils perdent leur

chemin, ils sont surpris par la pluie, ils finissent par arriver à une maison de médiocre apparence, il est tard, ils demandent un asile. Quelle maison bénie! Quelle hospitalité antique! Émile se croit au temps d'Homère. Au souper paraît une charmante jeune fille ; chacun raconte ses aventures ; les parents ont eu des malheurs; Sophie, l'aimable Sophie, est leur consolation et leur joie. Sophie! Quel nom! Émile, qui n'avait eu jusque-là qu'une attention distraite, tressaille, examine, s'émeut; Sophie n'est pas moins troublée que lui. Elle parle; « au premier son de sa voix, Émile est rendu; c'est Sophie ; il n'en doute plus. »

Les amours d'Émile et de Sophie tiennent plus du roman que du traité d'éducation. C'est le roman de la nature, dit Rousseau. — Pas autant qu'il se l'imagine. « Ces amours, dit Saint-Marc Girardin, sont guindées comme des exemples, et, comme toutes les amours de Rousseau, elles manquent de pureté et de délicatesse. Partout la préparation s'y fait sentir[1]. » Ce jugement est peut-être un peu sévère. Au milieu de scènes apprêtées ou sensuelles, de longs discours, de considérations inopportunes, il y a bien aussi des tableaux gracieux et des situations prises sur le vif de la nature. Dès le soir, le précepteur va raisonner Émile, lui dire d'observer, d'attendre. Naturellement, ses pédantesques leçons, au lieu de calmer les désirs du jeune homme, ne font que les exciter. C'est d'ailleurs ce que voulait le maître.

Cependant un premier obstacle se présente. Émile est riche ; Sophie, qui est pauvre, souffre dans sa

---

1. *Revue des Deux Mondes,* 15 juillet 1855.

délicatesse et sa fierté de la différence de leurs fortunes ; mais ces sortes de difficultés sont aisées à aplanir quand on s'aime.

Un jour Émile se fait attendre ; on a été au-devant de lui et on ne l'a pas rencontré. Enfin, il arrive le lendemain matin. Sophie se fâche et s'irrite. Mais elle apprend que ce qui a retardé son amant, c'est l'exercice de la charité. Il a rencontré un blessé, il l'a relevé, il a été chercher un chirurgien à la ville. Une réconciliation faite dans de telles conditions ne pouvait que cimenter leur amour.

Autre scène, encore plus arrangée. Émile, ne pouvant être constamment auprès de sa maîtresse, ne se contente pas de chercher dans l'étude de l'histoire naturelle et de l'agriculture des occupations utiles ; il se met à exercer son métier de menuisier et s'engage chez un patron. Sophie vient le surprendre à l'atelier. Elle admire son fiancé qui, un ciseau d'une main et un maillet de l'autre, achève une mortaise. « Femme, honore ton chef, s'écrie sentencieusement Rousseau ; c'est lui qui travaille pour toi, qui te gagne ton pain, qui te nourrit. Voilà l'homme. » — « Non, dit Saint-Marc Girardin, voilà l'acteur. »

Mais nous ne sommes pas au bout. Sophie elle-même vient de déclarer son amour ; les deux jeunes gens aspirent au moment de s'unir. C'est celui que le précepteur choisit pour les séparer. Après force tirades philosophiques, qui seraient peut-être fort belles, si elles étaient mieux à leur place, le maître déclare donc à son élève qu'il lui reste encore beaucoup à apprendre avant d'être en état de se marier ; qu'il lui faut quitter Sophie pendant deux ans, afin de revenir plus digne d'elle ; et le pauvre Émile, qui voudrait bien résister, finit par se laisser faire comme un enfant.

Quel motif pouvait avoir Rousseau de couper ainsi son livre à l'endroit le plus intéressant? En vérité, on n'en voit pas d'autre que le besoin de placer, dans son encyclopédique roman, un petit traité sur les constitutions.

Jusqu'ici, Émile a fait un voyage d'exploration à la recherche de celle qui devait être sa femme ; maintenant il en va faire un autre à la recherche de la meilleure des constitutions. Comme Rousseau rejetait les livres, procédé, suivant lui, faux et mensonger de connaître l'histoire et les mœurs des peuples, il ne leur restait, à son élève et à lui, que la ressource de s'en instruire par eux-mêmes. De là les voyages.

Sauf quelques traits, nous ne trouverons rien ici que nous ne connaissions déjà par le *Contrat social*. Contentons-nous de noter le soin avec lequel Rousseau prétend établir que la patrie n'a rien de fixé à l'avance, et qu'il apppartient à chaque homme de s'en donner une, après examen préalable. Avait-il quelque arrière-pensée et songeait-il déjà à sa future abdication? C'est peu présumable. On doit plutôt croire qu'il aura trouvé après coup dans ses ouvrages des principes dont il aura été heureux de se prévaloir. Remarquons, en second lieu, ses considérations sur le choix d'une profession et les avantages, ou plutôt les inconvénients de chacune. Le commerce, les charges, la finance nous mettent dans un état précaire et dépendant, et nous forcent de régler nos mœurs, nos sentiments, notre conduite sur l'exemple et les préjugés d'autrui. Le métier des armes consiste à aller tuer des gens qui ne nous ont rien fait, à se ruiner pour l'honneur de son état, ou à s'y enrichir par des moyens déshonnêtes. Que fera donc Émile? Rien, sans aucun doute; et, en effet, avec la manière dont il a été élevé, c'est peut-être encore ce qu'il a de mieux à faire. « Sophie et mon champ, dit-il, et je serai riche. » Reste à savoir si, de cette façon, il aura accompli ses obligations envers la société. Mais ce champ, d'ailleurs, dans quel pays le choisira-t-il? Et, sur ce simple mot, voilà tout un système de gouvernement et un résumé complet du *Contrat social*.

La conclusion est, d'ailleurs, plus simple et plus sage que les termes qui l'ont préparée ne l'auraient fait supposer. Émile se résout à rester dans le pays où la Providence l'a fait naître. Sa liberté est en lui-même, dans la modération des désirs, dans la soumission aux lois de la nécessité. N'eût-il gagné à ses voyages que d'apprendre à être satisfait du lot que Dieu lui a assigné, qu'il n'aurait pas perdu son temps.

Maintenant, il ne lui reste plus qu'à venir goûter, auprès de Sophie, le bonheur d'une union longtemps attendue. Le précepteur a la bonne pensée de les arracher, le jour de leur mariage, à la foule des importuns et des indiscrets; que n'a-t-il aussi la délicatesse de leur épargner ses sermons? Si encore ils n'étaient qu'ennuyeux; mais à quel titre vient-il, au mépris de la modestie d'une jeune femme, se mettre en tiers entre les deux époux, s'interposer comme un médecin importun et maussade, se faire le modérateur et l'arbitre de leurs droits? Grand docteur de la méthode négative, qui avez répété si souvent que le précepteur n'avait qu'à s'effacer, c'était le cas de suivre vos maximes. Après cela, vous abdiquez votre autorité ; vous auriez bien dû l'abdiquer deux jours plus tôt.

Il en coûtait à Rousseau d'abandonner ses deux amants. Il a voulu les faire revivre dans un roman, qui, heureusement, est resté inachevé[1]. Si c'était parce que l'auteur a été le premier à reconnaître la faiblesse de son œuvre, cela témoignerait au moins de son bon goût. Loin de là, il a voulu la continuer. « Je conserve, disait-il, pour cette entreprise, un faible que je ne combats pas, parce que j'y trouverais, au contraire, un spécifique utile pour occuper mes moments perdus, sans rien mêler à cette occupation qui me rappelât les souvenirs de mes malheurs, ni de rien qui s'y rapporte[2]. » Il fut détourné de ce soin par d'autres qui ne valaient pas mieux ; mais il lut son ancien travail à un de ses amis, Prévost de Genève, et exposa en même temps le dénouement qu'il entendait lui donner. Tout cela ne vaut pas la peine que nous nous y arrêtions. Aventures invraisemblables, maximes fausses et parfois ridicules, sentiments quintessenciés, passions violentes, mais non communicatives : il n'y a pas là de quoi constituer un beau roman. Les éditeurs eux-mêmes ne publièrent pas ce morceau sans une sorte de répugnance[3]. Si Rousseau avait l'intention de faire l'histoire d'une âme, pourquoi y avoir entassé tant d'événements? A-t-il entendu, au contraire, faire un roman d'aventures, pourquoi alors y avoir mis tant de philosophie et de morale? Il n'est pas jusqu'au style qui ne soit souvent d'une faiblesse in-

---

1. *Émile et Sophie, ou les Solitaires.* — 2. *Lettre à Dupeyrou*, 6 juillet 1768. — 3. Voir la Préface de l'édition de Genève, t. XIV, ou t. IV d'*Émile*.

croyable[1]. Mais le défaut capital est la révolution impossible que l'auteur a supposée dans la conduite de ses deux héros. C'était bien la peine de faire une Sophie aussi accomplie, de lui donner une éducation aussi parfaite, pour la dégrader aux chutes les plus déplorables. Et Émile lui-même, oubliant ses devoirs, ne gardant plus de l'ancien Émile que le nom et quelques discours! Quel aveu d'impuissance! Quelle critique du livre qu'il venait de faire sur l'éducation!

L'*Émile* passe généralement pour être le plus beau titre de gloire de Rousseau. Répond-il à sa réputation? Est-il ce monument grandiose et unique, qui doit fixer à jamais le regard de la postérité? Si nous étions tentés d'en demander à Rousseau son avis, voici qu'elle serait sa réponse : « Oui, je ne crains point de le dire, s'il existait en Europe un seul gouvernement vraiment éclairé, un gouvernement dont les vues fussent vraiment utiles et saines, il eût rendu des honneurs publics à l'auteur d'*Émile*; il lui eût élevé des statues[2]. » Nous avons étudié longuement, trop longuement peut-être, l'ouvrage ; nous savons maintenant si l'on doit élever des statues à l'auteur. Il est vrai que, si l'on voulait apprécier ce livre d'après un certain nombre de morceaux choisis, on ne manquerait ni de belles citations, ni d'idées neuves, ni de vues justes. Mais

---

1. Par exemple, au moment où Émile devient esclave du dey d'Alger : « Que m'ôtera cet évenement, dit-il? Le pouvoir de faire une sottise? Je suis plus libre qu'auparavant. — Émile esclave! reprenais-je. — Eh! dans quel sens? Qu'ai-je perdu de ma liberté primitive? Ne naquis-je pas esclave de la nécessité? Quel nouveau joug peuvent m'imposer les hommes? — Le travail? — Ne travaillais-je pas, quand j'étais libre? — La faim, etc. » — 2. *Lettre à l'Archevêque de Paris*, vers la fin.

si on veut le juger par son ensemble, par la somme de vérités et de bien qu'il a répandus dans le monde, par les fruits pratiques et utiles du système, ce que nous en avons dit suffit à montrer qu'on peut le classer parmi les livres pernicieux. Qu'il produise même, comme l'a dit un écrivain, de nobles pensées, peu importe, si ces pensées restent sans influence sur les actions[1]. Il serait mal séant de lui reprocher ses pages justes et belles ; mais comme résultat final, on pourrait presque dire qu'elles ont servi surtout à faire passer les idées fausses.

Bossuet a dit que toutes les erreurs sont des vérités dont on abuse ; l'*Émile* est un tissu de vérités dont Rousseau a abusé. Il a vu le mal, il a voulu le corriger, et souvent il n'a réussi qu'à l'empirer. L'éducation était tombée dans l'artificiel et le convenu ; Rousseau, sous prétexte de la ramener à la nature, n'a fait que multiplier les artifices. — Les mères faisaient de leurs enfants de véritables idoles, et ces petits êtres, volontaires et impérieux, ne faisaient à leur tour que fatiguer leurs parents de leurs obsessions et de leurs exigences ; Rousseau a décidé que les enfants ne devaient ni commander, ni obéir ; qu'ils ne devaient rien à personne, et que personne ne leur devait rien. — On leur parlait de morale et de devoir ; Rousseau n'a parlé que de nécessité. — A force de les servir, on les rendait incapables d'user de leurs mains ; Rousseau a voulu les mettre en état de se suffire à eux-mêmes sans le secours de personne. — On se hâtait ; Rousseau

---

1. DE BARANTE, *De la littérature française pendant le* XVIIIe siècle.

a appris à perdre le temps. — On forçait les enfants à étudier; Rousseau a prétendu qu'on ne devait rien exiger d'eux. — On surchargeait leur tête d'une foule de connaissances inutiles; il a mieux aimé la laisser vide. — On cultivait leur raison, on tombait dans la sentimentalité; Rousseau a tout donné au corps et aux sens, jusqu'à douze ou quinze ans. — On leur parlait de religion dès l'enfance; Émile ne savait pas encore à quinze ans s'il avait une âme et s'il y a un Dieu. — On multipliait les livres; Rousseau les a tous supprimés. — On faisait, en un mot, des enfants prodiges; il a préféré les enfants grossiers et ignorants. Aux préjugés d'opinion, de naissance et de fortune, il a répondu en inspirant à son élève le mépris des hommes, de l'opinion et des usages, et en faisant de lui un menuisier.

Ce n'est pas ainsi que s'opèrent les réformes. On pourrait croire que, pour corriger un abus (et tout n'était certes pas abus dans l'ancienne éducation) il suffit de prendre le contre-pied de ce qui existe; mais on ne réussit ainsi, le plus souvent, qu'à tomber dans un autre excès qui ne vaut pas mieux. Avant l'*Émile*, on élevait les enfants, plus ou moins bien; on faisait des livres, plus ou moins judicieux; l'*Émile* a posé une fois de plus cette question de l'éducation, toujours ancienne et toujours nouvelle; il est certain qu'il ne l'a pas résolue. Plût à Dieu qu'il n'en eût pas retardé la solution.

CHAPITRE XXII

1762-1763

Sommaire : L'*Émile* DEVANT LES TRIBUNAUX ET DEVANT L'OPINION. — I. L'*Émile* a été pour Rousseau une source de soucis.— Part d'influence que purent avoir dans ces tracasseries 1° Choiseul et Mme de Pompadour; 2° les Jésuites.
II. Arrivée de Rousseau en Suisse. — Décret du parlement de Paris. — Condamnation de l'*Émile* par la Sorbonne et par le Pape. — Mandement de l'Archevêque de Paris.
III. Jugements des contemporains : Mme Latour. — Mme de Créqui.— D'Alembert. — Malesherbes. — Conti. — Hume. — Le duc de Wirtemberg. — Grimm. — Le journal de Trévoux et les Jésuites. — Gerdil. — Le Franc de Pompignan. — Formey.
IV. Arrêt de condamnation du Conseil de Genève. — Lettre du colonel Pictet en faveur de Rousseau. — Causes de la sentence : 1° Action de la France. — 2° Voltaire. — 3° Attitude des pasteurs.
V. Condamnation en Hollande.— Condamnation à Berne.— Rousseau, chassé du canton de Berne, se réfugie à Motiers-Travers.

I

Maintenant que nous connaissons l'*Émile,* il nous sera plus facile de juger les événements dont il fut la cause ou l'occasion. Rousseau s'est plaint toute sa vie de la gloire et des soucis dont elle est la source; s'il avait pénétré l'avenir, l'aurait-il sacrifiée à sa tranquillité? Lui-même aurait été, sans doute, bien embarrassé pour répondre; d'ailleurs ne fallait-il pas qu'il se plaignît?

Cependant, si jusqu'à présent nous avons été peu sensibles à ses gémissements, il faut convenir qu'à partir du moment où parut l'*Émile,* ils sont amplement justifiés, et que le livre qui a mis le comble à sa célébrité est aussi celui qui a empoisonné sa vie.

Il déclare que « dans l'œuvre de ténèbres dans lesquelles depuis huit ans il se trouve enseveli (il écrivait ces paroles en 1770), que dans l'abîme de maux où il est submergé, il sent les atteintes des coups, sans pouvoir discerner la main qui les dirige, ni les moyens qu'elle met en œuvre[1]. » Plus heureux que lui, nous croyons pouvoir saisir sans grande difficulté les fils de ce fameux complot. — Ou plutôt nous pensons qu'il n'y eut pas de complot du tout ; il y eut seulement, comme toujours, des amis et des ennemis, des hommes impartiaux et des indifférents, qui jugèrent et se conduisirent chacun selon ses impressions particulières. « Quoi, dit Jean-Jacques, le rédacteur de la *Paix perpétuelle* souffle la discorde ! l'éditeur du *Vicaire savoyard* est un impie ! l'auteur de la *Nouvelle Héloïse* est un loup ! celui de l'*Émile* est un enragé[2] ! » Eh ! sans doute ; en laissant de côté la *Paix perpétuelle*, qui n'est pas en cause, et les gros mots, qui ne prouvent rien, la *Profession de foi* est une attaque déclarée contre le Christianisme ; la *Nouvelle Héloïse* est un roman fort peu moral ; l'*Émile* est plein de paradoxes et de principes pernicieux. Est-il vrai, oui ou non, que, la législation et les mœurs étant ce qu'elles étaient alors, les livres de Rousseau expliquent la plupart des mesures dont ils ont été l'objet ? Après l'examen que nous en avons fait, il serait difficile d'en douter. Que d'autres œuvres qui ne valaient pas mieux que les siennes, qui valaient

---

1. *Confessions*, l. XII, au commencement. — 2. *Id.*

moins, si l'on veut, que le livre de *l'Esprit,* pour prendre le même exemple que lui, ait circulé librement, cela peut être fâcheux ; mais l'impunité des uns n'empêche pas la condamnation des autres d'être légitime; que lui-même, dans d'autres ouvrages, ait dit précédemment ce qu'il n'a fait que répéter dans celui-ci, l'excuse serait légère; la justice administrative a toujours eu ses préférences et choisi ses moments; et s'il était vrai qu'on a poursuivi Rousseau parce qu'il avait plus de talent et devait avoir plus d'influence que d'autres, il aurait mauvaise grâce à s'en plaindre trop fort ; il payait ainsi la rançon de sa gloire.

Jean-Jacques, tourmenté par la folie de la persécution, s'en prend principalement à Choiseul ; mais le puissant ministre avait autre chose à faire qu'à s'acharner sur un malheureux auteur. On ne cite guère de Choiseul à son égard qu'un mouvement de bienveillance, ayant pour but de le faire rentrer dans la diplomatie, et Jean-Jacques fut sur le point de se laisser faire. S'imagine-t-on qu'une allusion sans malice, moins que cela, un compliment mal compris échappé par hasard à l'auteur du *Contrat social*[1], ait offusqué le ministre au point de lui faire remuer, en quelque sorte, ciel et terre, pour satisfaire sa haine? — Mais Choiseul était le favori de Mme de Pompadour, et Jean-Jacques ne cachait pas son antipathie pour elle. — Aussi est-il permis de croire qu'elle le lui rendait. On ne voit pas néanmoins qu'elle ait jamais rien fait contre lui. Croyons-le bien, ces personnages auraient trouvé Rousseau

---

1. *Contrat social.* l. III, ch. VI. — Lettre de Rousseau à Choiseul, 27 mars 1758.

assez outrecuidant de se vanter de leur inimitié, et Choiseul n'aurait pas appris sans étonnement que la satisfaction de sa haine contre Rousseau a été « la grande œuvre de son ministère, celle qu'il a eue le plus à cœur, celle à laquelle il a consacré le plus de temps et de soins; » qu'il n'a réuni la Corse à la France que pour le contrarier; qu'il l'a toujours eu en vue dans tous ses actes, bien plus que le gouvernement de la France[1]. Cela ne veut pas dire qu'à l'occasion, il n'ait pas agi contre lui; mais en tout il faut garder les proportions et ne pas transformer en affaire d'État la condamnation d'un auteur.

Rousseau a voulu retracer les infâmes moyens inventés par Choiseul pour assouvir contre lui sa vengeance, les trames qu'il a multipliées pour le déshonorer et le livrer à la haine publique, les nuées d'espions et d'agents secrets qu'il a chargés de le surveiller, les faux amis dont il l'a entouré pour surprendre ses pensées, les engagements qu'il lui a extorqués, ses correspondances qu'il a dévoilées, les lettres et peut-être les livres qu'il a fait fabriquer pour les lui imputer, les noirs forfaits dont il l'a chargé, la conspiration du silence qu'il a savamment organisée autour de lui, tout ce mystère profond de trahison, de fourberie, d'iniquité dont il l'a enveloppé[2]; mais dans ce long réquisitoire, il n'articule pas un seul fait précis et sérieux. Il dit bien que l'*Émile* fut l'occasion du complot et qu'on en fit l'arme dont on se servit contre lui; mais, ajoute-t-il, de toutes les menées qui suivirent, pas une n'a transpiré; des innombrables agents qu'on mit sur

---

1. *Lettre à Saint-Germain*, 26 février 1770. — 2. *Id.*

pied, pas un ne fut indiscret. Il connait toutes ces choses, parce qu'il en subit les effets, mais il ne sait rien que par induction. Il cite, à la vérité, Grimm, Diderot, comme les premiers auteurs de la trame; d'Holbach, Hume, Mme de Boufflers, Mme de Luxembourg, comme y ayant donné la main; mais, quels actes leur reproche-t-il? Il articule bien quelques griefs contre les deux premiers; mais il ne dit rien des autres, et serait sans doute bien embarrassé pour en dire quelque chose. Il continue ainsi pendant vingt ou trente pages, mais il pourrait parler longtemps sur ce ton avant de persuader personne et ne réussit à montrer que les aberrations d'un cerveau malade. La manie de la persécution est un mal bien connu des médecins aliénistes; elle peuple nos asiles et n'est pas très rare dans le monde. Rousseau eut toute sa vie le germe de cette maladie; elle a progressé sous le coup des événements suscités par l'*Émile*, mais elle n'a acquis son plein développement que quelques années plus tard. Nous aurons à revenir sur ce sujet plus d'une fois [1]. »

---

[1]. Quelques auteurs anglais et hollandais pensent que la folie de Rousseau fut plutôt *l'absence de sens moral* ou, plus exactement, *l'absence de volonté morale*. Il leur était facile d'invoquer, pour soutenir cette thèse, la vie de notre personnage (qu'ils paraissent d'ailleurs avoir connue assez imparfaitement). Assurément Rousseau était d'une grande faiblesse de volonté; il était faible surtout contre lui-même et contre ses passions. Cela tenait à son caractère, à son éducation, à ses habitudes, à ses systèmes. Que sa liberté ait été plus ou moins atteinte par ces diverses causes et sa responsabilité diminuée d'autant, c'est certain; qu'elle ait été complètement détruite et annulée, cela nous paraît insoutenable. Il est assez de mode aujourd'hui chez les médecins, les avocats et quelques criminalistes, de confondre le crime avec la folie et de faire de tous les coquins

Jean-Jacques a parlé dans une autre occasion de la France et de Choiseul ; mais alors il était surtout mécontent de Genève et de la Suisse. « Peuples, dit-il, combien on vous en fait accroire, en faisant si souvent intervenir les puissances pour autoriser le mal qu'elles ignorent et qu'on veut faire en leur nom. Lorsque j'arrivai dans ce pays, on eût dit que tout le royaume de France était à mes trousses ; on brûle mes livres à Genève ; c'est pour complaire à la France ; — on m'y décrète ; la France le veut ainsi ; — l'on me fait chasser du canton de Berne ; c'est la France qui l'a demandé ; — l'on me poursuit jusque dans ces montagnes ; si l'on m'en eût pu chasser, c'eût encore été la France. Forcé par mille outrages, j'écris une lettre apologétique[1] ; pour le coup, tout était perdu ; j'étais entouré, surveillé, la France envoyait des espions pour me guetter, des soldats pour m'enlever, des brigands pour m'assassiner. Il était même imprudent de sortir de ma maison,

autant de fous irresponsables, sur lesquels la loi perd ses droits ; si l'on y joint encore les gens faibles, il ne restera plus de coupables, mais seulement des égarés, et l'humanité ne sera plus qu'un grand hôpital de fous. Il est certain que Rousseau, qui, pendant toute sa vie, s'est principalement occupé de morale, savait parfaitement faire la distinction du bien et du mal. On peut même dire que, chez lui, le sens moral était très développé, quoique parfois, par sa faute ou par suite de son jugement faux, il fût plus ou moins dévoyé. Il faut avouer malheureusement aussi que, le plus souvent, sa conduite s'accorda mal avec ses principes. Rien n'autorise toutefois à penser qu'il fût forcé de faire l'acte qu'il savait être mauvais.— Voir dans la revue hollandaise : *Psychiatrische bladen*, etc., l'article : *Psychyatrische studie over J. J. Rousseau*; opgetrekend doar Dr N. B. Donskersloot (année 1883, p. 103 à 117). — 1. La *Lettre à l'archevêque de Paris*.

tant les dangers me venaient toujours de la France, du parlement, du clergé, de la cour même. On ne vit de la vie un pauvre barbouilleur de papier devenir, pour son malheur, un homme aussi important. Ennuyé de tant de bêtises, je vais en France ; je connaissais les Français, et j'étais malheureux. On m'accueille, on me caresse, je reçois mille honnêtetés, et il ne tient qu'à moi d'en recevoir davantage. Je retourne tranquillement chez moi. L'on tombe des nues ; on n'en revient pas ; on blâme fortement mon étourderie, mais on cesse de me menacer de la France. On a raison : si jamais des assassins daignent terminer mes souffrances, ce n'est sûrement pas de ce pays-là qu'ils viendront[1]. » Il était impossible de se réfuter mieux soi-même.

Et les jésuites, autre fantôme qui a encore moins de consistance. Rousseau ne dit-il pas ailleurs qu'on l'a poursuivi parce qu'il n'a pas voulu se faire janséniste et écrire contre les jésuites[2]. Il est sûr que les jésuites ne pouvaient être favorables à l'*Émile*. Malgré les persécutions qu'ils avaient eux-mêmes à subir, ils ont trouvé le temps de défendre le catholicisme contre cet ouvrage[3], comme ils le défendaient contre quiconque osait l'attaquer ; mais on ne voit pas trace d'une action occulte de leur part, et il n'y en eut pas. Il est pourtant possible que les jésuites aient été la cause indirecte, quoique bien innocente, des tracasseries qu'on suscita à Rousseau.

---

1. *Lettres de la Montagne*, lettre V. — 2. *Lettre à Moultou*, 24 juillet 1762. — BACHAUMONT, 18 mai 1763. — *Lettre à l'Archevêque de Paris. — Nouvelle Héloïse*, 6ᵉ partie, lettre VII. — 3. *Journal de Trévoux*, juin, octobre, novembre 1762, janvier 1763.

Le Parlement venait de les frapper et de les expulser. Cette mesure, qui avait réjoui les incrédules et avait été le triomphe des jansénistes, appelait un correctif. On jugea donc à propos, pour donner aux catholiques une sorte de compensation, de sévir également contre quelques livres antireligieux. Rousseau fut choisi et paya pour lui et pour d'autres. Il est vrai que cette politique de bascule n'était bonne qu'à mécontenter tout le monde. Les gouvernements devraient le savoir, et le savent sans doute, ce qui ne les empêche pas d'y avoir recours en toute occasion.

II

Rousseau était arrivé chez Roguin le 14 juin au matin. Provisoirement, il crut plus sûr de ne pas dire où il était. En effet, les bruits les plus contradictoires circulèrent à ce sujet. Le 23 juin, on ignorait encore à Genève le lieu de sa retraite, et on ne le sut à Paris que vers le 27[1]. Combien de temps resterait-il chez son ami? Où fixerait-il définitivement son domicile? Il ne voulait pas trop s'en préoccuper. Il était bien décidé, dans tous les cas, à ne pas « porter son ignominie à Genève, sa patrie[2]. » Les événements qui suivirent ne firent que le confirmer dans cette résolution. Le choix de sa résidence était d'ailleurs subordonné à la détermination de Thérèse. Ce n'est pas qu'il fût bien désireux de la faire venir. Les affaires de Mme d'Hou-

---

1. *Lettres de Moultou à Rousseau*, 18 et 23 juin 1762. — BACHAUMONT, 20 et 27 juin 1762.

— 2. *Lettre à Moultou*, 15 juin 1762, et beaucoup d'autres lettres.

detot, et d'autres causes encore, qu'il dévoile avec son cynisme ordinaire, avaient dû refroidir beaucoup leur affection. Il n'était pas sans inquiétude et sans remords sur le parti qu'il avait pris à l'égard de ses enfants ; ou plutôt, après ce qu'il avait dit dans l'*Émile* sur les devoirs de la paternité, il prévoyait les reproches qu'on ne manquerait pas de lui faire, s'il avait de nouveau recours au même procédé ; car il était toujours aussi déterminé à ne jamais élever d'enfants. Le plus sûr, selon lui, était alors de se condamner à l'abstinence, sauf à rechercher dans la solitude une honteuse compensation. En somme, il craignait que, l'amour n'existant plus qu'en souvenir, Thérèse ne se prît d'ennui dans les montagnes et ne fît valoir sa constance comme un sacrifice. Aussi, tout en étant disposé à la recevoir, si tel était son désir, ne voulait-il la presser en aucune façon [1].

Ses premiers jours en Suisse furent consacrés à sa correspondance. Il lui fallait prévenir ses amis, s'occuper des intérêts, bien minces, qu'il avait laissés en France, penser au sort de Thérèse, remercier son protecteur, le prince de Conti, exhaler ses plaintes [2]. Il devait aussi être curieux de connaître les termes du décret et le détail des mesures prises contre lui. Le maréchal de Luxembourg ne tarda pas à l'en informer.

Il est inutile de citer tout au long cet arrêt, qui n'est que la reproduction plus ou moins modifiée d'une foule d'autres, rendus dans des circonstances

---

1. *Confessions*, l. XII. — *Lettres à Mme de Luxembourg et à Thérèse*, 17 juin 1762. — 2. *Lettres* ci-dessus, et de plus, *Lettres au maréchal de Luxembourg*, 16 juin, et *au prince de Conti*, 17 juin 1762.

analogues. Le réquisitoire rappelle les principales erreurs de l'*Émile,* surtout celles de la *Profession de foi :* la prétention de tout ramener à la religion naturelle, les attaques contre la révélation, contre la vraie religion et contre l'autorité de l'Église (grief assez singulier de la part d'un parlement janséniste), les propositions téméraires sur l'autorité civile, les facilités données aux passions, les dangers du système d'éducation préconisé par l'auteur. Sur ce rapport, présenté par M⁰ Omer Joly de Fleury, le procureur général devenu célèbre par ses réquisitoires contre les auteurs, la Cour ordonna que ledit livre serait « lacéré et brûlé en la cour du palais ; » ce qui fut fait le surlendemain 11 juin, et l'auteur « pris et appréhendé au corps, et amené ès prisons de la Conciergerie du palais, pour être ouï et interrogé, etc. [1] »

On a soutenu que l'*Émile* ayant été imprimé en Hollande, avec l'approbation des États généraux, ne relevait pas des autorités françaises ; que le droit du Parlement se bornait en conséquence à empêcher l'introduction en France, et autorisait d'autant moins la prise de corps, que rien ne prouvait que cette introduction fût du fait de Rousseau, plutôt que de son imprimeur, par exemple. Mais quand le Parlement voulait sévir, il n'y regardait pas de si près. Il faut considérer d'ailleurs qu'il ne pouvait ignorer l'édition faite chez Duchesne, et qu'enfin il ne s'agissait pour le moment que d'une confrontation et d'un interrogatoire. Rousseau ne jugea pas à propos de se laisser amener pour être entendu. Sans l'en

---

1. Voir cet *Arrêt* au t. I du supplément de l'édition de Genève.

blâmer, ni prétendre que sa fuite équivalait à un aveu, on doit constater au moins qu'il ne fut condamné qu'après une mise en demeure, qui, pour être violente, n'en fut pas moins réelle.

Il avait craint que le Parlement ne fît saisir ses papiers et ses meubles. L'arrêt le disait en effet, sauf à n'en rien faire. Il n'y eut ni scellés apposés, ni mobilier saisi. Le maréchal continua à mettre en ordre les papiers et à toucher les intérêts d'un petit placement qu'avait fait Rousseau. Thérèse, qui s'était décidée à aller rejoindre son maître, vendit librement une partie des effets, et mit le reste en paquets pour l'emporter. Conti avait d'ailleurs agi puissamment, et, Rousseau une fois parti, le Parlement n'en demandait pas davantage. Il était à coup sûr bien éloigné de consentir à lever le décret, ainsi que l'espérait Coindet[1]; mais rien ne prouve, d'un autre côté, ainsi que le bruit s'en répandit un moment, que des tentatives aient été faites pour associer le Parlement de Rouen à celui de Paris[2]. Le plus probable, c'était que l'affaire en resterait là[3].

Le décret du Parlement, fondé en grande partie sur des motifs religieux, mettait en quelque sorte l'autorité ecclésiastique en demeure de se prononcer. Ce fut la Sorbonne qui commença : par un acte du 1er juillet 1762, elle censura cinquante-huit propositions tirées de l'*Émile*, non comme les seules condamnables, mais comme les plus coupables. Cette décision fut approuvée par un bref du Pape Clément XIII. De son côté, l'archevêque de Paris, Christophe de Beaumont, publia, le 20 août 1762, un

---

1. *Lettre de Moultou à Rousseau*, 4 août 1762. — 2. *Id.*, 17 juillet 1762. — 3. *Lettres du maréchal de Luxembourg à Rousseau*, 23 et 29 juin, 25 juillet, 4 septembre 1762.

long mandement, où il censurait le livre et en interdisait la lecture. Rousseau, qui n'avait eu que du mépris pour la décision de la Sorbonne, fut autrement affecté par celle de l'archevêque. Ne la jugeant donc pas, dit-il, indigne d'une réponse, il en fit une, qui fut imprimée en Hollande [1]. A propos de cette réponse, nous aurons à revenir sur le mandement lui-même.

Pour en finir avec ces condamnations, disons encore que l'Assemblée du clergé censura l'*Émile* en 1765.

Mais en dehors de ces actes officiels, nous en avons bien d'autres à signaler.

III

Il ne faut pas demander si Mme Latour fut ravie, quand elle reçut, de la part de l'auteur lui-même, les quatre bienheureux volumes. Elle ne regrette qu'une chose, c'est que sa fille, qui a quinze ans, soit née trop tôt pour être élevée dans d'aussi beaux principes [2].

Mme de Créqui exprime d'abord presque la même idée : « J'ai pensé que vos quatre volumes étaient peut-être propres à me donner bien des regrets... Ainsi je n'ai pas nourri mon fils, et je l'ai emmailloté; mais on est esclave de l'opinion. » Mme de Créqui était d'ailleurs trop pieuse pour avoir l'admiration aveugle de Mme Latour, et à mesure

---

1. *Lettre à Mme de Verdelin*, 27 mars 1762. — 2. *Lettres de Mme Latour à Rousseau*, 27 mai, 1er juillet, 2 juillet, 16 septembre 1762.

qu'elle avance dans sa lecture, ses sentiments se refroidissent. Ce n'est pas elle qui aurait parlé à Jean-Jacques de l'adoration que lui ont vouée les créatures privilégiées qu'il a formées ou rassurées — de ses mœurs qui ne laissent à découvert aucun côté qu'on puisse attaquer avec avantage, — de sa raison, qui ne connaît ni faiblesses, ni intermittences [1]. « J'ai lu, dit Mme de Créqui, votre roman sur l'éducation. Je l'appelle ainsi, parce qu'il me paraît impossible de réaliser votre méthode; mais il y a beaucoup à apprendre, à méditer et à profiter. » Et à propos du *Vicaire savoyard :* « Je vous avoue que le manuscrit dont vous avez tiré de pareilles choses ne me paraît bon qu'à mettre les passions à l'aise... La source de toutes les méprises de ce genre, c'est de sauter à pieds joints par-dessus le péché originel, et d'avoir trop de confiance dans des principes qui partent d'une nature corrompue [2]. » Son affection et son âge permettaient à Mme de Créqui de prêcher un peu Rousseau; elle use avec plaisir de ce privilège. « Nous différons beaucoup, lui écrivait-elle plus tard, par nos vues et notre foi sur la religion; mais j'ose dire que, sur la probité, nous avons beaucoup de rapports. Plût à Dieu que nous fussions aussi catholiques tous deux que nous sommes honnêtes gens! Vous feriez des miracles, et vous feriez notre consolation dans ces temps pervers. Oui, plût à Dieu, encore une fois, que je vous visse dire votre chapelet, dussé-je vous en donner un de diamant. » Rousseau prenait très bien ces

---

1. *Mêmes lettres de Mme Latour à Rousseau.* — 2. *Lettre de Mme de Créqui à Rousseau,* 2 juin 1762.

sermons, à la condition toutefois de n'en tenir aucun compte[1].

A côté des témoignages de l'amitié, il y avait les lettres de politesse ou de convenance. Dès le 15 juin, d'Alembert adressait à Rousseau ses compliments et ses condoléances, et lui proposait ses services, pour le cas où il lui plairait de se retirer dans les États du roi de Prusse; soit auprès du souverain; soit, si la vie de cour l'effrayait, dans le pays de Neuchâtel. « Si quelque chose, dit-il, peut adoucir votre peine, c'est de penser que, depuis Socrate jusqu'à vous, il y a eu des cuistres; que, tandis que les imbéciles vous relèguent loin d'eux, les gens de lettres, qui savent écrire et penser, vous placent à leur tête, et que vous trouverez partout mille bouches ouvertes pour le dire et mille bras ouverts pour vous recevoir[2]. » D'Alembert pensait-il absolument tout ce qu'il disait? Il est permis d'en douter, quand on compare sa lettre avec le *Jugement* qu'il écrivit plus tard. Alors, l'*Émile* n'est plus qu'un « livre plein d'éclairs et de fumée, de chaleur et de détails puérils, de lumière et de contradictions, de logique et d'écarts; en mille endroits, l'ouvrage d'un écrivain de premier ordre, et en quelques-uns celui d'un enfant[3]. » D'Alembert n'en laisse guère debout que la *Profession de foi,* ou, plus exactement, la seconde partie de la *Profession de foi*. La *Profession de foi* faisait en effet trop bien l'affaire des philosophes du jour, pour qu'ils n'y missent pas leurs complaisances.

---

1. *Autre lettre de M*ᵐᵉ *de Crégui,* 6 juin, et *Réponse de Rousseau,* 14 juillet 1764. — 2. *Lettre de d'Alembert à Rousseau,* 15 juin 1762. — 3. D'ALEMBERT, *Jugement sur Émile*. Aux œuvres de d'Alembert.

Après ce qui s'était passé, Malesherbes était dans une situation délicate pour louer l'*Émile*. Aussi ses félicitations vinrent un peu tard, et après une mise en demeure de Rousseau. « Vos malheurs, répondit Malesherbes, loin de refroidir mon estime et mon amitié, vous ont gagné bien des gens, même de ceux qui se sont crus obligés de foudroyer contre vous... Je n'ai pas toutefois adopté tous vos sentiments sur des matières indifférentes, et à plus forte raison, sur les premiers principes que vous avez discutés... J'ai blâmé, ou plutôt, j'ai gémi de votre imprudence à produire votre façon de penser en tout genre, sans aucun ménagement[1]. »

D'autres félicitations plus complètes arrivèrent à Rousseau de divers côtés. Conti était enthousiasmé[2], Hume faisait adresser à l'auteur l'expression de son estime et de sa vénération[3]. L'ouvrage était traduit et imprimé en Angleterre par deux ou trois libraires, et, en moins de deux mois, y arrivait à la seconde édition[4]. Enfin, témoignage plus flatteur que tous les autres, le duc de Wirtemberg « heureux d'être devenu père au siècle de Rousseau, se faisait son disciple, et plaçait sous sa direction l'éducation de sa fille. » L'admiration du duc est bien parfois un peu naïve ; Jean-Jacques n'en prend pas moins fort au sérieux ses fonctions de directeur, et, pour s'en acquitter, ne recule pas, lui qui aimait si peu à

---

1. *Lettres de Rousseau à Malesherbes*, 26 octobre, et *de Malesherbes à Rousseau*, 13 novembre 1762. — 2. *Lettre de M*^{me} *de Verdelin à Rousseau*, 26 octobre 1762. — 3. *Lettres de M*^{me} *de Boufflers à Rousseau*, 24 juin et 21 juillet 1762 ; avec une *lettre de Hume* renfermée dans cette dernière. — 4. *Lettres de Milord Maréchal à Rousseau*, 2 octobre et 29 novembre 1762.

écrire, devant les exigences d'une longue correspondance. Il est vrai qu'on n'a pas tous les jours des princes à diriger [1].

Si l'*Émile* fut discuté, même par les amis de l'auteur, ce fut bien autre chose dans le monde religieux et littéraire.

Grimm, qui avait pour principal métier de critiquer les nouveaux ouvrages, ne pouvait manquer de s'exercer sur celui-ci. On dit qu'une critique bien faite considère plus l'ouvrage que l'auteur. Grimm fait tout le contraire. Il avait la bonne fortune d'avoir été l'intime de Jean-Jacques, ce qui lui permettait d'en dire beaucoup de mal; mais il avait aussi le désavantage d'être brouillé avec lui, ce qui donnait à ses paroles un accent de partialité et de rancune. Quoique ses lettres pussent à la rigueur passer pour des lettres particulières, sa situation l'obligeait à certaines délicatesses envers celui qu'on ne pouvait manquer d'appeler son adversaire malheureux. Mais ne parlons pas de la délicatesse de Grimm. Donc, il commence par retracer la vie de Rousseau, sa vie publique et sa vie d'auteur, donnant à entendre qu'il en aurait long à raconter aussi sur sa vie privée. « Elle est écrite, dit-il, dans la mémoire de deux ou trois de ses anciens amis, lesquels se sont respectés en ne l'écrivant nulle part. » Après cette entrée en matière, il veut bien examiner le livre; mais sa critique se ressent de ses dispositions. Il n'est pas jusqu'à la deuxième partie de la *Profession de foi*, si conforme pourtant à ses

---

1. *Correspondance de Rousseau avec le duc de Wirtemberg*, du 25 septembre 1763 au 15 novembre 1765.

idées antireligieuses, qu'il n'accompagne de restrictions désobligeantes[1].

Une exécution aussi sommaire demandait à être complétée par un examen plus sérieux ; Grimm, dans son second article, se montre malveillant jusqu'à l'injustice. Il faut convenir cependant qu'il rencontre parfois assez juste, et qu'il relève d'une façon assez heureuse ce mélange de vérités et d'erreurs, qui déroute l'esprit sans le persuader, ces paradoxes, ces contradictions, ces bizarreries, qu'on ne saurait compter, tant le nombre en est grand[2].

Après l'ancien ami, voyons ceux que Jean-Jacques a appelés bien faussement ses ennemis. On sait que les Jésuites, malgré leur suppression, ont continué, pendant quelque temps, à inspirer et même à rédiger le *Journal de Trévoux*. Ils y ont consacré à l'examen de l'*Émile* plusieurs articles longs et étudiés. Leur compétence en matière d'éducation leur donnait une grande autorité, et il est sûr que leurs critiques ont autrement de portée que celles de Grimm. On ne peut qu'admirer la puissance de raisonnement, en même temps que la modération de langage, avec lesquelles ils réduisent à néant les erreurs de l'*Émile*. Afin sans doute de se mettre à l'abri de tout soupçon de partialité, ils citent d'abord et réfutent ensuite ; procédé un peu didactique, mais qui a bien ses avantages[3].

Comme preuve de la mesure qu'entendaient garder les auteurs du *Journal de Trévoux*, on peut citer les paroles par lesquelles ils accueillirent la *Profession*

---

1. *Correspondance littéraire*, 15 juin 1762. — 2. *Correspondance littéraire*, 15 juillet et 1er août 1762. — 3. *Journal de Trévoux*, octobre, novembre 1762, janvier 1763.

de foi philosophique, critique acerbe de l'*Émile,* qui était due à Bordes, encore un ancien ami de Rousseau[1] : « Malgré l'estime que l'auteur nous inspire et notre vénération pour la cause qu'il défend, nous ne pouvons dissimuler qu'il a quelquefois outré les reproches, faute d'avoir bien entendu M. Rousseau[2]. »

Deux autres réfutations très importantes de l'*Émile* sont encore dues à des plumes ecclésiastiques. L'une est du P. Gerdil, barnabite, et depuis cardinal; l'autre, de l'évêque du Puy, Georges Le Franc de Pompignan.

Gerdil n'étudie que le premier volume de l'*Émile*; mais son examen est si approfondi et si complet, on y sent une telle sûreté de doctrine et une telle puissance de raison qu'il faut être bien prévenu pour y résister[3]. Ce livre, « assez gentil pour un moine[4] », est, a-t-on dit, l'unique écrit publié contre lui que Rousseau ait jugé digne d'être lu en entier. Il ajoutait toutefois que, malheureusement l'auteur ne l'avait pas compris[5].

Jean-Jacques a fait encore plus d'honneur à Le Franc de Pompignan. « Le seul homme, écrit-il à Rey, qui ait paru m'entendre, est M. l'évêque du Puy. Je crois que, si vous vouliez imprimer, in-12, son *Instruction pastorale*[6], vous en auriez le débit.

---

1. *Profession de foi philosophique,* in-8 de 36 p. Lyon, 1763. — 2. *Journal de Trévoux,* août 1763. — 3. *Anti-Émile,* ou *Réflexions sur la théorie et la pratique de l'éducation,* contre les principes de M. Rousseau, par le P. G., barnabite. Turin, 1763. — 4. *Lettre de Rousseau à* M. de Conzié, 7 décembre 1763. — 5. *Éloge funèbre du cardinal Gerdil,* par le P. FONTANA, 1802. — *Vie du cardinal Gerdil,* par le P. PIANLONI, barnabite. Collection Migne : Œuvres du cardinal Gerdil, 1 vol. 1863. — 6. *Instruction pastorale* de Mgr l'ÉVÊQUE DU PUY, sur la

En pareil cas, en m'en donnant avis, je vous enverrais une petite note pour y joindre¹. »

Pourquoi cette bienveillance inusitée ? Peut-être n'en faut-il pas attribuer tout le mérite aux bonnes raisons de l'évêque. Il est certain qu'elles sont excellentes, que la forme en est aussi parfaite que le fond, que l'équité et la modération n'en excluent ni l'énergie, ni la puissance ; cependant Rousseau n'en était pas moins battu, et souvent battu avec ses propres armes. — Oui, mais il était battu d'une façon qui ne lui déplaisait pas trop. Dans cette lutte, où l'évêque ne s'attaquait pas à lui seul, mais à tous les philosophes, Jean-Jacques était content et fier de la place qui lui était faite, surtout quand il la comparait à celle qui était attribuée à Voltaire. Lui, Jean-Jacques Rousseau, était regardé comme l'adversaire sérieux, presque le seul sérieux. Il était jugé digne « d'une exception particulière parmi les modernes ennemis du Christianisme. » On lui savait gré d'avoir rompu avec les philosophes ; on lui reconnaissait plus de franchise qu'à eux, et même un certain désir de sauver quelque chose de la religion ; on voyait en lui « un écrivain supérieur à tous les incrédules de notre temps. » En fallait-il davantage pour gagner ses bonnes grâces, et aussi pour expliquer la haine et les sarcasmes dont Voltaire poursuivit toute sa vie celui qui avait osé lui préférer son rival.

Nous ne pouvons songer à passer en revue tous

---

prétendue philosophie des incrédules modernes. Le Puy, 1763, in-4° de 300 p. — *Lettre d'un jeune Suisse à son père;* Bibliothèque universelle de Genève. Janvier 1836. — 1. *Lettre à Rey,* 17 mars 1764.

les auteurs et tous les livres qui ont parlé de l'*Émile*. Un volume n'y suffirait pas. Les systèmes d'éducation étaient alors à la mode ; la suppression des Jésuites, qui faisait un si grand vide sous ce rapport, avait encore donné à ces questions une nouvelle actualité ; la passion qui s'attachait à tout ce qui sortait de la plume de Rousseau, ses condamnations, sa fuite, sa vie accidentée et malheureuse, tout se réunissait pour augmenter l'intérêt et exciter l'opinion. Mais il ne s'agit pas de faire ici une étude de bibliographie. Nous laissons donc de côté la foule des ouvrages qui furent publiés à cette occasion ; pour nous en tenir à ceux qui peuvent servir à l'histoire. Rousseau lui-même affectait de ne s'occuper jamais de ce qu'on disait de lui, soit en bien, soit en mal, et de ne pas lire les brochures qu'on faisait sur son compte. Tout n'était pourtant pas à dédaigner dans ce qu'il put lire et connaître. Il fit d'ailleurs à cette règle au moins une exception, qu'il faut signaler, en ce qui concerne Formey.

Formey a publié trois ouvrages à l'occasion de l'*Émile* : — l'*Anti-Émile*[1], dont Rousseau s'occupa peu, et dont nous ne nous occuperons pas davantage ; — l'*Émile chrétien*, dont il fut au contraire très affecté[2] ; — et un troisième intitulé : *Profession de foi du Vicaire chrétien et Abrégé du Contrat social*[3], qui tenait beaucoup du second. Plus tard il publia aussi l'*Esprit de Julie, ou Extrait de la Nouvelle Héloïse*[4]. Jean-Jacques, comme on voit, était

---

1. L'*Anti-Émile*, Berlin, 1763, in-12. — 2. L'*Émile chrétien*, consacré à l'utilité publique, par Formey. Amsterdam, 1763, 4 vol. in-8. — 3. *Profession de foi du Vicaire chrétien*, et Tableau abrégé du Contrat social, par Formey. Berlin, 1764, in-8. — 4. L'*Esprit de Julie, ou Extrait de la Nouvelle Héloïse*, par Formey. Berlin, 1763, in-8.

destiné à le trouver sans cesse sur son chemin.

Formey ne détestait pas Rousseau, mais il l'aurait voulu plus chrétien. Ne pouvant convertir l'auteur, il s'avisa de convertir le livre et en fit une sorte d'édition *ad usum juventutis*. Ce procédé ne pouvait être du goût de Rousseau. Il voulait bien être blâmé, attaqué, critiqué, mais non défiguré, estropié et mutilé. Il s'en est plaint amèrement dans plusieurs de ses lettres : « Savez-vous, écrit-il à Moultou, que l'imbécile Néaulme et l'infatigable Formey travaillent à mutiler mon *Émile*, auquel ils auront l'audace de laisser mon nom, après l'avoir rendu aussi plat qu'eux[1]. » Rousseau aurait pu se plaindre au président de l'Académie de Berlin, dont Formey était membre; Milord Maréchal l'engagea plutôt à mépriser cette misère[2]. Dans ce temps, où les droits de la propriété littéraire étaient mal définis, où la contrefaçon se faisait au grand jour, le cas aurait sans doute été jugé peu grave. Formey d'ailleurs donnait de sa conduite une explication bien simple et de tous points conforme aux actes officiels d'Amsterdam. Le privilège accordé à Néaulme pour la publication de l'*Émile* ayant été révoqué et l'ouvrage condamné par les États généraux de Hollande, Néaulme exprima ses regrets d'avoir fait l'entreprise, ainsi que son aversion pour les doctrines de l'auteur. Il aurait cependant été condamné à une forte amende, s'il n'avait déclaré que, pour réparer le mal, il avait confié l'ouvrage à un savant théologien, M. Formey, afin

---

1. *Lettre à Moultou*, 30 janvier 1763. Voir aussi, *Lettres à Rey*, 8 janvier et 1ᵉʳ octobre 1763. — 2. *Lettre de Milord Maréchal à Rousseau*, 8 janvier 1763.

d'en donner une autre édition, *répurgée* de tout ce qui pouvait fournir matière à scandale. Formey signa cette nouvelle édition et y joignit une introduction : « Il résultait assez manifestement de là, ajoute-t-il, que je ne m'appropriais point l'ouvrage de M. Rousseau, et que je ne faisais que me prêter au but salutaire dans lequel on donnait cet *Émile chrétien*. Je substituais à la *Profession de foi du Vicaire savoyard* un morceau où la doctrine contraire est exposée. Je mis des notes au bas du texte, et j'eus soin de les distinguer de celles qui appartenaient à l'auteur. Avec ces précautions, je crus être à l'abri de tout reproche[1]. »

IV

Le décret du Parlement n'était pas encore connu de Rousseau que déjà il était envoyé à Genève par les soins du représentant de la République à Paris. Aussitôt le Conseil s'émut, le procureur général Tronchin prépara à la hâte un réquisitoire, le 19 juin un jugement presque semblable à celui de Paris fut rendu, et le même jour, la sentence fut lue à haute voix sur les degrés de l'Hôtel de Ville. Puis le bourreau déchira lentement les pages du livre et les jeta au feu. La foule était considérable, dit un témoin oculaire ; mais « au lieu des applaudissements qui éclataient naguère, lorsqu'on brûlait les saletés du *Vieux diable de Ferney*, on voyait une rage

---

1. FORMEY, *Souvenirs d'un citoyen*, t. II, cité aux *Lettres inédites de J.-J. Rousseau à* Marc-Michel Rey. Notes de l'éditeur J. Bosscha aux lettres 99 et 103.

muette, une stupéfaction profonde sur le visage des citoyens, et il était facile de prévoir à quel débordement de haines politiques Genève allait être livrée [1].

Cette sentence, quelque hâtive qu'elle ait été, ne passa pas sans opposition. Tant qu'il ne s'était agi que d'interdictions de livres, on savait trop ce que valaient ces défenses pour s'en inquiéter beaucoup. Moultou lui-même, si expansif, si facile à troubler, quand son ami était en cause ; Moultou, qui s'était si fort ému à la nouvelle du décret de Paris [2], raconte presque sans émotion que le Conseil a interdit le *Contrat social,* qu'il fait examiner l'*Émile* et a mis tous les exemplaires sous les scellés. Dès ce jour-là cependant, deux membres du Conseil, Mussard et Jalabert, avaient pris énergiquement la défense de Rousseau [3]. Mais le 19, comme le ton est changé : « Mon cher ami, j'ai l'âme navrée... A Genève ! à Genève ! on a brûlé vos deux livres ! On vous a décrété de prise de corps ! O Rousseau, que ta grande âme s'indigne sans s'abattre... Je le prévis hier et je fis tout au monde pour éclairer les juges. Le parti était sans doute pris ; l'arrêt a été rendu ce matin [4]. »

Moultou, qui n'était pas membre du Conseil des Vingt-Cinq, faisait ce qu'il pouvait ; mais il était gêné dans ses moyens. Au sein de l'assemblée, Jean-Jacques eut ses défenseurs habituels, Jalabert et Mussard, un ou deux autres encore ; mais tous, sauf trois ou quatre, furent d'avis de le décréter. Ils allaient

---

1. GABEREL, *Voltaire et les Genevois,* ch. XII. — 2. *Lettres de Moultou a Rousseau,* 14 et 16 juin 1762. — 3. *Id.*, 16 et 18 juin 1762. — 4. *Id.*, 19 juin 1762.

plus loin que Tronchin lui-même, qui concluait à brûler les livres sans s'attaquer à l'auteur, « lequel, disait-il, n'est plus notre concitoyen, puisqu'il déclare lui-même avoir abjuré notre religion[1]. »

Rousseau, en apprenant la sentence, fut indigné. « Quoi! décrété sans être ouï! Et où est le délit? » Il était résolu, dit-il, à aller purger son décret,... mais plus tard. C'était prudent, car il n'était pas sûr qu'on fût en état de l'entendre. Mais ce qui paraîtra plus étonnant, c'est qu'il blâma Moultou d'avoir pris trop ouvertement ses intérêts. Il veut être servi à sa mode[2]. « Ne cherchez point à parler de moi, lui écrit-il encore; mais, dans l'occasion, dites à nos magistrats que je les respecterai toujours, même injustes. Je sens dans mes malheurs que je n'ai point l'âme haineuse, et c'est une consolation pour moi de me sentir bon aussi dans l'adversité[3]. » Nous verrons s'il fut fidèle jusqu'à la fin à ces beaux sentiments.

Il se plaint d'avoir été décrété sans être ouï; mais, légalement du moins, il ne tenait qu'à lui d'être entendu. Il n'avait pour cela qu'à aller présenter sa défense avant sa condamnation. Il en fut à Genève comme à Paris, et en outre, à Genève comme à Paris, lui et ses amis ne tardèrent pas à prétendre qu'il avait été, non pas *décrété,* mais *condamné,* sans avoir été entendu.

Parmi ses défenseurs, il ne faut pas oublier de signaler le colonel Pictet, membre du Conseil des Deux-Cents. Il écrivit une lettre si énergique que,

---

1. *Lettre de Moultou à Rousseau,* 22 juin 1762. — 2. *Lettre* à *Moultou,* 22 juin 1762. — 3. *Id.,* 24 juin 1762.

quoiqu'il ne l'eût pas signée et ne l'eût reconnue que comme lettre intime, il fut appréhendé au corps, condamné à demander pardon à Dieu et à leurs seigneuries, et privé pendant un an de ses droits de bourgeoisie. Le libraire Duvillard, qui avait répandu la lettre, fut enveloppé dans la même condamnation et privé de ses droits pendant six mois [1].

Rousseau se demandait comment on pourrait ériger le tribunal pour juger Pictet, et voyait là pour celui-ci « l'occasion de jouer un très beau rôle et « de donner à ses concitoyens de grandes leçons. » Lui-même aurait eu, par contre-coup, sa part du succès; mais l'affaire ne paraît pas avoir eu le retentissement qu'on en espérait [2].

Pictet, recherchant dans sa lettre les causes de la sentence du Conseil, en signale trois principales : l'influence de la France, l'action de Voltaire, le désir des pasteurs de se laver du reproche de socinianisme que leur avait adressé autrefois d'Alembert.

L'action de la France est manifeste. A peine l'arrêt du Parlement est-il rendu, que de Sellon, le représentant de la République à Paris, est chargé d'en informer son gouvernement. On sait l'empressement que celui-ci mit à prononcer la sentence; il n'en mit pas moins à l'annoncer au Résident de France, et dès le 11 juillet, de Sellon adressait au

---

1. BARNI, *Histoire des idées morales et politiques au XVIIIᵉ siècle*, 1847, 20ᵉ leçon. GABEREL, — *Voltaire et les Genevois*, ch. XII; Archives de Genève; Registres du Conseil, année 1762. — DESNOIRESTERRES, t. VI, sect. VII. — *Lettre de Moultou à Rousseau*, 17 juillet 1762. — *Lettre de Pictet*, datée du 22 juin 1762. — 2. *Lettres à Mᵐᵉ de Luxembourg*, 21 juillet, *et à Marcet*, 24 juillet 1762.

Conseil les félicitations de Choiseul[1]. Le patriotisme genevois protesta contre une déférence aussi marquée; le Conseil aurait pu en effet y mettre plus de dignité; mais il était si bien en communauté de vues avec la France, qu'il se trouva naturellement disposé à la satisfaire. « Quels cris, disait Moultou, longtemps à l'avance, quelles clameurs vous allez exciter à Genève! Que vos amis auront de peine à vous défendre! Comptez pourtant sur leur zèle ; mais réussiront-ils? Je ne le crois pas[2]. » Outre que Rousseau, par ses attaques contre la religion, battait en brèche le Protestantisme de Genève, aussi bien que le Catholicisme de Paris, les deux gouvernements avaient le même intérêt politique à frapper le *Contrat social*. « Votre ouvrage, écrivait Moultou, doit effrayer tous les tyrans nés et à naître; il fait fermenter la liberté dans tous les cœurs[3]. » Voilà, sans aucun doute, le nœud de la question. Ni à Genève, ni à Paris, on ne voulait de cette prétendue liberté ni de cette fermentation. Genève même avait des motifs particuliers d'intervention, puisque le *Contrat social* était spécialement fait pour elle. Si d'ailleurs, on parut négliger un peu à Paris ce dernier ouvrage, ce fut à la condition de le poursuivre jusqu'à Genève. On a battu l'*Émile* sur le dos du *Contrat social*, disaient les amis de Rousseau[4].

La conduite de Voltaire dans cette affaire et dans celles qui suivirent est assez complexe et assez dif-

---

1. DESNOIRESTERRES, t. VI, sect. VII. — GABEREL, *Rousseau et les Genevois*, ch. II, § 3. — ID., *Voltaire et les Genevois*, ch. XII. — 2. *Lettre de Moultou à Rousseau*, 3 février 1762. — 3. *Id.*, 18 juin 1762. — 4. GABEREL, *Rousseau et les Genevois*, ch. III, § 5.

ficile à démêler. Il agit, c'est évident; mais par quels moyens, sur quelles personnes, dans quel but précis? Son action, qui fut constante, s'exerça-t-elle toujours dans un sens uniforme? Voilà qui est moins clair.

La main de Voltaire se montra peu dans le premier moment. Rousseau affirme[1], Voltaire nie[2], la preuve est faible, d'un côté comme de l'autre. Si l'on croyait tous les dires de Rousseau, on irait loin. Non content de montrer le polichinelle Voltaire et le compère Tronchin mettant en jeu, tout doucement, derrière la toile, les autres marionnettes de Genève et de Berne[3]; non content d'affirmer que Voltaire travaillait fortement la Cour de Berlin et n'épargnait rien pour circonvenir le Prince[4]; n'accusait-il pas aussi Diderot, qui l'avait encouragé à publier l'*Émile*, d'avoir ensuite agi sous main, avec d'Alembert, pour faire supprimer l'ouvrage? Il en avait des preuves, et il le dit à Diderot lui-même; mais où sont ces preuves[5]? Pictet ne parle pas de l'action directe de Voltaire et croit simplement que le Conseil a voulu lui faire la cour[6]. Moultou, qui était bien placé pour voir, mais que son affection rendait peut-être soupçonneux, croit aux menées et aux « infâmes procédés de Voltaire et de sa ca-

---

1. *Lettres de Rousseau à Moultou*, 11 juillet; *à Mme de Luxembourg*, 21 juillet; *à Mme de Boufflers*, 4 septembre; *à Mme de Verdelin*, 4 septembre 1762, etc. — 2. *Lettres de Voltaire à d'Alembert*, 15 septembre 1762; *à Tronchin Calendrin*, citée par Grimm au 1er décembre 1765, etc. — 3. *Lettre à Mme de Luxembourg*, 21 juillet 1762. — 4. *Lettre à Mme de Verdelin*, 4 septembre 1762. — 5. D'ESCHERNY, *De Rousseau et des philosophes du* XVIIIe *siècle*, ch. XIX. — 6. *Lettre de Pictet*. — DESNOIRESTERRES, t. VI, sect. VII.

bale¹. » Ce qui donne à supposer que Voltaire agissait surtout par ses amis. Si l'on en juge par ses sentiments connus, par ses épigrammes, et surtout par ce qu'il fit plus tard, on doit penser qu'il ne resta pas inactif. Le repos, quand il avait des adversaires à combattre, n'entrait pas dans ses allures. Dans l'armée philosophique, dont il était le général et le grand prêtre, il y avait un homme, le premier de tous et assurément le plus capable de rendre de grands services², qui refusait de s'enrôler sous sa bannière et de reconnaître son empire. Voltaire en était humilié pour lui-même; il en était attristé pour sa cause. Comme il aurait été heureux de le ramener. « Oh! comme nous l'aurions chéri, ce fou, s'il n'avait pas été faux frère, et qu'il a été un grand sot d'injurier les seuls hommes qui pouvaient lui pardonner³. » La sortie qu'il fit, quand il apprit la fuite de Rousseau, est une conséquence de ce double sentiment. « M. de Voltaire, dit Pougens, n'y tint plus; il se mit à fondre en larmes, et, de ce ton de voix moitié solennel, moitié sépulchral qui lui était propre, il s'écria à plusieurs reprises : qu'il vienne, qu'il vienne! Je le recevrai à bras ouverts; il sera ici plus maître que moi; je le traiterai comme mon propre fils⁴. » Wagnière, valet de chambre de Voltaire, dit, de son

---

1. *Lettres de Moultou à Rousseau*, 18 juin, 7 juillet, 10 septembre 1762. — 2. *Lettre de Voltaire à Damilaville*, 6 juillet 1764. — 3. *Lettre de Voltaire à Damilaville*, 31 juillet 1762. — Voir aussi *Lettre à d'Alembert*, 1ᵉʳ mai 1763. — 4. CH. POUGENS. *Lettres philosophiques à M. X.* Paris, 1826. Lettre 13. — Le prince DE LIGNE (*Lettres et Pensées*) raconte la même anecdote, mais notablement arrangée. — GRIMM en fait également mention, tout en la rapportant à une autre époque (*Corresp. littér.*, 1ᵉʳ janvier 1766.

côté, que son maître écrivit à Jean-Jacques, et lui fit adresser jusqu'à sept copies de sa lettre, dans diverses directions, à cause de l'incertitude où l'on était de son présent asile [1]. Mais Rousseau ne pouvait accepter de demeurer chez le corrupteur de son pays [2].

Cette tentative de réconciliation ne fut pas la seule de la part de Voltaire. On connaît celle qu'il fit en 1755. A l'en croire, il en aurait fait une autre en 1759 [3]. Voltaire, qui aimait à protéger, aurait été particulièrement fier de protéger Jean-Jacques ; mais Jean-Jacques, qui ne voulait point être protégé, surtout par Voltaire, avait refusé, si tant est qu'il lui ait été offert quelque chose à cette époque ; car s'il convint à moitié de cette un offre certain jour [4], il la nia formellement plus tard, ainsi que toute autre proposition postérieure. Il n'aurait pas dû nier pourtant, sauf à les expliquer à sa manière, les nouvelles ouvertures que Voltaire fit certainement à la fin de 1765 à Deluc d'abord, et ensuite à d'Ivernois, en présence du même Deluc. Nous parlerons de celles-ci en leur temps ; mais pour nous en tenir à celles qui eurent lieu à l'époque que nous racontons actuellement, c'est-à-dire en 1763, Voltaire aurait été jusqu'à charger Deluc, avec un de ses amis, d'offrir à Rousseau un asile dans sa terre, dans un lieu retiré, où il pourrait vivre à son aise et à l'abri de toute persécution. « Le fourbe ! dit Deluc ; dans ce temps-là même, il le détestait

---

1. *Mémoires sur Voltaire*, par LONGCHAMP et WAGNIÈRE. Paris, 1826. — 2. *Lettre de d'Alembert à Voltaire*, 25 septembre 1762. — 3. *Lettre de Voltaire à Hume*, 24 octobre 1766. — 4. *Lettre d'un jeune Suisse. Bibliothèque universelle de Genève*, 1836, t. I.

comme un déiste,... et il craignait sa puissante logique. Nous fûmes, mon ami et moi, dupes de ce sycophante; mais Rousseau ne le fut pas. Sans beaucoup s'expliquer, il me chargea de répondre qu'il avait besoin de retraite, et qu'il ne pouvait espérer de l'obtenir dans le voisinage d'un homme si célèbre [1]. » Voltaire traita aussi le même sujet avec Moultou, qui, peut-être, n'est autre que l'ami dont parle Deluc, et se montra passionné de réconciliation [2]. Moultou se demandait si Voltaire était sincère; mais Jean-Jacques répondit sans hésiter qu'il ne fallait pas s'y fier, que Voltaire n'était qu'un habile comédien, que toutefois il était prêt à lui ouvrir les bras et, à défaut d'estime, à lui offrir le pardon et l'oubli [3].

Quoi qu'il en soit, les offres de Voltaire ayant été rejetées, comme elles devaient l'être, celui-ci n'eut plus à donner à Rousseau que sa haine, et il ne s'en fit pas faute. Il savait que c'est à Paris que l'opinion va chercher ses mots d'ordre; il ne se borna donc pas à agir à Genève; mais Paris, pas plus que Genève, ne lui apporta l'unanime tribut d'hommages auquel il aspirait. « Les amis de Voltaire, écrivait à Rousseau, de Paris, Mme de Verdelin, sont ici indignés de la conduite qu'il a tenue avec vous. Cet homme est en vérité aussi fou que méchant... Le public vous juge tous deux plus équitablement que le Parlement votre *Profession de foi*. Je crois que d'Alembert a fait de

---

1. DELUC, *Lettres sur l'histoire physique de la terre*. Discours préliminaire, 1798. — 2. *Lettre de Moultou à Rousseau*, 19 mars 1763. — 3. *Lettres de Rousseau à Moultou et à Milord Maréchal*, 21 mars 1763. *Réponse de Moultou*, 23 mars 1763.

son mieux pour persuader au public et à vos amis qu'il gémit de tout cet événement... Pour moi, je me rends difficilement à l'éloquence de ces messieurs[1]. » Quant au simple vulgaire, il riait de ces misérables querelles et en faisait des caricatures[2].

Toutes ces citations témoignent de la haine de Voltaire, et sous ce rapport, on est parfaitement fixé. Mais autre chose est de déverser sa bile sur quelqu'un, de dire du mal de lui, même de le calomnier, ou bien de porter contre lui, devant les magistrats, une accusation en règle. Or, de cette accusation, dont on a beaucoup parlé, on ne trouve la preuve nulle part. Bien plus, on a au moins des présomptions qu'elle n'a jamais existé.

Aussitôt après la condamnation de l'*Émile*, le libraire Gabriel Cramer avait voulu répondre à la fameuse lettre de Pictet et avait montré sa réponse à Voltaire. « Mon cher Gab, lui écrivit celui-ci, c'est moi qui vous conjure d'être sage... Supprimez votre lettre, je vous en conjure; ce n'est pas vous qui êtes outragé, c'est moi; c'est à moi à répondre[3]. » Et il adressa, en effet, ses protestations les plus catégoriques au Magnifique Conseil et ses explications à Pictet[4]. Cependant, la parole de Voltaire était si dépourvue de crédit, et il entrait tellement dans sa situation de manœuvrer contre Jean-Jacques, qu'il n'est pas étonnant que ses amis eux-mêmes aient tenu peu de compte de ses affirmations. « L'arrêt du Sénat (de Berne) n'est que

---

1. *Lettre de Mme de Verdelin à Rousseau*, 26 septembre 1762. — 2. Bachaumont, 5 octobre 1762. — 3. *Lettre de Voltaire à Gabriel Cramer*, 1762. Voir Gaston Maugras, ch. IX. — 4. *Lettre de Voltaire à Pictet*, 1762. Voir Gaston Maugras, ch. IX.

trop vrai, écrit Mlle de Bondeli, et j'en suis doublement affligée ; d'abord quant à Rousseau, et encore quant à ceux qui l'ont provoqué... Les premiers coups se sont portés à Genève, par la cabale de Ferney ; cette cabale a influé jusqu'à Berne[1]. »
« Vous vous êtes fait ici des amis et des ennemis, lui répond Mlle Curchod ; vous avez écrit tous les détails de la conduite de Voltaire vis-à-vis de Rousseau. M. Moultou l'a su et l'a publié avec tout l'empressement imaginable[2]. »

Il est présumable que Moultou avait d'autres renseignements que les bruits qui lui venaient de Kœnitz. Encore est-il qu'il aurait bien fait, ainsi que Mlle de Bondeli, d'apporter quelques preuves. Si l'on n'en donne aucune, n'est-on pas en droit de conclure que c'est parce qu'il n'y en avait aucune à donner? Si, d'ailleurs, Voltaire s'était senti coupable, aurait-il osé, malgré son assurance, en appeler à Lullin, conseiller et secrétaire d'État à Genève, c'est-à-dire, à l'homme le plus à même de le démentir, s'il n'avait pas dit la vérité. « Je déclare au Conseil et à tout Genève, lui écrit-il, que s'il y a un seul magistrat, un seul homme dans votre ville, à qui j'aie parlé ou fait parler contre le sieur Rousseau, avant ou après sa sentence, je consens d'être aussi infâme que les secrets auteurs de cette calomnie doivent l'être[3]. » A cette lettre, en quelque sorte officielle, en était jointe une autre plus intime, dans laquelle Voltaire priait Lullin de lire ses réclamations au Conseil, et s'indignait de

---

1. *Lettre de Mlle de Bondeli à Mlle Curchod* (devenue plus tard Mme Necker), 7 juillet 1763. Voir GASTON MAUGRAS, ch. IX. — 2. *Réponse de Mlle Curchod*, octobre 1763. — 3. *Lettre de Voltaire à Lullin*, 5 juillet 1766.

la calomnie répandue, disait-il, contre lui par le sieur Rousseau, auprès des personnes les plus considérables du royaume [1].

En résumé, Voltaire a pu dire avec vérité, il a pu répéter jusqu'à la fin de sa vie, qu'il n'avait pas provoqué, au moins par une action directe, les condamnations de Rousseau ; qu'il n'avait pas agi auprès des conseils pour le faire chasser. Le tribunal auquel il s'est adressé, c'est l'opinion ; la condamnation qu'il a voulu infliger à son adversaire, c'était le mépris du public et le déshonneur. Sa plume se retrouve partout ; on ne voit sa main nulle part.

Si Pictet ne trouva pas suffisantes les sympathies des pasteurs en faveur de Rousseau, il fut vraiment difficile. D'autres au contraire, et nous sommes du nombre, peuvent les trouver exagérées. Il est à remarquer que les pasteurs ne furent pas consultés tout d'abord. Dans une affaire comme celle-là, il a paru irrégulier et inconvenant qu'on n'ait pas appelé la cause devant le Consistoire. Mais, si la question tenait à la religion, elle tenait bien aussi à la politique ; et d'ailleurs, dans une ville où chaque bourgeois était engagé par serment à maintenir et à conserver la religion établie, le Conseil pouvait bien se trouver autorisé à punir quiconque l'attaquait. Pictet aurait-il donc voulu que les ministres du saint Évangile, donnant d'office leur avis, eussent proclamé l'*Émile* un bon livre et la *Profession de foi* un modèle d'orthodoxie ? En fait, le Conseil voulait un jugement sévère, et il n'était pas sûr des pasteurs ; il voulait un jugement prompt, et les pasteurs auraient été obligés de citer Rousseau en

---

1. Gaston Maugras, ch. IX.

consistoire et de l'admonester à plusieurs reprises. Aussi leur rendit-il un véritable service en leur évitant l'embarras de se prononcer. Il est vrai qu'obligés plus tard de se déclarer, ils approuvèrent la conduite des magistrats ; mais autre chose est d'accepter le fait accompli, ou de prendre l'initiative.

On ne peut donner les sentiments de Moultou comme le type de l'opinion des pasteurs ; mais enfin lui-même était pasteur et resta pendant longtemps encore en communion avec ses confrères. Sa conduite peut au moins servir à montrer ce qu'un ministre protestant pouvait dire et faire en faveur de Rousseau. Tant que la religion n'est pas directement en cause, sa louange ne connaît point de bornes. « Quelle force, quelle profondeur dans le *Contrat social!* Que vous êtes supérieur à Montesquieu lui-même !... Et *Émile*... Ah! si tous les hommes étaient formés sur ce modèle !... Ta patrie ne t'a point élevé de statues, mais chaque citoyen t'a consacré son cœur[1]. » Sur les questions purement religieuses, il est moins à l'aise. Il avait commencé par tout admirer, tout, même la *Profession de foi*. « Que votre ouvrage reste donc tel qu'il est. N'y changez rien ; n'en retranchez rien[2]. » Plus tard toutefois il se ravise : « Je ne vous l'ai point dissimulé, mon cher ami, ce que vous avez dit sur la religion a affligé ceux mêmes de vos compatriotes qui vous aiment le plus ; parce qu'ils aiment encore plus leur religion. Cependant ils cherchent à vous excuser et à vous défendre ; tandis que les ennemis de la religion et de la patrie

---

1. *Lettre de Moultou à Rousseau*, 18 juin 1762. — 2. *Id.*, 3 février 1762.

triomphent de ce que vous leur avez donné des armes pour vous attaquer[1]. » Ces derniers mots donnent à peu près la note moyenne de l'opinion des pasteurs. Sans faire aussi bon marché des principes que leur confrère, ils auraient voulu sauver Rousseau, ou ne le condamner que pour la forme. Moultou leur rend le témoignage « qu'en général la compagnie des pasteurs s'est fort bien conduite[2]. »

A côté de l'opinion de Moultou, on peut placer celle d'Ustéri, professeur à Zurich. Moultou et Ustéri se renvoyaient mutuellement les élans de leur admiration, et, dans leur enthousiasme, en étaient venus à se tutoyer[3].

Vernet, qui avait pris, en quelque sorte, la direction de l'affaire au point de vue religieux, était plein d'estime pour Rousseau[4]. Quand il se crut obligé de le réfuter, il ne le fit qu'avec ménagement, et le lui écrivit à lui-même. « Ma place et la nature de mes travaux, disait-il, m'ont imposé cette tâche. Je suis bien aise d'apprendre que vous la verrez sans peine. Croyez qu'en contredisant l'écrit, je ménagerai autant qu'il est possible l'auteur, et que je n'aurai garde de le confondre avec le contempteur de toutes les religions[5]. » Jean-Jacques aurait eu mauvaise grâce à se plaindre d'une réfutation qui s'offrait dans des conditions si bénignes. D'ailleurs, il n'était pas fâché d'être réfuté par ses amis[6]. Il écrivit à Vernet pour le remercier, lui

---

1. *Lettre de Moultou à Rousseau*, 18 juin 1762. Voir aussi *Lettre* du 15 mars 1762. — 2. *Id.*, 1ᵉʳ juillet 1762. — 3. *Lettre de Mˡˡᵉ Curchod à Mˡˡᵉ de Bondeli*, 12 octobre 1762. Voir G. MAUGRAS, ch. VIII. — 4. *Lettre de Moultou à Rousseau*, 7 juillet 1762. — 5. *Lettre de Jacob Vernet à Rousseau*, 1762. Voir GABEREL, *Rousseau et les Genevois*, ch. III, § 5. — 6. *Lettre à Moultou*, 10 août 1762.

demander des exemplaires de son ouvrage et l'assurer que vainement on tenterait de le brouiller avec lui [1].

Certaines gens, trouvant sans doute que les pasteurs n'allaient pas assez vite, s'avisèrent, pour les stimuler et les mettre aux prises avec Rousseau, d'insérer dans la *Gazette de Bruxelles* et dans la *Gazette d'Utrech* un petit article, où l'on prétendait qu'ils approuvaient l'*Émile*. On ne douta pas que le coup ne vînt de Voltaire et de sa cabale ; aussi l'on n'en fut pas dupe [2].

D'après Gaberel, encore un membre du clergé protestant, très désireux d'excuser Rousseau et de justifier ses confrères, les pasteurs, sans applaudir aux attaques de l'auteur de l'*Émile* contre le christianisme, lui tinrent un large compte de ses belles pages contre le matérialisme et en faveur de la religion et de la tolérance. En chaire, ils réfutèrent les tendances blâmables de l'*Émile* ; dans leur correspondance, ils cherchèrent à ramener l'auteur [3]. A Genève, dit encore Gaberel dans un autre opuscule, Rousseau ranima le sentiment religieux. Les hommes qui se défiaient des pasteurs rafraîchissaient leur âme à la lecture de l'*Émile*. Néanmoins les ministres de l'Évangile ne pouvaient l'accepter tel quel. Rousseau était-il donc un défenseur de la religion ? Oui, il l'était *par comparaison* ; mot assez singulier dans la bouche d'un membre du clergé ; mais il paraît qu'à Genève, même dans le clergé,

---

1. *Lettres à Jacob Vernet*, 31 août ; *à Moultou*, 1er septembre 1762. — 2. *Lettres de Jacob Vernet à Rousseau*, 1762 ; *de Moultou à Rousseau*, 1er septembre 1762. — 3. Gaberel, *Rousseau et les Génevois*, ch. III, § 5.

quiconque n'était pas du parti de Rousseau était de celui de Voltaire [1].

Nous parlons ici, bien entendu, des premiers temps de la condamnation. Plus tard, nous verrons les ministres se détacher peu à peu de Rousseau. La faute n'en fut pas à eux, mais bien à lui, qui se livra contre eux et contre la religion aux invectives les plus insensées [2].

Dès cette époque néanmoins, il y eut d'honorables exceptions. Charles Bonnet, qui, pour n'être pas pasteur, n'en était pas moins religieux, était effrayé des doctrines de l'*Émile* [3]. Une des meilleurs réfutations de cet ouvrage est, du reste, due à un pasteur de Genève, ancien ami de Rousseau, à Jacob Vernes [4]. Les compliments y tiennent une large place, mais ils ne nuisent point aux bonnes raisons.

Dès 1762 [5], Vernes avait écrit à Rousseau une lettre des plus touchantes. Aussi celui-ci, qui comptait Vernes parmi ses meilleurs amis, fut-il péniblement affecté, quand l'œuvre de réfutation parut. Outre que la louange n'y était pas rehaussée, comme dans l'*Instruction* de l'évêque du Puy, par la flatteuse comparaison avec Voltaire; ce qui pouvait satisfaire Jean-Jacques de la part d'un évêque catholique et français, dut lui paraître bien insuffisant de la part d'un compatriote et d'un ami. Et puis, chose plus grave, Vernes lui contestait son titre de chrétien. Or, ce titre, Jean-Jacques avait les plus sérieux

---

1. GABEREL, *Voltaire et les Genevois*, ch. XII. — 2. *Id*. — 3. *Lettre de Ch. Bonnet à Bentink*, s. d. — 4. *Lettres sur le christianisme de M. J.-J. Rousseau*, adressées à M. J. L. par JACOB VERNES, pasteur de l'église de Céligny. Amsterdam, Neaulme, 1764, in-12 de 136 p. —5. *Lettre de Vernes à Rousseau*, 2 juillet 1762.

motifs d'y tenir et voulait faire croire qu'il le conservait toujours. A Genève, en effet, la profession de la religion du pays n'était pas seulement une question de morale et de conscience, mais aussi une question d'avantages civils et, en quelque sorte, de nécessité temporelle. Contester à Rousseau son titre de chrétien, c'était presque, de la part d'un ministre protestant de Genève, lui fermer les portes de sa patrie. L'œuvre de Vernes, sous son apparente modération, cachait donc un danger sérieux.

Il est clair que ces divergences n'étaient pas favorables à la paix. On se passionnait pour ou contre; des magistrats, même de ceux qui avaient opiné avec la majorité, trouvaient qu'on avait été rigoureux et auraient désiré étouffer l'affaire. Mais les partisans de Rousseau se croyaient en droit d'exiger une satisfaction plus complète. L'opinion qui, dans le premier moment, lui avait été contraire, revenait à lui, ne fût-ce que parce qu'il était l'opprimé. Une quinzaine de citoyens allèrent aux informations chez le procureur général et le syndic. Ceux-ci éludèrent la question et répondirent que le décret n'était pas sur la sentence; ils ne dirent pas qu'il était sur les registres du Conseil [1]. La famille de Rousseau demanda, par requête, communication de l'arrêt. Le Conseil décida qu'il « n'y avait pas lieu d'accorder aux suppliants la fin d'icelle [2]. » Jean-Jacques dit que cette requête fut faite à son insu; il est certain, du moins, qu'il mit bien du temps à en remercier les auteurs [3].

---

1. *Lettre de Moultou à Rousseau*, 1er juillet 1762. — 2. *Extrait des Registres du Conseil*, 2 juillet 1762. — 3. *Lettres de Rousseau à M*me *de Boufflers*, 4 juillet; *à Moultou*, 6 juillet; *à M*me *de Luxembourg*, 21 juillet; *à Théodore Rousseau*, 11 septembre 1762.

V

Paris avait entraîné Genève ; Paris et Genève entraînèrent à leur tour d'autres États ; de sorte que le malheureux Rousseau se trouva, à la fin, comme enveloppé de condamnations.

Dès le 23 juin, les États généraux de Hollande et Westfrise, sur la proposition de leur grand pensionnaire P. Steyn, déférèrent l'*Émile* aux magistrats, afin qu'ils eussent à informer contre cet ouvrage et, malgré le privilège accordé, à en suspendre la publication. Le livre fut, en conséquence, soumis à l'examen des pasteurs, et le 22 juillet, les magistrats donnèrent leur réponse. Les considérants sont, à peu de chose près, les mêmes que ceux du Parlement de Paris et du Petit Conseil de Genève. Il est à remarquer toutefois qu'ils laissent de côté tout ce qui a rapport à l'éducation et à la politique, pour ne s'attacher qu'à la *Profession de foi*, et que, pour répondre sans doute à une objection qui commençait à se produire, ils ont soin d'affirmer que cette profession de foi est bien celle de l'auteur. Enfin, le 30 juillet, conformément aux conclusions du rapport, les États généraux prononcèrent la révocation du privilège, la saisie des exemplaires, la défense de réimprimer, vendre, distribuer ou traduire l'ouvrage, sous peine d'une amende de 1,000 florins et de correction arbitraire, même par prise de corps.

Cette sentence qui, comme nous l'avons vu, contrariait Rousseau dans ses projets d'édition générale, le mécontenta profondément ; cependant l'attitude de la Hollande ne pouvait le toucher à l'égal de celle de Berne. Dans un cas, il y allait de son orgueil, de sa considération, de sa fortune peut-être ; dans l'autre, il y allait en outre de sa sûreté personnelle. Rousseau, chassé de France, condamné à Genève, condamné en Hollande, allait-il être forcé de reprendre encore une fois le bâton du voyageur ? Et si Berne le renvoyait aussi, quel pays lui resterait ouvert après tant de condamnations ?

Il avait bien voulu venir à Yverdun comme un proscrit, mais non comme un coupable. Aussitôt arrivé, il avait écrit au bailli, qui était en même temps membre du Conseil souverain de la République de Berne, afin de lui demander, non seulement l'autorisation de son gouvernement, mais sa protection et son estime [1]. D'un autre côté, la fermentation qui régnait à Genève ne pouvait manquer de se propager jusqu'à Berne. Le réquisitoire de Tronchin y avait été imprimé dans la gazette, et, sans aucun doute, les commentaires des amis de Voltaire en avaient souligné certains passages [2]. Ces faits étaient de nature à inspirer des alarmes à Rousseau. « Vos confrères, écrivait-il à un membre du Conseil de Berne, sont-ils décidés à me condamner aussi sans m'entendre [3] ? » « On a défendu vos livres, répondait Moultou, et c'est tout [4]. » Ce n'était pas tout pourtant. « Le 9 de ce mois, dit Rousseau, M. le bailli d'Yverdun, homme d'un mérite rare, et que j'ai vu s'attendrir sur mon sort jusqu'aux larmes, m'avoua qu'il devait recevoir le lendemain et me signifier le même jour

---

1. *Lettre à Gingens de Moiry, bailli d'Yverdun*, 22 juin 1762. — 2. *Lettre à Mme de Boufflers*, 4 juillet, et *à Moultou*, 6 juillet 1762. — 3. *Lettre à M. C.*, fin de juin ou premiers jours de juillet 1762. — 4. *Lettre de Moultou à Rousseau*, 7 juillet 1762.

l'ordre de sortir dans quinze jours des terres de la République. Mais il est vrai que cet avis n'a pas passé sans contradiction ni sans murmure, et qu'il y a eu peu d'approbations dans les Deux-Cents, et aucune dans le pays. Je partis le même jour, et le lendemain, j'arrivai ici (à Motiers-Travers) où, malgré l'accueil qu'on m'y fait, j'aurais tort de m'y croire plus en sûreté qu'ailleurs[1]. »
« Cet ordre, avait-il dit précédemment, a été donné à regret, aux pressantes sollicitations du Conseil de Genève... Je suis ici depuis hier, et j'y prends haleine, en attendant qu'il plaise à MM. de Voltaire et Tronchin de m'y poursuivre et de m'en faire chasser, ce que je ne doute pas qui m'arrive bientôt[2]. »

On prétendit en effet que Voltaire avait circonvenu à Berne le pasteur Bertrand et le sénateur Freudenreich. Non content de se justifier de cette accusation, dans la même lettre et par les mêmes raisons que pour la condamnation de Genève[3], Voltaire obtint de Freudenreich une attestation établissant de la manière la plus formelle que, ni directement, ni indirectement, ni verbalement, ni par écrit, il ne s'était occupé à Berne des affaires de Jean-Jacques[4]. Moultou assure aussi que le Conseil de Genève (il ne parle pas des particuliers) n'avait rien fait auprès de Messieurs de Berne pour le faire chasser[5]. Mais que ce soit ou non à l'instigation du Conseil de Genève, un nouvel exil ne lui en était pas moins imposé.

1. *Lettre à Moultou*, 15 juillet 1762. — 2. *Id.*, 11 juillet 1762. — 3. *Lettre de Voltaire à Lullin*, 5 juillet 1766. (Voir ci-dessus, p. 181). — 4. DESNOIRESTERRES, t. VI, p. 352. — 5. *Lettre de Moultou à Rousseau*, 17 juillet 1762.

L'expulsion du territoire de Berne ne prit pas Rousseau au dépourvu, autant que l'avait fait celle de Paris. Il s'était, il est vrai, déjà attaché à Roguin et à sa famille. Il avait même accepté du colonel son neveu un petit pavillon. Il allait s'y emménager et avait écrit à Thérèse de le venir joindre ; il lui fallut procéder à un nouveau départ. Heureusement, il n'eut pas loin à aller. Mme de Boufflers, qui avait pris en quelque sorte la spécialité des logements à lui offrir, lui avait parlé précédemment de l'Angleterre ; mais l'Angleterre, c'était pour lui presque le bout du monde ; ou bien d'un château appartenant à une de ses amies, la comtesse de la Mark ; mais où était ce château, et lui faudrait-il encore faire des voyages[1] ? D'un autre côté, Ustéri aurait voulu l'attirer à Zurich, d'où, disait-il, il ne courrait point le risque d'être chassé[2]. Cependant, le moment venu, il lui fut fait, tout auprès de lui, une offre qui lui sourit davantage. Mme Boy de la Tour, nièce de Roguin, lui proposa une maison toute meublée, qui appartenait à son fils, au village de Motiers, dans le val de Travers, comté de Neuchâtel. Jean-Jacques n'aurait, pour s'y rendre, qu'une montagne à traverser. Il accepta. Là, au moins, dans les États du roi de Prusse, il n'aurait pas à craindre les persécutions religieuses.

---

1. *Lettre de Mme de Boufflers à Rousseau*, 24 juin, et *Réponse de Rousseau*, 4 juillet 1762. —
2. *Lettre de Moultou à Rousseau*, 9 juillet 1762. — Il existe à la Bibliothèque de Neuchâtel plusieurs lettres d'Usteri à ce sujet.

CHAPITRE XXIII

Du 10 Juillet 1762 au 7 Septembre 1765 [1].

Sommaire : J.-J. Rousseau au Val de Travers. I. Lettres de Rousseau au roi de Prusse et à Milord Maréchal. — Bienveillance de Frédéric II. Deux lettres de Rousseau au maréchal de Luxembourg. — Arrivée de Thérèse. — Premières idées de départ. — Genre de vie de Rousseau. — Il prend le costume arménien. — Son état de santé à Motiers. — Projets de suicide.

II. Amitiés contractées par Rousseau ; Milord Maréchal. — Projet de se retirer avec lui en Écosse. — Départ de Milord Maréchal. — Témoignages d'honneur et d'estime donnés à Rousseau par les communes de Motiers et de Couvet. — Milord Maréchal assure à Rousseau 600 livres de rente viagère. — Mme Boy de la Tour et sa famille. — Le colonel de Pury. — Dupeyrou. — Laliaud. — D'Ivernois. — D'Escherny. — Tentative de réconciliation avec Diderot. — Séguier de Saint-Brisson. — Sauttersheim. — Visites nombreuses que reçoit Rousseau. — Sa correspondance.

III. Relations de Rousseau avec Genève. — Il refuse de se prêter à aucune soumission. — Relations de Rousseau avec son pasteur. — Rousseau approche de la sainte table. — Effets que produit cette communion à Genève. — Appréciations de Voltaire et de Mme de Boufflers. — Projets de défense de Rousseau. — Brouillerie avec Moultou.

IV. *Lettre de Rousseau à l'Archevêque de Paris*. — Le mandement et la personne de Christophe de Beaumont. — Réponse de Rousseau. — Impression de la *Lettre*. — L'introduction en est interdite à Paris et à Genève. — Effet que produit la *Lettre* à Genève. — Satisfaction de Voltaire.

V. Rousseau législateur des Corses. — Ses relations avec Paoli et Buttafuoco. — *Projet de constitution pour les Corses*.

VI. *Pygmalion*. — Soustraction d'une partie des papiers et de la correspondance de Rousseau. — Rousseau travaille à ses *Confessions*. — Autres travaux. — Impression du *Dictionnaire de musique*.

VII. Éditions générales des œuvres de Rousseau. — Les portraits de Rousseau. — Projet d'une édition générale, faite à Motiers, sous les yeux de l'auteur. — Dupeyrou se charge des embarras et des frais de l'édition générale.

VIII. Passion de Rousseau pour la botanique. — Il apprend à faire des lacets. — Usage qu'il fait de ses lacets.

IX. Mort de Mme de Warens et du maréchal de Luxembourg. — Rapports de Rousseau avec Mme de Luxembourg.

1. *Confessions*, l. XII.

Jean-Jacques Rousseau habita le Val de Travers pendant trois ans et deux mois : du 10 juillet 1762 au 8 septembre 1765 [1].

Son premier soin, en arrivant, fut de se mettre en règle avec les autorités du pays.

Sa lettre au Roi de Prusse, à défaut d'autre mérite, a au moins celui de l'originalité : « Sire, j'ai dit beaucoup de mal de vous, j'en dirai peut-être encore. Cependant, chassé de France, de Genève, du canton de Berne, je viens chercher un asile dans vos États. Ma faute est peut-être de n'avoir pas commencé par là. Cet éloge est de ceux dont vous êtes digne. Sire, je n'ai mérité de vous aucune grâce et je n'en demande pas ; mais j'ai cru devoir déclarer à Votre Majesté que j'étais en son pouvoir, et que j'y voulais être. Elle peut disposer de moi comme il lui plaira. »

La lettre qu'il écrivit au gouverneur du comté est moins impertinente et plus naturelle. On remarquera qu'elle est la première qu'il ait fait précéder de sa devise : *Vitam impendere vero* [2].

Le gouverneur du comté de Neuchâtel était alors un vieil Écossais, qui avait abandonné le parti des Stuarts pour s'attacher au Roi de Prusse. Il s'appelait lord Keith, mais il était plus connu sous le nom de Milord Maréchal. C'était un vieillard serviable,

---

1. *J.-J. Rousseau au Val de Travers,* par M. Fritz Berthoud, in-12, 1881. Ce volume nous a été très utile pour la composition de ce chapitre. Il n'est pas seulement précieux à cause des détails inédits qu'il rapporte ; il l'est encore à cause des faits connus qu'il précise ou qu'il rectifie, et aussi à cause des lieux qu'il décrit. On sent à chaque page que l'auteur est du pays. — 2. *Lettres au Roi de Prusse et à Milord Maréchal,* juillet 1762.

quoique un peu bourru, très original, passablement philosophe, épicurien, sceptique, et que les questions religieuses laissaient parfaitement indifférent. Rousseau alla le voir et, dès sa première visite, fut saisi de respect, d'affection, presque de tendresse, de sorte qu'à partir de ce moment, commença entre eux une amitié qui, peut-être, ne se termina qu'avec la vie.

Milord Maréchal habitait, l'été, le château du Colombier, qui n'était qu'à 6 lieues de Motiers. Il vint voir Rousseau à son tour et resta deux jours chez lui. Bientôt ils ne pouvaient plus se passer l'un de l'autre. Rousseau allait au Colombier au moins tous les quinze jours passer vingt-quatre heures. Il va jusqu'à comparer ces visites à celles qu'il faisait à Eau-Bonne; cependant, à aucun prix, il ne voulut consentir à rester chez Milord Maréchal. Il l'appelait son père; celui-ci appelait Rousseau son fils; et, en effet, il semblait qu'avec ces titres, ils avaient pris les sentiments de père et d'enfant. Le tableau de leur intimité, que trace Rousseau, pourrait passer pour un produit de son imagination, si nous n'avions ses lettres et celles de Milord Maréchal. Elles montrent que son récit n'est que l'exacte vérité.

Milord Maréchal obtint sans peine pour son protégé la bienveillance de Frédéric; mais le roi y voulut ajouter des bienfaits; c'était trop pour Jean-Jacques. De l'or? Il se révoltait à la seule pensée d'en recevoir. Des provisions? quoique plus acceptables, elles furent également refusées. L'offre de lui faire bâtir un petit ermitage, en un lieu choisi par lui, était séduisante; il répondit néanmoins qu'il était touché des bontés du roi, mais qu'il lui serait impossible de dormir dans une maison bâtie pour lui d'une main royale[1]. Avant tout, il ne voulait pas de chaînes. Il avait été question qu'il s'engageât à ne plus écrire. « Ce n'est pas, j'espère, disait-il, une condition que Sa Majesté entend mettre à l'asile qu'elle veut bien m'accorder. Je me suis promis et je me promets de ne plus écrire; mais, encore une fois, je ne l'ai promis qu'à moi[2]. » Ces rapports avec le Roi n'avaient rien d'intime; ils eurent cependant pour effet de rendre Rousseau aussi partisan de la personne de Frédéric qu'il l'avait été peu jusque-là. Il alla plus loin; il se prévalut de ses relations avec lui au point de lui donner des conseils et de l'engager à remettre au fourreau cette épée qu'il en avait tirée trop souvent. On doit bien penser qu'il ne reçut pas de réponse[3].

Rousseau, protégé par le Roi, soutenu par Milord Maréchal, aurait pu se croire fixé à Motiers. Cette résidence semblait faite exprès pour lui : maison grande et commode; pays magnifique au milieu des montagnes de la Suisse, non loin de Genève, tout en étant hors de l'atteinte des malintentionnés et des ennemis; existence tranquille et sûre, sous la protection d'un prince libre-penseur peu enclin à se passionner pour des querelles religieuses, avec l'affection quasi paternelle du gouverneur, la compagnie de l'inséparable Thérèse, les visites pour le moins assez fréquentes des connaissances et des amis, le voisinage d'une population simple et bonne,

---

1. *Lettres de Milord Maréchal à Rousseau*, 17 août; *de Rousseau à Mme de Boufflers*, 7 octobre; *de Mme de Boufflers à Rousseau*, 22 octobre 1762. — 2. *Lettre à Milord Maréchal*, août, et *Réponse à Rousseau*, 24 août 1762. — 3. *Lettre au Roi de Prusse*, 30 octobre 1762? (Cette lettre paraît devoir être plutôt de 1763.)

les causeries familières, les occupations manuelles ou littéraires, les grandes excursions et les belles promenades, les sites grandioses ou charmants, sauvages ou gracieux, mais toujours pittoresques ; des forêts, des rochers, des grottes, des torrents, des cascades. Que de choses capables de satisfaire un amant de la nature! Malheureusement Jean-Jacques emportait avec lui deux choses, dont il lui était difficile de se séparer : son caractère et sa réputation. Sa réputation, avec les discussions et les passions qu'elle avait soulevées ; sa réputation, avec ses livres, notamment le *Contrat social* et l'*Émile ;* son caractère, naturellement susceptible et impressionnable et, à cette époque, surexcité jusqu'à la folie par la contradiction.

Lui-même a donné une description du pays et des habitants de Motiers-Travers, de son installation et un peu de son genre de vie, dans deux lettres très longues adressées au Maréchal de Luxembourg[1]. Le pays ne lui était pas inconnu, mais, à voir la manière dont il parle des Neuchâtelois, on ne se douterait pas qu'ils ne sont autres que ces fameux *montagnons,* dont il avait fait un si bel éloge dans sa *Lettre sur les spectacles.* C'est qu'il a l'âme blessée et le cœur ulcéré ; il a des regrets et, comme il le dit, la saison de sa vie n'est plus la même. Il ne voit rien de bien que le site, et encore semble-t-il s'excuser de trouver ses superbes perspectives privées des ornements de l'art, plus belles que les campagnes des environs de Paris ou le parc de Versailles.

Le sauvage, le républicain Rousseau ne pouvait-

1. *Lettres au Maréchal de Luxembourg,* 20 et 28 janvier 1763.

il donc plus se passer de la société aristocratique des Luxembourg et des Conti ? Il se plaignait des grands pendant qu'il était auprès d'eux ; alors il faisait l'ours, en prenait à son aise de l'étiquette et même de la politesse. Maintenant qu'il est dans un pays plus simple, il lui faut le ton de Paris, et il se plaint ou se moque de la lourdeur des Suisses, du peu de distinction de leurs femmes et des toilettes prétentieuses de leurs filles.

De quoi, du reste, ne se plaint-il pas ? Il ne fut pas accueilli avec plaisir par tout le monde, et les pasteurs commencèrent par déférer son livre au Conseil d'État. C'est Rousseau qui le raconte ; seulement au lieu d'ajouter que le Conseil d'État refusa d'accueillir leur demande, il aime mieux conclure avec maussaderie qu'en définitive, il est chez le Roi de Prusse et non chez les Neuchâtelois. — « Ils remplirent leur Mercure, dit-il encore, d'inepties et du plus plat cafardage[1] ; » mais ne savait-il donc pas qu'un des inconvénients de la célébrité est de prêter le flanc à la discussion ? — Il ajoute quelque part qu'il ne peut souffrir les tièdes ; qu'il aime mieux être haï de mille à outrance, et aimé de même d'un seul[2]. Qu'il compte donc les attentions, les prévenances, les amitiés, les dévouements dont il fut l'objet à Motiers ; qu'il compte le nombre de ses partisans, de ses amis, de ses admirateurs, et qu'il dise s'il n'y avait pas là de quoi le satisfaire. Tenait-il à la faveur populaire ? Presque tout le monde, pendant longtemps, l'aima et le respecta. — Désirait-il la bienveillance officielle des fonction-

---

1. *Confessions*, l. XII. Voir aussi Fritz Berthoud, p. 53.
2. *Lettre à M*me *Latour*, 26 septembre 1762.

naires ? On sait à quel point elle lui était assurée.
— Voulait-il forcer l'attention du public ? (et il y
tenait plus qu'il n'en convient). Pendant tout le
temps de son séjour à Motiers, les chemins furent
encombrés des visiteurs attirés par sa renommée ;
la poste fut surchargée des lettres qui lui étaient
adressées ; sa maison ne désemplissait pas et sa
correspondance lui prenait le plus clair de son
temps. — Préférait-il les jouissances plus délicates
d'amitiés choisies ? Il eut le bonheur d'en acquérir
là de plus sûres et de plus dévouées que partout
ailleurs. Jusque-là, il avait eu pour amis des hommes
de lettres ou des grands ; ses amitiés de Motiers
furent plus simples, plus franches, plus égales. La
preuve qu'elles lui convenaient davantage, c'est
qu'elles résistèrent mieux, en général, aux épreuves
du temps, de l'adversité et de l'absence.

Dès avant de quitter le canton de Berne, il avait
mandé Thérèse ; elle arriva le 20 juillet à Motiers [1].
L'entrevue fut touchante ; ils s'embrassèrent en
pleurant ; ils durent se promettre une affection inaltérable. L'arrivée de sa maîtresse devait contribuer
à fixer Jean-Jacques où il était. Cependant la comtesse de la Mark continuait à proposer son château
de Schleyden, près d'Aix la Chapelle ; le prince de
Conti, le château de Trye, à 20 lieues de Paris ;
enfin, Mme de Boufflers fit tant que, Milord Maréchal aidant, Rousseau finit par donner un demi-consentement pour l'Angleterre, mais seulement à
partir du printemps suivant [2]. Faut-il citer aussi les

---

1. *Lettre à Mme de Luxembourg*, 21 juillet 1762. — 2. *Lettres de Mme de Boufflers à Rousseau*, 24 juin, 21 juillet, 31 juillet, 10 septembre 1762. *Réponses de Rousseau*, 4 juillet, août, 7 octobre 1762. *Lettres de Milord Maréchal à Rousseau*, 2 octobre 1762 ; *de Hume à Rousseau*, 2 juillet 1762.

offres d'une certaine marquise « sans préjugés, » qui lui proposa de se retirer avec lui dans un coin de la Suisse pour y vivre comme deux ermites [1].

En attendant un avenir sur lequel il ne voulait compter qu'à moitié, il arrangea son existence de la façon qui lui parut la plus avantageuse.

Un de ses familiers a laissé sur son genre de vie des détails intéressants. Rousseau aimait à bien vivre. De temps en temps il invitait un ami à manger avec lui ; plus souvent des importuns venaient, sans façon, s'installer à sa table. Quelquefois aussi, il acceptait une invitation à dîner. Sa cuisine était simple, mais supérieurement apprêtée par Thérèse ; c'étaient d'excellents légumes, des gigots de mouton exquis, des truites fournies par l'Areuse, des cailles et des bécasses dans la saison, du vin du pays, mais du meilleur, du café, pas de liqueur. La conversation était vive et animée. Thérèse paraissait de temps en temps et rompait le tête-à-tête. Rousseau s'égayait à ses dépens ; mais jamais, malgré les instances de ses convives, il ne permit qu'elle se mît à table avec eux. Bien plus, quand il n'avait pas d'étrangers, il mangeait habituellement seul. On n'était plus au temps des petits goûters de la rue Platrière. « Quelquefois, après dîner, ajoute cet ami, Jean-Jacques se mettait à son épinette, m'accompagnait quelques airs italiens, ou en chantait lui-même. Quand c'était chez moi, je chantais des romances de sa composition ou de la mienne, accompagné de ma harpe ; car c'était à qui ferait la meilleure musique sur les mêmes paroles. Le soir,

---

[1]. *Lettre de la marquise de Frestoudam à Rousseau*, 25 septembre 1762.

dans l'été, c'étaient des promenades dans les bois des environs. Dans les beaux clairs de lune, il se plaisait sur les bords de l'Areuse à chanter des duos. Nous avions toujours bon nombre d'auditeurs, surtout les jeunes filles du village, qui ne manquaient pas de venir nous écouter[1]. »

Par une fantaisie inexplicable, Jean-Jacques choisit, pour en faire sa chambre, une pièce petite, mal située, en plein nord et n'ayant de vue que sur une cour. C'était la seule qui ne donnât pas sur la montagne. Aujourd'hui elle est encore à peu près dans le même état. Il avait pratiqué dans un coin, près de la fenêtre, une sorte de réduit, entre deux petites bibliothèques, avec une planche attachée au mur, en forme de pupitre, sur laquelle il écrivait debout. Il recevait dans sa chambre, mais ne permettait à personne d'entrer dans ce recoin, de peur qu'on ne touchât à ses livres et à ses papiers. Sur le devant de la maison, régnait une galerie ouverte, où il allait souvent lire et se promener. Il en avait fait fermer les deux bouts avec des planches, dans lesquelles il avait fait percer de petits trous, afin de reconnaître les personnes qui venaient le voir. Un escalier conduisant de la galerie dans la grange, et de là dans la campagne, lui permettait d'éviter les importuns[2].

Dès son arrivée, il avait changé de costume et pris l'habit arménien. Ses infirmités, dit-il, lui rendaient ce vêtement plus commode. On peut affirmer que le désir de se singulariser n'eut pas moins de part

---

[1]. D'ESCHERNY, *De Rousseau et des philosophes du* XVIIIe *siècle*, ch. II. Voir aussi *Anecdotes sur J.-J. Rousseau, tirées du voyage de William Coxe en Suisse*, ch. XLVIII. — [2]. FRITZ BERTHOUD; —WILLIAM COXE.

à sa détermination. Il y songeait dès le temps qu'il habitait Montmorency. Peut-être même en avait-il trouvé l'idée beaucoup plus tôt dans un roman de Marivaux, *Les Effets surprenants de la sympathie*[1]. Jusque-là les événements l'avaient empêché de mettre son projet à exécution; dans ses montagnes, cela devenait facile. La Roche, valet de chambre de M. de Luxembourg, lui adressa les renseignements les plus détaillés sur toutes les parties du costume[2]; lui-même surveilla la confection du vêtement avec le soin le plus minutieux. Il demanda et obtint l'approbation du pasteur de Motiers, de sorte qu'il ne parut plus désormais, même au temple, qu'avec l'habit arménien complet, veste, cafetan, bonnet fourré et ceinture. Plusieurs de ses portraits le représentent dans cet accoutrement[3].

Son état de santé ne pouvait manquer d'avoir une grande influence sur son genre de vie et sur son humeur; mais sur ce point, on est en présence de deux témoignages bien différents. Veut-on s'en rapporter à Rousseau : il ne se portera bien que quand il sera mort[4]; — si son état devait durer plus longtemps, il se croirait déjà mort[5]; — il n'attend pas d'autre changement à son sort ici-bas que son terme; il ne lui reste plus qu'à souffrir et à mourir[6]; — il se regarde comme ne vivant déjà plus; il est aussi malade de l'esprit que du corps[7]; — le séjour qu'il

---

1. Voir, dans la *Revue des Deux Mondes*, du 15 décembre 1883, *Études sur le XVIIIᵉ siècle : Marivaux*, par F. BRUNETIÈRE. — 2. *Manuscrit des lettres de Rousseau à Mᵐᵉ de Luxembourg*, à la bibliothèque de la Chambre des députés. — 3. *Confessions*, l. XII. — 4. Lettre à Mᵐᵉ Latour, 4 janvier 1763. — 5. *Id.*, 21 août 1763. — 6. Lettre à Mᵐᵉ de Boufflers, 28 décembre 1763. — 7. Lettre à M. A., 7 avril 1764.

habite, quoique sain pour les autres, est mortel pour lui [1] ; — son état empire au lieu de s'adoucir [2]. On pourrait faire vingt citations du même genre. Préfère-t-on consulter d'Escherny? Rousseau mangeait bien, dormait bien, marchait mieux que personne, était gai et de bonne humeur, et, sauf une infirmité plus gênante que dangereuse, se portait parfaitement [3]. Lequel des deux faut-il croire? Ni l'un ni l'autre peut-être. Il est certain que si Rousseau avait été aussi malade qu'il le dit, il n'aurait jamais pu résister aux courses fatigantes et aux travaux excessifs qu'il a faits à cette époque. Ses maux d'ailleurs ont si souvent l'air d'un refrain destiné à le délivrer d'une personne ou d'une besogne importune, son séjour lui devient mortel si juste au moment où il a le désir de le quitter, qu'on ne saurait faire grande attention à ses plaintes. Souvenons-nous toutefois qu'il avait une infirmité qui ne laissait pas que de le tourmenter, et qu'il fut véritablement malade à diverses époques. Il le fut vers la fin de 1762 [4] ; il le fut d'autres fois encore. On peut bien admettre, pour le moins, qu'il n'aurait pas tant gémi, s'il n'avait quelque peu souffert. Il souffrait, sans doute, parce qu'il s'imaginait souffrir ; il souffrait, parce qu'il était doué d'une sensibilité morale qui devait réagir sur sa constitution physique ; mais cette sensibilité n'en était pas moins un mal réel, qui lui causait de véritables douleurs, des douleurs qui l'amenèrent jusqu'à la pensée du suicide. Cette résolution fut heureusement passagère, et elle peut

---

1. *Lettres à Duchesne*, 20 juillet 1764 ; à Mme de Boufflers, 26 août 1764 ; à *Dupeyrou*, 23 mai 1765. — 2. *Lettre à d'Ivernois*, 25 avril 1765. — 3. D'ESCHERNY, *De Rousseau, etc.*, ch. XI. — 4. *Lettre de Moultou à Rousseau*, 25 décembre 1762.

être regardée comme l'effet d'un moment de désespoir, plutôt que comme une détermination arrêtée. Rousseau était, par principe et par nature, opposé au suicide ; il en caressa cependant la pensée pendant au moins une journée, au point d'être près de l'exécuter. « Ma situation physique, écrit-il à Duclos, a tellement empiré et s'est tellement déterminée, que mes douleurs sans relâche et sans ressource me mettent absolument dans le cas de l'exception marquée par Milord Édouard, en répondant à Saint-Preux[1] : *Usque adeone mori miserum est?* » Une seule chose semble le tourmenter, le sort de Thérèse, quand elle ne l'aura plus. Il la recommande à Martinet et lui remet un testament en sa faveur[2]. Moultou lui répondit : « Soyez tranquille sur le comte de Mlle Le Vasseur ; je sais tout ce qu'elle vaut, et il n'est rien que je ne fisse pour elle. Ne sais-je pas combien elle vous est chère[3]. » Un peu plus tard, Mme de Verdelin offrit de la prendre chez elle, comme son amie, et de tout faire pour la mettre à son aise[4]. Mais Jean-Jacques aurait préféré lui assurer une existence modeste à la campagne. Il était précisément entré en relations avec un prêtre du Bugey, le curé d'Ambérieux, qui avait prêté son assistance à Thérèse, un jour qu'elle avait été insultée par des jeunes gens dans une voiture publique. Il eut l'espoir de la caser de ce côté. « Elle est bonne catholique, écrivit-il, et tient à habiter un pays catholique. Elle a des vertus rares, un cœur excellent, une honnêteté de mœurs,

---

1. *Nouvelle Héloïse*, 3e partie, lettre 22. — 2. *Lettres à Duclos, à Martinet et à Moultou*, 1er août 1763. — 3. *Lettre de Moultou à Rousseau*, août 1763. — 4. *Lettre de Mme de Verdelin à Rousseau*, janvier 1764.

une fidélité et un désintéressement à toute épreuve ; elle n'est plus jeune et ne veut d'établissement d'aucune espèce [1]. » Le curé chercha-t-il d'autres renseignements ? Toujours est-il que la proposition n'eut pas de suite, et que Jean-Jacques fut assez mécontent du curé. En toute occasion, du reste, Jean-Jacques aimait à vanter la religion et la moralité de sa bonne. A Montmorency, elle faisait maigre en carême ; à Motiers, on avait choisi une habitation à portée d'un village catholique, afin de lui donner la facilité d'y aller remplir ses devoirs [2].

II

Nous avons dit que Rousseau eut à Motiers le bonheur de se faire des amitiés sûres. On doit placer en tête Milord Maréchal.

MILORD MARÉCHAL eut le mérite de prendre Jean-Jacques tel qu'il était, sans prétendre le changer ou le corriger. Passablement sceptique et très original lui-même, il ne s'étonnait point de l'originalité des autres. Tenant assez peu aux formes, il était disposé à en dispenser son ami ; à cause de cela peut-être, celui-ci s'en dispensa moins avec lui qu'avec qui que ce fut. L'âge de Milord Maréchal permettait d'ailleurs à Rousseau de lui donner certains témoignages d'honneur et de respect, sans déroger à ses principes sur les grands ; ou plutôt il n'y eut entre eux ni grand ni petit ; l'amitié avait

---

1. *Lettre au curé d'Ambérieux*, 25 août 1763. — 2. *Lettre à Duchesne*, 16 janvier 1763 ; *à Dumoulin*, même jour ; *à Buttafuoco*, 24 mars 1763.

effacé la différence des rangs. Milord Maréchal avait pris pour règle de ne s'imposer en rien ; il y gagna un pouvoir de direction presque universel. Jean-Jacques se serait reproché de prendre la moindre détermination, sans avoir consulté son protecteur. Il ne voulut pas, il est vrai, aller s'installer au Colombier ; mais il est un autre projet, que les deux amis appelaient leur château en Espagne et que Rousseau caressa longtemps, c'était de se retirer ensemble en Écosse, avec Hume en tiers. Milord Maréchal se prêtait à cette idée, moins pour l'agrément qu'il en espérait que pour faire plaisir à son ami Jean-Jacques[1] ; mais celui-ci était tout feu. « Milord, écrivait-il, il n'y a pas de jour que mon cœur ne s'épanouisse en songeant à notre château en Espagne. Ah ! que ne peut-il faire le quatrième avec nous, ce digne homme (le roi de Prusse) que le Ciel a condamné à payer si cher la gloire et à ne connaître jamais le bonheur de la vie[2]. »

Milord Maréchal ne tarda pas à quitter le gouvernement de Neuchâtel, pour retourner en Écosse. Rousseau crut que son départ allait le laisser en proie aux persécutions, sans appui, et, qui pis est, sans amis. C'était, disait-il, la plus grande affliction qu'il eût éprouvée[3] ; mais, comme à l'ordinaire, il avait mis les choses trop au pis. Milord Maréchal ne l'abandonna pas, continua à le servir et resta en correspondance très suivie avec lui. Il commença par préparer l'ermitage où il devait passer sa vie

---

1. *Lettre de Milord Maréchal à Mme de Boufflers*, 22 septembre 1762. — 2. *Lettre à Milord Maréchal*, 1er novembre 1762. Voir aussi, *Lettres à Milord Maréchal*, 26 novembre 1762 et 21 mars 1763, et *à Hume*, 19 février 1763. — 3. *Lettres à M. de Voyer*, 22 avril, et *à Mme de Verdelin*, 30 avril 1763.

avec Rousseau et l'engagea à y venir[1]. Celui-ci toutefois, malgré son désir d'aller rejoindre son ami, hésitait à entreprendre ce long voyage. La France l'attirait par-dessus tout. Mme de Verdelin l'assurait qu'il serait bien accueilli à Bordeaux[2]. Enfin Milord Maréchal lui-même se dégoûta de l'Écosse; le climat y était très froid; on y était plus bigot qu'il ne leur eût convenu, à Jean-Jacques et à lui; il fut appelé à Postdam, auprès de Frédéric, et le château en Espagne s'écroula[3].

Avant de quitter son gouvernement de Neuchâtel, Milord Maréchal, afin de ne pas laisser Jean-Jacques au dépourvu, lui avait envoyé des lettres de *naturalité*, qui devaient le garantir contre toute crainte d'expulsion[4]. Quelque temps après, « Messieurs de Couvet, » petite paroisse voisine de Motiers, firent prier par une députation l'illustre réfugié de vouloir bien agréer la bourgeoisie de leur communauté. La délibération avait été prise à l'unanimité de cent vingt-cinq votants. La bourgeoisie était quelque chose de plus spécial que la naturalité et donnait des droits plus étendus[5]. A la même époque la société de l'Arquebuse de Couvet l'admettait au nombre de ses membres; il était déjà de celle de Motiers. Il fut extrêmement sensible à ces attentions, qui lui arrivaient après deux ans et demi de séjour dans le pays, alors qu'on le connaissait et qu'on

---

1. *Lettres de Milord Maréchal à Rousseau*, 5 juillet, 23 août, 29 août 1763. — 2. *Lettres à Mme de Verdelin*, 29 juin et 10 septembre; *de Mme de Verdelin à Rousseau*, 5 septembre 1763. — 3. *Lettres de Milord Maréchal à Rousseau*, 14 septembre 1763, 2 février, 26 mars, 13 avril 1764. — 4. *Confessions*, l. XII; *lettre à Moultou*, 7 mai 1763. — 5. ALF. DE BOUGY, *Les Résidences de J.-J. Rousseau*.

était à même de l'apprécier[1]. Il aurait pu s'apercevoir que tout le monde n'était pas, comme il le dit, acharné à le persécuter.

Peu de temps après, il engagea ses amis à substituer au titre de *Monsieur,* qui lui déplut toujours, celui de *Citoyen.* A Paris, dit-il, on ne l'appelait que le citoyen; il croit mériter ce nom mieux que jamais; il l'a payé assez cher. Gardons-nous d'ailleurs de le regarder comme une sorte d'appellation démocratique. A Genève et dans la plus grande partie de la Suisse, les droits de cité ou de bourgeoisie étaient le privilège d'un petit nombre et constituaient une véritable aristocratie. N'était pas citoyen qui voulait.

Les faveurs de Frédéric et de Milord Maréchal pouvaient être utiles à Rousseau, et le public était encore porté à les exagérer. Ainsi, après sa naturalisation à Motiers, le bruit courut que Frédéric l'avait nommé son résident auprès des Quatre cantons. Rousseau regarda cette fausse nouvelle comme une manœuvre de ses ennemis. Pourquoi? Elle ne faisait que lui donner plus d'importance[2].

Nous avons dit qu'il fut désolé du départ de Milord Maréchal et de l'écroulement de leurs projets. Il aurait voulu au moins montrer à son bienfaiteur un souvenir reconnaissant, et en transmettre le témoignage à la postérité. Dans ce but, il le supplia de lui envoyer quelques mémoires qui lui permissent de composer une biographie du général Jacques

---

1. *Lettre à d'Ivernois,* 7 janvier 1765; les Lettres de naturalité sont du 16 avril 1763; celle de *Communier de Couvet* du 17 janvier 1765. Elles sont rapportées *in extenso* par Fr. BERTHOUD. — 2. *Lettres de Moultou à Rousseau,* 4 et 10 mai 1763; *de Rousseau à Moultou,* 7 mai 1763.

Keith, frère du maréchal, mort au service de Frédéric le Grand, ou même d'écrire une histoire complète de leur maison[1]. Milord lui promit les mémoires, n'envoya rien et chercha à l'engager de préférence dans une autre voie[2]. Il aimait beaucoup Jean-Jacques, mais il le connaissait bien aussi ; qui sait s'il ne fut pas détourné du premier de leurs projets par l'humeur susceptible et changeante de son protégé, et du second, par le souci d'avoir à débattre avec lui des questions de personnes et de famille ?

Un troisième projet eut plus de succès. Rousseau s'était acquis par le produit de ses ouvrages une fortune modeste, strictement suffisante à ses besoins ; mais il s'inquiétait de l'avenir de Thérèse. Milord Maréchal entra dans ses vues et lui donna un modèle de testament permettant d'assurer à sa bonne sa petite fortune ; de plus, il voulut comprendre Thérèse dans les dons qu'il entendait faire à son ami[3]. Il est intéressant de voir la grâce originale et touchante avec laquelle il le conjure d'accepter ses bienfaits. « Mon bon et respectable ami, vous pourriez me faire un grand plaisir en me permettant de donner, soit à présent ou par testament, cent louis à Mlle Le Vasseur. Cela lui ferait une petite rente viagère pour l'aider à vivre. Je ne puis emporter dans l'autre monde mon argent. Mes enfants, Emetella, Ibrahim, Stephan, Motcho, sont pourvus

---

1. *Lettres à Milord Maréchal*, 25 et 31 mars, 21 août 1764 ; *de Milord Maréchal à Rousseau*, 2 février, 13 avril, 7 juillet 1764. — 2. *Lettres de Milord Maréchal à Rousseau*, 20 septembre 1764, 18 janvier 1765 ; *de Rousseau à Milord Maréchal*, 8 décembre 1764. — 3. *Lettre de Milord Maréchal à Rousseau*, 9 décembre 1762 ; 12 avril 1763.

suffisamment. J'ai encore un fils chéri, c'est mon bon sauvage. S'il était un peu traitable, il rendrait un grand service à son ami et serviteur[1]. » Les refus de Rousseau n'étaient pas toujours gracieux; mais l'ours avait été si bien apprivoisé par Milord Maréchal que, par extraordinaire, il se montra parfait dans cette circonstance. « Loin de mettre de l'amour-propre à me refuser à vos dons, dit-il, j'en mettrais un très noble à les recevoir. Ainsi là-dessus point de dispute... Mais j'ai du pain quant à présent, et au moyen des arrangements que je médite, j'en aurai pour le reste de mes jours. Que me servirait le surplus? Vous savez, Milord, que Mlle Le Vasseur a une petite pension de mon libraire, avec laquelle elle peut vivre quand elle ne m'aura plus. Cependant j'avoue que le bien que vous voulez lui faire m'est plus précieux que s'il me regardait directement, et je suis extrêmement touché de ce moyen trouvé par votre cœur de contenter la bienveillance dont vous m'honorez. Mais s'il se pouvait que vous lui assignassiez plutôt la rente de la somme que la somme même, cela m'éviterait l'embarras de chercher à la placer, sorte d'affaire où je n'entends rien[2]. » Milord enchanté et *reconnaissant de l'indulgence* de Rousseau, voudrait faire davantage. « Si vous n'étiez pas plus sauvage que les sauvages du Canada, je n'aurais qu'à dire, si j'avais tué plus de gibier que mon ami : Tiens, voilà du gibier ; il l'emporterait ; mais Jean-Jacques le laisserait[3]. » « Vous m'appelez votre père ; vous êtes

---

1. *Lettre de Milord Maréchal à Rousseau*, 6 mars 1764. — 2. *Lettre à Milord Maréchal*, 31 mars 1764. — 3. *Lettre de Milord Maréchal à Rousseau*, 8 février 1765.

un homme vrai ; ne puis-je exiger par l'autorité que ce titre me donne, que vous permettiez que je donne à mon fils cinquante livres sterling de rente viagère. Soyez bon, indulgent, généreux, rendez votre ami heureux[1]. » Rousseau ayant accepté : « Il n'y a que vous peut-être, lui écrit Milord Maréchal, qui ayez le cœur assez bon et assez sensible pour comprendre le plaisir que vous m'avez fait et la peine dont vous m'avez tiré, en vous laissant persuader d'agréer mes offres. Je ne puis vous exprimer combien je suis sensible à ce procédé, ni combien je suis flatté de la distinction et préférence que vous donnez à mon amitié. A cette heure que vous êtes un bon enfant, et obéissant à votre père, je veux vous consulter pour savoir comment régler nos affaires. » Et il lui explique les mesures qu'il veut prendre pour lui assurer, de la façon la moins embarrassante, six cents francs de rente viagère, dont quatre cents réversibles sur la tête de Mlle Le Vasseur. L'année suivante, il envoya à cet effet trois cents louis à Dupeyrou[2].

Nous aurons plus d'une fois occasion de retrouver le nom de Milord Maréchal. En mille circonstances, ce véritable ami eut à mettre sa vieille expérience au service de la tête folle de son protégé, à calmer son humeur ombrageuse, à l'exhorter à la patience et à la modération, à le consoler dans ses peines et à l'encourager dans ses luttes. On a dit que Rousseau fut ingrat et finit par se fâcher avec lui. Nous aurons à examiner en son lieu cette accusation. Qu'il

---

1. *Lettre de Milord Maréchal à Rousseau*, 22 mai 1765. — 2. *Id.*, 30 juillet, 26 octobre 1765 ; de Rousseau à Milord Maréchal, 20 septembre 1766 ; à Dupeyrou, 29 mars 1766.

suffise, pour le moment, de dire qu'après un dissentiment, dans une circonstance grave, ils cessèrent de s'écrire, sans pour cela cesser de s'aimer.

Mme Boy de la Tour, qui était la nièce de Roguin, était chez son oncle quand Rousseau y arriva. Il s'attacha, par les liens de la plus tendre amitié, à elle et à sa fille aînée. Quand il fut forcé de quitter le territoire de Berne, elle fut heureuse de lui offrir sa maison de Motiers. Ne pouvant la lui faire accepter gratuitement, elle n'en voulut au moins qu'un prix très modique, trente livres par an, et ne négligea rien pour rendre l'habitation commode et agréable à son hôte. Elle-même vint présider aux arrangements, et elle en aurait été satisfaite, si une vilaine petite cour, celle sur laquelle donnait la chambre de Rousseau, n'avait troublé sa joie. L'amitié et les dispositions obligeantes de Mme Boy de la Tour n'en restèrent pas là. Comme elle demeurait habituellement à Lyon, elle était à portée de faire beaucoup de commissions pour son locataire. Elle, ses fils et ses filles, se mirent entièrement à son service. Les fournitures pour le costume d'Arménien leur donnèrent surtout beaucoup d'embarras, depuis les fourrures pour le bonnet jusqu'aux ceintures roses, vertes ou bleues, et aux lacets jaunes pour les bottines.

Mme Boy de la Tour, non contente de donner à Rousseau son logement de Motiers, lui en prépara un autre sur la montagne, plus agréable pendant l'été. Il ne paraît pas qu'il l'ait jamais habité[1].

Jean-Jacques, qui n'aimait à rester l'obligé de personne, se félicite de son côté d'avoir rendu un

---

1. Fritz-Berthoud, VI.

service signalé à cette aimable famille. Roguin s'était mis en tête de faire contracter à Mlle Boy de la Tour un mariage qui n'était ni dans les goûts, ni dans les convenances de la jeune fille. De concert avec la mère, il réussit à empêcher cette union. Mlle Boy de la Tour épousa un M. Delessert. C'est à elle qu'il adressa plus tard ses huit lettres élémentaires sur la botanique.

Rousseau s'est souvent plaint de l'accueil qu'il recevait ; il eût mieux fait de se reprocher l'impertinence avec laquelle il répondait aux avances qu'on lui faisait. LE COLONEL DE PURY, un de ses voisins de campagne, homme de mérite et de savoir, caractère franc et loyal, lui écrivit pour solliciter l'honneur de sa connaissance. Voici la réponse que lui fit Rousseau : « Je crois, Monsieur, que je serai fort aise de vous connaître ; mais on me fait faire tant de connaissances par force, que j'ai résolu de n'en plus faire aucune volontairement. Votre franchise avec moi mérite bien que je vous la rende, et vous consentez de si bonne grâce que je ne vous réponde pas, que je ne puis trop tôt vous répondre ; car si jamais j'étais tenté d'abuser de la liberté, ce serait bien moins de celle qu'on me laisse que de celle qu'on veut m'ôter. Vous êtes lieutenant-colonel, Monsieur, j'en suis fort aise ; mais fussiez-vous prince, et qui plus est, laboureur, comme je n'ai qu'un ton avec tout le monde, je n'en prendrais pas un autre avec vous. — Je vous salue, Monsieur, de tout mon cœur. » Là-dessus, Jean-Jacques reçut le colonel, alla le voir, trouva chez lui une société aimable, s'y plut et entretint avec lui une liaison assez intime et une correspondance assez suivie [1].

1. FRITZ-BERTHOUD, V, et Appendice.

C'est chez le colonel de Pury qu'il rencontra Dupeyrou[1], un des hommes qui, avec Milord Maréchal et Moultou, lui vouèrent l'amitié la plus chaude et la plus constante.

Dupeyrou était un riche Américain, d'origine française, fils d'un conseiller à la cour de justice de Surinam. Il avait des connaissances, du goût pour les arts, et se piquait surtout d'avoir cultivé sa raison. Son air hollandais, froid et philosophe, son humeur silencieuse, sa simplicité, qui rappelait celle de Milord Maréchal, inspirèrent à Rousseau une certaine considération pour sa personne. Il ne s'engagea pas; mais il s'attacha par l'estime, et peu à peu cette estime amena l'amitié. « J'oubliai totalement avec lui, ajoute-t-il, l'objection que j'avais faite au baron d'Holbach, qu'il était trop riche, et je crois que j'eus tort. » Pourquoi tort? Est-ce ainsi qu'il reconnaît quinze années d'affection et de dévouement, sans compter l'affection et le dévouement posthumes, les soins que Dupeyrou donna à sa mémoire, l'intérêt qu'il ne cessa de porter à sa veuve, si tant est qu'on puisse appeler Thérèse la veuve de Rousseau. Mais au fond, Jean-Jacques vaut mieux qu'il n'en a l'air, et la *Correspondance* corrige ici les *Confessions*. Plus de cent lettres des deux amis ont été publiées; d'autres, encore inédites, sont conservées à la Bibliothèque de Neuchâtel. Sauf quelques boutades; sauf aussi une éclipse passagère (il y a toujours des éclipses et des boutades dans les amitiés de Rousseau), toutes respirent l'intimité et l'abandon. Enfin, Jean-Jacques a

---

1. D'Escherny donne une autre version; nous croyons celle des *Confessions* préférable.

donné à Dupeyrou la plus grande marque de confiance qu'il ait pu donner à un ami, en lui remettant le dépôt de ses œuvres, de sa correspondance et de ses papiers[1]. Jusqu'à sa mort donc, et au-delà de sa mort, le nom de Dupeyrou se trouvera mêlé à son histoire.

Laliaud désirait avoir dans sa bibliothèque le buste en marbre de Rousseau, avec ceux de quelques philosophes célèbres. Rousseau jugea qu'un homme qui voulait avoir sa statue était digne de lui et plein de ses ouvrages. De là des relations assez suivies, qui n'eurent lieu d'abord que par lettres. Quand Jean-Jacques vit Laliaud, il éprouva une grande déception : le buste de marbre se trouva être une mauvaise esquisse en terre ; l'homme baissa dans la même proportion, et il ne resta plus qu'un personnage « très zélé pour lui rendre beaucoup de petits services, pour s'entremêler beaucoup dans ses petites affaires. » Mais ici encore la *Correspondance* rectifie heureusement les *Confessions*. Que Laliaud n'ait pas été à la hauteur littéraire de Rousseau, cela est assez évident ; mais il n'en est pas moins vrai que ce dernier fut, en maintes circonstances, fort heureux d'avoir recours à lui ; qu'il lui témoigna beaucoup d'amitié, lui écrivit souvent, et presque toujours pour le remercier d'un service rendu, en même temps qu'il lui en demandait un nouveau ; qu'en un mot, il prit l'habitude de le regarder comme une sorte d'homme d'affaires intelligent et gratuit, dont il était sûr de ne jamais lasser la bonne volonté. Tout cela méritait un peu

---

1. *Lettre à Dupeyrou*, 12 janvier 1769.

mieux qu'une ou deux phrases mordantes et dédaigneuses [1].

Les mêmes observations s'appliquent à d'Ivernois, encore un malheureux que Jean-Jacques arrange de la belle façon dans ses Mémoires. Ce d'Ivernois, commerçant à Genève, Français réfugié et parent du procureur général de Neuchâtel, « passait à Motiers-Travers deux fois l'an, dit Rousseau, tout exprès pour m'y venir voir ; restait chez moi du matin au soir plusieurs jours de suite, se mettait de mes promenades, m'apportait mille sortes de petits cadeaux, s'insinuait malgré moi dans ma confidence, se mêlait de toutes mes affaires, sans qu'il y eût entre lui et moi aucune communion d'idées, ni d'inclinations, ni de sentiments, ni de connaissances... » et ainsi de suite, sur le même ton, pendant plus d'une page [2]. Ouvrez maintenant la *Correspondance*, et ce même d'Ivernois, que Jean-Jacques faisait tout pour rebuter et pour chasser, est un des hommes auxquels il écrit le plus souvent, le plus familièrement, le plus cordialement ; il est devenu son bon, son excellent, son tendre ami ; Jean-Jacques lui assigne des rendez-vous de promenades, se réjouit à la pensée de le posséder chez lui, se plaint de son silence ou s'inquiète de sa santé, pour peu qu'il tarde à donner de ses nouvelles ; il restreindra avec les autres sa correspondance, mais fera toujours pour lui une exception ; il lui parle de ses affaires, lui confie ses secrets, traite avec lui très sérieusement les questions les plus graves, sur le gouvernement et les intérêts de

---

1. Voir à la *Correspondance*, les *Lettres de Rousseau à Laliaud*, du 14 octobre 1764 au 4 avril 1770. — 2. *Confessions*, l. XII.

Genève. Il n'a qu'un seul reproche à lui faire, c'est qu'il est « un donneur insupportable », et il ne lui continuera son amitié qu'à la condition qu'il obtiendra de lui « des comptes si exacts qu'il n'y soit pas même oublié le papier pour les paquets ou la ficelle pour les emballages[1]. »

D'Escherny avait un peu connu Rousseau à Paris. Il n'usa pas du procédé habituel pour renouer connaissance avec lui : au lieu de faire des avances, il se fit désirer. Ce moyen lui réussit. Il était depuis trois mois à peine dans le pays, que Thérèse lui demandait pourquoi il n'était pas encore venu. Le comte d'Escherny, écrivain de troisième ou quatrième ordre, esprit sceptique et railleur, entra plus avant que personne dans la familiarité de Rousseau. Il fut pour lui un peu plus qu'une simple connaissance, un peu moins qu'un ami. Il n'était pas de jour, pour ainsi dire, qu'ils ne se vissent ; mangeant continuellement l'un chez l'autre, faisant de la musique en commun, entreprenant de compagnie des excursions perpétuelles, quelquefois très longues. D'Escherny était donc parfaitement à même de renseigner la postérité sur le compte de Rousseau. Il n'y a pas manqué, et, chose remarquable, il n'a pas, comme tant d'autres, été ébloui par sa gloire. A l'en croire, il se permettait de le contredire et de le railler ; il a continué de le faire dans ses livres[2]. Il est le seul, peut-être, qui l'ait traité avec tant de sans-façon ; ne se fâchant jamais contre lui, ne le boudant jamais, mais aussi ne prenant pas trop au sérieux

---

1. Voir une quarantaine de Lettres de Rousseau à d'Ivernois, du 22 août 1763 au 26 avril 1768. — 2. De Rousseau et des philosophes du XVIII° siècle, t. III des œuvres de D'Escherny, 1811. — Éloge de Rousseau, même tome.

ses excentricités et ses boutades. Qui sait, s'il ne dut pas à cette manière de faire l'avantage « de ne s'être jamais brouillé avec celui qui se brouillait avec tout le monde. » Les façons cavalières de d'Escherny ont dû naturellement mettre en défiance les admirateurs quand même de Jean-Jacques. Sans professer le même culte, il est permis de partager les mêmes soupçons. D'Escherny aime trop l'anecdote, pour n'être pas tenté d'embellir celles qu'il raconte ; il est trop fier de son amitié avec le grand homme pour ne pas l'exagérer. En définitive, Rousseau dit à peine quelques mots de lui dans ses *Confessions,* et les trois lettres qu'il lui écrivit ne témoignent pas d'une grande familiarité. A en juger même par la première en date, on serait porté à croire que d'Escherny n'aurait pas été sans faire des avances à Rousseau, avances auxquelles celui-ci, suivant son usage, aurait été peu empressé de répondre. « On dit votre commerce fort agréable, et moi, je suis un pauvre malade fort ennuyeux ; ainsi, pour l'amour de vous, demeurons chacun comme nous sommes[1]. » Il est certain malgré cela qu'ils se virent beaucoup pendant plus d'une année ; que d'Escherny est au fond très partisan de Rousseau[2] ; qu'aucun autre n'a saisi comme lui certains côtés de sa vie ; qu'il parle de ce qu'il sait. A ces divers titres, ses récits sont précieux et rien ne saurait les remplacer.

D'Escherny travailla, entre autres choses, à réconcilier Rousseau avec Diderot. Diderot avait fait

---

1. *Lettre à d'Escherny*, 2 février 1764. — 2. Il va jusqu'à regarder ses erreurs et ses fautes comme « l'échelle qu'il tend à notre faiblesse, pour nous permettre de l'atteindre et de nous élever jusqu'à lui. » *Éloge de Rousseau.*

les premières avances; d'Escherny parla, écrivit, pria, pressa; Rousseau fut inébranlable. « Je n'entends pas bien, dit-il, ce qu'après sept ans de silence, M. Diderot vient tout à coup exiger de moi. Je ne lui demande rien; je n'ai nul désaveu à faire. Je suis bien éloigné de lui vouloir du mal; encore plus de lui en faire ou d'en dire de lui. Je sais respecter jusqu'à la fin les droits de l'amitié, même éteinte, mais je ne la rallume jamais; c'est ma plus invariable maxime [1]. » La démarche de Diderot, conclut d'Escherny, « lui fait honneur; le refus de Rousseau n'est pas le plus beau trait de sa vie [2]. » Mais Diderot, à son tour, se vengea cruellement.

Parmi les relations que Rousseau entretint à Motiers, il faut encore citer SEGUIER DE SAINT-BRISSON, jeune officier, d'une famille très aristocratique, qui, pour suivre les principes de l'*Émile*, avait donné sa démission et apprenait l'état de menuisier. Rousseau, qui était moins fou en pratique qu'en théorie, le blâma vivement et lui écrivit à ce sujet la lettre la plus pressante, une lettre toute paternelle, lui représentant en termes touchants la douleur qu'il causait à sa mère et le tort qu'il se faisait à lui-même [3]. Il réussit à le faire revenir de ses folies, mais il ne put, malgré ses bons conseils, le corriger aussi bien de sa manie d'écrire [4]. Rousseau vit Saint-Brisson deux ou trois fois et fut moins satisfait de sa conversation qu'il ne l'avait été de ses lettres. Enfin, il apprit que son trop fervent disciple n'avait pas su résister aux entraînements

---

1. *Lettre à d'Escherny*, 6 avril 1765. — 2. D'ESCHERNY, *De Rousseau et des philosophes*, etc., ch. XVIII. — 3. *Lettre à Seguier de Saint-Brisson*, 22 juillet 1764. — 4. *Lettres à Seguier de Saint-Brisson*, 13 novembre 1763 et janvier 1765.

du monde et s'était lancé dans les salons de Paris.

De toutes les connaissances que Rousseau fit à cette époque, il n'en cite qu'une à laquelle il ait mis un véritable intérêt de cœur, c'est celle d'un jeune Hongrois, qu'on appelait le baron de Sauttern, mais dont le nom véritable était SAUTTERSHEIM. Ce jeune homme vint s'établir à Motiers à cause de lui, afin de former sa jeunesse à la vertu par son commerce. Comment rebuter d'aussi bonnes dispositions? Sauttersheim était de belle tournure, aimable, bien élevé; Jean-Jacques s'enticha complètement de lui, le reçut, l'emmena dans ses courses, l'admit dans son intimité, lui donna toute sa confiance; en un mot, ils devinrent inséparables. D'Ivernois assura que c'était un espion envoyé par la France; en réponse à cette accusation, Rousseau emmena Sauttersheim à Pontarlier, sur le territoire français, se mettant ainsi à sa merci, puis l'embrassant avec effusion : « Sauttern n'a pas besoin, dit-il, que je lui prouve ma confiance; mais le public a besoin que je lui prouve que je sais bien la placer[1]. » Espion ou non, il est positif qu'il n'était qu'un vulgaire chevalier d'industrie. On prit des renseignements sur son compte; personne ne le connaissait à la cour de Vienne, où il prétendait connaître tout le monde[2]. Quand il eut assez de la société de Rousseau, il partit sous un prétexte quelconque, laissant enceinte la servante de son auberge, et alla faire d'autres sottises ailleurs. Malgré tout, Jean-Jacques continua non seulement de l'aimer, mais de l'aider

---

1. *Confessions*, l. XII. — 2. *Lettres de Milord Maréchal à Rousseau*, 29 avril, 29 mai, 11 juin, 5 juillet 1763; *de Rousseau au comte de Zinzindorf*, 20 octobre 1764; *de Zinzindorf à Rousseau*, 11 et 30 octobre 1764.

de ses conseils et de sa bourse[1]. Quand il le perdit, ce fut toute une oraison funèbre. « Pauvre garçon ! Pauvre Sauttersheim ! il n'était point sorti de mon cœur, et j'y avais nourri le désir secret de me rapprocher de lui... C'était l'homme qu'il me fallait pour me fermer les yeux... Le ciel l'a retiré du milieu des hommes, où il était étranger ; mais pourquoi m'y a-t-il laissé[2]. »

A côté de ces noms, il faudrait citer une foule de Genevois, de Français, de gens de tous les pays et de toutes les conditions, que l'amitié, l'admiration ou la simple curiosité amenait à Motiers. Mais un entre tous, Moultou, fut pleinement agréable à Rousseau, et lui fit passer des moments plus doux qu'il n'espérait en avoir désormais[3].

Dans les derniers temps de son séjour à Motiers, une autre visite lui causa un certain bonheur. Mme de Verdelin avait conçu le projet d'aller « l'embrasser et lui demander des conseils pour elle et sa fille. » Elle serait si heureuse de pouvoir lui être utile, faire des démarches pour lui, lui envoyer ce dont il avait besoin ! « Je voudrais, ajoute-t-elle, que vous me traitassiez comme votre sœur. Voilà comme je désire être avec vous. C'est ainsi que je vous suis attachée, en y ajoutant la confiance et la vénération qu'on a pour le père le plus chéri[4]. » Tant de témoignages d'amitié touchèrent Rousseau. Il alla, chose incroyable, jusqu'à inter-

---

1. *Lettres à Sauttersheim*, 20 mai et 21 juin 1764 ; à *Laliaud*, 15 novembre 1766. — 2. *Lettre à Laliaud*, 19 décembre 1768. — 3. Fin de mai 1763, voir la *Correspondance de Rousseau et de Moultou*, du 21 mars au 4 juin 1763. — 4. *Lettres de Mme de Verdelin à Rousseau*, 10 mars, 23 avril, 15 décembre 1763.

rompre un voyage commencé, pour se ménager ce rendez-vous tant désiré¹, qui, par une sorte de fatalité, ne put avoir lieu que l'année suivante. Vers la fin d'août 1765, sans être arrêtée par la situation irrégulière du ménage de son ami, Mme de Verdelin vint avec sa fille aînée, lui faire une visite de quelques jours. Il était précisément, à ce moment-là, en butte à toute sorte de tracasseries et avait grand besoin de consolations. La présence de Mme de Verdelin lui fit un peu de bien².

Parmi les Genevois qui abondaient à Motiers, citons Roustan, Mouchon³, les deux Deluc, qui prirent successivement Jean-Jacques pour leur garde-malade, Clarapède, Perdriau, Marcet⁴. Et parmi les étrangers, un M. de Feins, capitaine de cavalerie, qui « s'attacha à ses pas pendant deux jours, sans avoir quoi que ce fût à lui dire; » puis deux gentilshommes spirituels et aimables, l'un, le comte de la Tour du Pin, venant de Montauban ; l'autre, M. Dastier, venant de Carpentras. Mais ils eurent le tort de revenir plusieurs fois — dans quel but? — Et là-dessus, la tête de Jean-Jacques de travailler et ses soupçons d'aller leur train. — « C'étaient encore, dit-il, des officiers ou d'autres gens, qui n'avaient aucun goût pour la littérature, qui même, pour la plupart, n'avaient jamais lu mes écrits, et qui ne laissaient pas, à ce qu'ils disaient, d'avoir fait trente, quarante, soixante, cent lieues pour me

---

1. *Lettres à Mme de Verdelin*, 27 mars 1763, 30 juin et 17 août 1764. — 2. *Lettres de Mme de Verdelin à Rousseau*, 17 novembre 1764 ; 18 mars, 18 avril, 18 juillet, 4 septembre 1765 ; *de Rousseau à Mme de Verdelin*, 19 août 1764. — 3. *Lettre de Moultou à Rousseau*, 25 septembre 1762. — 4. *Id.*, 13 octobre 1762.

venir voir et admirer l'homme illustre, célèbre, très célèbre, le grand homme, etc... C'étaient des ministres, des parents, des cagots, des quidam de toute espèce, qui venaient de Genève et de Suisse, non pas comme ceux de France, pour m'admirer et me persifler, mais pour me tancer et me catéchiser [1]. » On ne lui laissait pas un moment de répit; aussi, ne manque-t-il pas une occasion de s'en plaindre. Enfin, les choses en vinrent au point qu'il était parfois obligé de s'absenter de chez lui pour éviter quelques-unes de ces bandes qui lui tombaient sur les bras, non plus par deux ou trois, mais par sept ou huit à la fois [2].

Si les visites étaient nombreuses, les lettres l'étaient bien plus encore. Il fallait répondre à toutes, ou du moins à beaucoup. Autrefois, Rousseau en prenait à son aise; mais depuis qu'il était devenu grand homme, il se croyait obligé par sa gloire même à la condescendance. Parmi ses nombreuses correspondances, il y en avait qui étaient à la fois utiles et agréables, celle qu'il entretenait avec Moultou, par exemple; il y en avait qui étaient nécessitées par les embarras de tout genre que lui avaient suscités ses derniers ouvrages, par la préparation d'œuvres nouvelles, par la réimpression des anciennes, par ses relations et ses occupations extérieures, et jamais il n'en eut autant qu'à cette époque. Rousseau était sentimental; une notable partie de ses lettres étaient toutes de sentiment; celles, par exemple, qu'il écrivait à une femme toujours enthousiaste, toujours difficile à satisfaire, M*me* Latour. — Rousseau était prêcheur; ses lettres

---

1. *Confessions*, l. XII. — 2. *Lettre à d'Ivernois*, 25 août 1765.

avaient souvent pour but de donner des avis aux personnes, aux jeunes gens surtout, qui le choisissaient pour leur directeur spirituel. Il faisait des remontrances à un jeune libertin, auteur de romans obscènes[1]; il prêchait la douceur et le pardon à un père irrité contre son fils[2]; il donnait de sages conseils à un jeune marié[3]; il exposait les devoirs du mariage à de jeunes époux[4]; il ramenait aux occupations de son sexe une demoiselle philosophe et bel esprit[5]; il adressait à une jeune femme de ses amies, Isabelle d'Ivernois, malheureuse en ménage, des consolations et des encouragements[6]; il refusait de favoriser le mariage de Mlle Curchod (devenue depuis Mme Necker) avec l'historien Gibbon; le vieux Gibbon n'étant pas digne de Mlle Curchod[7]. Enfin beaucoup de ses lettres, connues ou inconnues, n'étaient fondées que sur un motif de politesse et de convenance, et lui prenaient un temps qu'il aurait préféré employer autrement[8].

III

Rousseau n'ayant pas conservé avec Genève des relations très fréquentes, la correspondance suivie qu'il y entretenait avec Moultou ne lui en était que

---

1. *Lettre à M. P. L. C...*, décembre 1762. — 2. *Lettre à M. X...*, 11 septembre 1763. — 3. *Lettre à Kirchberger*, 17 mars 1763. — 4. *A M. et Mme X...*, deux lettres du 26 janvier 1765. — 5. *Lettre à Mlle D.-M.*, 7 mai et 4 novembre 1764. — 6. *Lettre à Mme Guyenet*, 1765. — 7. *Lettre de Moultou à Rousseau*, 1er juin, et *Réponse de Rousseau*, 4 juin 1763. — 8. Rousseau trace lui-même le tableau de ses occupations dans une lettre à Mme Latour du 25 décembre 1763.

plus précieuse. Par lui, il se mettait au courant de tout ce qui s'y faisait ; il connaissait ses amis ; ceux qui étaient sûrs, Jalabert, Pictet, Deluc, Roustan ; ceux qui étaient douteux, Vernet, Vernes, Marcet lui-même ; il savait les agissements de ses ennemis, Voltaire et Tronchin en tête[1]. Les deux amis n'étaient pas toujours d'accord dans leurs appréciations. En règle générale, Jean-Jacques était pour la défiance. Moultou avait beau lui annoncer que l'opinion lui devenait plus favorable ; que dans quelques mois, il pourrait revenir purger son décret ; qu'il lui suffirait pour cela de s'aider un peu, de donner des explications ; Jean-Jacques se prêtait peu à ces ouvertures. Des explications lui semblaient friser de bien près des soumissions. Tous ses correspondants n'avaient pas d'ailleurs la discrétion et les égards de Moultou. Il faut voir l'accueil qu'il fait à leurs propositions. « Je souhaite de tout mon cœur, dit-il, de revoir Genève, et je me sens un cœur fait pour oublier leurs outrages ; mais on ne m'y verra sûrement jamais en homme qui demande grâce ou qui la reçoit[2]. » « En un mot, je ne puis pas dire que je suis fâché d'avoir écrit, puisque, au contraire, si ce que j'ai écrit et publié était à écrire et à publier, je l'écrirais aujourd'hui et le publierais demain. Les éclaircissements nécessaires sont tous dans mes écrits et dans ma conduite ; je n'en ai pas d'autres à donner[3]. » « Ce n'est point à l'offensé à demander pardon des outrages qu'il a reçus ; je

---

1. *Lettres de Moultou à Rousseau*, 1ᵉʳ juillet, 4 et 21 août, 13 octobre, 9 novembre 1762, 19 mars 1763, et *passim*. — 2. *Lettres à Moultou*, 25 novembre 1765 ; voir aussi *Lettre* du 13 novembre 1762. — 3. *Lettre à Deluc*, 26 février 1763.

m'en tiens là¹. » La conclusion était que sans doute il ne remettrait jamais les pieds à Genève².

Ce n'est pas qu'il consentit à renoncer à son titre de chrétien. Nous connaissons ses raisons. « Là-dessus, écrit-il à Mme de Boufflers, nos lois sont formelles, et tout citoyen ou bourgeois qui ne professe pas la religion qu'elles autorisent, perd par là même son droit de cité³. »

Est-ce sous l'empire de cette préoccupation qu'il aurait résolu d'étonner le monde par un acte éclatant de religion et qu'il exprima le désir d'approcher de la sainte Cène? Son action a été très diversement appréciée : les uns y ont vu une inspiration de la foi et de la piété, les autres, un trait d'hypocrisie ; les uns l'ont regardée comme un coup de maître, les autres comme une finesse qui n'en pouvait imposer à personne. On ne peut nier, en tout cas, qu'elle n'ait eu en elle-même, et surtout dans ses conséquences, une grande importance. Il écrivit à cette occasion à son pasteur, M. de Montmollin, une déclaration de foi, de respect et d'attachement à la religion réformée, à laquelle il voulait être uni jusqu'à son dernier soupir⁴, et Montmollin l'admit à la communion le dimanche suivant « sans difficulté

---

1. *Lettre à Moultou*, 17 février 1763. Voir aussi *Lettres de Marcet à Rousseau*, 3 août, et *Réponse de Rousseau*, 20 août 1762; *de Rousseau à Moultou*, 8 et 21 octobre 1762, etc. — 2. *Lettres* diverses, notamment du 23 septembre 1762, à Pictet; du 6 juillet, du 15 novembre, du 19 décembre 1762; du 30 janvier 1763, à Moultou. — 3. *Lettre à Mme de Boufflers*, 30 octobre 1762. — 4. *Lettre de Rousseau à Montmollin*, 12 août, d'après l'original, ou, d'après Montmollin, 24 août 1762. Voir *Lettre de Montmollin à Sarasin*, 25 septembre 1762. Voir aussi pour tout ce qui concerne la communion de Rousseau, un autre ouvrage de Fr. Berthoud, *J.-J. Rousseau et le pasteur de Montmollin*, III.

et même avec empressement ; sans qu'il ait même été question d'explication ni de rétractation [1]. » Était-ce suffisant ? Montmollin le crut. On lui avait recommandé Rousseau comme « une personne de mérite et de mœurs ; » il avait pu admirer sa douceur, son affabilité, sa modération, ses aumônes; il l'avait vu fréquenter avec assiduité, respect et dévotion les saintes assemblées, au point d'être devenu un objet d'édification pour tout le pays ; il avait des motifs de croire qu'il avait renoncé à écrire ; il avait pu juger de sa prudence et de sa sagesse en face des questions indiscrètes ; il en avait obtenu les assurances les plus formelles sur son attachement à la religion réformée et l'expression la plus nette de son désir d'approcher de la sainte table. Rousseau avait d'ailleurs fourni les explications les plus favorables sur les équivoques auxquelles avait donné lieu son livre. On s'était mépris, avait-il dit, sur ses intentions ; il avait eu, en le composant, un triple but : combattre l'Église romaine et surtout son principe, hors de l'Église, point de salut ; s'élever contre l'ouvrage infernal *De l'Esprit* et son matérialisme ; foudroyer nos nouveaux philosophes, qui sapent par les fondements et la religion naturelle et la religion révélée. Enfin Montmollin ne s'était pas livré uniquement à son propre jugement, mais il avait pris l'avis de son consistoire, sorte d'assemblée de paysans, fort peu compétente sans doute en fait d'orthodoxie ; surtout il avait agi avec l'assentiment de la classe des pasteurs de Neuchâtel qui, sans renoncer à poursuivre

---

1. *Lettres à Jacob Vernet*, 31 août ; *à Moultou*, septembre ; *à Mme de Boufflers*, 30 octobre 1762.

l'*Émile*, avait cependant incliné vers le parti de la charité et de la tolérance[1]. Ces raisons, quoique présentées avec beaucoup d'art, n'eurent pourtant pas l'avantage d'être unanimement acceptées.

Rousseau, qui comptait sans doute sur sa communion pour se réhabiliter dans l'esprit de ses concitoyens, ne manqua pas d'en informer ses amis, et même un peu ses adversaires[2]. Grande nouvelle en effet, qui d'abord parut répondre à son attente. « Votre lettre à M. de Montmollin, lui répondit Moultou, a ranimé le courage de vos amis. On en a bien deux cents exemplaires[3]. » Par malheur il n'y eut pas que les amis à la lire. Vernet la lut, ce qui ne l'empêcha pas, comme on sait, de publier sa réfutation de l'*Émile*; Sarasin la lut aussi et prit en main les intérêts de l'orthodoxie protestante. « L'ouvrage, d'après M. Rousseau, porte avec soi tous ses éclaircissements ; mais c'est précisément, dit Sarasin, parce que le livre est assez, et trop clair, qu'il n'est pas possible, ne fût-ce qu'à cause de l'édification publique, d'en admettre l'auteur à la communion, sans une rétractation formelle des principes d'incrédulité qu'il a mis au jour, et qui sont connus de l'univers[4]. » Voilà donc, dès le premier jour, deux courants, et entre les deux, le pauvre Montmollin désorienté, car il aurait bien voulu satisfaire tout le monde, et par surcroît, remplir ses devoirs de pasteur.

Chacun, à Genève, s'intéressait à cette affaire ; Rousseau et Montmollin étaient assaillis de visites

---

1. *Lettre de Montmollin à Sarasin*, s. d. — 2. *Lettres à Jacob Vernet*, 31 août, et *à Moultou*, 1ᵉʳ septembre 1762. —
3. *Lettre de Moultou à Rousseau*, 22 septembre 1762. —
4. *Lettre de Sarasin à Montmollin*, 14 septembre 1762. —

et de questions : on aurait voulu exploiter la lettre de Montmollin à Sarasin comme on avait fait de celle de Rousseau : il n'est pas d'instances qu'on n'ait tentées auprès du pasteur, pour en obtenir la publication ou au moins des copies. La connaissance de cette lettre, disait d'Ivernois, est d'une absolue nécessité. On n'en espérait rien moins que la revision du procès de l'*Émile* et le retour de Rousseau dans sa patrie [1]. Montmollin, malgré son désir d'être utile à son paroissien, ne se prêta qu'à moitié à ces demandes.

Ceux des partisans de Rousseau qui l'auraient voulu plus chrétien n'étaient pas, du reste, les moins empressés à solliciter la publication de la lettre. Ils espéraient, en effet, qu'elle favoriserait le retour complet à la religion de leur illustre compatriote, retour que hâterait encore la douceur et la tolérance du pasteur [2].

Ainsi l'on ne rêvait à rien moins qu'à convertir l'auteur du *Vicaire savoyard*. Montmollin s'attacha à cette ingrate besogne avec un zèle qui, plus d'une fois sans doute, dut faire sourire le néophyte. Il multiplia auprès de lui ses conversations et ses exhortations ; stimulé par Sarasin, il lui proposa une formule de rétractation, ou du moins, lui demanda des explications écrites. Un moment, il s'imagina être à la veille de réussir. « Entre nous, dit-il, je crois qu'il ne s'écoulera pas bien du temps pour que le public et l'Église ne reçoivent de l'édification de la part de M. Rousseau. L'ouvrage est heureu-

---

1. *Lettre de d'Ivernois*, 23 novembre 1762, et *de Deluc*, 22 janvier 1763, à *Montmollin*. — 2. *Lettre de Rousseau à Montmollin*, 15 octobre 1762.

sement commencé, et je crois que je l'amènerai à sa perfection[1]. » Brave pasteur ! sa naïveté aurait de quoi surprendre, si Jean-Jacques n'avait lui-même travaillé à l'entretenir. Non content de subir tous les sermons qui lui étaient infligés, n'alla-t-il pas jusqu'à annoter et corriger de sa main une lettre, précisément la fameuse lettre du 25 septembre, dans laquelle Montmollin exposait ses sentiments religieux. Plus tard, quand il fut brouillé avec Montmollin, il chercha, il est vrai, à atténuer la valeur de cet acte, à montrer qu'il n'était pas responsable des idées qu'on lui prêtait[2]; mais ses annotations et ses corrections peuvent-elles être autre chose qu'une approbation, aussi bien de ce qu'il avait laissé que de ce qu'il avait écrit ?

Une maladie qu'il fit alors vint encore réchauffer le zèle du pasteur[3]; mais les exhortations suprêmes ne furent pas plus efficaces que les autres. Jean-Jacques guérit et ne donna point à l'église protestante l'édification tant désirée[4].

La communion de Rousseau prêtait au ridicule auprès des libres-penseurs; Voltaire n'eut garde de laisser échapper une aussi bonne occasion de plaisanter[5]. Rousseau d'ailleurs, en parlant de Voltaire, montra que, lui aussi, savait au besoin avoir de l'esprit et manier agréablement la plaisanterie[6].

1. *Lettres de Montmollin à Roustan*, 30 octobre 1762. — 2. *Lettre à Dupeyrou*, 8 août 1765. — 3. *Lettres de Rousseau à Moultou*, 19 décembre; *de Montmollin à Sarasin*, fin décembre 1762. — 4. *Lettres de Sarasin à Montmollin*, 9 février et 5 mars 1763. — 5. *Lettres de Voltaire à Damilaville*, 9 et 18 septembre 1762, et *Réponse de Damilaville*; — *à d'Alembert*, 15 septembre, et *Réponse de d'Alembert*, le 23 septembre 1762. — 6. Voir par exemple la *Conversation de M. de Voltaire avec un de ses ouvriers*, dans une *lettre à Mme de Boufflers* du 30 novembre 1762.

Mme de Boufflers, presque la seule personne qui eût conservé avec Rousseau une certaine liberté de langage, le blâma nettement. L'autre s'expliqua, donna des raisons, dit des choses dures, et chacun, comme il arrive d'habitude, garda son sentiment. Mme de Boufflers ne voyait dans la conduite de Rousseau qu'une habileté qui n'en imposerait à personne et donnerait une nouvelle prise à ses ennemis; Rousseau, plus convaincu ou plus adroit, présenta sa communion comme un acte de conscience et de loyauté, et sans rien rétracter de ses idées, se donna comme un bon chrétien et un calviniste fervent. Il avait l'absolution de son pasteur; bien exigeant serait celui qui lui en demanderait davantage [1].

On comptait sur la communion de Rousseau pour préparer son retour à Genève. Il est certain qu'on manœuvra dans ce sens, et peut-être aurait-on réussi, si le principal intéressé s'était prêté aux bons offices de ses amis. « Des foules de Genevois, dit-il, sont accourus à Motiers, m'embrassant avec des larmes de joie, et appelant hautement M. de Montmollin leur bienfaiteur et leur père. Il est même sûr que cette affaire aurait des suites, pour peu que je fusse d'humeur à m'y prêter [2]. »

Deluc, le plus ardent des amis de Rousseau, avait tout un plan à ce sujet. Plus de quatre cents citoyens et bourgeois s'étant abstenus de voter aux élections des magistrats, « Je n'ignore pas, écrivit Deluc, que la violation de nos lois à votre égard en est le principal motif. J'ai vu MM. les syndics,

---

1. *Lettres de Mme de Boufflers à Rousseau*, 22 octobre, 10 novembre, 15 décembre 1762; *Réponses de Rousseau*, 30 octobre et 26 novembre 1762. *Conf.*, l. XII. — 2. *Lettre à Mme de Boufflers*, 30 octobre 1762.

que j'ai trouvés disposés à concourir à mes vues, pourvu que je leur remette les raisons de Monsieur votre pasteur, qui l'ont déterminé à vous admettre à la sainte Cène... Je leur remettrai la lettre de M. le professeur de Montmollin, et je ne doute pas qu'ils ne soient satisfaits... Si mon plan réussit, comme je l'espère, vous viendrez alors à Genève... Dès que vous seriez arrivé, nous irions ensemble chez M. le premier syndic, auquel vous diriez ce que vous jugeriez à propos. Vous communieriez à Noël; huit jours après, vous donneriez votre suffrage au Conseil général, pour l'élection de MM. les syndics, sans aucune formalité préliminaire. Par ce moyen, vous seriez réhabilité, et vos envieux auraient la bouche fermée[1]. » D'autres engageaient Jean-Jacques à venir et à se présenter, entouré de ses amis, dans la pensée que le Conseil n'oserait jamais l'expulser; ou bien, comme Moultou, voulaient qu'il donnât des explications. On sait la manière dont il répondait à ces ouvertures. Le pays, au fond, était très divisé. Voltaire avait de nombreux partisans, surtout dans l'aristocratie; plusieurs cependant, même parmi les membres des Conseils, ne voyaient pas sans inquiétude les conséquences possibles de ces conflits et n'auraient pas été fâchés de rouvrir la porte à leur illustre concitoyen. A une condition toutefois, c'est qu'il ferait quelque soumission, ou au moins, donnerait des explications. Quel est le tribunal qui consent à se déjuger sans nouveaux motifs? Quant au peuple, il tenait franchement pour Jean-Jacques. Entre les

---

1. *Lettre de Deluc à Rousseau*, 23 novembre 1762. Voir G. | MAUGRAS, ch. XI.

deux, le clergé, qui était à la fois peuple et aristocratie, qui avait une mission de paix, aurait voulu la conciliation. Nous savons que, parmi les pasteurs, il y en avait que les idées religieuses de Rousseau n'offusquaient qu'à moitié : n'étaient-ils pas couverts par Montmollin, le propre pasteur de Jean-Jacques? Du reste, comme on n'avait guère qu'à choisir entre l'impiété de Rousseau et celle de Voltaire, il ne pouvait y avoir d'hésitation. Voltaire lui-même, avec sa légèreté habituelle, aurait assez facilement pris son parti du retour de son adversaire. Il s'y était attendu dès le principe. « Jean-Jacques reviendra, avait-il dit. Les syndics lui diront : Monsieur Rousseau, vous avez mal fait d'écrire ce que vous avez écrit; promettez de respecter à l'avenir la religion du pays. Jean-Jacques le promettra, et peut-être il dira que l'imprimeur a ajouté quelques pages à son livre[1]. » Mais précisément Jean-Jacques ne voulait entendre parler ni de rétractation, ni de promesses, ni de soumission d'aucune sorte. Ses amis s'y étaient employés, mais en vain. Il en revenait toujours à son refrain : « Depuis quand est-ce à l'offensé de demander excuse? Que l'on commence par me faire la satisfaction qui m'est due; je tâcherai d'y répondre convenablement[2]. » On était loin de s'entendre.

Cependant Jean-Jacques n'avait pas attendu ces satisfactions, qui ne devaient jamais arriver, pour préparer sa défense. L'idée lui en avait été suggérée par Moultou[3]. Il est vrai de dire que d'abord il la rejeta vivement[4]. Moultou s'était alors offert à faire

---

1. *Lettre de Moultou à Rousseau*, 7 juillet 1762. — 2. *Lettre à M. X.*, 1763. — 3. *Lettres de Moultou à Rousseau*, 22 juin et 1ᵉʳ juillet 1762. — 4. *Lettre à Moultou*, 6 juillet 1762.

lui-même le travail, à la condition que Rousseau lui donnerait un canevas[1]. Celui-ci, que son expulsion du canton de Berne rendait plus accommodant, accepta l'offre de Moultou, mais refusa de lui donner le canevas demandé, quoique certainement la lettre qu'il écrivit à Marcet, sous le couvert de Moultou lui-même, en pût bien tenir lieu. On la croirait rédigée par un vieux procureur chicanier. Jean-Jacques y réduit ses moyens de défense à six chefs : 1° Sa *Profession de foi* est-elle si évidemment contraire à la religion établie à Genève, qu'on ait pu se dispenser de consulter les théologiens? 2° Jean-Jacques Rousseau est-il l'auteur du livre qui porte son nom? Comment s'est-on dispensé de le lui demander? 3° Le Parlement de Paris, prétendant que le livre a été imprimé à Paris, a, par une procédure irrégulière, décrété l'auteur sans l'entendre; le Conseil de Genève n'a pas même ce prétexte. 4° La *Profession de foi* est-elle l'expression des sentiments de Rousseau, ou la citation d'un écrit dont il se fait simplement l'éditeur? 5° A l'égard du *Contrat social*, si l'on admet avec l'auteur qu'une religion est toujours nécessaire à la bonne constitution d'un État, se trouve-t-on obligé d'en conclure que le Christianisme est cette religion indispensable à toute bonne législation civile? Ne peut-on pas regarder par exemple Sparte et Athènes comme ayant été bien constituées, quoiqu'elles n'aient pas cru en Jésus-Christ? Et si l'auteur s'est trompé à cet égard, a-t-il commis un crime punissable, une hérésie, ou une erreur politique? 6° Ses deux grands principes de gouvernement sont que, légitimement,

---

1. *Lettre de Moultou à Rousseau*, 9 juillet 1762.

la souveraineté appartient toujours au peuple, et en second lieu, que le gouvernement aristocratique est le meilleur de tous : que peut-on trouver à Genève de blâmable à ces deux principes [1] ?

Moultou se mit au travail en tremblant. Il savait qu'il n'était pas toujours facile de servir son ami. Rousseau, tout en répétant qu'il ne voulait rien dire, ne lui ménageait ni les avertissements, ni les encouragements. « Je ne veux point voir votre ouvrage, disait-il, mais je dois vous avertir que si vous l'exécutez comme j'imagine, il immortalisera votre nom. Mais vous serez un homme perdu [2]. » L'œuvre n'allait pas vite. En octobre, elle était à peine commencée [3]; en novembre, il était question de l'abandonner [4]. Cependant, le 25 novembre, Moultou veut envoyer ce qu'il a fait ; mais Jean-Jacques ne veut rien voir [5]. Enfin, quand le mémoire fut fini, on renonça à l'imprimer. D'autres événements étaient survenus et Rousseau s'était lui-même chargé de sa défense [6].

Quant à Moultou, ce qu'il y gagna, ce fut de se faire exclure de la compagnie des pasteurs. Il est vrai que lui-même désirait la quitter. On aurait toléré son amitié pour Rousseau; on ne supporta pas la façon compromettante et souvent peu orthodoxe dont il la manifestait [7]. Mais il n'eut pas

---

1. *Lettre à Marcet*, 24 juillet 1762.—2. *Lettre à Moultou*, 11 juillet 1762. Voir aussi les lettres du 15, du 24 juillet et du 10 août, et celle de Moultou à Rousseau du 21 août 1762. — 3. *Lettre à Moultou*, 8 octobre 1762. — 4. *Lettre de Moultou à Rousseau*, 9 novembre, et *Réponse*, 13 novembre 1762. — 5. *Lettre de Moultou*, 25 novembre 1762. — 6. *Lettre de Moultou à Rousseau*, 4 janvier, et *Réponse*, 17 janvier 1763. — 7. *Lettres de Moultou à Rousseau*, 16 novembre 1762, 13 avril 1763; *de Rousseau à Moultou*, 19 décembre 1762, 18 avril 1763.

même la reconnaissance de l'homme pour qui il faisait tant de sacrifices, y compris celui de son devoir. Les deux amis furent plus d'un an sans s'écrire. Les motifs de cette interruption de correspondance ne sont pas bien connus. On a dit que Moultou s'était offensé de certains reproches blessants de Rousseau. On peut, en tout cas, affirmer sans témérité que la faute n'en fut pas à Moultou. Ce fut lui pourtant qui revint le premier, et au moment où parurent les *Lettres de la Montagne,* c'est-à-dire dans une circonstance où son admiration dut être tempérée par bien des réserves, Moultou se livra avec abandon et simplicité; l'autre se montra méticuleux et déclamateur.

Ici, comme, du reste, dans presque toutes ses amitiés, Jean-Jacques n'eut pas le beau rôle [1]. Un peu plus tard, il eut pourtant un bon mouvement. « Je sens, écrivit-il à Moultou, le prix de ce que vous avez fait pendant que nous ne nous écrivions plus. Je me plaignais de vous, et vous vous occupiez de ma défense. On ne remercie pas de ces choses-là, on les sent; on ne fait point d'excuses, on se corrige [2]. »

IV

La vraie défense de Rousseau est dans sa *Lettre à l'Archevêque de Paris* [3].

Les réfutations de l'*Émile* pleuvaient de toutes

---

1. *Lettre de Moultou à Rousseau,* 23 novembre 1764, et *Réponse de Rousseau,* 7 janvier 1765. — 2. *Lettre à Moultou,* 9 mars 1765. — 3. *Jean-Jacques Rousseau, citoyen de Genève, à Christophe de Beaumont, archevêque de Paris,* daté du 18 novembre 1762.

parts. Rousseau ne pouvait ni ne voulait répondre à tout le monde; il était bon néanmoins qu'il répondît à quelqu'un. En homme qui n'entend pas se dérober et ne redoute pas le combat, il choisit, parmi ses adversaires, celui qu'il jugea le plus digne de ses coups, l'Archevêque de Paris. Il pouvait, dit-il modestement, lui répondre sans s'avilir; c'était un cas à peu près semblable à celui du Roi de Pologne [1].

Le *Mandement* de l'Archevêque de Paris n'est pas simplement une condamnation et un acte d'autorité épiscopale; il est de plus un véritable traité, où l'on donne des raisons, où l'on discute des idées et des textes. Il n'est, il est vrai, ni aussi profond que la réfutation de Gerdil, ni aussi complet que celle de l'Évêque du Puy; mais outre sa valeur intrinsèque, qui est très grande aussi, il emprunte à la situation et à la personne de Christophe de Beaumont une importance dont il faut tenir un compte sérieux. Christophe de Beaumont était, en effet, par ses qualités personnelles, par sa modération et sa sagesse, par son orthodoxie et son savoir, par la sainteté de sa vie et la pureté de ses mœurs, éminemment propre à faire goûter sa doctrine. Jean-Jacques lui-même lui rend justice à cet égard et déclare qu'il l'a toujours estimé, tout en plaignant son aveuglement.

Rousseau appartenant au culte protestant, l'Archevêque eut le bon goût de ne pas le traiter en catholique. Il était facile d'ailleurs de ne lui opposer que des raisons et des textes également acceptés par les catholiques et les protestants, et ses con-

---

1. *Confessions*, l. XII.

damnations à Genève, à Berne, en Hollande, à Neuchâtel, montrent suffisamment qu'il s'attaquait au christianisme tout entier. Rousseau n'en paraît pas moins fort surpris qu'un évêque catholique se permette de juger un auteur protestant; comme il l'avait été qu'un parlement français jugeât un citoyen de Genève. D'où il faut conclure apparemment que le titre d'étranger est un brevet universel d'impunité.

En général, Rousseau aime à parler de lui. Mis directement en cause et appelé à défendre ses opinions et sa personne, il avait là une bonne occasion de satisfaire son goût. Il fait l'histoire de sa vie; il se pose en victime; on a abusé contre lui de toutes les règles de la justice; on l'a mal connu, mal jugé, on a voulu le déshonorer; on l'a outragé, injurié, calomnié. Qu'on lise ses livres, et il sera justifié. A l'entendre, il n'y en a pas un qui ne respire les plus pures maximes de la vertu et de la religion. Il est chrétien; chrétien de Jésus-Christ et non des prêtres; chrétien des devoirs et non des dogmes.

Il s'élève avec indignation contre le reproche de mensonge et de mauvaise foi que l'Archevêque lui a adressé à plusieurs reprises. C'est alors surtout qu'il devient éloquent. Et à propos de l'*Émile* : « Quand j'aurais eu tort dans quelques endroits, dit-il; quand j'aurais eu toujours tort, quelle indulgence ne méritait point un livre où l'on sent partout, même dans les erreurs, même dans le mal qui peut y être, le sincère amour du bien et le zèle de la vérité?... Eh! quand il n'y aurait pas un mot de vérité dans cet ouvrage, on en devrait honorer et chérir les rêveries comme les chimères les plus douces qui puissent flatter et nourrir le cœur d'un homme de bien. Oui, je ne crains point de le dire, s'il existait en Europe un seul gouvernement dont les vues fussent vraiment utiles et saines, il eût rendu des honneurs publics à l'auteur d'*Émile* et lui eût élevé des statues[1]. »

Voltaire et autres jasèrent beaucoup de cette dernière phrase. Jean-Jacques avait déjà dit : « Quiconque ne se passionne pas de moi n'est pas digne de moi[2], » mais au moins ces mots, adressés à une dame entichée de lui, n'étaient pas destinés au public.

Le trait de la fin montre assez que le commencement n'est que fausse modestie. Il ne faut pas croire, en effet, que Rousseau soit disposé à reconnaître des doctrines erronées ou dangereuses dans son livre ; il est, au contraire, très résolu à en soutenir toutes les idées, et souvent à les accentuer. Il tiendra toujours la *Profession de foi*, notamment, « pour l'écrit le meilleur et le plus utile dans le siècle où il l'a publié. » « Je croirai vous avoir bien répondu, dit-il, si je prouve que, partout où vous m'avez réfuté, vous avez mal raisonné, et que, partout où vous m'avez insulté, vous m'avez calomnié. » Son principe fondamental est que l'homme est naturellement bon, il n'a garde de l'abandonner ; on l'accuse de nier le péché originel, il s'en fait gloire ; on l'accuse de ne pas expliquer la nature humaine, le vice, le péché, la méchanceté des hommes devenus grands et réunis en société ; il répond qu'il est le seul à rendre compte de ces choses convenablement. Peu lui importent le *rhéteur Augustin*

---

1. *J.-J. Rousseau à Christophe de Beaumont*, vers la fin. — 2. *Lettre à M*^{me} *Latour*, 26 septembre 1762.

et les théologiens ; il est d'accord avec l'expérience et la raison, sinon avec l'Écriture. Toute méchanceté venant, selon lui, du dehors, il suffit de fermer la porte au vice pour l'empêcher d'entrer jamais dans le cœur de l'homme. D'autres ont, disent-ils, fortifié le cœur contre les passions ; il a fait mieux, il a empêché les passions de naître.

Il n'est pas jusqu'à ses doutes, auxquels il ne tienne comme à des dogmes. En matière grave, quand on doute, c'est le cas de s'instruire, afin de parvenir à la certitude ; mais Rousseau ne douterait-il point parce qu'il veut douter? Ou plutôt, ses objections, présentées sous forme de doutes, ne seraient-elles pas des moyens de faire passer des erreurs très positives?

Et puis, il dit après cela : je suis chrétien ; je suis chrétien protestant ; il a pour lui son propre pasteur, lequel, soit dit en passant, dut être assez embarrassé des éloges qu'il reçut de Rousseau en cette circonstance [1]. Mais ne peut-on pas lui répondre avec Vernes, qui était protestant aussi : Non, vous n'êtes pas chrétien! Malheureux, si vous étiez chrétien, diriez-vous du christianisme tout le mal que vous en dites? lui contesteriez-vous ses preuves les plus évidentes, les miracles et le témoignage des hommes? l'accuseriez-vous d'être sans influence sur la conduite, sans lien manifeste avec le bonheur de la société? diriez-vous que la morale est tout, et la croyance rien? parleriez-vous comme vous le faites de toutes les religions révélées? affirmeriez-vous que, parmi les religions qui sont ou ont été dominantes, il n'y en a pas une qui n'ait fait à l'hu-

---

1. *Lettre à Montmollin*, 28 mars 1763.

manité des plaies cruelles? remettriez-vous le culte aux mains du souverain, et en feriez-vous simplement une affaire de police? voudriez-vous vous en tenir à la seule religion naturelle; et encore...? Votre religion universelle, composée de quelques articles, est-ce là tout le christianisme? Votre indifférence entre les divers cultes, est-ce le christianisme? Mais non; l'archevêque de Paris n'est pas chrétien, les saints Pères, les théologiens, les prêtres, les fidèles, tous ceux qui ont étudié, professé, prêché le christianisme ne sont pas chrétiens! Nul, sauf Rousseau, n'entend et n'a jamais entendu le vrai christianisme; Rousseau seul est chrétien!

Il faut voir comme il donne à l'archevêque des leçons de religion; comme il prétend le convaincre d'être aussi peu fidèle à l'esprit du christianisme qu'aux maximes, et surtout à la pratique de la vraie religion de charité, dont lui, Rousseau, est le docteur et l'apôtre.

Il ne se contente pas en effet de se défendre, et n'est pas embarrassé de porter l'attaque dans le camp ennemi. Mais, qu'il attaque ou se défende, il montre les qualités du polémiste le plus consommé. On peut lui reprocher, comme toujours, d'abuser du paradoxe; mais ses sophismes sont présentés avec tant d'art qu'il était difficile d'avoir tort avec des apparences plus complètes de sincérité, et même de vérité.

On a dit que l'archevêque, en voyant la *Lettre*, fut atterré du coup qu'il avait indiscrètement provoqué; qu'il cessa de parler de Rousseau, et que, s'il en disait quelques mots, c'était pour faire l'éloge de son caractère et de ses vertus[1]. Ce fait, qui n'est

---

1. Note de l'édition Poinçot.

fondé sur rien, est contredit par la vie tout entière de Christophe de Beaumont. L'évêque qui ne cessa de combattre les jansénistes, le Parlement, Mme de Pompadour, les incrédules; qui ne recula, quand il s'agissait du devoir et de l'honneur de la religion, ni devant les menaces, ni devant les exils répétés, n'était pas l'homme à se laisser effrayer par le philosophe de Genève. Il en avait vu bien d'autres. Ne serait-ce pas au contraire Rousseau qui aurait été effrayé du tort que pouvait lui causer la condamnation d'un prélat universellement respecté, et à qui Grimm lui-même ne pouvait refuser son estime[1]? Si Jean-Jacques lui répondit et ne répondit qu'à lui, c'est apparemment qu'il le jugea plus redoutable que les autres. Il voulut faire croire que l'œuvre signée par l'archevêque n'était pas son œuvre, mais lui avait été soufflée et imposée, c'était, il n'en faut pas douter, afin d'en diminuer l'effet. — M. de Beaumont est trop bon, dit-il, pour avoir voulu m'offenser ; mais, quelque bon qu'il fût, il ne pouvait se dispenser de donner à son diocèse un pareil mandement après le procédé du Parlement[1]. — Qui ne sait au contraire que Christophe de Beaumont, loin de se mettre à la remorque du Parlement, résista toute sa vie à ses tendances jansénistes?

Quand Rousseau fut décidé à écrire sa *Lettre*, il oublia la fière déclaration qu'il avait faite jadis de ne jamais se faire imprimer en Hollande, et il s'adressa à Rey pour l'impression. Ses premières

---

1. *Corresp. littér.*, 1er septembre 1763. — 2. *Lettre d'un jeune homme à son père*, Bibl. univers. de Genève, 1er janvier 1836. Voir aussi : *Christophe de Beaumont*, par le P. REGNAULT, S. J., t. II, 1882.

ouvertures datent du 16 novembre 1762 ; il promettait que l'ouvrage serait prêt vers les Rois. Il ne faut donc pas trop s'attacher à la date du 12 novembre 1762 qu'il lui donne. Au 12 novembre, il ne l'avait pas même fini, et il ne le fit paraître que dans le mois de mars suivant. Comme toujours, il fit à l'imprimeur force recommandations, lui demanda le plus grand secret ; mais, contrairement à son habitude, il fit peu de corrections et de cartons, et fut assez satisfait de l'exécution. Afin d'escompter, en quelque sorte, les contrefaçons, que rien ne pouvait empêcher, il engagea Rey à s'arranger avec deux ou trois libraires étrangers, qui tireraient en même temps que lui et sur ses propres feuilles ; mais Rey ne paraît pas avoir goûté ce conseil [1].

La *Lettre à Christophe de Beaumont* faisait double emploi avec le travail de défense que préparait Moultou. Cependant, à la fin de décembre, il était encore question de le faire imprimer ; mais on ne tarda pas à y renoncer. Du reste, on dirait que Rousseau hésitait à faire paraître son propre livre. Il chercha même à en arrêter la publication, mais il était trop tard. « Je trouve, écrivait-il à Rey, mon ouvrage peu digne de l'impression. Les disgrâces ont achevé de m'ôter le peu de génie qui me restait... Je l'ai fait trop à la hâte... Quand on parle de soi, il n'est pas permis de s'animer et de s'emporter, comme quand on défend en général la cause des mœurs et de la justice ; cela fait aussi qu'on est froid en voulant être modéré... Comme l'Archevêque ne peut s'offenser d'une défense aussi hon-

---

[1]. Voir les *Lettres de Rousseau à Rey*, du 16 novembre 1762 et du 28 mars 1763.

nête et modérée, cet ouvrage ne peut compromettre ni vous ni moi¹. » Rousseau, bien entendu, ne croyait pas un mot de ce qu'il disait là. Il savait, mieux que personne, qu'il n'était ni froid ni plat, et il n'était pas homme non plus à se priver, sous prétexte de modération, de n'importe lequel de ses moyens. Comme l'a dit d'Alembert, aucune considération de convenance ou d'opinion ne l'a jamais arrêté ; il s'est mis à son aise avec le public de tous les rangs et de toutes les espèces, et cette liberté lui a donné un prodigieux avantage². L'injure grossière n'entrait pas, il est vrai, dans ses allures; mais grossièreté n'est pas force, et sa polémique, pour être, en général, de forme à peu près convenable, n'en était pas moins puissante. Il se croit modéré! Qu'aurait-il donc fait, s'il ne l'avait pas été? Le fait est qu'il n'a rien négligé pour accabler son adversaire, ni les raisons bonnes ou mauvaises, ni les raisonnements captieux, ni les railleries, ni les personnalités blessantes. Tout le monde ne le jugea pas si modéré. Si Mme de Verdelin et le curé de Grosley approuvèrent sa lettre³, Mme de Chenonceaux la trouva bien vive⁴; Dupeyrou en conclut que le métier d'auteur est incompatible avec la bonhomie⁵, et Moultou, malgré son admiration, y releva un mot par trop blessant⁶. Enfin, le Gouvernement en empêcha rigoureusement l'introduction

---

1. *Lettres à Rey*, 29 janvier et 5 février 1763. Voir aussi, *Lettres à Moultou*, 26 février ; à M. X., 8 mars ; à Mme Verdelin, 10 avril 1763. — 2. D'ALEMBERT, *Jugement sur Émile*. — 3. *Lettres de Mme Verdelin à Rousseau*, 14 mai et 12 juin 1763. — 4. *Lettre de Mme de Chenonceaux à Rousseau*, octobre 1763. — 5. *Lettre de Dupeyrou à D'Escherny*, citée dans le livre de *Rousseau et les philosophes*, ch. XIX. — 6. *Lettre de Moultou à Rousseau*, 30 mars 1763.

en France. On prétend que l'exemplaire envoyé à Malesherbes, que celui même qui était destiné à l'Archevêque de Paris furent arrêtés à la poste, de sorte que, dans les premiers temps, l'ouvrage ne se propagea qu'en cachette [1]. Genève se montra également sévère et se trouva par là entraînée à proscrire aussi d'autres livres. Voltaire s'en plaint amèrement. « Voilà, dit-il, ce que nous a valu Jean-Jacques avec sa lettre à Christophe. Ce polisson insolent gâte le métier [2]. » Moultou affirme cependant que le représentant de la France obtint bien qu'on défendît d'imprimer la lettre, mais non qu'on empêchât de la vendre ; on en vendit en effet cinquante exemplaires en un jour [3]. Genève n'avait pas d'ailleurs les mêmes motifs que Paris d'agir à la rigueur, et l'on n'y voyait pas de mauvais œil les attaques adressées à un évêque catholique. Moultou comptait sur cet ouvrage pour montrer que son ami, en détruisant le catholicisme, respectait les points fondamentaux du Christianisme. Il lui en exprima sa satisfaction et l'assura que ses partisans triomphaient ; ce qui prouve assurément qu'ils n'étaient pas difficiles. Vernet lui-même déclara que Rousseau était chrétien, et que c'était sans le vouloir qu'il avait fourni des armes aux incrédules [4]. « Venez, disait Moultou, et vous finirez tout. » En somme, il ne finit rien du tout ; les partis restèrent divisés, et Jean-Jacques était plus dans le vrai quand il

---

1. *Corresp. littér.*, 1er mai 1763. — BACHAUMONT, 7 mai 1763. — *Lettre de Rousseau à Rey*, 28 mars 1763. — 2. *Lettres de Voltaire à d'Argental*, 13 juin ; à *Marmontel*, 19 juin 1763. — 3. *Lettre de Moultou à Rousseau*, 19 mars 1763. — 4. *Lettres de Moultou à Rousseau*, 19, 23, 30 mars, 26 avril, 4 mai 1763.

disait que sa lettre n'avait fait qu'aigrir les Genevois [1].

Il y gagna presque pourtant le suffrage de Voltaire. Voltaire trouvait bien son amour-propre révoltant, son titre : *Jean-Jacques Rousseau, citoyen de Genève, à Christophe de Beaumont,* d'une indécence impertinente ; en fait de statues, il ne lui en prédisait qu'une, en place de Grève, avec un écriteau dans le goût de INRI ; mais il voyait dans sa petite brochure de si bons traits, des pages si sublimes contre cette sainte religion, qu'il déclarait professer, tout en la couvrant d'opprobre et de ridicule ! C'est Diogène, disait-il, mais, s'exprimant quelquefois comme Platon [2]. Voltaire ne regrette qu'une chose, c'est qu'il ne soit pas de la secte. « Il faut, écrit-il à d'Alembert, que vous entriez *in nostro digno corpore ;* et qu'ensuite Diderot entre ; et, si Jean-Jacques avait été sage, Jean-Jacques aurait entré ou serait entré ; mais c'est le plus grand petit fou qui soit au monde. Il y a des choses charmantes dans sa *Lettre à Christophe* [3]. »

La *Lettre à Christophe de Beaumont* était destinée à répondre aux adversaires de France ; les *Lettres de la Montagne* eurent pour objectif ceux de Genève. Mais cet ouvrage est tellement lié à une série de faits auxquels nous consacrerons le prochain chapitre, qu'il vaut mieux attendre ce moment pour en parler.

---

1. *Lettre à Moultou,* 16 avril 1763. — 2. *Lettres de Voltaire à Helvétius,* mars et 1er mai ; à d'*Argental,* 13 et 25 avril 1763. — 3. *Lettre de Voltaire à d'Alembert,* 1er mai 1763.

V

On lit dans le *Contrat social*[1] : « Il est en Europe un pays capable de législation, c'est l'île de Corse. La valeur et la constance avec laquelle ce brave peuple a su recouvrer et défendre sa liberté mériterait bien que quelque homme sage lui apprît à la conserver. J'ai quelque pressentiment qu'un jour cette petite île étonnera l'Europe. » Or, par une de ces chances heureuses, comme il ne s'en rencontre pas deux dans la vie d'un homme, il se trouva que ce rêve de Rousseau allait se réaliser ; que cet homme sage, ce législateur d'un peuple si digne de la liberté ne serait autre que lui-même. Quelle gloire ! Quelle belle occasion d'appliquer ses théories ! La Corse, après avoir secoué le joug des Génois, était en quête d'une législation, et l'on allait le prier d'en être le père. C'était sans doute la phrase du *Contrat social* qui lui attirait cet honneur[2] ; cependant on s'adressa aussi à Mably, à Diderot, et même, a-t-on dit, à Helvétius. Diderot refusa, parce qu'il jugea que l'entreprise était au-dessus de ses forces[3] ; Mably fit un travail assez misérable, que nous n'avons pas à juger ici ; Rousseau se mit à l'œuvre, non sans trembler, mais afin de répondre au moins par son zèle à un si beau dessein.

Il est heureux et fier de la mission qui lui incombe et ne s'en défend pas. « Sa seule idée, dit-il,

---

1. L. II, ch. x. — 2. *Lettre de Buttafuoco à Rousseau*, 31 août 1764. — 3. BACHAUMONT, 21 novembre 1764.

m'élève l'âme et me transporte... soyez sûr de moi ; ma vie et mon cœur sont à vous [1].

La nouvelle des lauriers qu'il allait cueillir circula rapidement. Un peuple à instituer est un événement assez rare, assez extraordinaire, assez glorieux pour commander l'attention. Le public attendait le nouveau législateur à l'œuvre [2]. Les amis ne lui ménagèrent pas les encouragements. Lord Maréchal, le prince de Wirtemberg, le comte de Zinzindorf, Deleyre, Mme de Chenonceaux, Mme de Verdelin le félicitèrent à l'envi [3].

Le personnage principal avec qui il entra en relations dans cette circonstance fut un capitaine corse au service de la France, nommé Buttafuoco. Un commerce de lettres suivi s'établit entre eux [4]. Paoli, le libérateur de la Corse, parut moins ostensiblement dans l'affaire ; mais, s'il n'en fut pas l'inspirateur, il s'y prêta au moins volontiers. Sa correspondance avec Rousseau n'a pas été publiée et le serait difficilement sans doute ; car la Bibliothèque de Neuchâtel n'en paraît pas posséder la moindre trace ; d'après Bachaumont, un gentilhomme anglais qui l'avait vue, avait déclaré qu'elle faisait également honneur à l'un et à l'autre [5]. Dès sa première réponse, Jean-Jacques fait ses conditions, et l'on

---

1. *Lettres à Buttafuoco*, 22 septembre ; *au prince de Wirtemberg*, 15 novembre ; *à Milord Maréchal*, 8 décembre 1764. — 2. *Corresp. littér.*, 1er novembre 1764. — 3. *Lettres à Rousseau de Mme de Verdelin*, 6 novembre ; *du comte de Zinzindorf*, 20 novembre ; *de Mme de Chenonceaux*, novembre ; *du prince de Wirtemberg*, réponse à la lettre de Rousseau du 15 novembre ; *de Milord Maréchal*, 24 décembre 1764 ; *de Mme de Verdelin*, 8 janvier ; *de Deleyre*, 18 février 1765. — 4. *Correspondance de Rousseau avec Buttafuoco*, du 31 août 1764 au 19 octobre 1765. — 5. BACHAUMONT, 18 avril 1767.

doit reconnaître que, sauf un point, qui, par malheur, est un point fondamental, il pose convenablement la question et saisit bien la difficulté. Ce qu'il ne voit pas, ce que presque personne de son temps ne voyait, c'est qu'une constitution ne se fabrique pas tout d'une pièce, comme une statue qu'on coule dans un moule, mais est le résultat des mœurs, des traditions, des coutumes, de toute la vie antérieure d'un peuple. Dans ce sens, il n'y a pas de pays neuf, la Corse, pas plus qu'un autre. Il semble même que Rousseau eut une idée vague de cette vérité. Il avait, il est vrai, contribué plus que personne à accréditer l'erreur des constitutions à priori; mais que de fois chez lui la pratique corrigea la théorie!

Il faut avoir une bien grande confiance dans ses propres lumières et dans l'excellence de ses systèmes, pour se mettre en tête de donner des lois à un peuple qu'on n'a jamais vu, et dont on ne connaît le sol et les habitants que par des cartes, des livres et quelques lettres de renseignements. Tel était le cas de Rousseau. Il sent bien qu'une visite de six mois l'instruirait mieux que cent volumes; mais, sans parler de sa paresse et des fatigues du voyage, il ne sent pas moins qu'il est un penseur et non un orateur, un homme d'étude et non un homme d'action; qu'il est incapable de traiter une affaire ou de dire deux mots en public. Il reconnaît donc qu'il ferait en Corse une triste figure, et perdrait, en se montrant, tout son prestige et une grande partie de sa valeur[1]. Aussi, quand les circonstances lui firent désirer plus tard d'aller demander aux Corses un asile,

---

1. *Confessions,* l. XII.

il entendit renoncer par là même à la tâche de faire leur bonheur. Il en apportait deux raisons : l'une bonne, c'est qu'il diffère trop de vues avec eux, et l'autre, qui n'est qu'un prétexte, mais qui du reste n'a guère été suivie par ses disciples, c'est que celui qui habite un pays ne doit jamais se mêler « de censurer, de critiquer ou de réformer en aucune manière son gouvernement[1]. »

Quand on se pose en émule des Lycurgue et des Solon, on devrait demeurer dans les régions sereines de la pensée ; mais il était dit que le caractère personnel et soupçonneux de Jean-Jacques ne manquerait pas une fois de jeter sa note discordante au milieu de ses conceptions. Buttafuoco était officier au service de la France et faisait de temps à autre des voyages à Versailles : premier sujet d'inquiétude. Buttafuoco n'était-il point l'agent de Choiseul, chargé par lui de l'espionner et de le compromettre ? D'un autre côté, le traité de la France avec Gênes et l'envoi dans l'île de troupes françaises ne lui disaient rien de bon. Buttafuoco le rassurait, affirmant que la France n'avait que des intentions pacifiques, et, tout au plus, proposerait sa médiation. La conquête de la Corse, qui eut lieu quelques années plus tard, prouva néanmoins que Rousseau n'avait pas si mal vu. Enfin, chose encore plus grave, on fit courir le bruit que les lettres de Paoli étaient supposées et que le faussaire n'était autre que Voltaire[2]. Rousseau vit le piège, et malgré tout, ne put se défendre d'une sorte de crainte d'être mystifié. Il jugea, non sans raison peut-être,

---

1. *Lettre à Buttafuoco*, 24 mars 1765. — 2. *Lettre de d'Alembert à Voltaire*, 3 janvier 1765.

que c'était Voltaire lui-même qui avait fait répandre cette fausse nouvelle, afin de satisfaire sa jalousie. Le tour était en effet digne de lui. Mais, que Voltaire en ait été ou non l'auteur, il est certain qu'il s'en amusa, qu'il en profita, et que son rival en fut troublé dans son œuvre. Ce n'est pas tout : un jour, un certain chevalier de Malte se présenta, de la part de Paoli, chez Rousseau ; mais celui-ci ne connaissait pas l'écriture de Paoli ; les souvenirs de Choiseul et de Voltaire troublant son jugement, il resta en défiance et ne dit presque rien[1]. Et puis il aurait voulu voir Buttafuoco et n'en pouvait venir à bout ; il aurait, par moments, voulu aller en Corse (le voulait-il en réalité ?). Buttafuoco l'y engageait et l'assurait qu'il lui serait fait bon accueil[2] ; d'autres au contraire, Dastier en tête, ne lui parlaient que des fatigues du voyage, des difficultés de la vie, de la sauvagerie et de la férocité des habitants[3]. Entre les deux, Jean-Jacques ne vit que le mauvais côté et resta. Il travailla cependant avec une certaine ardeur, mêlée malheureusement d'hésitations et d'intermittences ; il s'entoura de documents et de renseignements. A la fin, pour suppléer aux inconvénients de l'absence, il envoya même aux informations un jeune Écossais qui lui avait été recommandé par Milord Maréchal. Ce jeune homme passa cinq semaines dans l'île, fut enchanté de son voyage et, à son retour, fit part de ses observations et de son ravissement à Rousseau[4]. Mais celui-ci, dans l'inter-

---

1. *Lettres à M*^{me} *de Verdelin*, 3 février ; *à Lenieps*, 8 février et 3 mars ; *à d'Ivernois*, 22 avril 1765. — 2. *Lettre de Buttafuoco à Rousseau*, 11 avril 1765. — 3. *Confessions*, l. XII ; — *Lettre à Dastier*, 17 février 1765. — 4. *Lettre à Rousseau*, 4 janvier 1766.

valle, avait quitté la Suisse ; il n'est pas même sûr qu'il ait reçu la lettre. Son œuvre, en tout cas, se trouva définitivement interrompue par son départ précipité. Il avait demandé quatre ans pour la terminer ; une année seulement était écoulée, et encore elle avait été troublée par des agitations de plus d'une sorte. Son travail se ressent de toutes ces entraves ; il n'est qu'une ébauche dans sa partie la plus avancée et un simple recueil de notes pour le reste.

Il n'eut donc, et ne put avoir aucun résultat pratique. Les flatteurs de Rousseau ont prétendu qu'il était arrivé trop tard et lorsque la conquête était déjà faite ; mais il n'arriva pas du tout ; car on ne peut donner le nom d'*Institutions politiques* aux fragments qu'il composa et qu'il avait d'ailleurs abandonnés depuis des années, à l'époque de la conquête. Les motifs qui le firent renoncer à cette entreprise sont difficiles à saisir dans leur ensemble, parce qu'il est toujours difficile de saisir toute la pensée d'un homme. Ils paraissent très complexes. Ceux qu'il cite : ses autres occupations, ses soupçons, ses découragements, les difficultés qu'on lui suscita et celles qu'il éleva lui-même y ont été pour leur part ; mais la cause déterminante fut son départ de Motiers-Travers.

Qu'il cesse donc de s'apitoyer sur ce peuple infortuné que, bien malgré lui, dit-il, il entraîna dans sa ruine[1] ; qu'il cesse de croire que Choiseul, connaissant bien la plaie la plus cruelle par laquelle il pût déchirer son cœur, a fait la conquête de la Corse uniquement pour se venger de lui[2]. Ces ex-

---

1. *Confessions*, l. XII.
2. *Lettre à Saint-Germain*, 26 février 1770.

travagances ne se réfutent pas. Non, Rousseau ne fit ni bien ni mal aux Corses. On peut déjà regarder cela comme un demi-succès. S'il avait réussi à leur faire adopter ses idées, il est à croire qu'ils seraient plus à plaindre.

Le Projet de constitution pour les Corses a été imprimé pour la première fois en 1861[1]. On y retrouve naturellement beaucoup des idées du *Contrat social* : la souveraineté du peuple ; la préférence donnée à la forme républicaine ; le régime démocratique mitigé, comme en Suisse, par quelques institutions aristocratiques ; la suppression des corps privilégiés, des charges héréditaires, même des charges à vie ; enfin, paradoxe assez singulier, le désir de former la nation pour le gouvernement, et non le gouvernement pour la nation. Mais on est surtout étonné des doctrines économiques qui y sont professées. Si Rousseau se sépare heureusement de la secte des économistes par la préférence marquée qu'il accorde partout aux hommes sur les produits, en revanche, il tombe à chaque pas dans le socialisme d'État. Il avait posé en principe qu'en fait de gouvernement, il en fallait le moins possible, et il ne cesse d'amoindrir l'initiative de l'individu au profit du pouvoir de l'État ; de faire la guerre à l'individu, pour enrichir le trésor de l'État. « Loin de vouloir que l'État soit pauvre, dit-il, je voudrais au contraire qu'il eût tout, et que chacun n'eût sa part aux biens communs qu'en proportion de ses services... Ma pensée n'est pas de détruire absolument la propriété particulière, parce que cela est im-

---

[1]. *Œuvres et correspondance inédites de J.-J. Rousseau*, publiées par Streckeisen-Moultou.

possible ; mais de la renfermer dans les plus étroites bornes, de lui donner une mesure, une règle, un frein qui la contienne, la dirige, qui la subjugue et la tienne toujours subordonnée au bien public. Je veux, en un mot, que la propriété de l'État soit aussi grande, aussi forte, et celle des citoyens aussi petite, aussi faible qu'il est possible. »

De ces principes découlent une foule de conséquences : faveurs accordées aux familles nombreuses ; — réglementation des mariages ; — répartition des habitants en trois classes, fondées sur l'âge, la propriété territoriale et la famille ; — encouragements au travail, principalement à l'agriculture ; — peu de commerce, peu de monnaie ; — mesures pour que tout le monde puisse vivre et que personne ne s'enrichisse ; — domaine public important ; — impôts considérables et surtout en denrées, réparties dans des magasins publics ; — entraves à l'exportation ; — lois somptuaires ; — lois agraires, pour limiter les acquisitions nouvelles; — interdiction des testaments ; — pouvoir presque discrétionnaire accordé au gouvernement sur les biens des particuliers.

Pour comprendre du reste ces entraves à la liberté et à l'initiative individuelles, on peut lire la formule du serment imposé à tous les citoyens ; car tous, en un même jour et dans une fête solennelle, doivent « prêter serment sous le ciel et la main sur la Bible : » « Au nom de Dieu tout-puissant et sur les saints Évangiles, par un serment sacré et irrévocable, je m'unis de corps, de biens, de volonté et de toute ma puissance à la nation corse, pour lui appartenir en toute propriété, moi et tout ce qui dépend de moi. Je jure de vivre et de mourir pour elle, d'observer toutes ses lois et d'obéir à ses chefs et magistrats légitimes en tout ce qui sera conforme aux lois. Ainsi Dieu me soit en aide en cette vie et fasse miséricorde à mon âme. Vivent à jamais la liberté, la justice et la République des Corses. Amen. »

VI

On ne connaît pas bien l'époque à laquelle fut composé *Pygmalion*. On croit que Rousseau le fit pendant son séjour à Motiers. Il en parle pour la première fois peu de jours après avoir quitté cette retraite. Il était alors à Strasbourg, et avait le désir d'y faire jouer sa pièce [1].

Rousseau y signale une fois de plus son goût pour les sentiers non battus. « On parle beaucoup, dit Bachaumont, de l'opéra de *Pygmalion* : genre unique, un acte, une scène, un acteur, en prose, sans musique vocale... déclamations dans le goût des drames anciens, avec accompagnement de symphonie [2]. » Le sujet est connu : Pygmalion, le statuaire, contemple Galathée, son chef-d'œuvre, et se désespère de ne pouvoir lui donner la vie. Tout à coup Galathée s'anime, dit quelques mots ; Pygmalion est en extase et le rideau tombe. S'il fallait compter tous les défauts de cette pièce, on n'en finirait pas. D'abord le sujet est impossible et mal choisi. A notre époque, on peut faire sur un sujet mythologique une charge, un divertissement, une pièce légère ou de fantaisie ; jamais une œuvre sérieuse

---

1. *Lettre à Dupeyrou*, 17 novembre 1765. — 2. BACHAUMONT, 7 juillet 1770.

et pathétique. Il faut, pour passionner le public, des passions humaines, qu'il comprenne et qu'il puisse partager. Tous les dieux de la fable ne l'attendriraient pas ; une statue le laissera encore plus froid. Si encore la pièce était en vers ; si les paroles étaient chantées, les vers et la musique, qui transportent l'homme dans une sorte de monde idéal, pourraient faire passer bien des invraisemblances ; mais qu'attendre d'un monologue en prose, entremêlé, il est vrai, d'intermèdes d'une musique douce et passionnée ? Heureux si la musique n'a pas pour effet de faire ressortir l'insuffisance des paroles. Du reste, *Pygmalion* est de ces œuvres dont la lecture n'est rien, si on ne les voit à la scène ; l'acteur et le musicien y ont pour le moins autant de part que l'auteur.

Rousseau ne se sentit pas de force à faire la musique de sa propre pièce. Il pouvait enfler les pipeaux du *Devin,* mais il ne connaissait que Gluck qui fût en état de faire la musique céleste d'un morceau tel que *Pygmalion*. A défaut de Gluck, un négociant de Lyon, nommé Coignet, qu'il connut lors d'un voyage qu'il fit chez Mme Boy de la Tour, se chargea du travail, sauf un andante de l'ouverture et une ritournelle, que Jean-Jacques voulut faire, « afin qu'il y eût quelque chose de lui. » C'est ainsi que *Pygmalion* fut représenté à Lyon en 1770, d'abord au théâtre, et ensuite dans plusieurs salons, et que plus tard il fut annoncé à Paris et y fut joué avec un grand succès, quoique presque malgré l'auteur. Celui-ci ne voulut même pas de ses droits. Baudron, premier violon de la Comédie française, refit alors la musique de cette pièce, en ayant soin de respecter les parties composées par

Rousseau, et Berquin se permit de la mettre en vers ; suivant d'aussi près que possible le texte original [1].

Depuis quelque temps, Rousseau avait le projet d'écrire ses *Confessions*. Quand il fut arrivé à Motiers, un de ses premiers soins fut de réunir à cet effet et de classer ses lettres et ses papiers, afin de pouvoir reconstituer l'histoire de sa vie. Mais quel ne fut pas son désappointement de constater dans sa correspondance une lacune de près de six mois, d'octobre 1756 à mars 1757, et, dans ses manuscrits, la disparition des *Aventures de Milord Édouard* et de la *Morale sensitive*. Quel était le but, quel était l'auteur de cette soustraction ? Car il ne douta pas un instant qu'il n'y eût eu soustraction ; en outre, il ne lui sembla pas moins évident que le vol avait été commis à l'hôtel du Luxembourg. Il lui répugnait de soupçonner la Maréchale, quoique la disparition des *Aventures de Milord Édouard* parût prêter à cette supposition ; mais quel intérêt Mme de Luxembourg pouvait-elle prendre à la *Morale sensitive ?* Le pauvre Jean-Jacques s'y perdait. Cependant, comme il lui fallait un coupable, il jeta, faute de mieux, ses soupçons sur d'Alembert. Il ignorait si d'Alembert avait seulement vu ses papiers ; mais d'Alembert allait quelquefois à l'hôtel de Luxembourg ; il pouvait les avoir vus, et, par suite, les avoir volés. La preuve était faible ; mais Jean-

---

1. *Particularités sur le séjour de Rousseau à Lyon en 1770,* par HORACE COIGNET. Inséré au *Tableau historique et littéraire de Lyon* du 28 décembre 1822; — BACHAUMONT, 7 juillet 1770, 1er janvier 1771, 28 octobre 1772, 28, 29, 31 octobre et 5 novembre 1775, 22 septembre 1780; — *Année littéraire,* 1775, t. III. — *Correspondance littéraire,* 15 janvier 1775.

Jacques savait se contenter d'un léger indice pour juger un ennemi [1].

La disparition de ses lettres occasionnait une lacune fâcheuse dans son œuvre; il prit le parti d'y suppléer de son mieux au moyen de ses souvenirs. Il ne s'était décidé qu'avec peine à écrire ses mémoires; mais une fois sa résolution prise, il ne cessa plus de s'y attacher. A l'en croire, il aurait beaucoup trop parlé de son projet; il aurait dû penser, en effet, qu'il serait mal accueilli par bien des gens. On n'aime pas à se voir déshabiller en public, et il est peu de personnes qui aient à gagner à la divulgation de leurs faits et gestes. Jean-Jacques avait beau dire qu'il serait plus sévère pour lui que pour les autres; n'avait-il pas dit aussi qu'il ne pouvait se peindre, sans peindre beaucoup d'autres gens [2]? Il était bien décidé d'ailleurs à se mettre à l'aise avec certaines personnes, avec Mᵐᵉ d'Épinay, par exemple. Elle l'y avait autorisé, disait-il, par un libelle effroyable, pour lequel elle avait fourni des renseignements contre lui [3]. Dès le principe, il vit qu'il ne pouvait faire paraître son livre de son vivant (ce qui ne l'empêcha pas de chercher à le vendre [4]) et dès lors il arrêta dans sa pensée le choix de ses deux dépositaires, Dupeyrou et Moultou.

On ne peut citer, à propos des travaux littéraires de Rousseau, l'idée qu'il eut de refaire et de remanier les *Aventures de Robinson Crusoë,* son livre

---

[1]. *Confessions,* l. XII; — *Lettre à M. L. D. M.,* 23 novembre 1770. — [2]. *Lettre à Moultou,* 30 janvier 1763. — [3]. *Lettre à Duclos,* 13 janvier 1765. Cette accusation de Rousseau est encore une de ces suppositions sans fondement, qui n'avaient d'existence que dans son imagination. — [4]. *Lettre à Rey,* 18 mars 1765.

favori. Cet ouvrage resta, en effet, à l'état de projet et n'eut pas de suite[1].

On ne peut guère parler non plus d'un mémoire qu'il aurait fait, dit-on, en faveur de deux amants, que l'opposition du père de la jeune fille empêchait de se marier. Bachaumont, le seul auteur, à notre connaissance, qui signale ce mémoire, dit qu'il ne fut pas jugé digne des autres ouvrages de Rousseau. Tout ce qu'on sait, c'est que celui-ci s'est intéressé à ces deux amants ; que le jeune homme, un officier nommé Lebœuf de Valdahon, ayant été cité en justice par le père comme séducteur, Jean-Jacques le recommanda vivement à Loyseau de Mauléon, un avocat de ses amis. Quant au mémoire, il ne fait partie d'aucune édition de ses œuvres et on peut le regarder comme apocryphe[2].

On aurait bien voulu intéresser Rousseau en faveur des Protestants de France ; mais lui-même avait si peu à se louer des Protestants de Suisse et de Hollande, qu'il accueillit assez mal ces ouvertures. Cependant, un mémoire important ayant été fait sur les mariages des Protestants, il consentit à en donner son avis, tout en refusant d'entrer lui-même dans la lice[3].

Rousseau avait renoncé, ou croyait avoir renoncé à la littérature. Nous avons vu, et nous verrons encore par la suite qu'il ne l'avait abandonnée qu'à moitié. Cependant il fallait vivre. Sa fortune était des plus minces : trois cents livres de rente que Rey

---

1. *Lettre à Rey*, 17 mars 1764. — 2. BACHAUMONT, 7 avril 1763, 22 février 1764, 2 mai et 19 décembre 1770, 13 mars 1771. — *Lettre de Rousseau à Loyseau de Mauléon*, s. d. — 3. *Lettres à M. de Pourtalès*, 23 mai et 15 juillet 1764; *à Foulquier*, 18 octobre 1764; *à M. X.*, s. d. (1765).

faisait à Thérèse ; six cents livres que venait de lui assurer Milord Maréchal ; plus le produit de l'*Émile*, six mille livres. Il estimait sa dépense annuelle à soixante louis ; il avait donc de quoi subvenir strictement à ses besoins. S'il ne voulait plus d'ailleurs écrire de nouveaux livres, rien ne l'empêchait de tirer parti des anciens. Il songea à faire imprimer son *Dictionnaire de Musique* ; bientôt il tenta de publier une édition générale de ses écrits.

Le Dictionnaire de Musique n'était pas de nature à faire naître des orages ; ajoutons qu'il ne pouvait susciter de jaloux. C'est un livre médiocre, et même, comme la plupart des dictionnaires, un livre banal ; mais de plus, il est très incomplet. Les partisans de Rousseau en sont réduits, pour le faire valoir, à citer les articles qui ne traitent pas de la musique, par exemple, l'article *génie*[1]. Lui-même en devait apercevoir les défauts. « Il ne paraîtra toujours que trop tôt[2] », écrivait-il à Coindet. On dit qu'un jour il l'aurait lacéré et aurait été sur le point de le jeter au feu[3]. Du moment qu'il le conservait, il avait à y faire quelques retouches ; il l'acheva à la hâte et le vendit à Duchesne moyennant cent livres une fois payées et trois cents livres de rente viagère[4]. Il avait prié Clairault de le corriger[5], mais celui-ci mourut avant d'avoir rempli sa mission. Il y eut bien d'autres retards. La censure était sur ses gardes

---

1. Castel-Blaze, *Dictionnaire de musique moderne*, Préface ; — *Année littéraire*, 1767, t. VII. — 2. *Lettre à Coindet*, 26 décembre 1767. — 3. Gaberel, *Rousseau et les Genevois*, ch. IV. — 4. *Confessions*, l. XII ; — *Lettres à Duchesne*, 6 février 1763, 16 et 30 décembre 1764, 3 mars, 19 mai, 4 novembre 1765, 14 mars, 8 et 9 septembre, 25 novembre 1767. — 5. *Lettres à Clairault*, 3 mars 1765 ; à *Rey*, 3 mars 1766.

et se montra très méticuleuse. Rousseau, qui était également en défiance, voulut arrêter la publication tant que la censure n'aurait pas procédé à un nouvel examen, « attendu que des passages raturés et rétablis dans le manuscrit pouvaient faire naître des difficultés [1]. Enfin l'ouvrage parut dans les derniers mois de 1767, mais l'auteur en fut peu satisfait [2]. Rey ne tarda pas à en faire une contrefaçon. Duchesne aurait voulu s'y opposer, mais Rousseau tint à rester en dehors de leur différend [3].

VII

Rousseau n'en était pas à sa première idée d'édition générale ; mais, quand il voulut en venir à l'exécution, il rencontra des difficultés capables d'effrayer dix natures indolentes comme la sienne. Cependant, pensant qu'il y allait de son avenir, il y mit un certain zèle. L'édition que Rey avait faite en 1762 n'était ni correcte ni complète. Eh bien, lui disait Milord Maréchal, « puisque les libraires font de mauvaises éditions de vos livres, que n'en faites-vous une bonne ? L'affaire est sûre [4]. » Mais il s'agissait bien de faire lui-même son édition ! Quand d'autres en voulurent faire une, ils ne se donnèrent pas même la peine de lui demander, ou ne lui demandèrent que très tardivement son autorisation. « Il y a longtemps, écrivait-il à Duchesne, que j'ai

---

1. *Lettre à M. de Sartines*, 9 septembre 1767. — 2. *Lettre de Dupeyrou à Rey*, 28 septembre 1767. — 3. *Lettres à Rey*, 31 décembre 1765, août 1766, 28 septembre 1767 ; *à Duchesne*, 19 avril 1766. — 4. *Lettre de Milord Maréchal à Rousseau*, 30 octobre 1762.

appris de divers endroits que vous aviez entrepris, avec l'abbé de la Porte, une édition générale de mes écrits[1]. On ne m'avait point annoncé l'édition que vous préparez comme un simple projet, mais comme une entreprise qui s'exécutait au su de tout le monde, excepté au mien[2]. » On croit qu'il va jeter feu et flamme ? pas le moins du monde. Ces sortes d'opérations étaient si ordinaires qu'on ne s'en étonnait plus. Après quelques reproches assez doux, il paraît disposé à donner son consentement et fait même espérer son concours. Bien plus, il va jusqu'à différer sa propre édition, afin de ne pas gêner l'autre. Il reconnaît d'ailleurs que le nom de l'abbé de la Porte est pour lui la meilleure garantie d'une exécution satisfaisante. En ce qui concerne le prix, il ne demande rien ; il s'en rapporte à Duchesne et promet de lui confier l'édition générale qu'il médite de faire lui-même, si, comme c'est probable, elle peut se faire à Paris. Pourquoi, en effet, ne s'y ferait-elle pas ? Duchesne y faisait bien la sienne, avec l'assentiment tacite du Gouvernement[3]. Duchesne lui donna cinquante louis, plus un cadeau pour Thérèse. C'était s'en tirer à bon compte. Ce fut même alors que Rousseau, comme témoignage de sa satisfaction, fit marché avec lui pour son *Dictionnaire de Musique*. On ne pouvait être plus accommodant. Trop accommodant même au gré de Rey. Celui-ci, en effet, dans une note publique qu'on aurait pu croire concertée avec Rousseau, revendiqua pour lui-même le privilège d'imprimer ses œuvres, mais il ne s'attira qu'une verte réprimande[4],

---

1. *Lettre à Duchesne*, 20 janvier 1763. — 2. *Id.*, 6 février 1763; *à Rey*, 28 mars 1763. — 3. *Lettre à Moultou*, 30 janvier 1763. — 4. *Lettre à Rey*, 5 février, et *Note de l'éditeur à Duchesne*, 6 février 1763.

et Rousseau porta ses remercîments, ses observations et son concours à l'édition de l'abbé de la Porte[1].

Cependant, cette édition une fois achevée, il revint à Rey et lui offrit, comme il l'avait déjà fait à Duchesne, la préférence, même avec quelques légers avantages, parce qu'il était son ami. Il trouvait dix mille francs; que Rey voie s'il veut les lui donner, ou bien, s'il le préfère, cent louis comptant et huit cents francs de rente viagère. Quel était donc l'imprimeur qui pouvait faire de pareilles offres? On conçoit qu'il en coutât à Rey de payer dix mille francs ce que son confrère venait d'avoir pour douze cents. L'édition faite par l'auteur lui-même aurait eu assurément des avantages, mais elle avait le grand inconvénient de ne pas arriver la première. Il y eut des hésitations, des lenteurs, et Rey finit par employer le procédé de Duchesne et faire pour rien ou presque pour rien une édition qu'il dirigea lui-même. Rousseau n'était pas en situation, et d'ailleurs, n'eut pas besoin d'y apporter la même surveillance qu'à celle de l'abbé de la Porte, cette dernière pouvant, jusqu'à un certain point, servir de modèle; mais il ne la vit pas d'un plus mauvais œil que l'autre[2].

Ces deux éditions, surtout la première, donnèrent lieu à quelques incidents. Duchesne fit graver deux portraits de Rousseau, l'un en habit ordinaire, l'autre en costume arménien. Il obtint l'autorisation de les vendre à part, mais non d'en placer un en tête des œuvres. Disons à cette occasion que Jean-Jacques

---

1. *Lettres à Duchesne*, du 20 janvier 1763 au 4 décembre 1764; à *l'abbé de la Porte*, 4 avril et 12 décembre 1763. — 2. *Lettre à Rey*, 26 mai 1764.

était très difficile pour ses portraits. Il ne les offrait qu'avec une grande discrétion, mais il mettait une extrême coquetterie à ce qu'ils fussent irréprochables. On ne saurait compter tous ceux qui furent faits de son vivant. Il donnait ses indications, faisait recommencer, et rarement était satisfait. Cependant il fut assez content, dans cette circonstance, de celui qui le représentait en Arménien [1]. Mais il ne goûta jamais pleinement que celui de Latour. Aussi, fut-il très sensible à l'attention qu'eut cet artiste de lui faire hommage d'un second exemplaire, semblable au premier [2].

Duchesne aurait voulu aussi insérer dans son édition une partie de la correspondance de Rousseau ; cette idée de livrer à la publicité des lettres particulières le révolta. « Si vous étiez capable de cette extravagance, lui écrivit-il, je vous enverrais les comptes de ma blanchisseuse et de mon boucher, pour les y mettre aussi [3]. » Il se montra plus facile pour un choix de *Maximes*, qu'on voulut y introduire également. Quoiqu'un auteur ne soit jamais bien enchanté d'un tel choix, quand il ne l'a pas fait lui-même, il reconnut volontiers la bonne intention, et témoigna surtout sa satisfaction pour l'introduction dont on les avait fait précéder [4].

Ces publications pouvaient servir la gloire de Rousseau, mais laissaient sa bourse vide. Sur ces

---

1. *Lettres à Duchesne*, 21 août, 15 octobre, 9 décembre 1763 ; à *Rey*, 17 mars, 26 mai 1764 ; à *Daniel Roguin*, mars 1763. — 2. *Lettres à Lenieps*, 14 octobre ; à *Mme Latour*, 21 octobre et 16 décembre 1764. — 3. *Lettre à Duchesne*, 25 décembre 1763. Quelques années plus tard, il fit la même défense à Rey, lettre du 11 juin 1768. — 4. *Lettre à Duchesne*, 20 juillet 1764.

entrefaites, se produisit une autre combinaison qui lui sourit beaucoup. Elle consistait à faire l'édition sous ses yeux, à Motiers même. Une compagnie neuchâteloise se constitua à cet effet, en grande partie par les soins de Dupeyrou; une imprimerie devait être établie; un imprimeur de Lyon nommé Réguillat et un libraire nommé Fauche en reçurent la direction. Watelet consentit à s'occuper des estampes[1]. Jean-Jacques jeta ses vues sur Deleyre pour lui faire une préface; Deleyre, ravi d'un tel honneur, n'eut garde de refuser; cependant, pour un motif ou pour un autre, ce projet n'eut pas de suite[2]. On comptait payer à l'auteur une dizaine de mille francs, soit comptant, soit au moyen d'une rente viagère. Wirtembert n'évaluait pas le produit à moins de soixante mille francs. Dupeyrou s'engagea à mener l'affaire et reçut la procuration de Rousseau, de sorte que celui-ci n'eut plus à s'occuper de rien. Allez à Dupeyrou, répondait-il à ceux qui lui en parlaient[3]. Tout était à peu près convenu. Il y aurait deux éditions, l'une en cinq volumes in-quarto, l'autre en vingt volumes in-octavo. Le Gouvernement fermerait les yeux et serait censé tout ignorer, de sorte qu'il n'y aurait pas de censure[4]. On devait commencer le travail vers la fin de l'année; mais les personnes que scandalisait cette tolérance essayèrent de faire entendre leurs plaintes. La compagnie des pasteurs elle-même pria

1. *Lettre à Watelet*, 18 novembre 1764. — 2. *Lettres de Deleyre à Rousseau*, 18 février et 6 août 1763. — 3. *Lettres à Dupeyrou*, 29 novembre et 13 décembre 1764, 24 et 31 janvier 1765; *à Rey*, 18 mars 1765; *de Wirtembert à Rousseau*, 20 mars 1765. — 4. *Lettre de Montmollin à Sarasin*, 15 janvier 1765.

le Gouvernement de s'opposer à l'impression [1]. Ces obstacles du reste auraient dû être prévus. Rousseau en effet avait recommencé récemment, par sa publication des *Lettres de la Montagne*, à soulever les passions religieuses, à irriter l'opinion, à s'attirer des condamnations et à tant faire, en un mot, que le Conseil ayant révoqué la permission tacite qu'il avait accordée, les entrepreneurs n'osèrent engager leurs fonds dans une affaire qui devenait si hasardeuse [2]. « Le Roi ne se mêlera de rien, avait écrit Milord Maréchal à Rousseau, en lui annonçant comme imminente cette révocation ; je ferai ce que je pourrai, mais paraissez le moins possible, afin que, si le projet échoue, cela ne retombe pas sur vous [3]. » « Vous pourriez, lui disait-il encore, faire agir directement la Cour, par une dispense de permission ; mais je crois que la Cour ne fera rien [4]. » Jean-Jacques, trop fier pour tenter de faire revenir le Conseil d'État sur sa décision, ne manqua pas néanmoins de dire à Milord Maréchal la satisfaction qu'il éprouverait, s'il pouvait continuer son œuvre. Il était dans ce moment-là en lutte ouverte avec les pasteurs ; mais la Cour était pour lui. Cependant, malgré la réponse favorable du Roi, il ne se crut pas en situation de mener à bien l'entreprise [5].

Les ressources qu'il espérait de ce côté allaient donc lui échapper ; mais il eut la chance de trouver dans le dévouement du riche Dupeyrou l'équivalent de ce qu'il perdait, avec les inquiétudes en moins.

---

1. *Lettre de Montmollin à Sarasin*, 16 avril 1765. — 2. *Lettre de Rousseau à Rey*, 11 janvier 1765. — 3. *Lettre de Milord Maréchal à Rousseau*, 18 janvier 1765. — 4. *Id.*, 9 février 1765. — 5. *Lettre à Meuron*, 13 avril 1765.

Par un traité en forme, Dupeyrou voulant lui assurer une existence honnête, prit à son compte les frais et les embarras de l'édition générale et resta le dépositaire des papiers, des *Confessions* et des manuscrits de son ami, sauf le *Dictionnaire de Musique*, dont on ne pouvait pas disposer sans le consentement de Duchesne [1]; le tout à la charge d'en user dans le temps et de la manière indiqués par l'auteur. Si celui-ci venait à mourir, Dupeyrou s'engageait encore à avoir soin de Thérèse. En un mot, il se chargeait de tout et débarrassait Jean-Jacques des soins matériels, qui étaient un si grand ennui pour lui. Celui-ci hésita néanmoins. « Il y aura bien du malheur, dit-il, si l'intérêt que vous voulez prendre à moi et la confiance que j'ai en vous ne nous amènent pas à quelque arrangement qui contente votre cœur, sans faire souffrir le mien, » mais Dupeyrou et lui se connaissaient si peu! S'ils faisaient un voyage ensemble, ils seraient plus sûrs l'un de l'autre [2]. Dans la crainte d'abuser des bonnes dispositions de Dupeyrou, Jean-Jacques se tourna de nouveau du côté de Rey et lui offrit, soit tous ses ouvrages présents et à venir pour mille francs de rente, soit ses *Confessions* pour six cents, toujours à la charge de ne les publier qu'après sa mort [3]; puis il revint à la société des négociants de Neuchâtel [4]. Enfin, tout le reste lui échappant, il fut heureux de se reprendre aux offres que Dupeyrou n'avait jamais cessé de lui faire [5].

---

1. *Lettres à Duchesne*, 16 décembre 1764; *à Dupeyrou*, 14 février 1765. — 2. *Lettres à Dupeyrou*, 24 et 31 janvier 1765. — 3. *Lettre à Rey*, 18 mars 1765. — 4. *Id.*, 17 avril 1765. — 5. *Lettre à Dupeyrou*, 12 janvier 1769.

Les arrangements qu'il prit en cette circonstance lui procurèrent un grand soulagement. Il y trouvait du même coup des ressources pour sa vieillesse et des assurances pour l'honneur de sa mémoire. On ne s'étonne que d'une chose, c'est qu'il ait tant tergiversé et tant attendu avant d'accepter des propositions si avantageuses. De son côté, Dupeyrou s'acquitta de ses engagements de la façon la plus généreuse. Tant que Rousseau vécut, il fut pour lui un vrai ami, et après que celui-ci fut mort, il lui continua encore son affection par l'intérêt qu'il témoigna à Thérèse et les soins qu'il donna à la publication de ses ouvrages.

L'édition convenue avec Dupeyrou se fit en Hollande, chez Rey, et parut vers la fin de 1769. Jean-Jacques n'y voulut avoir aucune part. Vous pouvez la dédier à qui bon vous semblera, avait-il écrit à Rey. Elle fut dédiée à Dupeyrou, mais celui-ci aurait préféré qu'elle le fût à un plus haut personnage, au prince de Conti, par exemple[1]. Quand Rousseau reçut les volumes, il en fut médiocrement content. Il lui déplut notamment d'y voir ce mémoire, dont il rougissait, sur la *Vertu la plus nécessaire aux héros*, et encore avait-on pris soin de le mutiler[2]. Il préférait pourtant encore les éditions de Rey aux autres, qui étaient, disait-il, infidèles, falsifiées et faites avec les plus sinistres intentions[3]. Il est à remarquer que, peu d'années après, il enveloppait Rey dans la même réprobation que ses confrères[4].

1. *Lettre de Rousseau à Rey*, 27 avril 1769. — 2. *Même lettre*, et aussi, *Lettre à Saint-Germain*, s. d. (printemps de 1770).— 3. *Lettre à Rey*, 14 juin 1772. — 4. *Déclaration de Rousseau*, insérée dans la *Gazette des Lettres, des Sciences et des Arts*, n° du 19 février 1774.

Il est inutile de citer toutes les réimpressions partielles qui se faisaient en même temps que l'édition générale : celle du *Devin*, pour laquelle l'auteur se désespérait de ne pouvoir obtenir les corrections, si nécessaires pourtant, dans une œuvre musicale [1] ; les *Lettres de la Montagne*, qui s'imprimaient à Lyon [2], et d'autres encore. L'*Émile* en était, rien qu'à Pise, à sa cinquième édition; celles d'Italie ne se comptaient plus [3].

Il paraissait même, sous le nom de Rousseau, des écrits qui n'étaient pas de lui, par exemple, une lettre intitulée : *Jean-Jacques Rousseau, citoyen de Genève, à Jean-François Montillet, archevêque et seigneur d'Auch*, 15 mars 1764. L'auteur était un avocat de Toulouse, nommé Firmin Lacroix, qui imitait assez bien le style du citoyen de Genève. Celui-ci en publia un désaveu imprimé. Beaucoup de personnes y avaient été prises, Deleyre, entre autres [4].

Il paraît qu'on lui attribua aussi un livre ayant pour titre : *Des Princes*. Comme cet ouvrage disait du mal du gouvernement de Berne, Rousseau jugea qu'il était de son intérêt de le désavouer [5]. Du reste,

---

1. *Lettres à Rey*, août 1766, 15 juin 1767. — 2. *Lettre à Dustier*, 17 février 1765. — 3. *Lettre de Mme de Verdelin à Rousseau*, 8 janvier 1765. — 4. BACHAUMONT, 12 mai et 3 juin 1764. — *Lettres de Rousseau à Rey*, 9 juin, 5 et 10 novembre 1764; *de Deleyre à Rousseau*, 2 juillet, 6 août 1764; *de Mme de Créqui à Rousseau*, 6 juin 1764. — F. Lacroix avait publié précédemment, à propos de la renonciation de Rousseau à la bourgeoisie, sa renonciation à la société, qui n'était qu'une espèce de charge. — 5. *Lettres à Chaillet*, 3 avril 1764 ; *à Duchesne*, 2 décembre 1764; *au P. de Felice*, 14 mars 1765 ; *à Dupeyrou*, 14 mars 1765; *de Sarasin à Montmollin*, 22 mai 1765.

on doit dire à sa louange qu'il n'a jamais désavoué que ce dont il n'était pas l'auteur.

VIII

Parmi les occupations de Rousseau, il ne faut pas oublier la botanique. Toute sa vie, il goûta la promenade et les longues excursions, et sa santé avait un tel besoin d'exercice que, pendant un hiver entier, il fut obligé de fendre du bois du matin au soir, pour se procurer des nuits supportables [1].

On conçoit que l'été, il lui était plus agréable et non moins sain de prendre cet exercice au milieu des superbes montagnes de la Suisse. Jusqu'alors, il avait senti peu d'attrait pour la botanique. Il l'associait, dans sa pensée, aux fourneaux de Mme de Warens et lui trouvait comme un arrière-goût de pharmacie. Mais il était observateur; il aimait la nature; peut-être que son esprit, en vieillissant, se fatiguait des longues méditations; la riche flore des Alpes devait tenter sa curiosité. « Je donnerais tout au monde pour savoir la botanique, écrivait-il à Mme de Boufflers, après lui avoir fait l'énumération de ses souffrances physiques et morales; c'est la véritable occupation d'un corps ambulant et d'un esprit paresseux. Je ne répondrais pas que je n'eusse la folie d'essayer de l'apprendre, si je savais par où commencer [2]. » Il fut donc heureux de trouver, dans le docteur d'Ivernois, un professeur bienveillant, qui se chargea de lui donner les premières connais-

---

1. *Lettres à Mlle Bondeli*, 28 janvier; *à Duchesne*, 26 février 1764. — 2. *Lettres à Mme de Boufflers*, 6 août 1764.

sances de la science des fleurs, en herborisant avec lui[1]. Par surcroît, il vit là un moyen d'adoucir la rage de ses ennemis. « On ne fera jamais passer pour un conspirateur, écrivait-il à Malesherbes, un homme qui ne fait que de la botanique. Avec un Linnœus dans la poche et du foin dans la tête, j'espère qu'on ne me pendra pas [2]. Bientôt la botanique devint pour lui une passion, et elle resta jusqu'à son dernier jour l'occupation à laquelle il consacra le plus de temps. On s'étonne que, lui qui n'était pas riche et avait un si profond dédain pour les livres, ait acheté tant d'ouvrages savants, considérables et coûteux sur cette science [3]. Bien plus, quoiqu'il eût renoncé, disait-il, à écrire, il reprit la plume pour écrire sur la botanique. Ce n'est pas qu'il ait jamais été un naturaliste bien distingué. « La botanique, dit-il, telle que je l'ai toujours considérée, et telle qu'elle commençait à devenir une passion pour moi, était précisément une étude oiseuse, propre à remplir tout le vide de mes loisirs, sans y laisser place au délire de l'imagination ou à l'ennui d'un désœuvrement total. Errer nonchalamment dans les bois et dans la campagne; prendre machinalement çà et là tantôt une fleur, tantôt un rameau; brouter mon foin presque au hasard; observer mille et mille fois les mêmes choses, et toujours avec le même intérêt, parce que je les oubliais toujours, était de quoi passer l'éternité, sans pouvoir m'ennuyer un moment [4]. Jean-Jacques a donc bien plus herborisé en amateur qu'en savant.

---

1. *Confessions*, l. XII. — *Rêveries*, 5ᵉ et 7ᵉ promenades. — 2. *Lettre à Malesherbes*, 11 novembre 1764. — 3. *Lettre à Rey*, 28 septembre 1767, et autres lettres. — 4. *Confessions*, l. XII.

Sans renoncer à jeter à l'occasion un coup d'œil sur ses travaux, on peut dire que le côté intéressant de sa botanique n'est pas dans ses livres, mais dans ses herborisations [1]. Il n'a commencé à étudier les principes que pendant l'hiver de 1764 à 1765, et dès le printemps suivant, il ne songe plus qu'à l'achat des instruments nécessaires, microscope, pince, ciseaux [2]; il ne rêve qu'excursions; il entreprend de communiquer sa passion à Dupeyrou [3]; il abandonne ses autres distractions, l'optique, les enluminures, pour se livrer exclusivement à sa science favorite. « Je raffole de botanique, dit-il; cela ne fait qu'empirer tous les jours; je n'ai plus que du foin dans la tête; je vais devenir plante un de ces matins et je prends déjà racine à Motiers, en dépit de l'archiprêtre qui continue d'ameuter la canaille pour me chasser [4]. »

Outre ses promenades quotidiennes autour de Motiers, il en faisait de temps en temps de beaucoup plus longues, qui duraient une ou deux semaines. D'Escherny, qui l'accompagnait le plus souvent, en a retracé le souvenir. La relation qu'il en donne est d'autant plus utile à connaître qu'elle nous offre un Rousseau tout nouveau, absolument différent de celui que nous connaissons, un Rousseau gai, presque folâtre, aimable, simple, sans façon. Là, au milieu de sa chère nature, entouré de quelques amis, éloigné du reste des hommes, il oubliait et ses ennemis, et ses soupçons, et ses chagrins, et l'univers tout entier; il ne posait plus, il

---

1. *Lettres à D.*, 7 février; à Dupeyrou, 11, 16 et 29 juin 1765. — 2. *Lettres à d'Ivernois*, 7 et 17 janvier; à *Coindet*, 27 avril 1765. — 3. *Lettre à Dupeyrou*, 29 avril 1765. — 4. *Lettres à d'Ivernois*, 20 juillet et 1er août 1765.

vivait pour lui-même. En admettant que d'Escherny ait un peu forcé la note joyeuse, son récit servirait à corriger celui de Rousseau lui-même, qui ne connaissait que la note triste et morose.

Un jour ils partirent pour le Chasseron. Il y avait 5 lieues, à toujours monter. Jean-Jacques, avec d'Escherny arrivent les premiers, et, pour narguer leurs compagnons, se mettent à sauter et à gambader. Dupeyrou surtout était excédé. « Et c'est dans ce temps-là même, ajoute d'Escherny, que Rousseau entretenait l'Europe de ses souffrances et de ses infirmités. Je ne l'ai jamais vu incommodé ; il jouissait de la meilleure santé ; il cheminait, gambadait, comme on vient de le voir, et mangeait de fort bon appétit... » Le lendemain matin (après une nuit passée sur du foin, dans un chalet), comme on demandait suivant l'usage : « avez-vous bien dormi ? — Pour moi, dit Rousseau, je ne dors jamais. — Le colonel de Pury l'arrête, et d'un ton leste et militaire : Par Dieu, M. Rousseau, vous m'étonnez ! Je vous ai entendu ronfler toute la nuit ; c'est moi qui n'ai pas fermé l'œil. » Après déjeuner on cause, on herborise. La conversation de Rousseau s'élevait parfois à de grandes hauteurs. Tantôt il parlait sur la vanité de la gloire ; une autre fois, ayant été témoin d'un orage au-dessous d'eux, « Rousseau, dit d'Escherny, était en extase. Je ne l'ai jamais entendu parler avec autant de véhémence. Il nous parlait alors comme il écrit ; mais il y entrait je ne sais quoi de solennel et de pathétique. Le spectacle l'inspirait ; tout ce qu'il nous dit aurait fait la matière de la plus touchante homélie. »

L'excursion du Brot montre peut-être encore mieux le côté familier du caractère de Rousseau. N'oublions pas que cette promenade eut lieu dans un des moments les plus pénibles et les plus tourmentés de sa vie, au mois de juillet 1765 ; mais rien ne l'arrêtait, quand il s'agissait d'aller herboriser dans la montagne. On jouit de ses dîners de deux heures, après une journée fatigante, de sa gaîté, de ses rires, de ses plaisanteries ; on goûte avec lui la lecture des petits romans sans prétention, ou encore ses jeux d'enfant, le jeu de l'oie, par exemple, auxquels il prenait un véritable plaisir ; et alors on comprend mieux l'impartialité et la bienveillance avec lesquelles il parlait des auteurs vivants, même de Diderot, même de Voltaire ; on s'intéresse à la préparation de ses plantes [1]. Du reste, quand lui-même parle de ses excursions, son ton prend en général plus de sérénité [2]. La nature avait le don de lui faire oublier les hommes. Que n'a-t-il fait de la botanique toute sa vie !

Enfin, comme supplément à toutes ces occupations, il se mit à faire des lacets. Ou plutôt c'est par là qu'il commença ; car la botanique et le reste ne tardèrent pas à se substituer aux lacets. On se représente difficilement l'auteur de l'*Émile* installé à sa porte avec son métier, l'emportant dans ses visites, ou se réunissant avec ses voisines, pour causer tout en travaillant. Les femmes de Motiers étaient bavardes et médisantes ; les filles aimaient à attirer les jeunes gens ; il en trouva pourtant qui étaient aimables et spirituelles et fit des connaissances qui durèrent ; entre autres une jeune fille,

---

1. D'ESCHERNY, *De Rousseau,* etc., ch. II à XXIII. — 2. *Lettre de Rousseau à Dupeyrou,* 16 septembre 1769 ; — *Rêveries,* 5e et 7e promenades.

nommée Isabelle d'Ivernois, dont le père était procureur général de Neufchâtel. Elle l'appelait son papa ; il l'appelait sa fille ; elle le prit pour conseiller et pour directeur. Il correspondit longtemps avec elle et se persuada qu'il lui avait été fort utile.

Il ne paraît pas qu'il fît commerce de ses lacets, mais il les employait à faire des présents à ses jeunes amies lorsqu'elles se mariaient, à condition qu'elles nourriraient leurs enfants. Cela donne à supposer que son métier de fabricant de lacets était plutôt une attitude qu'une occupation véritable. Des dames, même de ses plus intimes, Mme Latour, par exemple [1], lui demandèrent de ses lacets ; mais elles ne remplissaient pas la condition indispensable ; elles essuyèrent un refus. A plus forte raison, refusa-t-il d'en donner à Moultou [2]. Naturellement, il accompagnait ses envois d'une lettre de félicitations et de conseils [3].

IX

Pendant que Rousseau était à Motiers, il éprouva plusieurs pertes qui lui furent sensibles.

D'abord celle de Mme de Warens. Elle mourut au mois d'août 1762, « accablée de maladies, de mi-

---

1. *Lettre à Mme Latour*, 27 janvier 1763. — 2. *Lettre de Moultou à Rousseau*, 25 septembre 1762. — 3. *Lettres de Rousseau à Mlle d'Ivernois*, s. d. (fin de 1762), en lui envoyant le premier lacet de sa façon (cette demoiselle d'Ivernois était probablement la sœur aînée d'Isabelle) ; *à Mlle Isabelle d'Ivernois* (et non Mlle Galley), 14 mai 1764, en lui envoyant un lacet. Voir F. BERTHOUD, ch. x et appendice.

sères, abandonnée des injustes humains[1]. » Jean-Jacques avait cessé presque toute relation avec elle. Il parut néanmoins vivement frappé par sa mort. A l'entendre, c'était la meilleure des femmes et des mères ; la perte qu'il fait est irréparable ; mais elle quitte cette vallée de larmes, pour passer dans le séjour des bons, auprès des Fénelon, des Bernex, des Catinat, et préparer à son élève la place qu'il espère un jour occuper près d'elle[2]. Qu'un mot de repentir, qu'un sentiment de remords eussent bien mieux valu que ces compliments inutiles !

La mort enleva encore une autre personne pour laquelle Rousseau éprouvait un sincère attachement, le maréchal de Luxembourg. Il l'avait toujours aimé et le regretta vivement. Il lui avait laissé, lors de son départ précipité de Montmorency, son testament et une reconnaissance d'une somme de 1,575 francs ; il ne rentra en possession de ces deux pièces qu'après la mort du maréchal[3]. Il sut que ce dernier s'était toujours intéressé à lui ; que jusqu'à la fin, il avait parlé de lui avec une grande sensibilité[4] ; ce qui ne l'empêche pas de dire que, sous l'influence de sa femme, il l'avait un peu délaissé depuis ses malheurs. Dans la lettre de condoléances qu'il écrivit à la maréchale, il ne sut pas s'abstenir de glisser un reproche. « A votre exemple, dit-il, il m'avait oublié[5]. » Mme de Luxembourg n'eut pas de peine à se justifier ; mais comment sa-

---

1. *Lettre de Conzié à Rousseau*, 4 octobre 1762. — 2. *Confessions*, l. XII. — 3. *Lettres de La Roche*, valet de chambre du maréchal de Luxembourg, à Rousseau, 11 et 22 juin 1764. — 4. *Lettre de Mme de Chenonceaux à Rousseau*, juillet 1764. — 5. *Lettre à Mme de Luxembourg*, 5 juin 1764.

tisfaire les exigences de Jean-Jacques[1] ? Quoi qu'il en soit, à partir du jour où le maréchal ne fut plus là, les rapports ne tardèrent pas à devenir plus rares et plus froids. Mais à qui la faute ? Au fond, Jean-Jacques n'a jamais beaucoup aimé Mme de Luxembourg ; il la craignait, et la crainte détruisait en lui l'affection. Il n'aurait pas eu à s'étonner que Mme de Luxembourg eût répondu à ses sentiments par des sentiments semblables ; loin de là, elle ne cessa de s'intéresser vivement à lui, au point de recevoir d'assez mauvaise grâce les essais de justification de Voltaire, dans les démêlés qu'il eut avec lui[2]. « Je ne puis souffrir, écrivait en 1766 la duchesse de Choiseul à Mme du Deffand, que Mme la maréchale de Luxembourg se tourmente à se rendre malade, des malheurs qu'attirent à Rousseau ses folies fastueuses, quand il est bien sûr qu'il ne sacrifierait pas pour elle un grain de son insolent orgueil[3]. » A cette époque, Jean-Jacques s'informait encore de la maréchale avec un certain intérêt[4] ; mais bientôt, dans sa correspondance et dans ses *Confessions*, il ne sut répondre à son affection que par les accusations les plus injustes[5]. Comme nous l'avons déjà dit, on a beau chercher dans la conduite et dans les procédés de l'un et de l'autre, on ne voit rien qui justifie Rousseau, et l'on voit au contraire beaucoup de choses qui tendent à justifier Mme de Luxembourg. Pourquoi, sans motif et

---

1. *Lettre de Mme de Luxembourg à Rousseau*, 10 juin ; *de Rousseau à Mme de Luxembourg*, 17 juin 1764. — 2. *Lettre de Mme du Deffand à Voltaire*, 17 juin 1764. — 3. *Lettre de la duchesse de Choiseul à Mme du Deffand*, 17 juillet 1766. — 4. *Lettres à Guy*, 19 avril, 2 août 1766 et février 1767. — 5. *Confessions*, l. XII ; — *Lettre à Saint-Germain*, 26 février 1770.

contre tout motif, la taxer de fausseté et d'hypocrisie.

Mais il avait été maladroit avec elle et il s'imagina qu'elle devait lui en savoir mauvais gré ; il avait eu avec elle quelques froids passagers et il en fit des querelles sérieuses ; en un mot, il avait eu tous les torts et il en conclut qu'elle devait les lui faire sentir par sa haine. De sorte qu'il se fit une arme de ses propres fautes et de ses injures pour attaquer les autres. Habitué à être gâté par les grandes dames, il est comme les enfants gâtés, qui deviennent d'autant plus exigeants qu'on leur cède davantage. « Cependant, ajoute-t-il, je ne puis la croire essentiellement méchante, ni perdre le souvenir des jours heureux que j'ai passés près d'elle et de M. de Luxembourg. De tous mes ennemis, elle est la seule que je croie capable de revenir, mais non pas de mon vivant. Je désire ardemment qu'elle me survive, sûr d'être regretté, peut-être pleuré d'elle après ma mort[1]. » Et voilà tout ce que peuvent lui inspirer de mieux des années de bienfaits et d'affection !

---

1. *Confessions*, l. XII ; — *Lettre à Saint-Germain*, 26 février 1770.

CHAPITRE XXIV

De juin 1762 au 7 septembre 1765.

Sommaire : AFFAIRES DE GENÈVE. — I. Rousseau renonce solennellement à ses droits de bourgeoisie. — Représentations adressées au Conseil par les bourgeois de Genève. — Rousseau cherche à calmer les esprits. — *Lettres de la Campagne.*
II. *Lettres de la Montagne.* — La question des miracles. — Le droit de représentation et le droit négatif. — Impression des *Lettres de la Montagne.* — Leur introduction clandestine en France. — Les *Lettres* brûlées à Paris et à La Haye et interdites à Berne. — Attitude de Genève : le Conseil, les amis de Rousseau, les ministres. — Lettre de Mably. — Guerre de brochures. — Rousseau prêche la modération. — Les *Lettres* brûlées à Genève ; nouvelles représentations.
III. *Le Sentiment des Citoyens.* — Polémique de Rousseau avec Vernes à ce sujet. — Attitude de Voltaire.
IV. Rôle considérable de Voltaire dans les affaires de Genève. — Voltaire veut se réconcilier avec Rousseau. — Rousseau engage ses amis à profiter des bonnes dispositions de Voltaire. — La médiation. — Les Natifs. — Projets d'accommodement. — Blocus de la ville par les puissances médiatrices. — Rousseau envoie des conseils et des secours. — Ses efforts en faveur de la pacification. — Pacification. — Nouveaux conseils de Rousseau. — Le peuple s'associe à sa joie. — *Le Docteur Pansophe.* — *La Guerre de Genève.*
V. AFFAIRES DE MOTIERS. — Situation de Rousseau vis-à-vis de Montmollin, son pasteur. — Que devait attendre Rousseau 1º de Frédéric ; — 2º du Conseil d'État ; — 3º des Pasteurs. — La classe des Pasteurs dénonce au Conseil d'État les *Lettres de la Montagne.* — Rousseau promet de ne plus écrire sur la Religion. — Montmollin cherche en vain à se prévaloir des droits de son église. — Rousseau refuse de se présenter au Consistoire. — Le Conseil d'État exempte Rousseau de la juridiction du Consistoire. — Triomphe de Rousseau. — Il s'engage à ne plus écrire. — Publications en sa faveur. — Les *Lettres* de Dupeyrou. — Nouvelles excitations de Montmollin. — *La Vision de Pierre de la Montagne.* — Lapidation de Rousseau. — Son départ de Motiers-Travers. — Enquête du châtelain. — Nouveaux désordres. — Mécontentement du Roi contre les Pasteurs.
VI. Projets de départ de Rousseau. — La communauté de Couvet lui offre un asile. — Dernière lettre de Dupeyrou. — Embarras de Montmollin. — L'issue de ces démêlés ne satisfit personne. — Nouveau rescrit du Roi de Prusse.

I

De toutes les condamnations et de toutes les disgrâces qu'attirèrent à Rousseau ses derniers écrits, aucune ne le blessa aussi cruellement dans ses affections et dans son amour-propre que celles qui partaient de Genève. Être condamné par sa patrie, être chassé ou forcé de s'exiler de sa patrie, était à ses yeux un malheur sans égal. Il en gémissait pour lui ; il n'en gémissait guère moins pour son injuste et ingrate patrie. Car il était persuadé qu'il avait rendu à Genève les plus grands services. Ne venait-il pas de faire encore pour elle son *Contrat social* ? Ne la rendait-il pas participante de sa gloire ? Le *Contrat social* était, à la vérité, un bienfait dont elle se serait bien passée ; mais précisément, Rousseau ne lui pardonnait point le peu de cas qu'elle en faisait. Il reprochait au Conseil ses arrêts, à ses ennemis leurs intrigues, à ses amis même leur indifférence et leur mollesse. D'après la Constitution de Genève, tout citoyen qui croyait la loi violée ou qui improuvait la conduite des magistrats avait le droit de faire des représentations au Conseil. Au lieu des lettres banales qu'on lui écrivait, au lieu des témoignages de condoléance, sans aboutissant possible, qu'on lui donnait, pourquoi avait-on reculé devant ce moyen légal et pratique ? Aussi Jean-Jacques se détachait chaque jour davantage de Genève. « Renoncerez-vous à une patrie indigne de vous, » lui écrivait Moultou, aussitôt après l'arrêt du Conseil [1]. Il est vrai que par ces mots, Moultou entendait plutôt un exil volontaire qu'une renoncia-

---

1. *Lettre de Moultou à Rousseau*, 22 juin 1762.

tion en règle ; et à cet égard, Rousseau n'avait pas tardé à déclarer que jamais il ne remettrait les pieds à Genève. Il en avait assurément le droit ; mais s'il crut punir ainsi les Genevois, il dut bientôt s'apercevoir qu'il ne punissait que lui et ses amis. Refuser d'habiter un pays où il se trouvait mal et dont il avait à se plaindre, c'était d'ailleurs un procédé trop simple, trop à la portée de tout le monde pour lui convenir. Il lui fallait poser en persécuté et en grand homme. En vain Moultou combattit son projet d'abdication solennelle [1] ; Jean-Jacques y tenait et il finit par l'accomplir. En vain reçut-il de Milord Maréchal des conseils de modération [2]. « J'ai pris le parti, écrivait-il, dès le 10 août 1762, de renoncer à ma patrie, et même d'y renoncer publiquement ; mais comme je ne consulte en ceci que ma convenance et mon honneur, sans que la passion s'en mêle, j'attendrai, sans me presser, l'occasion favorable, et jusque-là je les laisserai triompher en paix [3]. » Il attendit en effet près d'une année. Enfin, le moment venu, voici la lettre qu'il écrivit au premier syndic de la république de Genève :

Motiers-Travers, le 12 mai 1763.

Monsieur,

« Revenu du long étonnement où m'a jeté, de la part du Magnifique Conseil, le procédé que j'en devais le moins attendre, je prends enfin le parti que l'honneur et la raison me prescrivent, quelque cher qu'il en coûte à mon cœur.

---

1. *Lettres de Moultou à Rousseau,* 19 février, 19 mars, 20 avril 1763. — 2. *Lettres de Milord Maréchal à Rousseau,* 22 et 24 février 1763. — 3. *Lettres à Marcet,* 10 août et 20 août 1762.

« Je vous déclare donc, Monsieur, et je vous prie de déclarer au Magnifique Conseil, que j'abdique à perpétuité mon droit de bourgeoisie et de cité dans la ville et république de Genève, etc. »

Le Conseil fit inscrire sur ses registres une simple mention de cette lettre, et ne paraît pas s'en être occupé autrement [1].

Cette déclaration, si peu importante en apparence, d'un citoyen d'une petite république qui prend le parti de la quitter, fut cependant le point de départ d'événements assez graves. Cinq ou six ans après, les troubles qu'elle occasionna étaient à peine apaisés.

Au premier moment, l'acte de Rousseau fut généralement blâmé. Il le fut naturellement par ses ennemis, et, chose plus grave, ils en triomphèrent et s'en réjouirent [2], il le fut par ses amis, qui, par une raison contraire, s'en affligèrent [3]. Moultou, qui avait essayé de l'empêcher tant qu'il n'avait été qu'en projet, l'approuva aussitôt qu'il fut accompli [4]. D'autres ne furent pas d'aussi bonne composition. Chappuis notamment écrivit à Jean-Jacques une lettre d'observations et de reproches. Jean-Jacques se justifia, exposa ses raisons ; mais eut le tort surtout de les propager dans tout Genève, au moyen de copies de sa lettre. Elle n'était bonne en effet qu'à exciter les esprits et peut-être à soulever des

---

1. *Registres du Conseil d'État*, 16 mai 1763. — 2. Rousseau, dit Voltaire, se croit Charles-Quint abdiquant l'Empire. *Lettre à Vernes*, 24 mai 1763. — 3. *Lettre de Moultou à Rousseau*, 7 juin 1763. — 4. *Lettres de Moultou à Rousseau*, 19 février, 19 mars, 20 avril; et en sens contraire, 17 mai 1763.

troubles [1]. Chappuis allait jusqu'à dénier à Rousseau le droit de renoncer à son titre. On pourrait incarcérer, disait-il, un citoyen qui ferait une pareille demande [2]. C'est possible, mais celui qui la fait a la précaution de se mettre à l'abri d'une arrestation. Il est plus probable, d'ailleurs, qu'aujourd'hui, on se contenterait de lui rire au nez. Le cas de Rousseau est si exceptionnel que les législations ne prennent pas la peine de le prévoir. Que Jean-Jacques ait été moralement répréhensible, cela est assez évident; mais on serait tenté de dire que, dans cette circonstance, il fit bien plus qu'une faute, il fit une sottise.

Et cependant il arrive quelquefois que rien ne réussit mieux qu'une sottise. L'abdication de Rousseau mit la bourgeoisie en émoi; on voulait à tout prix retenir le grand homme; des citoyens, des artisans, des dames même lui écrivirent pour le presser de revenir sur sa détermination [3]. On parla de *représentations* [4], enfin on s'obstina à lui donner autant et plus qu'il n'avait jamais demandé.

Le 18 juin 1763, eurent lieu les premières représentations. Quarante bourgeois, ayant Deluc à leur tête, allèrent demander au Petit Conseil que le jugement contre Rousseau fût rapporté : « déclarant qu'aux termes des édits concernant les sentences contre les livres dangereux, le sieur Rousseau de-

---

1. *Lettres de Moultou à Rousseau*, 25 et 29 juin; *de Rousseau à Moultou*, 7 juillet 1763. — 2. *Lettres de Rousseau à Chappuis*, 12 et 24 mai 1763; *à Théodore Rousseau*, 5 juin 1763; *à Duclos*, 30 juillet 1763. — 3. Voir la *Correspondance*, publiée par STRECKEISEN-MOULTOU, et GABEREL, *Rousseau et les Genevois*. — 4. *Lettre de Moultou à Rousseau*, 7 juin 1763.

vait être appelé, supporté sans diffame ni scandale, admonesté plusieurs fois, et qu'il ne pouvait être jugé qu'en cas d'opiniâtreté obstinée... Que le *Contrat social* était un traité de droit naturel semblable à ceux qui se vendent dans la ville. » Ils demandaient aussi que les tribunaux fussent présidés par les syndics; qu'aucun citoyen ne pût être emprisonné avant d'avoir été interrogé par un magistrat, et enfin que le Conseil général fût juge des points contestés. Le Conseil répondit, en ce qui concernait Rousseau, que les édits s'appliquaient aux paroles contre l'État ou la religion, mais non aux écrits, lesquels n'ont pas besoin d'explication, et que du reste, il avait le droit de répondre négativement aux représentations, sans en appeler au Conseil général. Ces refus ne firent qu'irriter les esprits. Bientôt une seconde, puis une troisième représentation furent faites[1] par un nombre toujours croissant de citoyens. Neuf fois en trois ans, dit Gaberel, on réclama de la même façon le retrait de la condamnation de Rousseau, et neuf fois la réponse fut négative. La bourgeoisie fut divisée en deux partis : d'un côté ceux qui faisaient des représentations, le parti des *représentants,* au nombre d'environ six cents; de l'autre côté, les partisans du Conseil et de ses réponses négatives, les *négatifs,* au nombre de quatre cents. Au-dessous, le peuple des *natifs* qui ne votait pas, mais qui avait son opinion, était en général favorable à Rousseau, et aurait, en cas de troubles, lourdement pesé sur les événements[2].

Rousseau devait être satisfait sans doute des té-

---

1. Le 8 et le 20 août 1763.
— 2. GABEREL, *Voltaire et les* | *Genevois,* ch. XII.

moignages de sympathie qu'on lui donnait? Il faudrait peu le connaître pour se l'imaginer. On l'avait, dit-il, abandonné, on s'était tu quand il fallait parler; maintenant qu'on parlait, on ferait mieux de se taire. Il avouait toutefois que les premières représentations lui avaient été honorables, en montrant que la procédure faite contre lui était contraire aux lois et improuvée par la plus saine partie de l'État. Mais tout acte subséquent ne serait propre, disait-il, qu'à détruire le bon effet du premier et à faire croire qu'on accordait à la vengeance ce qu'on n'avait donné qu'au maintien de la loi[1]. « Mieux valait que ces démarches fussent faites plus tôt ou pas du tout, car leur peu de succès compromettra les droits de la bourgeoisie ou le repos de l'État[2]. » Ces mots résument sa pensée de plusieurs années.

Celui qui aurait pénétré dans le cœur de Jean-Jacques y aurait découvert sans doute plus de joie qu'il n'en laissait voir. Son revirement, tout surprenant qu'il paraisse, n'est cependant pas feint et s'explique assez facilement. Dès le premier jour, en effet, on avait pu prévoir où tendaient ces représentations si désirées. Ce qu'on apercevait au bout, c'étaient de longs troubles, des révolutions violentes et profondes, des guerres civiles, et qui sait? avec la France si voisine et si intéressée dans la question, peut-être l'asservissement et la mort de Genève comme État indépendant.

Moultou ne cacha pas ses craintes à son ami, et l'on doit dire qu'il n'eut pas de peine à les lui faire

---

1. *Lettres à Moultou, à Deluc et à Gauffecourt*, en date du 7 juillet; *à F. H. Rousseau*, juillet; *à Duclos*, 30 juillet 1763. — 2. *Lettre à Deluc père*, 22 août 1765.

partager. Jean-Jacques, témoin d'une émeute dans son enfance, avait juré de ne tremper jamais dans aucune dissension civile ; il est certain qu'à ne considérer que ses actions matérielles et immédiates, il fut toujours fidèle à son serment. Il était du nombre de ces révolutionnaires doux, qui ne voudraient pas tuer une mouche, mais dont les théories ne sont propres qu'à bouleverser les États et à armer les citoyens les uns contre les autres. Il ouvrait tout bonnement la porte aux révolutions, sauf à être désolé qu'il prît fantaisie aux révolutions de passer par cette porte. La race de ces prodiges d'inconséquence, qui se prennent de peur pour l'œuvre qu'ils ont préparée, n'est pas morte avec Rousseau, mais il faut convenir qu'elle n'a jamais eu un représentant plus complet. Non seulement il se tint en dehors des représentations ; mais, la première une fois faite, il tâcha d'empêcher les autres ; non seulement il ne fit rien pour attiser les troubles, mais, en maintes circonstances (pas toujours malheureusement) il s'employa à les apaiser.

Les preuves de cette action modératrice de Rousseau sont nombreuses. « Notre patrie s'est honorée, lui avait écrit Moultou, en prenant votre défense ; honorez-vous en lui rendant la paix[1]. » Cela lui devenait difficile ; il s'y employa pourtant de son mieux. Il écrivit à ses amis pour les calmer. Pour couper court à toutes les tentatives qu'on pourrait faire en vue de le ramener, il affirma par serment sa ferme résolution de ne jamais remettre les pieds dans Genève[2] ; bientôt il déclara, et il répétait à l'occasion,

---

1. *Lettre de Moultou à Rousseau*, 29 juin 1763. — 2. *Lettre à Deluc*, 7 juillet 1763.

qu'il ne voulait plus se mêler de rien[1]. Que le calme tendît à renaître, ou que les Genevois fussent en train d'entasser folies sur folies, il laissait tout passer[2].

Il ne faudrait pas croire néanmoins que ces divisions fussent bien terribles ; elles étaient, au fond, plus bruyantes que meurtrières. On intriguait, on se disputait, mais on avait soin de laisser les armes dans le fourreau. Un moment vint où l'on se fit surtout la guerre à coups de brochures. Parmi plusieurs autres tombées dans l'oubli, on remarqua les *Lettres de la Campagne,* que le nom de leur auteur, le procureur général Tronchin, l'art consommé avec lequel elles étaient composées, leur modération de forme et leur puissance de raison recommandaient également à l'attention[3]. Les représentants essayèrent d'y répondre[4], mais leur réponse fut bien insuffisante. « Tous alors, dit Jean-Jacques, jetèrent les yeux sur moi, comme sur le seul qui pût entrer en lice contre un tel adversaire avec l'espoir de le terrasser. J'avoue que je pensai de même, et poussé par mes anciens concitoyens, qui me faisaient un devoir de les aider de ma plume dans un embarras dont j'avais été l'occasion, j'entrepris la réfutation des *Lettres écrites de la Campagne,* et j'en parodiai le titre par celui de *Lettres écrites de la Montagne,* que je mis aux miennes[5]. »

Rousseau, pour donner tout ce dont il était capable, avait besoin d'être excité. Il aimait, tout en

---

1. *Lettre d'Ivernois,* 22 août 1763-6 juillet 1764. — 2. *Lettres de Moultou à Rousseau,* 13 juillet et octobre 1763 ; *de Rousseau à Pictet,* 1ᵉʳ mars 1764. — 3. *Lettres écrites de la Campagne,* 1763, in-8 et in-12. — 4. *Réponse aux lettres écrites de la Campagne,* par d'IVERNOIS, 1764, in-8. — 5. *Confessions,* l. XII.

parlant de lui, à élever et à généraliser les questions. Avec son incomparable talent de polémiste, il était donc dans les meilleures conditions pour produire un chef-d'œuvre.

Tronchin, qui était l'âme du Petit Conseil, avait vraisemblablement dicté les réponses qui avaient été faites aux représentants ; son livre n'en est que le développement. Parmi beaucoup de points trop spéciaux à la constitution de Genève pour qu'il soit utile de s'y arrêter, il remarque que Rousseau lui-même, par une délicatesse patriotique qui l'honorait, avait rendu le retrait de sa condamnation sans objet, en déclarant son abdication irrévocable. — Mais la flétrissure ? Il n'y en a point, répond Tronchin. Rousseau a été décrété comme l'auteur *présumé* de deux ouvrages jugés mauvais. Cette mesure, dans la pensée du Conseil, n'est qu'un appointement provisoire, une mise en accusation, nullement une condamnation. Qu'au point de vue philosophique, il soit permis ou non, de tout dire en religion, le Conseil n'a pas à s'en occuper, mais simplement à appliquer la loi. Or, elle est formelle. Le premier article du serment des bourgeois « les oblige à vivre selon la réformation du saint Évangile ; le premier devoir des Syndics et du Conseil est de maintenir la pure religion. » C'est bien à eux d'ailleurs qu'il appartient d'appliquer cette loi, car « tout ce qui est du ressort de l'autorité, en matière de religion, est du ressort du gouvernement. C'est le principe des Protestants, et c'est singulièrement le principe de notre Constitution, qui, dans le cas de dispute, attribue aux Conseils le droit de décider sur le dogme [1]. »

1. *Lettres de la Campagne*, lettre I.

Mais, en cas de doute, disent les représentants, le Petit Conseil est tenu de porter la question devant le Conseil général. Oui, mais qui sera juge du doute? Si ce sont les représentants, ne voit-on pas qu'il s'en trouvera toujours quelques-uns qui douteront; que ce droit donné à quelques citoyens de mettre chaque jour en question la Constitution et les lois est exorbitant, et qu'il y a encore moins d'inconvénient à laisser le Petit Conseil juge des cas où il faut avoir recours au Conseil général? Quoi qu'il en soit, tant qu'une loi n'aura pas déterminé quel doit être le nombre des réclamants, le Petit Conseil restera en possession de son droit négatif[1].

II

Tronchin avait écrit une petite brochure, Rousseau mit un an à préparer sa réponse et répliqua par un livre. Nous avons vu qu'il avait prévu l'effet des représentations; qu'il les avait blâmées, tout en ajoutant qu'il voulait se retirer de la lutte et décliner toute responsabilité; ses *Lettres de la Montagne* étaient un éclatant démenti à cette pacifique déclaration. De la manière dont elles étaient faites, elles ne pouvaient en effet manquer de peser d'un énorme poids sur la suite des événements. Ce n'est pas en racontant, et dans quel style! toute l'histoire de ses condamnations, les injustices dont il avait été l'objet, les outrages qu'on lui avait fait subir; ce n'est pas en défendant, avec la passion qu'on lui connaît, les droits de la bourgeoisie; ce n'est pas en

---

1. *Lettres de la Campagne*, lettre III.

écrasant ses adversaires sous les coups d'une polémique implacable, qu'il pouvait se flatter d'apaiser les esprits. Qu'il ait précédemment abandonné la lice, c'est possible; mais il y rentrait ce jour-là, non en simple combattant, mais comme le chef d'un des partis. Il avait deux objets en vue : d'abord lui-même, et en second lieu ses amis les Représentants; or, dans l'un comme dans l'autre cas, il se montrait également ardent et agressif.

Lui reproche-t-on ses erreurs? — Quel livre, dit-il, n'en renferme pas, et qui les lui signalera? Il n'est pas infaillible; — ses juges ne le sont pas davantage. Qu'on laisse donc le public arbitre de ces questions[1]. Mais si l'on tient à toute force à les trancher, qu'on charge un tribunal ecclésiastique, le Consistoire, de décider sur les dogmes et la religion[2]. Lui reproche-t-on d'être infidèle à ses serments de bourgeois? — Qu'on dissèque sa vie, qu'on dise s'il est un homme à pratiques et à machinations[3]. Veut-on entrer dans le détail de ses idées? — Ses livres sont là. Qu'on le juge sur ce qu'il a dit et non sur ce qu'on prétend qu'il a voulu dire. « Lisez et jugez : Malheur à vous si, durant cette lecture, votre cœur ne bénit pas cent fois l'homme vertueux et ferme qui ose instruire ainsi les humains! Eh! comment me résoudrais-je à justifier cet ouvrage, moi qui crois effacer par lui les fautes de ma vie entière; moi qui mets les maux qu'il m'attire en compensation de ceux que j'ai faits; moi qui, plein de confiance, espère un jour dire au Juge suprême : Daigne juger dans ta clémence un homme faible : J'ai fait le mal sur la

---

1. *Lettre 1*. — 2. *Lettres IV et V*. — 3. *Lettre IV*.

terre, mais j'ai publié cet écrit[1]. » Il a proposé des doutes : « Et pourquoi non, je vous prie ? Où est le crime à un protestant de proposer ses doutes sur ce qu'il trouve douteux, et ses objections sur ce qu'il en trouve susceptible ? Si ce qui vous paraît clair me paraît obscur ; si ce que vous jugez démontré ne me semble pas l'être, de quel droit prétendez-vous soumettre ma raison à la vôtre et me donner votre autorité pour loi, comme si vous prétendiez à l'infaillibilité du Pape ? N'est-il pas plaisant qu'il faille raisonner en catholique pour m'accuser d'attaquer les Protestants ? » Ses objections et ses doutes ne sont donc nullement opposés à la Réforme, et il défie qu'on lui montre qu'ils portent sur des points fondamentaux, si tant est que ses adversaires sachent en quoi consistent les points fondamentaux.

Les ministres auraient dû le bénir, car il a travaillé pour eux. Mais eux, si sévères pour ses doctrines, qu'ils disent donc les leurs ! On ne sait, ils ne savent eux-mêmes ce qu'ils croient, et l'on a vu leur embarras, lors de l'article de d'Alembert. « On leur demande si Jésus-Christ est Dieu ; ils n'osent répondre ; on leur demande quels mystères ils admettent ; ils n'osent répondre. Sur quoi donc répondront-ils[2] ? »

Quant aux principes de la religion qui touchent à la morale, il a été à cet égard affirmatif et précis. Son but a été de dégager la religion des superstitions et des subtilités qui l'encombrent inutilement, de la ramener à ses points essentiels, et ensuite d'obliger tous les citoyens à s'y soumettre. « Supposons un moment la profession de foi du vicaire

---

1. *Lettre I*. — 2. *Lettre II*.

adoptée en un coin du monde chrétien, et voyons ce qu'il en résulterait en bien et en mal. Ce ne sera ni l'attaquer, ni le défendre, ce sera le juger par ses effets. Je vois d'abord les choses les plus nouvelles, sans aucune apparence de nouveauté ; nul changement dans le culte et de grands changements dans les cœurs ; des conversions sans éclat, de la foi sans dispute, du zèle sans fanatisme, de la raison sans impiété, peu de dogmes et beaucoup de vertus, la tolérance du philosophe et la charité du chrétien. »

Il est facile de faire un tableau que l'expérience n'est point encore venue démentir. Nous avons montré précédemment combien la religion civile de Rousseau est fausse et pleine de dangers. Elle a été heureusement peu expérimentée en grand ; mais il n'est pas besoin d'être bien fort en histoire pour savoir que les peuples ou les individus qui s'en sont inspirés n'en ont pas été, tant s'en faut, plus religieux et plus moraux ; qu'ils ont fait à la vérité bon marché du culte, mais n'en ont pas travaillé davantage à changer leurs cœurs ; qu'on ne peut citer ni leurs conversions, ni leur foi, ni leur zèle, ni leur piété, avec ou sans éclat, avec ou sans fanatisme ; que, pour avoir eu peu de dogmes, ils n'ont pas eu davantage de vertus ; que leur tolérance n'a été que l'indifférence ; que leur charité, quand par hasard ils en ont eu, n'a eu aucun motif chrétien et surnaturel.

Une des erreurs les plus reprochées à Rousseau et à sa *Profession de foi* était sa doctrine sur les miracles ; dans les *Lettres de la Montagne*, il reprend cette question et lui donne un grand développement. Ses raisons, suivant sa méthode ordinaire, se réduisent à des objections et à des doutes. Il ne nie pas les miracles ; il en doute. Il convient que Dieu peut, s'il le veut, faire des miracles. (On n'en était pas encore à cette époque à nier la possibilité du miracle.) « Cette question, dit-il, serait impie, si elle n'était absurde. Ce serait faire trop d'honneur à celui qui la résoudrait négativement que de le punir ; il suffirait de l'enfermer. » Mais Dieu a-t-il voulu faire des miracles ? et s'il l'a voulu, comment sera-t-il possible de le savoir ? Connaît-on suffisamment les forces de la nature, les lois de la physique, les prestiges de la magie, pour décider si un fait est surnaturel ou simplement ordinaire ? A quoi bon d'ailleurs se préoccuper tant du miracle. Jésus-Christ, si on en croit Jean-Jacques, s'en préoccupait fort peu ; la Réforme s'est bien établie sans miracles ; et si le Christianisme l'invoque comme une de ses preuves, n'en a-t-il point d'autres ? Peu importe qu'il y en ait une de plus ou de moins.

Ces objections, qui jetaient le discrédit sur une des grandes preuves, et la plus populaire, de la religion révélée, ne pouvaient laisser froids les chrétiens. Qu'ils s'appellassent Catholiques ou Protestants, ils étaient également frappés dans la base de leurs croyances. Cependant, afin de se mettre plus à l'aise, Jean-Jacques affecte de ne proposer ses difficultés qu'aux Protestants, avouant que les Catholiques avaient dans leur religion de quoi les réfuter victorieusement. Les Protestants, bien entendu, ne reconnurent pas leur impuissance à répondre ; mais les Catholiques eux-mêmes, persuadés que les arguments de Rousseau n'étaient pas sans les toucher aussi, montrèrent qu'ils n'étaient pas dupes de ses finesses. Quelques pages plus haut, il avait dit que, dans d'autres circonstances, il n'avait combattu que les Catholiques et avait fait l'affaire des Réformés. S'il crut diviser ainsi ses adversaires pour mieux les réduire, il ne tarda pas à s'apercevoir qu'il n'avait réussi qu'à les indisposer tous et à s'attirer les représailles de tous [1].

Rousseau, dans ses *Lettres*, n'avait pas seulement à défendre ses idées religieuses ; car, par un malheur qu'il ne savait comment expliquer, la politique ne lui avait pas mieux réussi que la religion. A l'entendre, en effet, loin de vouloir détruire le gouvernement de son pays, il avait indiqué les moyens de le conserver. Or, le gouvernement qu'il avait proposé comme modèle était le seul qui le proscrivît. Son *Contrat social*, toléré en France et en Hollande, n'était interdit qu'à Genève ; de sorte qu'on le punissait pour avoir bien mérité de son pays [2].

Restaient les questions constitutionnelles des droits respectifs de la bourgeoisie et des Conseils. Ces sortes de sujets, qui prêtent à l'éloquence et peuvent beaucoup gagner, suivant la façon dont ils sont présentés, convenaient particulièrement à Jean-Jacques. Il lui était facile de montrer les abus du droit négatif, qui, en effet, en avait eu souvent ; il lui suffisait de passer sous silence les abus du droit de la bourgeoisie. Le tableau des empiètements du Petit Conseil n'était qu'un jeu pour une plume aussi exercée aux joûtes oratoires. Il est certain que la Constitution de Genève était, au fond, très aristocratique. Cependant on y pouvait signaler aussi des éléments démocratiques nombreux et importants. C'étaient ces éléments que le Petit Conseil, par une action lente et continue, avait travaillé de longue

---

1. *Lettre II,* à la fin, et *Lettre III* toute entière. — 2. *Lettre VI.*

date à absorber et à faire disparaître. Le Petit Conseil avait en main le gouvernement, l'administration et la justice; la souveraineté du peuple, si chère à Rousseau, avait chaque jour moins d'occasions et de facilités pour s'exercer, en face de ce pouvoir qui faisait peser son omnipotence sur les âmes aussi bien que sur les corps. Qu'on enlève encore à la bourgeoisie le droit de faire des représentations ou qu'on l'annule par le droit contraire du Petit Conseil, et il ne lui restera plus rien. En droit donc et d'après sa constitution, le peuple genevois était, d'après Rousseau, le plus libre de tous les peuples; en fait, grâce aux usurpations du Petit Conseil, il vivait sous le plus dur esclavage. L'État était dissous; il n'y avait plus d'État [1].

Cette sorte d'antinomie inextricable avait besoin d'être modifiée; Jean-Jacques n'était pas seul à le demander. Le meilleur moyen de permettre à ces deux droits de s'exercer était de les limiter l'un par l'autre; de laisser au Petit Conseil son droit négatif, mais seulement jusqu'à un certain point; de laisser à la représentation une efficacité nécessaire, mais seulement dans certains cas, ou quand elle aurait réuni un chiffre donné d'adhérents [2]. Tronchin lui-même avait ouvert la porte à cette solution quand il avait dit : « Combien faudra-t-il de douteurs? Cinquante, cent, deux cents, quatre cents. Qu'on fasse donc une loi [3]. »

Rousseau, pour l'impression de ses lettres, s'a-

---

1. *Lettres V, VII, VIII et IX.* — 2. DIDEROT, *Œuvr.* édit. Assezat, t. IV, p. 70; — *Correspondance littéraire*, 1ᵉʳ janvier 1764; — *Lettres de Voltaire à d'Argental*, 27 et 28 novembre 1765, 12 février 1766. — 3. *Lettres de la Campagne*, lettre III.

dressa d'abord à Avignon, par l'intermédiaire de Dastier; mais aucun libraire n'ayant voulu s'en charger, il revint à Rey, sur qui il pouvait compter plus que sur tout autre. Il lui vendit son ouvrage treize cents livres. On connaît ses exigences ordinaires de discrétion, de célérité et de correction matérielle; on sait aussi ses anxiétés continuelles sur le résultat[1]. Cependant, par un excès de confiance qui ne lui était guère habituel, il s'était figuré que le livre entrerait librement en France et aurait au moins une permission tacite. Il pensait peut-être qu'il lui suffisait d'avoir dit beaucoup de mal du protestantisme et de ses ministres pour se faire bien voir des catholiques; mais est-ce sérieusement qu'il prétendait « n'avoir pas dit un seul mot contre les catholiques[2]? » Les refus qu'il avait éprouvés à Avignon ne lui avaient-ils donc pas tenu lieu d'avertissement? Il lui fallut bien pourtant à la fin se rendre à l'évidence. Les dispositions peu bienveillantes de M. de Sartine engagèrent Rey à traiter directement avec Duchesne, afin de s'éviter en partie les embarras de l'introduction en France. Elle ne s'effectua pas toutefois sans difficulté. Pour plus de sûreté, Rey s'avisa de faire son envoi principal par mer. La cargaison alla par Dunkerque et Rouen, en passant par l'Angleterre. Jean-Jacques crut à un naufrage[3]. On peut juger de ses transes pendant ce temps-là. De son côté, Duchesne, pour faire entrer les exemplaires en fraude à Paris, usait de toute sorte de moyens, jusqu'à en charger les carrosses

---

1. *Lettres à Rey* du 7 juin au 31 décembre 1764. — 2. *Lettres à Rey*, 27 août et 17 septembre 1764; *à Duchesne*, 4 novembre 1764. — 3. *Lettres à Coindet*, 30 décembre 1764; *à Duchesne*, 16 et 24 décembre 1764.

des seigneurs de la Cour. Enfin, le 25 janvier 1765, il écrivit à Rey que tout était arrivé à bon port [1]. En Suisse, Rey n'avait pas évité l'ennui d'une contrefaçon à Yverdun [2].

L'ouvrage, interdit en France [3], se répandit clandestinement; mais il ne s'en répandit que mieux. Détail assez piquant : il fut brûlé à Paris en même temps que le *Dictionnaire philosophique* de Voltaire [4]. La Haye avait donné l'exemple. Un arrêt de la cour, en date du 21 janvier, y avait condamné le livre à être lacéré et brûlé sur l'échafaud par la main du bourreau comme scandaleux, blasphématoire, renouvelant les erreurs de l'*Émile*, etc. On laissa Rey à peu près tranquille. On avait au préalable saisi les exemplaires chez lui; on en avait trouvé *dix* [5]. Berne interdit également les *Lettres* de la manière la plus sévère [6]. Rousseau raille agréablement ces mesures de rigueur et ces auto-da-fé. « Que j'apprenne à ma bonne amie mes bonnes nouvelles. Le 22 janvier, on a brûlé mon livre à La Haye; on doit aujourd'hui le brûler à Genève; on le brûlera, j'espère, encore ailleurs. Voilà, par le froid qu'il fait, des gens bien brûlants. Que de feux de joie brillent en mon honneur dans l'Europe! Qu'ont donc fait mes autres écrits, pour n'être pas aussi brûlés? et que n'en ai-je à faire brûler encore! Mais j'ai fini pour ma vie; il faut savoir mettre des bornes à son orgueil [7]. »

---

1. Note de l'éditeur à la *Lettre de Rousseau à Rey*, du 31 décembre 1764.— 2. *Lettre de Rousseau à Rey*, 31 décembre 1764.— 3. *Lettres de Rousseau à Malesherbes*, 11 novembre 1764; à *Duclos*, 2 décembre 1764; à Mme *de Verdelin*, 25 novembre 1764. — 4. Arrêt du 19 mars 1765, cité aux *Œuvres de J.-J. Rousseau*, édit Poinçot, t. XIV. — 5. Note de l'éditeur à la *Lettre de Rousseau à Rey* du 16 février 1765. — 6. *Lettre de Rousseau à Rey*, 28 janvier 1765. — 7. *Lettre à Mme Guyenet, née Isabelle d'Ivernois*, 6 février 1765.

Ce qui devait, plus que tout le reste, intéresser Rousseau, c'était l'attitude de Genève. Lui, qui autrefois ne permettait point de passer en fraude trois exemplaires de l'*Émile*, se montra alors moins scrupuleux, et en fit expédier cinq cents des *Lettres de la Montagne* sous le nom de *Draperies ordinaires*[1]. La précaution était bonne, car les magistrats, à coup sûr, auraient empêché l'introduction s'ils l'avaient pu. Le Conseil fut transporté de fureur, et il devait l'être; il ne pouvait, en effet, recevoir de plus rudes coups. Il déclara d'abord que les *Lettres* ne méritaient pas d'être brûlées; ce qui ne l'empêcha pas de les brûler plus tard. Du reste, si elles eurent leurs défenseurs, l'effet général fut loin d'être favorable à Rousseau. Ses partisans habituels l'abandonnèrent ou n'osèrent le soutenir. « J'ai lu deux fois vos *Lettres de la Montagne*, lui écrivait un de ses amis; mon cœur en a frémi, ma santé en a été altérée[2]. » O prodige! Mme Latour elle-même n'est pas satisfaite. Aussi, faut-il voir comme Jean-Jacques la remet à sa place[3]. On doit bien penser que leur bouderie ne dura pas et que Rousseau fut forcé à la fin de céder aux excuses, aux supplications et aux larmes de son amie[4]. Enfin Moultou, malgré son dévouement qu'on pourrait appeler de fraîche date, car ce fut alors qu'il reprit sa correspondance interrompue, se montra hésitant et embarrassé, et se

---

1. *Lettre à Rey*, 8 octobre 1764. — 2. *Lettre de Philibert Cramer à Rousseau*, citée par GABEREL, *Rousseau et les Genevois*, chap. II, § 5. — 3. *Lettre de Mme Latour à Rousseau*, 24 février, et *Réponse de Rousseau*, 10 mars 1765. — 4. *Lettres de Mme Latour à Rousseau*, 19 mars, 22 avril, 18 mai, 3 juillet; *de Mme Prieur, amie de Mme Latour*, 6 août 1765; *Réponse de Rousseau*, 11 août 1765.

trouva tiraillé entre le désir et, pour ainsi dire, la nécessité de l'admiration et son amour pour la patrie. « Vos *Lettres de la Montagne*, écrivait-il à Rousseau, sont les gémissements d'un héros... Mais quel sera parmi nous l'effet de votre livre? Dieu seul sait si vous l'effacerez un jour avec vos larmes, ou si votre patrie vous devra des autels[1]. » Rousseau avait parlé avec faveur de la médiation des puissances, et avait même compté dessus, pour se faire bien voir de la France[2]. Moultou apprécie la médiation à un tout autre point de vue : « Des Français, des Bernois, avec leurs principes, sont toujours à craindre, et les ennemis de la bourgeoisie ont des amis très puissants parmi eux. » Malgré ces réserves, s'il avait su que son ami travaillât contre les miracles, il lui aurait fourni des textes. Quoique Moultou ne fît plus partie à cette époque de la compagnie des pasteurs, un tel élan de cœur est assez singulier de la part d'un ministre du Saint Évangile[3].

Du reste, le secours de Moultou était bien inutile dans l'affaire et n'aurait été qu'un scandale de plus. Jamais la Réforme et ses ministres n'avaient été plus maltraités par un coreligionnaire. Rousseau les montre depuis l'origine, et sans excepter Calvin, leur père à tous, comme des inquisiteurs sévères, devenant bientôt de persécutés persécuteurs ; — voulant malgré leur principe du libre examen, tout décider, tout régler, prononcer sur tout, chacun proposant modestement son sentiment pour l'im-

---

1. Lettre de Moultou à Rousseau, 23 novembre 1764. —
2. Lettre à Rey, 27 août 1764. —
3. Lettre de Moultou à Rousseau, 31 janvier et 16 février 1765.

poser à tous les autres ; — suivant leurs passions plus que leurs principes ; — hérétiques jusque dans leur dure orthodoxie ; — méconnaissant et n'aimant plus leur religion ; — avec leur ton risiblement arrogant, avec leur rage de chicane et d'intolérance, ne sachant plus ni ce qu'ils croient, ni ce qu'ils veulent, ni ce qu'ils disent. Puis « quand ils auront bien discuté, bien chamaillé, bien ergoté, bien prononcé ; tout au fort de leur petit triomphe, le clergé romain, qui maintenant rit et les laisse faire, viendra les chasser, armés d'arguments *ad hominem* sans réplique, et les battant de leurs propres armes, il leur dira : Cela va bien ; mais à présent, ôtez-vous de là, méchants intrus ; vous n'avez travaillé que pour nous. » Et un peu plus loin (nous ne citons que quelques lignes ; mais le passage mériterait d'être lu tout entier) : « Quand les premiers réformateurs commencèrent à se faire entendre, l'Église universelle était en paix ; tous les sentiments étaient unanimes ; il n'y avait pas un dogme essentiel débattu parmi les chrétiens. Dans cet état tranquille, tout à coup deux ou trois hommes élèvent leur voix et crient dans toute l'Europe : Chrétiens, prenez garde à vous ; on vous trompe, on vous égare, on vous mène dans le chemin de l'Enfer ; le Pape est l'antechrist, le suppôt de Satan ; son Église est l'école du mensonge. Vous êtes perdus si vous ne nous écoutez... Il n'était pas naturel que les catholiques convinssent de l'évidence de cette nouvelle doctrine, et c'est aussi ce que la plupart d'entre eux se gardèrent bien de faire. Or, on voit que la dispute étant réduite à ce point ne pouvait plus finir et que chacun devait se donner gain de cause ; les protestants soutenant toujours que leurs interprétations et leurs preuves étaient si claires qu'il fallait être de mauvaise foi pour s'y refuser; et les catholiques, de leur côté, trouvant que les petits arguments de quelques particuliers, qui même n'étaient pas sans réplique, ne devaient pas l'emporter sur l'autorité de toute l'Église, qui, de tout temps, avait autrement décidé qu'eux les points débattus[1]. »

On avait autrefois accusé le Conseil d'avoir agi sans l'avis du Consistoire, et dans la circonstance actuelle, celui-ci, malgré le désir des magistrats, avait d'abord évité de dénoncer officiellement les *Lettres*[2]. Après de telles paroles, il devenait évidemment impossible aux pasteurs de garder la même attitude de neutralité presque bienveillante. Rousseau avait fini par lasser leur affection. Attaqués dans leur caractère et dans leur foi, il déclarèrent que le Magnifique Conseil n'avait donné aucune atteinte à leurs droits, et que leur silence devait être regardé comme une preuve non équivoque de leur approbation[3]. Il y en eut qui adressèrent individuellement leurs doléances à Rousseau[4].

Citons encore dans le même sens, quoique ne venant pas de Genève, le dur jugement adressé par Mably à Mme Saladin : « Voilà toutes mes idées bouleversées sur le compte de Rousseau. Je le croyais honnête homme. Je croyais que sa morale était sérieuse; qu'elle était dans son cœur et non au bout de sa plume. Il me faut prendre malgré moi une autre façon de penser, et j'en suis affligé... Mais cet homme finit par être une espèce de con-

---

1. *Lettre II*. — 2. *Lettre de Moultou à Rousseau*, 30 janvier 1765. — 3. SAYOUS, t. I, ch. VIII; extrait du *Recueil Cramer*. — 4. GABEREL, *Rousseau et les Genevois*, ch. III, § 7.

juré. Est-ce Érostrate qui veut brûler le temple d'Éphèse? Est-ce un Gracchus? etc[1]. »

On fit circuler cette lettre à Genève. Jean-Jacques déclara qu'il aimait trop Mably pour croire qu'il en fût l'auteur et prit le parti de le lui demander à lui-même[2]. « Il est très vrai, lui répondit Mably, qu'une personne de mes amies, m'ayant parlé des troubles que votre dernier ouvrage causait dans Genève, je lui ai fait la réponse dont on vous a envoyé l'extrait... J'en voudrais corriger quelques expressions. Je vous ai plaint comme Socrate, mais Socrate, pour se venger de ses juges, ne tenta pas d'exciter une sédition à Athènes[3]... »

On dirait que Rousseau comprit ces avertissements. Ce n'était pas la première fois d'ailleurs, qu'après avoir fait un coup d'éclat, il se retirait sous sa tente; il se mit donc à prêcher, quoique un peu tard, la modération à ses amis. Sagesse et fermeté, telle était sa devise[4]. Mais, plusieurs, plus touchés par ses exemples que par ses paroles, n'en continuèrent pas moins leurs agissements. Les brochures recommencèrent à paraître. Tronchin répliqua avec sa modération ordinaire aux *Lettres de la Montagne*[5]. On lui répondit; des réponses furent faites à ces réponses[6]. Parmi ces brochures, il en

---

1. *Lettre de Mably à Mme Saladin*, 11 janvier 1765. — 2. *Lettres à Mme de Chenonceaux et à l'abbé de Mably*, 6 février; *à Moultou*, 7 février 1765. — 3. *Réponse de Mably à Rousseau*, 11 février 1765. Les *Confessions* renferment, au sujet de la *Lettre de Mably* quelques erreurs. — 4. *Lettres à d'Ivernois*, 7 et 17 janvier, 22 février, 22 avril; *à Chappuis*, 2 février; *à Lenieps*, 8 février; *à Deluc*, 25 janvier, 24 février; *à Moultou*, 18 février 1765. — 5. *Lettres populaires*, 1765. — 6. *Réponse aux lettres populaires*, 1765. — *Remarques d'un ministre de l'Évangile sur la IIIe lettre de la Montagne*, 1765.

est une, *Le Sentiment des citoyens,* qui eut une importance réelle.

Le gouvernement, à la fin, devenait difficile. Le Conseil, nommé à une très faible majorité, et jaloux de ne garder le pouvoir que dans des conditions de dignité et de sécurité satisfaisantes, prit le meilleur moyen pour se l'assurer, il offrit d'abdiquer et fit une sorte d'appel au peuple. « Nous nous faisons un plaisir, répondirent les citoyens, de déclarer publiquement que nous honorons le Magnifique Conseil ; chacun de ses membres est digne de notre estime et de notre confiance. Toujours assurés de ces sentiments, nous supplions Messieurs de vouloir bien revenir en arrière au sujet du sieur Rousseau, des tribunaux sans syndics, et des emprisonnements préventifs [1]. » Le parti des Représentants se montrait modéré mais il ne cédait pas. Genève put, jusqu'à un certain point, être fière de ces citoyens; jamais mouvements populaires ne s'étaient passés avec autant de tranquillité ferme et polie. Il est vrai qu'à Genève, le peuple n'était qu'une petite partie choisie de la population.

Le Conseil, enhardi peut-être par ce demi-succès, crut qu'il pouvait user de rigueur ; les *Lettres* furent alors brûlées ; mais cet acte ne fit que réveiller l'ardeur des partisans de Rousseau. Des représentations plus nombreuses que jamais se renouve-

---

— *Lettres de la Plaine,* par l'abbé Sigonne, 1765. — *Considérations sur les miracles,* par Clarapède, 1765. — *Examen de ce qui concerne le Christianisme, sa réformation évangélique, et les ministres de Genève dans les deux premières lettres de Jean-Jacques Rousseau,* par Vernes, 1765. — *Sentiment des citoyens,* 1764. — *Sentiment des jurisconsultes,* 1765. — 1. Gaberel, *Rousseau et les Genevois,* ch. II, § 5.

lèrent aussitôt. « Vous avez eu, écrit Moultou, la couronne des martyrs. Onze cents citoyens l'ont posée jeudi sur votre tête. Qu'ils brûlent à présent; c'est trop tard. » Et les Représentants auraient sans doute poussé plus loin leurs protestations, si, contrairement aux idées de Rousseau, ils n'avaient craint par-dessus tout un appel aux Puissances. « Je n'ai jamais eu tant de terreur, continue Moultou, les rues étaient pleines de citoyens consternés et semblaient désertes par leur silence. Tout le monde voyait le danger et personne ne savait comment on pourrait l'écarter..... Il n'y a pas dans nos annales une journée aussi mémorable que celle de jeudi. C'est un chef-d'œuvre de politique et une chose sublime. Que votre nom va grand à la postérité [1]. »

III

Nous venons de parler du *Sentiment des citoyens*. Cette brochure parut quelque temps après les *Lettres de la Montagne*. Elle était, comme la plupart des autres, sans nom d'auteur. Jean-Jacques n'hésita pas à l'attribuer à Jacob Vernes, membre influent du Consistoire et autrefois son ami [2]. Elle était en réalité de Voltaire ; mais on fut longtemps sans le savoir. C'était un infâme libelle, plus riche d'injures que de raisons, attaquant la vie privée de Rousseau presque autant que ses ouvrages et sa vie publique. Comme si ce n'était pas assez de l'outrager, on y dénonçait l'auteur de l'*Émile* à la rigueur des

---

1. *Lettre de Moultou à Rousseau*, 13 février 1765. — 2. *Lettre à Rey*, 31 décembre 1764.

lois : « Il faut lui apprendre, disait-on en finissant, que, si on châtie légèrement un romancier impie, on punit capitalement un vil séditieux. » Rien de plus singulier, étant donné le nom de l'auteur, que l'intérêt qu'on y portait à l'orthodoxie protestante, les termes touchants dans lesquels on y parlait des pasteurs, la sainte horreur avec laquelle on repoussait les blasphèmes et les impiétés de l'*Émile*, l'hypocrisie avec laquelle on racontait la vie de débauche de Jean-Jacques, sa conduite avec la malheureuse qu'il avait entraînée dans ses désordres, le sort qu'il avait fait à ses enfants. Cet écrit, qui excita partout l'indignation, obtint pourtant un certain crédit auprès des femmes de Motiers, à cause du mal qu'on y disait de Thérèse [1]. Il paraît qu'à Motiers personne ne s'était douté jusqu'alors de la nature des rapports qui existaient entre Jean-Jacques et sa servante. Montmollin lui-même, le pasteur du village, aurait-il dit : *Ses mœurs sont sans reproche,* s'il avait connu la vérité ? D'après un auteur [2], on aurait, en arrivant, fait toute une histoire pour sauver les apparences. Dans ce pays simple et religieux, qui tenait encore à la régularité des mœurs, les indiscrétions du libelle étaient capables de perdre le malheureux Jean-Jacques. Les détails intimes dans lesquels on entrait lui persuadèrent, sans autre preuve, que Mme d'Épinay en avait fourni les matériaux, et il résolut dès lors de s'en venger [3]. D'un autre côté, il y crut reconnaître le style de Vernes, que l'auteur inconnu avait en effet assez bien imité ; rien après cela ne put l'arracher à son

---

1. *Lettre à Dupeyrou,* 14 février 1765. — 2. G. MAUGRAS, ch. XIII, p. 310. — 3. *Lettre à Duclos,* 13 janvier 1765.

erreur. Les représentants brûlèrent le libelle ; le Conseil, afin de montrer sa répulsion pour de semblables procédés de polémique, ajourna toute mesure de rigueur contre les *Lettres de la Montagne*. Vernes, mis en demeure de s'expliquer, se défendit avec l'indignation de l'homme injustement accusé. Jean-Jacques, incapable d'admettre qu'il se fût trompé, mais forcé à la fin de garder pour lui ses soupçons, ne rougit pas d'en perpétuer le souvenir dans un écrit posthume qui témoigne plus de son esprit inventif et subtil que de son honnêteté et de son jugement [1]. Peut-être pourrait-on trouver le secret de l'animosité de Rousseau dans les ouvrages de polémique honnête et raisonnée que Vernes avait publiés contre lui, et qui lui avaient valu les félicitations du Conseil [2].

Quelques années après, on voulut ménager une entrevue entre les deux adversaires. Jean-Jacques s'y refusa : « Qu'il prouve, dit-il, et je suis à ses pieds. » Comme si c'eût été à Vernes qu'incombait l'obligation de prouver [3].

Que faisait Voltaire pendant que s'échangeaient entre Vernes et Rousseau la plus pénible correspondance ? Voltaire laissait bravement accuser un innocent d'un acte dont il était seul coupable ; Voltaire riait de bon cœur avec sa coterie « des effets de cette pomme de discorde entre un déiste et un croyant [4]. » Dire du mal de Jean-Jacques, lui faire

---

1. *Déclaration de J.-J. Rousseau relative à M. le pasteur Vernes.* Aux *Œuvres.* Voir en outre, *Lettres de Rousseau à Duchesne*, 6 et 20 janvier, 3 et 5 février ; *à Lenieps*, 3 février 1765. — 2. *Registre des délibérations du Conseil d'État de Genève*, 2 août 1763. — 3. *Lettre à d'Ivernois*, 20 juillet 1765. — 4. DELUC, *Lettres sur l'histoire physique du globe*, p. CXII.

faire une sottise en l'engageant sur une fausse piste, laisser peser l'odieux de l'affaire sur un ministre de la religion, que de bonheurs d'un coup! « Je croyais vous avoir mandé, écrit-il à Damilaville, que la petite brochure est d'un nommé Vernes ou Vernet. On dit que ce n'est qu'une feuille oubliée presque en naissant. Ce ministre Vernes a écrit une autre brochure contre Jean-Jacques, oubliée tout de même. Je n'ai vu ni l'un ni l'autre écrit, Dieu merci [1]. »

Le motif qui avait poussé Voltaire à écrire le libelle n'était pas bien difficile à saisir. Outre sa haine habituelle, il avait alors une vengeance actuelle à satisfaire. Jean-Jacques ne s'était-il pas avisé, dans ses *Lettres de la Montagne,* d'attribuer publiquement à Voltaire le *Sermon des Cinquante* [2]? Ne l'exposait-il pas ainsi à la rigueur des lois? « Est-il possible, Madame, écrit Voltaire à Mme de Luxembourg, qu'un homme qui se vante de votre protection joue ainsi le rôle de délateur et de calomniateur? Il n'est pas d'excuse sans doute pour une action si coupable et si lâche [3]. » Inutile d'ajouter que Voltaire était bien l'auteur du *Sermon des Cinquante;* tout le monde le savait, le gouvernement seul avait l'air de l'ignorer. Mais Voltaire n'était-il pas le plus effronté de ces hommes qui « sont dans l'usage d'avouer leurs livres pour s'en faire honneur, et de les renier pour se mettre à couvert, » de sorte que « le même homme sera

---

1. *Lettre de Voltaire à Damilaville,* 15 janvier 1765. Voir aussi sa *lettre à Moultou,* 7 avril 1765. — 2. *Lettre* V. — 3. *Lettres de Voltaire à Mme de Luxembourg,* 9 janvier 1765; *à Damilaville,* 12 janvier 1765. Voir aussi *Lettre à d'Alembert,* 9 janvier, et à *d'Argental,* 10 janvier 1765.

l'auteur ou ne le sera pas devant le même homme, selon qu'ils seront à l'audience ou dans un souper[1]. » Et Voltaire, par un prodige d'impudence, n'accuse-t-il pas Rousseau d'avoir, au moment même où il le dénonçait, fait imprimer le *Sermon des Cinquante* par Rey, son libraire d'Amsterdam[2]?

Si Voltaire était en partie couvert par ses mensonges, il ne l'était pas moins par une sorte de connivence des magistrats. Cette différence de traitement entre lui et Rousseau ne laissait pas parfois que de mettre le Conseil dans l'embarras ; le vrai motif, qui était la crainte de la France, étant difficile à avouer.

Voltaire était en veine de calomnier. Rousseau, afin de montrer les égards qui sont dus à un auteur incriminé, avait dit dans ses *Lettres de la Montagne* qu'ayant commencé une réfutation du livre de *l'Esprit* d'Helvétius, il avait jeté ses feuilles au feu à l'instant même où il avait appris qu'Helvétius était poursuivi. Si, plus tard, il dit son sentiment sur le même sujet, ce fut sans nommer le livre ni l'auteur[3]. Et Montmollin, le pasteur de Motiers, expliquant peut-être ces dernières paroles, déclara que Rousseau lui avait affirmé avoir eu en partie pour but dans son *Émile* « de s'élever, non directement, mais assez clairement, contre l'ouvrage infernal de *l'Esprit*[4]. »

Il n'en fallut pas davantage à Voltaire pour dresser toute une accusation : « Il vient d'être avéré, dit-il, que, pour être admis à la communion des

---

1. *Lettres de la Montagne,* lettre V. — 2. *Lettre de Voltaire à Damilaville,* 31 décembre 1764. — 3. *Lettre Ire,* note.

— 4. *Réfutation du libelle* (de Dupeyrou) *en faveur de Rousseau. Lettre de Montmollin,* 13 juin 1765.

fidèles dans le village où il aboie, il a promis par un écrit signé de sa main *qu'il écrirait contre le libelle abominable d'Helvétius*. Son curé, avec lequel il s'est brouillé, comme avec le reste du monde, a été obligé de faire imprimer cette belle promesse[1]. » Et ce qui le rend encore plus coupable, ajoute Voltaire, c'est qu'il avait reçu dans le temps quelques louis d'Helvétius[2]. A une affirmation si précise, Rousseau ne put qu'opposer un démenti. Il n'avait rien promis, rien signé ; on faisait dire à Montmollin plus qu'il n'avait dit ; enfin on sait qu'il n'était pas facile de lui faire accepter des louis[3].

Cependant Jean-Jacques, en disant qu'il avait brûlé ses feuilles, ne disait pas toute la vérité. Il avait en réalité gardé l'exemplaire du livre d'Helvétius, avec ses notes de réfutation aux marges. Il l'avait même vendu, avec d'autres livres, à Dutens, mais en lui recommandant de n'en rien publier. Ces notes furent communiquées à Helvétius, qui se proposait d'y répondre, quand il fut frappé par la mort[4].

Ce n'est pas sur des notes sans liaison, souvent sur de simples boutades, qu'il est possible d'asseoir un jugement définitif, principalement quand il s'agit

---

1. *Lettre de Voltaire à d'Argental*, 4 septembre 1765. Voir aussi *Lettre à Damilaville*, 10 auguste 1765. — 2. *Lettres de Voltaire à d'Alembert*, 28 auguste, 18 septembre, 16 octobre 1765 ; *à M. de Pézai*, 22 décembre 1766 ; *de d'Alembert à Voltaire*, 7 octobre 1765. — 3. *Lettre de Rousseau à M. de Chauvel*, 5 janvier 1767. — 4. *Lettres de Rousseau à Davenport*, février 1767, et *à Dutens*, 16 février, 2 et 26 mars 1767. — *Lettres d'Helvétius à Dutens*, 22 septembre et 26 novembre 1771. — *Lettres de Dutens au libraire B*. (de Bures, 1779. — Notes en réfutation de l'ouvrage d'Helvétius, intitulé *de l'Esprit*. Aux Œuvres de J.-J. Rousseau, édition de Genève, 1782, supplément, t. III.

d'un auteur qui, comme Rousseau, vaut surtout par la forme. Tout ce qu'on peut faire, c'est de lui tenir compte de l'intention et de constater son opposition au matérialisme. Diderot a repris cette réfutation de Rousseau et a écrit sur ses notes de nouvelles notes. C'était donner au livre d'Helvétius une bien grande importance [1].

Vers le même temps, Voltaire allait fouiller jusque dans un lointain passé pour accuser son rival, prétendant qu'à Venise il avait été, non le secrétaire, mais le valet du comte de Montaigu, et s'était fait chasser à coups de bâton. Nous avons raconté plus haut cet épisode [2].

IV

Tandis que Rousseau se retirait des affaires de Genève, Voltaire s'y engageait au point d'en devenir, sinon le personnage le plus important, au moins un des plus remuants et des plus en vue. N'appartenant à aucun des deux partis, il se croyait en situation de jouer le rôle de conciliateur, et ne doutait pas que son nom, ses relations, son activité et son adresse ne lui rendissent cette tâche facile. Son système, du reste, est aussi simple que modeste, et quoique ses préférences le portent du côté de la bourgeoisie [3], il se garde bien de dicter à personne

---

1. *Œuvres de Diderot*, édit. Assezat, t. I. — 2. Ch. VIII. — 3. *Lettres de Voltaire à Damilaville*, 16 octobre; *à d'Argental*, 13 novembre 1765. Il serait trop long de citer la correspondance de Voltaire sur les affaires de Genève. De 1765 à 1768 il n'y a pas de sujet sur lequel il revienne aussi souvent dans toutes ses lettres.

son devoir et se borne à mettre en présence les adversaires, espérant qu'ils ne se verront pas longtemps sans s'entendre. Son amour pour la paix ne lui fait pas oublier toutefois son ressentiment contre Jean-Jacques. En toute occasion, il veut s'appliquer à prendre le contrepied de Jean-Jacques, à se montrer, comme il le dit quelque part « un petit anti-Jean-Jacques [1]. » « Mon devoir et mon goût, écrit-il, sont de jouer un rôle directement contraire à celui de Jean-Jacques : Jean-Jacques voudrait tout brouiller, et moi, comme bon voisin, je voudrais, s'il était possible, tout concilier [2]. »

Mais il eut beau offrir ses services à tout le monde, même à ceux qui ne voulaient pas les accepter, donner des dîners, faire trinquer les citoyens avec les magistrats, proposer des plans de pacification, « jeter de l'eau sur les charbons de Jean-Jacques » et se rendre le témoignage que, si tout s'est passé, se passe et se passera avec la plus grande tranquillité, il n'a pas peu contribué à la bienséance que les citoyens ont gardée dans toutes leurs démarches, personne, autre que lui seul, ne crut à ces hauts faits.

L'ardeur de conciliation et de réconciliation de Voltaire s'étendit jusqu'à Jean-Jacques lui-même. Il parla d'un rapprochement à d'Ivernois, qui en rendit compte à Rousseau. « Il paraît, écrivait d'Ivernois, avoir pris cœur à nos droits. Nous sommes certains qu'il écrit en notre faveur et que, loin de nous faire du mal, il ne nous fait que du bien... Il m'a fait demander deux fois, mais je ne veux point

---

1. *Lettre de Voltaire à d'Argental,* 14 décembre 1765. —
2. *Lettres de Voltaire au marquis de Florian,* 1er novembre 1765 ; *à d'Argental,* 17 janvier 1766.

y aller ; je préfère rester chez moi. Il a témoigné à plusieurs reprises grande envie de se réconcilier avec vous[1]. » Voici la réponse de Rousseau : « Je reçois, mon bon ami, votre lettre du 23. Je suis très fâché que vous n'ayez pas été voir M. de Voltaire. Avez-vous pu penser que cette démarche me ferait de la peine? Que vous connaissez mal mon cœur ! Eh ! plût à Dieu qu'une heureuse réconciliation entre vous, opérée par les soins de cet homme illustre, me faisant oublier tous ses torts, me livrât sans mélange à mon admiration pour lui ! Dans les temps où il m'a le plus cruellement traité, j'ai toujours eu beaucoup moins d'aversion pour lui que d'amour pour mon pays. Quel que soit l'homme qui vous rendra la paix et la liberté, il me sera toujours cher et respectable. Si c'est Voltaire, il pourra, du reste, me faire tout le mal qu'il voudra : mes vœux constants, jusqu'à mon dernier soupir, seront pour son bonheur et pour sa gloire[2]. »

Nous citons cette lettre comme un des monuments les plus honorables de la vie de Rousseau. Elle montre que son amour pour son pays était sincère, que son désir de réparer le mal des *Lettres de la Montagne* était véritable. Il dut assurément lui en coûter d'engager ses amis à se jeter dans les bras d'un homme qu'il avait tant de motifs de détester. Il fit là un acte de vertu dont on doit le louer sans réserve.

Quand d'Ivernois rapporta la lettre de Rousseau à Voltaire, celui-ci en parut fort impressionné. « Il faut, dit-il, faire revenir ici M. Rousseau. Faites-lui

---

1. *Lettre de d'Ivernois à Rousseau,* 23 décembre 1765. — Desnoiresterres, t. VII, I. —

2. *Lettre à d'Ivernois,* 30 décembre 1765.

savoir qu'il court quelques chiffons de papier où il est question de lui. S'ils lui tombent sous la main, qu'il n'y fasse pas attention ; ils étaient écrits avant que je connusse ses sentiments. » Et là-dessus, s'engagea entre d'Ivernois et Voltaire, en présence de Deluc, une discussion en règle, où chacun prit à tâche de détruire les raisons de son adversaire et de faire valoir les siennes propres. « Le *Vicaire savoyard*, dit Voltaire, m'a toujours paru un excellent ouvrage, et susceptible du sens le plus favorable. J'ai condamné hautement, je condamne et je condamnerai toujours ceux qui ont cru flétrir cet ouvrage en le faisant brûler. Il n'y a qu'un scélérat qui puisse dire que j'ai eu la moindre part à la condamnation de M. Rousseau. J'aimerais autant qu'on dît que j'ai fait rouer Calas que de dire que j'ai persécuté un homme de lettres... Il est faux et calomnieux que j'aie jamais écrit à Paris ni ailleurs contre M. Rousseau ; il est également faux que je me sois entretenu de lui avec M. Bertrand de Berne... Je ne me suis vengé qu'en plaisantant. M. Marc Chapuis est témoin que j'ai offert une maison à M. Rousseau ; écrivez-lui, Monsieur, que je la lui offre toujours, et que, s'il veut, je me fais fort auprès des médiateurs de le faire rentrer dans tous ses droits, à Genève. J'offre de vous donner cette déclaration signée de ma main, que vous pourrez rendre publique, si vous le trouvez à propos. » Ce fut, en effet, dans cette circonstance qu'il écrivit à Lullin la lettre dont nous avons parlé ci-dessus[1].

D'Ivernois, sans être entièrement persuadé, jugea qu'on pouvait, en tout cas, profiter des bonnes dis-

---

1. La *Lettre à Lullin* est du 30 janvier 1766.

positions de Voltaire. « Si, par son moyen, écrit-il, nous pouvions vous faire rentrer dans vos droits de citoyen, quand même vous ne seriez pas dans l'intention d'en venir jouir, vous comprenez qu'on aurait beau jeu pour instruire l'Europe de l'injustice du Gouvernement envers vous[1]. » Mais les sacrifices que Rousseau faisait au bien de son pays ne pouvaient aller jusqu'à lui faire oublier le soin de sa propre dignité : « Vous n'avez pas dû penser, répondit-il, que je voulusse être redevable à M. de Voltaire de mon rétablissement. Qu'il vous serve utilement et qu'il continue au surplus ses plaisanteries sur mon compte ; elles ne me feront pas plus de chagrin que de mal. J'aurais pu m'honorer de son amitié, s'il en eût été capable ; je n'aurais jamais voulu de sa protection. Jugez si j'en veux après tout ce qui s'est passé. Il a tous les torts ; il faut qu'il fasse toutes les avances, et voilà ce qu'il ne fera jamais. Il veut pardonner et protéger. Nous sommes loin de compte[2].

Pour être complètement édifié sur le compte de Voltaire, il est nécessaire de voir comment il traitait le pauvre Jean-Jacques, au moment même où il lui faisait ses propositions de réconciliation et d'amitié. La première lettre de d'Ivernois est du 23 décembre 1765 ; la seconde réponse de Rousseau est du 23 février 1766, pendant cet intervalle de deux mois, on chercherait en vain un mot aimable ou seulement poli à l'adresse de Rousseau ; en revanche, on y rencontrerait à diverses reprises ceux de

---

1. *Lettre de d'Ivernois à Rousseau*, 1er février 1766, citée par DESNOIRESTERRES, t. VII, I. —

2. *Réponse de Rousseau à d'Ivernois*, 23 février 1766. Voir DESNOIRESTERRES, t. VII, I.

polisson, de grand fou, de malhonnête homme et autres semblables. « Jean-Jacques n'est bon qu'à être oublié ; il sera comme Ramponneau, qui a eu un moment de vogue à la Courtille ; à cela près que Ramponneau a eu cent fois moins de vanité et d'orgueil que le petit polisson de Genève.[1]. Ce monstre de vanité et de contradiction, d'orgueil et de bassesse, Jean-Jacques Rousseau, ne réussira certainement pas à mettre le trouble dans la fourmilière de Genève, comme il l'avait projeté. Je ne sais si on l'a chassé de Paris, comme le bruit en court ici, et s'il s'en est allé à quatre pattes, ou avec sa robe d'Arménien[2]. Rousseau est un grand fou et un bien méchant fou, d'avoir voulu faire accroire que j'avais assez de crédit pour le persécuter, et que j'avais abusé de ce prétendu crédit. Il s'est imaginé que je voulais lui faire du mal parce qu'il avait voulu m'en faire, et peut-être parce qu'il lui était revenu que je trouvais son *Héloïse* pitoyable, son *Contrat social* très insocial, et que je n'estimais que son *Vicaire savoyard* dans son *Émile*... Parlez, je vous prie, de cette extravagance à Tronchin, il vous mettra au fait ; il vous fera voir que Rousseau est non seulement le plus orgueilleux de tous les écrivains médiocres ; mais qu'il est aussi le plus malhonnête homme[3].

Il serait difficile d'accorder, dans cette circonstance, la conduite de Voltaire avec ses paroles, si l'on ne se rappelait que ses motifs étaient loin d'être désintéressés. S'il voulait une réconciliation, c'est

---

1. *Lettre de Voltaire à Damilaville*, 28 décembre 1765. —
2. *Id.*, 13 janvier 1766. —
3. *Lettre de Voltaire à d'Argental*, 24 janvier 1766.

uniquement parce qu'il en avait besoin. Voyant le tort que ses démêlés avec Jean-Jacques lui faisaient auprès de la bourgeoisie dans le rôle de conciliateur qu'il tenait à jouer, il sacrifiait simplement, quoique bien à regret, sa haine à son amour-propre ; ou plutôt, autant que possible, il ne les sacrifiait ni l'un ni l'autre. Son intérêt était la mesure et la garantie de sa sincérité relative.

Il s'était flatté de rendre, par ses bons offices, la médiation des puissances inutiles. Quand elle fut décidée, il songea à s'assurer, au moins du côté de la France, un médiateur à son goût. Il pensa un moment à Hénin, qui avait l'avantage d'être tout prêt rendu et d'avoir commencé à s'occuper de l'affaire [1]. Mais pourquoi pas d'Argental ? Et aussitôt il écrivit lettres sur lettres à ses *anges* pour les déterminer, mais ils ne se soucièrent pas de venir dans cette galère [2]. Beauteville, ambassadeur en Suisse et *connaissant déjà le tripot de Genève*, fut choisi. Il fit des avances à Voltaire ; il en fit à tout le monde, et débuta de la manière la plus heureuse; mais il ne tarda pas à se lasser de ces petites querelles et de l'entêtement avec lequel on les soutenait, montra une grande partialité en faveur de l'aristocratie, et devint aussi hautain et aussi dur qu'il avait été d'abord doux et affable. Bientôt on ne le désigna plus que sous le nom de *Brouilleville* [3].

Rousseau, qui avait toujours bien auguré de la médiation [4], lui écrivit, non afin de rien demander

---

1. *Lettre de Voltaire à d'Argental*, 21 décembre 1765. — 2. *Lettres de Voltaire à d'Argental*, 3, 11, 13, 15, 17, 20, 24, 27 janvier 1766. — 3. *Id.*, 27 janvier 1766. — DESNOIRESTERRES, t. VII, I. — SIMOND, *Voyage en Suisse*, t. II, p. 390. — 4. *Lettre de Rousseau à d'Ivernois*, 20 décembre 1765.

pour lui-même, car il savait endurer des torts qui ne seraient jamais réparés, mais pour lui recommander ses amis les bourgeois et la cause qu'ils soutenaient. Beauteville lui fit une réponse sévère. Il admirait ses talents et son génie; mais, ajouta-t-il, « plût à Dieu que vous ne les eussiez employés que pour le bien de votre patrie. Vous l'aimez, sans doute, et c'est à force de l'aimer que vous avez contribué à son malheur[1]. » Ces déconvenues ne pouvaient que confirmer Rousseau dans sa résolution de ne plus s'occuper de rien[2].

Quant à Voltaire, rien ne l'arrêtait. Il voulait, quelques mois auparavant, que la paix de Genève se fît, comme celle de Westphalie, aux dépens de l'Église[3]; actuellement il cherche à faire les affaires de la France, et surtout les siennes, aux dépens de Genève. Il porte jusqu'à Choiseul ses idées sur la médiation. « Jean-Jacques seul, dit-il, a troublé la paix de Genève et la mienne... Je ne veux me mêler de rien, mais mes petites terres étant enclavées en partie dans leur petit territoire, j'ai plus d'intérêt que personne à voir la fourmilière tranquille et heureuse. Je suis sûr qu'elle ne le sera jamais que quand vous daignerez être son protecteur principal, et qu'elle recevra des lois de votre médiation permanente. »

« Ah! si j'osais vous supplier d'engager M. de Beauteville à demeurer, en vertu de la garantie, le maître de juger toutes les contestations qui s'élèveront toujours à Genève! Vous seriez en droit d'envoyer un jour, à l'amiable, une bonne garnison, pour

---

1. SAYOUS, t. I, ch. VIII. — 2. *Lettre à d'Ivernois*, 31 mai 1766. — 3. *Lettre de Voltaire à d'Argental*, 11 janvier 1766.

maintenir la paix, et de faire de Genève, à l'amiable, une bonne place d'armes, quand vous aurez la guerre en Italie. Genève dépendrait de vous, à l'amiable, mais...[1]. Quant à ce droit négatif, qui est assez obscur, je pense toujours qu'il faut que ce droit appartienne à M. le duc de Praslin, qui, par là, deviendra le protecteur et le véritable maître de Genève [2]. »

Un nouvel élément était alors venu s'introduire en tiers dans les partis. Les *natifs*, c'est-à-dire la foule des hommes qui n'avaient pas de droits politiques, avaient jugé le moment opportun pour améliorer leur situation. Ils s'étaient adressés à Voltaire, qui ne demanda pas mieux que de les conseiller, et, au besoin, de réparer leurs maladresses. Ils pouvaient, en s'alliant résolument aux représentants ou aux négatifs, se faire payer chèrement le prix de leurs concours. « Faites-vous, leur disait Voltaire, les amis des brochets ou des vautours. » Faute de prendre ce moyen, ils devinrent la proie des uns et des autres. L'aristocratie les combattit comme révolutionnaires; la bourgeoisie les méprisa; les puissances dédaignèrent de les protéger; leur état ne fit qu'empirer [3]. Voltaire, d'ailleurs, n'avait pas tardé à les abandonner. « J'ai déclaré au Conseil, bourgeois et natifs, écrit-il, que, n'étant point marguillier de leur paroisse, il ne me convenait point de me mêler de leurs affaires, et que j'avais assez des miennes [4]. »

1. *Lettre de Voltaire à Choiseul*, s. d. — 2. *Lettre de Voltaire à d'Argental*, 2 mars 1766. Voir aussi autres *Lettres*, 12 février, 5 avril, 12 mai 1766. — 3. *Voltaire et les Natifs de Genève*, par JOEL CHERBULIEZ; *Bibliothèque univers. de Genève*, t. XXIII, août 1753. — 4. *Lettre de Voltaire à d'Argental*, 12 mai 1766.

Cette bonne résolution n'alla pas toutefois jusqu'à l'empêcher de solliciter des plénipotentiaires cette déclaration, dont il triomphait si bruyamment, que *Jean-Jacques Rousseau était un calomniateur*[1]. Cependant, à partir de ce moment, son nom paraît beaucoup moins souvent. Il est vrai que la manière dont tournaient les affaires était peu propre à encourager quiconque n'était pas forcé de s'en mêler. Beauteville et les médiateurs proposèrent enfin leur projet d'accommodement[2]. Mais il leur inspirait à eux-mêmes si peu de confiance, qu'ils commencèrent par faire bloquer la ville ; ce qui n'empêcha pas le Conseil général de rejeter tout accommodement. S'ils avaient espéré soumettre les habitants par la famine, ils s'étaient complètement trompés. Personne ne voulut céder. On se secourut mutuellement du mieux qu'on put, les plus riches donnant aux plus pauvres. Le roi de Sardaigne fit passer des vivres et demanda à l'Angleterre d'intercéder auprès du gouvernement français. Necker, Tronchin (le médecin), les pasteurs, unirent leurs efforts[3]. Rousseau, sortant pour un moment de son silence, ne se contenta pas d'exprimer son indignation contre les magistrats, et d'envoyer aux bourgeois le tribut de son admiration[4] ; il voulut encore leur adresser, avec ses conseils, un secours de 350 francs, somme énorme pour lui[5]. Pendant ce temps-là, Voltaire se

---

1. *Lettres de Voltaire à d'Alembert*, 30 juillet 1766 ; à *Damilaville*, 30 juillet et 11 auguste 1766. — 2. *Lettre de Voltaire à Damilaville*, 1ᵉʳ décembre 1766. — 3. *Lettre du médecin Tronchin à Pictet*, datée de Versailles, 8 février 1767. — BACHAUMONT, 16 mars 1767. — 4. *Lettre à d'Ivernois*, 31 janvier 1767. — 5. *Lettre à Dutens*, 5 février 1767. Le reçu de cette somme, en anglais, est daté du 9 février. Voir

plaignait en raillant de n'avoir pas de quoi manger et de quoi boire, « et tout cela parce que Jean-Jacques Rousseau a échauffé quelques têtes d'horlogers et de marchands de drap [1]. » Ou bien encore il parlait d'un projet de sédition formé par Jean-Jacques, et trouvé dans les papiers de Lenieps [2]. Lenieps venait, en effet, d'être mis à la Bastille, mais il ne suit pas de là que Rousseau fût un conspirateur. Rousseau, au contraire, avait toute sa vie déclaré « qu'il ne voudrait pour rien au monde avoir trempé dans la conspiration la plus légitime, parce qu'enfin ces sortes d'entreprises ne peuvent s'exécuter sans troubles, sans désordres, sans violences, quelquefois sans effusion de sang ; et qu'à son avis, le sang d'un seul homme est d'un plus grand prix que la liberté de tout le genre humain [3]. Loin de conspirer, Rousseau ne cherchait qu'à pacifier. Quand il fut question d'un accord, comme il saisit cette idée ! « Je voudrais, dit-il, tant ma passion de vous voir pacifiés est vive, donner la moitié de mon sang pour apprendre que cet accord a reçu sa sanction. Peut-être ne serait-il pas à désirer que j'en fusse l'arbitre ; je craindrais que l'amour de la paix ne fût plus fort dans mon cœur que celui de la liberté. Mes bons amis, sentez-vous bien quelle gloire ce serait pour vous, de part et d'autre, que ce saint et sincère accord fût votre ouvrage, sans aucun concours étranger [4].

GABEREL, *Rousseau et les Genevois*, ch. II-VI. — *Lettre à d'Ivernois*, 7 février 1767. — 1. *Lettre de Voltaire au comte de la Touraille*, 19 janvier 1767. Voir aussi *Lettres au Maréchal duc de Richelieu*, 9 janvier 1767. — 2. *Lettre de Voltaire à Damilaville*, 8 décembre 1766. — 3. *Lettre à Mme X*, 27 septembre 1766. — 4. *Lettre à d'Ivernois*, 6 avril 1767.

L'affaire traîna encore toute une année. L'excès des malheurs finit cependant par amener des projets d'accord. « Les perruques de Genève, dit Voltaire, proposent actuellement des accommodements aux tignasses. Ce n'était pas la peine d'appeler, à si grands frais, trois puissances médiatrices, pour ne rien faire de ce qu'elles ont ordonné. M. le duc de Choiseul doit être las de voir des gens qui demandent à Hercule sa massue pour tuer des mouches [1]. » Rousseau se monta sur un ton autrement tragique et fit sérieusement une proposition qui ne pouvait guère venir que de lui : « Oui, Messieurs, il vous reste, dans le cas que je suppose, un dernier parti à prendre, et c'est, j'ose le dire, le seul qui soit digne de vous. C'est, au lieu de souiller vos mains dans le sang de vos compatriotes, de leur abandonner ces murs qui devaient être l'asile de la liberté, et qui vont n'être plus qu'un repaire de tyrans ; c'est d'en sortir tous, tous ensemble, en plein jour, vos femmes et vos enfants au milieu de vous, et puisqu'il faut porter des fers, d'aller porter du moins ceux de quelque grand prince, et non pas l'insupportable et odieux joug de vos égaux [2]. »

Cette idée est folle, extravagante, impossible ; mais elle valait bien, dans un sens, les froides railleries de Voltaire. Les bourgeois ne partirent point ; ils firent mieux, ils s'arrangèrent avec leurs adversaires. Ils envoyèrent le projet d'accommodement à Rousseau, qui leur donna une longue, trop longue consultation ; mais il aimait à discourir sur les théories politiques [3]. Sa lettre ne changea rien aux résolu-

---

1. *Lettre de Voltaire à Chabanon*, 11 janvier 1768. Voir aussi *Lettre au duc de Richelieu*, 22 janvier 1768. — 2. *Lettre à d'Ivernois*, 29 janvier 1768. — 3. *Lettre à d'Ivernois*, 9 février 1768.

tions. Ne pouvant espérer de faire adopter un règlement définitif à son goût, il entreprit de persuader au Conseil d'en faire un qui fût seulement provisoire. S'il ne fut pas mieux écouté sur ce point que sur les autres, il eut au moins la satisfaction d'être témoin de la paix, objet de ses constants désirs. Elle fut signée le 11 mars 1768. « Le malheur que j'ai eu, disait-il, d'être impliqué dans le commencement de ces troubles m'a fait un devoir dont je ne me suis jamais départi, de n'être ni la cause, ni le prétexte de leur continuation... ajoutant même que s'il ne tenait qu'à une démarche aussi respectueuse qu'il soit possible, pour apaiser l'animosité du Conseil, j'étais prêt à la faire hautement et de tout mon cœur. Pourvu que vous ayez la paix, rien ne me coûtera[1]. » En somme donc on peut souscrire à la conclusion d'un auteur d'ordinaire trop favorable à Rousseau, qu'il sut réparer noblement le mal qu'il avait fait à sa patrie[2]; sous cette réserve toutefois que les principes de ses ouvrages n'étaient pas désavoués, et que, l'eussent-ils été, rien ne pouvait les arrêter dans leur marche et les empêcher de produire leurs effets.

Jean-Jacques, tout à la joie de la pacification, ne manqua pas de célébrer les vertus, la sagesse, le courage de ses bons amis les bourgeois; mais il ne négligea pas de leur continuer ses conseils. Bien plus, le sentiment de sa satisfaction l'entraîna, pour la première fois, à répondre à des avances qu'il s'était toujours refusé d'accueillir, touchant l'annulation du décret porté contre lui. « Tout ce que je

---

1. *Lettre à Moultou*, 7 mars 1768. — 2. GABEREL, *Rousseau et les Genevois*, ch. II, § 5. —

puis vous dire à ce sujet, écrit-il, est que, si cela arrivait, ce qu'assurément je n'espère pas, le Conseil serait content de mes sentiments et de ma conduite, et il connaîtrait bientôt quel immortel honneur il s'est fait. Mais je vous avoue aussi que ce rétablissement ne saurait me flatter s'il ne vient d'eux-mêmes, et jamais, de mon consentement, il ne sera sollicité [1]. »

Cet appel demeura sans écho ; mais tandis que l'aristocratie continuait à tenir rigueur à Jean-Jacques, le peuple, qui l'aimait et qui lui savait gré de ce qu'il avait fait pour la paix, lui témoignait sa reconnaissance de la façon la plus expressive. On rapporte que, pendant des journées entières, la foule se pressa pour boire à sa santé dans la tasse d'argent qui lui avait longtemps servi, et qu'il avait donnée à sa vieille nourrice Jacqueline [2].

On aurait pu croire les troubles à jamais finis. En 1770, il y eut cependant un retour sanglant. Les natifs, Choiseul, Voltaire remplirent alors les principaux rôles. Rousseau y étant resté étranger, nous n'avons pas à nous en occuper [3].

Pour terminer ce que nous avons à dire des affaires de Genève, il nous reste à parler de deux épisodes, dans lesquels notre personnage fut au contraire particulièrement intéressé.

Le premier est relatif à une brochure qui parut sous le nom de Voltaire, et qui pouvait en effet passer pour être de lui, tant elle était spirituelle et méchante. Elle était en réalité de Bordes, et avait

---

1. *Lettre à d'Ivernois*, 24 mars 1768. — 2. GABEREL, *Rousseau et les Genevois*, ch. II, § 5. — DESNOIRESTERRES, t. VII. —

3. Voir DESNOIRESTERRES, t. VII, et GABEREL, *Rousseau et les Genevois*, ch. II, § 5. —

pour titre : *Lettre de M. de Voltaire au docteur J.-J. Pansophe*[1]. L'auteur y persiflait agréablement Jean-Jacques sur ses innombrables contradictions, sur ses systèmes sociaux et religieux, sur ses livres pleins de fiel, de sophismes et d'erreurs, sur son orgueil, sur ses mensonges, sur ses fausses vertus, sur ses ridicules de toute espèce. Rousseau y fut pris[2]. Beaucoup d'autres le furent comme lui; mais il jouait vraiment de malheur avec ses appréciations. Naguère, il s'était entêté à reprocher à Vernes le *Sentiment des citoyens*, qui était de Voltaire, et voilà que maintenant il voulait attribuer à Voltaire la brochure de Bordes. Cette fois au moins, il eut le bon esprit de ne pas soutenir son opinion et de dédaigner cette attaque.

Il couvrit d'un égal mépris et d'un silence encore plus complet (car on ne peut supposer qu'il en ait ignoré l'existence) un autre libelle qui eut un certain retentissement, *la Guerre civile* de Genève[3]. Celui-là était bien de Voltaire. Voltaire ne prit pas même la peine de le désavouer; mais il n'y recueillit ni gloire, ni profit d'aucune sorte, et ne réussit à faire de tort qu'à lui-même. Il paraît que le deuxième chant, car c'était un poème, circula à Paris et à Genève, par suite d'une indiscrétion de la Harpe, et que Voltaire renvoya même celui-ci de chez lui, pour lui marquer son mécontentement[4]. La Harpe aurait alors bien changé d'avis avec le

---

1. Cette lettre est aux *Œuvres de J.-J. Rousseau*, édition de Genève, t. IV du *Supplément*. — 2. *Lettres à Dupeyrou*, 10 mai; à d'Ivernois, 30 août 1766. — 3. *La Guerre civile de Genève* ou *les amours de Robert-Covelle*. Poème héroïque avec des notes instructives. Londres, 1768, in-8. — 4. BACHAUMONT, 1ᵉʳ avril 1768.

temps. « Je ne dirai qu'un mot, écrit-il, de la *Guerre de Genève*, qui n'est qu'une des taches de sa vieillesse ; misérable production aussi mal conçue que mal écrite, et où son talent poétique parut même l'abandonner. Ce déchaînement atroce contre Rousseau remplit la moitié de l'ouvrage, et pour cette fois, il n'y a pas même d'esprit : la fureur a tout ôté au lyrique, jusqu'au sens commun [1]. » On ne manquerait pas d'autres appréciations pour le moins aussi dures sur ce poème immonde. Ce fut un concert de réprobation universelle, au point que les amis de Voltaire ne voulaient pas laisser prendre de copies des cinquième et sixième chants, par égard pour l'auteur [2].

V

Les affaires de Genève nous ont obligé d'anticiper de plusieurs années sur les autres événements de la vie de Rousseau. Pendant ce temps-là, il a changé de demeure ; il a quitté la Suisse ; il s'est établi en Angleterre, puis en France. Nous allons reprendre le fil de l'histoire au point où nous en sommes restés.

Nous avons laissé Rousseau se louant d'autant plus de la tolérance de son pasteur qu'elle tranchait davantage sur la conduite de ceux de Genève ; recueillant auprès de lui mille satisfactions pour sa piété, en recueillant, n'en doutons pas, davantage encore pour son amour-propre. Même après ses insuccès, Montmollin avait continué à être enchanté

---

1. LA HARPE, *Lycée*, 3ᵉ partie, liv. I, ch. II, sect. I. — 2. BACHAUMONT, 2 mai 1768.

de son paroissien. « Il est certain, écrit-il à un ami, que je suis lié d'amitié avec M. Rousseau, que je l'aime et que je l'estime. Il a le cœur droit, l'esprit lumineux, ses mœurs sont sans reproche, et il vit d'une manière très édifiante, faisant profession de notre sainte religion d'une manière exacte et exemplaire, s'acquittant scrupuleusement de toutes les parties du culte. Sa confession de foi qu'il m'a remise et qu'il m'a expliquée m'a satisfait. »

Enfin, sauf *l'Émile,* il n'est pas jusqu'à ses livres que Montmollin n'admire presque sans réserve [1]. Aussi les rapports restèrent-ils excellents pendant plus de deux ans [2]. *Les Lettres de la Montagne* elles-mêmes, si propres à troubler l'harmonie, passèrent d'abord presque inaperçues. Rousseau, qui en prévoyait peut-être les effets, avait voulu prendre les devants et en avait envoyé un exemplaire à son pasteur. « La querelle, lui disait-il, est toute personnelle entre les ministres de Genève et moi, ou si j'y fais entrer la religion protestante pour quelque chose, c'est comme son défenseur contre ceux qui veulent la renverser [3]. »

Nous ne connaissons pas la réponse de Montmollin, mais nous savons que, pendant plusieurs mois, il se contenta de parler en particulier à Rousseau et de gémir en secret de cette nouvelle attaque contre la religion et ses ministres. Sa situation était délicate. Son affection pour Jean-Jacques et la protection marquée dont il le voyait entouré par le Roi et Milord Maréchal le gênaient évidemment [4].

---

1. *Lettre de Montmollin à Le Maigret,* à Rouen, 30 décembre 1762. — 2. Voir quelques *Lettres et billets de Rousseau à Montmollin* de 1763 à 1765. FRITZ-BERTHOUD, II. — 3. *Lettre à Montmollin,* 23 décembre 1764. — 4. *Lettre de Montmollin à Sarasin,* 15 janvier 1765.

Il est difficile de savoir ce qu'il aurait fait s'il n'avait été stimulé par la parole ferme de Sarasin[1] ; mais s'il eut de la peine à se déterminer, il faut convenir qu'une fois en mouvement, il y mit de l'activité et de l'ardeur. En somme il arriva que les *Lettres de la Montagne*, qui donnaient à Genève tant d'embarras à leur auteur, lui en donnèrent davantage encore à Motiers, et, en fin de compte, le forcèrent à un nouveau départ. Rousseau, dans ses confessions et dans sa correspondance ; Dupeyrou, dans trois lettres spéciales, ont raconté longuement ces luttes. De son côté, Montmollin a publié une brochure d'explications et a conservé de nombreuses lettres, qui ont été récemment publiées ; nous avons donc, dans ce procès, la bonne fortune d'entendre les deux parties[2].

Rousseau avait, dans cette circonstance, affaire à trois pouvoirs différents ; 1° le roi de Prusse ; 2° le Conseil d'État de Neuchâtel ; 3° la classe des pasteurs, Montmollin et le consistoire de Motiers.

« Le Roi de Prusse vous met en état de tout oser, » avait dit Moultou[3]. D'Alembert, qui connaissait bien

---

1. *Lettre de Sarasin à Montmollin*, 4 janvier 1765. — 2. Fritz Berthoud. *J.-J. Rousseau et le pasteur de Montmollin*, in-12, 1884. — *Lettre de M. X...* (Dupeyrou), 14 avril 1765. — *Réfutation du libelle précédent*, par M. le pasteur de Montmollin (10 lettres, du 10 juin au 1ᵉʳ juillet 1765). — *Seconde lettre relative à M. J.-J. Rousseau*, adressée à milord comte de Wemys et signée Dupeyrou, 31 août 1765. — *Troisième lettre relative à M. J.-J. Rousseau*, servant de postscriptum à celle du 31 août, signée Dupeyrou, 16 septembre 1765. (Ces pièces sont aux Œuvres de J.-J. Rousseau, édit. de Genève, t. III du supplément.) — *Lettre de Rousseau à Dupeyrou*, 8 avril 1765. (Cette lettre était destinée à l'impression.) — 3. *Lettre de Moultou à Rousseau*, 16 novembre 1762.

Frédéric, n'était pas de cet avis : « On dit, écrivait-il à Voltaire, que Rousseau est dans les États du Roi de Prusse, près de Neuchâtel, je ne voudrais pas répondre qu'il y restât; car le Roi de Prusse, tout roi de Prusse qu'il est, n'est pas le maître à Neuchâtel comme à Berlin, et les vénérables pasteurs de ce pays-là n'entendent pas raillerie sur l'affaire de la religion [1]. » Trois ans après, l'événement donnait raison à d'Alembert. En effet, quand les esprits s'échauffèrent, Milord Maréchal lui-même n'eut qu'un conseil à donner à son ami, celui de fuir, sans compter sur la protection du Roi et de la cour [2]. Il est vrai que, contrairement à l'usage, la cour lui donna beaucoup plus qu'elle n'avait promis.

Rousseau, devenu tout à coup autoritaire pour le besoin de sa cause, n'aurait pas été fâché de faire de ses petites difficultés une affaire d'État. « Il est certain, répondit-il au prince de Wirtemberg, qui lui avait proposé l'appui du prince Henri de Prusse auprès de son frère, que l'autorité du Roi est compromise, et que, s'il me soutient et qu'on s'obstine, elle peut l'être davantage encore; mais, si le Roi veut se prévaloir de la circonstance pour rétablir la subordination et soutenir son protégé, je vous réponds que son protégé tiendrait une contenance qui ne ferait point déshonneur à sa protection [3]. »

Le Conseil d'État dépendait du Gouvernement et aurait dû suivre sa direction; mais ce pouvoir local, qui visait à l'indépendance et qui était en délicatesse avec Milord Maréchal, ne pouvait être regardé

---

1. *Lettre de d'Alembert à Voltaire*, 31 juillet 1762. — 2. *Lettres de Milord Maréchal à Rousseau*, 8-9-10 février 1765. — 3. *Lettres du prince de Wirtemberg à Rousseau*, 9, 13 et 20 mars 1765. *Lettre de Rousseau au prince de Wirtemberg*, 11 mars 1765.

comme bien sûr. Par suite de l'éternelle lutte de l'État contre l'Église, il était assez disposé à donner des leçons aux pasteurs, tout en ayant à les ménager et à tenir compte de l'opinion. Jean-Jacques, d'ailleurs, comptait dans son sein de chauds partisans. Ces raisons opposées lui inspiraient un mélange d'espérance et de crainte [1]. En fait, le Conseil d'État lui fut constamment dévoué.

La cause étant surtout religieuse, c'est avec le pouvoir ecclésiastique qu'était proprement engagée la lutte. Cependant, même en ce qui concerne ce pouvoir, il y a des distinctions à faire. On peut admettre que Montmollin et la classe des pasteurs furent unis et suivirent constamment la même voie, quoiqu'il ne soit pas aussi sûr qu'ils l'aient toujours parcourue du même pas; mais il y avait à Motiers même une autre institution, le Consistoire, sans lequel le pasteur ne pouvait rien ou presque rien. Or Montmollin était loin de tenir son Consistoire dans sa main, et il y rencontra effectivement bien des résistances.

Comment donc, avec deux pouvoirs qui lui étaient favorables, et un troisième qui était divisé, Rousseau se laissa-t-il chasser? On doit penser, ou que ses torts étaient bien grands, ou qu'il fut bien maladroit, ou qu'il avait d'autres motifs de partir. Nous verrons si en effet ces causes ne contribuèrent pas toutes trois à son départ.

Le signal de l'attaque ne vint pas officiellement de Montmollin, mais de la classe des pasteurs, siégeant à Neuchâtel.

Les pasteurs ne voyaient pas sans inquiétude

---

1. *Lettre à Lenieps.*

l'édition générale des œuvres de Rousseau qui se préparait à Motiers. Il y avait là, suivant eux, un scandale et un danger pour la foi ; ils en conférèrent entre eux ; ils en parlèrent autour d'eux. Montmollin convient de leur opposition et s'honore d'y avoir participé [1]. Jean-Jacques s'apercevait qu'on travaillait l'opinion [2] ; Milord Maréchal s'en inquiétait avec lui [3]. Vers la fin de février, la Classe pria le Gouvernement de révoquer le consentement qu'il avait accordé pour l'impression. Elle dénonça en même temps les *Lettres de la Montagne* et en obtint la prohibition, à condition toutefois de ne prononcer contre elles aucune flétrissure publique, et de laisser l'auteur jouir paisiblement, et sans l'inquiéter en rien, de la protection des lois dans l'asile qu'il s'était choisi [4]. Enfin, la Compagnie des pasteurs décida, comme si ce n'était pas chose connue, qu'on examinerait de plus près le christianisme de M. Rousseau, mais dans une autre assemblée, qui fut fixée au 13 mars. En attendant, Montmollin était chargé de conférer avec lui. Mais Rousseau était sur ses gardes. « Je suis persuadé, écrit-il à Dupeyrou, que vos ministres s'imaginent que je vais rester sur la défensive et faire le pénitent et le suppliant. Le Conseil de Genève le croyait aussi ; je me charge de les désabuser de même ; d'abattre si bien leur morgue, de les avilir à tel point qu'ils ne puissent jamais plus ameuter les peuples... Si je les touche, comptez qu'ils sont morts [5]. » Ce beau feu du pre-

---

1. *Lettre de Montmollin à Sarasin*, 15 janvier 1765. — 2. *Lettre à Mme Latour*, 10 février ; *à Milord Maréchal*, 11 février ; *à Dastier*, 14 février 1765. — 3. *Lettres de Milord Maréchal à Rousseau*, 8 et 10 février 1765. — 4. *Rescrit du Roi* en date du 30 mars 1765. FRITZ-BERTHOUD, VII, II. — 5. *Lettre à Dupeyrou*, 7 mars 1765.

mier moment ne tarda pas toutefois à s'éteindre. Une semaine était à peine écoulée que Jean-Jacques écrivait au même Dupeyrou : « Le désir de me venger de votre prêtraille était né dans le premier mouvement ; c'était un effet de la colère... Nous sommes du même avis, et je ne leur ferai certainement pas l'honneur d'une réponse[1]. » Dans l'intervalle, Montmollin s'était présenté chez Rousseau, lui avait parlé en citoyen, en chrétien, en ami, lui avait annoncé l'excommunication comme imminente, lui avait fait part des moyens qu'il avait imaginés pour éviter le scandale, par exemple, qu'il voulût bien se priver de la communion. Il ne put, il est vrai, lui faire agréer ces expédients ; cependant il fit tant qu'il finit par obtenir de lui une promesse formelle de ne plus écrire sur la Religion[2]. Deux jours après, Rousseau envoya l'engagement promis. Il était ainsi conçu :

« Par déférence pour M. le professeur de Montmollin, mon pasteur, et par respect pour la Vénérable Classe, j'offre, si on l'agrée, de m'engager par un écrit signé de ma main à ne jamais publier aucun nouvel ouvrage sur aucune matière de religion ; même de n'en jamais traiter incidemment dans aucun nouvel ouvrage que je pourrais publier sur tout autre sujet ; et de plus je continuerai à témoigner par mes sentiments et par ma conduite tout le prix que je mets à être uni à l'Église.

« Je prie M. le Professeur de communiquer cette déclaration à la Vénérable Classe.

« Fait à Motiers le 10 mars 1765. »

---

1. *Lettre à Dupeyrou*, 14 mars 1765. — 2. *Lettres de Montmollin à Rousseau*, lettre IV ; — *Lettre de Rousseau à Meuron*, 9 mars 1765.

Cette pièce prêtait à la discussion. Montmollin la communiqua à ses confrères ; ils la jugèrent insuffisante et enjoignirent au pasteur de Motiers de faire paraître Rousseau en Consistoire, pour lui « adresser les admonitions convenables et lui faire entendre qu'elle ne pouvait le reconnaître digne de la communion des fidèles tant qu'il ne manifesterait pas à tous égards les sentiments d'un vrai chrétien, en affirmant sa foi en Jésus-Christ et en abjurant ses erreurs contre la révélation [1]. »

Cette sentence d'excommunication, car, quoi qu'en ait dit Montmollin, c'était l'excommunication, fut fortement attaquée par Rousseau comme tardive et comme abusive. On s'avisait bien tard de découvrir des erreurs dans ses livres, et l'on était mal venu, après avoir laissé passer l'*Émile*, après avoir approuvé presque publiquement la *Lettre à l'Archevêque de Paris*, de s'élever contre les *Lettres de la Montagne*. Que contenaient donc ces *Lettres* qui ne fût déjà dans ses autres ouvrages ? Il est vrai qu'on retrouva dans les registres du Conseil d'État des remontrances adressées dès 1762 au sujet de l'*Émile ;* mais ces remontrances étaient en effet si bien enfouies dans les registres, que presque personne jusque-là ne s'était douté de leur existence. Montmollin surtout, tolérant autrefois jusqu'à faire communier Rousseau presque sans explications, devait avoir quelque peine à concilier ses facilités de la veille avec ses rigueurs du lendemain [2]. Derrière ces discussions, d'ailleurs, ne pouvait manquer de

---

1. MONTMOLLIN, *Lettre V.* — Séance du Consistoire du 13 mars. (F. BERTHOUD, II). — 2. MONTMOLLIN, *Lettre III* ; — DUPEYROU, *Lettre II* ; — *Lettre de Rousseau à Dupeyrou*, 8 août 1765.

se manifester une question plus générale, dont le cas de Rousseau n'était que l'application particulière. Quels étaient, en matière de foi et de mœurs, les droits de l'Église vis-à-vis des particuliers ou du gouvernement? On fait grand bruit, dit Montmollin, des constitutions et des droits de l'État; mais n'y a-t-il point aussi les constitutions ecclésiastiques? Le clergé n'a-t-il point des droits à exercer? Il a certainement inspection sur la foi et sur les mœurs, quand il en résulte du scandale. Si le clergé est obligé à se taire toujours; s'il ne peut, quoi qu'il arrive, interdire la communion à qui que ce soit, à quoi bon des pasteurs, un consistoire, un culte[1]?

On pourrait regarder ces déclarations comme un minimum; du côté de Rousseau, on les trouva néanmoins inadmissibles. Que prétend le clergé en parlant de ses droits? mais il n'en a aucun. « Aucune constitution ne donne au clergé inspection sur la foi des fidèles. Le Gouvernement seul a le droit d'établir ces constitutions, de les augmenter, diminuer selon le besoin, ainsi que s'exprime l'arrêt du 15 juillet 1553[2]. » On est stupéfait de l'audace de ces affirmations; mais on l'est davantage encore de la timidité avec laquelle Montmollin les accueille, se contentant de les atténuer et de les éluder de son mieux. Du reste, si Dupeyrou procède ici avec la brutalité du viveur incrédule, Jean-Jacques, plus maître de sa plume, ne soutient pas une autre doctrine; il la soutient seulement avec plus d'habileté. Dans la pratique, depuis le premier jour jusqu'au dernier, de part et d'autre on manœuvra en consé-

---

1. MONTMOLLIN, Lettres IV et VII. — 2. DUPEYROU, Lettre II, et Remarques à la suite de cette lettre.

quence : l'un cherchant à grand'peine à garder si peu que ce fût des droits de l'Église, l'autre, fier de la protection du prince et s'appuyant, en matière religieuse, sur la seule autorité séculière.

Dès le 10 mars, une lettre sévère de Milord Maréchal entendait dicter à chacun sa ligne de conduite. Le Roi, y disait-on, trouve très mauvais qu'on s'acharne sur un homme qu'il protège, et il fera éprouver les effets de son ressentiment à ceux qui continueraient à persécuter M. Rousseau[1]. La Vénérable Classe avait donc montré un certain courage en prononçant sa sentence et en chargeant Montmollin de la mettre à exécution[2]. Mais comme si cet acte avait épuisé son énergie, elle laissa au pasteur de Motiers le soin de poursuivre sa voie, en l'accompagnant sans doute de ses vœux; mais, si l'on en croit Dupeyrou, en refusant de s'associer à ses moyens. Montmollin a prétendu, au contraire, avec plus de vraisemblance, qu'il ne fit que suivre les instructions de la Classe et resta constamment en communion avec elle. On ne peut guère admettre, en effet, que le concours de la Classe ait été purement platonique. Son appui avait, d'ailleurs, bien des avantages pour Montmollin : il lui donnait une direction, il lui traçait son devoir, il soutenait son zèle, il soulageait sa responsabilité ; de toute façon, il rendait sa tâche plus facile.

Il était enjoint à Montmollin de citer Rousseau devant le Consistoire[3]. Celui-ci promit de s'y rendre ;

---

1. *Lettre de Milord Maréchal au Conseil d'État.* — Voir *Lettre I de Dupeyrou* et *Lettre de Rousseau à Mme de Verdelin*, 24 mars 1765. — 2. Voir séance du Consistoire du 13 mars. — 3. Voir le texte de la *Citation* pour le 29 mars 1765 à 11 heures du matin. Fr. Berthoud, VII.

mais, le jour venu, il écrivit qu'il ne paraîtrait pas. Ah! s'il avait eu « sa plume dans sa bouche »! Par malheur il ne savait pas dire deux mots en public et un rien l'intimidait. Il avait pris d'abord le parti d'apprendre un discours par cœur; la veille il le savait sur le bout du doigt; le jour venu il n'en savait plus un mot; c'est alors qu'il dut improviser une lettre d'excuses et d'explications [1].

Montmollin, dans son consistoire, entouré de son diacre et de ses six paysans, espérait bien être le maître. L'assemblée étant incomplète, il profita de l'occasion pour y introduire deux hommes à lui; précaution qui n'était pas inutile, car, contre toute attente, les quatre autres anciens (c'est ainsi qu'on appelait les membres du Consistoire) refusèrent d'acquiescer aux mesures proposées par leur pasteur; de sorte que, pour avoir la majorité, il fut obligé de faire voter son diacre et d'user de sa voix prépondérante de président. Le procédé fut vivement attaqué; mais si Montmollin manqua parfois de dignité et eut recours à quelques intrigues, Rousseau n'était pas en situation de lui en faire de grands reproches, en présence du *zèle* (c'est luimême qui le dit) apporté par l'officier du prince et le colonel de Pury pour maintenir les quatre membres opposants dans leur devoir [2].

Ces derniers adressèrent au Conseil d'État une protestation qui, quoique évidemment soufflée, fut exploitée comme une victoire par Rousseau. Le Conseil, d'ailleurs, non content de leur donner rai-

---

1. *Lettre de Rousseau au Consistoire de Motiers*, 29 mars 1765. — 2. *Confessions*, l. XII. — *Lettre du colonel de Pury à Rousseau*, s. d. (Printemps de 1765.) FRITZ BERTHOUD, *Appendice*.

son, exempta Rousseau de la juridiction du Consistoire, et interdit à cette assemblée « toute opération jusqu'à ordre définitif[1] ».

C'est alors que Jean-Jacques put véritablement chanter victoire et remercier ses protecteurs et ses amis, le Roi, Milord Maréchal, Meuron, Chaillet, Pury[2]. Car on doit penser que ce beau résultat n'avait pas été obtenu sans peine. Rousseau se plaint des intrigues de Montmollin ; Montmollin se plaint de celles de Rousseau ; il est certain que de part et d'autre on s'était donné beaucoup de mouvement.

Mais maintenant que Jean-Jacques est en sûreté, pourquoi, lui dit-on, songerait-il encore à quitter le pays ? Qu'il aille plutôt à Couvet, auprès d'un vrai pasteur, point théologien, avec un Consistoire qui le respecte, et au milieu d'un peuple qui lui tend les bras[3]. Qu'avec cela il renonce à écrire, et tout le monde sera content. Il hésita pourtant d'abord à prendre vis-à-vis des tiers un engagement qu'il avait pris depuis longtemps avec lui-même, mais dont il craignait qu'on n'abusât contre lui. Cependant vaincu par les marques de bienveillance dont il venait d'être l'objet, il sentit que la protection du Roi et les bontés de Milord Maréchal lui imposaient de nouveaux devoirs, et il fit la promesse tant désirée. Le Conseil d'État lui exprima la satisfaction que lui causait sa lettre et la fit porter sur ses registres[4].

---

1. *Séances du Conseil d'État, 1er, 2 et 15 avril 1765.* — 2. Rousseau venait de faire nommer ce dernier membre du Conseil. *Lettres à Meuron*, 3 avril ; *à Chaillet*, 3 avril ; *à Milord Maréchal*, 6 avril ; *à d'Ivernois*, 8 avril 1765. — 3. *Lettres à Rousseau : de Chaillet*, 2 avril ; *du colonel de Pury*, 3 avril 1765. — 4. *Lettres de Rousseau à Chaillet*, 3 avril ; *à Meuron*, 6 avril. *Réponse de Meuron à Rousseau*, 8 avril 1765.

Quant à l'idée de rester dans le pays et d'aller à Couvet, Rousseau n'en voulut pas entendre parler [1].

C'est en ce moment que parut la première lettre de Dupeyrou (les autres ne furent publiées que plus tard). Si Jean-Jacques n'en fut pas l'auteur, comme il est facile de s'en apercevoir au style, il en fut au moins l'inspirateur ; il les corrigea en plus d'un endroit et s'intéressa beaucoup à l'impression [2]. Ses amis songeaient, de leur côté, à insérer des articles dans les journaux [3]. Montmollin, mis personnellement en cause, publiait sa brochure [4] ; Rousseau lui-même ne tardait pas à répondre [5], quoi qu'il ait dit une semaine auparavant qu'il ne répondrait pas ; de sorte qu'en attendant cet heureux oubli après lequel il soupirait, il faisait tout ce qu'il fallait pour occuper le monde de sa personne. Il ne faut pas trop lui en vouloir ; le soin de sa défense le pressait. Car, malgré ses succès, il n'était pas sans craintes. Le Roi et Milord Maréchal lui donnaient bien la sûreté matérielle ; mais ils ne pouvaient le garantir contre le voisinage de Genève et les tracasseries des ministres.

Montmollin en effet n'abandonna pas la partie. Cet homme avait vraiment la vocation de la situation pénible qu'on lui faisait ; toujours cédant, ou ayant l'air de céder, toujours pliant, et se relevant sans cesse. Il ne pouvait plus assembler son Consistoire, mais la chaire lui restait. Il profita de ce

---

1. *Lettres à Milord Maréchal*, 6 avril 1765 ; *à Dupeyrou*, même jour. — 2. *Lettres à Dupeyrou*, 2, 15, 22 avril, 25 mai ; *à Duchesne*, 11 août ; *à Guy, libraire*, 23 août 1765. — 3. *Lettre du colonel de Pury à Rousseau*, 3 avril 1765 (FRITZ-BERTHOUD). — 4. *Lettre de Rousseau à d'Ivernois*, 1er août 1765. — 5. *Lettre à Dupeyrou*, 8 août 1765.

moyen; en abusa-t-il, comme on l'a prétendu? C'est peu probable, et si l'on refuse de s'en rapporter à son affirmation, on doit penser au moins que la protection dont le Roi et Milord Maréchal entouraient Rousseau était bien suffisante pour maintenir le ministre dans la modération. Il prêcha sur les sept péchés capitaux; bien plus, il prêcha sur les miracles. C'était son droit; c'était même son devoir, s'il le faisait en termes convenables. Il parla à ses paroissiens en particulier. Il paraît même qu'il leur aurait parlé bien vivement et n'aurait pas craint d'exciter les passions et d'ameuter la canaille[1]. On peut être certain que cette même canaille serait devenue un modèle d'honnêteté, si elle avait pris le parti contraire. Par le fait donc de Montmollin, ou par zèle de la religion, il se trouva que le peuple était très monté. Il n'en pouvait être autrement. Cette guerre entre les autorités civiles et l'autorité religieuse, ces brochures, ces prédications, une excommunication, étaient des événements comme on n'en voyait guère dans le Val de Travers. Ces rumeurs se répandaient jusqu'à Neuchâtel; seulement on y était moins unanime et « tous les honnêtes gens, dit Rousseau, y prenaient les ministres en exécration[2]. » Pour nous en tenir à Motiers, on y proférait des discours insultants contre Jean-Jacques et les quatre anciens qui avaient pris sa défense. « Mon habit d'Arménien, dit-il, servait de renseignement à la populace; j'en sentais cruellement l'inconvénient; mais le quitter dans cette circons-

---

1. IIe lettre de Dupeyrou. — Lettres de Rousseau à Dupeyrou, 29 avril; à Panckoucke, 26 mai 1765. — 2. Lettre à d'Ivernois, 8 avril 1765.

tance me semblait une lâcheté. Je ne pus m'y résoudre, et je me promenais tranquillement dans le pays avec mon caffetan et mon bonnet fourré, entouré des huées de la canaille et quelquefois de ses cailloux. »

Mais il n'y eut pas que la *populace* et la *canaille* à s'élever contre lui. Il eut le chagrin de compter des adversaires dans les familles les plus importantes et les plus honorables du pays, et jusque dans cette famille Boy de la Tour et d'Ivernois, avec laquelle il était si lié. Un certain Pierre Boy, entre autres, se comporta si brutalement que, « pour ne pas me mettre en colère, dit Rousseau, je me permis de le plaisanter, et je fis, dans le goût du *Petit Prophète,* une petite brochure de quelques pages, intitulée : *La Vision de Pierre de la Montagne dit le Voyant,* dans laquelle je trouvai le moyen de tirer assez plaisamment sur les miracles, qui faisaient alors le grand prétexte de ma persécution. Dupeyrou fit imprimer à Genève ce chiffon, qui n'eut dans le pays qu'un succès médiocre ; les Neuchâtelois, avec tout leur esprit, ne sentant guère le sel attique ni la plaisanterie, sitôt qu'elle est un peu fine [1]. » Les Neuchâtelois n'avaient peut-être pas tout à fait tort. Les allusions piquantes et les plaisanteries n'étaient pas dans le genre de Rousseau. Non seulement sa *Vision* ne donne pas la mesure de son talent ; mais il y reste même au-dessous du *Petit Prophète.*

Mme de Verdelin, qui vint avec sa fille, pour voir Jean-Jacques, précisément à ce moment, fut témoin des agressions dont il fut l'objet. « Cependant,

---

1. *Confessions*, l. XII ; — *Lettre à d'Ivernois,* 10 septembre 1765.

ajoute-t-il, elle ne parut faire aucune attention à rien de ce qui m'arrivait ; ne me parla ni de Montmollin, ni de personne, et répondit peu de chose à ce que je lui en dis quelquefois[1]. » Aurait-elle vu par hasard avec d'autres yeux que son ami?

Quant au Gouvernement, il prit en main les intérêts de son protégé. Mais peut-être ne fit-il que réaliser cette prédiction de Milord Maréchal : « Si la Cour prenait hautement votre parti, on crierait au privilège et vos amis se détacheraient de vous[2]. » Le Conseil d'État menaça Montmollin, lequel promit de se contenir et n'en fit rien ; il annonça qu'il rechercherait et punirait sévèrement quiconque, de fait ou de paroles, attaquerait M. Rousseau; il approuva la réimpression des *Lettres de la Montagne*. Ce dernier point qui fut signifié à la Classe, mettait les ministres directement en cause. La plupart furent d'avis de laisser tomber l'affaire. Montmollin ayant été d'une opinion contraire, la Classe s'en rapporta à sa prudence, sous la réserve expresse qu'elle ne serait compromise en rien. Le pasteur chercha, en effet, à remettre la question sur le tapis dans son Consistoire ; mais il ne fut pas suivi[3].

Nous arrivons au moment critique, on pourrait dire, si l'imagination de Jean-Jacques ne l'a point abusé, au moment tragique. La fermentation allait augmentant de jour en jour; Rousseau, hué, insulté, pouvait craindre d'être attaqué jusque chez lui. A partir du 1er septembre, chaque nuit, en effet, il entendait les pierres qui étaient lancées contre ses

---

1. *Confessions*, l. XII. —
2. *Lettre de Milord Maréchal à Rousseau*, 10 février 1765. —
3. IIe *Lettre de Dupeyrou*; — *Lettre de Rousseau à Dupeyrou*, 8 août 1765.

fenêtres. Enfin, la nuit du 6 au 7 septembre, la chose devint tout à fait grave. Laissons Rousseau la raconter lui-même :

« A minuit, j'entendis un grand bruit dans la galerie qui régnait sur le derrière de la maison. Une grêle de cailloux, lancés contre la fenêtre et la porte qui donnaient sur la galerie, y tombèrent avec tant de fracas que mon chien, qui couchait dans la galerie et qui avait commencé par aboyer, se tut de frayeur et se sauva dans un coin, rongeant et grattant le plancher pour tâcher de fuir. Je me lève au bruit ; j'allais sortir de ma chambre pour passer dans la cuisine, quand un caillou, lancé d'une main vigoureuse, traversa la cuisine, après avoir cassé la fenêtre, vint ouvrir la porte de ma chambre et tomber au pied de mon lit ; de sorte que, si je m'étais pressé d'une seconde, j'avais le caillou dans l'estomac. Je jugeai que le bruit avait été fait pour m'attirer, et le caillou lancé pour m'accueillir à ma sortie. Je saute dans la cuisine. Je trouve Thérèse qui s'était aussi levée et qui, toute tremblante, accourait à moi. Nous nous rangeons contre un mur, hors de la direction de la fenêtre, pour éviter l'atteinte des pierres et délibérer sur ce que nous avions à faire; car sortir pour appeler du secours était le moyen de nous faire assommer. Heureusement la servante d'un vieux bonhomme qui logeait au-dessous de moi se leva au bruit et courut appeler M. le Châtelain [1], dont nous étions porte à porte. Il saute de son lit, prend sa robe de chambre à la hâte et vient à l'instant avec la garde, qui, à cause de la foire, faisait la ronde cette nuit-là, et se trouva tout à

---

1. C'était l'officier principal du district.

portée. Le Châtelain vit le dégât avec un tel effroi qu'il en pâlit, et, à la vue des cailloux dont la galerie était pleine, il s'écria : Mon Dieu! c'est une carrière !... Le lendemain, le colonel de Pury, le procureur général Meuron, le châtelain Martinet, le receveur Guyenet, le trésorier d'Ivernois et son père, en un mot, tout ce qu'il y avait de gens distingués dans le pays, vinrent me voir et réunirent leurs sollicitations pour m'engager à céder à l'orage et à sortir, au moins pour un temps, d'une paroisse où je ne pouvais plus vivre en sûreté et avec honneur. Je m'aperçus même que le Châtelain, effrayé des fureurs de ce peuple forcené et craignant qu'elles ne s'étendissent jusqu'à lui, aurait été bien aise de m'en voir partir au plus vite, pour n'avoir plus l'embarras de m'y protéger, et pouvoir le quitter lui-même, comme il fit après mon départ. Je cédai donc, et même avec peu de peine; car le spectacle de la haine du peuple me causait un déchirement de cœur que je ne pouvais plus supporter[1]. »

Voulons-nous avoir la contrepartie de ce récit dramatique? écoutons d'Escherny; il habitait Motiers; il est resté, jusqu'à un certain point, l'ami et l'admiration de Rousseau; il est donc, lui aussi, en situation de nous renseigner. Après avoir remarqué que Jean-Jacques voulait depuis quelque temps déjà quitter le Val de Travers; qu'outre son besoin continuel de changement, il avait pour l'y engager les sollicitations de Thérèse et les plaintes auxquelles elle donnait lieu par ses intempérances de langage[2],

---

1. *Confessions*, l. XII. Voir aussi : *IIIe Lettre de Dupeyrou, et Lettres de Rousseau à Duchesne*, 7 septembre; à *Rey*, 12 septembre; à *d'Ivernois*, 10 septembre; à *Lenieps*, 7 septembre 1765. — 2. D'ESCHERNY, *De Rousseau et des Philosophes*, etc., ch. VI.

il ajoute : « Il s'agissait de faire du départ de Rousseau *un événement*, de lui donner l'apparence d'une fuite pour se soustraire à la persécution, fuite qui pût devenir célèbre, faire époque, et à laquelle on pût donner un nom, comme par exemple : *Fuite du Philosophe, de Motiers-Travers à l'île de Saint-Pierre;* ce qui rappellerait celle du Prophète, de la Mecque à Médine. Comment s'y prendre? Attendrons-nous du hasard l'événement, ou l'obligerons-nous d'arriver? Dans l'un ou l'autre cas, cet événement s'est réduit à une vitre cassée pendant la nuit. Le jour suivant, on sonne le tocsin : on a voulu assassiner Jean-Jacques, le lapider; la chambre où il couche était remplie de pierres; c'est le ministre fanatique du village qui avait ameuté ses paroissiens; le Philosophe, par grand bonheur, est parvenu à s'échapper. C'est ainsi qu'un petit trou fait à un carreau de vitre par une pierre lancée avec dessein ou sans dessein, est aussitôt convertie en une véritable lapidation[1]. » De son côté, Servan déclare qu'un homme digne de foi qui avait fait visite à Rousseau le lendemain de sa lapidation lui a affirmé que, parmi les pierres qu'il a vues éparses sur le plancher, plusieurs étaient plus grosses que les trous, ce qui prouve qu'elles n'avaient pas été jetées par la fenêtre[2]. Sarasin avait déjà précédemment fait une déclaration analogue[3]. Qui avait apporté ces pierres? Thérèse sans doute. « Ah! disait à Gaberel, en 1840, une vieille femme, Madelon Messner, qui avait joué, étant enfant, un rôle actif dans cette

---

1. D'ESCHERNY, *De Rousseau et des Philosophes*, ch. XXIV. — 2. *Réflexions sur les Conf. de J.-J. Rousseau*, par SERVAN, procureur général au Parlement de Grenoble. 1782. — 3. *Lettre de Sarasin à Montmollin*, 12 février 1766.

farce, nous étions de vilains polissons dans le village, pour tourmenter ainsi ce bon M. Rousseau. On le disait un peu timbré. Il se croyait toujours poursuivi par ses ennemis, et pour lui faire peur, les filles et les garçons se cachaient derrière les sapins et lui criaient: Prenez garde, M. Rousseau, demain ils viendront vous prendre. Et c'était d'autant plus mal à nous que ce bon M. Rousseau se dépouillait de tout pour les pauvres. Il partageait son dîner avec les plus misérables, et bien souvent, ayant faim à la maison, c'est lui qui nous a nourris. Quant à l'affaire des pierres, c'est Thérèse qui nous les a fait porter sur la galerie dans nos tabliers; c'est nous qui en avons jeté deux ou trois petites contre les vitres; et nous avons bien ri quand nous avons vu le lendemain M. le Châtelain qui mesurait les gros cailloux posés dans la galerie, croyant qu'ils avaient brisé les fenêtres; comme si des pierres grosses comme le poing pouvaient passer par des trous de noix. Et puis, M. Rousseau avait l'air si épouvanté qu'on étouffait de rire... Mais quand il est parti quelques jours après et que nous n'avons plus rien reçu à manger, on en a eu pour longtemps à se repentir de nos sottises [1]. »

Il ne faut pas oublier de signaler aussi le désaveu des violences exercées contre Rousseau, que publièrent les ministres, avec l'apologie de leur conduite, indignement défigurée dans les lettres de Dupeyrou [2].

Tout cela n'empêcha pas qu'on ne fît graver dans le temps une estampe représentant Montmollin, à la

---

1. GABEREL, *Rousseau et les Genevois*, ch. I, § 8. — 2. *Journal Encyclopédique*, 15 février 1766. — BACHAUMONT, 26 mars 1766.

tête d'une troupe de forcenés, hommes, femmes, enfants, poursuivant Rousseau à coups de pierres[1].

Nous ne parlons pas ici des témoignages de Grimm[2], de William Coxe[3], d'Alfred de Bougy[4], qui ne sont que des autorités de seconde main.

Enfin, Voltaire, comme on doit s'y attendre, voulut aussi dire son mot de l'affaire. Il le fit dans ses *Lettres sur les Miracles*, où il raconte à sa manière les événements de Motiers-Travers, depuis la communion de Jean-Jacques, jusqu'à sa lapidation inclusivement. Il y persiffle plus ou moins agréablement les miracles, les ministres de Genève, les ministres de Neuchâtel, Montmollin, Rousseau. Elles ne pouvaient rien apprendre à personne, et elles durent déplaire à tout le monde[5].

On voit qu'il est nécessaire d'en rabattre beaucoup du récit dramatique de Jean-Jacques. Qu'il y ait eu tapage nocturne de quelques ivrognes un jour de foire, coup monté par de mauvais plaisants, espièglerie d'enfants, supercherie de Thérèse, ou même léger mouvement populaire, il est certain que personne ne songea à assassiner Rousseau, ni à lui faire un mal sérieux. Les visites de ses amis, la délibération de la communauté de Motiers, exprimant le regret des insultes dont il a été l'objet[6], l'enquête et le rapport du Châtelain prouvent bien

---

1. SERVAN, *loc. cit.* — 2. *Corresp. littér.*, 1er octobre et 15 novembre 1765. — 3. *Anecdotes sur J.-J. Rousseau tirées des voyages de William Coxe en Suisse.* — 4. *Les Résidences de J.-J. Rousseau*, par Alfred DE BOUGY. — 5. VOLTAIRE, *Lettres sur les Miracles*, notamment la *lettre quatorzième à M. Covelle, citoyen de Genève*, par M. Baudinet, citoyen de Neuchâtel, et la *lettre quinzième de M. de Montmollin, prêtre, à M. Niedham, prêtre*, 24 décembre 1765. — 6. Rapportée dans FRITZ BERTHOUD.

qu'il y eut quelque chose, mais ne donnent pas la note exacte de l'importance des faits. On dirait que ces actes furent ordonnés un peu pour complaire à Rousseau, qui tenait absolument à être ou à paraître persécuté, beaucoup surtout pour se débarrasser d'un hôte qui devenait fort gênant. On peut remarquer qu'ils ont, en effet, beaucoup plus d'apparence que de réalité; que la délibération de la communauté de Motiers lui fut presque arrachée par le Châtelain; que l'enquête, assez anodine d'ailleurs, fut menée mollement et ensuite abandonnée sur l'ordre du Conseil d'État; qu'elle ne fit connaître aucun coupable; qu'en un mot, elle n'aboutit à rien, probablement parce qu'on ne voulait pas qu'elle aboutît[1].

Le dimanche 7 septembre, Rousseau étant déjà parti et Thérèse restant seule à la maison, eurent lieu de nouveaux désordres, qui peuvent, semble-t-il, donner le véritable caractère de la manifestation. Une figure grotesque fut trouvée hissée sur la fontaine, en face de la Halle. Ce personnage avait dans sa gibecière une pièce de vers ridicules :

POLICHINEL

Me voici trouvant tout réjouis
En voyant Mostier délivré de l'impie
Qui s'est évadé, sa servante encore ici, etc.

Et là-dessus, le Châtelain de mander les gouverneurs de la communauté, de les sommer de pourvoir à la sûreté du village, de les rendre personnel-

---

1. Cette enquête en date du 12 octobre 1765 est également rapportée dans FRITZ BERTHOUD, *Appendice*.

lement responsables de tout ce qui pourrait arriver, de les obliger à placer une garde à la maison de Rousseau. Les gouverneurs ne mirent pas beaucoup de bonne volonté à obéir à ces sommations. Faut-il s'en étonner ? Leur garde n'empêcha pas les huées et les criailleries de continuer le lendemain [1].

Enfin le Roi de Prusse en personne ne dédaigna pas de jouer son rôle dans cette comédie. Il enjoignit de prendre les mesures les plus efficaces et les plus rigoureuses pour assurer la sécurité de son protégé contre les fureurs intolérantes de ses aveugles persécuteurs [2]. Quand cet acte de haute protection arriva, Rousseau était parti depuis près d'un mois. Son départ, du reste, était désiré par tout le monde, y compris lui-même ; mais alors y avait-il besoin de faire tant de bruit pour enfoncer une porte ouverte ?

VI

Jean-Jacques était à peine installé à Motiers qu'il songeait déjà à le quitter. Sans parler des offres de Mme de Boufflers, on connaît son projet de retraite en Écosse avec Milord Maréchal et Hume. Forcé d'abandonner cette idée, le démon du changement le reprend incontinent. En 1763, il est déterminé à quitter le pays, si sa santé le lui permet [3]. En 1764, c'est sa santé, au contraire, qui l'oblige à partir [4]. Dès cette époque, il cherchait, en compagnie de d'Escherny, un logement dans les environs [5], et, n'en

---

1. *Enquête du Châtelain.* — 2. *Rescrit du Roi de Prusse* en date du 28 septembre 1765, en réponse au *Rapport du Conseil d'État.* — 3. *Lettre à Mme de la Tour*, 17 juin 1763. — 4. *Lettres à Duchesne*, 20 juillet ; *à Mme de Boufflers*, 26 août 1764. — 5. D'ESCHERNY, *De Rousseau et des Philosophes*, etc., ch. v.

trouvant pas, il se plaignait d'être obligé de passer chez lui son hiver[1]. Il partageait alors son temps entre sa maison de Motiers et celle de Dupeyrou, à Neuchâtel[2]. Puis les démêlés avec Montmollin venant s'ajouter aux difficultés de Genève, ce n'est plus seulement Motiers qui lui déplaît, mais tout le pays. Il est trop près de Genève, tel est le mot qui revient à chaque instant dans ses lettres. Il met ses amis en campagne pour lui trouver un asile. Il songe à se retirer chez Rey[3]. Milord Maréchal use de ses nombreuses relations, se renseigne, lève les obstacles, met en avant dix localités différentes : c'est l'Angleterre ou l'Écosse, c'est l'Italie, Venise, la Savoie, c'est la Silésie, c'est Postdam, auprès de lui-même et de Frédéric, c'est Jersey, c'est Zurich ; et, en attendant un établissement définitif, pourquoi pas le château du Colombier, ou Couvet, ou Cressier, la superbe maison de campagne de Dupeyrou, ou l'île Saint-Pierre dans le lac de Bienne, etc[4] ? N'oublions pas une lettre très instante de Klupffel, l'ancien patron de Grimm, et une de la duchesse de Saxe-Gotha, le pressant l'une et l'autre de passer par Gotha et même de s'y arrêter le plus longtemps

---

1. *Lettres à d'Ivernois*, 15 septembre ; *à Lenieps*, 14 octobre 1764. — 2. D'ESCHERNY, *De Rousseau*, etc., ch. VI. — 3. *Lettres à Milord Maréchal*, 26 janvier ; *à Dupeyrou*, 31 janvier ; *à M*me *de Verdelin*, 3 février ; *à Dastier*, 17 février ; *au prince de Wirtemberg*, 11 mars ; *à Rey*, 18 mars et 27 avril ; *à d'Escherny*, 1er juin 1765. — 4. *Lettres de Milord Maréchal à Rousseau*, 8 et 10 février, 27 mars, 11, 12, 20, 27 avril, 30 avril (contenant une *Lettre de la duchesse de Saxe-Gotha* du 29 avril) ; 11 et 22 mai, 22 juin, 10 juillet, 7 et 20 septembre 1765. *Lettre de Klupffel à Rousseau* (citée dans *Melchior Grimm*, par M. Scherer). *Réponses de Rousseau à Klupffel*, mai ; *à la duchesse de Saxe-Gotha*, 8 juin 1765.

possible. Le prince de Wirtemberg cherche à Vienne, mais sans grand succès et recommande de préférence Zurich[1]. Mme de Verdelin n'est pas en situation d'agir aussi puisamment que Milord Maréchal, mais elle n'y met pas moins de zèle. Rousseau lui avait écrit une lettre désespérée. C'est encore sur la France qu'il comptait le plus. « Je n'ai trouvé, dit-il, que des amis dans votre clergé ; dans le nôtre, je n'ai trouvé que des furies ; les inquisiteurs de Goa sont des agneaux auprès d'eux. Ah ! Madame, si on voulait me laisser mourir en pays catholique ! Eh ! s'il faut aller en Angleterre, ne pourrai-je du moins obtenir un passage par la France ? Qu'on me laisse au moins finir mes jours dans quelque coin de la Franche-Comté ; qu'on m'enferme ; qu'on fasse de moi tout ce qu'on voudra ; je consens à tout. Voyez, chère amie, parlez, tentez s'il reste par hasard quelque humanité dans quelque cœur d'homme [2]... » Mais, lui répond Mme de Verdelin, rien ne vous empêche de venir en Franche-Comté ou en Bourgogne, vous consoler des tracasseries de vos ministres. Le Gouvernement vous souffrira partout. On pourrait aussi songer à Avignon. Cependant elle aimerait encore mieux voir son ami en Angleterre. Elle était en relations avec Hume et Walpole, qui lui seraient du plus grand secours. Tel était aussi l'avis de Milord Maréchal. Bientôt elle obtint de Choiseul un passe-port pour l'Angleterre, avec sauf-conduit pour la France ; elle découvrit de hautes protections à son ami : le duc

---

1. *Lettres du prince de Wirtemberg à Rousseau*, 26 mars, 24 avril, 8 juin 1765. — 2. *Lettre de Rousseau à Mme de Verdelin*, 3 mars. Voir aussi *Lettre* du 24 mars 1765.

de Maurepas, le duc de Nivernois, le duc d'Aumont; elle lui fit accepter cent pistoles pour subvenir aux frais du voyage; elle s'offrit à recevoir Thérèse et à lui trouver un établissement [1].

Il est singulier que Jean-Jacques, décidé à quitter Motiers, remuant ciel et terre pour se procurer une habitation, en trouvant vingt au choix, ait attendu pour effectuer son départ, à être, pour ainsi dire, chassé par la force; mais il avait déjà agi ainsi avec Mme d'Épinay : il ne savait pas partir. L'Angleterre avec Hume lui aurait procuré la moitié (la petite moitié, il est vrai) de son château en Espagne; mais, en Angleterre, la vie était chère, le froid rigoureux, et il ne savait pas la langue. L'Italie avec son beau climat, Venise surtout, lui aurait souri davantage. Il avait eu tant à se plaindre des ministres protestants qu'il déclarait, quoique protestant, qu'un pays catholique seul pouvait lui convenir. Pas Venise toutefois, dont il redoutait l'intolérance; à moins encore que le Roi de Prusse ne consentît à lui donner là quelque commission sans appointements et sans fonctions, qui lui garantît sa sûreté sans gêner sa liberté [2]. Berlin avait l'immense avantage de le rapprocher de Milord Maréchal [3]. La Hollande, auprès de Rey, lui donnait presque une famille [4]. La Corse lui plaisait pour ses mœurs [5]. Bienne avait des inconvénients [6]. L'île Saint-Pierre,

---

1. *Lettres de Mme de Verdelin à Rousseau,* 18 et 31 mars et 4 juillet 1765. *Réponse de Rousseau,* 7 avril 1765. — *Confessions,* l. XII. — 2. *Lettres à Milord Maréchal,* 26 janvier, 11 février; *à Dupeyrou,* 7 mars; *à Moultou,* 15 août 1765. — 3. *Lettre à Klüpffel,* mai 1765.— 4. *Lettre à Rey,* 18 octobre 1765. — 5. *Lettres à Buttafuoco,* 24 mars et 26 mai 1765. — *Confessions,* liv. XII. — 6. *Lettre à Vautravers,* 1er mars 1765.

où il avait fait récemment une excursion botanique délicieuse, en préparant ses *Confessions,* avait le malheur d'être en Suisse et même sur le territoire de Berne [1]. Dans certains moments, Neuchâtel lui aurait suffi, ou bien il était disposé à tout accepter, même Cressier [2]; dans d'autres, quand ses affaires allaient mieux, ou qu'il était dans ses accès de courage, il voulait prendre son temps, partir quand même, mais partir à son heure [3]. En définitive, au dernier moment, il lui fallut presque laisser au hasard le soin de décider à sa place.

La communauté de Couvet, au premier bruit du danger qu'il avait couru, lui envoya trois de ses officiers pour lui offrir un logement tout meublé, l'assurant qu'elle saurait bien le défendre contre quiconque attenterait à sa sûreté; mais si Motiers était trop près de Genève, à plus forte raison, Couvet était trop près de Motiers. Dans ces circonstances, obligé de partir au plus vite, ses projets de départ pour de lointains pays se réduisirent à un assez court trajet, et il se rendit simplement à l'île Saint-Pierre, laissant Thérèse exposée aux insultes, jusqu'à ce qu'il ait pu l'appeler près de lui [4].

On devait supposer qu'après le départ de Rousseau, les querelles allaient cesser, faute de cause et d'aliment; mais les têtes étaient échauffées et personne n'était disposé à désarmer. Les vaincus ou

---

1. *Lettres à Dupeyrou,* 4 et 20 juillet; *à d'Ivernois,* 20 juillet 1765. — 2. *Lettres à Dupeyrou,* 14 février, 2, 23 et 25 mai; *à d'Ivernois,* 8 avril, 29 juin; *au colonel de Pury,* 10 juin 1765. — 3. *Lettres à Dupeyrou,* 7 mars et 2 mai; *à Mme de Verdelin,* 30 mars; *à Milord Maréchal,* 6 avril, *à Panckoucke,* 26 mai 1765. — 4. *IIIe Lettre de Dupeyrou; — Réponse de Rousseau à MM. de la Communauté de Couvet,* 15 septembre 1765, rapportée par A. de Bougy.

les victimes du moment, Rousseau et ses partisans, n'étaient d'ailleurs rien moins qu'abattus. S'ils avaient contre eux l'opinion, et encore elle n'était pas unanime, n'avaient-ils pas pour eux le Conseil d'État et le Roi lui-même? Dupeyrou, qui jusque-là avait gardé l'anonyme, se nomma et annonça de nouvelles lettres pour faire suite à celles de Goa. Montmollin n'était donc pas quitte de ses épreuves. Lui faudrait-il recommencer la lutte? « A cette nouvelle, dit Fritz Berthoud, les parents et les amis prirent peur; ils tinrent conseil; il fut même question d'une réunion plénière de la famille. L'agitation fut grande. Les uns voulaient s'entendre avec Dupeyrou, afin d'arrêter et de clore le débat; les autres, les femmes surtout, s'indignaient à l'idée d'un accommodement[1]. » Le pauvre pasteur était fort embarrassé. Faute de pouvoir satisfaire tout le monde, il semble que, dans cette affaire, il se laissa en grande partie diriger par sa femme; comme dans celle de la communion de Jean-Jacques, il s'était laissé guider par Sarasin. Dans l'un et l'autre cas, il eut au moins le mérite de bien choisir ses conseillers. Son beau-frère lui ayant envoyé un projet d'arrangement approuvé par Dupeyrou, il y répondit, sous l'inspiration de sa femme, par un autre qui en était presque la contrepartie. Il alla à Neuchâtel; sa femme, qui craignait sa faiblesse, lui écrivit aussitôt par deux fois pour soutenir son énergie[2]. Il revint; de nouvelles tentatives d'arrangement lui arrivèrent; c'est encore d'après l'avis de

---

1. FRITZ BERTHOUD, *Jean-Jacques Rousseau et le pasteur de Montmollin*, VII. — 2. *Lettres de Mme de Montmollin à son mari*, 30 septembre et 1er octobre 1765. FRITZ BERTHOUD, VII.

sa femme qu'il refusa de céder. « Comme je n'ai dit que la vérité, écrit-il, ce que je suis prêt à soutenir au péril de ma vie, le désaveu que M. Dupeyrou exige de moi, si je le faisais, perdrait mon honneur, ma famille, mon ministère et mon âme[1]. »

Le résultat final de ces hésitations fut que la brochure de Dupeyrou parut[2] ; il est certain qu'elle fit moins de tort à Montmollin que ne lui en aurait fait un honteux désaveu. Sans tarder, Mme de Montmollin songea à demander au Conseil d'État la proscription et la flétrissure de *l'infâme brochure*, à mettre en avant la Classe elle-même, intéressée à défendre un de ses membres, qui s'était compromis pour elle[3]. On prétendit que le Conseil d'État avait montré de bonnes dispositions[4] ; il ne paraît pas néanmoins qu'il ait rien fait pour Montmollin. En revanche, les communautés de Motiers et de Boveresse[5] et la Classe des Pasteurs[6] rendirent hommage à sa conduite, à son caractère et à ses vertus. Enfin, Montmollin envoya au Roi une apologie de sa conduite[7]. Il est probable qu'il n'obtint pas de réponse ; mais, s'il en eut une, elle dut être dans le genre de celle qui fut faite à la Classe des Pasteurs. La Classe s'était permis, en effet, d'adresser au Roi une supplique, afin d'être remise en possession de son autorité en matière de foi, mise à néant par les arrêts du Conseil d'État. « Sa majesté, fut-il ré-

---

1. *Lettre de Montmollin à son frère*, 30 octobre 1765. FRITZ BERTHOUD. — 2. Vers le 8 octobre. — 3. *Lettre de Mme de Montmollin à son mari*, 14 octobre 1765. FRITZ BERTHOUD, VII. — 4. *Lettre de Manon de Wattel à Mme de Montmollin*, 13 octobre 1765. FRITZ BERTHOUD, VII. — 5. *Déclaration* en date du 21 octobre 1765. FRITZ BERTHOUD, VII. — 6. *Id.* du 5 novembre 1765. FRITZ BERTHOUD, VII. — 7. *Supplique au Roi*, 12 décembre 1765. FRITZ BERTHOUD, VII.

pondu, bien loin d'acquiescer à la très humble demande de ladite Compagnie à ce sujet, ne peut s'empêcher de lui témoigner d'être très mal satisfaite des procédés turbulents et tendant à sédition que lesdits pasteurs avaient tenus relativement au sieur Rousseau, que Sa Majesté daignait honorer de sa protection[1]. »

Cette affaire de Motiers, grossie par l'imagination de Rousseau, était enfin terminée ; mais personne n'avait lieu d'être satisfait de l'issue : Jean-Jacques se trouvait chassé une fois de plus ; le Conseil d'État s'était compromis sans parvenir à le sauver ; Montmollin et les ministres étaient positivement battus ; le Châtelain, peu rassuré sur les dispositions de ses administrés, avait jugé prudent de se retirer à Couvet ; le Roi était mécontent du peu de cas qu'on avait fait de ses ordres. Les esprits, d'ailleurs, ne reprirent pas de sitôt leur assiette. Si on en croit un auteur qui habite non loin de Motiers, « aujourd'hui encore, après un siècle passé, il ne serait pas difficile de trouver au bon pays de Neuchâtel, sans beaucoup chercher, des gens disposés à reprendre le débat et à repartir en guerre pour ou contre le philosophe [2].

---

1. *Rescrit de Frédéric,* roi de Prusse, du 26 février 1766. —

2. Fritz Berthoud, VII.

CHAPITRE XXV

Du 7 Septembre au 2 Novembre 1765.

Sommaire : Le séjour de Rousseau à l'île Saint-Pierre ; récit tiré des *Rêveries*. — Rousseau, forcé de partir, se rend à Bienne. — Il quitte définitivement la Suisse.

L'île Saint-Pierre étant sur le territoire de Berne, Rousseau eut soin, avant de s'y rendre, de prendre les sûretés nécessaires contre toute éventualité d'expulsion. Un M. Studler, son ancien voisin, et le colonel Chaillet se chargèrent de sonder le terrain. Il reçut d'eux l'assurance que les Bernois, sans vouloir reconnaître ouvertement leur injustice passée, chercheraient au moins à la lui faire oublier par une hospitalité cordiale [1].

La *lapidation* avait eu lieu dans la nuit du 6 au 7 septembre ; dès le 7, dans la journée, Jean-Jacques quittait Motiers. Il se retira d'abord à Neuchâtel, chez Dupeyrou ; mais quelques jours étaient à peine écoulés qu'il était à son île. Le 15 septembre il y paraît tout à fait installé [2].

Son histoire, pendant le temps qu'il y passa, peut se résumer en un mot : il y fut heureux. Nous avons si rarement entendu Jean-Jacques parler de son bonheur, qu'il faut s'empresser d'en saisir l'occasion. Malheureusement ce bonheur fut de courte

---

1. *Confessions*, l. XII — *Lettre à Rey*, 18 octobre 1765. — 2. *Lettre à d'Ivernois*, 15 septembre 1765.

durée. Il l'a décrit dans deux de ses ouvrages, les *Confessions* et les *Rêveries d'un promeneur solitaire* (cinquième promenade). Nous nous garderons bien de recommencer son travail. A quoi bon essayer de faire moins bien ce qui est déjà très bien fait?

Nous allons donc simplement copier ici la plus grande partie de la cinquième promenade, en nous bornant à l'expliquer et à la compléter au moyen de quelques notes. Le lecteur gagnera à cette longue citation le plaisir de jouir du style et de la manière de Rousseau dans un morceau suivi, d'un charme parfait, d'une grande fraîcheur, et de plus, ce qui n'est pas à dédaigner, complètement exempt des dangereuses théories de l'auteur sur la philosophie et la religion.

Laissons parler Rousseau :

De toutes les habitations où j'ai demeuré (et j'en ai eu de charmantes) aucune ne m'a rendu si véritablement heureux et ne m'a laissé de si tendres regrets que l'île de Saint-Pierre au milieu du lac de Bienne. Cette petite île, qu'on appelle à Neuchâtel l'île de la Motte, est bien peu connue, même en Suisse. Aucun voyageur, que je sache, n'en fait mention. Cependant elle est très agréable et singulièrement située pour le bonheur d'un homme qui aime à se circonscrire ; car, quoique je sois peut-être le seul au monde à qui sa destinée en a fait une loi, je ne puis croire être le seul qui ait un goût si naturel, quoique je ne l'aie trouvé jusqu'ici chez nul autre.

Les rives du lac de Bienne sont plus sauvages et plus romantiques que celles du lac de Genève, parce que les rochers et les bois y bordent l'eau de plus près ; mais elles ne sont pas moins riantes. S'il y a moins de cultures de champs et de vignes, moins de villes et de maisons, il y a aussi plus de verdure naturelle, plus de prairies, d'asiles ombragés de bocages, des contrastes plus fréquents et des accidents plus rapprochés. Comme il n'y a pas sur ces heureux bords de grandes routes commodes pour les voitures, le pays est peu fréquenté par les voyageurs ; mais il est intéressant pour des contemplatifs solitaires qui aiment à s'enivrer à loisir des charmes de la nature et à se recueillir dans un silence que ne trouble aucun autre bruit que le cri des aigles, le ramage entrecoupé de quelques oiseaux et le roulement des torrents qui tombent des montagnes. Ce beau bassin, d'une forme presque ronde, enferme dans son milieu deux petites îles, l'une habitée et cultivée, d'environ une demi-lieue de tour ; l'autre, plus petite, déserte et en friche, et qui sera détruite à la fin par les transports de la terre qu'on en ôte sans cesse pour réparer les dégâts que les vagues et les orages font à la grande. C'est ainsi que la substance du faible est toujours employée au profit du puissant.

Il n'y a dans l'île qu'une seule maison, mais grande, agréable et commode, qui appartient à l'hôpital de Berne, ainsi que l'île, et où loge un receveur avec sa famille et ses domestiques. Il y entretient une nombreuse basse-cour, une volière et des réservoirs pour le poisson. L'île, dans sa petitesse, est tellement variée dans ses terrains et ses aspects, qu'elle offre toute sorte de sites et souffre toute sorte de cultures. On y trouve des champs, des vignes, des bois, des vergers, de gras pâturages ombragés de bocages et bordés d'arbrisseaux de toute espèce, dont le bord des eaux entretient la fraîcheur. Une haute terrasse, plantée de deux rangs d'arbres, borde l'île dans sa longueur, et dans le milieu de cette terrasse, on a bâti un joli salon, où les habitants des rives voisines se rassemblent et viennent danser les dimanches durant les vendanges.

C'est dans cette île que je me réfugiai après la lapidation de Motiers[1]. J'en trouvai le séjour si charmant, j'y menai une vie si convenable à mon humeur, que, résolu

---

1. Il habitait chez le receveur à qui il payait 2 livres sterling par mois pour sa pension, plus, pour la receveuse, une étrenne annuelle qu'il n'eut pas occasion de payer (WILLIAM COXE, *Anecdotes*, etc.; — *Lettre à Dupeyrou*, 15 octobre 1765). — Alf. de Bougy, *Les résidences de J.-J. Rousseau*, a donné une description détaillée de son habitation.

d'y finir mes jours, je n'avais d'autre inquiétude, sinon qu'on ne me laissât pas exécuter ce projet, qui ne s'accordait pas avec celui de m'entraîner en Angleterre, dont j'avais senti déjà les premiers effets.

Dans les pressentiments qui m'inquiétaient, j'aurais voulu qu'on m'eût fait de cet asile une prison perpétuelle, qu'on m'y eût confiné pour toute ma vie, et qu'en m'ôtant toute puissance et tout espoir d'en sortir, on m'eût interdit toute espèce de communication avec la terre ferme, de sorte qu'ignorant tout ce qui se faisait dans le monde, j'en eusse oublié l'existence, et qu'on y eût oublié la mienne aussi.

On ne m'a laissé passer guère que deux mois dans cette île [1]; mais j'y aurais passé deux ans, deux siècles et toute l'éternité, sans m'y ennuyer un moment, quoique je n'y eusse, avec ma compagne, d'autre société que celle du receveur, de sa femme et de ses domestiques, qui tous étaient à la vérité de très bonnes gens; mais c'était précisément ce qu'il me fallait [2]. Je compte ces deux mois pour le temps le plus heureux de ma vie, et tellement heureux qu'il m'eût suffi durant toute mon existence, sans laisser naître un seul instant dans mon âme le désir d'un autre état.

Quel était donc ce bonheur, et en quoi consistait sa jouissance? Je le donnerais à deviner à tous les hommes de ce siècle, sur la description de la vie que je menais. Le précieux *farniente* fut la première et la principale de ces jouissances que je voulus savourer dans toute sa douceur, et tout ce que je fis durant mon séjour ne fut en effet que l'occupation délicieuse et nécessaire d'un homme qui s'est dévoué à l'oisiveté.

L'espoir qu'on ne demandait pas mieux que de me laisser dans ce séjour isolé où je m'étais enlacé de moi-même,

---

1. Rousseau fait ici une erreur, il y passa à peine six semaines, depuis le 11 ou 12 septembre jusqu'au 24 octobre. — 2. « Ile agréable, dit-il encore; on n'y trouve ni gens d'église, ni brigands ameutés par eux » (*Lettre à Guy*, 1er octobre 1765). Il ne parle pas ici des nombreuses visites qu'il y reçut; il s'en plaint ailleurs (*Lettre à Dupeyrou*, 29 septembre 1765.)

dont il m'était impossible de sortir sans assistance et sans être bien aperçu, et où je ne pouvais avoir ni communication, ni correspondance que par le concours des gens qui m'entouraient; cet espoir, dis-je, me donnait celui d'y finir mes jours plus tranquillement que je ne les avais passés; et l'idée que j'aurais le temps de m'y arranger tout à loisir fit que je commençai par n'y faire aucun arrangement. Transporté là brusquement, seul et nu, j'y fis venir successivement ma gouvernante [1], mes livres et mon petit équipage, dont j'eus le plaisir de ne rien déballer, laissant mes caisses et mes malles comme elles étaient arrivées, et vivant dans l'habitation où je comptais achever mes jours comme dans une auberge dont j'aurais dû partir le lendemain.

Toutes choses, telles qu'elles étaient, allaient si bien que vouloir les mieux ranger était y gâter quelque chose. Un de mes plus grands délices était surtout de laisser toujours mes livres bien encaissés, et de n'avoir point d'écritoire. Quand de malheureuses lettres me forçaient de prendre la plume pour y répondre, j'empruntais en murmurant l'écritoire du receveur et je me hâtais de la rendre dans la vaine espérance de n'avoir plus besoin de la remprunter [2]. Au lieu de ces tristes paperasses et de toute cette bouquinerie, j'emplissais ma chambre de fleurs et de foin; car j'étais dans ma première ferveur de botanique, pour laquelle le docteur d'Ivernois m'avait inspiré un goût qui devint bientôt passion. Ne voulant plus d'œuvre de travail, il m'en fallait une d'amusement, qui me plût et qui ne me donnât de peine que celle qu'aime à prendre un paresseux. J'entrepris de faire la *Flora Petrinsularis* et de décrire toutes les fleurs de l'île, sans en omettre une seule, avec un détail suffisant pour m'occuper le reste de mes jours.

---

1. Il avait attendu pour la demander à se regarder comme assuré de rester. Elle arriva vers le 1er octobre (*Lettres à Mme de Verdelin*, 1er octobre; *à Dupeyrou*, 18 et 29 septembre 1765). — 2. Rousseau restreignit en effet autant qu'il le put sa correspondance pendant son séjour à l'île Saint-Pierre et se montra même fort peu empressé de recevoir les lettres qui lui étaient adressées (*Lettre à Dupeyrou*, 15 septembre 1765).

On dit qu'un Allemand a fait un livre sur un zeste de citron ; j'en aurais fait un sur chaque gramen des prés, sur chaque mousse des bois, sur chaque lichen qui tapisse les rochers ; enfin, je ne voulais pas laisser un poil d'herbe, pas un atome végétal qui ne fût amplement décrit. En conséquence de ce beau projet, tous les matins, après le déjeuner, que nous faisions tous ensemble, j'allais, une loupe à la main et mon *Systema naturæ* sous le bras, visiter un canton de l'île, que j'avais pour cet effet divisée en petits carrés, dans l'intention de les parcourir les uns après les autres en chaque saison [1]. Rien n'est plus singulier que les ravissements, les extases que j'éprouvais à chaque observation que je faisais sur la structure et l'organisation végétale, et sur le jeu des parties sexuelles dans la fructification, dont le système était alors tout à fait nouveau pour moi. La distinction des caractères génériques, dont je n'avais pas alors la moindre idée, m'enchantait, en les vérifiant sur les espèces communes, en attendant qu'il s'en offrît à moi de plus rares. La fourchure des deux longues étamines de la brunelle, le ressort de celles de l'ortie et de la pariétaire, l'explosion du fruit de la balsamine et de la capsule du bouis, mille petits jeux de la fructification, que j'observais pour la première fois, me comblaient de joie et j'allais demandant si l'on avait vu les cornes de la brunelle comme La Fontaine demandait si l'on avait lu Habacuc [2]. Au bout de deux ou trois heures, je m'en revenais, chargé d'une ample moisson, provision d'amusement pour l'après-dîné au logis, en cas de pluie. J'employais le reste de la matinée à aller avec le receveur, sa femme et Thérèse, visiter leurs ouvriers et leurs récoltes, mettant

---

1. Malheur alors au visiteur importun. Rousseau reconnaît le pas d'un étranger, il retire doucement la clé de sa chambre ; à travers un trou formé par un nœud de bois enlevé, il épie le moment du départ, soulève alors une trappe qui est encore près du poêle et se laisse glisser sur le poêle de la chambre inférieure. Là, il attend pour partir que Thérèse vienne l'avertir que tout danger de compagnie a disparu (Albert METZGER, *J.-J. Rousseau à l'île Saint-Pierre*. Brochure in-8, Lyon, 1877). — 2. C'est Baruch que Rousseau veut dire.

le plus souvent la main à l'œuvre avec eux; et souvent des Bernois, qui me venaient voir, m'ont trouvé juché sur de grands arbres muni d'un sac que je remplissais de fruits et que je devalais ensuite avec une corde. L'exercice que j'avais fait dans la matinée et la bonne humeur qui en est inséparable me rendaient le repas du dîné très agréable; mais quand il se prolongeait trop et que le beau temps m'invitait, je ne pouvais si longtemps attendre, et pendant qu'on était encore à table, je m'esquivais et j'allais me jeter seul dans un bateau que je conduisais au milieu du lac quand l'eau était calme; et là, m'étendant tout de mon long dans le bateau, les yeux tournés vers le ciel, je me laissais aller et dériver lentement au gré de l'eau, quelquefois pendant plusieurs heures, plongé dans mille rêveries confuses, mais délicieuses, et qui, sans avoir aucun objet bien déterminé ni constant, ne laissaient pas d'être, à mon gré, cent fois préférables à tout ce que j'avais trouvé de plus doux dans ce qu'on appelle les plaisirs de la vie. Souvent, averti par le baisser du soleil de l'heure de la retraite, je me trouvais si loin de l'île que j'étais forcé de travailler de toute ma force pour arriver avant la nuit close; d'autres fois, au lieu de m'écarter en pleine eau, je me plaisais à côtoyer les verdoyantes côtes de l'île, dont les limpides eaux et les ombrages frais m'ont souvent engagé à m'y baigner. Mais une de mes navigations les plus fréquentes était d'aller de la grande à la petite île, d'y débarquer et d'y passer l'après-dîné, tantôt à des promenades très circonscrites, au milieu des marceaux, des bourdaines, des persicaires, des arbrisseaux de toute espèce, et tantôt m'établissant au sommet d'un tertre sablonneux, couvert de gazon, de serpolet, de fleurs, même d'esparcette et de trèfles, qu'on y avait vraisemblablement semés autrefois, et très propre à loger des lapins, qui peuvent là multiplier en paix, sans rien craindre et sans nuire à rien. Je donnai cette idée au receveur, qui fit venir de Neuchâtel des lapins mâles et femelles, et nous allâmes, en grande pompe, sa femme, une de ses sœurs, Thérèse et moi, les établir dans la petite île, où ils commençaient à peupler avant mon départ, et où ils auront prospéré sans doute, s'ils ont pu soutenir les rigueurs des hivers. La fondation de cette petite colonie fut une fête. Le pilote des Argonautes n'était pas plus fier que moi, menant en triomphe la compagnie et les lapins de la grand île à la petite, et je notais avec orgueil que la receveuse qui redoutait l'eau à l'excès et s'y trouvait toujours mal, s'embarqua sous ma conduite avec confiance et ne montra nulle peur pendant la traversée.

Quand le lac agité ne me permettait pas la navigation, je passais mon après-midi à parcourir l'île en herborisant à droite et à gauche ; m'asseyant tantôt dans les réduits les plus riants et les plus solitaires, pour y rêver à mon aise, tantôt sur les terrasses et les tertres, pour y parcourir des yeux le superbe et ravissant coup d'œil du lac et de ses rivages, couronnés d'un côté par des montagnes prochaines, et de l'autre élargis en riches et fertiles plaines, dans lesquelles la vue s'étendait jusqu'aux montagnes bleuâtres, plus éloignées, qui la bornaient.

Quand le soir approchait, je descendais des cimes de l'île, et j'allais volontiers m'asseoir au bord du lac, sur la grève, dans quelque asile caché. Là, le bruit des vagues et l'agitation de l'eau fixant mes sens et chassant de mon âme toute autre agitation, la plongeaient dans une rêverie délicieuse, où la nuit me surprenait souvent, sans que je m'en fusse aperçu. Le flux et le reflux de cette eau, son bruit continu, mais renflé par intervalle, frappant sans relâche mon oreille et mes yeux, suppléaient aux mouvements internes que la rêverie éteignait en moi, et suffisaient pour me faire sentir mon existence, sans prendre la peine de penser. De temps à autre naissait quelque faible et courte réflexion sur l'instabilité des choses de ce monde, dont la surface des eaux m'offrait l'image ; mais bientôt ces impressions légères s'effaçaient dans l'uniformité du mouvement continu qui me berçait, et qui, sans aucun concours actif de mon âme, ne laissait pas de m'attacher, au point qu'appelé par l'heure et par le signal convenu, je ne pouvais m'arracher de là sans effort.

Après le souper, quand la soirée était belle, nous allions encore tous ensemble faire quelque tour de promenade sur la terrasse, pour y respirer l'air et la fraîcheur. On se reposait dans le pavillon, on riait, on causait, on chantait quelque vieille chanson qui valait bien le tortillage moderne, et enfin l'on s'en allait coucher, content de sa journée, et n'en désirant qu'une semblable pour le lendemain.

Telle est, laissant à part les visites imprévues et importunes, la manière dont j'ai passé mon temps dans cette île, durant le séjour que j'y ai fait. Qu'on me dise à présent ce qu'il y là d'assez attrayant pour exciter dans mon cœur des regrets si vifs, si tendres et si durables qu'au bout de quinze ans, il m'est impossible de songer à cette habitation chérie sans m'y sentir à chaque fois transporter encore par les élans du désir.

Suivent des considérations sur les conditions du bonheur tel que le comprenait Rousseau, et sur la manière dont ces conditions étaient remplies dans le cours de son existence à l'île Saint-Pierre.

Si cette vie heureuse avait duré, il est probable qu'elle aurait changé d'aspect aux yeux de Jean-Jacques; mais on ne lui laissa pas le temps de s'en ennuyer. Tout à coup le gouvernement de Berne lui enjoignit de partir. Pourquoi? On n'en connaît pas la raison. Dans d'autres circonstances, il s'était attiré des rigueurs par sa faute; cette fois, il ne paraît pas avoir donné même un prétexte à la sévérité des autorités cantonales. Du moment qu'on l'avait tacitement accueilli, n'était-on pas engagé à le laisser, tant qu'il ne ferait rien pour se faire chasser?

Cet ordre de départ lui fut des plus sensibles et le mit dans un grand embarras. Il gémit, il se plaignit[1]; bien plus, lui qui aimait si peu à demander, il supplia qu'on lui accordât au moins un sursis[2].

---

1. *Lettres à Rey,* 18 octobre 1765; *à Mme de Verdelin,* même jour. — 2. *Lettre à M. de Graf-fenried, bailli de Nidau,* 17 octobre 1765.

Le bailli de Nidau, qui lui avait transmis l'ordre du Sénat, n'avait pas laissé que de lui en témoigner ses regrets ; Jean-Jacques chercha à l'intéresser à son sort, et, désespérant d'obtenir davantage, lui fit la demande la plus singulière, celle d'une prison perpétuelle. « Dans cette extrémité (où je me trouve), dit-il, je ne vois pour moi qu'une seule ressource, et, quelque effrayante qu'elle paraisse, je la prendrais, non seulement sans répugnance, mais avec empressement, si Leurs Excellences veulent bien y consentir ; c'est qu'il leur plaise que je passe en prison le reste de mes jours, dans quelqu'un de leurs châteaux, ou tel autre lieu de leurs états qu'il leur semblera bon de choisir. J'y vivrai à mes dépens, et je donnerai sûreté de n'être jamais à leur charge. Je me soumets à n'avoir ni papier, ni plumes, ni aucune communication au dehors, si ce n'est pour l'absolue nécessité, et par le canal de ceux qui seront chargés de moi. Seulement, qu'on me laisse, avec l'usage de quelques livres, la liberté de me promener quelquefois dans un jardin, et je suis content[1]. »

Il est inutile de dire qu'on ne lui accorda point l'objet de sa demande ; mais on a lieu de s'étonner qu'on ne lui ait pas laissé plus de temps pour faire ses préparatifs. « Je puis quitter samedi prochain l'île de Saint-Pierre, écrivait-il deux jours après[2], et je me conformerai en cela à l'ordre de Leurs Excellences ; mais, vu l'étendue de leurs états et ma triste situation, il m'est absolument impossible de sortir le même jour de l'enceinte de leur territoire.

---

1. *Lettre au bailli de Nidau*, 20 octobre 1765. — 2. Il partit dès le jeudi 24.

« J'obéirai en tout ce qui me sera possible ; si Leurs Excellences me veulent punir de ne l'avoir pas fait, elles peuvent disposer à leur gré de ma personne et de ma vie ; j'ai appris à m'attendre à tout de la part des hommes ; ils ne prendront pas mon âme au dépourvu[1]. »

Personne, bien entendu, n'en voulait à sa vie ; mais on le chassait bien inopinément et bien durement, et c'était déjà trop. Beaucoup de gens étaient indignés ; non seulement le receveur, qui avait intérêt à garder son hôte ; mais le bailli lui-même, marquèrent assez par leurs attentions et leurs prévenances qu'ils ne partageaient pas les passions de leurs supérieurs.

Le départ fut douloureux. La veille au soir, Jean-Jacques alla dire en pleurant un dernier adieu aux lieux qu'il avait le plus aimés. Ses hôtes l'attendaient dans un triste silence ; après un souper qui, bien que court, fut interrompu plus d'une fois par des larmes, le malheureux se leva de table et se mit à chanter d'une voix attendrie des couplets qu'il venait sans doute de composer pour la circonstance, et qu'on a cherché à reconstituer par le souvenir. Le lendemain, de grand matin, tous les gens de la maison et quelques amis l'accompagnèrent jusqu'au bateau qui devait le conduire à Gleresse ; plusieurs même allèrent avec lui jusqu'à Bienne. Chemin faisant, il prit en pleurant la petite fille du batelier sur ses genoux, lui disant que Dieu écoute la prière des enfants et qu'il lui demandait de prier pour lui. A midi, il arrivait à Bienne[2].

---

[1]. *Lettre au bailli de Nidau*, 22 octobre 1765. — [2]. ALF. DE BOUGY, *Les Résidences de J.-J. Rousseau*.

Bienne était une petite ville libre, enclavée dans le territoire de Berne. Rousseau ne l'avait pas choisie au hasard. Un jeune homme, nommé Wildremet, d'une des premières familles de la ville, était venu le trouver, et l'avait fortement engagé à se retirer chez eux, l'assurant que tous se feraient gloire de lui faire oublier les persécutions qu'il avait souffertes. Il s'était fait appuyer de plusieurs habitants de Bienne, de Berne, et aussi du secrétaire d'ambassade de France, nommé Barthès. Cette dernière recommandation mit Rousseau en défiance et faillit tout perdre. Que venait faire Barthès en cette affaire, et pourquoi la France, c'est-à-dire Choiseul, c'est-à-dire le plus mortel de ses ennemis et l'inspirateur de toutes les persécutions dont il était l'objet, se mêlait-il de lui rendre service?

Malgré cela, Rousseau qui, comme il aimait à le répéter, ne sut jamais résister aux caresses, se laissa émouvoir par les instances qui lui furent faites. Wildremet s'empressa de le pourvoir d'un logement, vilaine petite chambre, au troisième étage, sur une cour puante, et lui donna pour hôte un individu fripon, débauché, *et en fort mauvais prédicament* dans le quartier. A partir de ce moment, plus de Wildremet, plus de Barthès. Dans les rues, rien d'honnête pour le malheureux Jean-Jacques de la part des habitants, rien d'obligeant dans leurs regards. Dès le lendemain, il apprit, vit et sentit qu'il y avait dans la ville une fermentation terrible contre lui. On l'avertit obligeamment qu'on allait lui signifier sûrement de partir. Tel est le tableau de la situation d'après les *Confessions*[1]; mais celui de la

---

1. *Confessions,* l. XII, vers la fin.

correspondance en diffère sensiblement. On y voit que, pendant trois ou quatre jours, Rousseau fut enchanté de l'accueil qu'il reçut ; que venu à Bienne avec l'intention de ne faire qu'y passer, il résolut, pour céder aux caresses et aux sollicitations des Biennois, d'y rester tout l'hiver, de faire venir Thérèse, ses livres, ses effets [1]. Puis tout changea du jour au lendemain. « On m'a trompé, mon cher hôte, écrit-il à Dupeyrou, je pars demain avant qu'on me chasse ; donnez-moi de vos nouvelles à Bâle ; je vous recommande ma pauvre gouvernante [2]. Que s'était-il donc passé dans l'intervalle du 27 au 28 octobre ? Rien sans doute. Peut-être que quelque fait insignifiant, grossi par l'imagination de Rousseau, lui avait tourné la tête. Il fallait si peu de chose pour exciter ses défiances [3].

Pendant son séjour à Bienne, le bailli de Nidau lui avait fait une visite fort aimable et lui avait donné un passeport. Le 30, Rousseau était à Bâle. Après avoir hésité s'il dirigerait ses pas vers l'Angleterre ou vers la Hollande [4], il s'était décidé à aller à Berlin, où l'appelait Milord Maréchal [5] ; mais à Bâle il changea encore une fois de résolution. Se jugeant incapable, à cause de la saison, de soutenir les fatigues d'un voyage à Berlin, il se rendit simplement à Strasbourg, espérant y pouvoir délibérer à son aise [6]. Là du moins, chez les Français, il comptait qu'on serait un peu plus généreux, et que, dût-on

---

1. *Lettre à Dupeyrou*, 27 octobre 1765. — 2. *Id.*; 28 octobre 1765. — 3. *Lettre à M*^{me} *de Verdelin*, 3 novembre 1765. — 4. *Lettres écrites par Rousseau au moment de son expulsion de l'île. A Dupeyrou*, 17 octobre, *à Rey*, 18 octobre, *à M*^{me} *de Verdelin*, 18 octobre 1765. — 5. *Confessions*, XII. — 6. *Lettre à Dupeyrou*, datée de Bâle 30 octobre 1765.

le chasser encore, on s'y prendrait moins brutalement que chez les Bernois[1]. C'est ainsi que Rousseau quitta, pour ne plus la revoir, la Suisse, sa patrie, réputée pour son hospitalité, mais à laquelle il ne put donner que les noms de *terre homicide* et de *pays d'iniquité*[2].

---

[1]. *Lettre à de Luze*, datée de Strasbourg, 4 novembre 1765. Il arriva à Strasbourg le 2 novembre. — [2]. *Confessions*, l. XII, vers la fin.

CHAPITRE XXVI

Du 2 novembre 1765 au 4 janvier 1766.

Sommaire : I. Rousseau à Strasbourg. — Bon accueil qu'il y reçoit. — Ses préoccupations d'avenir. — Il se décide à aller en Angleterre. — II. Rousseau à Paris. — Tolérance du Parlement. — Rousseau va s'installer au Temple, chez le prince de Conti. — Honneurs qu'il y reçoit. — Motifs qui hâtèrent son départ.

I

Rousseau n'était pas sans inquiétude en mettant le pied sur le sol de la France, où pouvait l'attendre une prise de corps, dont le décret ne fut jamais révoqué ; mais il fallait bien qu'il allât quelque part. Il dut toutefois se rassurer en présence de l'accueil qui lui fut fait. « Je ne reçois ici, écrivait-il huit jours après son arrivée, que des marques de bienveillance, et tout ce qui commande dans la ville et la province paraît s'accorder à me favoriser. Sur ce que m'a dit M. le Maréchal[1], que je vis hier, je dois me regarder comme aussi en sûreté à Strasbourg qu'à Berlin[2]. » « Selon toute apparence, je passerai l'hiver ici. On ne peut rien ajouter aux marques de bienveillance, d'estime et même de respect qu'on m'y donne ; depuis M. le Maréchal et les chefs du pays, jusqu'aux derniers du peuple. Ce qui vous

---

1. Le maréchal de Contades qui commandait à Strasbourg. — 2. *Lettre à Dupeyrou*, 10 novembre 1765.

surprendra est que les gens d'église semblent vouloir renchérir sur les autres. Ils ont l'air de me dire dans leurs manières : Distinguez-nous de vos ministres ; vous voyez que nous ne pensons pas comme eux [1]. »

Il est bon de remarquer que c'est sous l'autorité de l'homme d'État qu'il regarde comme son plus mortel ennemi que Jean-Jacques se trouve le plus rassuré. Il ne paraît plus croire dans ce moment-là que tout le monde complote contre lui ; cette pleine satisfaction dura d'ailleurs tout le temps qu'il fut à Strasbourg. Sa confiance fut telle qu'il n'attacha qu'une médiocre importance au passeport que ses amis cherchaient à lui procurer [2].

Le genre de vie qu'on lui fit mener à Strasbourg tranchait complètement avec celui qu'il avait adopté depuis quelques années. On le combla de fêtes et de dîners, on l'accabla de visites, on lui donna une place marquée au théâtre, on y chanta ses morceaux, on y joua ses pièces. Enfin, l'enthousiasme était tel que le journal était rempli chaque jour du récit de tous ses faits et gestes, des lieux où il avait été, des conversations qu'il avait tenues, des bons mots qu'il avait prononcés. Le bruit courut même que des personnes en place avaient demandé au ministre si on pouvait garder le fugitif. A en croire Diderot, cette permission aurait été refusée, et le Dauphin mourant aurait blâmé cette sévérité comme excessive [3].

Jean-Jacques, malgré sa simplicité, était loin

---

1. *Lettre à Dupeyrou*, 17 novembre 1765. — 2. *Lettre à Dupeyrou*, 25 novembre 1765. — 3. *Lettre de Diderot à Mlle Volant*, 20 décembre 1765.

d'être indifférent aux distinctions ; cependant cette mise en scène avait parfois lieu de le contrarier. Il ne tarda pas à se fatiguer d'un genre d'existence en si complet désaccord avec ses habitudes, et sa santé l'obligea à modérer ses amis de fraîche date et à « redevenir ours par nécessité ».

Cette vie agitée, plutôt qu'occupée, avait l'avantage de le distraire de ses idées noires. Jean-Jacques avait laissé Thérèse à Saint-Pierre ; c'était un embarras de moins ; mais il lui fallait songer à l'avenir; et encore peut-être s'en serait-il dispensé, s'il n'avait été obligé de répondre à ceux qui y songeaient pour lui. Il lui suffisait pour le moment de faire venir ses livres et ses herbiers, et pour le reste, de prier Dupeyrou de mettre de l'ordre dans ses papiers, le chargeant de tout lire, de tout feuilleter sans scrupule, et ensuite de tout classer par paquets et par numéros, de sorte qu'il pût lui demander plus tard ce dont il aurait besoin [1].

Ses amis donc s'occupaient beaucoup de lui. Mme de Verdelin s'était mis en tête de l'entraîner bon gré malgré en Angleterre. C'est à peine si elle avait approuvé son séjour à Saint-Pierre ; elle l'aurait bien mieux aimé en Angleterre, où Hume lui proposait une petite habitation, dans une situation charmante, au milieu de la forêt de Richemont, dans le voisinage du vertueux Walpole [2]. Elle fit, pour le décider, succéder les projets aux projets ; elle lui vanta de nouveau Hume et l'Angleterre ; elle rabaissa Berlin ; elle lui offrit 1,200 francs pour l'aider à faire le voyage ; elle le pressa de quitter

---

1. *Lettre à Dupeyrou*, 17 novembre 1765. — 2. *Lettre de* Mme *de Verdelin à Rousseau*, 10 octobre 1765.

Strasbourg ; elle se remua pour lui obtenir un passeport. Cette affaire du passeport ne fut pas aussi facile qu'on l'aurait pu croire, et il fallut, pour la résoudre, aller jusqu'au Roi. Hume joignit ses instances à celles de Mme de Verdelin, se mit en quête d'habitations, écrivit à Jean-Jacques, offrit d'aller le chercher à Strasbourg et de l'accompagner jusqu'en Angleterre [1]. Mme de Boufflers se montra également pressante. Enfin, Milord Maréchal, dont on attendait impatiemment la réponse, fut du même avis [2]. Autrefois Jean-Jacques se serait révolté contre cet acharnement à disposer de lui et à lui rendre service ; mais outre qu'il était accablé par le malheur, Mme de Verdelin avait fini par amollir cette nature rebelle. Cependant il ne se laissa pas persuader du premier coup. Son désir était bien d'aller en Angleterre, mais après avoir été, s'il le pouvait, voir Milord Maréchal en Prusse [3].

Comme préparation toutefois à un aussi long voyage, ne fallait-il pas, pour commencer, qu'il se résignât à passer l'hiver à Strasbourg, afin de se remettre ? Outre les offres de Mme de Verdelin, il en avait bien d'autres encore. Mme d'Houdetot et Saint-Lambert lui proposaient un asile en Normandie ou en Lorraine [4] ; d'autres lui avaient parlé du château de Horbourg, près de Colmar [5]. Amsterdam était toujours à sa disposition ; Rey envoya même son

---

1. *Lettres de Mme de Verdelin à Rousseau*, 4, 9, 21, 28 novembre 1765 ; *de Rousseau à Mme de Verdelin*, 14 novembre 1765. — 2. *Lettre de Rousseau à Hume*, 4 décembre 1765. — 3. *Lettre de Dupeyrou à Mme de Verdelin*, 10 novembre 1765. — 4. *Lettre de Mme de Verdelin à Rousseau*, 28 novembre 1765. — 5. *Archives littéraires de l'Europe*, t. XIV, avril 1807.

commis pour le chercher[1]; mais ces propositions comptent peu; il ne fut sérieusement question que de l'Angleterre et de Berlin. Enfin, après bien des hésitations, il se décida pour l'Angleterre[2]. Et alors Mme de Verdelin de se remettre en campagne pour lui adoucir les fatigues ou les difficultés de la route. Jean-Jacques désirait voyager à petites journées, dans un carrosse; il fallait pour cela une permission. Mme de Verdelin l'obtiendra. Où logera-t-il? Chez elle? Elle en serait bien heureuse; mais le prince de Conti le réclame dans son hôtel du Temple[3]. Quant à Rousseau, il avait résolu de descendre simplement chez la veuve Duchesne, afin d'être plus à portée de corriger son *Dictionnaire de Musique*[4]. Enfin, tout étant prêt, il partit le 9, dans un carrosse qu'il trouva à emprunter, et arriva à Paris le 16 décembre.

II

Sa situation à Paris était assez délicate. Le Parlement ne demandait pas mieux que de fermer les yeux sur sa présence; mais encore était-il à propos que lui-même y mît, de son côté, un peu de bonne volonté. Par mesure de prudence, au bout de quatre jours, Conti lui donna un appartement dans son hôtel de Saint-Simon, au Temple[5]. L'enceinte du

---

1. *Lettres à Rey*, 25 novembre et 11 décembre; *à de Luze*, 27 novembre 1765. — 2. *Lettre à de Luze*, 27 novembre 1765. — 3. *Lettres de Rousseau à Mme de Verdelin*, 3 décembre 1765; à *Guy*, 4 décembre 1765; *de Mme de Verdelin à Rousseau*, 3 décembre 1765. — 4. *Lettre à d'Ivernois*, 2 décembre 1765. — 5. *Lettres à d'Ivernois*, 18 et 20 décembre 1765.

Temple, qui avait le droit d'asile contre les lettres de cachet, ne l'avait pas contre les arrêts du Parlement ; mais on pouvait être assuré que le Parlement n'irait pas chercher Jean-Jacques chez le prince de Conti. Gerusez croit que, pour ne pas se dévoiler, Rousseau dut sacrifier son costume arménien[1]. Grimm affirme, au contraire, que son affectation à se promener tous les jours avec ce costume, au jardin du Luxembourg ou sur le boulevard, aurait choqué le ministre et déterminé la police à lui enjoindre de hâter son départ[2]. La vérité est entre les deux. Il ne sacrifia point son costume ; mais il résolut, sans pourtant se cacher, de garder le plus parfait incognito, de ne voir personne, de sortir le moins possible, et de ne pas *promener son bonnet dans les rues*[3], précaution que Mme de Verdelin lui avait d'ailleurs recommandée dès avant son arrivée[4]. Il est vrai qu'il reçut beaucoup de visites ; mais la police avait d'autant moins sujet de lui en faire un reproche, qu'il était le premier à s'en plaindre et à désirer de n'être plus sur ce qu'il appelait un *théâtre public*. « J'ai du monde de tous les états, écrit-il, depuis l'instant où je me lève jusqu'à celui où je me couche, et je suis forcé de m'habiller en public. Je n'ai jamais tant souffert[5]. Hume parle également de cet enthousiasme de la nation, principalement des grandes dames, pour Rousseau, en-

1. Article de la *Biographie universelle* de MICHAUD. — 2. *Correspondance littéraire*, 1er janvier 1766. — 3. *Lettres à de Luze*, 16 décembre ; *à Dupeyrou*, 17 décembre ; *à d'Ivernois*, 18 décembre 1765. — BA-CHAUMONT, 18 décembre 1765. — 4. *Lettre de Mme de Verdelin à Rousseau*, 18 novembre 1765. — 5. *Lettres à Dupeyrou*, 24 décembre ; *à de Luze*, 26 décembre 1765.

thousiasme qui s'étendait même à sa gouvernante, même à son chien, enthousiasme dont lui, Hume, prenait largement sa part, et auquel Rousseau, tout le premier, se croyait tous les droits. « Je suis assuré, dit Hume, qu'à de certains moments, il croit qu'il a des communications immédiates avec la divinité... Je trouve qu'en beaucoup de points il ressemble à Socrate ; mais le philosophe de Genève me paraît seulement avoir plus de génie que le philosophe d'Athènes [1].

Quant aux visites qu'il aurait faites, on n'en connaît bien qu'une, à Mme de Verdelin [2]. Il n'alla pas chez sa tendre et exigeante amie, Mme Latour de Franqueville, et bien qu'il ne l'eût jamais vue, il ne la reçut qu'une seule fois pendant son séjour à Paris [3]. Il ne vit pas même Mme de Créqui [4]. Il n'est donc pas étonnant qu'il n'ait pas vu Diderot. « Je ne m'attends pas à sa visite, écrit Diderot ; mais je ne vous célerai pas qu'elle me ferait grand plaisir. Je serais bien aise de voir comment il justifierait sa conduite à mon égard [5]. »

Pendant son séjour à l'hôtel Saint-Simon, Jean-Jacques fut, de la part du prince de Conti, l'objet des attentions les plus délicates. « Ses bontés même, écrit-il, auraient pu passer pour railleuses, si j'eusse été moins à plaindre, ou que le prince eût

---

1. *Lettre de Hume à Blair*, 18 décembre 1765. V. G. MAUGRAS, ch. XIX. — 2. *Lettres à Mme de Verdelin*, 17 et 18 octobre 1765. Mme de Verdelin perdit son père le 22 décembre ; c'est sans doute ce qui l'empêcha d'aller elle-même voir Rousseau. *Lettre de Rousseau à de Luze*, 22 décembre 1765. — 3. *Lettres de Rousseau à Mme Latour*, 24 décembre 1765 et 2 janvier 1766. — 4. *Lettre de Rousseau à Mme de Créqui*, 15 janvier 1766. — 5. *Lettre de Diderot à Mlle Volant*, 20 décembre 1765. —

été moins généreux. Toutes les attentions étaient pour moi ; M. Hume était oublié, en quelque sorte, ou invité à y concourir. » Mais aussi, Jean-Jacques eut la joie (il le dit du moins) de voir l'augmentation de popularité que la bonne œuvre du prince lui rapporta dans tout Paris[1]. Réflexion commode pour se dispenser de la reconnaissance.

Conti, désireux de rendre à son hôte des services plus effectifs que de simples marques d'honneur, voulut le retenir en France et offrit de l'établir dans un de ses châteaux, à douze lieues de Paris. Il y mit toutefois une condition que Rousseau ne put se résoudre à accepter. Cette condition, que celui-ci ne précise pas autrement, était sans doute de se séparer de Thérèse. Loin de là, il choisit précisément ce moment pour lui faire dire de venir, soit immédiatement, soit seulement au printemps, s'il ne pouvait l'emmener avec lui[2]. Car il était résolu à partir le plus tôt possible. Son passeport était valable pour trois mois ; il avait d'abord songé à en rester au moins deux à Paris ; mais la vie d'agitation et de représentation qu'on lui faisait subir le fatiguait, et il lui tardait d'occuper une demeure plus fixe[3]. D'un autre côté, Choiseul, qui ne voyait pas sans un certain mécontentement toutes les manifestations et l'apparat dont on entourait Rousseau, fit en sorte de hâter son départ. Il était inutile et plus qu'inutile que cet ordre ou ce désir lui fût signifié, puisque lui-même était dans la même intention ; Choiseul aima mieux le traiter en enfant et en malade, et se contenta d'en parler à Hume[4]. Il est

---

1. *Lettre à Malesherbes*, 10 mai 1766. — 2. *Lettre à Dupeyrou*, 24 décembre 1765. — 3. *Lettre à de Luze*, 26 décembre 1765. — 4. *Lettre de Hume à Mme de Boufflers*, 2 février 1767.

même probable que Jean-Jacques n'en sut jamais rien, car il n'aurait pas manqué d'ajouter ce méfait aux nombreux griefs qu'il avait contre le ministre.

Au moment d'aller dans un pays où il ne connaissait pour ainsi dire personne et dont il ne savait même pas la langue, Rousseau avait particulièrement besoin de se ménager des occupations. Il en prévoyait de deux sortes : la botanique d'abord, que rien au monde ne lui ferait sacrifier; et ensuite ses *Confessions*, dont il entendait se faire un moyen de justification devant la postérité. En conséquence, il pria Dupeyrou de lui envoyer ses herbiers et ses livres de botanique, plus toutes ses lettres, mémoires et brouillons compris entre les années 1758 et 1762. Quant à ses autres livres, il y tenait peu et aurait même consenti à les vendre [1].

Pendant qu'il était à Paris, il demanda, sur le conseil du prince de Conti, quelques sûretés à Dupeyrou, relativement à leurs arrangements. On sait, en effet, qu'il lui avait cédé tous ses ouvrages, moyennant une rente viagère. De plus, il avait laissé en dépôt chez Dupeyrou les trois cents guinées de Milord Maréchal. Il prévint aussi son ami qu'une souscription allait s'ouvrir en Angleterre pour l'impression de ses ouvrages et l'engagea à en tirer parti. Quoique cette opération ne dût rapporter aucun profit à Rousseau, il en fut assurément flatté, et elle contribua à lui faire goûter l'Angleterre. S'il n'y avait eu que lui seul, ses préparatifs auraient été vite faits; il n'avait pour ainsi dire que sa personne à transporter ; mais il devait avoir deux compagnons, Hume, comme on sait, et de

---

1. *Lettre à Dupeyrou*, 1er janvier 1766.

Luze qui, ayant affaire à Londres, avait arrangé son voyage de manière à accompagner son ami. Ils se firent, du reste, peu attendre, et le 4 janvier 1766, tous trois quittèrent Paris et se dirigèrent vers l'Angleterre.

Peu de jours avant leur départ, on avait répandu dans Paris une lettre de Walpole qui émut beaucoup Jean-Jacques. Comme celui-ci ne la connut pas alors, et qu'elle n'acquit que plus tard une certaine importance, nous ne la signalons ici que pour mémoire.

CHAPITRE XXVII

Du 4 janvier 1766 au 22 mai 1767.

Sommaire : Rousseau en Angleterre. — I. Arrivée à Londres. — Recherche d'un logement. — Arrivée de Thérèse. — Départ pour Wootton. — Accueil que Rousseau reçoit en Angleterre. — Installation de Rousseau à Wootton. — Lettre apocryphe du Roi de Prusse.
II. Tendre affection entre Hume et Rousseau. — Premières difficultés. — Revirement subit. — Réclamation de Rousseau contre la lettre du Roi de Prusse. — Griefs de Rousseau contre Hume. — Rupture de Hume et de Rousseau. — Indiscrétions des deux côtés. — Des amis communs cherchent vainement à s'interposer. — *Exposé succinct* de Hume. — Traduction de l'*Exposé succinct* par d'Alembert et Suard. — Nombreuses brochures. — Refroidissement d'amitié entre Milord Maréchal et Rousseau. — Pension du Roi d'Angleterre; Rousseau néglige d'en réclamer le paiement.
III. Genre de vie de Rousseau à Wootton. — La botanique. — La duchesse de Portland. — Les *Confessions*. — Défiances de Rousseau. — Départ de Rousseau. — Sa lettre à Davenport. — Ses extravagances à Douvres et sa folie.

I

Rousseau arriva à Londres le 13 janvier 1766. Sans trop écouter ceux qui lui cherchaient un logement, il aurait voulu courir tout de suite à la campagne, s'enfermer dans quelque retraite solitaire, « se faire oublier des hommes et finir ses jours en paix. » Hume, qui craignait pour lui la solitude et n'était pas fâché de le produire dans le monde, combattait cette pensée et prétendait qu'il ne pouvait s'éloigner, tant qu'il ne saurait pas l'anglais. C'était renvoyer son départ aux calendes; car il avait beau se consumer en efforts, il ne pouvait rien apprendre de cette langue. Son amour pour la retraite n'alla pourtant pas jusqu'à lui faire accepter les habitations qui lui furent offertes à la campagne. Hume, trompé sans doute par les prétentions de Jean-Jacques à la simplicité, avait chargé un de ses amis, Jean Stewart, de chercher un fermier honnête et discret qui, moyennant 50 ou 60 livres sterling, se chargeât de le loger et de le nourrir, lui et sa gouvernante : on ne lui aurait fait payer que 20 ou 25 livres, et Hume aurait tenu compte très secrètement du surplus. Il emmena son ami visiter ce logement ; mais celui-ci le trouva insuffisant et inhabitable. D'autres projets ne le séduisirent pas davantage. Cependant il avait accepté la proposition d'un propriétaire aisé qui lui avait offert de le recevoir chez lui ; mais avec une condition qui fut jugée inadmissible, celle de faire manger Thérèse à la même table que lui et son hôte. Bientôt il se rejeta sur le pays de Galles, où les habitants, bons et hospitaliers « ne savaient pas un mot d'anglais. » Son départ était d'ailleurs subordonné à l'arrivée de Thérèse. Celle-ci était encore à Paris et logeait chez Mme de Luxembourg. Le temps qu'elle devait employer à venir fut mis à profit par Hume pour proposer à son ami des habitations moins isolées et moins éloignées de la capitale. Hume en était encore à s'imaginer qu'il pourrait jouer vis-à-vis de Rousseau le rôle de protecteur et de mentor ; et Jean-Jacques, tout ému du zèle de son patron, trouvait bon de se laisser protéger[1]. Il fut surtout beaucoup

---

[1]. *Lettres de Rousseau à Mme de Boufflers*, 18 janvier ; *à Mme de Verdelin*, 22 janvier, 5 février 1766 ; *de Hume à Mme de Bouf- flers*, 19 janvier 1766 ; — *Exposé succinct de la contestation qui s'est élevée entre M. Hume et M. Rousseau*, 1766.

question de l'île de Wight, plus gaie, plus accessible, d'un climat plus favorable que le pays de Galles ; mais, malgré tout ce qu'on put lui dire, notre Genevois opta pour le pays que les Anglais ont appelé la Petite Suisse : en définitive, il se logeait pour lui et non pour ses amis [1]. En attendant qu'il pût y aller, comme il lui tardait de quitter la ville, il se retira à Chiswick, petit village situé à 6 milles de Londres, sur le bord de la Tamise [2].

Il y était depuis une quinzaine de jours, quand arriva Thérèse. Pendant le temps qu'il y resta, un grand nombre de personnes lui proposèrent de nouvelles résidences. Il reçut des offres de la part de Milord Maréchal, pour les environs de Plimouth [3]. Il en eut pour le comté de Surrey [4] ; il en eut pour toutes les provinces d'Angleterre [5]. Hume lui offrit d'acheter, pour l'y établir, une maison de campagne, comté de Sussex, dont il avait paru fort épris [6]. D'un autre côté, le comte Orloff l'engagea à venir habiter une de ses terres, en Russie [7]. Enfin Jean-Jacques partit de Chiswick le 19 mars, pour aller, non dans le pays de Galles, comme il l'avait résolu, mais dans un château nommé Wootton, situé à cinquante lieues de Londres, dans le comté de Derby. Le propriétaire, Davenport, était des amis de Hume ; il habitait rarement son château et le mit gracieusement à la disposition de Rousseau. Celui-ci tou-

---

1. *Lettre de Rousseau à Mme de Boufflers*, 6 février 1766. — 2. *Lettre à d'Ivernois*, 29 janvier 1766.* — 3. *Lettre de Milord Maréchal à Rousseau*, 26 février 1766. — 4. *Lettre de Rousseau à Dupeyrou*, 16 mars 1766. — 5. *Lettre à Hume*, 10 juillet 1766. — 6. HUME, *Exposé succinct.* — 7. *Lettre de Rousseau au comte Orloff*, 23 février 1766. Bachaumont cite cette lettre, mais avec une erreur de date de plus d'une année (12 juillet 1767).

tefois ne consentit pas à être logé gratuitement, et voulut payer à Davenport trente guinées par an [1]. Il fit observer, d'ailleurs, que si l'habitation ne lui convenait pas, il aurait de nouveau recours aux bons offices de Hume et à ceux de son nouvel hôte pour en trouver une autre. « Si Wootton vous déplait, lui écrivait Hume, M. Davenport vous propose une petite ferme, près de son autre propriété de Cheshire. Si cela ne vous convient pas encore, il prêtera tout son concours à vous établir selon votre gré, en quelque autre lieu, et il dit qu'il ne vous perdra jamais de vue, jusqu'à ce qu'il vous voie satisfait et à l'aise. Voilà de même le grand objet de mon ambition [2]. »

Avant d'aller s'enfermer dans sa solitude sauvage et éloignée de toute communication, Jean-Jacques prit la sage précaution de se munir d'argent. Il demanda à Dupeyrou de lui envoyer 30 guinées et il chargea d'Ivernois de placer en rente viagère, sur sa tête et sur celle de Thérèse, 3,400 francs, dont 3,000 étaient à lui et 400 à Thérèse. Cet argent était alors en dépôt chez Mme Boy de la Tour [3].

Pendant les deux mois que Rousseau avait passés à Londres ou aux environs de Londres, il avait été à même d'apprécier l'hospitalité anglaise. Il l'avait d'abord trouvée fort à son gré. Il est à croire que la curiosité avait eu pour le moins autant de part à l'accueil qui lui avait été fait que l'intérêt pour ses

---

[1]. Tel est du moins le chiffre indiqué par Hume (*Lettre de Hume à X...*, 2 mai 1766). Rousseau s'est récrié contre cette évaluation. Il a voulu dire sans doute qu'il payait davantage (*Lettre de Rousseau à Dupeyrou*, 19 juillet 1766). — [2]. *Lettres de Hume à Rousseau*, mars et 22 avril 1766. — [3]. *Lettres à d'Ivernois*, 22 février; et *à Dupeyrou*, 14 mars 1766.

malheurs ou l'admiration pour ses écrits. D'ailleurs, sous le patronage de Hume, il ne pouvait manquer d'être bien vu partout. Il avait été invité à dîner dans les maisons les plus aristocratiques et jusque chez des ministres, et Thérèse y avait été invitée avec lui [1]. Il avait reçu des visites, au point d'en être accablé et n'en avait rendu aucune ; le clergé anglican le regardait comme un confesseur de la foi et le Prince héréditaire, beau-frère du Roi, était venu en personne le voir [2].

Cet accueil fut-il dans la réalité aussi brillant qu'il le dit? Si on s'en rapportait à certaines nouvelles venues alors d'Angleterre en France, ou à ce que lui-même disait, un mois plus tard, il aurait manqué précisément de *faire sensation*, et ne se serait pas résigné sans peine à demeurer presque inaperçu au milieu de ce peuple anglais qui ne l'avait jamais vu et à être parfois quelque peu malmené par les journaux ; enfin son dépit n'aurait pas été étranger à son brusque départ de Londres et aux mécontentements qui suivirent [3]. Il avait beau dire qu'il ne demandait que la solitude et l'oubli des hommes, il était, à cause de son passé, pris dans une sorte d'engrenage de publicité, dont il ne pouvait ni ne voulait se déprendre. Non seulement il s'intéressait à l'impression et à la traduction des lettres de Dupeyrou sur les événements de Motiers ; mais, pour obéir,

---

1. *Lettre de Hume à Rousseau*, mars 1766, pour lui transmettre l'invitation de lady Ailesbury et du général Conway, ministre secrétaire d'État. — 2. *Lettres à Dupeyrou*, 27 janvier et 14 mars 1766.

— 3. *Lettre de Walpole au Révérend William Cole*, 28 février 1766. — *Année littéraire* 1766, t. II. — BACHAUMONT, 8 juillet 1766, et addition aux mémoires, 3 juillet 1766.

disait-il, aux conseils de Hume, il en demandait un complément comprenant son séjour à l'île Saint-Pierre, à Bienne, en France et en Angleterre. Puis il se reprenait d'amour pour la paix et rouvrait sa lettre pour dire à Dupeyrou de ne rien faire de nouveau [1]. Enfin il attendait avec un grand empressement les lettres et les papiers qui devaient le mettre à même de travailler à ses mémoires [2]. Il ne pouvait manquer d'en éprouver le besoin dans cette retraite de Wootton, si éloignée des villes et presque de tout voisinage, une vraie solitude cette fois, où pendant les dix mois que devait durer l'absence de Davenport, il allait être réduit à n'avoir pour toute société que la compagnie de Thérèse. Son logement du reste était agréable, situé au-dessus de celui du propriétaire et distribué de même, avec une belle vue sur une magnifique pelouse, et au delà, sur un paysage accidenté qui offrait des promenades charmantes. Ce dernier point était très important, car on sait que Rousseau vivait beaucoup au dehors. Son genre de vie était confortable, suivant la mode anglaise. Sauf l'ennui donc, il était à croire qu'il serait bien ; mais il était ou plutôt il se croyait inaccessible à l'ennui [3].

Il était à peine rendu en Angleterre, quand il sut par Hume que, dès avant son départ, il courait à Paris une prétendue lettre du Roi de Prusse à son adresse, qui lui parut être une mystification. Il la jugea, mais sans l'avoir vue, de fabrication gene-

---

1. *Lettre à Dupeyrou,* 27 janvier 1766. — 2. *Lettres à Dupeyrou,* 15 février, 2, 14 et 29 mars 1766; *à Becket et Hondt, libraires à Londres,* 9 avril 1766. —

3. *Lettre à Mme de Luze,* 10 mai 1766. — *Les Résidences de J.-J. Rousseau,* par ALF. DE BOUGY, Wootton.

voise, et n'apprit pas sans étonnement qu'on l'attribuait à Walpole [1]. Il n'y attacha, du reste, pour le moment, qu'une médiocre importance, ne prévoyant pas qu'elle deviendrait pour lui le point de départ de graves difficultés.

Voici cette lettre : « Vous avez renoncé à Genève, votre patrie ; vous vous êtes fait chasser de la Suisse, pays tant vanté dans vos écrits ; la France vous a décrété ; venez donc chez moi. J'admire vos talents, je m'amuse de vos rêveries qui, soit dit en passant, vous occupent trop longtemps. Vous avez fait assez parler de vous par vos singularités, peu convenables à un véritable grand homme. Démontrez à vos ennemis que vous pouvez avoir quelquefois le sens commun ; cela les fâchera, sans vous faire tort. Mes États vous offrent une retraite paisible ; je vous veux du bien et je vous en ferai, si vous le trouvez bon. Mais si vous vous obstinez à rejeter mes secours, attendez-vous que je ne le dirai à personne. Si vous persistez toujours à vous creuser l'esprit pour trouver de nouveaux malheurs, choisissez-les tels que vous voudrez ; je suis roi ; je puis vous en procurer au gré de vos souhaits, et, ce qui sûrement ne vous arrivera pas avec vos ennemis, je cesserai de vous persécuter, quand vous cesserez de mettre votre gloire à l'être.

Signé : FRÉDÉRIC. »

II

Quand Jean-Jacques se rendit à Wootton, l'affection la plus entière paraissait régner entre lui et

---

[1]. *Lettres à Mme de Boufflers*, 18 janvier ; *à Dupeyrou*, 27 janvier, 15 février, 14 mars 1766 ; *de Mme du Deffand à Voltaire*, 28 décembre 1765. — BACHAUMONT, 28 décembre 1765.

Hume. « Vous voyez déjà, mon cher patron, par la date de ma lettre, lui écrivait-il, que je suis arrivé dans le lieu de ma destination; mais vous ne pouvez voir tous les charmes que j'y trouve; il faudrait connaître le lieu et lire dans mon cœur. Seul, j'aurais pu trouver de l'hospitalité peut-être, mais je ne l'aurais jamais aussi bien goûtée qu'en la tenant de votre amitié. Conservez-la moi toujours, mon cher patron. Aimez-moi pour moi, qui vous dois tant; pour vous-même; aimez-moi pour tout le bien que vous m'avez fait[1]. »

Hume, de son côté, quoique moins expansif, n'est peut-être pas moins précis. « Vous m'avez demandé mon opinion, écrit-il à une dame de ses amies, qui désirait savoir ce qu'il pensait de Rousseau; après l'avoir examiné sous tous les points de vue, je suis maintenant en état de le juger. Je vous déclare que je ne connus jamais un homme plus aimable et plus vertueux. Il est doux, modeste, aimant, désintéressé, doué d'une sensibilité exquise. En lui cherchant des défauts, je n'en trouve d'autres qu'une extrême impatience, de la susceptibilité et une disposition à nourrir contre ses meilleurs amis d'injustes soupçons. Je n'en ai vu aucun exemple; mais ses querelles avec d'anciens amis me le font présumer. Quant à moi, je passerais ma vie dans sa société sans qu'il s'élevât un nuage entre nous. Il a dans ses manières une simplicité remarquable; c'est un véritable enfant dans le commerce ordinaire. Cette qualité, jointe à sa grande sensibilité, fait que ceux qui vivent avec lui peuvent le gouverner facilement.

---

1. *Lettre à Hume,* 22 mars 1766. Voir aussi *Lettre à Rey,* 3 mars 1766.

Je l'ai mis dans un village, à 6 milles de Londres ; mais il persiste à vouloir un isolement plus complet. Il va bientôt partir pour le pays de Galles, malgré tous les obstacles que j'ai fait naître contre ce projet[1]. »

A bien considérer, on put cependant apercevoir bientôt entre ces deux hommes quelques germes de dissentiments ; or, chez Rousseau, ces germes se développaient vite. Davenport, qui était riche, avait jugé poli de ne lui faire payer, pour la voiture qui l'avait amené, qu'un prix dérisoire ; mais Jean-Jacques ne l'entendait pas ainsi[2]. Telles étaient l'inconstance et la bizarrerie de son caractère que, sans raison aucune, il n'avait déjà plus la même confiance ni dans Davenport, ni dans Hume lui-même. Il sentait qu'il n'avait que deux amis sûrs, Milord Maréchal et Dupeyrou. « Quoi qu'on vous dise, quoi qu'on vous écrive pour mes intérêts, écrit-il à ce dernier, tenez-vous en garde et, sans montrer de défiance, ne vous livrez point[3]. Cependant il ne se plaint que d'une chose, c'est d'être l'objet de trop d'attentions. Quant à l'ennui de ne pas savoir la langue et de ne pouvoir se faire entendre des domestiques, il en prenait facilement son parti, et y trouvait au moins l'avantage d'éviter les visites et les conversations importunes[4].

Les lettres où nous avons pris ces détails sont du 29 mars ; le 31, tout est changé. Sans savoir encore quelles sont les intentions de Hume à son égard, il ne peut s'empêcher de les croire sinistres ; tout de

---

1. *Lettre de Hume à M*^{me} *de Barbantane*, 16 février 1766. — 2. *Lettre à Hume*, 22 mars, et *Réponse de Hume*, 30 mars 1766. — 3. *Lettre à Dupeyrou*, 29 mars 1766. — 4. *Lettre à Hume*, 29 mars 1766.

sa part lui est suspect, même son zèle; Hume est l'ami de ses ennemis, l'agent des Tronchin, il viole ou intercepte ses lettres, il l'a perdu de réputation en Angleterre ; en un mot, si Hume n'est un fourbe, il aura droit à bien des réparations de sa part [1].

Que s'était-il donc passé dans cet intervalle de quelques jours? Rien de nouveau ; mais l'imagination de Rousseau avait travaillé. Il est vrai que Hume avait trempé dans la fabrication de la lettre apocryphe du Roi de Prusse. Quoiqu'il l'ait nié à plusieurs reprises, il en est convenu expressément, au moins une fois [2]. Mais jusque-là Rousseau n'avait tout au plus que des soupçons à cet égard. Cependant, le jour où il vit cette lettre insérée dans le *Saint-James Chronicle,* ce fut pour lui un trait de lumière, et il voulut, sans tarder, apprendre au public « qu'il y avait des traîtres secrets qui, sous le masque d'une amitié perfide, travaillaient sans relâche à le déshonorer [3].

« Je vous apprends, Monsieur, disait-il dans sa réclamation, que cette lettre a été écrite à Paris ; et, ce qui me navre et déchire mon cœur, que l'imposteur a des complices en Angleterre. Vous devez au Roi de Prusse, à la vérité, à moi, d'imprimer la lettre que je vous écris et que je signe, en réparation d'une faute que vous vous reprocheriez sans doute, si vous saviez de quelles noirceurs vous vous rendez l'instrument [4].

Si quelqu'un avait lieu de se formaliser de la

---

1. *Lettre à d'Ivernois,* 31 mars 1766. — 2. *Lettre de Hume à la marquise de Barbantane,* s. d. Vide contra, *Exposé succinct de la contestation,* etc., publié par HUME. — *Lettre de Hume à Turgot,* 3 août 1766, etc. — 3. *Lettre à Milord X.,* 7 avril 1766. — 4. *Lettre à l'auteur du « Saint-James Chronicle »,* 7 avril 1766.

lettre, c'était surtout le Roi de Prusse. On ne voit pas qu'il en ait pris le moindre souci. Rousseau aurait dû, à son exemple, la dédaigner comme une plaisanterie. Loin de là, il en fit une affaire d'État, et ses amis ont reproché à Hume, comme une infamie, d'y avoir eu quelque part.

Il n'est pas inutile de savoir comment fut composée cette lettre. Walpole, qui avait d'autant plus de mépris pour les philosophes qu'il avait souvent occasion de les voir dans les salons de Paris, avait une antipathie spéciale pour Rousseau. « Un jour, dit-il, que je me trouvais chez Mme Geoffrin, je m'étais pris à plaisanter sur l'affectation et les contradictions de Rousseau, et j'avais dit quelque chose qui avait amusé la compagnie. En rentrant chez moi, j'en fis une lettre et je la montrai le lendemain à Helvétius et au duc de Nivernois. Ils s'en divertirent de si bon cœur qu'après avoir relevé quelques fautes de langage qui ne pouvaient manquer de s'y trouver, ils m'encouragèrent à la laisser voir. Vous savez que je suis fort disposé à me moquer des charlatans politiques et littéraires, quelque talent qu'ils puissent avoir, et j'y consentis. On s'en est arraché des copies et *me voilà à la mode*[1]. » Hume, qui était l'ami de Walpole, eut connaissance de la lettre et même y dut mettre la main. « La seule plaisanterie, dit-il, que je me sois permise relativement à la lettre du Roi de Prusse, a été faite par moi à la table de lord Osorys. » On a supposé, d'après la faute de français qui se trouve à la fin,

---

1. *Lettres d'Horace Walpole à ses amis pendant ses voyages en France.* Traduction et introduction du comte DE BAILLON, 1872. *Lettre* du 12 janvier 1766, *à l'honorable H. S. Conway*, les mots en italique sont en français.

que la dernière phrase devait être de Hume, la preuve est sans doute un peu faible[1].

Tout le monde sut bientôt que Walpole était l'auteur de la lettre. Il n'en faisait d'ailleurs aucun mystère, et il en revendiqua plus tard publiquement la paternité. Mais Rousseau y voulut reconnaître le style de d'Alembert et n'hésita pas à la lui attribuer. D'Alembert protesta. Rousseau n'en garda pas moins son opinion, et jugea qu'il fallait que Walpole fût bien lâche pour consentir à lui servir de prête-nom[2].

Il faut, pour connaître les griefs de Rousseau contre Hume, retourner en arrière et reprendre dès l'origine l'histoire de leurs rapports. Beaucoup de faits qui, apparemment, lui avaient échappé, ou qu'il n'avait pas jugés dignes de son attention, puisqu'ils ne l'avaient pas empêché d'avoir pour Hume l'amitié la plus tendre et la reconnaissance la plus entière, lui revinrent à la mémoire plus ou moins exactement, et, sous le verre grossissant de son imagination, ne tardèrent pas à prendre les proportions les plus exorbitantes. Après avoir médité pendant plusieurs jours encore sur ces souvenirs, il en vint à les échafauder de manière à en faire tout un système de noirceurs, de trahisons et d'infamies. Peut-être lui en coûtait-il de rompre avec celui que, la veille encore, il ne suffisait pas à louer selon les désirs de son cœur; peut-être désespérait-il de persuader les

---

1. Voir H. MORIN, ch. v, et *Œuvres de J.-J. Rousseau*, édition Musset-Palhay, t. XVI.—
2. *Lettres de Rousseau à Dupeyrou*, 10 mars ; *à Malesherbes*, même date ; *à Mme de Verdelin*, 25 mai ; *à Hume*, 10 juillet 1766. — *Déclaration de d'Alembert aux éditeurs de l'* « *Exposé succinct,* » de HUME, août 1766. — *Lettre de d'Alembert à Voltaire*, 11 août 1766, etc.

amis dévoués qui l'avaient confié à Hume, comme au *patron* le plus sûr et le plus fidèle. Enfin il éclata et il écrivit presque en même temps et presque dans les mêmes termes à Mme de Boufflers, à Mme de Verdelin et à Milord Maréchal. On cherchait, disait-il, à le déshonorer, et on y réussissait avec un succès étonnant ; on jetait le ridicule sur lui et sur Thérèse ; les services que l'on continuait à lui rendre n'étaient point accompagnés de cet air d'honnêteté et d'estime qui en font le charme ; les papiers publics, qui naguère ne parlaient de lui qu'avec estime, n'en parlaient plus qu'avec mépris. Où avait-il vu tout cela ? Où avait-il vu surtout que Hume y fût pour quelque chose. Il est vrai que les journaux n'avaient pas toujours pour lui les égards qu'il aurait voulu. Ainsi Fréron rapporte, d'après les feuilles anglaises, trois petites pièces pleines d'esprit, mais aussi de malice, qui furent faites contre Rousseau : dans l'une, on le raille agréablement de son impatience à souffrir la moindre plaisanterie. « Ami Jean-Jacques, lui dit la seconde, ne t'effarouche point d'une bagatelle. Tu es ici dans un pays de liberté ; la liberté a ses inconvénients. Avoue que ce qui te fâche le plus dans cette lettre supposée, c'est que ton caractère y est trop bien marqué. » La troisième pièce, qu'à tort ou à raison, on a attribuée à Bordes, le comparait à un charlatan qui veut qu'on s'occupe de lui et de ses pilules. Tout cela n'est pas bien méchant[1]. Mais Jean-Jacques cite d'autres faits ; la lettre du Roi de Prusse était la plus

---

1. 1º *Lettre d'un Anglais à J.-J. Rousseau.* — 2º *Lettre d'un Quaker à J.-J.* — 3º *Fragment d'un ancien manuscrit grec.* Insérés dans *l'Année littéraire* de 1766, t. II (février).

grave. Puis vinrent les retards apportés à l'impression des lettres de Dupeyrou. En bonne justice il aurait dû attribuer ces retards aux libraires ; il aima bien mieux, à tout hasard, en rendre Hume responsable. Il n'oublie pas les racontars des journaux : qu'il est fils d'un musicien ; que Hume a été son protecteur en France et lui a obtenu un passeport ; et puis il a appris que Hume connaissait le fils de Tronchin et avait logé dans la même maison que lui ; enfin il se rappelle une histoire ridicule qui se serait passée la nuit même qui suivit son départ de Paris. A Roye, Hume étant couché dans la même chambre que Rousseau et que de Luze, se serait écrié à pleine voix et avec un ton effrayant et sinistre : *Je tiens Jean-Jacques Rousseau.* Jean-Jacques ne put interpréter alors ces mots que favorablement. Nous croyons qu'au lieu de les interpréter, le plus simple est de les nier. Si Hume avait rêvé, il aurait sans doute rêvé en anglais ; n'est-ce pas plutôt Jean-Jacques qui avait rêvé... ou menti ? Autre fait : Un soir, Rousseau venait d'écrire ; Hume, paraît-il, aurait bien voulu voir sa lettre ; n'ayant pu y parvenir, il proposa son cachet pour la fermer et sortit en même temps que le domestique qui la portait. Donc Hume a dû confisquer ou décacheter la lettre. Dans une autre circonstance encore, Hume regardait Rousseau et Thérèse avec des yeux effrayants. Rousseau se trouble, tombe dans une horrible émotion et finit par se précipiter tout en larmes dans les bras de son patron en s'écriant : « Non, David Hume n'est pas un traître ; cela n'est pas possible ! et s'il n'était pas le meilleur des hommes, il faudrait qu'il en fût le plus noir. » Et Rousseau ne s'aperçoit pas que Hume dut le prendre pour un fou ; et il s'étonne qu'au lieu de se fâcher ou de s'attendrir, il ait répondu tranquillement à ses transports par quelques froides caresses, en lui frappant de petits coups sur le dos et en lui disant : Mon cher Monsieur? Quoi donc mon cher Monsieur [1]? Faut-il ajouter à ces griefs des divergences d'idées et de principes entre Rousseau, religieux et spiritualiste, et Hume, sceptique et impie! On l'a dit, mais après coup, et les deux intéressés n'en ont rien laissé soupçonner [2]. Voilà les frivoles motifs qui ont déterminé la rupture entre Rousseau et Hume. Il est ennuyeux, d'avoir à répéter de semblables niaiseries dans une histoire qui se donne comme sérieuse ; mais il faut savoir que ces niaiseries composent tout le fond d'un grave démêlé entre deux hommes célèbres, et eurent dans les salons et le monde des lettres un tel retentissement qu' « une déclaration de guerre entre deux grandes puissances n'aurait pas fait plus de bruit [3]. »

Les correspondants de Rousseau durent être bien embarrassés pour lui répondre. Ils ne pouvaient être dupes de ses hallucinations ; mais ils l'aimaient et ils étaient habitués à priser ses talents et à ménager ses susceptibilités. Ils ne pouvaient ni parler comme lui, de peur de l'entretenir dans ses idées, ni le contrarier, de peur de le rendre tout à fait fou. Il ne leur restait qu'à l'endormir par de belles phrases et des potions calmantes, et c'est ce qu'ils ne manquèrent pas de faire. Milord Maréchal, qui

---

1. *Lettres à Mme de Boufflers*, 9 avril ; *à F. H. Rousseau*, 10 avril ; *à lord X.*, 19 avril ; *à M. X.*, avril ; *à Malesherbes*, 10 mai 1766. — 2. VILLEMAIN, *Cours de littérature*, XVIIIe siècle, 28e leçon. — 3. GRIMM, *Correspondance littéraire*, 15 octobre 1766.

connaissait Hume depuis longtemps, avait plus d'autorité que tout autre pour parler de lui. Il expliqua certains faits, en atténua d'autres, insista sur les malentendus et plaida en faveur des intentions [1]. Mme de Verdelin venait précisément de voir une lettre où Hume, faisant le plus bel éloge de Rousseau, disait de lui : « C'est un homme selon mon cœur. » Mme de Verdelin ne peut donc regarder les appréciations de Rousseau que comme des soupçons, auxquels peut-être Thérèse n'est pas étrangère. « Et si Hume n'est pas coupable, dit-elle, quel coup affreux pour lui ; j'oserais dire pour vous, qui avez le cœur si bon, si juste !... et puis quel effet dans le monde pour tous les deux. Je vous assure que mon sang se glace de toutes ces pensées [2]. »

Rousseau va-t-il au moins se déclarer sûr de ce qu'il avance? Pas le moins du monde. « Telle est, dit-il, la déplorable situation de mon âme, que, sans être absolument convaincu, je suis tous les jours plus persuadé. Mais tôt ou tard, le temps découvrira la vérité. Avec quelles larmes de joie je confesserai alors mon erreur et mon indignité ! Mais non ; chaque jour, des indices nouveaux achèvent de m'accabler, et jusqu'à ma dernière heure, mon cœur sera déchiré de cette persuasion funeste que le meilleur des hommes s'est pour moi seul transformé dans le plus noir [3]. »

Pendant ce temps-là, Hume, ne se doutant de rien, se croyait au mieux avec Jean-Jacques, lui écrivait sur le ton de l'amitié et s'occupait de ses in-

---

1. *Lettre de Milord Maréchal à Rousseau*, 26 avril 1766. —
2. *Lettre de Mme de Verdelin à Rousseau*, 27 avril 1766. —
3. *Lettre à Mme de Verdelin*, 25 mai 1766.

térêts, de manière à mériter toute sa reconnaissance. Il est vrai que celui-ci, aimant mieux passer pour un ingrat que pour un fourbe, était bien résolu à ne lui pas répondre un mot de sa vie [1]. Hume le croyait heureux, autant du moins que le comportait son caractère singulier et une solitude qui pourrait bien finir par lui devenir insupportable; il vantait encore, quoique un peu moins que par le passé, son bon naturel et ses vertus [2]. Aussi dut-il être un jour fort étonné à la lecture d'une lettre dans laquelle Rousseau lui déclarait qu'il ne voulait plus avoir avec lui aucun commerce, ni même participer à une affaire avantageuse pour lui, mais dont il serait le médiateur [3].

On ne connaîtrait pas toute l'inconvenance de la lettre de Rousseau, si on ne savait qu'elle avait pour objet de répondre à de nouveaux services de la part de Hume. Quoiqu'il ne fût pas sans ressources, il aimait à se donner comme pauvre, non afin de se faire offrir des cadeaux, mais par le motif qui l'engageait à se plaindre de sa santé, pour se rendre intéressant. Hume y fut pris. Dès avant d'arriver en Angleterre, il lui avait proposé ses bons offices pour lui faire obtenir une pension du Roi. Jean-Jacques subordonna son acceptation à l'avis de Milord Maréchal; mais après l'avoir reçu [4], il ne s'en décida pas plus vite. « Je compte lui mander, écrivait Hume à Mme de Boufflers, qu'il ne peut plus hésiter sans s'exposer aux justes reproches du Roi, de lord Conway (ministre secrétaire

---

1. *Lettre à Mme de Verdelin*, 25 mai 1766. — 2. *Lettre de Hume à X.*, 10 mai 1766. — 3. *Lettre à Hume*, 23 juin 1766. — 4. *Lettre de Milord Maréchal à Rousseau*, mars 1766.

d'État), de lord Maréchal et de moi[1]. Il ne savait pas que Rousseau refusait bien moins la pension que la main par où elle devait passer[2]. »

Cependant si les humeurs sombres et les singularités de Rousseau avaient laissé Hume assez froid, il finit par se sentir piqué de n'avoir reçu pour prix de son amitié, de son dévouement et de ses services, qu'une lettre d'injures. Il somma son irascible ami de s'expliquer. Un infâme calomniateur l'a-t-il noirci auprès de lui? Qu'il le nomme; des reproches vagues et généraux ne disent rien; qu'il prouve ses plaintes et ses griefs[3].

Rousseau mit trois semaines à répondre. Ce n'était pas trop, si l'on considère la longueur et les détails de sa lettre. C'était un acte d'accusation en forme, dressé avec un art infini. Rien n'était oublié; il n'y avait pas de fait si minutieux, et, quand les faits venaient à manquer, pas de circonstance si insignifiante qui n'y eût sa place marquée. Airs, tons, manières, sous-entendus s'y trouvaient alors arrangés de façon à tenir lieu de faits et de preuves. La plupart des événements que cette lettre rapporte, petits et grands, sont déjà connus. On y voit la prétendue jalousie de Hume contre les prévenances du prince de Conti qui n'étaient pas à son adresse, le fameux rêve de Roye, les efforts de Hume pour déshonorer et perdre son ami de réputation, même auprès de Davenport, les changements subits opérés à son endroit dans l'opinion des Anglais, les invectives et les fausses nouvelles des feuilles publiques, les

---

[1]. *Lettres de Hume à Rousseau*, 3 mai; à Mme de Boufflers, 16 mai 1766. — [2]. *Lettre de Hume à Rousseau*, 19 juin 1766; dans l'*Exposé succinct* de HUME. — [3]. *Lettre de Hume à Rousseau*, 26 juin 1766.

soins hypocrites et les mépris réels de tous les amis de Hume, ses flagorneries et ses ridicules flatteries, ses curiosités indiscrètes, ses espionnages, ses regards effrayants et la scène de baisers et de larmes qui s'ensuivit, les lettres interceptées ou violées, l'amitié de Tronchin soigneusement entretenue, enfin les retards apportés à l'impression des lettres de Dupeyrou. Chemin faisant, Rousseau, tout en paraissant exalter les services de Hume, ne manquait pas d'insinuer qu'au fond il n'avait pas besoin de lui. On pense bien que, dans ce long factum, la lettre du Roi de Prusse devait tenir une large place. Il convenait à son plan qu'elle fût de d'Alembert; donc elle était de d'Alembert, ami de Hume, et Walpole, autre ami de Hume, n'était qu'un prête-nom, et Hume se faisait en Angleterre l'agent du complot dont le foyer était à Paris, et Hume, pour exécuter ce complot, ne ménageait ni les trahisons ni les infamies.

Par une fâcheuse coïncidence, au même moment, Jean-Jacques apprenait que Voltaire l'accusait d'avoir été valet de Montaigu; Hume et Voltaire avaient assurément dû se concerter. Puis la lettre au docteur Pansophe paraissait et était traduite en anglais; il n'était pas douteux que le cher patron ne fût un des fauteurs de cette publication. Enfin, deux autres écrits satiriques étaient imprimés dans les feuilles anglaises et rapportaient des faits connus de Hume seul. On sut depuis que ces libelles avaient pour auteur un Suisse établi en Angleterre, nommé Deyverdun[1]. Hume déclara qu'il en ignorait jusqu'à l'existence; il n'en fut pas moins certain,

---

1. *Lettre de Hume à Mme de Boufflers,* 2 décembre 1766.

aux yeux de Rousseau, que c'était lui qui, pour le moins, les avait inspirés [1].

Il n'était pas jusqu'à la patience de Hume que son adversaire ne tournât contre lui. Jean-Jacques lui avait écrit, le 22 mars, une lettre pleine de cordialité et d'affection ; Hume aurait dû y lire entre les lignes les soupçons de son ami, et se justifier de reproches qui ne lui étaient pas faits. Rousseau avait affecté en maintes circonstances de lui faire impolitesses sur impolitesses, de traiter en dehors de lui des affaires qu'il avait entamées et qu'il devait poursuivre ; c'est ce qu'il appelait premier soufflet sur la joue de mon patron, deuxième soufflet, troisième soufflet sur la joue de mon patron ; et il continue à s'occuper de moi. Que ne se fâche-t-il donc! s'il reste froid, c'est qu'il a intérêt à ne pas se démasquer. On a dit : Tu te fâches, donc tu as tort ; Jean-Jacques disait au contraire : Tu ne te fâches pas, donc tu as tort. Hume aurait pu répondre : Contre tout autre que vous, mon cher, je me serais peut-être fâché ; mais j'ai eu pitié de vous, de votre pauvre tête si peu solide, de votre caractère si singulier, de votre nature si impressionnable. Et si cette réponse était difficile à faire à Jean-Jacques personnellement, il pouvait la faire à leurs amis communs, et ensuite s'en tenir là, ce qui assurément aurait mieux valu que l'éclat qui fut donné à la querelle.

Pour en finir avec cette interminable lettre, il reste à parler de deux faits qui s'y rattachent. Le premier est moins important ; il est relatif au portrait de Rousseau que fit le peintre Ramsay, pour

---

1. *Lettre à X.*, janvier 1767.

l'offrir à Hume. Rousseau crut que c'était une galanterie de son patron et en fut d'abord très flatté. « Le peintre a si bien réussi, dit-il, qu'on croit qu'il sera gravé[1]. » Plus tard, il attribua ce projet à une fantaisie qui sentait l'ostentation et prétendit que cela lui avait déplu[2]. Plus tard encore, le portrait lui-même devint une infamie ; il manquait de ressemblance et le représentait sous les traits d'un cyclope affreux[3]. Tel était le travail de ses idées, qu'il changeait le beau en laid : chez lui tout était affaire de disposition et d'humeur.

L'autre fait est relatif à la pension du Roi d'Angleterre. « L'affaire de la pension, dit Jean-Jacques, n'était pas terminée ; il ne fut pas difficile à M. Hume d'obtenir de l'humanité du ministre et de la générosité du prince qu'elle le fût ; il fut chargé de me le marquer, il le fit[4]. Ce moment fut, je l'avoue, un des plus critiques de ma vie. Combien il m'en coûta pour faire mon devoir ! Mes engagements précédents, l'obligation de correspondre avec respect aux bontés du Roi, l'honneur d'être l'objet de ses attentions, de celles de son ministre, le désir de marquer combien j'y étais sensible, même l'avantage d'être un peu plus au large en approchant de la vieillesse, accablé d'ennuis et de maux, enfin l'embarras de trouver une excuse honnête pour éluder un bienfait déjà presque accepté, tout me rendait difficile et cruelle la nécessité d'y renoncer ; car il le fallait absolument, ou me rendre le plus vil

---

1. *Lettre de Hume à Rousseau*, mars 1766. — On fit aussi son portrait en relief, il en envoya un exemplaire à Dupeyrou. *Lettre à Dupeyrou*, 29 mars 1766. — 2. *Lettre à Hume*, 10 juillet 1766. — 3. *Rousseau, juge de Jean-Jacques*, 2ᵉ dialogue. — 4. Dans une *lettre* du 8 mai 1766.

de tous les hommes, en devenant volontairement l'obligé de celui dont j'étais trahi.

Je fis mon devoir, non sans peine ; j'écrivis directement au général Conway, et, avec autant de respect et d'honnêteté qu'il me fut possible, sans refus absolu, je me défendis pour le moment d'accepter[1]. M. Hume avait été le négociateur de l'affaire, le seul même qui en eût parlé ; non seulement je ne lui répondis point, mais je ne dis pas un mot de lui dans ma lettre. Troisième soufflet sur la joue de mon patron, et, pour celui-là, s'il ne le sent pas, c'est assurément sa faute. Il n'en sent rien[2]. » Nous aurons à revenir sur cette affaire de la pension.

Rousseau terminait sa longue lettre par une péroraison qu'on pourrait regarder comme un modèle d'éloquence, si la première condition de l'éloquence n'était pas de proportionner son style à son sujet : « Si vous êtes innocent, dit-il, daignez vous justifier ; si vous ne l'êtes pas, adieu pour jamais. » Malgré cette mise en demeure, Hume se contenta, pour le moment, de rectifier le récit de Rousseau sur un seul point, la scène des baisers et des larmes, qui aurait eu lieu, selon lui, non pas à Calais, mais à Londres[3]. Cela est au fond assez peu important, et si Hume n'avait pas autre chose à dire, il aurait mieux fait de se taire tout à fait.

Mais il ne fut pas aussi réservé avec tout le

---

1. Voir la *Lettre au général Conway, ministre secrétaire d'État*, 12 mai 1766. Conway était parent d'Horace Walpole. — 2. *Lettre à Hume*, 10 juillet 1766. Voir aussi la *Lettre de Hume à Rousseau*, du 12 mai 1766. Hume ne comprend rien au refus de Rousseau et continue à se montrer plein d'affection et de bienveillance pour lui. — 3. *Lettre de Hume à Rousseau*, 22 juillet 1766.

monde. Il entretint de l'affaire ses amis de Paris, entre autres d'Holbach et d'Alembert. Une de ses lettres à d'Holbach, car il était en correspondance suivie avec lui, commençait, dit-on, par ces mots : Mon cher baron, Rousseau est un scélérat. Elle fut lue à un souper chez Necker, et fut toute la soirée le sujet de la conversation [1]. Hume écrivit aussi à Mme de Boufflers, lui envoya la lettre de Rousseau et la pria de s'entendre avec le prince de Conti, Mme de Luxembourg, et Mme de Barbantane. Il se proposait d'écrire à Milord Maréchal; il avait déjà parlé à Davenport, à lord Hereford et au général Conway. Ces deux derniers, a-t-il dit, lui conseillaient de publier les détails de la querelle. Il hésitait cependant. D'un côté, il lui en coûtait de ruiner ce malheureux; mais, d'un autre côté, il savait que Rousseau composait ses mémoires, où il ne manquerait pas de le déshonorer [2].

Gardez-vous bien, lui répond Mme de Boufflers, de rien publier; faites en sorte, à tout prix, d'éviter le scandale; c'est déjà trop que vous ayez pris tant d'amis pour confidents, les d'Holbach; qui sait? peut-être Voltaire lui-même. Pourquoi demanderiez-vous des renseignements à Paris? Voudriez-vous donc être son délateur, après avoir été son protecteur? « Pourquoi vous dérober la plus noble vengeance qu'on puisse prendre d'un ennemi, d'un in-

---

[1]. *Essais de mémoires sur M. Suard* (par Mme SUARD). — BACHAUMONT, 8 juillet 1766. — *Lettres de Mme du Deffand à la duchesse de Choiseul*, 13 et 22 juillet 1766; *de d'Alembert à Voltaire*, 29 août 1766. —
[2]. Un mois après il déclarait en avoir reçu un énorme volume. Par quelle indiscrétion les connut-il? car Rousseau les tenait soigneusement cachés; *Lettres de Hume à Mme de Boufflers*, 15 juillet et 12 août 1766.

grat ou plutôt d'un malheureux, que les passions et son humeur atrabilaire égarent, celle de l'accabler de votre supériorité, de l'éblouir par l'éclat de cette vertu même qu'il veut méconnaître[1]? »

Mme de Boufflers, confidente des deux parties, avait fort à faire pour les gagner à la modération. Après avoir prêché Hume, elle s'adresse à Rousseau : « M. Hume m'a envoyé la lettre outrageante que vous lui avez écrite. Je n'en vis jamais de semblable. Tous vos amis sont dans la consternation et réduits au silence... Ajoutez-vous foi si facilement aux trahisons? Votre esprit, par ses lumières; votre cœur, par sa droiture, ne devraient-ils pas vous garantir contre ces odieux soupçons? M. Hume un traître, un lâche! Grand Dieu! quelle apparence? Quels motifs[2]? »

Cette lettre ne pouvait être du goût de Rousseau; il y répondit sur un ton de mauvaise humeur assez marqué et interrompit ensuite sa correspondance avec Mme de Boufflers pendant dix-huit mois[3]. Mme de Boufflers ne fut pas seule à s'interposer entre les deux adversaires. Mme de Verdelin s'attacha aussi à cette ingrate besogne[4]. Rousseau reçut assez bien ses avis, sans toutefois en tenir compte. Milord Maréchal se refusa, comme les autres, à croire à la culpabilité de Hume. Il ne voit dans ces démêlés que des malentendus; il voudrait que chacun gardât le silence. Il n'y fallait pas compter[5].

---

1. *Lettre de Mme de Boufflers à Hume*, 22 juillet 1766. — 2. *Lettre de Mme de Boufflers à Rousseau*, 27 juillet 1766. — 3. *Réponse de Rousseau*, 30 août 1766. — 4. *Lettres de Mme de Verdelin à Rousseau*, mai à juillet 1766. — 5. *Lettres de Milord Maréchal à Rousseau*, 3 juillet, 26 août, 7 septembre et fin septembre 1766.

Le mal de ces sortes de correspondances est qu'elles ne restent point confinées entre les intéressés ; elles s'étendent, se propagent et souvent s'impriment; l'amour-propre s'en mêle; devant le public, on rougirait de reculer et de se dédire, et la porte se ferme à tout accommodement. C'est ce qui arriva dans cette circonstance. On a accusé Hume d'avoir divulgué la querelle; mais Jean-Jacques ne fut pas beaucoup plus discret; car il écrivit ses soupçons et ses plaintes, à une époque même où Hume ne se doutait pas encore qu'il l'eût pour adversaire. Ses lettres, qu'on avait pour mission de se passer, au moins entre amis, n'étaient pas, dit-on, destinées à être imprimées. Il y en eut pourtant qui le furent, notamment celle du 2 août, adressée à Guy. Jean-Jacques y rapportait les injures que Hume disait sur son compte; il le défiait de mettre à exécution la menace qu'il avait faite de publier les pièces du procès, déclarant que son silence serait sa condamnation [1]. Il ne savait pas que l'œuvre était déjà commencée ; que Hume, si patient jusque-là, allait s'y montrer sans ménagement et sans pitié [2].

Le travail de Hume, qui a pour titre : *Exposé succinct de la contestation qui s'est élevée entre M. Hume et M. Rousseau,* fut d'abord publié en anglais par son auteur, mais presque en même temps, il en paraissait une traduction française. L'édition française est précédée d'un *Avertissement des éditeurs,* tout à la louange de Hume. Plusieurs personnes, même de ses amis, Mme de Luxembourg, Mme du Deffand, lui firent la malice de le lui attri-

---

1. *Lettre à Roustan*, 7 septembre 1766. — 2. *Lettre de Hume à Mme de Boufflers*, 12 août 1766.

buer[1]. On y dit qu'il ne publie l'*Exposé* que pour répondre au défi de Rousseau et céder au désir de ses amis. Il paraît qu'il se serait déterminé sur l'avis d'une sorte de Conseil tenu chez Mlle de Lespinasse, et où se trouvaient, avec Mlle de Lespinasse, d'Alembert, Turgot, Saurin, Marmontel, Duclos et l'abbé Morellet. Tous furent d'avis qu'une réponse était devenue nécessaire[2]. Mais, s'il eut pour lui quelques conseillers complaisants, on en citerait bien davantage qui l'engagèrent à se taire. Le Roi et la Reine d'Angleterre lui donnèrent eux-mêmes cet avis[3]. « Tout le monde, lui écrivait Adam Smith, vous conseille de ne rien publier[4]. » Presque tout le monde, en effet, même ses amis, même les ennemis de Rousseau, même Grimm, même Voltaire, le blâmèrent d'avoir fait tant de bruit d'une affaire qui en valait si peu la peine[5]. « Pour moi, écrivait un jour Jean-Jacques, je n'ai rien à dire de M. Hume, sinon que je le trouve bien insultant pour un bon homme et bien bruyant pour un philosophe[6]. » Rousseau qui était en cause ne pouvait passer pour impartial ; il se trouva pourtant que son jugement fut ratifié par l'opinion générale.

---

1. *Lettre de Mme du Deffand à Walpole*, s. d. — 2. *Hume's life and correspondence.* Voir MAUGRAS, ch. XXI, p. 513. Cependant nous savons qu'un des assistants au moins, Turgot, ne se rallia à cette opinion qu'à moitié, et pour ainsi dire malgré lui. (*Lettres de Turgot à Hume*). Quant à Malesherbes, qui aimait beaucoup, non seulement les ouvrages de Rousseau, mais l'homme lui-même, inutile de dire qu'il était d'un avis absolument contraire, (*Lettre de Turgot à Hume*, 23 juillet 1766). — 3. *Lettre de Hume à Mme de Barbantane*, s. d. — 4. *Hume's life and correspondence.* — 5. GRIMM, *Corresp. litt.*, 15 octobre 1766 ; — BACHAUMONT, 23 octobre 1766 ; — *Lettre de Voltaire à Damilaville*, 15 octobre 1766. — 6. *Lettre à Laliaud*, 15 novembre 1766 ; à *X.*, 2 janvier 1767.

A en juger par le titre d'*Exposé succinct*, que Hume avait donné à son travail, on avait lieu de croire qu'il voulait remplir l'office de simple rapporteur. Il est vrai qu'il donnait les principales pièces du procès ; mais les commentaires et les explications dont il les accompagnait, démontraient assez la passion qui l'animait. Les faits qu'il citait, depuis l'origine de ses rapports avec Rousseau jusqu'à sa rupture, nous sont connus pour la plupart. Il en est cependant dans le nombre qu'il est difficile d'admettre. Ainsi Hume rapporte qu'afin de procurer des secours à Rousseau, il aurait, de concert avec quelques-uns de ses amis, résolu de lui faire payer un prix exagéré pour son *Dictionnaire de Musique,* sauf à désintéresser sous main le libraire. La mort de Clairaut aurait seule fait échouer le projet. Il n'y a qu'un malheur à cela, c'est que Hume lui-même dit que ses rapports avec Rousseau furent complètement interrompus depuis la fin de 1762 jusqu'au milieu de 1765 ; or la mort de Clairaut et le marché avec Duchesne eurent lieu au commencement de 1765, c'est-à-dire précisément pendant cette interruption. Ainsi encore, il prétend, et il a répété dans d'autres circonstances, qu'il ne fut pour rien dans la lettre de Walpole, qu'il ne la connut même pas tant qu'il fut à Paris. S'il espérait le faire croire, il fallait qu'il comptât bien sur la discrétion de Mme de Barbantane, à qui il avait écrit tout le contraire. Enfin, même ce défi de Rousseau, cette lettre à Guy, dont Hume veut s'autoriser, n'arriva qu'après coup, et alors qu'il était décidé. La lettre à Guy est du 2 août ; or, dès le 14 juillet, Voltaire connaissait le projet de Hume ; et le 23, ce dernier était informé par une lettre de Turgot de ce qui s'était passé chez Mlle de l'Espinasse. Il est à noter d'ailleurs que Turgot engagea constamment Hume à la modération et le blâma, même après la publication de l'*Exposé succinct*, de ne s'être pas strictement borné à l'impression des lettres échangées de part et d'autre [1].

L'*Exposé* se termine par une déclaration que d'Alembert adresse aux éditeurs, dans le but d'établir qu'il n'avait eu aucune part à la lettre de Walpole. Ce point lui tenait à cœur. Lui, si calme jusque-là dans ses rapports avec Rousseau, avait été furieux des injustes soupçons dont il était l'objet [2]. Sa protestation était, en quelque sorte, une lettre qu'il s'adressait à lui-même; car c'est lui qui était, avec Suard, le traducteur de l'œuvre de Hume. Il se garda bien d'en convenir. A quoi sert donc la philosophie, si elle n'apprend pas à se montrer un peu franc, et à combattre à visage découvert? On connut cette petite rouerie par la lettre que Hume écrivit à Suard, pour les remercier l'un et l'autre de leur concours et des adoucissements qu'ils avaient apportés à quelques-unes de ses expressions, qui étaient trop dures [3].

Hume s'imaginait que son adversaire répondrait et se proposait bien, pour sa part, d'en rester là [4]. Cela lui fut d'autant plus facile que Rousseau, selon sa coutume, dédaigna de continuer la lutte. Mais d'autres la reprirent pour leur compte, et il parut à

---

1. *Lettres de Voltaire à Damilaville*, 14 juillet 1766; *de d'Alembert à Voltaire*, 16 juillet 1766; *de Turgot à Hume*, 23 juillet 1766 et 25 mars 1767. — 2. *Lettres de d'Alembert à Hume*, 14 août; *à Voltaire*, 11 août 1766. — 3. *Lettre de Hume à Suard*, 19 septembre 1766. — 4. *Id.*, 19 novembre, et *à Mme de Boufflers*, 2 décembre 1766.

ce sujet un assez grand nombre de brochures presque toutes d'une extrême médiocrité [1]. Rousseau fut sensible au zèle de quelques-uns de ses défenseurs; mais bientôt lui-même arrêta leur ardeur. « Je désire sincèrement, dit-il, qu'on laisse hurler tout leur saoul ce troupeau de loups enragés, sans leur répondre. Tout cela ne fait qu'entretenir les souvenirs du public, et mon repos dépend désormais d'être entièrement oublié [2]. »

Parmi les publications qui furent faites en sa faveur, la plus connue est due à la plume de Mme Latour [3]. En la lisant, dit Jean-Jacques, le cœur m'a battu, et j'ai reconnu ma chère Marianne [4].

1. *Justification de J.-J. Rousseau dans la contestation qui lui est survenue avec M. Hume. — Observations sur l'*Exposé succinct*.— Plaidoyer pour et contre J.-J. Rousseau et le Dr Hume.— Réflexions posthumes sur le grand procès de Jean-Jacques avec David.— Le rapporteur de bonne foi.— Sentiment d'un Anglais impartial sur la querelle de MM. Hume et Rousseau*, etc., etc. — 2. *Lettre à Dutens*, 5 février 1767. — 3. *Précis pour M. Rousseau, en réponse à l'*Exposé succinct *de M. Hume, suivi d'une lettre de* Mme X *à l'auteur de la* « Justification ». Il est à remarquer que Mme du Deffand voulut appeler les rigueurs de Choiseul et de Sartine sur cette lettre, qui ne faisait, tout au plus, que rendre à Walpole mépris pour mépris. N'y pouvant réussir, elle demanda qu'au moins on réprimât l'insolence de Fréron, qui avait pris fait et cause contre Walpole. Mais, lui répondit Choiseul, il n'y a aucun reproche à faire à Fréron, c'est le censeur qui a tort. Cependant ils seront corrigés l'un et l'autre. Il est vrai que Walpole, qui se sentait parfaitement de force à se défendre, se serait bien passé de cette intervention de la police. — *Lettres de* Mme *du Deffand à la duchesse de Choiseul*, 28 décembre 1766, et *Réponse de la duchesse de Choiseul*, même jour; *de* Mme *du Deffand au duc de Choiseul*, 29 décembre 1766, et *Réponse de la duchesse de Choiseul*; *de* Mme *du Deffand à la duchesse de Choiseul*, 31 décembre 1766, et *Réponse* le même jour; *du duc de Choiseul à* Mme *du Deffand*, 5 janvier 1767. — Fréron, *Année littéraire*, 1767, t. I. — 4. *Lettre à* Mme *Latour*, 7 février 1767. Voir aussi *Lettre de Rousseau à Guy*, même jour:

Voltaire, qui ne laissait jamais échapper une occasion de donner son coup de pied à Jean-Jacques, ne manqua pas d'écrire à Hume. Sa lettre n'est que le récit de ses propres différends[1]. Elle ne tarda pas à être imprimée, avec des notes plus odieuses que la lettre elle-même, et signées X[2]. Les notes étaient-elles de Voltaire lui-même, ou de son ami et souvent prête-nom Ximenès, « chargé par lui du département des vilenies[3]? » Voltaire ayant demandé alors au Roi de Prusse ce qu'il pensait des folies de Rousseau. « Je pense, lui répondit Frédéric, ...qu'il faut respecter les infortunés ; il n'y a que les âmes perverses qui les accablent[4]. »

Il est intéressant de connaître l'appréciation que portait en ce moment sur Voltaire et Rousseau un homme qui avait été l'ami de l'un et de l'autre : « La manifestation de la folie et de la méchanceté de Rousseau, écrivait le médecin Tronchin, ne peut que nous être utile. Le mépris de sa personne rejaillira sur ses principes, et nombre de ses dévots s'en détacheront. Sa charlatanerie de vertu en avait séduit un grand nombre. Le masque est tombé, l'homme reste, le héros est évanoui. L'autre méchant fou (Voltaire), son antagoniste, perd aussi beaucoup de ses amis[5]. »

« Je vous charge, M. Guy, ou plutôt je vous permets, en lui remettant cette lettre, de vous mettre, en mon nom, à genoux devant elle et de lui baiser la main droite, cette charmante main, plus auguste que celles des impératrices et des reines, qui sait défendre et honorer si pleinement et si noblement l'innocence avilie. » — 1. *Lettre de Voltaire à Hume,* 24 octobre 1766. — 2. Notes sur la *Lettre de M. de Voltaire à M. Hume.* Voir aussi *Lettres de Voltaire à Lacombe,* imprimeur, 17 novembre et 29 décembre 1766. — 3. GRIMM, *Correspondance littéraire,* 15 janvier 1767. — 4. *Lettre de Frédéric à Voltaire,* 1766. — 5. *Lettre inédite de Tronchin,* 21 août 1766, citée par G. MAUGRAS, ch. XXI, p. 528.

Dans la querelle entre Rousseau et Hume, les deux adversaires, comme il arrive d'habitude dans ces sortes d'affaires, n'avaient gagné ni l'un ni l'autre. On dirait que tous deux le sentirent, quoique un peu tard. Hume, dans ses Mémoires, n'a pas même prononcé le nom de Rousseau, et Rousseau convint, dans la suite, qu'il s'était trop laissé emporter à son humeur[1].

Quelques personnes les mirent dos à dos : « A la place de Hume, écrivait à Jean-Jacques le marquis de Mirabeau, j'aurais dit : Mon ami, vous êtes un fou, et moi un sot ; vous, d'avoir cru me faire entreprendre, à mon âge, un petit cours de sensibilité délicate, abondante en explications, en injures, en excuses ; et moi, d'avoir cru pouvoir manier un fer dérougi, sans prendre des pincettes, et obliger un homme d'autant plus pointilleux sur les obligations, que son âme est au-dessus des bienfaits[2]. » Mais tout le monde ne fut pas aussi indulgent. La réputation de Hume ne fut pas notablement atteinte, et, pour s'être mis une fois en colère dans sa vie, il n'en resta pas moins le bonhomme un peu froid, un peu lourd, mais aimable et facile que l'on connaissait. Il n'en fut pas tout à fait de même de Rousseau, et l'on jugea que, pour s'être fâché avec un si brave homme, il fallait qu'il fût d'un bien mauvais caractère, ou qu'il fût devenu tout à fait fou.

Et, en effet, sa susceptibilité tournait parfois en véritable folie. On ne se figure pas les précautions que devaient prendre ses amis, quand ils avaient à lui faire entendre quelque vérité. Un jour Dupey-

---

1. BERNARDIN DE SAINT-PIERRE, *Préambule de l'Arcadie.* — 2. *Lettre du marquis de Mirabeau à Rousseau*, 27 octobre 1766.

rou, l'homme sur qui il comptait le plus après Milord Maréchal, eut le malheur de n'être pas de son avis et de l'engager, dans son intérêt, à un éclaircissement de date. « Le soin, répliqua Jean-Jacques, que vous prenez de me ramasser les jugements du public sur mon compte, m'apprend assez quels sont les vôtres, et je crois que, si vous exigez que je me justifie, c'est surtout auprès de vous, » et le malheureux se voit déshonoré, flétri devant la postérité; il balbutie, il ne sait pour ainsi dire ce qu'il dit; le tout parce qu'on lui a laissé voir que sa mémoire l'a mal servi sur un fait insignifiant [1].

Voltaire répétait sans cesse qu'il était fou, physiquement fou, et que les Anglais auraient dû lui donner une place à Bedlam [2]. Sauf la brutalité de la forme, c'était plus ou moins l'avis d'un grand nombre de personnes; et, chose fâcheuse, ces bruits parvenaient jusqu'à lui. « Depuis qu'il est établi que je suis fou, écrivait-il à Coindet, il est tout simple que mes malheurs soient des visions [3].

Mais que lui importaient ces jugements, en comparaison d'un malheur qui lui fut plus sensible que tout le reste, le refroidissement de son amitié avec Milord Maréchal? Que d'autres amis, Mme de Boufflers, le prince de Conti, même Mme de Verdelin aient donné raison à Hume [4]; tant qu'il avait pour lui Milord Maréchal, il parvenait à se consoler du

---

1. *Lettres à Dupeyrou*, 4 octobre et 15 décembre 1766. — 2. *Lettres diverses, à Damilaville, à d'Alembert*, etc. — 3. *Lettre à Coindet*, 5 juillet 1767. — 4. Et encore il serait plus exact de dire qu'ils donnaient tort à tous les deux; que si personne ne croyait Hume coupable (*Lettre de Mme de Verdelin à Rousseau*, 9 octobre 1766), presque tous le trouvaient peu généreux et plaignaient Jean-Jacques autant qu'ils le blâmaient.

reste. L'abandon de cet excellent ami était, au contraire, une épreuve dont il n'avait pas l'idée. Mais Milord Maréchal avait les embarras en horreur et tenait surtout à son repos. Il avait rêvé de faire le bonheur de son ami Jean-Jacques, en le confiant à son autre ami Hume; il voyait qu'il s'était trompé; que ses conseils de sagesse avaient été mal suivis; qu'avec une tête comme celle de Jean-Jacques, il n'aurait jamais fini de l'apaiser ni de le guérir de ses folies. Il avait voulu, pour y réussir mieux, s'entendre avec Dupeyrou; il n'y avait gagné que d'aigrir le malheureux Rousseau. « Je suis vieux, infirme, lui écrivit-il alors ; j'ai peu de mémoire ; je ne sais plus ce que j'ai écrit à Dupeyrou ; mais je sais que je désirais vous servir, en assoupissant une querelle, sur des soupçons qui me paraissaient mal fondés, et non vous ôter un ami. Peut-être ai-je fait quelques sottises. Pour les éviter à l'avenir, ne trouvez pas mauvais que j'abrège la correspondance, comme j'ai fait déjà avec tout le monde, même avec mes plus proches parents et amis, pour finir mes jours dans la tranquillité. Bonsoir. Je dis abréger; car je désirerai toujours avoir de temps en temps des nouvelles de votre santé, et qu'elle soit bonne[1]. »

A partir de ce jour, en effet, nous n'avons plus qu'une seule lettre de Milord Maréchal à Rousseau. Celui-ci fit les plus grands efforts pour le faire revenir sur sa détermination ; lui, si fier d'habitude, ne recula ni devant les larmes, ni devant les supplications : tout fut inutile[2].

---

1. *Lettre de Milord Maréchal à Rousseau*, 12 novembre 1766. — 2. *Lettres à Milord Maréchal*, 11 décembre 1766, 19 mars 1767; *de Milord Maréchal à Dupeyrou*, s. d.; autre du 28 novembre 1766.

Cependant, il est évident qu'il y eut entre eux cessation de rapports, plutôt que brouillerie et cessation d'amitié. Même après que Milord Maréchal eut cessé d'écrire à Rousseau, celui-ci eut recours à l'entremise d'une amie commune, la duchesse de Portland, pour s'informer de la santé de son protecteur, pour lui faire passer quelques lettres et pour tâcher de l'intéresser en sa faveur [1]. Malgré tout cela, quand Milord Maréchal vint à mourir, d'Alembert, qui écrivit son éloge, trouva moyen d'y représenter Rousseau comme un ingrat, qui, loin de payer en amitié les bienfaits de Milord Maréchal, n'y avait répondu que par des procédés indignes [2]. Cette accusation a été vivement relevée par Mme Latour [3]. Les preuves de la tendre affection que Rousseau garda jusqu'à la fin pour Milord Maréchal se voient dans les efforts qu'il fit pour continuer leurs rapports et dans la manière dont il parle de lui en toutes circonstances, notamment dans ses *Confessions*. On peut invoquer, en preuve de l'amitié que Milord Maréchal conserva pour Rousseau, les dernières lettres qu'il lui écrivit, ainsi qu'à Dupeyrou, l'intérêt qu'il continua à lui témoigner et l'attention qu'il eut de lui laisser par testament la montre qu'il portait habituellement.

La querelle avec Hume une fois terminée, laissait derrière elle une difficulté, la liquidation de la pension que le Roi d'Angleterre devait faire à Rous-

---

1. *Lettres à la duchesse de Portland*, 29 avril et 12 septembre 1767, 4 janvier et 2 juillet 1768. — 2. *Éloge de Milord Maréchal*, par D'ALEMBERT, 1778. — 3. *Lettres d'une anonyme* (Mme LATOUR) *à un anonyme, ou Procès de l'esprit et du cœur de M. d'Alembert*, 20 mars 1779 ; — *Lettre à M. d'Alembert* ; — *Réponse anonyme à l'auteur anonyme*, etc... Voir aussi *Lettres de d'Alembert au Mercure* de 1778 et 1779.

seau. Celui-ci l'avait-il acceptée ou refusée? Les uns disaient oui, les autres disaient non, et en effet sa lettre au général Conway était si peu claire qu'il était permis d'hésiter sur la manière d'en interpréter les termes. Les amis de Rousseau l'avaient engagé à accepter; lui-même désirait le faire; mais il ne voulait rien tenir de Hume[1]. Il ne s'agissait pas de savoir si cette pension lui était honorable, mais si elle l'était assez pour qu'il dût l'accepter à tout prix, même à celui du déshonneur[2]. « Bien loin, écrivait-il à Davenport, qu'il puisse jamais m'être entré dans l'esprit d'être assez vain, assez sot, assez mal appris pour refuser les grâces du Roi, je les ai toujours regardées et les regarderai toujours comme le plus grand honneur qui me puisse arriver. Mais, Monsieur, quand le Roi d'Angleterre et tous les souverains de l'Univers mettraient à mes pieds tous leurs trésors et toutes les couronnes par les mains de David Hume ou de quelque autre homme de son espèce, s'il en existe, je les rejetterais toujours avec autant d'indignation que, dans tout autre cas, je les recevrais avec respect et reconnaissance[3]. »

Rousseau ne pouvait dire plus clairement que la pension lui ferait plaisir. Mais la Cour et les ministres, qui l'avaient accordée à la sollicitation de Hume, continueraient-ils à l'accorder à son ennemi? Faut-il admettre, avec Mme du Deffand, que Jean-Jacques écrivit lui-même au ministre[4]? Il est plus probable que Davenport se contenta d'agir sous

---

1. *Lettres à Milord Maréchal,* 9 août; *à d'Ivernois,* 30 août; *à Dupeyrou,* 16 août et 4 octobre 1766. — 2. *Lettre à Mme de Verdelin,* août 1766. — 3. *Lettre à Davenport,* février 1767. — 4. *Lettre de Mme du Deffand à Walpole,* 7 avril 1767.

main. Quoi qu'il en soit, ici comme dans bien d'autres cas, Jean-Jacques fut traité en enfant gâté. On demanda à Hume son assentiment ; il était bon homme au fond et ne le fit point attendre ; et un beau jour, Jean-Jacques reçut la nouvelle que le Roi lui avait accordé une pension de cent livres sterling... sans que personne l'eût sollicitée pour lui [1].

Il n'avait jamais compté sur cette faveur, qui devait lui donner une aisance qu'il n'avait pas connue jusque-là et faisait, d'un seul coup, plus que doubler son revenu [2]. Il n'en éprouva pas cependant un plein contentement. « Si vous saviez, écrivait-il à Dupeyrou, comment, par qui et pourquoi cette pension m'est venue, vous m'en féliciteriez moins [3]. » C'est à peine, du reste, s'il espérait en être payé. « Je n'ai point ouï parler du général Conway, écrivait-il à Coindet ; mais soyez persuadé qu'il sait où je suis. (Il avait alors quitté l'Angleterre). Voilà une pension qui circule terriblement dans le monde avant d'arriver à moi [4]. » Même après avoir été payé, on dirait qu'il doute encore. « M. Rougemont, écrit-il, m'apprend qu'il a déjà reçu pour moi deux quartiers de la pension dont il a plu au Roi d'Angleterre de me gratifier ; je vous avoue, Madame, que j'ai toujours regardé cette pension comme un service qu'on voulait me montrer seulement de loin... Puisqu'elle vient toutefois m'y chercher, contre toute attente de ma part, je suis déterminé à recevoir ce bienfait d'une façon convenable, d'en jouir en paix, si je puis, avec reconnaissance, et de

1. *Lettre à Dupeyrou*, 22 mars 1767. — 2. *Lettre de remerciement de Rousseau au général Conway*, 26 mars 1767 ; *de Rousseau à Dupeyrou*, 16 août 1766. — 3. *Lettre à Dupeyrou*, 4 avril 1767. — 4. *Lettre à Coindet*, 5 juillet 1767.

ne plus penser de mes jours à ce qui l'a précédée[1]. » Il est douteux qu'il ait rien reçu depuis cette époque. Il laissait s'amasser les arrérages, et l'État n'a pas coutume de courir après ses pensionnaires. « Je crois, pour de bonnes raisons, écrivait-il à d'Yvernois, devoir renoncer à la pension du Roi d'Angleterre[2]. » « Sans y avoir renoncé formellement, disait-il un peu plus tard, je me suis mis dans le cas de ne pouvoir demander ni désirer même honnêtement qu'elle me soit continuée[3]. » Le colonel Roguin ayant manifesté le désir de s'occuper de cette affaire, Rousseau lui déclara que « s'il faisait là-dessus la moindre démarche, il pouvait être sûr d'être désavoué, comme le sera toujours, dit-il, quiconque voudra se mêler d'une affaire sur laquelle j'ai depuis longtemps pris mon parti[4]. Enfin, Corancez, son ami, crut bien faire de réclamer, toucha 6,336 francs, et pour ménager la susceptibilité de Rousseau, obtint de donner quittance à la place du titulaire. Mais l'embarras était de lui faire accepter la somme : « Qui vous a chargé de cette commission ? s'écrie Jean-Jacques ; je suis majeur et je puis gouverner moi-même mes affaires. Je ne sais par quelle fatalité les étrangers veulent faire mieux que moi ?... Si je ne touche plus la pension, c'est que je le veux ainsi... je suis libre. » Et Corancez fut obligé de renvoyer la lettre de change[5].

---

1. *Lettre à Mme de Verdelin*, Trye, 17 décembre 1767 ; voir aussi *Lettre de Dupeyrou à Rey*, 28 septembre 1767. — 2. *Lettre du 26 avril 1768*. — 3. *Lettre à Laliaud*, 5 octobre 1768. — 4. *Lettre à Dutens*, 8 novembre 1770. — 5. *De Jean-Jacques Rousseau par Corancez*, au *Journal de Paris*, n°s 251 à 261 ; an VI (1798).

III

Tout en soutenant ses luttes avec Hume, Rousseau arrangeait sa vie à Wootton. La botanique conserva dans ses occupations la place d'honneur. Qu'elle soit ou non « une passion d'enfant..., un radotage inutile et vain » ; toujours est-il qu'elle était devenue pour lui un besoin et jetait de l'agrément dans ses promenades solitaires[1].

L'Angleterre était pourtant loin de lui offrir les mêmes ressources d'herborisation que la Suisse ; mais en joignant la recherche des mousses à celle des plantes phanérogames, il avait bien de quoi employer son temps de manière à éviter l'ennui. Il ne désespérait pas d'ailleurs de retourner un jour en Suisse, d'habiter chez Dupeyrou, d'herboriser avec lui, de préparer le dictionnaire de botanique qu'il avait projeté de faire de compte à demi avec lui. L'amitié était sans doute le premier attrait de ce château en Espagne, mais la botanique en était bien aussi un autre[2]. En fait d'études, Jean-Jacques ne voulait plus se livrer qu'à une seule, la botanique ; en fait de livres, il n'en voulait lire que d'une espèce, des livres de botanique. Il avait écrit à Dupeyrou de ne lui envoyer que ceux-là, avec ses herbiers[3]. Par malheur, toute sa bibliothèque et ses estampes lui étaient déjà expédiées. Si encore il n'avait eu que l'ennui de les recevoir et de les caser ; mais, pour comble de désagrément, on exigea quinze louis de port, quinze louis de frais de douane, et il ne trouva

---

1. *Lettres à Milord Maréchal*, 20 juillet 1766 ; *à X*, 2 janvier 1767. — 2. *Lettre à Dupeyrou*, 31 mai 1766. — 3. *Id.*

pas ses estampes à la place qu'elles auraient dû occuper. Il les crut perdues, jeta des cris perçants, mit Davenport en campagne pour réclamer, et retrouva le tout dans une autre caisse[1]. Déjà précédemment, il s'était plaint qu'on eût tout bouleversé dans un autre ballot. C'est à cette occasion qu'il demanda les livres de dévotion de Thérèse, qu'elle avait oubliés à Paris[2]. Thérèse liseuse et dévote! double phénomène, qu'il est bon de noter en passant.

Rousseau était peu recevable à gémir des mauvais traitements qu'on lui infligeait, alors qu'on ne cherchait qu'à lui faire une situation privilégiée. Les employés de la douane étaient bien obligés d'exiger les droits réglementaires; mais le Roi prit en considération ses réclamations et lui fit rembourser ce qu'il avait payé[3].

Toujours par suite de sa nouvelle passion, Rousseau mit en vente ses livres et ses estampes, afin d'en employer le prix à augmenter sa bibliothèque botanique. En fait d'estampes, il ne garda que le portrait du Roi d'Angleterre. Malgré ses goûts d'indépendance, il était moins que personne en état de se passer des services d'autrui; il fut heureux, dans la circonstance, d'user des bons offices de Davenport, du comte de Harcourt et de Dutens. Il aurait pu spéculer sur son nom pour grossir la somme que devait lui rapporter la vente de ses livres; mais un tel procédé lui répugnait, et il se prononça nettement contre toute espèce de faveur. Dutens lui

---

1. *Lettres à Davenport,* 11 septembre 1766 et février 1767. — 2. *Lettre à Coindet,* 19 avril 1766.

— 3. *Lettre au duc de Grafflon,* 7 février 1767.

ayant proposé de sa bibliothèque dix livres sterling de rente viagère, il trouva cette somme trop forte, mais l'accepta néanmoins. Le comte de Harcourt s'occupa spécialement des estampes [1].

Jean-Jacques aimait à herboriser seul; cependant un compagnon, et surtout une compagne d'études et de promenades ne pouvait que lui procurer un agrément de plus. Ici encore il fut servi à souhait, et trouva dans la duchesse de Portland plus sans doute qu'il n'aurait osé espérer. Il n'est pas donné à tout le monde d'avoir pour élève une duchesse; mais il était dit que, toute sa vie, il serait courtisé par les grandes dames. C'est à Milord Maréchal qu'il fut redevable de cette amitié, la seule peut-être qui ne fut ternie par aucun nuage. Cela peut venir de ce qu'elle était fondée sur l'utilité plutôt que sur l'intimité, et aussi de ce que Rousseau y garda les formes de respect dont on ne doit point s'écarter avec une femme. Il sentait que les familiarités, les boutades, les humeurs qu'il se permettait si aisément avec les dames de France, ne seraient plus de mise avec l'aristocratie anglaise. La duchesse de Portland était fille du duc de Devonshire; elle était jeune, agréable, nouvellement mariée, connaissait parfaitement le pays, et avait, dès avant d'entrer en relations avec Rousseau, le goût de la botanique. Elle se fit son guide à travers les rochers et les délicieux vallons du voisinage [2]. Elle lui donna de bons ouvrages; il y répondit par quel-

---

1. *Lettres au comte de Harcourt*, 24 décembre 1766, 14 février, 5 mars, 2 avril, 11 avril 1767, 6, 7 et 13 janvier 1768; *à Davenport*, février 1767; *à Dutens*, 16 février, 2 et 26 mars, 16 octobre 1767. — 2. ALFRED DE BOUGY, *Les Résidences de J.-J. Rousseau*, Wootton.

ques dons de plantes suisses. Ils s'envoyaient mutuellement des fleurs à déterminer, sans qu'il soit facile de décider quel était le plus savant, pour ne pas dire le plus ignorant des deux. Lorsque, comme Rousseau, on hésite dans une détermination entre une liliacée et une violette, on ne peut prétendre au titre de savant. Une correspondance assez suivie s'établit entre la duchesse et Rousseau, et se continua longtemps après que ce dernier eut quitté l'Angleterre. Cet échange de lettres roule uniquement sur la botanique, avec quelques mots de temps à autre sur Milord Maréchal. On doit les citer à titre de curiosité, mais la science n'a rien à y voir[1].

Rousseau se livra à Wootton à une autre occupation, dont il parle moins que de botanique, mais qui intéresse davantage le public; il s'agit de ses *Confessions*. Nous savons, que depuis deux ou trois ans, il en nourrissait le projet, et il est possible qu'il eût déjà commencé à l'exécuter. Au mois d'août 1766, Hume en avait vu un énorme cahier, et avait été à l'avance, ainsi que bien d'autres, effrayé de penser que tout cela serait publié. On connaissait assez Rousseau pour savoir qu'il ne ménageait personne devant le public, on craignait ses mensonges et ses calomnies; dans le secret de la conscience, on ne craignait peut-être pas moins ses excès de sincérité. Il voulait *tout dire* sur son propre compte, *le bien, le mal, tout enfin*[2]; mais pouvait-on compter qu'il serait plus discret sur le compte des autres[3]? Il est vrai que, loin de

1. *Seize lettres de Rousseau à la duchesse de Portland*, du 3 septembre 1766 au 11 juillet 1776. — 2. *Lettre à Milord Maréchal*, 20 juillet 1766. — 3. *Lettre à Mme de Verdelin*, 25 mai 1766.

vouloir publier ses mémoires de son vivant, il ne désirait même pas que ses autres écrits fussent imprimés actuellement. Il n'avait qu'un désir, et il y revient souvent, celui de se faire oublier[1]. Mais ne savait-on pas qu'on ne perdrait rien pour attendre? Et d'ailleurs, jusque-là ne devait-on pas redouter les indiscrétions et cette demi-publicité, pire en un sens que la publicité complète, parce qu'elle met obstacle à la défense? Quoi qu'il en soit, le travail allait vite; les jours de pluie, et ils étaient nombreux à Wootton; l'hiver, et il y était long, étaient consacrés à cet ouvrage[2]. Au mois de juin, Jean-Jacques faisait espérer à Dupeyrou de lui en remettre une partie à l'automne, s'il avait le plaisir de le recevoir chez lui[3]; au mois d'avril suivant, les six premiers livres étaient terminés.

Dupeyrou ne vint pas, et le pauvre Jean-Jacques, de plus en plus soupçonneux, semblable à l'avare qui ne peut se résoudre à quitter son trésor, n'osait seulement aller à Londres, où il avait affaire. « Ce voyage, dit-il, est très hasardeux, à cause du dépôt (il s'agit des *Confessions*) qui est ici dans mes mains, qui vous appartient, et dont l'ardent désir de vous le faire passer en sécurité fait tout le tourment de ma vie. Le désir de s'emparer de ce dépôt à ma mort, et peut-être de mon vivant, est une des principales raisons pourquoi je suis si soigneusement surveillé. Or, tant que je suis ici, il est en sûreté dans ma chambre; je suis presque assuré qu'il lui arrivera malheur en route, sitôt que j'en serai

---

1. *Lettre à Dupeyrou*, 31 mai 1766. — 2. Hume, *Exposé succinct*. — *Lettre de Rousseau à Mi-* lord Maréchal, 20 juillet 1766. — 3. *Lettre à Dupeyrou*, 21 juin 1766.

éloigné. Si je ne suis secouru, je n'ai qu'un parti à prendre, et je le prendrai quand je me sentirai pressé, soit par la mort, soit par le danger, c'est de brûler le tout, plutôt que de le laisser tomber entre les mains de mes ennemis[1]. »

Hélas! ses défiances se renouvelaient à chaque instant et à propos de tout. Il ne parlait que de violations de lettres, de trahisons de la poste, de pièges et de filets tendus tout autour de lui. Et pour les éviter, il n'y avait pas de petits moyens ni de petites finesses qu'il n'inventât : fausses adresses, examen minutieux des cachets, chiffres de correspondance; il aurait été dépositaire des secrets de l'État, qu'il n'aurait pas pris plus de précautions[2].

Bien peu de personnes purent échapper à ses soupçons. Pour ne pas s'exposer à ces trahisons qu'il voyait partout, plus encore que pour ménager son temps, il avait beaucoup restreint sa correspondance, et il en était venu à ignorer ce qu'était devenu Moultou[3]. Il n'est pas jusqu'à Dupeyrou, le seul avec qui il eût continué des relations fréquentes, qui n'ait éprouvé un moment les effets de sa mauvaise humeur. Il est juste d'ajouter néanmoins qu'il ne tarda pas à se réconcilier avec lui[4].

Il ne pouvait cependant vivre absolument seul. Il rencontra dans l'aristocratie de son voisinage quelques amitiés, qui, sans être bien intimes, lui procurèrent d'utiles distractions. Nous avons parlé de Daven-

---

1. *Lettre à Dupeyrou*, 4 avril 1767. — 2. *Lettres à Davenport*, 31 mars 1766; *à Malesherbes*, 10 mai 1766; *à Mme de Verdelin*, 25 mai 1766; *à Dupeyrou*, 30 mai 1766, 5 janvier, 2 et 4 avril 1767; *à Guy*, 2 août 1766; *à Rey*, août 1766; *à d'Ivernois*, 7 février 1767. — 3. *Lettre à Dupeyrou*, 31 mai 1766. — 4. *Lettres à Dupeyrou*, 4, 15 octobre et 15 novembre 1766; 8 janvier 1767.

port, de la duchesse de Portland, il faut y joindre M. Granville, le comte de Harcourt et quelques autres. Granville lui envoyait souvent des provisions. On sait les anciennes susceptibilités de Rousseau à ce sujet : « Jadis, dit-il, j'aimais avec passion la liberté, l'égalité, et, voulant vivre exempt des obligations dont je ne pouvais m'acquitter en pareille monnaie, je me refusais aux cadeaux, même de mes amis, ce qui m'a souvent attiré bien des querelles. Maintenant, j'ai changé de goût, et c'est moins la liberté que la paix que j'aime..... Vous voyez, Monsieur, d'après cela, combien vous avez beau jeu avec moi dans les cadeaux continuels qu'il vous plaît de me faire; mais il faut tout vous dire : sans les refuser, je ne serai pas plus reconnaissant que si vous ne m'en faisiez aucun[1]. »

C'est aussi de cette époque que date la connaissance qu'il fit du marquis de Mirabeau. Selon l'usage, le marquis fit les premières avances, et, comme entrée en matière, lui offrit une retraite dans son château. L'autre refusa, mais parut très flatté des relations que lui offrait l'*Ami des hommes*.

Enfin, quoique Rousseau écrivît peu à ses amis de France et de Suisse, il leur conservait une place dans son souvenir, et même ne négligeait pas de les prêcher à l'occasion : tantôt donnant à Dupeyrou, comme remède contre la goutte, des conseils de sobriété et de continence[2]; tantôt engageant Mme de Verdelin à contracter un second mariage[3]; tantôt adressant à une actrice des leçons de moralité et de conduite[4].

---

1. *Lettre à M. Granville*, février 1767. — 2. *Lettre à Dupeyrou*, 19 juillet 1766.—3. *Lettre à Mme de Verdelin*, août 1766. — 4. *Lettre à Mlle Théodore, de l'Académie royale de musique*, s. d.

C'est ainsi qu'il passait sa vie à Wootton, vie monotone, mais dont il se contenta, faute de mieux, jusqu'au moment où l'ennui et l'amour du changement la lui rendirent intolérable. Le ciel sombre de l'Angleterre, le caractère froid des Anglais étaient antipathiques à sa nature ; on peut joindre à ces motifs la difficulté des rapports avec des gens dont il ignorait la langue. Il regrettait de n'être pas resté à demeurer chez Dupeyrou. Il répétait, il est vrai, et sans doute il voulait se persuader, que le pays et les habitants étaient à son gré ; qu'il n'avait qu'à se louer de la retraite qu'il s'était choisie ; mais il est facile de voir que la raison, bien plus que le sentiment, lui dictait ces paroles. Or, avec lui, la raison ne tardait guère à avoir tort[1]. Thérèse s'ennuyait, d'ailleurs, de ne pouvoir caqueter à son aise, et l'on sait que Thérèse en venait toujours à ses fins. On a été jusqu'à la soupçonner d'avoir rompu les cachets des lettres adressées à son maître, afin d'exalter sa tête déjà trop montée. Au fond, on n'en sait rien, mais elle en était bien capable. Les amis de Rousseau sont unanimes à dire qu'il n'était pas de ruses auxquelles cette fille sans délicatesse n'eût recours pour les éloigner, afin de satisfaire sa jalousie et d'assurer sa domination. Que ne dut-elle pas faire dans cette circonstance, où elle avait tant de motifs de désirer de partir ! Cependant il fallait un prétexte ; les attentions mêmes et les cadeaux de Davenport le fournirent, et Rousseau déclara qu'il ne pouvait lui être ainsi à charge. Il demanda des explications ; Davenport évita de répondre ; il se

---

1. *Lettres à Malesherbes*, 10 mai; *à Dupeyrou*, 31 mai, 21 juin ; *à Milord Maréchal*, 20 juillet 1766.

plaignit des domestiques (on peut voir encore ici la main de Thérèse); il n'eut pas plus de satisfaction de ce côté. Il lui plut de prendre le silence de son hôte pour une invitation à partir, et il forma le projet d'aller s'établir à Londres [1]. Bientôt Londres ne lui parut plus un éloignement suffisant. On sait comme, chez lui, les idées faisaient vite leur chemin; l'hospitalité de Davenport, hier encore trop attentive et trop généreuse, changea subitement de caractère à ses yeux. Il pouvait partir; mais un simple départ, ordinaire et poli, n'aurait pas donné satisfaction à son désir d'étaler ses défiances et ses grands sentiments. Il n'avait jamais eu qu'à se louer de Davenport; pour le remercier de sa *noble hospitalité*, voici l'impertinente et inexplicable lettre qu'il lui écrivit : « Un maître de maison, Monsieur, est obligé de savoir ce qui se passe dans la sienne, surtout à l'égard des étrangers qu'il y reçoit. Si vous ignorez ce qui se passe dans la vôtre depuis Noël, vous avez tort; si vous le savez, et que vous le souffriez, vous avez plus grand tort; mais le tort le moins excusable est d'avoir oublié votre promesse et d'être allé tranquillement vous établir à Davenport, sans vous embarrasser si l'homme qui vous attendait ici sur votre parole y était à l'aise ou non. En voilà plus qu'il ne faut pour me faire prendre mon parti. Demain, Monsieur, je quitte votre maison. J'y laisse mon petit équipage et celui de Mlle Le Vasseur, et j'y laisse le produit de mes estampes et livres pour sûreté des frais faits pour ma dépense depuis Noël... Adieu, Monsieur, je regretterai souvent la demeure

---

1. *Lettres à X.*, 2 janvier 1767; à *Davenport*, 22 décembre 1766 et 2 février 1767; à *Dutens*, 26 mars 1767; à *Mirabeau*, 8 avril 1767.

que je quitte ; mais je regretterai beaucoup davantage d'avoir eu un hôte si aimable et de n'en avoir pu faire mon ami [1]. »

Le lendemain il partit pour Londres, avec intention d'y prendre la route de Douvres et d'essayer de s'embarquer pour la France ; mais il ne savait pour ainsi dire plus ce qu'il faisait. Au lieu d'aller à Douvres, il prenait une direction toute différente et se rendait à Spadling, à 200 milles de Douvres. Là, n'osant sortir de chez lui, dans la crainte de ses ennemis, il écrivait au chancelier une lettre pleine d'extravagances, et une autre à Davenport, pleine de repentir, pour lui demander de retourner chez lui [2]. Deux ou trois jours après, il était à Douvres, et écrivait au général Conway une lettre analogue à celle qu'il avait adressée au chancelier. Il se croyait diffamé, l'objet de la risée et de l'exécration publiques, la victime des complots les plus sinistres ; il était persuadé qu'on voulait le retenir captif en Angleterre, afin de l'empêcher d'aller publier au dehors les outrages qu'il avait reçus dans l'île. Il suppliait Conway de le laisser aller, et, pour le toucher et le convaincre, il n'était pas de promesses qu'il ne lui fît. Puisqu'on craignait ses mémoires, il s'engageait par les serments les plus solennels, non seulement à renoncer pour toujours au projet de les publier ou de les écrire, mais à ne laisser échapper de vive voix pas un mot de plaintes, à ne parler de Hume qu'avec honneur. Si,

---

1. *Lettre à Davenport,* 30 avril 1767. — 2. *Lettre de Hume,* citée par G. H. Morin, ch. v, p. 256. — On n'a pas la *lettre de Rousseau à Davenport,* mais on peut affirmer qu'il eut un moment le désir de retourner à Wootton. — Voir la *lettre de Rousseau à Granville,* 1ᵉʳ août 1767.

malgré lui, il transpirait quelque bruit de ses malheurs, il s'obligeait à tout rejeter sur son humeur aigrie et portée à la défiance. Enfin, comme sûreté de ces engagements, il offrait de remettre à Conway tous ses papiers sans exception[1].

On ne lui en demandait pas tant, et personne ne songeait à le retenir de force. Cependant, comme il se croyait poursuivi et recherché par Choiseul, il se hâta de brûler une nouvelle édition de l'*Émile,* qu'il regretta beaucoup plus tard. Il en aurait sans doute fait tout autant des *Confessions,* s'il n'avait eu précédemment l'occasion de les envoyer à Dupeyrou. Il était parti avec Thérèse, sans argent, sans bagages ; en route, il avait payé avec des morceaux de couverts d'argent. Arrivé à Douvres, les vents étant contraires, le mauvais temps devint à ses yeux un nouveau complot. Quoiqu'il ne sût pas l'anglais, il monta sur une élévation et se mit à haranguer la foule en français. C'était, dit-il, un accès de folie, qui alla jusqu'à lui faire soupçonner sa femme[2].

Ces extravagances peuvent assurément servir au point de vue moral à excuser Rousseau de bien des sottises[3] ; mais ne doivent-elles pas aussi restreindre la confiance que trop souvent on accorde à son jugement? Il ne faut pas en effet regarder ces actes comme des traits isolés et sans liaison avec le reste de sa vie, mais plutôt comme l'exagération d'un état qui lui était habituel depuis des années. Ce

---

1. *Lettre au général Conway,* mai 1767. — 2. CORANCEZ, *De J.-J. Rousseau,* etc. — 3. Davenport en jugea sans doute ainsi, car ils restèrent en correspondance suivie (*Lettre de Rousseau à Mme de Verdelin,* 22 juillet 1767).

n'est pas seulement Voltaire qui le dit; ce sont les faits qui le démontrent; ce sont les amis qui en conviennent : il était fou, positivement fou; mais, n'est-ce pas l'être un peu soi-même que de choisir un pareil guide?

CHAPITRE XXVIII

Du 22 mai 1767 au 14 août 1768.

Sommaire : I. Le marquis de Mirabeau offre à Rousseau une retraite. — Passage de Rousseau à Amiens. — Rousseau à Fleury, chez le marquis de Mirabeau.
II. Installation de Rousseau à Trye. — Luttes et difficultés domestiques. — Efforts de Conti pour le retenir. — Coindet. — Visite de Dupeyrou. — Défiances de Rousseau contre ses amis. — Il ne veut plus s'occuper que de botanique. — Ses plaintes et ses projets de départ. — Son départ de Trye.
III. Rousseau passe par Lyon. — Excursion à la Grande-Chartreuse. — Arrivée de Rousseau à Grenoble. — Accueil enthousiaste qu'il y reçoit. — Ses relations avec Bovier. — Recherches d'une retraite. — Visite de Rousseau aux autorités de Grenoble. — Susceptibilités et départ de Rousseau. — Lettre désespérée qu'il écrit à Thérèse.

I

Rousseau quittait l'Angleterre pour fuir la persécution de Choiseul, qui, disait-il, l'avait poursuivi jusque-là, et il lui tardait d'arriver en France, c'est-à-dire dans les bras de Choiseul. Explique qui pourra ces contradictions; mais le logicien à outrance, si habile à bâtir un système de gouvernement ou d'éducation sur deux ou trois hypothèses, ou à élever, sur une pointe d'aiguille, tout un échafaudage de complots, ne se piquait pas de logique dans la conduite de la vie. Pourvu qu'il vît devant lui *son bien réel ou de fantaisie; car pour lui c'était tout un*[1], peu lui importait le reste.

1. *Lettre à Mirabeau,* 9 mai 1767.

Cependant, après de longs jours d'attente à Douvres, la mer, devenue plus favorable, lui permit de partir pour Calais. Il y arriva le 22 mai, ne sachant encore ce qu'il deviendrait, ni où il irait fixer sa demeure. Dès le temps qu'il était à Wootton, Mirabeau lui avait fait les propositions les plus avantageuses, lui donnant le choix entre ses nombreux châteaux de la Provence, de l'Angoumois, du Poitou, du Limousin, des environs de Paris[1]. Quand Mirabeau apprit son départ d'Angleterre, il s'empressa de lui renouveler ses offres; mais Jean-Jacques hésitait; il sentait toujours, lui pesant sur les épaules, le décret de prise de corps. La France n'était pas pour lui un pays sûr. Il n'y pouvait rester qu'en gardant un incognito qui répugnait à ses principes. Il tenait, d'ailleurs, à être chez lui, en payant. Des officieux lui avaient, à la vérité, cherché de hautes protections, qui lui permissent de se fixer en France. Hume lui-même avait eu la générosité d'écrire à Turgot, pour le recommander à l'indulgence du gouvernement français, et Turgot avait promis de s'associer à cette bonne action[2]. Mme du Deffand fut aussi priée par Walpole d'en écrire à Mme de Choiseul. « Mais, répondit la duchesse, que puis-je pour Rousseau? Des secours d'argent? ou ma protection pour les petites maisons?... Le protéger dans sa gloire m'aurait paru un acte de vanité; le protéger dans sa folie serait un acte de folie[3]. » Il est évident que Jean-Jacques dut rester en dehors de ces tentatives.

---

1. *Lettre de Mirabeau à Rousseau*, 27 octobre 1766. — 2. *Lettre de Turgot à Hume*, 1er juin 1767; *Hume's life and Correspondence*. Voir MAUGRAS, ch. XXII. — 3. *Lettres de Mme du Deffand à Mme de Choiseul*, 23 mai, 18 juin 1767; *de la duchesse de Choiseul à Mme du Deffand*, 12 et 14 juin 1767.

Son projet était d'aller à Bruxelles, ou à Venise, mais à petites journées, en s'arrêtant à Amiens, puis à Paris.

Le 23 mai, en effet, il partit pour Amiens[1]. L'accueil qu'il y reçut dut le consoler de la froideur des Anglais, mais n'annonçait guère un homme qui veut échapper par la fuite et l'obscurité aux persécutions du premier ministre du royaume. On alla jusqu'à proposer de lui rendre les honneurs publics et de lui offrir les vins de la ville. On pensa toutefois qu'une telle manifestation s'accorderait par trop mal avec l'incognito qu'il était sensé garder et l'on se contenta de le fêter à huis clos[2]. Il vit là Gresset. On dit qu'il furent très contents l'un de l'autre : « Vous faites si bien parler les perroquets, lui dit Jean-Jacques, qu'il n'est pas étonnant que vous sachiez apprivoiser les ours[3]. »

Cependant le prince de Conti qui se trouvait, en quelque sorte, chargé de garantir la sécurité de Rousseau en France, jugea que son protégé en prenait par trop à son aise de son incognito : « Votre imprudence, lui écrivit-il, renverse tous mes projets... Vous êtes en grand danger... Le premier procureur du Roi qui vous dénoncera forcera le Parlement à vous faire arrêter, même malgré lui, et alors les suites seraient inévitables et funestes... Sortez secrètement et de nuit d'Amiens ; allez, en changeant de nom, dans un asile momentané, que vos amis vous ont ménagé hors du ressort du Parlement de Paris... On avisera ensuite à ce qu'on

---

1. *Lettres de Rousseau à Mirabeau*, 22 mai 1767; *à Dupeyrou*, même date. — 2. BACHAUMONT, 11 juin 1767. — 3. *Œuvres de Gresset*. Édit. Renouard. Notice biographique de l'éditeur.

fera¹. » Jean-Jacques avait compté attendre des renseignements de Mirabeau à Amiens pour ses projets ultérieurs ; mais il fut ainsi forcé de partir prématurément, à cause de l'empressement même qu'on mit à le fêter². Il prit néanmoins le temps de prévenir Mirabeau, dont il avait d'ailleurs accepté les offres, du moins à titre provisoire. Celui-ci l'envoya chercher à Saint-Denis et le fit conduire à son château de Fleury près Meudon. Jean-Jacques y resta du 5 au 18 juin ; mais à Fleury comme à Amiens, il commit des imprudences. « On vous a déjà vu dans le parc de Meudon, lui écrivit de nouveau Conti, votre situation est fort critique... Jusqu'à ce que j'aie pu m'assurer de ce qui sera possible pour votre tranquillité, tenez-vous bien caché... Mon objet est de vous procurer, en France, un asile tranquille et sûr : sinon d'assurer votre sortie, si elle est nécessaire³. Conti poussa la prudence jusqu'à empêcher Mme de Luxembourg d'aller voir et embrasser son ami, comme elle en avait le désir⁴.

Mirabeau, lui, était bien plus optimiste, et répondait sans hésiter de la sûreté de son hôte (toujours cependant sous la condition du secret)⁵. Il lui proposait de le garder ; mais Jean-Jacques, malgré son désir de profiter de la noble hospitalité qui lui était offerte, n'avait pas cru pouvoir accepter⁶. Ils se quittèrent, au bout d'une quinzaine de jours, dans les meilleurs termes, quoiqu'on puisse affirmer sans témérité que l'amitié aurait duré bien moins encore

---

1. *Lettre du prince de Conti à Rousseau*, fin mai 1767. — 2. *Lettre à Dupeyrou*, 5 juin 1767. — 3. *Lettre du prince de Conti à Rousseau*, juin 1767. — 4. *Lettre de Mme de Luxembourg à Rousseau*, juin 1767. — 5. *Lettre de Mirabeau à Rousseau*, 10 juin 1767. — 6. *Lettre à Mirabeau*, 9 juin 1767.

de ce côté qu'avec Hume, et n'aurait pas résisté au sans-gêne et à la grosse franchise de l'*Ami des hommes*. Il est vrai que Mirabeau avait le grand mérite d'être peu exigeant, de laisser une grande liberté à ses amis, et surtout de n'être nullement susceptible. « Je suis tel un jour que l'autre, écrivait-il... je vous défie après cela de me blesser[1]. » Mais Hume ne passait-il pas pour avoir les mêmes qualités ? On peut même s'étonner que Jean-Jacques ait si bien pris jusque-là « les griffonnages dégingandés comme pantin » que depuis plus de six mois lui jetait à la tête son original correspondant : conseils, vérités *ad hominem*, considérations de toute sorte, et jusqu'à des éloges qui ressemblaient fort à des critiques. « Je ne connais pas, lui écrivait Mirabeau, de morale qui pénètre plus que la vôtre, elle s'élance à coups de foudre ; elle marche avec l'assurance de la vérité ; car *vous êtes toujours vrai, selon votre conscience momentanée... Mais, Dieu merci, j'ai eu d'autres maîtres... J'*ai des amis, direz-vous, je le crois... mais, ou je me trompe fort, ou vous n'en n'avez aucun dont vous ayez toujours été absolument content, pas plus que de vous-même[2]. » « Vous n'avez d'ennemis qu'en vous... le Parlement? non; le ministre? non; les théologiens? non; on trouve tout simple qu'un protestant n'aille pas à la messe. Les vrais dévots sentent que vous fûtes le plus rude fléau de leurs persécuteurs, et, à dire vrai, je pense que ce serait parmi ces derniers que vous trouveriez vos véritables ennemis : vous êtes infirme, nous tous aussi ; abandonné, ce n'est pas poli à me

---

1. *Lettre de Mirabeau à Rousseau*, 8 juillet 1767. — 2. *Lettre de Mirabeau à Rousseau*, 27 octobre 1766.

dire; persécuté, vous le fûtes, mais aujourd'hui vous n'êtes rien de tout cela. Vous êtes tout excès et tout feu... Mais il ne faut pas vous prendre au mot vous-même, car vous seriez votre propre dupe [1]. »

A en juger par une réponse de Rousseau, il paraît que Mirabeau l'aurait engagé à reprendre la plume. Il refusa catégoriquement et affirma que rien au monde ne le ferait changer sur ce point [2]. Mais ne combattait-il point ici contre des moulins à vent? Mirabeau déclare en effet, de son côté, qu'il a donné à son ami un conseil tout contraire : « Griffonnez donc, lui écrit-il, si cela peut vous plaire... je vous avais prié de ne point écrire, je vous le répète, cela vous tourmente et vous fatigue [3]. »

Ce qui est plus certain, c'est que Mirabeau voulut engager Rousseau dans ses théories économiques. Il lui remit, en le quittant, son dernier livre, *La Philosophie rurale,* et lui fit promettre de le lire. Rousseau essaya, mais n'en put venir à bout [4]. Bientôt Mirabeau lui envoya un second ouvrage. Rousseau fut plus à l'aise pour ce dernier, qui n'avait pas Mirabeau pour auteur. Il combattit notamment le *Despotisme légal* avec une grande puissance. On retrouve là tout l'ancien Rousseau du *Contrat social*: « Aimez-moi toujours, dit-il, mais ne m'envoyez plus de livres ; n'exigez plus que j'en lise ; ne tentez même pas de m'éclairer si je m'égare : il n'est plus temps [5]. » Mais Mirabeau était lancé ; il lui répliqua

---

1. *Lettre de Mirabeau à Rousseau,* 20 février 1767. Voir aussi *Lettres* du 3 février et du 16 mars 1768. — 2. *Lettre à Mirabeau,* 9 juin 1767. — 3. *Lettre de Mirabeau à Rousseau,* 10 juin 1767. Il doit y avoir là, pour le moins, une erreur de date. — 4. *Lettres de Mirabeau à Rousseau,* 18 juin, et *de Rousseau à Mirabeau,* 24 juin 1767. — 5. *Lettre à Mirabeau,* 26 juillet 1767.

par une longue discussion sur le produit net, la propriété, la production, la consommation, et lui envoya d'un coup six volumes sur l'économie politique. Il perdait bien sa peine. « Est-il possible, s'écriait-il un jour, après avoir assisté à la représentation du *Devin*, que je prenne tant de plaisir à entendre ce chien d'homme, et qu'il n'en prenne aucun à entendre mon ramage, à moi[1]? » C'est même en vain qu'il lui demanda la permission de publier leurs deux lettres[2]. « Là là, ne grognez point, Révérend Père Nabuchodonosor, lui dit-il alors, vous ne serez point imprimé malgré vous..., mais trouveriez-vous mauvais qu'on imprimât au moins la mienne[3]? » Il fallut consentir, mais il fut convenu, et encore après de nouvelles instances, qu'on prendrait toutes les précautions pour empêcher que Rousseau ne fût connu; décidément, il tenait tout de bon à se faire oublier[4]. Cependant il ne résista pas aussi bien à une autre tentation, à laquelle le soumit Mirabeau, celle de faire un opéra ; idée bizarre, qui n'eut pas de suite et qui n'en pouvait pas avoir. « Oh! que vous seriez aimable, répondait Rousseau, et que j'aimerais mieux vous voir chanter à l'Opéra que crier dans le désert. Votre proposition m'a tout l'air de n'être qu'une vaine amorce, pour voir si le vieux fou mordrait encore à l'hameçon. » Cette proposition n'était-elle pas, en effet, un hameçon, pour attirer de nouveau Jean-Jacques à Fleury[5]?

---

1. *Lettre de Mirabeau à Rousseau*, novembre 1767. — 2. *Id.*, 6 août 1767, et *Réponse de Rousseau*, 12 août. — 3. *Lettre de Mirabeau à Rousseau*, 14 août 1767. — 4. *Lettres de Mirabeau à Rousseau*, 9 décembre; *de Rousseau à Mirabeau*, 12 et 20 décembre 1767. — 5. *Lettres de Mirabeau à Rousseau*, 20 décembre

On pourrait penser que Jean-Jacques, en quittant Mirabeau, se rendit à Venise, dont il avait été beaucoup question, ou à Bruxelles, à laquelle on avait un peu songé ; mais rarement il suivait la voie qu'il s'était tracée à l'avance. Il avait prié Dupeyrou de venir le voir et espérait aller au-devant de lui jusqu'à Dijon ; ce qui prouve que, pour un persécuté, obligé de se cacher, il se préoccupait fort peu de ses persécuteurs[1]. Sur ces entrefaites, le prince de Conti lui réitéra l'offre qu'il lui avait déjà faite de son château de Trye, près Gisors ; mais il exigeait qu'il changeât de nom et qu'il s'engageât à rester tranquille et ignoré. A ces conditions, il ne serait inquiété ni par le ministre, ni par le Parlement ; et si, par hasard, il était dénoncé, car Trye était dans le ressort du Parlement de Paris, Conti serait prévenu ; Rousseau aurait le temps de passer dans le ressort du Parlement de Rouen, qui n'était qu'à une lieue, et là on aviserait pour la suite[2]. Il fut un temps où la fierté de Rousseau se serait révoltée contre ces conditions et cette tolérance ; mais il était dans l'embarras ; la France avait pour lui des attraits que ne possédait nul autre pays ; il acccepta et partit aussitôt.

II

Il espérait couler à Trye des jours tranquilles[3] ; mais il n'était pas arrivé depuis huit jours, que

1767, 20 janvier et 3 février 1768 ; de Rousseau à Mirabeau, 13 et 28 janvier 1768. — 1. *Lettre à Dupeyrou*, 10 juin 1767. — 2. *Lettre du prince de Conti à Rousseau*, juin 1767. — 3. *Lettre à Dupeyrou*, 21 juin 1767.

déjà s'annonçaient les premiers embarras de sa situation[1]. Il est très possible, du reste, que les domestiques, habitués à vivre en maîtres dans le château, n'aient pas vu arriver sans déplaisir un homme qui, sans être le maître, en aurait tous les inconvénients; qui les surveillerait, qui les occuperait, à qui ils devraient obéir. Conti avait bien déclaré qu'il mettait Rousseau à sa place et lui donnait tout pouvoir[2]; mais que de moyens n'avaient pas ses gens pour faire sentir qu'ils n'acceptaient pas cette substitution, et qu'un individu pauvre, simple, obligé de se déguiser sous un faux nom, mangeant avec sa domestique et se laissant gouverner par elle, ne remplacerait jamais à leurs yeux un prince de la maison de Bourbon. On connaît d'ailleurs assez Thérèse pour savoir qu'elle n'était pas d'un caractère à faciliter l'entente et l'harmonie. Il est vrai qu'au bout d'un mois, ce nom de Renou, que portait le nouvel arrivant, n'était plus qu'un secret de comédie[3]; mais que faisait à ce peuple sauvage le nom et la célébrité de Rousseau ?

Jean-Jacques a passé à Trye juste une année, du 19 juin 1767 au 12 ou 15 juin 1768; sa vie s'y est consumée presque toute entière en plaintes, en récriminations, en petites difficultés de pot-au-feu. Il est évident que nous ne pouvons accorder à ces misères l'importance qu'il leur donnait. C'est à Coindet qu'il s'en est ouvert principalement. On avait jugé qu'il lui faudrait, comme à un enfant, quelqu'un pour l'installer et faire ses affaires; Coindet, son ami, officieux, serviable, aimant assez à faire l'im-

---

1. *Lettres à Coindet*, 27 juin et 5 juillet 1767. — 2. *Lettre à Moultou*, 5 novembre 1768. — 3. *Lettre à Coindet*, 29 juillet 1767.

portant, avait été chargé de cette mission. Mais Jean-Jacques a raconté ses peines à bien d'autres : à Dupeyrou, à Mme de Verdelin, à Mirabeau, à d'Ivernois, etc.

D'abord il est déterminé à tenir tête à l'orage. Il est là par la volonté du prince; il ne s'en laissera pas déloger par de simples domestiques[1]. Mais sa volonté ne tarda pas à faiblir : « J'ai écrit à Son Altesse, disait-il à Coindet quinze jours plus tard, et l'ai priée de me permettre de disposer de moi. Je ne l'ai fait qu'après la conviction parfaite qu'il est impossible, malgré ses bontés et sa puissance, que je vive jamais ni heureusement, ni paisiblement, ni librement, ni avec honneur[2]. » Il était mécontent de tout le monde, et n'avait plus confiance qu'en Mme de Verdelin. Il espérait que, par ses soins et par le crédit du prince de Conti, elle lui obtiendrait les moyens de se préparer une vie moins malheureuse, soit dans quelque coin de la France, si on lui permettait d'y rester, soit hors de France, s'il en désirait partir.

Rousseau, pensant qu'il aurait de la peine à persuader Conti, avait cherché à intéresser à son sort Mme de Luxembourg, à qui il n'écrivait plus depuis longtemps[3]; mais il aurait fallu être aussi peu sensé que lui pour prendre au sérieux ses ridicules inquiétudes. On essaya de le calmer, cela ne fit que le confirmer dans ses résolutions. « Je me regarde, disait-il, comme un homme perdu, du moment que je mettrai les pieds hors de ce château; tout ce que je puis répondre à cela, c'est qu'il est impossible

---

1. *Lettre à Coindet,* 29 juillet 1767. — 2. *Id.*, 13 août 1767. —
3. *Lettre à Mme de Luxembourg,* 16 août 1767.

que j'y reste, je puis tout supporter hors l'opprobre. Je vous attends, disait-il encore à Coindet, mais pas le soir, car il y a une bande de voleurs cachés dans les bois, qui tuent tout le monde[1]. »

A force d'adresse on réussit cependant à le faire patienter pendant près de dix mois. L'important était de gagner l'hiver; car, après cela, sa crainte d'entreprendre un déménagement dans la saison froide le retiendrait pendant longtemps. Conti, qui, bien entendu, ne manquait pas de ramener à leur juste valeur les récits de Jean-Jacques, essayait avec une inépuisable patience de le calmer et de lui montrer l'inanité de ses soupçons et de ses *lubies*. Il offrait de réprimander, de punir, ou même de chasser quiconque lui aurait donné des sujets de plainte; il le suppliait surtout d'avoir confiance en lui, de ne rien faire sans le prévenir, de ne pas commettre d'imprudences, l'assurant que de son côté il ne gênerait en rien sa liberté, soit pour rester à Trye, soit pour en partir, et qu'il était disposé à favoriser tous ses projets, même ceux qu'il n'approuverait pas. Il lui promettait d'ailleurs d'aller le voir et de tout arranger[2]. Rousseau se crut obligé de l'attendre. Enfin, il reçut la visite du prince dans les premiers jours d'octobre. « Il a été très bon, dit-il; son voyage a fait de l'effet dans le pays, aucun dans la maison. La racine du mal n'est pas coupée[3]. »

Mais quelque déterminé qu'il fût à partir, un autre obstacle, qui aurait aussi bien pu être un secours et

---

1. *Lettres à Coindet,* 13 et 25 août 1767. — 2. *Lettres du prince de Conti à Rousseau,* juillet, août, 19 et 28 septembre 1767.

— 3. *Lettres de Rousseau à Coindet,* 9 octobre 1767; à *Dupeyrou,* même jour.

une consolation, s'il avait su en user, l'arrêta d'une façon absolue, Dupeyrou vint lui faire une visite et fut retenu chez lui par la goutte pendant près de deux mois. Le dévouement n'était pas la qualité dominante de Jean-Jacques. Malgré son amitié pour Dupeyrou, amitié qui même paraissait devenir plus tendre, à mesure que sa tête s'affaiblissait, il se plaignit amèrement des soins qu'il fut forcé de donner à son malade. Ils avaient cependant ce côté avantageux qu'ils auraient dû faire diversion au triste état de son âme. Mais hélas! quand, dans les premiers jours de janvier 1768, Dupeyrou put enfin quitter Rousseau, il eut la douleur de le laisser dans une des crises les plus violentes que ce malheureux eût jamais éprouvées; hors d'état de juger et de distinguer entre amis et ennemis, ou plutôt enveloppant dans les mêmes défiances le genre humain tout entier; non seulement les gens du château, mais tous les habitants du pays, sans exception; non seulement ceux qu'il regardait comme ses ennemis, mais ceux qu'il avait toujours cru ses amis, Mme de Verdelin, Coindet, Dupeyrou, lui-même [1]. Ce dernier s'était effrayé, à ce qu'il paraît, sur l'issue de sa maladie, avait fait son testament, et avait eu le malheur, dans le délire, de prononcer des paroles incohérentes. De là, sans plus ample informé, Jean-Jacques de s'imaginer que Dupeyrou le soupçonne d'avoir voulu l'empoisonner. Bientôt les indices s'accumulent dans sa pauvre tête; le moindre fait, l'air, les paroles, le silence de Dupeyrou, l'attitude de son domestique, deviennent à ses yeux autant de preuves manifestes. Il se désespère, il voudrait expirer à

1. *Lettre à Coindet,* 18 mars 1768.

l'instant, il se jette sur le lit du malade, il l'inonde de ses larmes en protestant de son innocence et en le conjurant de s'expliquer. L'autre, qui ne comprend rien à ces extravagances, fait des réponses obscures ou évasives et supplie qu'on le laisse tranquille : nouvelles preuves qui ne font que confirmer Jean-Jacques dans son opinion. Le prince de Conti dut être assez surpris quand il reçut en une longue épître le récit détaillé de ce mémorable événement [1].

« Il n'est pas clair, écrivait Jean-Jacques à Dupeyrou, quelque temps après, lequel des deux a le plus besoin de traitement de la tête ou du corps [2]. » Le pauvre homme s'imaginait qu'il pouvait y avoir doute sur ce point. Dans son désespoir, il renonça à la pension du Roi d'Angleterre et voulut résilier ses arrangements pécuniaires avec Dupeyrou. Ce dernier, plus sage que lui, éleva des difficultés et voulut lui faire du bien malgré lui [3], mais Rousseau ne l'entendait pas ainsi et il mit une sorte de vanité à rester pauvre [4].

Ces inquiétudes, ce découragement, ces petites luttes de Jean-Jacques contre toutes les personnes qui l'entouraient, et aussi contre lui-même, car il s'apercevait parfois de son état et n'était pas toujours sûr de son caractère et de son cerveau [5], étaient peu favorables à un travail suivi. Jusqu'à cette époque, ses folles idées n'avaient point entamé son talent; ainsi, dernièrement encore, au milieu de

---

1. *Lettre au prince de Conti*, 19 novembre 1767. — SAYOUS, *Le XVIIIe siècle à l'étranger*, t. I, ch. XI. — 2. *Lettre à Dupeyrou*, 29 avril 1768.— 3. *Id.,* 21 mars, 29 avril, 10 juin 1768. — 4. *Lettre de Rousseau à d'Ivernois.* 26 avril 1768.—5. *Lettres à Coindet*, 21 septembre 1767; à *d'Ivernois*, 28 mars 1768.

ses difficultés avec Hume, il avait trouvé moyen d'écrire près de la moitié de ses *Confessions*. Le temps qu'il passa à Trye fut, au contraire, pour ainsi dire, stérile. Le *Dictionnaire de Musique* parut, mais il était fait auparavant, et même, par une sorte de paresse d'esprit, à laquelle peut-être les événements ne furent pas étrangers, Rousseau négligea d'y apporter les perfectionnements qu'il avait projetés [1].

On ne peut compter comme un travail sérieux les deux ou trois lettres qu'il écrivit sur les affaires de Genève. Il ne lui resta d'ardeur que pour la botanique. Quand il reçut, bien tardivement, son bagage d'Angleterre, il n'attacha d'importance qu'à un seul objet, à son herbier [2]; quand il se croyait en état de faire quelques dépenses, c'était invariablement pour acheter des livres de botanique [3]. Mais hélas! on ne le laissait même pas herboriser; du moins c'est lui qui le dit. On barricadait toutes les issues pour l'empêcher de sortir; on ameutait contre lui la populace [4]. Enfin, un domestique étant venu à mourir, ne s'imagina-t-il pas qu'on le soupçonnait de l'avoir empoisonné, et il fallut, pour le satisfaire, que Conti permît de faire l'autopsie [5].

Au milieu de ses embarras et de ses tristesses, il devient expansif; il a besoin d'affection, et il se désespère de n'en rencontrer nulle part; il veut et ne veut pas; il se défie de tout le monde et il redemande l'amitié de Mme de Boufflers, à qui il n'a pas

---

1. Préface du *Dictionnaire de Musique*. — 2. *Lettre à Coindet*, 24 septembre 1767. — 3. *Lettres à Rey*, 28 septembre 1767; *à Dupeyrou*, 17 octobre 1767. — 4. *Lettre à Dupeyrou*, 3 mars 1768. — 5. *Lettre du prince de Conti à Rousseau*, 8 avril 1768.

écrit depuis dix-huit mois [1] ; peut-être, si sa fierté ne s'y opposait, réclamerait-il aussi celle de Moultou [2]. Le croirait-on, il songe un moment à retourner en Angleterre, auprès de ce même Davenport qu'il avait quitté d'une façon si impertinente. Il n'en convient pas toutefois expressément et se borne à parler de « lettres très honnêtes et très empressées que lui avait écrites M. Davenport pour le rappeler chez lui [3]. »

Il est certain qu'il cherchait de divers côtés un nouvel asile. Conti lui reprocha d'avoir fait des démarches à son insu et se mit lui-même en quête [4]. Ses propositions, toutefois, n'ayant pas été du goût de Rousseau, il s'excusa, en mit d'autres en avant, et alla en personne s'entendre avec lui. Conti craignait par-dessus tout « qu'il ne fît la fausse et extravagante démarche de venir ostensiblement affronter les lois et se livrer à leur sévérité. » On convint, à la vérité, qu'il viendrait à Paris, mais dans l'hôtel du Temple, où il serait en sûreté. On y fit les préparatifs de son installation ; La Roche, l'ancien domestique du Maréchal de Luxembourg, resté l'ami de Rousseau, partit pour l'aller chercher [5].

Il était trop tard ; celui-ci venait lui-même de quitter Trye. Cette situation que, par un effet de son incurie habituelle, il supportait depuis une année, il ne sut pas la prolonger quelques jours de plus

---

1. *Lettres à Mme de Boufflers*, 25 février et 24 mars 1768 ; *de Mme de Boufflers à Rousseau*, 5 mars 1768. — 2. *Lettre à Moultou*, 7 mars 1768. — 3. *Lettres de d'Alembert à Voltaire*, 18 janvier 1768 ; *de Rousseau à Mirabeau*, 28 janvier 1768. — 4. *Lettre du prince de Conti à Rousseau*, 3 février 1768. — 5. *Lettres du prince de Conti à Rousseau*, mai, juin 1768.

et, suivant son habitude aussi, il la dénoua subitement, par une sorte de coup de tête. La lettre qu'il écrivit à cette occasion au prince de Conti fut plus polie, mais non plus sage que celle que, dans une circonstance analogue, il avait écrite, un an auparavant, à Davenport : « Monseigneur, ceux qui composent votre maison (je n'en excepte personne) sont peu faits pour me connaître. Soit qu'ils me prennent pour un espion, soit qu'ils me croient honnête homme, tous doivent également y craindre mes regards. Aussi, Monseigneur, ils n'ont rien épargné, et ils n'épargneront rien, chacun par les manœuvres qui leur conviennent, pour me rendre haïssable et méprisable à tous les yeux, et pour me forcer de sortir enfin de votre château. Monseigneur, en cela je dois et je veux leur complaire, etc[1]. »

III

Quand il eut écrit cette lettre, dont il fut sans doute très satisfait, et qui n'était d'ailleurs que l'écho de ses plaintes quotidiennes, Rousseau prit la route de Lyon ; il y arriva le 18 juin. Le motif principal qui lui faisait choisir le pays de Lyon fut encore sa passion pour la botanique et l'espoir de pouvoir faire d'agréables herborisations. On ne voit pas qu'en partant, il ait songé à emporter autre chose que son herbier et quelques livres sur sa science de prédilection ; une fois arrivé au but de son voyage, il ne sait pas, d'ailleurs, parler d'un autre sujet[2].

1. *Lettres au prince de Conti*, juin 1768 ; *à Dupeyrou*, 20 juin 1768. — 2. *Lettre à Dupeyrou*, 20 juin 1768.

Lyon avait encore pour lui un attrait d'un tout autre genre, c'était le plaisir de revoir la famille Boy de la Tour, qui lui avait toujours témoigné tant d'affection et de dévouement. Cependant Jean-Jacques ne prononce le nom de sa *bonne amie* que pour se réjouir d'avoir trouvé l'aristoloche dans sa vigne[1]. Il était descendu rue Syrène ; mais il est probable qu'il fut plus souvent à la charmante campagne de Mme Boy de la Tour. On y conserve encore son souvenir et l'on y montre les lieux qu'il affectionnait de préférence.

Dès le 7 juillet, il quittait Lyon pour aller, en compagnie de quelques botanistes qu'il avait recrutés, faire une excursion à la Grande-Chartreuse. De là il se rendit à Grenoble, où il resta environ un mois.

Il espérait trouver dans ce pays un asile à son goût. La flore de Grenoble, une plus riches de France, devait le tenter, et, pour commencer, la Grande-Chartreuse aurait eu, si le temps n'avait pas été contraire, de quoi satisfaire à la fois le botaniste et l'amant de la nature. Jean-Jacques y passa à peine vingt-quatre heures et arriva à Grenoble le 11 juillet, à pied et par des chemins détestables. Il y venait avec l'appui du prince de Conti, qui l'avait recommandé à toutes les puissances du Dauphiné[2].

D'un autre côté, La Tourette, un de ses amis, qui l'avait accompagné à la Chartreuse, l'avait adressé à un fabricant de gants nommé Bovier, vieillard septuagénaire, qui lui-même le confia à son fils Gas-

---

1. *Lettre à Dupeyrou,* 20 juin 1768. — 2. SERVAN, avocat général au Parlement de Grenoble, *Réflexions sur les Confessions de J.-J. Rousseau.*

pard. Gaspard Bovier aurait bien voulu retenir Rousseau chez lui; mais celui-ci, malgré l'attrait de trois jeunes et aimables femmes, Mme Bovier et ses deux sœurs, qu'il trouva en arrivant à la maison, déclara que, pour fuir le contact du monde, il irait plutôt brouter l'herbe des champs. On lui trouva à grand'peine un indigne logement, rue des Vieux-Jésuites (aujourd'hui rue Jean-Jacques-Rousseau), dans la maison qui porte le n° 1, chez un fondeur, nommé Vachard. « Ce chenil, dit Bovier, placé au premier étage, fort petit, fort laid, était composé d'une espèce d'antichambre délabrée, propre seulement à servir de bûcher, et d'une chambre longue, mais étroite, obscure et mal odorante[1]. » Ne pouvant donner à son hôte un meilleur asile, Gaspard Bovier prit au moins à cœur de lui tenir lieu de chevalier servant et de l'accompagner dans toutes ses promenades. Cette fonction, qu'il regardait comme un plaisir et un honneur insigne, n'était pourtant pas sans épines, car, s'il était littérateur, et grand admirateur du philosophe de Genève, il était timide, embarrassé, et il le craignait pour le moins autant qu'il l'admirait.

Les premiers jours se passèrent très bien. Les recommandations et la réputation qui avait précédé Rousseau, car tout le monde connaissait son nom véritable, lui obtinrent un accueil enthousiaste.

---

1. Gaspard Bovier, *Journal du séjour de J.-J. Rousseau à Grenoble sous le nom de Renou* (93 pages petit in-4 et 7 feuilles sans pagination. Bibl. nation. Mss. fond. franc., n° 5282. Le témoignage de Bovier n'est pas celui d'un ami, tant s'en faut; nous le croyons néanmoins sincère, sinon impartial, et il a au moins l'avantage de rapporter les événements d'une façon complète.

Deux jours après son arrivée, comme il se promenait dans la vallée du Grésivaudan, sur la route de la Chartreuse, les habitants de Grenoble se précipitant sur ses pas pendant plus d'une demi-lieue, lui témoignèrent en foule leur admiration. Le lendemain, sur le chemin d'Eybens, autre ovation, plus éclatante encore. De toutes parts, aussi loin que la vue peut s'étendre, il n'aperçoit que voitures, gens à cheval ou piétons; le Parlement, le barreau, les officiers, la bourgeoisie, le peuple se pressent pour lui faire cortège; il n'avance qu'avec peine au milieu de cette foule, et savoure lentement ce parfum de popularité. Et le soir, à minuit, il est réveillé par un bruit de voix et d'instruments; c'est le *Devin du village* qu'on exécute sous sa fenêtre. Il se lève, veut remercier; mais un immense applaudissement retentit et se prolonge avec une telle intensité, qu'on aurait pu croire que toute la ville battait des mains.

Autre scène, d'un autre genre: le lendemain de son arrivée, Jean-Jacques alla voir Bovier. En arrivant, il trouve Mme Bovier occupée à baigner son enfant; il apprend que c'est la mère qui l'allaite, devient gracieux, veut assister au bain, va lui-même chercher un seau d'eau à la cuisine, arrose l'enfant, le fait rire et prolonge sa visite pendant deux heures.

Mais il n'était pas aussi aimable tous les jours. Lui faisait-on fête, c'est qu'on voulait l'exploiter et qu'on prétendait le traiter en animal curieux. Paraissait-on respecter l'*incognito* qu'il demandait, il ne pardonnait pas une telle indifférence. La famille Bovier avait grand désir de l'avoir à dîner; il promit de venir la surprendre quelque jour, arriva à l'heure du repas; puis, dans la crainte qu'il n'y eût un couvert de plus ou un plat ajouté à son intention, il s'échappa sans qu'on pût le retenir. De toutes les personnes qui recherchaient sa société, il n'ouvrit sa porte qu'à Servan. Il accablait surtout Bovier de ses sarcasmes et du poids de sa supériorité. Bovier était complaisant et serviable, mais il l'était parfois plus qu'il n'aurait fallu, et Jean-Jacques se serait passé volontiers de son inséparable société. De plus, Bovier ne savait pas un mot de botanique; Rousseau ne parlait pas d'autre chose. Le pauvre homme appelait Servan à son secours pour l'aider à soutenir une conversation trop difficile pour lui; mais cet utile auxiliaire ne le sauvait pas toujours des rebuffades de son fantasque et irascible compagnon. Si encore Jean-Jacques s'en était tenu aux rebuffades; mais non content de le tourner en ridicule, il l'accusa agréablement d'un crime parfaitement caractérisé, ou d'une stupidité incroyable. « Un jour, dit-il, nous nous promenions le long de l'Isère, dans un lieu tout plein de saules épineux [1]; je vis sur ces arbrisseaux des fruits mûrs; j'eus la curiosité d'en goûter, et leur trouvant une petite acidité très agréable, je me mis à en manger, pour me rafraîchir. Le sieur Bovier se tenait à côté de moi, sans m'imiter et sans rien dire. Un de ses amis survint, qui, me voyant picoter ces graines, me dit: Eh! Monsieur, que faites-vous? ignorez-vous que ce fruit empoisonne? Ce fruit empoisonne! m'écriai-je tout surpris. — Sans doute, reprit-il, et tout le monde sait si bien cela, que personne dans le pays ne s'aviserait d'en goûter. Je regardai le sieur Bovier, et je lui dis: Pourquoi donc ne m'avertissiez-

---

1. Il le nomme plus loin Hippophae.

vous pas? — Ah! Monsieur, me répondit-il d'un ton respectueux, je n'osais pas prendre cette liberté. Je me mis à rire de cette humilité dauphinoise, en discontinuant néanmoins ma petite collation..... Cette aventure me parut si plaisante que je ne me la rappelle jamais sans rire de la singulière discrétion de Monsieur l'avocat Bovier[1]. »

Quand, vingt ans après, Bovier lut cette page des *Rêveries*, il ne put retenir un cri de surprise et de douleur et voulut raconter aussi la même scène Et d'abord il la place sur la rive droite du Drac, ce qui paraît plus vraisemblable, l'hippophae y croissant en abondance, tandis qu'on en rencontre à peine quelques pieds au bord de l'Isère; mais surtout il s'élève contre le rôle coupable et ridicule que lui prête Rousseau. Il se borna, dit-il, à lui demander s'il connaissait les vertus du fruit qu'il mangeait, et sur sa réponse affirmative, il ne jugea pas qu'il appartînt à un profane comme lui d'en remontrer à un botaniste. Nous pourrions même ajouter que probablement Rousseau ne mangea point de baies d'hippophae, mais plutôt de celles de l'épine vinette. Les deux plantes en effet se trouvent mêlées sur les bords du Drac; mais tandis que les fruits de la seconde ont un goût acide qui ne déplaît pas, ceux de la première n'ont qu'une saveur fade et désagréable. Quand on donne dans l'anecdote, il faudrait au moins garder la vraisemblance. L'aventure est de médiocre importance; elle a néanmoins donné lieu à plusieurs discussions et réfutations. Il est inutile d'y insister davantage[2].

---

1. *Rêveries d'un promeneur solitaire*, 7ᵉ promenade. — 2. Voir Ducoin, dont la brochure est faite en partie sur le manuscrit de Bovier; — Servan, *Réflexions sur les Con-*

Quiconque voulait jouir des rares amabilités du grand homme n'avait pas d'autre moyen que de l'accompagner dans ses excursions. Les dames elles-mêmes y avaient volontiers recours. Un jour, après une course fatigante, on arrive à la Bastille, trempé de sueur, exténué de fatigue; on dîne dans un cabaret rustique; Rousseau, coiffé d'un bonnet de coton, fait par ses saillies le charme de la société, et le soir on organise une représentation du *Devin*; Bovier joue le rôle de Colin, une de ses belles-sœurs celui de Colette, tandis que Jean-Jacques, toujours coiffé de son bonnet de coton, chante avec une expression parfaite celui du *Devin*, souffle l'un, souffle l'autre, corrige les fautes de musique, et laisse tout le monde enchanté de son esprit et de sa bonne humeur.

Cependant, tout en cherchant des plantes, il ne négligeait pas tout à fait de s'enquérir d'une retraite. On lui en offrit plusieurs, mais aucune ne lui convenait. Une surtout qu'on lui proposa à Mens, pays en grande partie protestant, ne fit qu'exciter sa fureur. Rien que l'idée de retrouver des ministres de sa religion le mettait hors de lui. Il ne pouvait, du reste, tarder de voir à Grenoble, comme il avait vu ailleurs, des ennemis et des persécuteurs. Aussi, malgré le bon accueil qu'il y reçut, a-t-il parlé peu favorablement de la ville et des habitants.

Le temps se passait et il ne paraissait pas songer aux protecteurs que lui avait ménagés le prince de Conti. En revanche, il avait fait la connaissance de Liottard, simple jardinier, mais bon botaniste. Liot-

fessions; — FOCHIER, *Séjour de J.-J. Rousseau à Bourgoin*, 1860. — MORIN, *Essai sur la vie et le caractère de Rousseau*, ch. VI.

tard est sans doute le seul habitant de Grenoble avec lequel il soit resté en correspondance. Bovier lui rappela pourtant, à la fin, qu'il devait au moins une visite aux autorités de la province. Rousseau alla donc, non sans peine, chez le commandant militaire et chez l'intendant. Il fit encore plus de difficultés pour se présenter chez le président du Parlement, M. de Bérulle. Il le savait, en effet, ennemi des novateurs et des philosophes.

Il fut pourtant bien reçu. De Bérulle le combla de politesses et d'offres de services : « Ce n'est pas, ajouta-t-il, que je connaisse vos ouvrages, je n'en ai jamais lu aucun. » A ces mots, Jean-Jacques rougit, pâlit, gagne la porte et court retenir une place dans le prochain carrosse de Lyon. La veille, avait eu lieu une soutenance de thèse, où les philosophes avaient été très maltraités. Bovier crut découvrir là le motif de ce départ précipité, et s'employa si bien qu'il fit supprimer la thèse, chasser le cuistre mal élevé qui avait osé s'attaquer à l'homme illustre que Grenoble s'honorait de posséder, et détermina le Parlement à prendre Rousseau sous sa protection. Mais l'affront dont celui-ci avait à se plaindre, était, dit-il, d'une tout autre nature, et tel que l'honneur lui défendait d'habiter Grenoble plus longtemps ; et il fut si pressé de partir qu'il oublia une partie de ses effets.

Cependant, il tenait à rendre à la famille Bovier ses dîners. Il les invita à la *Bastille*. Je ne pourrai pas, ajouta-t-il, être du repas, car je pars demain ; mais je serai avec vous en esprit, ce qui est à peu près la même chose. Et sur le refus de Bovier ; le dîner est commandé, dit-il, il sera porté demain à la *Bastille*. J'ai payé le traiteur ; si vous ne vous rendez pas à mon invitation, ce ne sera pas de ma faute[1].

En somme, il fut en proie à ses idées noires presque tout le temps qu'il passa à Grenoble. Le temps de son séjour y fut pourtant interrompu par une diversion qui, dans toute autre circonstance, aurait dû être pour lui un grand soulagement. A maintes reprises, son ancien voisin des Charmettes, de Conzié, lui avait offert, de la manière la plus pressante et la plus gracieuse, une retraite, soit à Chambéry, soit à sa maison de campagne d'Arenthon[2]. La proximité de Chambéry et de Grenoble engagea Jean-Jacques à répondre à ces avances, ne fût-ce que par une courte visite. Son premier objet dans ce petit voyage était d'aller dans ce cimetière de Lemenc, où, depuis six ans, reposait Mme de Warens, « pleurer sur le malheur qu'il avait eu de lui survivre. » Il ne manqua pas de parler longuement et intimement de *cette tendre mère* avec le vieil ami qui l'avait connue et aimée jusqu'à son dernier jour; il put parcourir avec lui les lieux où il avait passé sa jeunesse, et revivre, en quelque sorte, les années qu'il avait vécues alors. Lui qui avait la prétention de faire avant tout l'histoire de son âme, avait dans ce voyage, si favorable à la poésie des souvenirs, une belle occasion de donner carrière à ses beaux sentiments. Il n'en a rien fait

---

1. FOCHIER, *Séjour de J.-J. Rousseau à Bourgoin*. — 2. *Lettres de Conzié à Rousseau*, 6 septembre, 4 octobre, 31 décembre 1762, 14 mars 1764, 29 mai, 13 août 1765; *au duc de Wirtemberg*, 15 mars 1765; *de Rousseau au duc de Wirtemberg*, 11 mars 1763; *à Gauffecourt*, 7 juillet 1763; *à Moultou*, 1er août 1763; *à Conzié*, 7 décembre 1763; — MUGNIER, ch. XII.

cependant. C'est qu'il était parti frappé de la pensée qu'on le persécutait et qu'il allait au-devant de la mort. « Depuis mon départ de Trye, écrit-il à Thérèse [1], j'ai des preuves de jour en jour plus certaines que l'œil vigilant de la malveillance ne me quitte pas d'un pas et m'attend principalement à la frontière.... Si vous ne recevez pas dans huit jours de mes nouvelles, n'en attendez plus et disposez de vous à l'aide des protections en qui vous savez que j'ai toute confiance, et qui ne vous abandonneront pas [2]. »

Conzié, lui-même, si bon, si indulgent; Conzié qui ne lui avait jamais donné que des témoignages d'affection; qui, en toute circonstance, s'était montré l'ami de sa personne, l'admirateur de son talent et de ses œuvres; Conzié lui parut totalement transformé, et, naturellement, il attribua à Choiseul ce changement supposé [3].

---

1. On ne voit pas, en effet, que Thérèse ait accompagné Jean-Jacques à Grenoble. —
2. *Lettre à Thérèse Le Vasseur*, 25 juillet 1768. — 3. *Confessions*, l. V, en note.

CHAPITRE XXIX

Du 14 août 1768 à la fin de mai 1770.

Sommaire : I. Rousseau s'arrête à Bourgoin. — Le mariage de J.-J. Rousseau. — Mésintelligences de ménage. Rousseau est prêt de rompre avec Thérèse. — Affaire Thévenin. — Projets de départ.
II. Rousseau va s'établir à Monquin. — Amitié avec Saint-Germain. — Passion croissante de Rousseau pour la botanique. — Départ de Rousseau ; sa lettre à M. de Césarges. — Rousseau passe par Lyon.

I

En quittant Grenoble, Rousseau avait écrit à Servan une lettre désespérée. N'attendant plus ni équité, ni commisération de personne, il voyait le moment où il n'aurait plus qu'à aller mendier son pain, jusqu'à ce que la mort vînt le délivrer de ses maux : il allait renoncer à tout, même à la botanique[1]. Il partit, en effet, non pas en mendiant, mais sans trop savoir où il s'arrêterait. Il n'eut pas du reste à aller bien loin. Il connaissait indirectement, sur la route de Lyon, le maire de Bourgoin, Donin de Rosière de Champagneux ; il le vit en passant. Le lendemain, qui était le 15 août, après la procession du vœu de Louis XIII, les officiers municipaux avaient un repas de corps ; ils l'y invitèrent, lui firent fête ; lui-même répondit à leur politesse par son amabilité ; Champagneux profita de

1. *Lettre à Servan*, 11 août 1768.

ses bonnes dispositions pour le retenir, ce qui ne fut pas difficile : autant valait habiter là qu'ailleurs. C'est ainsi que le hasard le détermina en un jour, tandis que des offres réitérées pendant un mois n'avaient pu fixer ses irrésolutions [1].

Une de ses premières pensées, quand il se crut une demeure un peu stable, fut d'appeler Thérèse auprès de lui. Il paraît que l'entrevue fut touchante. Leur union n'avait pas été sans nuages ; Rousseau résolut pourtant, quoique un peu tard, de lui donner un nouveau caractère de perpétuité. Un jour donc, jour mémorable, c'était le 29 août 1768, il invita à dîner, à son auberge de la *Fontaine d'or*, Champagneux et un de ses cousins, officier d'artillerie, en les priant d'arriver une heure d'avance. Il était, ainsi que Thérèse, plus paré qu'à l'ordinaire. Mais laissons la parole à Champagneux : « Il nous conduisit dans une chambre reculée, et là, Rousseau nous pria d'être témoins de l'acte le plus important de sa vie. Prenant ensuite la main de Mlle Renou, il parla de l'amitié qui les unissait ensemble depuis vint-cinq ans, et de la résolution où il était de rendre ces liens indissolubles par le nœud conjugal.

« Il demanda ensuite à Mlle Renou si elle partageait ces sentiments, et, sur un oui prononcé avec le transport de la tendresse, Rousseau tenant toujours la main de Mlle Renou dans la sienne, prononça un discours, où il fit un tableau touchant des devoirs du mariage, s'arrêta sur quelques circons-

---

[1]. L. FOCHIER, *Séjour de J.-J. Rousseau à Bourgoin*, 1860, in-8. Brochure faite en grande partie sur les Mémoires manuscrits de Champagneux.

tances de sa vie, et mit un intérêt si ravissant à tout ce qu'il disait, que Mlle Renou, mon cousin et moi versions des torrents de larmes, commandées par mille sentiments divers, où sa chaude éloquence nous entraînait ; puis, s'élevant jusqu'au ciel, il prit un langage si sublime qu'il nous fut impossible de le suivre. S'apercevant ensuite de la hauteur où il s'était élevé, il descendit peu à peu sur la terre, nous prit à témoins des serments qu'il faisait d'être l'époux de Mlle Renou, en nous priant de ne jamais les oublier. Il reçut ceux de sa maîtresse ; ils se serrèrent mutuellement dans leurs bras ; un silence profond succéda à cette scène attendrissante, et j'avoue que jamais de ma vie mon âme n'a été aussi vivement et aussi délicieusement émue que par le discours de Rousseau.

« Nous passâmes de cette cérémonie au banquet de noce. Pas un nuage ne couvrit le front de l'époux ; il fut gai tout le temps du repas, chanta au dessert deux couplets qu'il avait composés pour son mariage, résolut, dès ce moment, de se fixer à Bourgoin pour le reste de ses jours, et nous dit plus d'une fois que nous étions pour quelque chose dans le parti qu'il prenait [1]. »

Telle est la cérémonie qu'on est convenu d'appeler le *Mariage de Jean-Jacques*. On y voit de la mise en scène, des phrases, de l'éloquence, si l'on veut ; mais de mariage, de lien religieux ou seulement légal, il n'y en pas l'ombre. On a prétendu qu'en sa qualité de protestant, Rousseau ne pouvait pas faire davantage. Il est vrai que, depuis la révo-

---

1. FOCHIER, *Séjour de J.-J. R.*, etc. — D'ESCHERNY, *Œuvres philos. et litt.*, t. III, p. 166.

cation de l'Edit de Nantes, les mariages des Protestants étaient entravés; Louis XVI ne devait pas tarder à réformer cet abus ; mais Rousseau n'avait-il pas longtemps habité la Suisse? Qui l'avait empêché de s'y marier? Dans ce moment même en était-il si loin ? qui l'empêchait de s'y rendre? Et sans quitter la France, les mariages secrets étaient-ils si rares, et n'étaient-ils pas largement tolérés? La vérité est qu'il ne voulait pas plus de pasteur que de curé pour présider à son union. Il s'en était autrefois nettement expliqué au *Contrat social,* où il prétend qu'un clergé qui serait l'arbitre des mariages deviendrait par là même maître des familles et de la société, et ne tarderait pas à être pour l'État un danger permanent[1]. On sait d'ailleurs que, toute sa vie, il s'est déclaré l'ennemi d'un engagement irrévocable ; qu'à ses yeux, la famille elle-même n'a rien de perpétuel; que les enfants ne sont liés aux parents que pendant le temps qu'ils ont besoin d'eux pour se conserver. C'est donc à peine si l'on peut regarder Rousseau comme l'inventeur du mariage civil, après qu'il eut, pendant vingt-cinq ans, pratiqué l'union libre. Et, pour que rien ne lui manquât à cet égard,... que le véritable mariage, un an était à peine écoulé, qu'il faillit demander au divorce la fin d'une situation devenue trop dificile[2].

Rousseau a donné lui-même les motifs de son mariage; il sont résumés dans ces mots adressés à Moultou : « Vous savez sûrement que ma gouvernante, et mon amie, et ma sœur et mon tout est enfin devenue ma femme. Puisqu'elle a voulu suivre

---

1. *Contrat social,* l. IV, ch. VIII.
— 2. Voir sa *lettre à Thérèse,* 12 août 1769.

mon sort et partager toutes les misères de ma vie, j'ai dû faire au moins que ce fût avec honneur. Vingt-cinq ans d'union des cœurs ont produit enfin celle des personnes. L'estime et la confiance ont formé ce lien ; s'il s'en formait plus souvent sous les mêmes auspices, il y en aurait moins de malheureux[1]. »

Les lettres à Laliaud, à Dupeyrou et à Rey ne sont que la répétition ou le développement de ces pensées[2]. Vingt-cinq ans de vie sans honneur! Rousseau n'en était pas encore convenu. Reste à savoir si la ridicule cérémonie du 29 août donna à son union l'honneur qui lui avait manqué jusque-là. Vingt-cinq ans de noviciat avant le mariage, on conviendra aussi que c'est long. Il n'en fallut pas tant pour voir s'évanouir les belles qualités qui avaient valu à Thérèse *sa récompense* : le dévouement, les soins, un attachement à l'épreuve de l'adversité, un caractère sûr, une affection constante[3].

Franchissons maintenant une année ; quelle différence ! « Depuis vingt-six ans, ma chère amie, que notre amitié dure, je n'ai cherché mon bonheur que dans le vôtre, et vous avez vu, par ce que j'ai fait en dernier lieu, sans m'y être engagé jamais, que votre honneur et votre bonheur ne m'étaient pas moins chers l'un que l'autre. Je m'aperçois avec douleur que le succès ne répond pas à mes soins. Ma chère amie, non seulement vous avez cessé de vous plaire avec moi, mais il faut que vous preniez

---

1. *Lettre à Moultou* 10 octobre 1768. — 2. *Lettres à Laliaud,* 31 août 1768 ; *à Dupeyrou,* 26 septembre 1768 ; *à Rey,* 31 janvier 1769. — 3. *Lettres de Rousseau,* notamment celle adressée à Rey, 31 janvier 1769.

beaucoup sur vous pour y rester quelques moments par complaisance. Vous êtes à votre aise avec tout le monde, hors avec moi ; tous ceux qui vous entourent sont dans vos secrets, excepté moi, et votre seul véritable ami est le seul exclu de vos confidences... Cependant, quelque passion que j'aie de vous voir heureuse, à quelque prix que ce soit, je n'aurais jamais songé à m'éloigner de vous pour cela, si vous n'eussiez été la première à m'en faire la proposition. Je sais bien qu'il ne faut pas donner trop de poids à ce qui se dit dans la chaleur d'une querelle, mais vous êtes revenue trop souvent sur cette idée pour qu'elle n'ait pas fait sur vous quelque impression. Je te conjure donc, ma chère femme, de bien rentrer en toi-même, de bien sonder ton cœur, et de bien examiner s'il ne serait pas mieux pour l'un et pour l'autre que tu suivisses ton projet de te mettre en pension dans une communauté, pour t'épargner les désagréments de mon humeur et à moi ceux de ta froideur[1]. » Il n'y eut pourtant pas de séparation. Thérèse, qui avait intérêt à rester, s'arrangea de façon à ne pas pousser les choses à l'extrême, et, s'il fut de nouveau question de ces querelles de ménage, le public du moins n'en a pas été informé.

Pendant que Jean-Jacques était en train de procéder à son mariage, une autre affaire, qui pour tout autre n'aurait été qu'une misère, lui causa une foule de soucis et d'embarras. Un garçon corroyeur de Grenoble, nommé Thévenin, prétendit lui avoir prêté, dix ans auparavant, la somme de 9 francs, et, pour comble de malheur, s'avisa de les réclamer

---

1. *Lettre à Mme Rousseau*, 12 août 1769.

par l'entremise de Bovier. Il ne pouvait choisir un plus mauvais commissionnaire. Bovier avait été sur le point de payer sans rien dire ; puis il s'était décidé à en écrire à Jean-Jacques, comme d'un fait très simple et sans importance ; mais celui-ci ne l'entendait pas ainsi. Non content de mander à Bovier qu'il ne reconnaissait pas cette dette [1], il pressa le comte de Tonnerre, gouverneur de la province, de faire comparaître et d'interroger Thévenin [2]. Il était bien résolu à ne pas remettre le pied dans une ville où l'on fabriquait contre lui de pareilles histoires, mais il avait encore plus à cœur d'approfondir cette grave affaire. Il demanda une confrontation avec son prétendu créancier. Le comte de Tonnerre lui assigna un jour et ne s'y trouva pas. Rousseau avait emmené avec lui Champagneux ; il en fut réduit à voir Thévenin chez Bovier. Les explications furent longues et orageuses, à en juger par le compte rendu qu'il adressa au comte de Tonnerre. Quoi qu'il en soit, deux choses paraissent établies : la première, que Rousseau ne devait rien, et la seconde, que Bovier était parfaitement innocent, et avait tout au plus ajouté là une maladresse à plusieurs autres. Dès les premiers mots d'explication. ce dernier s'était empressé d'avouer qu'il avait bien pu se tromper ; mais Jean-Jacques n'était pas en humeur d'accepter des excuses.

Il jugea pourtant à propos d'envoyer un cadeau à Mme Bovier ; il le lui devait bien, ainsi que ses remerciements, pour tout le mal qu'il avait donné à son mari. Peut-être, néanmoins, eût-il mieux fait

---

1. *Lettre à Dupeyrou*, 9 septembre 1768. — 2. *Lettres au comte de Tonnerre*, 23-26 août et 1er septembre 1768.

de s'en dispenser, tant ses lettres, aussi bien celles qui suivirent son premier départ que celles qu'il écrivit après son second voyage, sentent le persiflage. Bovier en fut froissé et attristé, et renvoya le cadeau. Quatre lignes cordiales et franches lui auraient fait plus de plaisir; mais c'était demander à Rousseau plus qu'il ne voulait donner [1].

Quant à Thévenin, était-il de bonne foi? Les uns disent oui, les autres disent non, et cela au fond importe assez peu. Quoi qu'il en soit, Rousseau se donna bien du mouvement pour obtenir des éclaircissements. Pendant des mois, il ne rêva, il ne parla, pour ainsi dire, pas d'autre chose, et au bout de deux ans il y pensait encore [2].

Il disait quelquefois que l'affaire Thévenin lui ferait quitter le pays; il chercha en effet à se pourvoir ailleurs; mais ses hésitations perpétuelles le sauvèrent d'un nouveau déplacement. Si la longueur du voyage ne l'avait effrayé, il aurait pensé à l'Amérique; sa passion pour la botanique lui suggéra toutefois un autre projet plus modeste, celui d'aller finir sa vie dans une île de l'Archipel, dans celle de Chypre ou dans tout autre coin de la Grèce, n'importe lequel, pourvu qu'il y trouvât un beau climat, fertile en végétaux. Comme il voulait s'y rendre utile au progrès de la science, en se consa-

---

1. FOCHIER, *Séjour de J.-J. Rousseau*, etc. — DUCOIN, *Particularités*, — SERVAN, *Réflexions sur les Confessions*. — 2. Voir sur cette affaire les *Lettres de Rousseau au comte de Tonnerre*, 23 et 26 août, 1er, 6, 13, 18, 20 septembre, 9 et 16 novembre 1768; à *Dupeyrou*, 9 et 26 septembre, 2 et 30 octobre, 21 novembre 1768; à *Laliaud*, 21 septembre, 5 et 23 octobre, 7 novembre 1768; à *M. L. D. M.*, 23 novembre 1770; — *Le journal de Bovier*; — FOCHIER, — DUCOIN, — SERVAN, etc.

crant tout entier à la botanique locale, il espérait obtenir à ce titre la protection de quelque gouvernement, de la cour d'Angleterre, par exemple, et comptait à cet égard sur les conseils et l'appui de Mme de Luxembourg [1].

La voie étant ouverte, les projets vont se succéder ; c'est à qui proposera le sien. L'Archipel n'ayant pas eu, on ne sait pourquoi, l'assentiment des amis de Jean-Jacques, on parla des Cévennes. Lui-même y avait songé en quittant Trye ; Conti s'y était opposé ; cette fois que Conti y revenait, ce fut au tour de Jean-Jacques de ne plus vouloir [2]. Il reçut aussi des ouvertures pour une habitation dans les Dombes [3]. Le croirait-on? après une délibération faite avec tout le poids, tout le sang-froid, toute la réflexion dont il était capable, il accepta les offres de Davenport et résolut de retourner à Wootton. Il écrivit à ce sujet à l'ambassadeur d'Angleterre, et obtint un passeport du duc de Choiseul. Il était bien déterminé à en profiter, soit pour aller en Angleterre, soit pour aller à Minorque, dont le climat lui aurait mieux convenu, ce qui ne l'empêchait pas de prendre, à quelques jours de là, une détermination contraire, et de décider que rien ne lui ferait quitter la France. Walpole était secrétaire de l'ambassade d'Angleterre ; en fallait-il davantage pour le faire changer d'avis? Moultou, d'ailleurs, lui avait fait, dans l'intervalle, une proposition plus séduisante que toutes les autres, celle de se retirer au château de Lavagnac, près de Montpellier. Quand Jean-Jacques apprit toutefois que deux de ses *enne-*

---

1. *Lettre à Lalliaud*, 5 octobre 1768. — 2. *Id.*, 23 octobre 1768. — 3. *Id.*, 18 février 1769.

mis étaient mêlés dans l'affaire, il se détermina bien à contre-cœur à y renoncer [1].

Comme conclusion, il n'alla ni à Lavagnac, ni ailleurs, mais il se dégoûta de Bourgoin. L'eau marécageuse et l'air de ce lieu lui occasionnèrent une sorte d'enflure qui l'inquiéta vivement. Il paraît s'être décidé assez promptement à partir et ne recula pas devant un déménagement d'hiver. Il est vrai qu'il y allait de sa santé et que le déplacement était court. Monquin, la nouvelle habitation qui lui fut offerte, n'était qu'à une ou deux lieues de Bourgoin, mais à mi-côte et dans une situation bien plus agréable et bien plus saine.

II

La vie de Jean-Jacques à Monquin ne fut que la continuation de celle qu'il avait menée à Bourgoin : il y entretint les mêmes relations; il y fut également accablé de visites; il s'y livra avec la même passion à son goût pour la botanique.

Parmi les amitiés qu'il contracta à cette époque, on doit citer en première ligne celle d'un vieil officier nommé Saint-Germain. M. de Saint-Germain avait été du petit nombre de ceux qui n'avaient fait aucune avance à Rousseau; ce fut peut-être un motif pour celui-ci d'aller de son côté, et de chercher à faire de lui son confident. Ils n'avaient pas les mêmes principes, et gardèrent chacun les leurs;

---

[1]. *Lettres à Moultou*, 10 octobre, 5 et 21 novembre, 12 décembre 1768; *à Lalliaud*, 2, 7, 28 novembre, 7 et 19 décembre 1768.

ils n'en devinrent pas moins très bons amis. La réponse de Saint-Germain à la première lettre de Rousseau est caractéristique et d'une franchise toute militaire : « Si vous avez, Monsieur, à me confier des choses qui ne s'accordent pas avec la religion que je professe, je ne puis y prendre aucune part; si elle n'est point compromise, elle me prescrit de vous être agréable et utile, autant qu'il est en mon pouvoir. Vous faut-il, pour ce que vous avez à me confier, un homme ami de la vérité et qui n'ait d'autre crainte que de faire le mal? En ce cas, vous pouvez disposer de moi [1]. » Jean-Jacques usa largement en effet de la permission. Huit jours après, il alla voir Saint-Germain, lui raconta sa vie et ses malheurs, trouva en lui un cœur compatissant et ferme, et, ce qui est plus merveilleux, ne s'offensa pas de ses avis et de ses remontrances. « Il n'y a, lui dit-il en se jetant à son cou, que des militaires qui parlent avec cette franchise. » Puisqu'elle ne vous offense pas, lui répliqua Saint-Germain, je vous ferai observer que, plein d'amour-propre, vous êtes puni par où vous avez péché. Vous croyiez avoir tellement étonné les humains qu'ils allaient vous élever des autels; vous deviez assez les connaître pour savoir que ce qu'ils approuvent aujourd'hui, ils le blâment demain. Si, dans vos ouvrages, vous aviez eu d'autres vues, vous jouiriez d'une consolation qui vous manquera et que vous n'aurez jamais [2].

1. *Réponse de Saint-Germain à la lettre de Rousseau,* du 9 novembre 1768. — 2. *Lettre de Rousseau à Saint-Germain,* 16 novembre 1768. — DUSAULX, *De mes rapports avec J.-J. Rousseau,* 2ᵉ Entretien. — FOCHIER, *Séjour, etc.* — PETITAIN, *Appendice aux Confessions et Notes à propos de la lettre de Rousseau à Saint-Germain du 9 novembre 1768.*

Jean-Jacques n'était point accoutumé à ce langage. Il n'avait pu savoir jusque-là ce que c'était qu'un ami chrétien, et il se trouva que le premier qu'il rencontra unissait aux lumières de la foi la sagesse d'un jugement solide, la loyauté d'un soldat et la pitié compatissante d'un cœur sensible. Ces qualités avaient de quoi séduire une âme généreuse; au point où en était Jean-Jacques, on doit lui savoir gré de ne pas s'être cabré contre les dures vérités qui lui étaient adressées.

A en juger par la correspondance qui s'établit entre eux, on ne peut douter que, dans les épanchements de la conversation, Jean-Jacques n'ait fait à Saint-Germain bien des confidences. Mais des secrets jetés dans le sein d'un ami ne pouvaient lui suffire, il voulut encore faire de lui le dépositaire de ses appels à la postérité et de ses moyens de réhabilitation future. La lettre qu'il lui écrivit dans ce but, et que Dusaulx a appelée son testament mystique, est extrêmement longue. Elle contient presque l'histoire de sa vie, et surtout le récit détaillé des persécutions dont il se croyait l'objet, avec les noms de ses prétendus persécuteurs : le duc de Choiseul, Diderot, Grimm, Mme de Boufflers, Mme de Luxembourg, D'Alembert, Hume, etc. Nous lui avons fait de fréquents emprunts, et nous ne la rappelons ici que comme un témoignage de la confiance que Jean-Jacques avait mise en Saint-Germain. Elle montre bien d'ailleurs que, si celui-ci gagna le cœur de Rousseau, il lui fut impossible de l'amener à des idées plus sages. On ne raisonne pas avec la folie.

Rousseau, dans sa lettre, avait parlé de son manque de ressources; ce fut une occasion pour

Saint-Germain de lui faire des offres d'argent ; mais autant Rousseau aimait à faire étalage de sa pauvreté, autant il était réservé pour accepter des bienfaits. Non seulement il refusa ; mais, plus d'une fois, il chargea son ami, qu'il savait aussi charitable que pieux, d'être l'intermédiaire des aumônes qu'il trouvait moyen de prélever sur ses modestes revenus. Du reste, sa charité était proverbiale et ne se bornait pas à quelques pièces de monnaie jetées avec dédain pour se débarrasser de sollicitations importunes. Saint-Germain en cite des traits à Bourgoin et à Monquin, comme d'autres en ont cités pour Montmorency, Motiers-Travers ou autres lieux.

La vie de Rousseau à Monquin est aussi pauvre en événements qu'en travaux intellectuels. Son amour de la singularité lui fit adopter une manière particulière de dater ses lettres, en intercalant, entre les chiffres de l'année, ceux du jour et du mois. Ainsi sa lettre à Saint-Germain, du 26 février 1770, était ainsi datée : A Monquin, $17 \frac{26}{2} 70$. Souvent il écrivait en tête le quatrain suivant :

> Pauvres aveugles que nous sommes !
> Ciel démasque les imposteurs,
> Et force leurs barbares cœurs
> A s'ouvrir aux regards des hommes.

De temps en temps, à ces mauvais vers, il substituait la devise : *Post tenebras lux*. Ces petites bizarreries n'avaient pas d'autres conséquences que de dénoter l'état de son âme. Lui-même en sentit sans doute le ridicule, car il y renonça l'année suivante.

Sa lettre à Saint-Germain montre assez que, si sa raison l'avait abandonné, il n'avait pas oublié l'art d'écrire; mais on dirait qu'il ne se souciait plus d'en user. Sa paresse d'esprit, son découragement, la résolution qu'il avait prise de se faire oublier paralysaient son talent. Lui rappelait-on ses mémoires, il déclarait n'en plus vouloir entendre parler [1]. Ce n'est pas que le public ne le préoccupât, et que lui-même ne se crût l'objet de l'attention universelle [2]; mais il lui semblait qu'on ne pouvait songer à lui que pour le perdre. Nous avons vu ailleurs le mécontentement que lui causa l'impression de son mémoire sur *La vertu la plus nécessaire aux héros* [3]. Dans une autre circonstance il se plaignit amèrement que Rey eût publié ses anciennes lettres à M. de Tressan, à propos de ses affaires avec Palissot [4]. Sa correspondance se ressent de ces dispositions. Parmi ses lettres, les seules qui traitent d'objets vraiment sérieux, sont celle qu'il écrivit à M. X... sur l'existence de Dieu [5] et celles à l'abbé M... sur l'éducation [6]. La plupart des autres ne roulent guère que sur la botanique. Une partie de sa correspondance avec la duchesse de Portland date de cette époque. La rencontre d'une plante intéressante, une excursion, voilà les événements de sa vie. Il fit en nombreuse compagnie une herborisation au mont Pilat [7], qui dura toute une semaine. Il s'en promet-

1. *Lettre à Rey*, 27 avril 1769. — 2. Voir la page écrite sur une porte à Bourgoin, intitulée : *Sentiment du public sur mon compte dans les divers états qui le composent;* Voir aussi, *Lettre de Rousseau à une dame de Lyon*, 3 septembre 1768. — 3. *Lettres à Rey*, 31 janvier 1769; *à Lalaud*, 18 janvier, 4 février 1769. — 4. *Lettre à Moultou*, 28 mars 1770. — 5. Le 15 janvier 1769. — 6. 2 février, 28 février, 3 et 14 mars 1770. — 7. Au mois d'août 1769.

tait beaucoup de satisfaction, et il advint qu'il n'en eut aucune. Par moments il se croyait forcé par ses persécuteurs (on ne voit pas bien pourquoi) à renoncer à cette science de la botanique qui lui était si chère. Alors il voulait vendre ses livres, se défaire de son herbier, mais la nature ne tardait pas à reprendre le dessus.

Ses défiances ne connaissaient pas de bornes. Il suffisait, par exemple, d'un vers égaré sans intention malveillante et sans application raisonnable à Rousseau, dans une tragédie du poète De Belloy, pour lui faire croire qu'elle avait été composée tout exprès contre lui. Il est vrai qu'il revint sur son appréciation; mais quelle lettre de plaintes, quels récits impossibles de persécutions occasionna cette rétractation [1].

Sa demeure de Monquin n'avait pas tardé d'ailleurs à lui déplaire ou à l'inquiéter : son honneur ne lui permettait plus, disait-il, de l'habiter. Le prince de Conti le rassurait de son mieux, cherchait à apaiser ses soupçons contre Mme de Luxembourg, élevait des objections et des difficultés contre ses projets de départ[2]; mais c'était bien peine perdue. Rousseau continuant à insister[3], Conti consentit à la fin à le recevoir, non à Paris, mais à Pougues, près Nevers. En attendant, il lui déclarait qu'il ne pouvait songer, comme il en avait le désir, à se choisir un asile par tout le royaume, et à en changer à son gré; que Lyon était impossible, comme étant dans le ressort du parlement de Paris; qu'un passeport

---

1. *Lettre à De Belloy*, 19 février 1770. — 2. *Lettre de Conti à Rousseau*, 5 avril 1769. — 3. *Lettre au prince de Conti*, 31 mai 1769 et autre sans date.

à l'étranger serait plus facile à obtenir; mais que rien ne le pressait de partir, les complots n'existant que dans son imagination [1]. L'entrevue eut lieu au mois de juillet [2]; mais Conti ne réussit pas mieux par ses paroles que par ses lettres, et finit même, quoique à contre-cœur, par se prêter aux désirs du malheureux.

Malgré son impatience, Rousseau resta encore huit mois, non sans gémir sur les complots qui l'enveloppaient et sur les nécessités qui l'enchaînaient à Monquin [3]. Il songea un moment à aller en Savoie, mais il ne tarda pas à revenir à l'idée de rester en France [4]. Dupeyrou lui proposa de se retirer chez lui; son offre était d'autant plus méritoire qu'il venait de se marier et n'avait nul besoin de la société de Jean-Jacques. Celui-ci aurait bien fait d'accepter; mais il se défiait toujours de ses amis et, non sans raison peut-être, craignait de trop se rapprocher d'eux [5].

Enfin, l'honneur, le devoir, (grands mots qui couvraient simplement le désir de changement et la volonté de Thérèse), faisant entendre leur voix, il écrivit à son hôte, M. de Cesarges, une lettre ridicule et impertinente; c'était sa manière de dire adieu aux personnes qui avaient bien voulu le recevoir [6].

Une fois de plus, il allait partir par un coup de

---

1. *Lettre du prince de Conti à Rousseau*, 16 juin 1769, et une autre sans date, même époque. — 2. *Lettre de Rousseau à Dupeyrou*, 21 juillet 1769. —3. *Lettres à Dupeyrou*, 28 février 1770; *à M*^{me} *B.*, 16 mars 1770; *à Laliaud*, 4 avril 1770.— 4. *Lettre à Moultou*, 28 mars et 6 avril 1770. — 5. *Lettre à Dupeyrou*, 7 janvier 1770. — 6. *Lettre à M. de Césarges*, fin d'avril 1770.

tête ; mais il est permis de se demander si ces coups de tête étaient bien réels, ou s'ils n'étaient pas un moyen calculé pour trancher les questions qu'il se croyait impuissant à dénouer d'une façon régulière. Ainsi, dans la circonstance présente, il voulait quitter Monquin ; il avait le désir d'aller à Paris ; mais Conti s'y opposait ; mais Saint-Germain lui faisait les objections les plus sensées [1] ; mais, en un mot, il n'en serait jamais venu à bout, s'il n'avait pas pris le parti de brusquer la situation.

Pourquoi maintenant ce désir de retourner à Paris ? C'est le cas de poser un autre point d'interrogation : si, malgré son pouvoir, le prince de Conti ne se croyait pas en état de défendre son protégé à Paris contre les poursuites du Parlement ; si Saint-Germain, son meilleur ami, le dissuadait d'aller chercher là une foule d'ennuis et de luttes, dont il ne sortirait que fortement meurtri ; lui-même n'avait-il pas exprimé cent fois son horreur pour Paris ? Paris n'était-il pas, dans sa pensée, le quartier général de ses ennemis, le siège du Parlement et du Gouvernement, la patrie des gens de lettres, le pays des mauvaises mœurs et des conventions mondaines, le lieu où il lui serait le plus difficile de satisfaire son goût pour la campagne et sa passion pour la botanique ? Jean-Jacques pensa à tout cela vraisemblablement ; mais, suivant son usage, sa fantaisie lui tint lieu de loi et de raison. Il a prétendu que l'exiguïté de ses ressources l'obligeait de chercher dans son ancien métier de copiste de musique un supplément nécessaire. Mais ses ressources

---

1. *Réponse de Saint-Germain à la lettre de Rousseau du 20 février 1770.* — Appendice aux *Confessions*, édition Petitain. — DUSAULX : *De mes rapports avec J.-J. Rousseau.*

n'avaient pas diminué, et il ne s'était jamais trouvé dans l'embarras. On a pensé avec plus de vraisemblance que son obscurité lui pesait ; qu'il se trouvait repris d'un certain désir de renommée ; qu'il lui en coûtait, maintenant que ses *Confessions* étaient terminées, de les garder pour lui seul. Quoi qu'il en soit, il se rendit à Paris, et, comme s'il eût affiché la volonté formelle de se jouer des recommandations de Conti, il s'arrêta près d'un mois à Lyon. Rien ne prouve que Conti se soit formalisé de ce manque d'égards ; il est probable même que sa protection suivit Jean-Jacques à Paris, mais discrètement et pour ainsi dire en secret. On ne peut, en effet, s'empêcher de remarquer qu'à partir de cette époque, et même un peu auparavant, on ne trouve plus aucune trace de correspondance entre eux.

Après sa lettre à M. de Césarges, Rousseau n'avait plus qu'à partir. Il resta pourtant encore environ un mois ; il avait parfois de singulières fiertés. Il prépara, sans se hâter, son départ[1] et prit, à la fin de mai, la route de Lyon.

Nous n'avons aucun détail sur le séjour qu'il y fit. Nous savons seulement que Dupeyrou vint l'y voir. Depuis quelque temps, les rapports entre eux étaient un peu tendus, et leur correspondance était en grande partie consacrée aux reproches ou aux explications aigres-douces. Peut-être Dupeyrou pensa-t-il qu'une visite ferait plus que toutes les lettres. Il est à croire qu'il n'en fut rien, car Rousseau n'écrivit plus ensuite que deux fois à son ami, et sa dernière lettre est pour le moins aussi aigre que les précédentes[2]. Pendant qu'il était à Lyon, il

---

1. *Lettre à Saint-Germain,* s. d. — 2. *Lettres à Dupeyrou,* 13 novembre 1770, 23 février 1771.

faillit avoir une aventure analogue à celle qu'il avait eue avec Thévenin. Un individu de Monquin s'avisa de lui envoyer par la poste une note de fournitures qu'il aurait négligé de payer avant son départ. « Ce Monsieur Rousseau était si bon, si généreux, dit la femme, que j'ai cru qu'il enverrait, sans examen et sans rien approfondir, le montant de notre mémoire. » Saint-Germain tira Jean-Jacques de ce petit embarras [1].

---

1. *Lettre à Saint-Germain*, 3 juin, et *Réponse de Saint-Germain*, 6 juin 1770. — Voir MUSSET-PATHAY : *Histoire de J.-J. Rousseau*, 2e période, t. I, p. 174.

CHAPITRE XXX

Du mois de juin 1770 au 20 mai 1778.

Sommaire : Rousseau a Paris. — I. La statue de Voltaire. — Bustes de Rousseau.
 II. Installation de Rousseau à Paris. — Changement dans ses habitudes. — Sa fortune. — Ses travaux de musique. — Il reçoit deux mille écus de l'Opéra. Ouvrages de Rousseau sur la botanique. — Relations mondaines de Rousseau. — Sa rupture avec Mme Latour. — Mme de Genlis. — Dusaulx. — Rulhières. — Bernardin de Saint-Pierre. — Corancez.
 III. Lectures des *Confessions*. — Publication des *Confessions*. — Examen et critique des *Confessions*. — Coup d'œil général sur la vie de Rousseau. — Jugement de Ginguené sur les *Confessions* et réponse de La Harpe. — Jugements de Servan et de Sainte-Beuve.
 IV. *Considérations sur le gouvernement de Pologne.*
 V. Les *Dialogues*. — Pensées moroses et hallucinations de Rousseau. — Jugements de Rousseau sur lui-même. — Moyens pris par Rousseau pour assurer la conservation et la publication des *Dialogues*.
 VI. Les *Rêveries*. — Rousseau renversé et blessé par un chien.
 VII. Rousseau songe à quitter Paris et à se retirer dans un hôpital. — Offres d'asile. — Départ de Rousseau pour Ermenonville.

I

En ce moment, un petit événement assez ridicule agitait le monde des lettres : il était question d'élever une statue à Voltaire, de son vivant. Ce trait de vanité mesquine de la part de Voltaire, de basse flatterie de la part de ses admirateurs, pouvait exciter la jalousie de Jean-Jacques ; il fit mieux, il se contenta d'en sourire. Lui aussi avait été à même d'avoir au moins sa médaille ; mais loin d'y pousser, comme on insinuait que Voltaire le faisait pour sa propre statue, il avait refusé de se prêter à l'honneur que prétendaient lui faire ses amis[1]. Il est vrai que lui-même avait eu la faiblesse de réclamer fièrement, comme un droit, des statues pour l'auteur d'*Émile*; mais cet appel, qu'il savait bien devoir rester sans écho, ne s'adressait qu'à la postérité. Voltaire s'était beaucoup moqué de lui à cette occasion ; Rousseau n'avait-il pas actuellement au moins les mêmes droits de se moquer de Voltaire ?

Il était convenu que la statue serait élevée par souscription. Les contributions étaient fixées à deux louis et réservées exclusivement aux hommes de lettres. Voltaire ne s'attendait pas que Jean-Jacques viendrait mêler son nom à ceux de ses nombreux admirateurs. « J'apprends, écrivit Rousseau en envoyant ses deux louis, qu'on a formé le projet d'élever une statue à M. de Voltaire, et qu'on permet à tous ceux qui sont connus par quelque ouvrage imprimé de concourir à cette entreprise. J'ai payé assez cher le droit d'être admis à cet honneur pour oser y prétendre, et je vous supplie de vouloir bien interposer vos bons offices pour me faire inscrire au nombre des souscrivants[2]. »

Ce don, comme Rousseau en convient, « était moins une générosité qu'une vengeance; mais une vengeance à la Jean-Jacques, que Voltaire ne lui rendrait pas[3]. » Il pouvait en effet être désagréable à ce dernier de se trouver l'obligé de Jean-Jacques; cependant, s'il n'avait pas été aveuglé par la passion, il aurait pris son parti de cet hommage, qu'il ne pouvait décemment décliner. D'Alembert, qui

---

1. *Lettre à Rey*, 11 juin 1769. — 2. *Lettre à la Tourette*, Lyon, 2 juin 1770. — 3. *Rousseau juge de Jean-Jacques*, 3e Dialogue.

était chargé de recueillir les fonds, ne douta pas qu'on ne dût l'accepter et écrivit à la Tourette une lettre de remerciements[1]. Mais Voltaire ne l'entendait pas ainsi, et on eut toutes les peines du monde à l'empêcher de faire rendre à Rousseau sa mise, comme si c'eût été lui que ce soin regardait. « J'ai peur, dit-il d'abord, que les gens de lettres de Paris ne veuillent point admettre d'étranger; ceci est une galanterie toute française[2]. » Ce qui ne l'empêchait pas de solliciter la souscription du roi de Prusse. « Je ne puis voir, disait-il encore, cet homme sur la liste, à côté de vous et de M. le duc de Choiseul[3]. » Rousseau ne daigna pas seulement répondre, et put triompher à son aise des sottises et des insolences gratuites de Voltaire.

Les répugnances de Rousseau ne le sauvèrent pas toutefois des honneurs ou des ennuis de la gravure. C'est le sort de tous les hommes célèbres de servir de modèles aux artistes. « Puisque vous voulez me faire graver malgré mon goût, écrivait-il à Rey, mieux vaut m'avoir ressemblant que défiguré. Je préfère M. de la Tour, comme incapable de se prêter aux manœuvres qui ont guidé le pinceau de Ramsay et les crayons de Liotard[4]. » Peu de temps après, la spéculation s'en mêlant, on vendait deux, six et huit louis son buste en biscuit, en albâtre ou en ivoire, ainsi que ceux de Voltaire, de Montesquieu et de d'Alembert[5].

1. *Lettre de la Tourette à Voltaire*, 26 juin 1770. — 2. *Lettre à la Tourette*, 23 juin 1770. — 3. *Lettre de Voltaire à d'Alembert*, 16 juillet 1770. Voir aussi ses *Lettres à d'Alembert*, 30 juin, et à *Grimm*, 10 juillet; *de d'Alembert à Voltaire*, 2, 7 et 25 juillet 1770. — Desnoiresterres, t. VII, chap. III. — 4. 26 juillet et 9 septembre 1770. — 5. Grimm, *Corresp. littér.*, 15 mars 1771.

II

Rousseau était arrivé à Paris dans les derniers jours de juin 1770. En passant par Dijon, il s'était arrêté pour aller jusqu'à Montbard, faire visite à Buffon. Ces deux amis de la nature s'estimaient l'un l'autre, sans s'être jamais vus; ils durent être heureux de se trouver réunis.

Rousseau n'avait pas de logement à Paris et n'était pas homme à se presser pour en chercher un; il n'avait pas non plus de mobilier. Il n'aurait pas manqué d'amis pour le recevoir, au moins à titre provisoire; il préféra prendre un logement garni très mesquin, presque misérable, mais qu'il jugea en rapport avec l'état de sa fortune. Ce parti sauvegardait mieux sa liberté et avait l'avantage de ne pas engager l'avenir : « Vous me demandez, écrivait-il à Rey, si je me fixerai à Paris; je vous réponds que je ne sais jamais aujourd'hui ce que je ferai demain[1]. » « Me voici à Paris depuis trois semaines, écrivait-il à Saint-Germain; j'y ai repris mon ancienne habitation; j'y revois mes anciennes connaissances; j'y suis mon ancienne manière de vivre; j'y exerce mon ancien métier de copiste; et, jusqu'à présent, je m'y retrouve à peu près dans la même situation où j'étais avant de partir. Si on m'y laisse tranquille, j'y resterai; si l'on m'y tracasse, je l'endurerai[2]. »

Dusaulx, un de ses amis, aurait bien voulu le tirer de son taudis; Jean-Jacques l'autorisa à lui

---

1. 26 juillet 1770. — 2. 14 août 1770.

chercher une autre habitation, qu'il s'empressa de refuser quand elle fut trouvée[1]. « Si vous veniez loger près de moi? lui dit un autre jour Dusaulx. — J'y songeais, répondit Rousseau, et qu'avant deux heures je sache à quoi m'en tenir. » L'affaire s'arrange, on découvre un bel appartement donnant sur le jardin des Tuileries. Mais pendant que Dusaulx était sorti, Jean-Jacques arrêtait « un réduit à sa mesure et qui, dit-il, sera fort commode en y mettant des planches[2] ». Il paraît qu'il avait été séduit par le bon sens et les manières de la propriétaire, une certaine Mme Venant, épicière, retirée du commerce; il ne voulait surtout avoir à personne l'obligation de son logement.

Cet appartement, où il resta tout le temps qu'il passa à Paris, c'est-à-dire pendant près de huit ans, était situé rue Plâtrière, au quatrième étage. Il se composait de deux pièces; la première, très petite et un peu obscure, servait de cuisine en été et de décharge en hiver; des ustensiles de cuisine en faisaient le principal ornement; l'autre, éclairée par deux fenêtres donnant sur la rue Plâtrière, servait de salon de réception, de chambre à coucher, et même, la moitié de l'année, de cuisine. C'est là que Jean-Jacques, vêtu d'une robe de chambre d'indienne bleue, la tête couverte d'un bonnet de coton, se tenait habituellement, copiant de la musique, écrivant, jouant de l'épinette, souvent aussi veillant aux soins du ménage et écumant le pot. Deux petits lits garnis de cotonnade bleue à flammes, l'épinette, une commode, une armoire

---

[1]. *Lettre de Rousseau à Dusaulx,* 7 novembre 1770. —
[2]. DUSAULX, *De mes rapports avec J.-J. Rousseau et de notre correspondance.*

renfermant des livres, des papiers, des cahiers de musique, une table, quelques chaises, composaient tout le mobilier. Aux murs, couverts d'une tenture blanche et bleue, étaient suspendus des portraits de Rousseau lui-même dans des médaillons, quelques cadres et gravures, entre autres un plan de la forêt et du parc de Montmorency et un portrait du Roi d'Angleterre; un serin chantait dans une cage, des pots de fleurs garnissaient les fenêtres. En somme, dit Bernardin de Saint-Pierre, « il y avait dans l'ensemble de son petit ménage un air de propreté, de paix et de simplicité qui faisaient plaisir[1]. » Mais n'en déplaise à notre auteur, tout cela nous semble bien prosaïque. Qu'on y joigne Thérèse, occupée à un travail de couture et jetant sa note saugrenue dans la conversation, et l'on aura un tableau de la vulgarité la plus complète.

Que Jean-Jacques ait consulté avant tout dans son choix la médiocrité de sa fortune, c'était preuve de sagesse; mais on s'explique plus difficilement qu'il ait été se caser au centre de Paris, au quatrième étage, dans un quartier tumultueux. Rien, absolument rien, que peut-être la proximité du boulevard et, comme il le dit, *le grand et bon air* [2], ne lui recommandait cette situation. La simplicité n'exclut pas une certaine élégance; comment se fait-il que ces tentures bigarrées de bleu et de blanc, ce mobilier sans caractère, n'aient pas choqué son goût? Déjà à Motiers, il avait dédaigné les belles perspectives de la montagne, pour s'enfermer dans

---

1. BERNARDIN DE SAINT-PIERRE, *Jugement sur J.-J. Rousseau*. — D'EYMAR, *Mes visites à J.-J. Rousseau*, t. II. Des Œuvres inédites de J.-J. Rousseau, publiées par MUSSET-PATHAY. — 2. *Lettre à Dupeyrou*, 2 juillet 1771.

une chambre n'ayant d'autre vue qu'une vilaine cour. Était-ce indifférence, résignation, ou simplement défaut de goût? Ce poète de la nature, cet artiste inimitable sur le papier, n'aurait-il donc pas su goûter pour son propre compte les jouissances de la nature et de l'art?

A l'époque de la Révolution, on a donné à la rue Plâtrière le nom de Jean-Jacques Rousseau. La maison autrefois habitée par lui est à l'angle de cette rue et de la rue Coquillère, à la place occupée actuellement par le café qui porte également son nom.

De l'habitation de Rousseau, passons à sa personne. Bernardin de Saint-Pierre nous a aussi conservé son portrait, tel du moins que l'affection le peignait à ses yeux. Quoique Rousseau ne fût pas encore un vieillard (il avait cinquante-huit ans), son caractère et sa santé n'avaient pas laissé que de faire maigrir son corps et d'altérer ses traits; mais ce qui en lui ne vieillissait pas, c'était son regard, c'était l'expression du visage. « Ses yeux, dit un autre auteur[1], étaient comme deux astres, son génie rayonnait dans ses regards et m'électrisait. » Du reste, sauf une épaule qui paraissait un peu plus élevée que l'autre, soit à cause de l'attitude qu'il prenait en travaillant, soit par un effet de l'âge, toute sa personne était bien proportionnée; teint brun, avec quelques couleurs aux pommettes, bouche belle, nez très bien fait, front rond et élevé[2].

Rousseau, en arrivant en France, ne pouvait ignorer qu'il y revenait à titre de simple tolérance,

---

1. Le prince DE LIGNE.
2. BERNARDIN DE SAINT-PIERRE, *loc. cit.*

qu'une imprudence pouvait lui susciter des embarras, « qu'il suffisait d'une mauvaise tête parmi les conseillers des enquêtes et requêtes pour le dénoncer et obliger le procureur général à sévir et à l'éloigner pour le moins. » Nous ne parlons pas de son ennemi supposé, le duc de Choiseul, il est à croire qu'il l'avait alors oublié. Quoi qu'il en soit, il lui fallut modifier ses habitudes et son genre de vie. Son costume arménien attirant trop l'attention, il le remplaça par un autre moins compromettant : perruque ronde à trois rangs de boucles, habit-veste et culotte de drap gris, longue canne à la main. On a dit d'un côté qu'il était obligé de vivre plus retiré, et, d'un autre côté que la foule s'assemblait sur la place du Palais-Royal pour le voir et lui faire des ovations quand il allait au café de la Régence. Le fait est que, pourvu qu'il eût le soin de ne pas trop se singulariser, et surtout de ne rien imprimer, on était résolu à passer très facilement sur le reste. La tolérance alla jusqu'à le laisser porter publiquement son nom. Il avait jugé à propos de reprendre son ancien métier de copiste de musique. Il aurait pu s'en dispenser; sa fortune, en effet, quoique modeste, n'avait point diminué[1], et ses dépenses à Paris étaient restées fort restreintes; mais il s'était persuadé que son métier lui devenait nécessaire pour vivre. Il avait besoin, disait-il, d'en

---

1. Il la fixe à 1,100 livres; mais il n'y comprend pas les 300 livres de rentes que Rey faisait à Thérèse (*Second Dialogue* et *Lettre à M. de Sartine* du 15 janvier 1772). Elle se trouva augmentée peu de temps après de 340 livres par an, par le placement d'une somme de 2,000 écus qu'il reçut de l'Opéra. (Voir à l'édition des *Confessions* de 1790, le *Discours préliminaire* de DUPEYROU.)

retirer 1,500 francs par an. Il se faisait payer cher (10 sous de la page); mais ses copies, soignées jusqu'à la minutie, ornées de vignettes et de fleurons « semblaient être moins l'ouvrage de la plume que du burin[1]. » Si cependant, au lieu de s'en rapporter aux auteurs, on préfère écouter Jean-Jacques lui-même, il nous apprendra que, n'ayant l'esprit à rien, il ne l'avait pas non plus à son travail; qu'il faisait beaucoup de fautes et les corrigeait ensuite en grattant le papier jusqu'à le percer, et qu'alors il y collait tout simplement des pièces[2]. Mais ici Rousseau se calomnie. La Bibliothèque nationale possède un gros recueil autographe de morceaux de musique, copiés par lui pour diverses personnes, entre autres pour la comtesse d'Egmont. Ces pages sont très soignées, et presque sans ratures ni grattages. Il est vrai qu'un manuscrit du *Devin*, conservé à la Bibliothèque de la Chambre des députés, est fait avec moins de soin et a notamment plusieurs pièces recollées, mais les uns étaient pour les pratiques, l'autre n'était que pour l'auteur seul.

Rousseau nous apprendra encore que, dans un espace de six ans, il copia plus de six mille pages de musique pour le public. Et pourtant, là ne se borna pas son travail. Il mit en musique plus de cent romances ou morceaux détachés, dont il priait ses amis de composer les paroles. Corancez, qui n'était pas poète, dut, bon gré mal gré, s'exécuter comme les autres et composer les paroles d'un opéra dont Jean-Jacques faisait à mesure la musique.

---

1. BACHAUMONT, 1ᵉʳ juillet 1770; — *Correspondance littéraire*, 15 juillet 1770; — D'EYMAR, etc. — 2. J.-J. ROUSSEAU, *Second Dialogue*.

Au lieu de l'envoyer au théâtre, celui-ci s'était mis en tête qu'il le ferait jouer par des amateurs, et lui-même devait chanter sa partie. Heureusement on n'alla pas beaucoup au-delà du premier acte. Il s'avisa aussi de composer une seconde musique pour le *Devin*; mais la première resta toujours la bonne et la plus populaire[1]. En somme, ses travaux de musique à cette époque, tant en composition qu'en copie, forment un total de plus de huit mille pages[2]. Cette occupation, d'ailleurs, ne pouvait que lui être salutaire, en le détournant de ses idées noires, et avait bien ses charmes. Il disait quelquefois qu'en copiant de bonne musique, il jouissait d'un excellent concert[3].

Après son travail et son repas du milieu du jour, il faisait habituellement une longue promenade aux Champs-Élysées et passait, comme nous venons de le dire, par le café de la Régence. Il trouvait là à faire sa partie d'échecs, ainsi qu'à un autre café qui porte aujourd'hui son nom et qui était situé dans la maison même qu'il habitait. Enfin, il fréquenta pendant quelque temps un troisième café, rue de la Verrerie, appartenant à la sœur de sa propriétaire. Elle n'y faisait pas ses affaires, la présence de Rousseau le releva. Cependant il l'abandonna bientôt, parce que des jeunes gens y vinrent lui réciter dérisoirement des passages de l'*Émile*[4].

---

1. En 1779, la nouvelle musique de *Devin*, ayant été chantée au théâtre, fut sifflée sans respect pour la mémoire de Rousseau, qui était mort depuis moins d'un an. (GRIMM, *Correspondance littéraire,* avril 1779.) — 2. *Second Dialogue*, et CORANCEZ, *De J.-J. Rousseau*. — 3. *Lettres du professeur Prévost de Genève sur J.-J. Rousseau*. — 4. MUSSET-PATHAY, *Histoire de J.-J. Rousseau*, 3e période.

Jean-Jacques avait toujours aimé le théâtre ; Paris eut au moins l'avantage de lui procurer le moyen de satisfaire son goût. Les Comédiens italiens lui offrirent ses entrées libres, ainsi qu'à sa femme ; on prétendit qu'il avait accepté, et l'on en conclut qu'il allait travailler pour la scène et même qu'il faisait un opéra [1]. Il appréciait par-dessus tout la musique de Gluck et continua d'assister à son opéra d'*Orphée* [2], même après qu'il eut cessé de fréquenter les spectacles. Il dut à l'entremise de ce musicien, qui était en même temps son ami, un avantage assez précieux : l'administration de l'Opéra lui rendit enfin justice et lui versa 2,000 écus [3]. Un jour qu'il était à une représentation d'*Iphigénie* avec Bernardin de Saint-Pierre, la foule l'incommodait. Bernardin de Saint-Pierre le nomma tout bas, en recommandant la discrétion, et aussitôt tout le monde le considéra en silence et s'écarta respectueusement, de peur de le gêner [4]. Ces faveurs de l'opinion lui étaient agréables. Un temps vint cependant où l'on cessa de s'occuper de lui et où il put circuler inaperçu ; il fut sensible à cet oubli du public. Mais si l'on avait continué à le regarder, n'aurait-il pas crié au complot ?

La botanique était, avec la musique, sa grande occupation. Il ne les cultiva pas toujours toutes deux également, tantôt consacrant plus de temps à l'une, tantôt donnant à l'autre la préférence. Peu de temps

---

1. BACHAUMONT, 23 avril 1770 ; — *Lettres de Rousseau à Rey*, 9 septembre 1770 ; à M*me* B., 7 juillet 1770. — 2. *Journal de Paris*, 18 août 1788. — 3. BACHAUMONT, 24 avril 1774 ; — *Discours préliminaire* de DUPEYROU, en tête de son édition des *Confessions* en 1790. — 4. BERNARDIN DE SAINT-PIERRE, *Essai sur J.-J. Rousseau*.

après son arrivée à Paris, il avait vendu ses livres et ses herbiers à Dupeyrou; mais celui-ci, toujours attentif à traiter son ami en enfant gâté, avait tenu à lui en laisser la libre disposition pendant toute sa vie. Il paraît que plus tard, il les vendit d'une façon plus sérieuse et s'en dessaisit réellement[1]. Bientôt toutefois, sa passion reprenant le dessus, il projetait de refaire un herbier plus beau, plus complet que le premier, et sur la fin de sa vie, il revint « au foin pour toute nourriture, à la botanique pour toute occupation ».

En cela comme en toutes choses, Rousseau avait d'ailleurs sa manière à lui. Ce qu'il cherchait, c'était moins la science que la contemplation de la nature et l'observation des merveilles de l'organisation végétale; moins le travail et l'étude que la satisfaction d'un goût innocent, qui avait l'avantage de le séparer des hommes et de l'éloigner de ses *persécuteurs*. Aussi s'attachait-il bien plus à faire de jolis herbiers qu'à classer et caractériser les genres et les espèces. Son esprit, ami de l'ordre, se plaisait dans ces soins minutieux. Rien n'égalait la patience qu'il mettait à dessécher et à aplanir les rameaux, à étendre les feuilles, à conserver aux fleurs leurs couleurs, à coller les plantes sur des feuilles de papier qu'il encadrait de beaux filets rouges. Ses collections, ainsi préparées, étaient comme des recueils de miniatures; son moussier, de format in-12, était un petit chef-d'œuvre d'élégance[2].

---

1. *Lettre à Dupeyrou*, 13 novembre 1770. — 2. *Second Dialogue.* — *Rêveries*, 7ᵉ promenade. — *Lettres du prof. Prévost.* — BERNARDIN DE SAINT-PIERRE, *Essai sur J.-J. Rousseau.* — *Lettres de Rousseau à Rey*, 23 novembre 1769, 30 août 1771. — L'herbier de Rousseau est actuellement déposé au Musée botanique de Berlin.

Jean-Jacques allait souvent herboriser dans la campagne (à la fin il y alla matin et soir). Plus d'une fois, il prit part aux excursions dirigées par les deux Jussieu, l'oncle et le neveu; mais il ne paraît pas enchanté de ces promenades, qu'il trouvait trop *tumultueuses*[1]. Souvent aussi il se contentait d'étudier les plantes au Jardin du Roi[2]; ou même, ce qui valait encore moins, de faire de la science de cabinet. La plupart de ses lettres sur la botanique sont datées de Paris. On prétendit aussi qu'il faisait un *Dictionnaire de Botanique;* il s'en défendit comme d'un faux bruit[3]. La suite montra que cette nouvelle n'était pas sans fondement.

Il ne faut pas prendre à la lettre ce que Rousseau dit de son ignorance en botanique. Il ne le pensait pas lui-même et n'aurait pas tant écrit sur cette science, s'il s'en était cru aussi incapable. Sans être un savant, il avait fini par acquérir des connaissances d'amateur assez complètes; il aimait à se rendre compte, à observer, et, sans vouloir faire progresser la science, était au courant de ce que les autres avaient découvert. Il porta aussi de ce côté son esprit novateur et inventif, et chercha une écriture abrégée pour la botanique[4].

Voici la liste de ses travaux sur cette science. Ils n'ont été publiés qu'après sa mort :

1° Quinze *Lettres à Mme la duchesse de Portland*, 1766-1776;

2° Une *Lettre à Liotard,* le neveu, jardinier à Grenoble, 7 novembre 1768;

---

1. *Lettre à Malesherbes,* 1771. — 2. BACHAUMONT, 26 juillet 1770. — *Lettre à Saint-Germain,* 11 septembre 1770. — 3. *Lettre à Rey,* 9 septembre 1770. — 4. *Lettres du prof. Prévost.*

3° Une *Lettre au botaniste Gouan*, 26 décembre 1769 [1];

4° Neuf *Lettres à M. de la Tourette*, 1769-1773;

5° Trois *Lettres à M. de Malesherbes*, la première en 1762, les deux autres en 1771;

6° Huit *Lettres à Mme Delessert*, 1771-1773;

7° Une *Lettre à l'abbé de Pramont*, 13 avril 1778;

8° Enfin des *Fragments* pour un *Dictionnaire des termes d'usage en botanique* [2].

On peut y joindre une *Lettre à Linné*, 21 septembre 1771.

La plupart de ces lettres sont de simples causeries avec des amis. On y voit qu'à plusieurs reprises, il a voulu abandonner la botanique, mais qu'il y est toujours revenu, et a même cherché à en tirer parti en faisant de petits herbiers pour les amateurs [3]. Il ne paraît pas qu'il en ait vendu beaucoup, et ceux qu'il a faits, ou auxquels il a contribué pour M. de Malesherbes, pour Mme de Portland, pour Mme Delessert, ne lui furent sans doute pas payés, du moins directement.

Les lettres de Rousseau à Mme Delessert sont ses meilleures et forment le commencement d'un cours suivi et méthodique. Mme Delessert était la fille de Mme Boy de la Tour. On sait que Jean-Jacques tenait en grande intimité toute cette famille. Il appelait Mme Boy de la Tour, *ma tante*, et Mme Delessert, *ma cousine*. Cette dernière servait quelquefois d'intermédiaire auprès de la tante Gonceru, à qui

---

1. Publiée par A. GRASSET, dans sa brochure: *Jean-Jacques Rousseau à Montpellier*, 1854. — 2. Ces diverses productions sont ordinairement réunies ensemble dans les œuvres de Rousseau. — 3. *Lettres à Malesherbes*, 1771 et 11 novembre 1771.

Jean-Jacques continuait à payer une rente de 100 francs[1]. Mme Delessert avait elle-même une fille, à qui elle désira donner quelques connaissances en botanique. Jean-Jacques se chargea de ce soin et adressa à son amie huit lettres très élémentaires, comme il convient à une enfant, mais claires, précises, pleines de charme et quelquefois de poésie. On les compléta plus tard ; on y ajouta des dessins pour l'intelligence du texte ; c'était peut-être leur donner une importance qu'elles ne comportaient pas.

Le plus faible des travaux botaniques de Rousseau est son *Dictionnaire* ou, pour parler plus exactement, les *Fragments* de son *Dictionnaire*, œuvre toute de définitions, qui n'a même pas pour se relever, et ne pouvait guère avoir le charme du style. S'il était plus complet on pourrait dire que c'est un assez bon cahier d'élève. Il serait toutefois injuste de le juger à la rigueur. Il n'est pas prouvé en effet que Rousseau le destinât à la publicité, et, dans tous les cas, il ne pouvait songer à le faire imprimer dans l'état où il l'a laissé. Le *Dictionnaire* a également été complété et décoré du titre de *Botanique de J.-J. Rousseau*, il ne méritait assurément pas cet honneur.

Smith a donné à une jolie plante d'Amérique, voisine des convolvulacées, le nom de Rousseau : *Roussoea simplex*.

Parmi les autres occupations de Rousseau, il ne faut pas manquer de compter les visites à faire et à recevoir, les dîners dont il lui fallait prendre sa part, les nouvelles relations d'amitié qu'il lui plut

---

1. *Lettre à Mme Delessert, s. d.* Publiée dans la *Revue rétrospective de 1834.*

de contracter. Il ne garda guère de ses anciennes intimités que M. de Saint-Germain. Il resta aussi en relations avec Rey, lui exprima le regret de ne l'avoir pas vu à Paris, lui adressa des conseils sur l'éducation de sa filleule, des recommandations et des reproches sur la manière dont il éditait ses œuvres et dont il gravait la musique du *Devin*. Les 300 francs de rente que Rey payait à Thérèse n'étaient sans doute pas étrangers à la continuation de ces rapports[1]. Sauf ces deux exceptions, Jean-Jacques oublia ses anciens amis, Dupeyrou, Mme de Verdelin, qui pourtant, en 1771, lui écrivit encore une lettre bien affectueuse[2]. En revanche, il fit de nouvelles connaissances. On était étonné de voir comme il s'était humanisé du jour au lendemain. « Quelques gens, sans doute ses ennemis, dit Bachaumont, prétendent qu'il a extrêmement baissé ; ce qu'il y a de sûr, c'est qu'il est beaucoup plus liant. Il a dépouillé sa morgue cynique, se prête à la société, va manger fréquemment en ville, en s'écriant que les dîners le tueront[3]. » « Il va beaucoup dans le monde, dit Grimm, et a déposé sa peau d'ours avec son habit d'Arménien[4]. » Son métier de copiste de musique le mettait naturellement en rapport avec des personnes de toute sorte. Bien des gens désireux de le voir trouvèrent là un prétexte pour s'introduire chez lui et satisfaire leur curiosité. Parfois il s'en apercevait et se prêtait à une supercherie qui, en définitive, tournait à son profit[5]. D'au-

---

1. *Lettres de Rousseau à Rey*, 24 mars, 9 juillet, 14 octobre 1771, 14 juin 1772, 11 octobre 1773, etc. — 2. 24 août 1771. — 3. BACHAUMONT, 22 juillet 1770; — *Lettre de Rousseau à la Tourette*, 1er juillet 1770. — 4. *Corresp. littér.*, 15 juillet 1770. — 5. D'EYMAR, *Mes visites à J.-J. Rousseau*.

tres fois, il éconduisait brutalement les visiteurs importuns et se renfermait strictement dans les termes de sa profession.

Au bout d'un ou deux ans, il s'ennuya de ce mouvement mondain, cessa de faire des visites et prétendit reprendre son existence solitaire. Bien plus, il laissa pour ainsi dire toute correspondance. Il est à remarquer en effet qu'à partir de 1772, il existe fort peu de lettres de lui. Sans doute la crainte de se trouver en rapport avec les agents de la conspiration qui le poursuivait, contribua à cette résolution[1]. Cependant, s'il lui plut d'interrompre des relations qui le gênaient, il n'en faudrait pas conclure qu'il ait mené une vie bien solitaire. Il eut toujours, au contraire, un petit nombre d'amis très assidus auprès de sa personne[2]. Mais en dehors de ce petit cercle restreint, il devint très difficile de pénétrer jusqu'à lui. On raconte à ce sujet une anecdote assez piquante. Un jour, un de ses amis intimes, Corancez, n'osant lui présenter une jeune Anglaise de sa connaissance, ne trouva rien de mieux que de la faire passer pour la bonne de ses enfants. Thérèse, d'ailleurs, que Jean-Jacques appelait son Cerbère, avait toujours eu la manie de l'occuper à elle seule et veillait à écarter de lui ceux qui étaient simplement des amis, pour ne laisser pénétrer que les gens qui pouvaient être un profit pour le ménage.

La critique, toujours en éveil, avait raillé la misanthropie de Jean-Jacques ; quand il voulut chan-

---

1. *Lettre à M*^{me} *X.*, 14 août 1772. — 2. *2e Dialogue.* — *Lettres de Rousseau à Saint-Germain*, 7 janvier 1772 ; *à Milord Harcourt*, 16 juin 1772 ; *à Rey*, 15 septembre 1773.

ger de manière d'être, on railla son changement. On jasa sur la jolie mercière, sa propriétaire, qui, n'en déplaise à sa gouvernante, lui tenait lieu de tout[1]; mais il ne faut voir là qu'une simple plaisanterie ; on parla de ses soupers chez Sophie Arnould, avec l'élite des petits maîtres et des talons rouges[2]. Quoique, d'après Mme de Genlis, Rousseau allât rarement souper en ville, il fit en effet plus d'une fois exception en faveur de la célèbre actrice. On aurait pu se moquer encore de sa simplicité et de sa familiarité avec une autre actrice qui habitait la même maison que lui. Il paraît qu'en passant devant sa porte, il aimait à s'attarder pour rire et bavarder avec elle, et aussi pour lui donner des conseils. La jeune fille, qui ne le connaissait pas et ne le connut peut-être jamais, le traitait très cavalièrement. Un jour elle lui sauta sur les genoux et lui mit du rouge malgré lui ; et Jean-Jacques de se sauver en riant comme un fou[3].

On peut, à ces relations qui n'avaient rien de bien intime, en joindre plusieurs autres : quelques personnes sur lesquelles Jean-Jacques exerçait son talent de moraliste ; un jeune homme qu'il détournait du suicide[4] ; un autre à qui il donnait des conseils[5] ; une dame à qui il traçait des règles pour l'éducation de son fils[6]; et parmi ceux qui venaient chez lui, un Gascon nommé Audrioud, qui, d'après d'Eymar, était dans sa maison sur un pied de grande familiarité et ne se gênait nullement pour le contre-

---

1. *Lettre de l'abbé Galiani à Raynal*, 30 octobre 1770. — 2. GRIMM, *Corr. litt.*, 15 juillet 1770. — 3. GRÉTRY, *Essai sur la musique*, t. II, p. 205. — 4. *Lettre à un jeune homme*, 24 novembre 1771. — 5. *Lettre au comte de Saint-Aldegonde*, 13 février 1774. — 6. *Lettre à Mme de T.*, 6 avril 1771.

dire sur les questions de musique ; des jeunes gens, des femmes, des personnages de toute sorte. Un des principaux fut le prince de Ligne, qui a laissé un récit des deux visites qu'il lui fit, et qui lui proposa même assez maladroitement une retraite [1].

Citons encore, quoique cette connaissance n'ait eu lieu que plus tard, un jeune homme nommé Desjobert. Ce jeune homme était sur le point de se marier. « Comment, lui dit un jour sa fiancée, peut-on être homme, avoir vingt-cinq ans, et ne pas connaître Rousseau ? » Il court donc rue Plâtrière ; un vasistas s'ouvre, une figure désagréable paraît. — M. Rousseau ? — Il n'y est pas ; — et le vasistas de se refermer. Mais Rousseau copie de la musique ; Desjobert lui en porte ; on la prend. — Vous repasserez dans huit jours, lui dit-on, et ainsi pendant des semaines et des mois. Enfin, un jour : — Attendez, M. Rousseau désire vous parler. — Un accident, lui dit Rousseau, est arrivé à votre musique ; un chat a renversé dessus l'écritoire. Je ne manque jamais à ma parole, et je vous demande quelques jours pour refaire la copie. — La conversation s'engage. Desjobert se destinait aux forêts. — Alors, vous savez la botanique ? — Certainement. — Eh bien, nous pourrons herboriser ensemble. Et la liaison s'établit au point que Jean-Jacques, en quittant Paris, chargea son jeune ami de vendre ses livres. Mais Desjobert ayant trouvé plus simple de les supposer vendus et de remettre une somme ronde à Rousseau, celui-ci se méfia, découvrit la supercherie

---

[1]. Prince DE LIGNE, *Mes Conversations avec J.-J. Rousseau.*

et cessa toute relation avec celui qui l'avait trompé[1].

Pourquoi faut-il qu'à ces noms ignorés ou insignifiants, à ces relations d'un jour, nous puissions à peine joindre Mme Latour de Franqueville? Certes, si quelqu'un devait espérer d'entrer dans l'amitié du grand homme, c'était bien l'admiratrice passionnée, la femme dévouée qui, en toute circonstance, l'avait défendu contre tous ses adversaires, que Rousseau lui-même, malgré son caractère ombrageux, avait honorée de son affection et de sa reconnaissance; celle dont, pas un seul jour, l'amitié ne lui avait fait défaut; celle qu'on a pu, par-dessus toutes les autres, appeler la dévote de Jean-Jacques. La malheureuse femme dut être tristement froissée par l'accueil que lui fit l'homme à qui elle avait voué son culte : « Mes sentiments pour vous, lui écrivait-elle peu de temps après son retour, tiennent de l'amour que les dévots portent à Dieu... Je voudrais que tous les cœurs se réunissent au mien pour vous rendre un hommage moins disproportionné à votre mérite[2].

Quand Jean-Jacques fut à Paris, il parut complètement oublier son amie. « Quoi, lui écrivit-elle à la fin, vous êtes à Paris depuis plus d'un mois, logé presque à ma porte, sans avoir rien fait pour que je vous voie..... Votre indifférence m'humilie et me remplit d'amertume[3]. — Si je ne vais pas vous voir, lui écrivait-elle un mois après, c'est de crainte

---

[1]. SAINTE-BEUVE, *Causeries du Lundi. Corr. de Voltaire et Œuvres et Corr. inéd. de J.-J. Rousseau*, 2e article 22 juillet 1861. Sainte-Beuve tenait cette anecdote de son ami C. Duveyrier, qui lui-même la tenait de son père. — [2]. 9 juillet 1769; 25 mars 1770. — [3]. *Lettre de Mme Latour à Rousseau*, 2 août 1770.

d'être importune; mais dites un mot et je suis chez vous. Tout cela est inexplicable. Depuis le 4 juillet 1769, malgré sept lettres de moi, je n'ai pas un mot; mais l'épreuve ne dût-elle jamais finir, elle ne triomphera point de la constance de mon attachement pour vous [1]. » « Je n'accepte point, lui répondit enfin Rousseau, l'honneur que vous voulez me faire. Je ne suis pas logé de manière à recevoir des visites de dames, et les vôtres ne pourraient manquer d'être aussi gênantes pour ma femme et pour moi qu'ennuyeuses pour vous [2]. » Cependant une telle indifférence ne rebute point Mme Latour, et elle s'avise à la fin d'une idée qui arrachera bien quelques paroles à son ami : c'est le projet de publier leur correspondance [3]. Rousseau se garda bien d'y donner son assentiment; mais, chose plus grave, il assaisonna son refus de procédés particulièrement blessants. Enfin il voulut rompre, simplement parce que le commerce de Mme Latour lui était devenu onéreux et que son amitié avait cessé de lui convenir [4]. Mme Latour aurait mieux fait de ne pas s'abaisser à une justification trop facile; mais, comme elle l'avait dit, rien ne devait triompher de son attachement. Elle écrivit donc à Jean-Jacques une *dernière* lettre (chacune devait toujours être la dernière), où elle lui parlait d'un petit ouvrage qu'elle avait composé pour sa défense. Pour le coup, Jean-Jacques parut presque touché, mais non jusqu'à revenir sur sa détermination. Ainsi Mme Latour ayant eu à lui demander les noms de Mme Rousseau. —

---

1. *Lettre de Mme Latour à Rousseau*, 2 septembre 1770. — 2. *Lettre à Mme Latour*, 4 septembre 1770. — 3. *Lettres de Mme Latour à Rousseau*, 8 septembre 1770 et 14 avril 1771. — 4. *Lettre à Mme Latour*, 14 avril 1771.

« Thérèse Le Vasseur, » répondit-il, pas un mot de plus. C'était de l'impertinence [1].

Que fait alors Mme Latour? Ne pouvant plus écrire, elle va sans se nommer chez son ami, sous prétexte de lui donner de la musique à copier. Ils ne s'étaient jamais vus qu'une fois. Ne la reconnut-il point ou feignit-il de ne pas la reconnaître? Toujours est-il qu'il la remit à trois mois, pour lui rendre quatre pages de musique, et quand elle se fut nommée, il ne daigna pas rapprocher le terme. Elle cherche de nouveau à l'émouvoir; elle réclame une entrevue, elle intéresse Thérèse à sa demande; tout est inutile, et les trois mois bientôt révolus, le lendemain d'une troisième entrevue, il lui envoie sa partition avec son ultimatum. Il n'accepte pas les services qu'elle se propose de lui rendre, et qu'elle voulut en effet lui rendre malgré lui, et il entend cesser leurs relations [2].

Elle écrivit pourtant encore trois lettres à Rousseau [3], mais elle n'obtint pas de réponse. Tant de persévérance méritait assurément mieux. Dans cette lutte entre la fidélité et l'attachement d'une part, la froideur et l'injustice d'autre part, le dernier mot resta à la fidélité. Mme Latour demeura profondément attachée à Rousseau, même après qu'il lui fut interdit de le lui dire; et, quand il fut mort, elle lui continua encore le tribut de son dévouement et ne

---

1. *Lettres de Mme Latour à Rousseau*, 26 avril 1771; *de Rousseau à Mme Latour*, 7 juillet; *de Mme Latour*, 8 juillet 1771, avec *Réponse de Rousseau*, le même jour. Il s'agit ici de la *Lettre à l'auteur de la justification de J.-J. Rousseau dans sa conduite avec M. Hume*. Cette lettre n'a paru qu'en 1781. — 2. *Lettres de Mme Latour à Rousseau*, 7 avril 1772; *de Rousseau à Mme Latour*, et *de Mme Latour à Rousseau*, 24 juin 1772. — 3. Mars 1775, 18 juin et 15 novembre 1776.

cessa point de prendre sa défense contre quiconque se permettait de l'attaquer [1]. Elle mourut dans la misère à l'hôpital de Saint-Mandé, en 1789.

Qu'on n'attribue pas cette conduite de Rousseau à la sauvagerie. Il était à Paris, parce qu'il entrait dans ses vues de voir le monde, et il y vit, en effet, beaucoup de monde, même des dames [2]. Il voyait Mme de Chenonceaux et allait dîner chez elle [3]. Il écrivait sur un tout autre ton à Mme de Créqui, quoiqu'il eût bien aussi quelques boutades à se reprocher à son égard [4]. Même quand il s'excusait ou refusait, il savait le faire poliment [5]. Surtout il ne fit pas le sauvage avec Mme de Genlis. Elle prétend que, pendant cinq mois, il alla dîner chez elle presque tous les jours. Elle raconte plusieurs anecdotes sur son compte et parle de lui et de ses qualités en fort bons termes. Leur intimité pourtant ne dura pas et finit comme elle avait commencé, sans motif ou à peu près [6].

1. Voici la liste des principales publications de Mme Latour en faveur de Rousseau : *Lettre de Mme de Saint-G. à Fréron*, du 14 janvier 1779. — *Lettre à Fréron*, par Mme D. L. M. — *Lettre d'un Anonyme à un Anonyme, ou Procès de l'esprit et du cœur de M. d'Alembert*, 20 mai 1779. — *Lettre à M. d'Alembert*, 25 septembre 1779. — — *Réponse anonyme à l'auteur anonyme* (D'ALEMBERT). — *Errata de l'essai sur la musique ancienne et moderne, ou Lettre à l'auteur de cet Essai* (DE LA BORDE), par Mme X., 20 août 1780. — *Mon Dernier Mot, ou Réponse à la lettre que M. de la B.* (DE LA BORDE) *a adressée à l'abbé Rousier*. — Ces divers opuscules, avec la *Lettre sur la querelle avec Hume*, ont été réunies sous le titre général de la *Vertu vengée par l'amitié*, 1 vol. in-8, 1781, et tome XXX des *Œuvres de J.-J. Rousseau*. Édition de Genève, 1782. — 2. *Lettres de Rousseau à Mme de B.*, 7 et 13 juillet 1770. — 3. *Lettre de Rousseau à Dusaulx*, 9 novembre 1770. — 4. Trois *Lettres à Mme de Créqui*. Les deux premières de septembre ou octobre 1770, la troisième de 1771. — 5. *Lettre à Mme de Mesmes*, 29 juillet 1772. — 6. Mme DE GENLIS, *Souvenirs de Félicie et Mémoires*.

Parmi les amis que Rousseau se fit pendant qu'il était à Paris, il en est plusieurs qui méritent une mention spéciale. Citons Dusaulx, Rulhière, Bernardin de Saint-Pierre, Corancez.

Les rapports avec Dusaulx ne durèrent pas plus de six ou sept mois et ne purent résister aux susceptibilités ombrageuses de Jean-Jacques; mais, pendant ce temps-là, ils se virent et se parlèrent beaucoup, et avec beaucoup de confiance. Le témoignage de Dusaulx est précieux, au moins en ce qui concerne les relations personnelles, les seules dont il doive être question ici [1]. On a accusé Dusaulx de malveillance; peut-être fut-il simplement équitable; mais certaines gens ne comprennent que le respect aveugle, quand il s'agit de Jean-Jacques. Dusaulx avait un grand désir de faire la connaissance de Rousseau. Il espéra qu'une lettre de Duclos lui en faciliterait les moyens; mais une première entrevue lui laissa peu d'espoir d'en obtenir une seconde. Quel ne fut pas son étonnement quand, deux mois après, le grand homme vint de lui-même se jeter dans ses bras. « En peu de jours, dit Dusaulx, nous eûmes l'air et le ton de vieux amis. » Rousseau le chargea de l'assister dans la longue et ennuyeuse besogne de la réception de ses visites. Femmes de la cour, jolis messieurs saupoudrés d'ambre se pressaient dans sa chambre; mais Dusaulx s'acquitta trop bien de ses fonctions, et Jean-Jacques craignit qu'un excès d'amabilité ne le livrât en proie à un flot continu des visiteurs.

Si l'on en croit Dusaulx, Rousseau aurait fait

---

1. DUSAULX, *De mes rapports avec J.-J. Rousseau et de notre correspondance.* 1 vol. in-8. 1797.

trêve en sa faveur, pendant quelque temps, à ses soupçons; et pourtant Dieu sait jusqu'à quel degré d'extravagance il les portait. Le jour que Louis XV mourut, un de ses amis le trouva abîmé de douleur. « Il y avait en France, dit-il, deux hommes également détestés, moi et le Roi, il n'en reste plus qu'un, et vous sentez, mon ami, que je vais hériter de la haine qu'on portait à ce prince[1]. » Et à propos de l'occupation de la Corse : « Vous ne savez donc pas : c'est un tour que m'a joué Choiseul. Ce suppôt du despotisme a voulu me ravir la gloire du code que j'avais rédigé pour ces insulaires. »

Mais il avait bien aussi ses bons moments, pleins de douceur et de mélancolie ; il se livrait alors tout entier ; du moins Dusaulx le crut quelque temps ; il goûtait les charmes de la nature ; il jouissait de devoir son existence à son travail de copiste ; il se rappelait avec délices les enivrements de la composition de son *Héloïse*.

La lecture solennelle qu'il fit alors de ses *Confessions* fut tout un événement. Nous y reviendrons plus tard.

Comme traits de mœurs et de caractère, il faut citer deux soupers : l'un, chez Rousseau; l'autre, chez Dusaulx.

Souper chez Jean-Jacques : quel bonheur pour Dusaulx, et comme il avait accepté avec transport! Rousseau lui avait demandé une bouteille de vin d'Espagne ; l'autre en envoya douze ; grosse maladresse, qui faillit amener une brouillerie. A son arrivée, Dusaulx trouva Jean-Jacques occupé à tourner la broche, pour faire cuire un perdreau ; il

---

1. CORANCEZ raconte le même trait.

se mit à la tourner après lui. Le dîner fut simple, mais délicat, et surtout d'une singulière propreté. On fit honneur au vin d'Espagne. Rousseau versait souvent à son convive et se tenait lui-même sur la réserve. Ne voulait-il point ainsi lui délier la langue, l'observer et le mettre à la question ?

Au dîner de Dusaulx la société était plus nombreuse. A quelques nuages près, s'écrie Dusaulx, mon Dieu, qu'il fut aimable ce jour-là, et comme il se connaissait peu, quand il prétendait que la nature lui avait refusé le don de la parole ! Tantôt enjoué, tantôt sublime, il débordait comme un torrent impétueux. Avant le dîner, il avait raconté d'une façon charmante quelques anecdotes tirées des *Confessions*. A la vue de ses livres, il s'émut ; mais il en parla avec une liberté d'esprit incroyable, et la conversation ayant été amenée sur les auteurs vivants, il les caractérisa, même Voltaire, avec une impartialité et une justice qui montraient combien il était supérieur à la jalousie.

La veille, Dusaulx l'avait conduit chez Piron. Piron était malin et n'avait pas toujours ménagé Jean-Jacques ; mais il fut pris d'un tel enthousiasme en le voyant, il lui fit tant d'amitiés, qu'un aussi bon accueil pouvait passer pour une amende honorable. Cependant Rousseau resta gêné avec Piron ; les saillies, l'esprit mordant et caustique de celui-ci, lui en imposaient ; peut-être aussi avait-il ses anciennes épigrammes sur le cœur.

Dusaulx raconte longuement, trop longuement, l'histoire de sa rupture, comme s'il s'agissait d'un événement important. Au fond, la chose fut bien simple. Jean-Jacques fut pris de ses défiances ; une correspondance pénible fut échangée et ne fit qu'aigrir son esprit ; une rupture était inévitable, et, en effet, après quelques essais de réconciliation, tentés par Dusaulx, elle ne tarda pas à se produire.

Malgré des dispositions qui n'étaient rien moins que favorables, Jean-Jacques avait, en quelque sorte, obligé Dusaulx à travailler à la continuation de l'*Émile* (il avait déjà fait ou fit plus tard la même proposition à plusieurs, entre autres à Bernardin de Saint-Pierre) ; mais si, en toute occurrence, il est difficile de travailler à l'œuvre d'autrui, s'il était particulièrement téméraire à un Dusaulx de coudre sa prose aux superbes morceaux de Jean-Jacques, il devenait bien impossible alors de le satisfaire. Bien plus, Dusaulx se permit de lui donner des conseils contre la lecture et la publication des *Confessions*. C'en était plus qu'il ne fallait pour les brouiller à jamais.

Rulhières était le voisin et l'ami de Dusaulx ; nous ne connaissons que par ce dernier ses relations avec Rousseau. Il fut pour lui une connaissance agréable plutôt qu'un ami, et, par un privilège inouï, il le connut pendant vingt ans, sans se fâcher sérieusement avec lui ; ce qui vient peut-être de ce que Rousseau ne le prenait pas lui-même fort au sérieux. Il fut ainsi redevable de son crédit à son esprit léger et à son caractère facile. Quand Rousseau était de mauvaise humeur, Rulhières le faisait rire ; quand il boudait, ou grondait, ou tombait dans ses défiances, l'autre se tirait d'affaire par une plaisanterie. Cependant Rulhières ayant fait une comédie intitulée : *Le Méfiant,* où l'on pouvait sans grands frais d'imagination reconnaître Rousseau, ils cessèrent de se voir.

Bernardin de Saint-Pierre connut Rousseau en

1771. Avec un caractère plus égal et plus facile que Rousseau, avec des idées moins fausses, Bernardin de Saint-Pierre se fit néanmoins son disciple en littérature et presque en morale ; aussi ne parle-t-il de lui qu'avec une affection respectueuse, comme d'un maître dont on aime à étudier les leçons et à imiter les exemples.

Dès le premier jour, ils faillirent se brouiller, à l'occasion d'un cadeau de café [1]. Ce nuage fut toutefois bientôt dissipé ; et, comme ils se convenaient par beaucoup de côtés, il est à croire qu'ils se seraient liés intimement, si la jalousie de Thérèse n'était venue se mettre à la traverse.

Parmi ses souvenirs, Bernardin de Saint-Pierre choisit de préférence les traits qui répondaient le mieux à sa propre nature et faisaient le plus d'honneur à son héros : ses vertus, ses qualités morales, sa sensibilité, son amour de la nature, en un mot ce qu'on pourrait appeler le côté sentimental de sa personne [2].

« Ce que j'ai trouvé de plus admirable dans son caractère, dit-il, c'est que jamais je ne l'entendis médire des hommes dont il avait le plus à se plaindre. » — « Si on lui racontait quelque trait de sensibilité, il pleurait. La bonté du cœur lui paraissait supérieure à tout et était le trait dominant de son caractère. Son cœur, que rien n'avait pu dépraver, opposait sa douceur, à tout le fiel de nos sociétés. Gai, confiant, ouvert, dès qu'il pouvait se livrer à son caractère naturel ; était-il sombre, il

---

1. *Lettre de Rousseau à Bernardin de Saint-Pierre*, 3 août 1771. — 2. BERNARDIN DE SAINT-PIERRE, *Essai sur J.-J. Rousseau*; *Études de la nature*; *L'Arcadie*, etc.

est, disais-je, dans son caractère social, ramenons-le à la nature. »

« Toutes les facultés de son esprit, ses mœurs, ses ouvrages portaient l'empreinte de son caractère. Dans l'intimité, surtout s'il était question du bonheur des hommes, son âme prenait l'essor, ses sentiments devenaient touchants, ses idées profondes, ses images sublimes, et ses discours aussi véhéments que ses écrits. » « Sa probité était bien supérieure à son génie. On pouvait tout lui confier, sans craindre ni sa malignité, ni son infidélité. »

Rappelons aussi la promenade que Bernardin de Saint-Pierre fit avec Jean-Jacques au Mont-Valérien, l'hospitalité qu'ils reçurent dans un ermitage, leur émotion en voyant la vie du cloître et en entendant réciter à la chapelle les litanies de la Providence. « Ah! s'écria Rousseau en partant, qu'on est heureux de croire! »

Que ces tableaux soient flattés, cela est assez évident; ils montrent au moins l'ascendant que Rousseau exerçait autour de lui. Bernardin de Saint-Pierre ne va-t-il pas jusqu'à dire que Rousseau s'estimait peu lui-même, supportait la contradiction et reconnaissait ses erreurs! Partout la pensée de Bernardin de Saint-Pierre se porte sur la note tendre et mélancolique; partout aussi l'on y découvre un désir constant d'excuser au moins ce qu'il ne peut justifier.

Corancez a écrit l'histoire de ses relations avec Rousseau dans le but de corriger et de combattre Dusaulx. Il n'a guère fait en réalité que le répéter et le compléter [1].

---

[1]. *De J.-J. Rousseau*, articles parus au *Journal de Paris* du 16 au 21 prairial an VI. Corancez avait déjà fait précédemment une réponse à un article de la Harpe sur Rousseau; *Journal de Paris*, 30 octobre 1778.

Lui aussi eut l'honneur d'être admis à la table du grand homme et faillit se brouiller avec lui plus d'une fois ; lui aussi eut à essuyer ses moments de mauvaise humeur. Il est vrai qu'ils n'ont pas toujours vu leur ami du même œil ; mais les nuances qui, il y a cent ans, pouvaient offusquer les fanatiques de Jean-Jacques, se sont bien fondues et effacées aux yeux de la postérité. Le témoignage de Corancez est, en tout cas, un des plus recommandables, pour ne pas dire le plus recommandable ; d'abord parce qu'ayant connu Rousseau pendant les douze dernières années de sa vie, il en peut parler plus sciemment et plus complètement que n'importe qui ; ensuite parce qu'à part les illusions de son affection, il paraît plein de bonne foi et n'a pas pour le troubler, comme Dusaulx, les prétentions littéraires ou les susceptibilités personnelles.

Corancez s'est surtout attaché à reproduire la physionomie de Rousseau, son caractère, ses habitudes, sa vie de tous les jours. Il s'étend volontiers sur les inégalités de son humeur, qu'il attribue à une sorte de maladie mentale et ne craint pas même de prononcer le mot de folie : « Il m'a réalisé dit-il, l'existence possible de Don Quichotte. » Et penser que c'est un ami qui parle ainsi ! « Quand il était *lui,* dit-il encore, il était d'une simplicité rare, qui tenait de l'enfance. Il en avait l'ingénuité, la gaîté, la bonté et surtout la timidité. Lorsqu'il était en proie à une certaine qualité d'humeurs qui circulaient avec son sang, il était alors si différent de lui-même qu'il inspirait, non pas de la colère, non pas de la haine, mais de la pitié. Je le voyais souvent, dit-il encore, dans un état de convulsion rendant son visage presque méconnaissable, et surtout l'expression de sa figure réellement effrayante. Dans cet état, ses regards semblaient embrasser la totalité de l'espace, et ses yeux paraissaient voir tout à la fois, mais dans le fait, ils ne voyaient rien. Il se retournait sur sa chaise et passait le bras par-dessus le dossier. Ce bras ainsi suspendu avait un mouvement accéléré comme celui du balancier d'une pendule ; et je fis cette remarque plus de quatre ans avant sa mort, de façon que j'ai pu tout le temps l'observer. Quand je lui voyais prendre cette posture à mon arrivée, j'avais le cœur ulcéré et je m'attendais aux propos les plus extravagants. Jamais je n'ai été trompé dans mon attente... » C'est, d'après Corancez, pour n'avoir pas vu son état que tant de gens sont restés brouillés avec lui. Mais est-ce qu'il les laissait libres ? Quand il cessa, par exemple, de recevoir Gluck, sous prétexte que Gluck, Italien, avait abandonné sa langue pour le français, uniquement dans le but de lui donner un démenti, à lui Rousseau, qui avait dit qu'il était impossible de faire de bonne musique sur des paroles françaises, Gluck en pleura de dépit, mais ne pouvait songer à voir Rousseau malgré lui[1]. Les fantômes qui peuplaient son malheureux cerveau défiguraient tout à ses yeux. Le *Devin du Village* ayant été remis à la scène après une longue interruption, fut vivement applaudi ; Jean-Jacques en rougit de colère. Maintenant, dit-il, que mes ennemis prétendent que j'ai volé la musique du *Devin*, ils ne le louent que pour grossir d'autant plus le vol. La

---

1. Il est vrai qu'un autre auteur prétend que dans son admiration pour Gluck, il aurait désavoué publiquement la condamnation qu'il avait portée contre la langue française. *Journal de Paris*, 18 août 1788.

même chose à peu près lui serait arrivée un peu plus tard à propos de *Pygmalion*, qui fut également applaudi (30 octobre 1775), mais dont la mise en scène n'aurait eu lieu, si on l'en croyait, que malgré lui et pour exciter du scandale à ses dépens[1]. Corancez ne dit pas (peut-être n'en savait-il rien) que Jean-Jacques alla jusqu'à se plaindre au chef de la police des complots dont, peu de temps auparavant, il regardait le chef du gouvernement comme le premier auteur; le tout à propos de quelques difficultés avec le libraire Guy[2].

La surexcitation qu'il avait éprouvée pendant dix ans de fièvre continue, alors qu'il était dans le feu de la composition, n'était sans doute pas étrangère à son état. C'est peut-être ce qui explique l'amertume avec laquelle il pensait à ses ouvrages. Il en était venu au point de ne plus lire du tout, et en avait pris, en quelque sorte, l'engagement envers lui-même. Aussi il faut voir comme il refusa de travailler à une *Encyclopédie* que Rey se proposait de publier[3].

Un point qu'on peut considérer comme acquis, car tous ceux qui ont fréquenté Rousseau se réunissent pour le répéter, c'est sa bienveillance. « Pendant douze ans, dit Corancez, je ne lui ai entendu dire de mal de qui que ce soit. Souvent il classait certaines personnes parmi ses ennemis, mais sans explications, imputations ou injures. Mais il ne fallait pas le contredire. Quand il jugeait le mérite

---

1. *Rêveries*, 3ᵉ dialogue. Le témoignage de Larive, qui jouait le rôle de Pygmalion, établit, au contraire, que Rousseau donna son consentement de bonne grâce. (*Lettre de Larive à Petitain*. Appendice aux *Confessions*, dans l'édition PETITAIN. — 2. *Lettre à M. de Sartine*, 15 janvier 1772. — 3. *Lettre à Rey*, 9 juillet 1771.

de ces mêmes hommes, il était juste, et il prenait à l'occasion leur parti avec chaleur. » Corancez en fit lui-même l'épreuve à propos de Diderot. Un autre jour, le lendemain du couronnement de Voltaire au théâtre français, quelqu'un s'étant mis à plaisanter : « Comment, dit Rousseau, on se permet de blâmer les honneurs rendus à Voltaire, dans le temple dont il est le dieu, et par les prêtres qui depuis cinquante ans y vivent de ses chefs-d'œuvre. Qui voulez-vous donc qui y soit couronné ? » Voltaire agissait bien différemment à l'égard de son rival[1].

Nous venons de dire, d'après les amis de Rousseau et d'après lui-même, que, non content d'avoir renoncé à écrire, il ne voulait plus même lire, il se trouva pourtant que pendant les huit années qu'il passa à Paris, il composa plusieurs ouvrages d'une étendue assez considérable. Mais avant d'en venir à ces derniers, il est bon de parler d'un autre beaucoup plus important, et qui était déjà prêt à son arrivée, de ses *Confessions*.

III

On a dit qu'il était venu à Paris tout exprès pour y faire connaître ses *Confessions*. Cela résulte assez bien de l'ensemble des faits et de sa correspondance, et l'on ne voit pas d'ailleurs pourquoi il y serait venu, si ce n'était pas dans ce but. C'était, dans sa pensée, l'unique moyen de déconcerter la grande conspiration dirigée contre lui ; aussi tarda-t-il peu à y avoir recours. Dusaulx, un de ses amis

---

1. *Lettre de Voltaire à d'Alembert*, 4 auguste 1770. Voir aussi une autre *lettre* du 16 juin 1773.

de la première heure, a conservé le récit d'une de ces lectures. L'attente seule avait déjà à l'avance ému les esprits. La curiosité et la malignité devaient trouver là à se satisfaire ; surtout bien des gens se demandaient avec effroi s'ils ne seraient pas cités dans l'ouvrage et comment ils y seraient traités.

Jean-Jacques avait voulu limiter à huit le nombre des assistants, et par une bizarrerie singulière, il avait écarté ses amis, pour n'admettre que des personnes qu'il connaissait à peine. Au jour fixé donc, à six heures du matin, tous les élus se trouvèrent au rendez-vous, chez M. de Pezay, l'un d'eux ; Rousseau y était arrivé le premier. Il commença par prononcer un petit discours écrit d'avance, une sorte d'exorde pour se concilier la faveur : « Il m'importe, dit-il, que tous les détails de ma vie soient connus de quiconque aime la justice et la vérité, et qui soit assez jeune pour pouvoir me survivre. Après de longues incertitudes, je me détermine à verser le secret de mon cœur dans le nombre petit, mais choisi, d'hommes de bien qui m'écoutent... Malheureusement, avec mes *Confessions*, je suis forcé de faire celles d'autrui, sans quoi on n'entendrait pas les miennes. Cet inconvénient m'avait fait prendre des mesures pour que mes mémoires ne fussent vus que longtemps après ma mort et après celle des gens qui peuvent y prendre intérêt. Mes malheurs ont rendu ces mesures insuffisantes, et il ne reste d'autres moyens pour conserver mon dépôt que de le placer dans des cœurs vertueux et honnêtes qui en conservent le souvenir[1]. »

---

1. *Discours* prononcé par Rousseau avant la lecture de ses *Confessions*, STRECKEISEN-MOULTOU, *Œuvres et Correspondances inédites de J.-J. Rousseau.*

Il prit ensuite son manuscrit. « Cette séance, dit Dusaulx, la plus longue peut-être qu'offrent les fastes littéraires de tous les temps, dura dix-sept heures, et ne fut interrompue que par deux repas fort courts. Pendant cette lecture, la voix de Rousseau ne faiblit pas un seul instant. C'est que son plus grand intérêt, celui de sa gloire, ou plutôt de sa manie, l'animait et renouvelait ses forces.

« Quant il en fut à l'article du sacrifice répété à chaque couche de ses cinq enfants, le pas était difficile à franchir; il s'arrête, nous regarde d'un œil interrogateur, tout le monde baissa les yeux. — N'avez-vous rien à m'objecter? — On ne lui répondit que par un morne silence. Mais ce moment d'incertitude l'avait ému et il y revint avant le dîner. Il parle et nos fronts s'éclaircissent, nous regrettons presque de l'avoir affligé. — Quelques-uns lui prennent les mains, les baisent, le consolent; il pleure, nous pleurons tous[1]. »

Cette séance fut suivie de deux autres non moins solennelles. A l'une d'elles assista une personne d'une beauté accomplie, Mme d'Egmont. Rousseau avait déjà eu occasion de la voir ailleurs; on a prétendu, mais sans fondement, qu'il en aurait été amoureux[2]. « Elle fut la seule, dit-il, qui me parut émue. Elle tressaillit visiblement, mais elle se remit bien vite et garda le silence, ainsi que la compagnie. Tel fut le fruit que je tirai de cette lecture et de ma déclaration[3]. »

Jean-Jacques s'était bien gardé de recommander le secret. Chacun fit son extrait. Dorat mit le sien dans

---

1. Dusaulx, p. 63 à 65. — 2. Mélanges, par Mme Necker, t. Ier, p. 320. — 3. Confessions, l. XII, à la fin.

un journal; Dusaulx en fit un dont Rousseau parut touché. Mais, dit celui-ci, je n'ai mis aucune date et vous n'en manquez pas une. C'est-à-dire que vous me savez par cœur[1].

Quoique Malesherbes n'eût point été admis à la lecture des *Confessions*, il ne tarda pas à les connaître par le bruit public et pria Dusaulx d'engager son ami à supprimer quelques anecdotes, capables de déshonorer des familles entières. « Ce qui est écrit est écrit, répliqua Rousseau; je ne supprimerai rien. Qu'on se rassure néanmoins; mes *Confessions* ne paraîtront qu'après ma mort, et même après celle du dernier de ceux que j'y ai mentionnés; mais elles paraîtront un jour; ce mot est irrévocable[2]. » Admirable discrétion vraiment, et moyen ingénieux de se mettre en règle avec sa conscience! Il est bien temps de vanter son silence futur, après avoir divulgué son secret aux quatre vents du ciel!

Parmi les personnes les plus maltraitées, il y en avait qui étaient mortes, Mme de Warens, par exemple; mais Mme d'Épinay, mais Grimm, Diderot, Mme de Luxembourg, mais tant d'autres ne l'étaient pas. Quelques-uns crurent, non sans raison peut-être, que le mieux encore était de dédaigner ces attaques et de ne pas trop paraître les ressentir. Mme de Luxembourg fut de ce nombre. Grimm, froid et maître de lui, considérait depuis longtemps Jean-Jacques comme son ennemi; il affecta de ne rien changer à ses allures.

Diderot, toujours extrême, n'était pas capable d'un tel calme. On dirait d'ailleurs que, depuis des années, il prenait ses précautions. « Il me connaît,

---

1. DUSAULX, p. 67. — 2. ID., p. 68.

écrivait-il en 1768 ; il sait que, quelque chose qu'il intente, qu'il dise, qu'il fasse, je ne donnerai jamais au public le spectacle de deux amis qui se déchirent. En un mot, plus lâche encore que cruel, il sait que je garderai le silence. Je l'ai gardé¹. » Cependant quand Diderot connut, comme tout le monde, les lectures des *Confessions*, il est peu admissible, quoique nous n'ayons aucune preuve directe à en donner, qu'il ait concentré son indignation dans son cœur. En tout cas, il ne resta pas toujours fidèle à sa résolution du silence ; la mort de Rousseau ne calma même pas sa colère. En 1779, la cendre de son ancien ami étant à peine refroidie, il lança contre lui, dans un ouvrage qui ne s'y prêtait nullement, une tirade très dure ; et trois ans après, à l'apparition des six premiers livres des *Confessions*, sa fureur ne connaissant plus de bornes, la tirade devint un pamphlet de vingt pages et une accusation d'une violence inouïe².

Mme d'Épinay aurait voulu concilier les restes d'une ancienne affection avec le soin de son honneur. Elle résolut néanmoins d'arrêter ces lectures, où elle était si audacieusement outragée, et s'adressa à cet effet au lieutenant de la police. Il faut convenir qu'elle s'y prenait bien tard, car le mal était fait ou à peu près, et qu'elle n'avait guère à recueillir de sa démarche que l'odieux d'une dénonciation³.

---

1. *Lettre de Diderot à Falconnet*, 6 septembre 1768. — 2. *Essai sur la vie de Claude et de Néron*, 1re édition 1779 ; 2e édition, sous le titre : *Essai sur les règnes de Claude et de Néron*, 1782. — 3. *Mémoires de Mme d'Épinay*. Appendice de la fin, par GRIMM. La lettre de Mme d'Épinay, datée simplement du vendredi 10, doit être par conséquent du 10 août 1770 ou du 10 mai 1771.

Rousseau en effet cessa ses lectures, et l'on n'a pas de connaissance qu'il ait communiqué depuis lors son manuscrit à d'autres personnes qu'au prince royal de Suède, à la prière de Rulhières. Il paraît cependant qu'il le lut aussi à Mme de Créqui ; nous ne savons à quelle époque. Deux ans avant sa mort, il rompit brusquement avec elle, sous un prétexte futile, une vieille amitié de trente ans. Mme de Créqui attribua cette rupture à la honte qu'il éprouva de n'avoir pas produit sur elle par sa lecture l'impression qu'il attendait [1].

Si Jean-Jacques avait véritablement le désir que ses *Confessions* ne fussent publiées que longtemps après sa mort, ses intentions furent bien mal remplies. Dès 1781, il parut à Genève une édition furtive de la première partie, c'est-à-dire des six premiers livres [2]. Dupeyrou et Moultou, les dépositaires des papiers de Rousseau, jugèrent que la meilleure manière d'en rectifier les erreurs et les fautes était d'en faire une plus exacte et plus fidèle. Rien ne les obligeant à faire connaître le reste, ils convinrent de ne pas le livrer à l'impression ; mais Moultou étant venu à mourir, le fils, sans tenir compte des engagements pris par son père, publia en 1788 les six derniers livres. Dupeyrou se plaignit, protesta et finit par faire aussi sa publication de son côté [3]. On sait que cette seconde partie elle-même ne va pas au-delà de l'année 1765. Rousseau avait projeté d'écrire une troisième partie ; il ne donna pas suite à ce projet.

---

1. *Lettre de Mme de Créqui à Servan*, 7 août 1783. — 2. BACHAUMONT, 10 mai 1782 ; — C. ESTIENNE, *Essai sur les Confessions*. — 3. GRIMM, *Corr. litt.*, novembre 1789 ; — MUSSET-PATHAY, *Hist. de J.-J. Rousseau*, t. Ier, p. 459.

Depuis ces premières éditions, il en a paru beaucoup d'autres, soit en volumes séparés, soit comme partie intégrante des œuvres de l'auteur. Les *Confessions* sont en effet, sinon son meilleur ouvrage, au moins celui qui était le plus capable d'exciter la curiosité. Beaucoup de noms propres y sont cités tout au long; et quant à ceux qui n'y sont qu'indiqués, on ne se fit pas faute de suppléer au silence de l'auteur en colportant, en publiant même des sortes de clés plus ou moins sûres, mais qui n'étaient pas seulement d'accord entre elles.

Les jugements qu'on porta sur les *Confessions* furent naturellement très divers. On pourrait croire que le succès avait été escompté à l'avance, et que les lectures de 1770 auraient dû faire tort au livre; mais en **1781**, Jean-Jacques venait de mourir, ou plutôt il était encore vivant par son nom et par ses œuvres; les événements qu'il racontait avaient encore tout le piquant de l'actualité; chacun y reconnaissait son voisin; plusieurs, hélas! pouvaient s'y reconnaître eux-mêmes. On doit avouer cependant que le succès, qui fut immense, fut surtout un succès de scandale.

En **1789**, il ne fut pas beaucoup moindre, mais pour d'autres motifs. On avait autre chose à faire alors que de s'occuper de littérature; mais Rousseau régnait déjà par ses idées, en attendant que la Révolution l'adoptât, en quelque sorte, pour son patron officiel, et tout ce qui venait de lui ne pouvait manquer d'exciter l'enthousiasme.

Nous ne savons ce que Mme de Boufflers avait pensé des lectures des *Confessions*, mais la publication la rendit furieuse. « Je charge, quoique avec répugnance, écrit-elle à Gustave III, le baron de

Lederhielm de vous porter un livre qui vient de paraître. Ce sont les infâmes mémoires de Rousseau, intitulés *Confessions*. Il me paraît que ce peut être celles d'un valet de basse-cour et même au-dessous de cet état : maussade en tout point, lunatique et vicieux de la manière la plus dégoûtante. Je ne reviens pas du culte que je lui ai rendu (car c'en était un). Je ne me consolerai pas qu'il en ait coûté la vie à l'illustre David Hume qui, pour me complaire, se chargea de conduire en Angleterre cet animal immonde [1]. » Bien d'autres pensèrent et parlèrent comme Mme de Boufflers [2].

Les *Confessions* de Rousseau nous sont déjà connues par les nombreux extraits que nous en avons donnés. Pour tout historien de Rousseau, ce livre est en effet le premier à consulter. Mais son importance fait précisément une loi de l'examiner avec soin. Il n'a pas seulement d'ailleurs une valeur historique de premier ordre ; il a aussi une importance morale et littéraire qu'il n'est pas permis de négliger.

Rousseau n'est pas le premier qui ait entrepris d'écrire ses *Confessions*. Autrefois, David a confessé son péché. Dans des temps moins anciens, saint Augustin n'a pas craint, dans un livre mémorable, de proclamer publiquement les fautes de sa vie. Il n'en est pas moins vrai que Rousseau a pu dire en toute vérité qu'il « formait une entreprise qui n'eut jamais d'exemple » ; seulement il n'a pas lieu de s'en vanter. David et saint Augustin ont obéi à un

---

1. *Lettre de Mme de Boufflers à Gustave III, roi de Suède,* publiée par GEOFFROY : *Gustave III et la Cour de France,* 2 vol. in-12, 1867. — 2. BACHAUMONT, 8 novembre 1770.

sentiment de repentir et de pénitence; le but de Rousseau est tout autre et tout personnel ; c'est un appel à la postérité contre ses ennemis; c'est un but de justification et d'orgueil. Il l'a déclaré cent fois dans ses conversations et dans sa correspondance; il l'a répété au moment de ses lectures; il l'a surtout exposé en détail dans une introduction, longtemps inédite, qu'il avait préparée d'abord pour être mise en tête de son livre et qui a été remplacée par le préambule beaucoup plus court qui fut publié[1]; en face des complots dont il se croit entouré, il a une réponse toute prête et victorieuse, ce sont ses *Confessions*. Il ne craint pas de porter à tous ses semblables ce défi de l'orgueil. Qu'un seul ose dire au souverain Juge : Je fus meilleur que cet homme-là.

Cependant, dans le langage ordinaire, on ne se confesse pas pour se faire valoir. Qui dit confession dit accusation, et non pas justification. Son livre est donc, si l'on veut, un plaidoyer, des mémoires, une vie de l'auteur écrite par lui-même ; il n'est pas un livre de *Confessions*. Mais peu importe le titre ; l'essentiel serait que l'ouvrage fût bon.

Ne parlons que pour mémoire des motifs secondaires : des prétentions littéraires, du désir de faire parler de soi, peut-être aussi de la secrète demangeaison de dire du mal du prochain. Jean-Jacques a voulu, dit-il, montrer à ses semblables « un homme dans toute la vérité de la nature, » et c'est lui-même qu'il a choisi pour cette démonstration ;

---

[1]. Cette introduction a été publiée pour la première fois dans la *Revue suisse* d'octobre 1850 et reproduite dans le journal *l'Économiste*, des 19 et 20 juin 1851.

mais n'excède-t-il point quand il ajoute : « Je ne suis fait comme aucun de ceux que j'ai vus ; j'ose croire n'être fait comme aucun de ceux qui existent ? » On demandait un jour, dit-on, à Massillon, où il avait été puiser une connaissance si précise de vices qu'il pratiquait si peu ; dans mon cœur, répondit-il. Le meilleur moyen, en effet, de connaître les hommes est encore de se connaître soi-même. Jean-Jacques, en se donnant comme un être absolument à part, semble sacrifier l'effet moral qu'il pouvait attendre de son œuvre ; il se condamne à n'écrire qu'une histoire étrangère, alors qu'il pouvait écrire une histoire intime. Rassurons-nous toutefois ; ici encore il a menti, et on peut le dire, heureusement menti à son programme. Quelles fines et profondes analyses du cœur humain on rencontre dans certaines pages de ses *Confessions*, et comme, en s'étudiant lui-même, il a bien retracé les passions des autres ! Ce n'est qu'en observant autour de lui, mais surtout en se repliant sur lui-même, qu'il a pu découvrir ainsi et dévoiler les ressorts cachés qui agitent toute conscience humaine. Il faut se garder cependant de trop généraliser cette observation. Rousseau est un analyste sagace et profond, mais il ne l'est pas toujours ; mais surtout il ne l'est jamais complètement. Il lui manque pour cela des qualités morales qu'il ne possédait nullement. Non pas qu'il soit dénué de sens moral ; loin de là, mais chez lui, le sens moral est dévoyé. Rousseau, par système, n'a jamais voulu pratiquer que la morale du sentiment, morale intermittente et variable, morale sans règle fixe, dépendant de la disposition de chacun, et que, par suite, chacun sera toujours porté à tailler à sa mesure et à façonner à sa guise. Aussi, est-il plus apte à démêler les motifs de l'action qu'à en saisir la valeur et la portée morale. De là ses sévérités excessives et ses relâchements incroyables ; de là, par exemple, ses repentirs cuisants à propos du crime irrémissible du vol d'un ruban et ses excuses, presque sa justification, de l'envoi de ses cinq enfants à l'hôpital.

Rousseau n'a jamais su mesurer la gravité des divers devoirs ; heureux quand il n'appelait pas bien ce qui est mal et réciproquement. Au fond il ne se rend pas compte exactement de ce que sont le bien et le mal. Il n'a jamais été matérialiste, il n'a jamais nié formellement la liberté et la responsabilité humaine ; mais ne les a-t-il point amoindries, presque supprimées par l'effet de son système philosophique ? Voyez toutes ses actions les unes après les autres ; il ne les trouve pas toutes belles, tant s'en faut ; se juge-t-il pour cela coupable ? Il est permis d'en douter. Toujours, ou presque toujours, il a été entraîné par un mouvement qui ne venait pas de lui ; il a été la victime des fautes des autres, surtout des désordres et des erreurs d'une société corrompue. Quant à lui, il a suivi sa nature. Or, dans son système, suivre sa nature est toute la morale. C'est pourquoi, en général et sauf exception, il raconte, il ne s'accuse pas ; il dit les mauvaises et honteuses actions qu'il a commises, il ne s'en repent pas, car il ne s'en reconnaît pas coupable. Placé dans des circonstances identiques, il agirait encore de même ; il ne paraît pas sensible au remords.

Les *Confessions* sont, dans ce sens, un livre absolument immoral, qui n'est bon qu'à pervertir les idées et à fausser les consciences, en présentant sous un jour trompeur et paradoxal les saintes lois du devoir. Toute sa vie, Rousseau a cultivé avec succès le sophisme ; il est surtout dangereux de l'appliquer aux questions vitales de la morale et de la vertu.

Les *Confessions* sont encore immorales par les obscénités qu'elles renferment. Quand Rousseau fit ses premières lectures, il sentit lui-même le besoin de s'en excuser : « Je prie, dit-il, les dames qui ont la bonté de m'écouter de vouloir bien songer qu'on ne peut se charger des fonctions de confesseur sans s'exposer aux inconvénients qui en sont inséparables, et que, dans cet austère et sublime emploi, c'est au cœur à purifier les oreilles[1]. »

Mais l'excuse est mauvaise pour deux raisons : d'abord parce que ces obscénités ne sont souvent que des hors-d'œuvre, sans lien avec la vie de Rousseau ; au point que ses premiers éditeurs, par pudeur pour leur héros, ont pu en supprimer plusieurs, sans même que personne s'en aperçût. En second lieu, ces dames, pas plus que les innombrables lecteurs des *Confessions*, ne sont pas en réalité les confesseurs de Rousseau. Il n'a jamais attendu d'eux ni les avis, ni la direction, ni la sentence qu'on demande à un confesseur. Si donc il lui a plu d'écrire un livre pour le public, il était tenu, naturellement, à n'y mettre que les choses que le public pouvait sans danger lire et entendre.

Il y a encore un genre de moralité qu'on est en droit d'exiger d'un faiseur de Confessions, c'est la vérité. On l'a dit, la vérité est la morale de l'his-

---

1. Discours prononcé par Rousseau avant les premières lectures de ses *Confessions*.

toire. Rousseau se vante d'être absolument et complètement vrai dans ses paroles : « Que la trompette du jugement dernier, dit-il, sonne quand elle voudra ; je viendrai, ce livre à la main, me présenter devant le Souverain Juge... Je me suis montré tel que je fus, méprisable et vil, quand je l'ai été ; généreux, sublime, quand je l'ai été ; j'ai dévoilé mon intérieur tel que tu l'as vu toi-même, Être Éternel. » A-t-il été fidèle à ce programme ? Oui et non. Comme physionomie générale, il est sûr que jamais portrait ne fut mieux réussi que le sien. On sait que, dans tous ses livres, il a quelque chose de très personnel, de sorte que, dans tous, on peut dire qu'il se peint, et c'est déjà un grand mérite d'être ainsi toujours reconnaissable dans des œuvres si différentes ; mais dans celui-ci, il fait plus que de se peindre, il se livre tout entier et tout vivant, ses qualités, ses défauts, son caractère, sa nature, tout lui en un mot. Du reste, il ne se ménage en aucune façon et n'est arrêté ni par la honte des aveux, ni par le cynisme des expressions. Il dévoile ses sottises, ses maladresses, ses bassesses avec la même aisance que ses vices et ses défauts.

Il lui est bien permis, après s'être montré si sévère, de se présenter par son beau côté et de dire de lui-même tout le bien qu'il en pense ; et il est certain qu'il en pense beaucoup. Chose remarquable, il est assez rare, quoique non sans exemple, qu'on l'ait pris en flagrant délit de mensonge. Même quand il altère les faits, on peut le plus souvent en attribuer la cause à des erreurs de son imagination ou de sa mémoire, et jusque dans l'absence de la vérité, lui tenir compte de sa sincérité. Que peut-on lui demander de plus ? Nous l'avons dit, la vérité morale, une juste appréciation des responsabilités, un aveu humble et repentant. Et puis il y a bien des manières d'altérer, sciemment ou non, la vérité, sans dénaturer trop évidemment les faits matériels. On peut les grouper, les présenter par tel ou tel côté, on peut les expliquer. Considérons, par exemple, le temps que Jean-Jacques passa chez Mme d'Épinay : nous avons de cette époque deux récits, le sien et celui de Mme d'Épinay. On peut, à la rigueur, les regarder l'un et l'autre comme sincères, et ils ne diffèrent pas bien sensiblement par les faits. Quelle différence pourtant entre les deux ! A en croire Rousseau, ses *Confessions* sont la simplicité même ; mais il était bien trop artiste pour n'y pas mettre beaucoup d'art. Ne fût-ce qu'au point de vue de la forme, il avait trop le goût de la belle littérature pour tout dire sans exception et sans choix, et laisser ensuite au lecteur le soin « d'assembler les éléments et de déterminer l'être qu'ils composent. » Nous lui reprocherions presque de s'être montré trop littérateur ; d'avoir trop cherché à frapper l'imagination et à intéresser le public ; d'avoir trop fait le roman et pas assez l'histoire de sa vie. Cela tenait en partie à sa nature, qui était toute d'imagination et de sentiment. Chez lui, le rêve prenait toutes les apparences de la réalité, au point qu'il a pu dire que les vraies réalités de sa vie étaient ses rêves. Voudrait-on qu'avec de semblables dispositions, il s'en tînt prosaïquement aux réalités tangibles ? Mais ce serait vouloir le forcer à être autre qu'il n'était, et à écrire autrement qu'il ne voyait et ne sentait. Dans ce qu'il dit, par exemple, des fameux complots dont, pendant quinze ans, il s'est cru victime, les faits sur lesquels il s'appuie peuvent être réels ; en faut-il conclure que les complots le fussent également?

Mais ne convient-il pas qu'il a lui-même suppléé aux lacunes de ses souvenirs par les détails de son imagination ; qu'il a embelli les moments heureux de sa vie des ornements que de tendres regrets venaient lui fournir ; qu'il a quelquefois dissimulé, plus souvent exagéré le côté difforme de ses actions [1]. Mensonges indifférents ou peu importants, si l'on veut, du moins au jugement de l'auteur, mais tout le monde n'est pas obligé de juger comme lui.

Le but que Rousseau se proposait, en écrivant ses *Confessions*, étant avant tout un but de justification et de réhabilitation, il importe de savoir comment il a réalisé sa pensée, et jusqu'à quel point le succès devait répondre à son attente.

Quand nous avons entrepris d'écrire cette histoire, le premier document que nous avons dû consulter a été les *Confessions* ; puis nous avons lu les autres ouvrages de Rousseau, sa correspondance surtout, et enfin les livres qui parlent de lui, les uns composés par ses amis, d'autres par ses ennemis ; mais, de tous ces livres, celui qui, sans contredit, nous a donné la plus mauvaise opinion de notre personnage, a été précisément celui qu'il avait composé tout exprès pour en donner une bonne. Il ne pouvait supporter le mal que ses ennemis disaient de lui, mais nul n'en a dit plus que lui-même. Supposons les *Confessions* non écrites, que de vilaines choses resteraient ignorées ! Que d'autres peu honorables ne pourraient pas être prouvées ! Comme les partisans de Rousseau auraient beau jeu pour le

---

1. *Rêveries*, 4º Promenade.

défendre et pour interpréter ses paroles et ses actions! Mais en présence d'aveux formels, d'intentions dévoilées, on est bien obligé de passer condamnation.

A-t-on seulement la ressource de lui tenir compte de ses aveux? Non. On est indulgent pour la confession repentante, mais non pour la confession orgueilleuse. Celui qui dit : Personne n'est meilleur que moi, et qui consacre deux ou trois volumes à prouver le contraire, confond l'esprit par son audace, mais n'appelle point la sympathie. Nul homme n'est meilleur que lui! Mais s'il veut passer pour bon, qu'il se taise au moins, et n'étale pas cyniquement, comme il l'a fait, ses turpitudes. Il a traversé bien des états, en est-il un seul où il ait montré les qualités, nous ne dirons pas du héros, mais de l'honnête homme? Enfant, il passe son temps à lire des livres obscènes et se livre à des polissonneries avec une petite fille de son âge. Un peu plus tard, il s'échappe de la maison où son père l'a placé. Est-ce qu'on manque d'enfants qui valent mieux que lui? — Il change de religion sans être convaincu, sauf à en changer plus tard sans motifs plus élevés. L'homme qui traite sérieusement sa foi et sa religion n'est-il pas plus honnête que lui? — Domestique ou précepteur, il vole ses maîtres et s'amourache des jeunes filles qu'il a pour mission d'enseigner. Il y a, Dieu merci, des domestiques et des précepteurs probes et honnêtes ; ceux-là valent mieux que Rousseau. — Il se livre avec sa bienfaitrice, Mme de Warens, avec celle qu'il appelait *maman*, à de honteuses amours. Voilà, paraît-il, les années heureuses de sa vie. Disons qu'elles en sont les plus infâmes. — Pendant ce temps-là, il fait un voyage et oublie Mme de Warens dans les bras de Mme de Larnage. — Il a des habitudes honteuses qu'il garde toute sa vie. — A Venise, il est très fier de sa vertu ; Zulietta et une autre *paduona* ne laissent pas que de jeter un peu d'ombre sur le tableau. — Il rencontre par hasard une fille de bas étage, qu'il ne peut, en quelque sorte, ni ne veut épouser ; il espère goûter avec elle les joies de la famille, sans en prendre les charges ; il a dû s'apercevoir, quoique un peu tard, qu'il n'a fait que se condamner à une vie sans dignité ; il n'en continue pas moins pendant plus de trente années, par habitude et par faiblesse, cette union commencée par désœuvrement et par passion ; mais elle a pesé sur son existence toute entière comme un malheur et un remords. C'est à elle qu'il attribue le grand crime de sa vie, l'envoi de ses cinq enfants à l'hôpital. Il faut convenir que la foule des pères et des mères de famille qui gardent l'honneur du mariage et en remplissent les devoirs, qui aiment leurs enfants, les élèvent, travaillent et se dévouent pour eux, valent infiniment mieux que Rousseau.

Il devient auteur et entreprend de mettre sa vie d'accord avec ses principes ; c'est ce qu'il appelle sa réforme ; mais son âge mûr ressemble à sa jeunesse. Ses habitudes infâmes restent les mêmes, ses relations avec Thérèse restent les mêmes ; il continue à envoyer ses enfants à l'hôpital ; seulement ses exigences et sa susceptibilité augmentent, son caractère devient plus détestable, son orgueil ne connaît plus de bornes.

Chez Mme d'Épinay, il mène la vie de tout le monde ; on ne peut pas dire que c'est une vie édifiante. Mais, ce que tout le monde ne faisait pas, il est maussade et désagréable avec sa bienfaitrice, hargneux avec ses amis ; il se prend d'un amour furieux, insensé pour Mme d'Houdelot, et cherche à voler à son ami sa maîtresse ; il agit de telle façon qu'il se brouille avec chacun et se fait chasser de la maison hospitalière qui l'a reçu.

Ses ruptures sont légendaires. Jamais homme n'eut tant d'amis et n'en changea si souvent. Il en rejette la faute sur ses amis ; il ferait mieux de l'attribuer à son mauvais caractère ; on y voit au moins la preuve qu'il ne tenait guère à eux.

Ne pouvant vivre avec ses égaux, il se fait accueillir chez les grands, et, pour les payer de leur hospitalité, il dit du mal d'eux, surtout de Mme de Luxembourg ; il se croit persécuté, tandis que c'est lui qui se rend insupportable à tout le monde.

Obligé de fuir, à cause de ses théories antireligieuses et révolutionnaires, il commence par faire le dévot, mais ne tarde pas à se brouiller avec son pasteur et à se faire chasser de Suisse, comme il s'est fait chasser de France.

Sa patrie se livre à cause de lui à des divisions intestines. On doit reconnaître qu'en général il n'excita pas les esprits ; en tout cas, il ne fit pas ce qu'il aurait dû faire pour les apaiser. Ses *Lettres de la Montagne*, par exemple, n'étaient bonnes qu'à armer ses concitoyens les uns contre les autres.

Il va chercher le calme en Angleterre et n'y trouve que de nouvelles tempêtes. Sa querelle avec Hume lui fit d'autant plus de tort que Hume n'eut jamais de difficultés qu'avec lui.

A Trye, il passe son temps à se disputer avec les domestiques. A Grenoble, des susceptibilités ridicules hâtent son départ. A Bourgoin et à Monquin, l'amitié de M. de Saint-Germain ne peut fixer son humeur. A Paris, où nous le voyons actuellement, nous ne découvrons rien qui motive plus qu'ailleurs son incroyable défi : Nul n'est meilleur que moi.

Et tous ces faits, qui n'ont rien d'héroïque, comment les connaissons-nous ? Par les *Confessions*.

Enfin, comme partie intégrante de la vie de Rousseau, il faut citer ses ouvrages, qui en forment en effet la partie la plus durable. Et d'abord ce livre même des *Confessions*, qui n'est, en quelque sorte, que la prolongation dans la postérité de la vie de l'auteur. Dans ce sens, le livre des *Confessions* est lui-même une action, et s'il propose à l'imitation une vie mauvaise, il est une mauvaise action. Et tout livre est de même, quoique à un moindre degré, une action, une *œuvre* de l'auteur. C'est pourquoi, nous citerons sans hésiter parmi les mauvaises, et les plus mauvaises actions de Rousseau : sa *Nouvelle Héloïse*, qui n'est qu'une suite de tableaux enflammés, bons à incendier les jeunes cœurs ; son *Discours sur l'Inégalité* et son *Contrat social*, qui sont le meilleur code de la Révolution ; son *Émile*, que peu de parents heureusement ont suivi pour l'éducation de leurs enfants ; et dans l'*Émile*, la *Profession de foi du Vicaire savoyard*, qui vise à la destruction de toute religion révélée ; et enfin ses *Confessions*, où l'on trouve de tout, de la sincérité et beaucoup de sophismes, des théories immorales et du rigorisme, des obscénités et des impiétés ; la diffamation à chaque page : diffamation de Jean-Jacques contre lui-même, ce qui est à peine permis, et diffamation contre les autres, ce qui l'est encore moins ; diffamation contre ses ennemis, et davantage encore peut-être contre ses amis ; diffamation contre sa première bienfaitrice, Mme de Warens, qu'il traîne dans la boue; contre Mme d'Épinay, qui lui a donné mille témoignages de dévouement; contre Mme de Luxembourg, qui chercha en toute occasion à lui rendre service ; contre presque tous ceux qui furent ses amis. Il ne pouvait pas se confesser, dit-il, sans confesser aussi les autres; mais si sa vie et sa réputation étaient à lui, la vie privée des autres, l'intérieur des maisons où il avait été accueilli comme hôte et comme ami ne lui appartenaient pas.

Toutefois si Rousseau eut des défauts, il eut bien aussi ses qualités dont on doit lui tenir compte. Sa sincérité à dévoiler ses fautes lui donnait assurément le droit de s'étendre avec la même franchise, et même avec un peu plus de complaisance, sur ses qualités.

Il fut bienveillant; il ne pouvait en quelque sorte, voir souffrir autour de lui. Avec des ressources médiocres, il trouvait moyen de donner assez largement aux pauvres.

Il fut étranger à la haine, même à l'égard de ceux qu'il croyait ses ennemis. Il ne leur pardonnait pas, si l'on veut, mais il dédaignait leurs injures et ne leur souhaitait pas de mal.

Il fut désintéressé et pratiqua toute sa vie le mépris des richesses. Il eut plus d'une fois occasion de s'enrichir et n'en voulut pas profiter. Il est singulier de parler de la dignité de Rousseau ; il est vrai cependant que, dans les questions d'intérêt, il se montra toujours probe et digne. Sans doute, il eut l'ostentation de la simplicité ; mais ce genre d'ostentation eut au moins l'avantage de l'aider à garder la probité.

Malgré sa devise : *Vitam impendere vero*, nous croyons qu'il passa sa vie à dire le contraire de la vérité. Nous ne sommes pas éloigné cependant de penser qu'il eut souvent un certain genre de sincérité ; il fut un sophiste, il ne fut pas précisément un menteur. Que de fois il eut, pour l'excuser, la bonne foi et la folie.

Il se piquait d'une fidélité scrupuleuse à sa parole et à ses promesses, et poussait cette qualité jusqu'à l'excès. Voici une anecdote qu'on cite à ce sujet [1]. Il n'avait pas vu depuis plusieurs jours le comte Duprat, un de ses meilleurs amis. Il apprend que le comte est malade, mais il s'est promis de ne faire aucune visite ; rien au monde ne le ferait manquer à sa résolution. Cependant, un jour qu'il passe devant sa porte, il n'y tient plus, il se précipite dans sa chambre, le serre dans ses bras. De sorte que, dans ce combat entre son cœur et ses principes, la victoire resta à son bon cœur. Ses amis lui font beaucoup d'honneur de ce trait et le mettraient volontiers dans la morale en action : convenons qu'il faut qu'une vie soit bien dénuée d'actes de vertu pour qu'on sente le besoin de rapporter celui-là, et que Jean-Jacques Rousseau aurait mieux fait de mettre ses principes à visiter ses amis quand ils étaient malades, qu'à se renfermer dans cette sotte supériorité qui reçoit toutes les avances et n'en veut faire à personne.

Enfin, Rousseau eut des idées généreuses et des aspirations constantes vers la vertu. Des aspirations à la vertu ? Mais qui donc n'en a pas ? Le cœur humain est un composé de tous les contraires ; il n'y

---

1. *Recueil des romances de J.-J. Rousseau*, éditées par Lakanal.

a ni une vertu ni un vice dont il ne contienne le germe. Nous ne reprocherons donc pas à Rousseau ses passions et ses penchants mauvais ; tout le monde en a ; mais nous lui reprocherons de s'y être laissé aller. De même, on nous permettra de ne pas priser trop haut ses aspirations, ni même ses qualités naturelles ; les qualités ne sont pas des vertus. Ce qu'il faut considérer avant tout, ce sont les efforts énergiques et constants pour refouler les aspirations mauvaises et assurer le triomphe des bonnes.

Ne cherchons même pas à établir une sorte de balance entre les qualités et les défauts, entre le bien et le mal. Rousseau n'aurait assurément rien à gagner à cette épreuve ; mais, fût-elle en sa faveur, qu'elle ne ferait pas encore de lui l'homme excellent qu'il prétend être. L'homme bon est celui qui accomplit strictement son devoir, et il en coûte quelquefois pour l'acomplir ; c'est le mari fidèle, le père attentif, l'ami sûr, le magistrat intègre. L'homme excellent est celui qui pousse l'accomplissement de son devoir jusqu'à l'héroïsme ; c'est le soldat qui donne sa vie pour sa patrie, c'est le médecin qui affronte les épidémies, le martyr qui meurt pour sa foi. C'est aussi celui qui, sans négliger le devoir, va au-delà du devoir ; c'est saint Vincent de Paul se chargeant des fers d'un galérien ; c'est le missionnaire, qui va, au péril de sa vie, porter la bonne nouvelle, la civilisation et le salut aux nations les plus déshéritées ; c'est la sœur de charité, qui enferme sa jeunesse dans un hôpital, pour le soulagement des pauvres et des petits.

Dans quelle catégorie rangerons-nous Rousseau ? lui qui, sous prétexte d'une fausse indépendance, a toujours fui le devoir; qui a, dans son mariage et dans sa conduite à l'égard de ses enfants, fui les devoirs de la famille ; qui a, dans son abdication du titre de citoyen, fui les devoirs du patriotisme ; qui a même, d'une certaine façon, par ses excentricités et ses théories sociales, fui les devoirs envers la société et l'humanité. Aussi, en fait de vertu, ne lui en demandez que tout juste ce qui lui convenait et lui plaisait. Ne lui demandez pas, par exemple, de pousser la bienveillance jusqu'au dévouement, la charité jusqu'au sacrifice. Il voulait bien penser aux autres, mais avant tout il pensait à lui-même et tenait à ne pas se gêner.

Trois causes ont paralysé la vertu de Rousseau : le naturalisme, l'égoïsme et la faiblesse.

Des qualités, quelque bonnes qu'elles soient, qui ne seraient que l'effet d'un heureux caractère et de dispositions naturelles, témoigneraient de peu de vertu et de mérite. La vertu sans l'effort n'est plus la vertu. Rousseau n'eut pas toutes les qualités, tant s'en faut ; mais celles qu'il eut, il se vantait de les devoir uniquement à sa nature. Il n'admet pas l'effort ; il ne comprend pas la victoire sur soi-même ; ce qui signifie, selon nous, qu'il ne comprend ni n'admet la vertu[1]. Nous voulons croire que, plus d'une fois, pour paraître rester fidèle à son système, il s'est calomnié lui-même ; qu'il s'est élevé au-dessus de ses inclinations et de ses passions ; mais ces actes, heureusement illogiques, ne peuvent être que l'exception.

L'égoïsme n'est qu'une variété du naturalisme. Quand, par système, on ne suit que son inclination,

---

1. Voir ci-après, à l'examen des *Dialogues* et des *Rêveries*.

on est vite porté à tout rapporter à soi. L'orgueil de Rousseau a élevé cette disposition à une puissance prodigieuse. Ne se gênant pour personne, trouvant tout naturel que les autres se gênent pour lui, on peut prendre ses actions les unes après les autres ; toutes, sans exception, sont marquées au coin de l'égoïsme. Il ne se donne pas même la peine de s'en cacher. On le voit dans ses conversations, dans ses lettres, dans ses *Confessions*, et mieux encore dans les faits ; en tout et partout, il se fait le centre autour duquel le reste doit converger, le personnage en présence duquel les autres comptent à peine et sont, pour ainsi dire, absorbés.

Rousseau fut faible toute sa vie ; non seulement faible contre lui-même et ses passions ; mais il fut dénué de toute énergie morale, de ce nerf de l'âme sans lequel il est impossible de s'élever. Sa faiblesse, jointe à la douceur de ses mœurs, put le préserver des grands excès ; il est plus certain qu'elle arrêta son essor, le rendit le jouet des événements et lui inspira bien des sottises. C'est le caractère qui fait l'homme. *Vir esto* : Soyez homme, ayez du caractère. Rousseau manqua de caractère ; il ne fut pas même un homme. Toute vie d'homme exige, pour être, non pas parfaite, mais simplement régulière, un certain équilibre entre les facultés. Rousseau manquait complètement de cet équilibre, et notamment il avait l'âme infiniment au-dessous du génie. Il est triste de voir un personnage de sa valeur à la merci d'une Thérèse Le Vasseur, pillé par la famille de cette fille, et osant à peine s'en plaindre, traîné par elle de pays en pays et en changeant dix fois au gré de son humeur. Et dans ses difficultés à l'occasion de son *Émile*, et dans ses rapports avec sa patrie, que de défaillances de toute sorte! Et les complots dont il se croyait entouré, n'avaient-ils pas pour première cause la faiblesse de son caractère? Rousseau n'avait d'énergie que la plume à la main; en face des événements, il était entièrement désarmé. Ce contraste entre ses écrits et sa conduite est flagrant. On dirait qu'il s'en apercevait et qu'il s'en affligeait. Mais sa faiblesse ne fut pas seulement une des causes principales de son malheur; elle le fut aussi de ses fautes.

On a dit que Rousseau réunissait en lui la sensibilité d'une femme, l'imagination d'un oriental, la sensualité d'un enfant, l'impétuosité d'un sauvage, l'amour-propre d'un artiste, la vigueur d'un athlète et la faiblesse d'un amoureux; qu'en lui la souplesse du tacticien et la tenacité du dialecticien se joignaient à la fierté du plébéien de génie et à la sagacité du psychologue; qu'enfin la passion généreuse du bien moral agitait et enflammait tout cela (Henri-Frédéric AMIEL). A cette caractéristique un peu longue, M. F. Brunetière en voudrait substituer une autre qui la complète et la résume. D'après lui, Rousseau fut un lyrique : il le fut par le rythme et le mouvement de son style; il le fut surtout par l'exaltation du sentiment personnel et l'émancipation absolue du *moi* qui distingue ses écrits. Tandis que les grands écrivains du xvii° siècle, regardant le *moi* comme haïssable, auraient rougi d'étaler leurs passions dans leurs œuvres et d'appeler sur leur personne l'attention qu'ils ne demandaient que pour leurs idées, Rousseau, non seulement dans ses *Confessions*, mais dans presque tous ses livres, n'écrit, pour ainsi dire, que pour se raconter lui-même; de même que, dans toute sa vie, il ne pense et n'agit que pour tout rapporter à lui seul. Il est ainsi le père incontesté du Romantisme et de presque toute la littérature moderne, l'ancêtre des Goëte, des Henri Heine, des Byron, des Schiller, des Lamartine, des Hugo, des Michelet[1].

Bien plus, cette même exaltation du *moi* qui a été le principe du talent de Rousseau, a été également la cause de sa maladie et de sa folie. Rousseau n'est pas le premier qui soit devenu fou par orgueil, c'est-à-dire par une sorte de paroxysme du *moi*[2]. En admettant que l'auteur donne au mot lyrisme un sens plus étendu qu'on ne le fait d'habitude, il n'en reste pas moins que l'orgueil, l'égoïsme, le *moi* en un mot, sous une forme ou sous une autre, est la caractéristique simple et complète de Rousseau tout entier, de son talent, comme de son caractère et de sa folie, et, dans ce sens, nous croyons que la pensée de M. Brunetière est parfaitement juste.

En somme, les *Confessions* sont la vilaine histoire d'un vilain personnage. Assez véridiques au fond, leur lecture ne peut faire que du tort à l'auteur et laisser une dangereuse impression au lecteur. Elles sont intéressantes, c'est vrai; elles sont écrites dans un style inimitable; mais l'intérêt et le style ne sont pas tout. Et ce sensualisme effronté et perpétuel, cet oubli de la pudeur, ces tableaux séduisants du vice, ces enchaînements de circonstances qui mènent fatalement à la violation du devoir, ces peintures passionnées d'une vie de désordre, cette

---

1. *Le Mouvement littéraire au XIXᵉ siècle*, par F. BRUNETIÈRE. *Revue des Deux Mondes*, 15 octobre 1889. — 2. Article du même auteur sur la maladie et la folie de Rousseau. *Revue des Deux Mondes*, 1ᵉʳ février 1890.

suprématie accordée au bonheur, ou plutôt au plaisir, sur le devoir; et d'un autre côté, ces idées fausses, ces situations impossibles, ces erreurs de conduite présentées comme des vertus, cette vie décousue, déclassée, sans règle, sans frein, présentée comme un modèle, tout cela constitue un danger évident et perpétuel.

Il était dans la destinée des livres de Rousseau de susciter des controverses; celui-ci n'y faillit pas plus que les autres. Parmi ses prôneurs à outrance se distingua Ginguené[1]. A l'en croire, Rousseau devait faire ses *Confessions*, et il les a faites précisément dans les termes et dans les conditions où il devait les faire. Le mal qu'il dit de Mme de Warens, de Mme d'Épinay et de tant d'autres, l'intérêt de son honneur, d'une légitime défense, et même d'une légitime vengeance l'autorisaient à le dire. Si sa vie ne peut pas être partout proposée en exemple, la manière dont il se juge, se condamne et se relève fait néanmoins de son livre un modèle. La lecture en est saine, salutaire, fortifiante, et l'on ne saurait trop s'en pénétrer pour apprendre à bien vivre.

Il fallait qu'on fût bien engoué de Rousseau pour que de tels jugements pussent se faire accepter par l'opinion. Ils ne passèrent pourtant pas sans quelques protestations. La réponse était facile; La Harpe, entre autres, se chargea de la faire[2]. La Harpe, qui avait été l'ami, presque le disciple de Voltaire, goûtait peu le talent de Rousseau. Il reconnaît ce-

---

1. *Lettres sur les Confessions de J. J. Rousseau* par GINGUENÉ, 1791 (adressées à une dame, Mme de la Tour). — 2. *Examen de l'ouvrage de Ginguené intitulé : « Lettres sur les Confessions de Jean-Jacques Rousseau »* par LA HARPE; cinq articles insérés au *Mercure*, 4e trimestre 1792.

pendant le mérite littéraire des *Confessions;* mais, comme il le dit, de prétendre justifier l'homme, Ginguené n'y réussira pas plus que Rousseau lui-même. La Harpe s'attache surtout à montrer le misérable rôle de Rousseau vis-à-vis de tous ceux avec qui il fut en rapports ou qu'il regarda comme ses ennemis[1] : Choiseul, d'Alembert, Hume, Diderot, et jusqu'à un certain point Voltaire, quoique Voltaire ait eu aussi sa large part de torts. Ses ennemis, dit-il, étaient en Suisse et non pas en France; ou plutôt son principal ennemi et le premier auteur de ses malheurs était lui-même.

Servan n'avait pas attendu la publication de la fin des *Confessions* pour protester contre l'abus des personnalités qu'on rencontrait à chaque page de la partie qui en avait paru, ainsi que des *Promenades* et des *Extraits de la Correspondance*. « Ces écrits, dit-il, auraient dû être supprimés. Ils nuisent aux personnes qu'ils censurent, et peut-être même à celles qu'ils louent, à celles qu'ils font deviner, à celles qu'ils menacent... Rousseau se plaint beaucoup des autres; mais en somme il a été un des auteurs les plus accusateurs et le moins accusés. » On ne l'a bien sérieusement accusé que sur deux points : ses enfants et ses bienfaiteurs. Ses enfants — il suffit de le lire. — Ses amis et ses patrons. — Presque toujours il commence par l'encensoir et finit par le soufflet[2].

---

1. CERUTTI, *Journal de Paris*, janvier 1790, a cherché à venger d'Holbach des accusations portées contre lui par Rousseau. — 2. *Réflexions sur les Confessions de J.-J. Rousseau*, par SERVAN, insérées dans le *Journal encyclopédique* de 1783. Voir aussi Ch. ESTIENNE, *Essai sur les Confessions*. 1 vol. in-8, 1856.

Il est possible qu'on juge mieux à distance : écoutons Sainte-Beuve ; il a surtout examiné les *Confessions* au point de vue du style. C'en est le côté le moins important et le plus facile à justifier ; mais à propos du style, il jette bien aussi un coup d'œil sur le reste. Il ne ménage pas à Rousseau les louanges. Il reconnaît en lui l'écrivain qui a fait faire à la langue du xviiiᵉ siècle les plus grands progrès. Jean-Jacques, dit-il, est l'écrivain du sentiment et de la vie domestique, l'inventeur de la rêverie, le peintre de la nature ; mais il a aussi ses défauts, et, chose remarquable, ses défauts de style tiennent pour la plupart aux défauts de l'homme. Son style, comme sa vie, a contracté quelque chose des vices de sa première éducation et des mauvaises compagnies qu'il a hantées d'abord. « Il ne semble pas se douter qu'il existe certaines choses qu'il n'est pas permis d'exprimer, qu'il est certaines expressions ignobles, dégoûtantes, cyniques dont l'honnête homme se passe et qu'il ignore. Rousseau quelque temps a été laquais ; on s'en aperçoit à plus d'un endroit de son style. Il ne hait ni le mot ni la chose [1].... »

On a beaucoup lu les *Confessions* ; on aurait mieux fait de les lire moins ; on a tenté de les excuser parfois, rarement de les justifier, et elles sont en effet injustifiables. Rousseau a dit de son roman de prédilection, *la Nouvelle Héloïse* : « Toute fille qui en osera lire une seule page est une fille perdue ; » il aurait pu le dire à plus juste titre encore du roman de sa vie.

---

1. SAINTE-BEUVE, *Causeries du Lundi*, t. III, 1850.

IV

Le xviiie siècle a inauguré l'ère des Constitutions écrites. Rousseau avait déjà fait, ainsi que Mably, un projet pour les Corses; il se trouva appelé, et de nouveau encore avec Mably, à en faire un autre pour les Polonais. On dirait qu'ils étaient reconnus comme les deux grands fabricants de Constitutions. Nous n'avons pas à juger le travail de Mably. Il était le mieux étudié des deux, puisque l'auteur avait été passer une année en Pologne; il n'en était pas beaucoup meilleur pour cela. Jean-Jacques n'eut pas la même ressource et travailla simplement sur des notes et mémoires que lui remit un noble Polonais, le comte de Wielhorski; mais avec l'habitude qu'il avait de voir tout en lui-même et à la couleur de son imagination, on peut douter qu'un voyage en Pologne lui eût beaucoup servi.

Sans prétendre que les *Considérations sur le Gouvernement de Pologne* soient la contre-partie du *Discours sur l'Inégalité* et du *Contrat social*, il est certain qu'elles en diffèrent profondément. Cela tient sans doute à la différence des points de vue. Pourquoi ne pas admettre aussi que les idées de l'auteur avaient reçu de l'expérience et du temps d'heureuses modifications?

Rousseau eut peu de mérite à montrer les défauts de la vieille constitution polonaise. Ces défauts étaient évidents; tout le monde les apercevait; mais on doit lui savoir gré de la réserve et de la prudence dont il fit preuve à propos d'institutions aussi imparfaites. « Je ne dis pas, écrit-il au chapitre Ier, qu'il faille laisser les choses dans l'état où elles sont ; mais je dis qu'il n'y faut toucher qu'avec une circonspection extrême. » « N'ébranlez jamais brusquement la machine, dit-il ailleurs[1]. » Il pousse si loin cet esprit, qu'on peut appeler l'esprit conservateur, qu'il n'admet même pas qu'on procède brusquement aux changements les plus désirables. « Affranchir les peuples de la Pologne, dit-il, est une grande et belle opération, mais hardie, périlleuse, et qu'il ne faut pas tenter inconsidérément. Parmi les précautions à prendre, il en est une indispensable et qui demande du temps ; c'est, avant toute chose, de rendre dignes de la liberté et capables de la supporter les serfs qu'on veut affranchir[2]. » « Rien de plus délicat que l'opération dont il s'agit ; car enfin, bien que chacun sente quel grand mal c'est pour la République que la nation soit, en quelque sorte, renfermée dans l'ordre équestre, et que tout le reste, paysans et bourgeois, soit nul, tant dans le gouvernement que dans la législation, telle est l'antique constitution. » L'ouvrage renferme de bonnes choses sur cette noblesse et cette bourgeoisie alors fermées, et que l'auteur aurait voulu rendre accessibles et ouvertes[3]. Mais il devait arriver qu'on n'écouterait pas ses bons conseils et qu'on ne tiendrait compte que des mauvais. « Les troupes réglées, dit-il, perte et dépopulation de l'Europe, ne sont bonnes qu'à deux fins : ou pour attaquer et conquérir les voisins, ou pour enchaîner et asservir les citoyens... Tout citoyen doit être soldat par devoir, nul ne doit l'être par métier... Une seule chose suffit pour

---

1. Ch. xv. *Conclusion.* — 2. *Id.*, ch. vi. — 3. Voir aussi dans le même ordre d'idées : *Jugement sur la Polysynodie*, de l'abbé DE SAINT-PIERRE.

rendre un pays impossible à subjuguer, l'amour de la Patrie et de la liberté, animé par les vertus qui en sont inséparables[1]. » La suite a montré ce qu'on devait penser de ces déclamations ; mais il a fallu les dures leçons de nos dernières défaites pour en faire justice.

Il serait long de rappeler tous les plans de Rousseau. Il semble avoir obéi à deux idées fondamentales : d'abord l'imitation des anciens, et en second lieu le désir de stimuler l'amour de la patrie et de faire une constitution vraiment nationale. Rousseau a toute sa vie été entiché de Sparte et de Rome. Il les prend ici sans cesse pour modèles. Sparte agissait ainsi ; Rome se conduisait de telle façon ; ces seuls mots le dispensent de toute autre raison. Aussi voudrait-il que sa Constitution fût, en quelque sorte, la résultante de l'esprit supérieur des Spartiates et des Romains et de l'esprit national des Polonais ; car il faut lui rendre cette justice qu'il ne néglige pas non plus l'esprit national. L'esprit national est excellent ; il est bon de mettre sous les yeux l'image de la Patrie ; encore est-il que, jusque dans les meilleures choses, il faut se garder de l'exagération. On ne saurait trop aimer sa patrie ; mais ce serait mal la servir que de passer sa vie à lui déclarer son amour. On n'est pas seulement citoyen, on est aussi membre d'une famille ; on est artisan, commerçant, industriel. On dirait que Jean-Jacques, non seulement n'a songé qu'à former des citoyens, ce qui est en effet le but principal d'une constitution politique, mais qu'il ne laisse de place

---

1. *Considérations*, etc. ch. XII. Cf. avec *Nouvelle Héloïse*, 2ᵉ partie, lettre 14ᵉ, note.

dans la vie pour rien autre chose que pour les fonctions de citoyen. Ici, il avait l'exemple des anciens, qui, comme il le dit ailleurs, n'étaient par métier ni soldats, ni juges, ni prêtres, mais étaient tout par devoir[1]. Justement la Pologne, avec ses serfs et son ordre équestre privilégié, se trouvait dans une situation analogue. Mais, sans faire le procès de la cité antique, il ne faut pas oublier une différence essentielle, c'est que, dans le plan de Rousseau, le servage était destiné à disparaître, pour faire place à un état plus normal. Du reste, l'auteur des *Discours* sur les *Sciences* et sur *l'Inégalité* restait simplement fidèle aux idées de sa vie entière, quand il prétendait reléguer au nombre des institutions malfaisantes une foule de choses qu'on décore du nom de prospérité nationale : les lettres, les arts, le commerce, l'industrie, les troupes réglées, les places fortes, les académies, les bons systèmes de finances, en un mot tout ce qui fomente le luxe matériel et le luxe de l'esprit. Ne va-t-il pas jusqu'à proposer aux Polonais de sacrifier une partie de leur territoire et de resserrer leurs limites. Car, dit-il, tous les grands peuples gémissent dans l'anarchie et l'oppression ; il n'y a que les petits États qui prospèrent, par cela seul qu'ils sont petits. Mais il se console en pensant que les Russes, leurs voisins, pourront bien leur rendre le service d'une bonne amputation, ce qui en effet ne tarda pas à arriver[2].

L'ouvrage de Rousseau, fait à la prière d'un sénateur sans mandat, n'avait aucun moyen de s'imposer. Susceptible tout au plus d'agir à la longue sur

---

1. Ch. xi. — 2. Ch. x.

l'opinion, il restait sans influence sur la marche immédiate des événements. Ses conseils et ses plans auraient-ils sauvé les Polonais? Il est au moins permis d'en douter; mais les puissances voisines ne leur laissèrent pas le temps d'en essayer, quand même ils l'auraient voulu. Le livre de Rousseau date du printemps de 1772; le 5 août de la même année, avait lieu le premier partage de la Pologne.

V

Dans un livre comme les *Considérations sur le gouvernement de Pologne*, Rousseau pouvait, au milieu de beaucoup d'idées fausses, garder la lucidité et la sérénité de son esprit. Il n'en était plus ainsi quand il parlait de lui-même. Alors sa tête se troublait, sa raison l'abandonnait, il était en proie à une hallucination véritable; il n'y a qu'une chose qui ne l'abandonnait jamais, c'était son style. Il n'est pas, du reste, le premier fou qui, en dehors de l'objet précis de sa folie, ait conservé toute sa force de tête et de raisonnement. Ces réflexions s'appliquent aux deux derniers ouvrages de Rousseau, les *Dialogues* et les *Rêveries*.

Les *Dialogues* surtout sont éminemment propres à faire connaître le caractère de Rousseau, tel qu'il était devenu sous l'influence de ses tristes préventions. « On ne peut douter, dit Grimm, qu'en écrivant ceci, Rousseau ne fût parfaitement fou; et il ne paraît pas moins certain qu'il n'y a que Rousseau dans le monde qui ait pu l'écrire[1]. »

1. *Corr. litt.*, juillet 1780.

Les *Dialogues*, dont le titre exact est : *Rousseau juge de Jean-Jacques*, sont une sorte de complément des *Confessions*. Ils ont la prétention d'être une justification de l'auteur; mais une justification de crimes imaginaires. Jean-Jacques pose en principe que le monde entier est ligué contre lui, et il s'ingénie à en découvrir les prétextes, afin de les détruire. Il fait, dit-il, la part la plus belle à ses ennemis et cherche avec une entière bonne foi tout ce qu'ils auraient pu inventer contre lui. « Car, pour ne pas combattre une chimère, il fallait bien supposer des raisons au parti approuvé et suivi par tout le monde [1]. » Mais qu'est-ce donc que de supposer des raisons, sinon s'en prendre à des chimères? Dans cet examen si approfondi, Jean-Jacques n'oublie qu'une chose, c'est de s'assurer qu'il a des ennemis. Son système, qui semble parfaitement lié, est tout hypothétique; c'est un édifice en l'air auquel on ne voit pas de base. Peu de faits, mais beaucoup d'idées moroses, de considérations générales, de suppositions ridicules, tel en est le résumé. Rousseau regrette d'avoir écrit un livre si long. Que n'en supprimait-il les longueurs et les répétions; il l'aurait ainsi réduit facilement de moitié. Les *Confessions* ont, sous ce rapport, un bien autre intérêt.

Il paraît que Jean-Jacques tenait beaucoup à sa réputation de musicien, car il revient à dix reprises sur son *Devin* et ses autres œuvres musicales. Mais qui donc lui en contestait la paternité à l'époque où il écrivit ses *Dialogues*? Pas plus du reste qu'on ne lui contestait celle de la *Nouvelle Héloïse* et de

---

1. *Dialogues*. Introduction.

tous ses livres ; pas plus qu'on ne lui attribuait méchamment d'autres ouvrages qu'il n'avait pas faits ; pas plus qu'on ne lui supposait une fortune qu'il ne possédait pas, des intentions perverses qu'il n'avait pas ; pas plus qu'on ne songeait à lui ravir « l'honneur, la justice, la vérité, la société, l'attachement, l'estime, » ou qu'on ne prenait à tâche de lui ôter ses amis, de le livrer à l'opprobre, de l'abuser, de le tromper par les dehors les plus hypocrites. Il dit qu'il fait la part belle à ses ennemis ; il serait plus exact de dire qu'il porte contre eux les accusations les plus graves : le mensonge, la fourberie, les trahisons, la cruauté, l'injustice[1].

La partie la plus curieuse du livre est celle où l'auteur se juge lui-même[2]. « Au physique Jean-Jacques, dit-il, n'est assurément pas un bel homme ; il est petit et il s'apetisse encore en baissant la tête. Il a la vue courte, de petits yeux enfoncés, des dents horribles, ses traits altérés par l'âge n'ont rien de fort régulier. » On voit qu'il ne se flatte pas dans le portrait qu'il fait de sa personne. Il n'en est pas moins furieux contre tous ses peintres, surtout contre Ramsay, qui l'ont défiguré à plaisir, pour faire de lui un objet d'horreur au genre humain. Au moral, « c'est un homme sans malice plutôt que bon ; une âme saine, mais faible, qui adore la vertu sans la pratiquer ; qui aime ardemment le bien et qui n'en fait guère... Doux et compatissant jusqu'à la faiblesse, facile à prendre et à subjuguer par les caresses, mais préférant son repos à tout... Également étranger à l'orgueil, à la vanité et à la modestie ; content de sentir ce qu'il est, et n'ayant

---

1. Ier Dialogue. — 2. IIe Dialogue.

jamais songé à se mesurer avec un autre... Violent dans ses premiers moments. Passant sa vie à faire de grandes et courtes fautes, et à les expier par de vifs et longs repentirs. Sans prudence, sans présence d'esprit; d'une balourdise incroyable, disant également ce qui lui sert et ce qui lui nuit, sans même en sentir la différence... En un mot, dérivant plus que qui que ce soit de son seul tempérament, et demeuré, malgré l'adversité, les hommes et les ans, tel que l'a fait la nature... Parlant peu et parlant mal; ayant rarement de l'esprit; plus rarement encore en ayant à propos... Tout ce qui n'affecte pas sa sensibilité, tout ce qui n'est que de pure curiosité est pour lui dépourvu d'existence et ne se fixe pas dans sa mémoire... Quant à la sensibilité morale, jamais homme n'en fut autant subjugué. Le besoin d'attacher son cœur, satisfait avec plus d'empressement que de choix, a causé tous les malheurs de sa vie... Les déceptions ne l'ont pourtant pas rendu misanthrope. Jamais sentiment de haine ou de jalousie contre aucun homme ne prit racine au fond de son cœur; jamais on ne l'ouït déprécier ou rabaisser les hommes célèbres pour nuire à leur réputation. »

« Voulez-vous donc connaître à fond ses mœurs et sa conduite : étudiez bien ses inclinations et ses goûts. Cette connaissance vous donnera l'autre parfaitement; car jamais homme ne se conduisit moins sur des principes et des règles, et ne suivit plus aveuglément ses penchants. Prudence, raison, précaution, prévoyance; tout cela ne sont pour lui que des mots sans effet. Quand il est tenté, il succombe; quand il ne l'est pas, il reste dans sa langueur. Par là, vous voyez que sa conduite doit être inégale et sautillante... Enfin, jamais il n'exista d'être plus sensible à l'émotion et moins formé pour l'action. »

« Jean-Jacques ne sera pas vertueux. Comment, subjugué par ses penchants, pourrait-il l'être? n'ayant toujours pour guide que son propre cœur, jamais son devoir ni sa raison. Comment la vertu, qui n'est que travail et combat, régnerait-elle au sein de la mollesse et des doux loisirs. Il sera bon parce que la nature l'aura fait tel ; il fera du bien, parce qu'il lui sera doux d'en faire. Mais s'il s'agissait de combattre ses plus chers désirs et de déchirer son cœur pour remplir son devoir, le ferait-il aussi? C'est douteux. La loi de la nature, sa voix du moins ne s'étend pas jusque-là. Il en faut une autre alors qui commande, et que la nature se taise. »

Pour compléter le portrait qu'il fait de lui-même, on pourrait y ajouter quelques traits d'un morceau destiné peut-être à faire partie des *Dialogues*. « J'étais fait pour être le meilleur ami qui fût jamais ; mais celui qui devait me répondre est encore à venir... Pour de l'argent et des services, ils sont toujours prêts ; j'ai beau refuser ou mal recevoir, ils ne se rebutent point et m'importunent sans cesse de sollicitations qui me sont insupportables. Je suis accablé de choses dont je ne me soucie pas ; les seules qu'ils me refusent sont les seules qui me seraient douces ; un sentiment doux, un tendre épanchement est encore à venir de leur part, et l'on dirait qu'ils prodiguent leur fortune et leur temps pour épargner leurs cœurs... De quelque prix que soit un présent, et quoi qu'il coûte à celui qui l'offre, comme il me coûte encore plus à recevoir, c'est celui dont il vient qui m'est redevable. C'est à lui de n'être pas un ingrat[1]. »

Sans vouloir souscrire à tous les traits de ces tableaux, il est certain que nous n'aurions pas été partout aussi sévère que Rousseau l'est contre lui-même. Mais il est bien certain aussi qu'il n'aurait pas souffert patiemment que tout autre eût dit de lui la centième partie de ce qu'il en disait lui-même.

S'il semble d'ailleurs faire bon marché de sa personne, il compte sur ses livres pour le réhabiliter auprès de tout homme ami de la justice et de l'honnêteté[2]. Cependant il reconnaît que, d'un autre côté, ils contiennent aussi le secret de toutes les haines qui se sont amassées contre lui. Il a dit la vérité à tous; aussi s'est-il aliéné tout le monde. Mais comme, dans ses livres, on découvre bien, dit-il, l'homme sous l'écrit; comme on y voit la grandeur et la vérité de ses principes, l'honnêteté de ses mœurs, la bonté de son cœur!... A quiconque douterait de ses mœurs et de sa conduite, ses livres sont là pour répondre; qu'on les lise, et surtout qu'on les compare avec les critiques qui lui ont été adressées, avec les trames qui ont été ourdies contre lui! Mais arrêtons-nous : quand il est à l'article des complots il n'a plus sa raison.

Il fallait que tout fût singulier dans ce livre des *Dialogues*, fruit de quatre années d'un douloureux travail. Jean-Jacques a fait lui-même l'histoire des moyens qu'il tenta pour en assurer la publication[3].

1. *Mon portrait*. Morceaux tirés des fragments épars dans la bibliothèque de Neufchâtel. Publié par STREICKEISEN-MOULTOU, *Œuvres et Correspondance inédites de J.-J. Rousseau*. — 2. *IIIe Dialogue*. — 3. *Histoire du précédent écrit*.

A l'en croire, cela n'était pas chose facile. Entouré d'ennemis comme il l'était, « frappé de l'insigne duplicité de Duclos, qu'il avait estimé au point de lui confier ses *Confessions*, et qui, du plus sacré dépôt de l'amitié, n'avait fait qu'un instrument d'imposture et de trahison; » n'ayant plus personne sur qui il pût compter, il résolut de se confier uniquement à la Providence. Il imagina à cet effet de faire une copie de son ouvrage et d'aller la déposer sur le grand autel de l'église Notre-Dame, espérant que le bruit de cette action empêcherait la suppression du manuscrit, et peut-être le ferait arriver jusque sous les yeux du Roi. Il mit sur le paquet la suscription suivante :

« Dépôt remis à la Providence.

« Protecteur des opprimés, Dieu de justice et de vérité, reçois ce dépôt, que remet sur ton autel et confie à ta Providence un étranger infortuné, seul, sans appui, sans défenseur sur la terre, outragé, moqué, diffamé, trahi de toute une génération, chargé, depuis quinze ans, à l'envi, de traitements pires que la mort et d'indignités inouïes jusqu'ici parmi les humains, sans avoir pu jamais en apprendre au moins la cause. Toute explication m'est refusée, toute communication m'est ôtée ; je n'attends plus des hommes, aigris par leur propre injustice, qu'affronts, mensonges, trahisons. Providence éternelle, mon seul espoir est en toi ; daigne prendre mon dépôt sous ta garde et le faire tomber en des mains jeunes et fidèles, qui le transmettent exempt de fraudes à une meilleure génération. »

Au verso était écrit un appel désespéré à quiconque deviendrait l'arbitre de l'ouvrage. Puis, le samedi 24 février 1776, sur les deux heures, il se rendit à Notre-Dame. Mais, par suite d'une erreur ou de toute autre cause, il trouva les grilles fermées. Alors il est saisi de vertige, comme un homme qui tombe en apoplexie; tout son être est bouleversé; il ne sait plus où il est et croit voir le ciel même concourir à l'iniquité des hommes. « Je sortis, dit-il, rapidement de l'église, résolu de n'y rentrer de mes jours, et me livrant à toute mon agitation, je courus tout le reste du jour, errant de toutes parts, sans savoir ni où j'étais ni où j'allais, jusqu'à ce que, n'en pouvant plus, la lassitude et la nuit me forcèrent de rentrer chez moi, rendu de fatigue, presque hébété de douleur. »

Cependant, la réflexion lui donnant une vue plus nette des choses, il voulut espérer qu'il existait encore au moins un honnête homme dans le monde et porta son manuscrit à Condillac; mais il fut peu satisfait de l'accueil qui lui fut fait et eut le pressentiment d'une nouvelle déception. Il se trompait cependant; Condillac se montra fidèle dépositaire. Il légua le manuscrit à l'abbé de Reyrac, lequel le rendit, avant de mourir, à la famille de Condillac. On se proposait de le publier, en 1801; mais une autre personne avait pris les devants[1]. Rousseau, en effet, avait eu l'occasion de voir aussi un jeune Anglais, nommé Brooke Boothby, qu'il avait eu pour voisin à Wootton. Cette rencontre lui parut un bienfait de la Providence. Il avait recopié une partie du livre; il la remit à son jeune ami, lui

---

1. BACHAUMONT, 27 novembre 1770 (addition); 10 janvier 1783. — GRIMM, Corr. litt., juillet 1783. — La Clef du Cabinet des Souverains, 27 fructidor an VIII, article de A. BARBIER. Ce manuscrit de Rousseau est actuellement à la bibliothèque de la Chambre des députés.

promettant le reste pour l'année suivante. Brooke Boothby fit paraître à Londres, en 1780, le premier dialogue, le seul dont il eût reçut le dépôt [1].

Toutefois, n'espérant encore rien de ce côté, Rousseau s'était avisé d'un autre procédé ; ce fut d'écrire une espèce de billet circulaire adressé à la Nation française, d'en faire plusieurs copies et de les distribuer, sur les promenades et dans les rues, aux inconnus dont la physionomie lui plaisait davantage. La suscription était : « A tout Français aimant encore la justice et la vérité. » Mais, ajoute-t-il, tous refusèrent son billet, comme ne s'adressant pas à eux. Il eut beau en bourrer ses lettres, en remettre à ses rares visiteurs, il ne trouva le placement que d'un petit nombre [2]. Il s'en tint à la fin à la résolution de lire simplement son écrit, quand il en trouverait l'occasion, comme il avait fait pour les *Confessions*. Tant de précautions étaient, pour le moins, superflues. Les *Dialogues* ne pouvaient, comme les *Confessions*, susciter la haine et la crainte ; ils n'excitèrent que la pitié.

On peut rapprocher des efforts que fit Rousseau pour assurer la publicité de ses *Dialogues*, les précautions qu'il avait prises peu de temps auparavant pour mettre le public en garde contre les éditions fautives de ses écrits. Autrefois il avait confiance en Rey ; mais Rey s'étant, lui aussi, rendu coupable des mêmes altérations, suppressions, falsifications que ses confrères, il ne resta plus à Jean-Jacques

---

1. BACHAUMONT, 9 et 12 septembre 1780. — 2. Ce billet est ordinairement placé à la suite des *Confessions*; il serait mieux à la suite des *Dialogues*. — Voir deux *lettres de Rousseau à Mme la C^sse de Saint-XX*, la première sans date, la deuxième du 23 mai 1776.

d'autre ressource que de protester contre toutes les éditions passées, présentes et futures, sauf la première qui avait été faite sous ses yeux; de les désavouer, comme n'étant pas son œuvre, et de répandre des copies de sa protestation, dans l'espoir que, sur le nombre des personnes auxquelles il l'aurait remise, il se trouverait au moins une âme honnête et généreuse, non vendue à l'iniquité, pour la sauver de l'oubli et la faire passer à la postérité [1].

VI

Les *Rêveries* sont le dernier ouvrage de Rousseau [2]. Elles sont divisées en dix promenades; la dixième est inachevée; elle a été interrompue par la mort de l'auteur.

Parmi les innovations heureuses que la littérature doit à Rousseau, Saint-Beuve compte avec raison la rêverie [3]. Rousseau fut pour ainsi dire l'inventeur de ce genre, et, du premier coup, il le porta à un haut degré de perfection. Nous avons cité ailleurs la cinquième promenade, consacrée à la description de l'île Saint-Pierre, comme un bijou de grâce et un modèle achevé de littérature descriptive [4]. Malheureusement, toutes ne valent pas celle-là, et l'on y rencontre trop souvent des traces de l'esprit malade et chagrin du malheureux Jean-Jacques. Le

---

1. *Déclaration de J.-J. Rousseau*, relative à diverses réimpressions de ses ouvrages, en date du 23 janvier 1774. — 2. *Les Rêveries d'un promeneur solitaire*. Aux œuvres de J.-J. Rousseau; plus un fragment inédit publié en 1853 par A. DE BOUGY. — 3. SAINTE-BEUVE, *Les Lundis*, 1850; *Les Confessions de J.-J. Rousseau*. — 4. Voir le ch. XXV.

retour sur lui-même ne lui valait rien, et il y revenait sans cesse. Cependant la plaie paraît un peu moins saignante ici que dans les *Dialogues*. Aurait-il donc, dans ses derniers jours, recouvré un peu, bien peu, de paix et de calme? Se serait-il approché de cet état d'indifférence et de mort à toutes choses auquel il aspirait et qu'il dit avoir atteint[1]?

Les *Rêveries* sont encore une sorte d'addition aux *Confessions*, et une addition presque sans faits. L'auteur veut étudier l'état de son âme, dans la situation unique que lui ont faite ses ennemis. On aimerait à voir ses méditations appuyées sur un plus grand nombre de réalités visibles et palpables. Il a bien eu le projet d'écrire la suite de ses *Confessions;* mais à quoi bon? N'est-il pas mort au monde, et ne veut-il pas lui rester à jamais indifférent? Faut-il relever de nouveau la persistance avec laquelle il insiste sur sa conduite toute de sensation actuelle et d'impulsion naturelle, sans que le devoir et la vertu y aient aucune part? « C'est mon naturel ardent qui m'agite, dit-il; c'est mon naturel indolent qui m'apaise. Je cède à toutes les impulsions présentes ; tout choc me donne un mouvement vif et court; sitôt qu'il n'y a plus de choc, le mouvement cesse ; rien de communiqué ne peut se prolonger en moi[2].

Autre pensée qui revient plusieurs fois sous sa plume. Il n'a point fait de bonnes actions; cela lui eût été doux ; mais on lui a rendu le bien impossible par les persécutions qu'on lui a fait subir. C'est un défaut commun de rejeter sur autrui la

---

1. *Rêveries,* passim; et notamment 8ᵉ Promenade. — | 2. *Rêveries.* 9ᵉ Promenade.

responsabilité de ses fautes ; mais qui a empêché Rousseau de bien faire, sinon lui-même, ses passions, ses faux systèmes, sa paresse, sa faiblesse surtout ? Il fut toujours si jaloux de sa liberté et de son indépendance ; n'aurait-il donc sacrifié que sa liberté de faire le bien ? Cela prouverait qu'il n'y tenait pas beaucoup.

Jean-Jacques revient de temps à autre sur son passé ; il cite deux ou trois traits dont il n'avait rien dit dans les *Confessions;* il parle de ses jeunes années, de ses relations avec les philosophes, de sa réforme, de ses ouvrages, de ses enfants, de l'affaire Bovier ; nous avons parlé nous-même de toutes ces choses en leur temps. Mais il en est une qui nous a serré le cœur ; c'est sa dernière pensée : « Aujourd'hui, jour de Pâques fleuries, dit-il, il y a précisément cinquante ans de ma première connaissance avec Mme de Warens (c'était par conséquent le 12 avril 1778, moins de trois mois avant sa mort). Il n'y a pas de temps ou je ne me rappelle avec joie et attendrissement cet unique et court temps de ma vie, ou je fus moi pleinement, sans mélange et sans obstacle, et où je puis véritablement dire avoir vécu[1]. » Ainsi, jusqu'au bord de la tombe, il garde, au moins comme un souvenir précieux, les souillures de sa jeunesse. Il a beaucoup parlé de morale ; voilà sa morale, alors même que les glaces de l'âme ont dû calmer ses sens.

Parmi les faits récents que Jean-Jacques cite dans ses *Rêveries*, il y en a fort peu qui méritent d'être rapportés. Que nous importe qu'il ait donné des oublies à une pension de petites filles, ou fait

---

[1]. *10e Promenade.*

la conversation avec des invalides ? Le seul événement intéressant qu'il raconte a trait à un accident qui lui arriva le jeudi 24 octobre 1776 [1]. Il revenait d'une excursion botanique du côté de Charonne, rêvant à sa vie innocente et à ses infortunes, quand, à la descente de Ménilmontant, il fut renversé par le chien du comte de Saint-Fargeau. Sa chute fut d'une violence extrême. Étourdi du coup, il resta longtemps sans connaissance et eut beaucoup de peine à se reconnaître. Cependant il s'en retourna assez légèrement chez lui, tout en crachant beaucoup de sang. Il passa la nuit sans connaître encore ni sentir son mal; mais le lendemain, voici ce qu'il trouva : il avait la lèvre supérieure fendue jusqu'au nez, quatre dents enfoncées à la mâchoire supérieure, le visage enflé et meurtri, le pouce droit foulé, le pouce gauche blessé grièvement, le bras gauche foulé, le genou gauche enflé et contusionné, et, avec tout ce fracas, rien de brisé, pas même une dent. Nous respectons le récit de Rousseau; celui de Grimm est un peu différent et beaucoup moins dramatique [2]. Le lendemain, Corancez trouva à son ami beaucoup de fièvre. Le pauvre Jean-Jacques avait le visage tout enflé et couvert de petites bandes de papier, qu'il avait fait coller sur ses blessures. Il n'y avait pas moyen de prêter au chien des vues malfaisantes et des projets médités; aussi, était-il le premier à l'excuser, ce qu'il n'aurait sans doute pas fait pour un homme. Jamais il n'avait eu plus de raison pour s'affliger. « Cependant, dit Corancez, le cours de la conversation nous amena tous deux à des propos si gais, que le malheureux, dont

---

1. 2ᵉ *Promenade*. — 2. *Corresp. litt.*, novembre 1776.

le rire rouvrait toutes les plaies, me demanda grâce avec des instances réitérées[1]. »

VII

Les années se succédaient; il y avait sept ans que Rousseau était à Paris; jamais il n'était resté si longtemps dans le même lieu. A la fin, cependant, son humeur vagabonde le reprit. Il était devenu plus souffrant; il travaillait moins; par suite, il s'ennuyait et ses ressources diminuaient; bientôt il songea à aller s'établir ailleurs. Le motif ou le prétexte fut, comme toujours, sa santé; il y joignit la santé de Thérèse. L'un et l'autre devenaient vieux; il n'était pas étonnant qu'ils subissent les effets de l'âge. Jean-Jacques, naturellement, n'eut rien de plus pressé que de pousser les choses au pis : sa femme malade, lui-même empêché de la soigner par ses infirmités, la solitude, l'abandon, tous les maux à la fois. Il avait voulu prendre une servante; l'essai n'avait pas réussi. Pourquoi? Ils étaient donc bien exigeants. Comme conclusion, il demandait qu'on voulût bien, moyennant l'abandon de tout ce qu'ils possédaient, les recueillir « en clôture formelle ou en apparente liberté, dans un hôpital ou dans un désert ; avec des gens doux ou durs, faux ou francs (si de ceux-ci il en est encore). Je consens à tout, dit-il, pourvu qu'on rende à ma femme les soins que son état exige, et qu'on me donne le couvert, le vêtement le plus simple et la nourriture la plus sobre jusqu'à la fin de mes jours,

---

1. CORANCEZ, *De J.-J. Rousseau*, etc.

sans que je ne sois plus obligé de m'occuper de rien¹. »

La faveur qu'il sollicitait ne lui fut pas accordée, mais il ne tarda pas à trouver beaucoup mieux. Au fond, ce qu'il désirait, c'était la campagne. Quand on le sut, ses amis, et même des étrangers s'empressèrent à l'envi pour le satisfaire. Il aurait dû s'apercevoir à la fin que le monde n'était pas si acharné à sa perte. Dès 1776, le comte d'O, qui ne le connaissait nullement, lui avait offert un asile². Nous ne citons cette proposition que pour mémoire; mais on lui en fit d'autres, en 1777. Un jeune chevalier de Malte, nommé Flamanville, mit à sa disposition un vieux château au bord de la mer, en Picardie ou en Normandie³. Le commandeur de Ménon lui offrit une habitation à Lyon. Son vieil ami, le comte Duprat, lui proposa, nous ne savons où, une retraite qui n'avait d'autre inconvénient que d'être lointaine. Rousseau l'accepta avec reconnaissance, consentit à changer de nom, et même à aller à la messe, à la condition toutefois de ne pas se faire passer pour catholique. Cependant la longueur du voyage, qui d'abord lui avait fait différer le départ, l'engagea à y renoncer à la fin. Il n'avait au monde que deux pensées, sa femme et son herbier; il ne voulut pas exposer Thérèse à des fatigues qui pouvaient être au-dessus de ses forces⁴.

1. *Mémoire* remis par Rousseau à diverses personnes, au mois de février 1777, et trouvé dans les papiers du comte Duprat. — 2. *Lettre de Rousseau au comte d'O*, 1776. Nous acceptons la date de 1776, indiquée par Musset-Pathay. Est-elle certaine, et ne serait-il pas mieux, en la reculant d'une année, de rattacher les propositions du comte d'O aux autres offres qui furent faites à Rousseau un peu plus tard? — 3. CORANCEZ, *De J.-J. Rousseau*. — 4. *Lettre de Rousseau au comte Duprat*, s. d.

Sur ces entrefaites d'ailleurs, Corancez avait mis en avant un autre projet. Il s'agissait d'un petit logement à Sceaux, à la porte de Paris. Rousseau commença par se faire prier, puis finit par accepter cette proposition, comme il venait d'en accepter une autre. Corancez donc comptait sur lui et fit ses arrangements en conséquence; mais, quand il revint pour le voir, il le trouva parti. Thérèse, qui était encore là, dit qu'il était simplement sorti; mais Corancez ne tarda pas à savoir qu'un nouvel ami, le marquis de Girardin, accompagné du médecin Le Bègue de Presle, était venu le trouver, lui avait fait ses offres, l'avait promptement décidé et presque aussi promptement emmené[1].

1. CORANCEZ, *De J.-J. Rousseau.* — LE BÈGUE DE PRESLE, *Relation ou Notice des derniers jours de J.-J. Rousseau* (25 août 1776).

CHAPITRE XXXI

Du 20 mai au 2 juillet 1778.

Sommaire : I. Installation de Rousseau à Ermenonville. — Mort de Voltaire. — Occupations de Rousseau : la botanique, — la musique, — la promenade. — Visite de Moultou : Rousseau lui remet ses *Confessions* et d'autres manuscrits.
II. Mort de Rousseau. — Récit de Le Bègue de Presle. — Récit de Thérèse. — Bruits de suicide. — Preuves établissant la mort naturelle.

I

Rousseau arriva à Ermenonville le 20 mai 1778. Il n'avait dû venir d'abord que pour quelques jours, afin de juger si l'installation lui conviendrait. Comment ne lui aurait-elle pas plu ? C'était le changement, c'était la campagne. Dès avant le départ, son impatience presse ses hôtes; il voudrait que tout fût prêt en un jour. Pendant la route, il se livre à la joie la plus vive; à la vue de la forêt qui précède le château, il n'est plus possible de le retenir en voiture : « Non, dit-il, il y a si longtemps que je n'ai pu voir un arbre qui ne fût couvert de fumée et de poussière; ceux-ci sont si frais ! » En arrivant, il se jette dans les bras de Girardin. « Il y a si longtemps, s'écrie-t-il, que mon cœur me faisait désirer de venir ici; et mes yeux me font désirer actuellement d'y rester toute ma vie. Vous voyez mes larmes; ce sont les seules de joie que j'aie versées depuis bien longtemps, et je sens qu'elles me rappellent à la vie. »

Le domaine d'Ermenonville, situé à 10 lieues de Paris, non loin de Senlis, était d'une grande beauté. On prétend que Girardin avait fait pour l'embellir 3 millions de dépenses. Il était surtout renommé pour ses jardins. Girardin sentait toutefois que ce n'était pas par ces magnificences qu'il séduirait Rousseau, et il avait rêvé de lui arranger un petit logement à son goût : maison simple et commode, couverte en chaume, rappelant par sa disposition l'Élysée de Clarens; mais rien n'était prêt. Il installa son hôte, en attendant, dans un pavillon séparé du château par des arbres. Ce provisoire lui-même parut charmant à Jean-Jacques. Il écrivit à Thérèse de venir le rejoindre au plus tôt. Elle eut vite fait de vendre leur chétif mobilier ; sauf l'herbier, il y avait peu de choses à emporter ; dès le mardi suivant, elle était dans les bras de son mari.

On a révoqué en doute la satisfaction de Rousseau, et l'on a été jusqu'à qualifier son départ d'évasion. La police, émue du scandale des *Confessions*, lui aurait conseillé de quitter Paris, s'il voulait se soustraire aux recherches [1]. Mais la police s'occupait fort peu de lui, et les *Confessions* ne causaient aucun scandale. Il ne paraît pas, en effet, que depuis ses lectures de 1771, il les ait communiquées à personne, sauf peut-être à quelques amis intimes et discrets, Mme de Créqui, par exemple. Ce qu'on avait imprimé à l'étranger, sous le titre de *Confessions de Jean-Jacques Rousseau*, n'était qu'un recueil de lettres publiées contre son gré [2]. Il est certain

---

[1]. BACHAUMONT, 22 et 26 juin 1778; — GRIMM, *Correspondance littéraire*, 9 mars 1779.—

[2]. LE BÈGUE DE PRESLE, *Relation*, etc.

qu'il partit librement et sans autres motifs que son goût pour le changement, son amour pour la campagne, sa passion pour la botanique, enfin son désir de se ménager pour sa vieillesse, alors qu'il lui en coûtait de travailler pour vivre, une existence confortable, auprès d'une famille riche qui ne le laisserait manquer de rien.

Cela ne veut pas dire qu'il se soit trouvé parfaitement heureux. Le bonheur n'était pas compatible avec son caractère, et les premiers moments d'exaltation passés, il dut retomber dans cette humeur morose qui faisait son malheur et le désespoir des personnes qui l'entouraient. Girardin ne parle que de son contentement; mais Girardin, qui assurément avait le plus grand désir de le rendre heureux et un intérêt évident à faire croire qu'il l'était en effet, put bien prendre ses désirs pour des réalités[1]. Corancez, au contraire, piqué de n'avoir pas été préféré à Girardin, ne peut s'empêcher de prétendre que Rousseau se trouva malheureux à Ermenonville; il ne songe pas qu'il l'aurait été aussi partout ailleurs. A l'en croire, Flamanville ayant été le voir, revint navré de son état et chargé de lui trouver une place à l'hôpital[2]. D'Escherny partage l'opinion de Corancez; mais son récit est bien vague[3] et fourmille d'erreurs. Enfin Thérèse elle-même a déclaré que son mari, repris au bout de peu de temps de ses anciennes craintes, aurait insisté pour revenir à Paris et qu'elle n'aurait cédé qu'aux instances de

---

1. *Lettre du marquis de Girardin à Rey*, 8 août 1778; — *Relation* de LE BÈGUE. — 2. CORANCEZ, *De J.-J. Rousseau*. — 3. D'ESCHERNY, *De J.-J. Rousseau et des philosophes du XVIII° siècle*, ch. XXIV. Voir aussi QUESNÉ, *Particularités inédites sur J.-J. Rousseau*.

Girardin, qui l'aurait priée plusieurs fois à genoux de rester[1]. Mais Thérèse était mal avec Girardin, et ses paroles ne sont pas toujours véridiques. En somme, nous n'avons sur ce point que des témoignages intéressés ou peu concluants, qu'il est facile d'ailleurs d'accorder en considérant que Rousseau dut avoir ses alternatives de joie et de tristesse.

Au moment où Rousseau se disposait à quitter Paris, Voltaire y était accueilli et fêté comme un demi-Dieu, mais ne tardait pas à y mourir, accablé, en quelque sorte, sous le poids de ses triomphes. On a dit que Jean-Jacques avait hâté son départ pour n'être pas témoin des honneurs rendus à son rival ; cela n'entrait guère dans son caractère. Quelque temps à l'avance, il avait fait sur lui le quatrain suivant, qui aurait pu lui servir d'épitaphe :

> Plus bel esprit que grand génie,
> Sans loi, sans mœurs et sans vertu,
> Il est mort comme il a vécu,
> Couvert de gloire et d'infamie[2].

Il paraît que la mort de Voltaire l'affecta vivement. « Je sens, dit-il, que mon existence était attachée à la sienne. Il est mort, je ne tarderai pas à le suivre[3]. »

Rousseau était venu à Ermenonville pour se livrer à la botanique : il n'y fit, en effet, guère autre chose. Dès le matin, il partait pour herboriser, revenait déjeuner, et souvent repartait jusqu'au soir. Il enseignait la botanique à un des fils de Girardin,

---

1. *Lettre de Thérèse à Corancez*, 27 prairial an VI. — 2. GRIMM, *Correspondance littéraire*, juin 1778. — 3. *Lettre de Stanislas de Girardin à Musset-Pathay*, 8 juin 1824.

âgé de dix ans ; il l'emmenait quelquefois avec lui et l'appelait son petit gouverneur. Il avait entrepris de recueillir toute la flore du pays.

Le soir, il dînait souvent au château. On allait ensuite à la promenade en famille. Le plus souvent on se rendait au verger où l'on disposait sa chaumière.

Jean-Jacques se livrait alors avec ivresse à sa passion pour la nature et se laissait aller aux joies les plus enfantines. Tantôt il attirait avec du pain les oiseaux et les poissons ; d'autres fois on prenait le bateau, et son ardeur à ramer lui avait fait donner le nom d'amiral d'eau douce. Souvent aussi on faisait de la musique. Un soir, à 10 heures, Girardin imagina de lui faire donner par des musiciens venus de Paris un concert dans une île située au milieu du parc et qu'on appelait l'île des Peupliers. Il paraît que Rouseau fut tellement ému de cette attention qu'il s'écria : « Ah! M. de Girardin, quand je mourrai, je désire que cette place recueille mes cendres. » Huit jours après, son vœu était rempli [1].

On prétend que les vieillards et les mourants se complaisent dans les projets. Jean-Jacques en faisait beaucoup pour l'hiver suivant : c'était son herbier à arranger ; c'étaient les cryptogames, mousses et champignons à étudier ; c'était son opéra de *Daphnis et Chloé*, c'était la suite d'*Émile* à terminer.

Nous avons déjà parlé de la bienfaisance de Rousseau ; nous pouvons la mentionner encore. Non seulement il était généreux de sa bourse, mais il l'était de sa personne, ne ménageant ni les leçons à

---

[1]. QUESNÉ, *Particularités*, etc.

l'enfance, ni les conseils aux mères (on ne nous dit pas quelle était la nature de ces leçons et de ces conseils), portant des secours aux malades, sollicitant des remises de peines des justices seigneuriales, s'occupant, de concert avec Mme de Girardin, des moyens de soulager l'infortune [1].

Cette vie douce, paisible, en dehors du monde, lui plaisait ; la monotonie en fut cependant rompue un jour d'une façon bien agréable : il reçut la visite de Moultou. Rousseau était depuis longtemps en froid avec Moultou ; il y avait huit ans qu'il ne lui avait écrit ; il désirait cependant le voir, et quand cet ami des vieux temps put réaliser son voyage, toutes les préventions furent promptement dissipées. Il donna alors à Moultou la plus grande marque de confiance et lui remit tous ses papiers et ses manuscrits. Cependant, comme il avait deux copies des *Confessions*, il en garda une pour lui ; il recommanda à son ami en lui donnant l'autre, de ne les publier qu'au XIXe siècle et après la mort des personnes qui y étaient nommées ; il lui laissait néanmoins l'autorisation d'avancer cette époque, si quelque circonstance imprévue l'exigeait [2]. La veille il avait eu des vertiges qui lui avaient fait

---

[1]. Voir pour tous ces détails : *Relation* de LE BÈGUE DE PRESLE ; — *Lettre de Stanislas de Girardin à Musset-Pathay* ; — *Lettre du marquis de Girardin à Sophie, comtesse de X.*, en juillet 1778. — [2]. *Œuvres et Correspondance inédites de J.-J. Rousseau*, publiées par STRECKEISEN-MOULTOU. Introduction. Cette dernière phrase du petit-fils de Moultou a bien l'air d'être placée là tout exprès pour servir d'excuse à la publication anticipée des *Confessions*. Girardin au contraire (*Lettre à Rey*), d'accord en cela avec la volonté autrefois exprimée par Rousseau, dit que, dans aucun cas, on ne pourrait devancer l'époque fixée et traite d'infamie la volonté de le faire.

craindre pour ses jours, circonstance qui augmenta encore la solennité de la remise et l'émotion qui l'accompagna de part et d'autre.

II

Ces accidents étaient-ils le symptôme avant-coureur d'une mort prochaine ? En tout cas, ils n'empêchaient pas Jean-Jacques de se livrer à ses occupations ordinaires. Le 2 juillet, il partit encore dès 5 heures du matin, suivant son habitude, mais il fut plusieurs fois obligé de s'asseoir. Il rentra à 7 heures pour déjeuner, prit une tasse de café au lait, et à 8 heures, se trouva sérieusement malade. Le médecin, Le Bègue de Presle, a donné la relation détaillée de ses derniers moments ; il dit tenir ses renseignements de Thérèse. Son récit, beaucoup trop dramatique, est visiblement arrangé. Thérèse, vingt ans après l'événement, en a fait un autre, sensiblement différent et beaucoup plus simple. Commençons par reproduire, en l'abrégeant, celui de Le Bègue.

Thérèse entendant son mari se plaindre, le trouva assis, le visage défait, le coude appuyé sur une commode. « Je sens, dit-il, une grande anxiété et des douleurs de coliques. » Mme de Girardin prévenue aussitôt, accourut sous un prétexte de musique. « Madame, dit-il tranquillement, vous ne venez pas pour la musique ; je suis très sensible à vos bontés, mais je me trouve incommodé et je vous supplie de m'accorder la grâce de rester seul avec ma femme, à qui j'ai beaucoup de choses à dire. » Il fit alors fermer la porte à clef, fit asseoir Thérèse à côté de lui, lui demanda ses mains pour se réchauffer, se plaignit de ses douleurs croissantes, mais n'accepta pas de remèdes. Puis, faisant ouvrir les fenêtres pour avoir le bonheur de voir encore une fois la verdure : « Comme elle est belle, dit-il, que ce jour est pur et serein! O que la nature est grande! Mais mon bon ami, dit Mme Rousseau en pleurant, pourquoi dites-vous tout cela? Ma chère femme, répondit-il tranquillement, j'avais toujours demandé à Dieu de me faire mourir avant vous ; mes vœux vont être exaucés. Voyez le soleil, dont il semble que l'aspect riant m'appelle ; voyez vous-même cette lumière immense. Voilà Dieu! Oui, Dieu lui-même qui m'ouvre son sein et qui m'invite enfin à aller goûter cette joie éternelle et inaltérable que j'avais tant désirée. Ma chère femme ne pleurez pas ; vous avez toujours souhaité de me voir heureux et je vais l'être. Ne me quittez pas un seul instant ; je veux que seule vous restiez avec moi, et que seule vous me fermiez les yeux. » Et comme elle voulait le calmer : « Je sens, dit-il, dans ma poitrine, des épingles aiguës qui me causent des douleurs très vives. Ah! ma femme, dit-il encore, qu'il est heureux de mourir, quand on n'a rien à se reprocher! Être éternel, l'âme que je vais te rendre est aussi pure en ce moment qu'elle l'était quand elle sortit de ton sein ; fais-la jouir de toute ta félicité. » Il remercie alors M. et Mme de Girardin de leurs bontés, recommande de faire ouvrir son corps et de faire dresser procès-verbal, demande qu'on l'enterre dans le jardin, mais n'a pas de choix pour la place, dit qu'il va accepter des remèdes pour faire plaisir à sa femme ; puis tout à coup : « Ah! je sens dans ma tête un coup affreux... Des tenailles qui me déchirent...

Être des Êtres, Dieu! (il demeura longtemps les yeux fixés vers le ciel), ma chère femme, embrassons-nous ; aidez-moi à marcher ; menez-moi vers mon lit. Elle l'y traîna ; il y resta quelques instants en silence ; puis il voulut descendre. Sa femme l'aidait ; il tomba au milieu de la chambre, l'entraînant avec lui. Elle veut le relever ; elle le trouve sans parole et sans mouvement ; elle jette des cris ; on accourt ; on enfonce la porte ; on relève M. Rousseau ; sa femme lui prend la main ; il la lui serre, exhale un soupir et meurt. Il était 11 heures du matin[1]. »

Le second récit, celui de Thérèse, contredit en plusieurs points celui qu'on vient de lire. Ainsi Rousseau serait mort le 3 juillet et non le 2 ; il ne serait pas sorti le matin, parce qu'il devait aller donner à Mlle de Girardin une leçon de musique. Sa femme, aidée de la servante, lui aurait apprêté ses objets de toilette ; il aurait refusé de déjeuner. Il avait dîné la veille au château ; on attribua son indisposition à une digestion difficile. Thérèse, étant descendue, l'entendit pousser des cris plaintifs, et en effet, elle le trouva couché sur le carreau. Elle voulut appeler au secours, il n'y consentit pas, fit fermer la porte, ouvrir les fenêtres, prit de l'eau des Carmes et un lavement. « Au moment, continue Thérèse, où je le croyais bien soulagé, il tomba le visage contre terre avec une telle force qu'il me renversa ; je me relevai, je jetai des cris perçants ; la porte était fermée ; M. de Girardin, qui avait une

---

1. *Lettre de Le Bègue de Presle*, insérée à la *Corr. litt. de Grimm*, juillet 1778. Voir aussi *Lettre conforme de Girardin à Rey. — Relation* de LE BÈGUE DE PRESLE.

doublé clé de notre appartement, entra, et non Mme de Girardin. J'étais couverte du sang qui coulait du front de mon mari; il est mort en me tenant les mains serrées dans les siennes, sans prononcer une seule parole [1]. »

Laissant de côté les différences de détail, qui sont assez peu importantes, il y en a une beaucoup plus grave : c'est que, d'après Thérèse, unique témoin de l'événement, Rousseau serait mort *sans prononcer une seule parole*. Il faudrait ainsi faire le sacrifice des belles phrases et des invocations sentimentales de ses derniers moments. Eh bien, franchement, nous ne les regretterions pas. Ce calme, cette paix, ce témoignage d'une conscience sans tache nous paraissent effrayants dans la bouche d'un homme comme Rousseau. Le juste lui-même est souvent pris d'effroi au moment du terrible passage. N'y a-t-il donc qu'un Rousseau qui n'ait rien, absolument rien à se reprocher; qui ne craigne pas de réclamer comme un droit la possession de Dieu et de l'éternelle félicité? Il est vrai qu'il avait dit à peu près la même chose dans ses *Confessions*; mais les deux situations sont très différentes : on ne pose pas d'habitude en face de la mort, surtout quand on n'a pas d'autre témoin que Thérèse Le Vasseur. Aussi, quand même il n'y aurait pas dans le récit de Le Bègue toute une mise en scène, des déclamations peu naturelles, des phrases qui sonnent faux, qui ne sont guère admissibles chez un homme frappé d'apoplexie, et que, les eût-il prononcées,

---

1. *Lettre de Thérèse à Corancez*, 27 prairial an VI. D'après Corancez les premières déclarations de Thérèse ne concordaient pas absolument avec sa lettre.

Thérèse n'aurait pu ni comprendre ni rapporter, nous préférerions encore la version qu'elle donna plus tard, comme plus honorable pour la mémoire de Rousseau. Comment se fait-il d'ailleurs que Le Bègue lui-même, dans la *Relation* qu'il publia un mois après sa lettre, déclare qu'il ne répétera pas « les propos faux ou inexacts qu'on attribue à Rousseau. Mme Rousseau, dit-il, qui était seule avec lui, était trop émue pour les retenir, en admettant qu'il ait pu les prononcer. Je me suis assuré par mes informations qu'il n'a montré ni ostentation ni faiblesse, mais affection pour sa femme, confiance en Girardin, espérance en la miséricorde de Dieu[1]. »

Enfin il existe une troisième ou quatrième version qui, sans s'arrêter aux détails, n'est intéressante que par sa conclusion : Rousseau aurait lui-même terminé sa vie par un suicide. Nous dirions bien : l'accusation est grave, si elle venait d'un ennemi ; mais elle n'est pas donnée comme une accusation et a pour auteurs les meilleurs amis de Rousseau, Corancez, Mme de Staël, et après eux Musset-Pathay. L'un, Corancez, dit qu'il s'est tiré un coup de pistolet ; une autre, Mme de Staël, qu'il s'est empoisonné, et Musset-Pathay, sans doute pour les mettre d'accord, déclare qu'il a commencé par prendre du poison, et que, la mort tardant à venir, il a dû avoir recours au pistolet[2].

---

[1] *Relation*, LE BÈGUE, 25 août 1778. — [2] CORANCEZ, *De J.-J. Rousseau*; — Mme DE STAËL, *Lettres sur le caractère et les ouvrages de J.-J. Rousseau*, 1789, et *Réponse* à ces lettres par CHAMPCENETZ. — *Lettre de Mme de Vassy à Mme de Staël*, et *Réponse de Mme de Staël* où elle reconnaît son erreur. — MUSSET-PATHAY, *Histoire de J.-J. Rousseau*. — *Lettre de Stanislas de Girardin à Musset-Pathay*, et *Réponse de Musset-Pathay*, 1824.

Faut-il qu'une fois de plus les indifférents aient à défendre Rousseau contre les imputations de ses partisans ? Écoutons d'abord leurs allégations.

Aussitôt que Corancez fut instruit de la mort de son ami, il accourut en hâte ; mais, chemin faisant, en passant par Louvres, village éloigné de quatre lieues d'Ermenonville, il fut frappé par un propos du maître de poste : « Qui eût cru, disait cet homme, que M. Rousseau se fût ainsi détruit lui-même ? » Il est vrai que Girardin, choqué de ce bruit, le combattit de toute sa force ; l'impression était faite, elle resta ineffaçable, et Corancez n'eut d'autre souci que d'en recueillir les preuves. Rousseau s'était fait en tombant une blessure au front ; cette blessure devint un trou profond produit par la balle d'un pistolet. On rapporta qu'il avait préparé et infusé lui-même des plantes dans son café ; ces plantes, en supposant que le fait fût certain, ne pouvaient être que du poison ; les coliques qui suivirent, les portes fermées, le refus de recevoir Mme de Girardin, pour ne pas la rendre témoin de la catastrophe finale, le démontraient largement. Il se déplaisait à Ermenonville, il avait le désir d'en partir, mais ne s'en sentait ni l'énergie ni les moyens : nouvelles preuves qu'il ne fallait pas négliger.

On en trouva d'autres depuis : des conversations plus ou moins authentiques, un petit nombre de lettres, contredites d'ailleurs par d'autres plus nombreuses, les habitudes d'ivrognerie et l'infidélité de Thérèse, les souffrances morales, la perspective d'une vieillesse triste et abandonnée ; tout cela parut plus que suffisant pour fonder une opinion arrêtée.

Et nous ne parlons ici que des amis ; il est juste d'ajouter que les ennemis n'en ont pas dit beaucoup plus. « Bien des personnes, dit Fréron, intéressées à le décrier auraient été charmées qu'il se fût donné la mort de ses propres mains ; mais il n'a pas cru devoir procurer cette joie à ses ennemis. Ce qui cause leur acharnement, c'est la juste crainte de se voir démasquées dans les mémoires qu'il laisse sur sa vie[1]. » Si l'origine des bruits de suicide n'est pas là, on y peut voir au moins le secret de la complaisance avec laquelle ils ont été accueillis, notamment par Grimm, et de la persévérance avec laquelle ils ont été propagés[2]. Bachaumont, par exemple, qui est d'abord assez peu affirmatif, ne le devient un peu plus que progressivement[3].

Un bruit qui se répand tient souvent à peu de chose. Voilà un homme très excentrique, très morose, qui meurt subitement ; un individu quelconque s'écrie : il doit s'être donné la mort ; et le public de répéter aussitôt : il s'est donné la mort. L'extraordinaire séduit la foule ; de preuves, elle n'en demande guère et, au besoin, on en peut toujours trouver pour satisfaire les gens qui sont plus difficiles. Cependant Girardin prit, sans tarder, des mesures pour détruire les raisons sur lesquelles on fondait le prétendu suicide de Jean-Jacques. Ses lettres à Sophie et à Rey, la *Relation* de Le Bègue de Presle, et plus tard les lettres de Mme de Vassy née de Girardin à Mme de Staël, de Thérèse à Corancez, de Stanislas de Girardin à Musset-Pathay

---

1. Fréron, *Année littéraire*, 1778, t. V. — 2. Grimm, *Corr. litt.*, juillet 1778. — 3. Bachaumont, 5, 7, 21 juillet, 17 août 1778 et 9 mars 1779.

ont été écrites dans ce but[1]. On y a vu des motifs intéressés et un parti-pris ; en tout cas, on n'a rien trouvé de sérieux à leur opposer. Personne n'a entendu le coup de pistolet ; personne n'a vu d'armes entre les mains de Rousseau ; Corancez n'a pas même voulu voir son corps, pour y constater cette blessure qu'il prétend si profonde. Il craignait alors de paraître révoquer en doute la parole de Girardin ; il a préféré le taxer plus tard de mensonge. Mais sur ce point, la réponse anticipée de Girardin est toute prête.

Il ne craignit pas, en effet, de faire mouler la tête par le sculpteur Houdon ; d'où l'on peut conclure que le crâne n'était pas fracassé, comme il arrive d'ordinaire en cas de coup à bout portant, que les traits n'étaient pas altérés, comme après un empoisonnement. Corancez dit tenir de Houdon que le trou était si profond qu'il avait été embarrassé pour en remplir le vide ; mais cette affirmation est contredite par Houdon, qui nie formellement avoir tenu ou pu tenir ce propos[2], et par l'inspection même du moule. Morin, qui était médecin, en a observé l'original. Il a constaté deux blessures au front, présentant l'une et l'autre l'aspect d'une forte contusion avec déchirure de la peau, et laissant apercevoir çà et là le crâne dénudé, mais intact. Rien n'indique qu'il y ait eu un remplissage à faire[3].

---

1. Voir ces lettres et ces documents. — 2. *Lettre de Houdon à Petitain*, 8 mars 1819. — 3. G. H. Morin, *Essai sur la vie et le caractère de J.-J. Rousseau*. On peut voir la reproduction du moule de Houdon à la Bibliothèque nationale, cabinet des estampes, portefeuille des portraits de Rousseau, coté D. C. 166. L'original lui-même appartient à M. Benjamin Raspail. (John Grand-Carteret ; note à l'article du Dr Roussel).

Enfin, Girardin a eu recours à une troisième preuve, qu'on peut appeler péremptoire, c'était l'autopsie et la constatation légale du genre de mort. Cinq médecins procédèrent à l'opération. Ils ne trouvèrent rien qui pût faire supposer une mort violente. L'ouverture de la tête et l'examen des parties renfermées dans le crâne leur montrèrent une quantité considérable (évaluée à huit onces) de sérosité épanchée entre la substance du cerveau et les membranes qui la recouvrent. Ils virent dans ce fait la cause de la mort, et l'attribuèrent dès lors à une apoplexie séreuse. Du reste, toutes les autres parties du corps étaient saines, sauf une légère cicatrice au front. Deux petites hernies inguinales, sans étranglement ni inflammation, ne pouvaient constituer un danger; l'estomac ne contenait que le café au lait absorbé le matin. Ils remarquèrent aussi que la maladie constitutionnelle dont Rousseau s'était plaint toute sa vie ne présentait aucune trace, ni intérieure ni extérieure [1].

Les autres preuves ne peuvent venir que comme appoint, et pour fortifier une opinion directement établie d'ailleurs. Rousseau se déplaisait-il à Ermenonville? Peut-être; surtout par moments. — Thérèse s'adonnait-elle à l'ivrognerie? Nous l'ignorons, mais elle en était bien capable. — Était-elle une épouse infidèle? Sa conduite ultérieure peut rendre cette supposition vraisemblable, quoiqu'il ne suive pas de là que son mari en fût instruit. Mais de ce qu'un

1. Procès-verbal des chirurgiens (en date du 3 juillet 1778, lendemain du décès) légalisé par le lieutenant du baillage et vicomté d'Ermenonville. — Acte de décès de J.-J. Rousseau et permis d'inhumer. Ces dernières pièces, aux Archives nationales, Section judiciaire, n° 15286.

homme est ennuyé et morose; de ce qu'il a une femme livrée à l'ivrognerie et au libertinage, il n'y a pas lieu de conclure d'une façon absolue qu'il va se donner la mort.

Mais ses lettres? Il est vrai qu'à deux jours différents, il en a écrit jusqu'à cinq, où il annonce son intention d'attenter à sa vie [1]. Il se croyait dans le cas de l'exception qu'il avait posée lui-même [2]. « Je pars, disait-il, pour la patrie des âmes justes. » Près de quinze ans après, il n'était pas encore parti, et dans l'intervalle il avait toujours réprouvé le suicide. Que Grimm parle d'accès de mélancolie, malheureusement trop certains, et d'intentions de suicide, qui ne le sont nullement [3]; que Mme de Staël s'autorise d'une lettre inconnue que lui aurait montrée Coindet, et du témoignage de Moultou, qui, d'après son petit-fils, aurait dit précisément le contraire des paroles qu'on lui avait prêtées ; qu'elle cite une ou deux phrases que Rousseau *a dû prononcer* le matin de sa mort [4]; à des conversations douteuses, à des lettres qu'on ne produit pas, à des allégations que Mme de Stael a été la première à désavouer [5], on peut opposer, outre les déclarations formelles de toutes les personnes qui ont constaté l'événement

---

1. *Lettres à Moultou et à Roustan*, 23 décembre 1761. Nous avons déjà dit que ces deux lettres n'ont pas été envoyées à leur adresse. Autres *Lettres à Duclos, à Martinet et à Moultou*, 1er août 1763. — 2. Des douleurs physiques intolérables et sans remède, qui altèrent les facultés au point de n'avoir plus l'usage de la volonté ni de la raison. *Nouvelle Héloïse*, 3e partie; *Lettre 22, de Milord Edouard à Saint-Preux*. — 3. *Corr. litt.*, juillet 1778. — 4. Mme DE STAËL, *Lettres sur le caractère de J.-J. Rousseau et Réponse de Champcenets.* — STRECKEISEN-MOULTOU, *Œuv. et Corr. de J.-J. Rousseau*, Introduction. — 5. *Lettre de Mme de Vassy à Mme de Staël et Réponse de Mme de Staël*, 1789. —

par elles-mêmes, les opinions certaines de Rousseau, ses lettres authentiques, celles qu'il écrivit à un jeune homme pour le détourner du suicide [1], celle surtout qu'il adressa à Thérèse le 12 août 1769. « Vous connaissez trop mes sentiments, écrivait-il, pour craindre qu'à quelque degré que mes malheurs puissent aller, je sois homme à disposer jamais de ma vie, avant le temps que la nature ou les hommes auront marqué [2].

Quand Musset-Pathay eut fait paraître son *Histoire de J.-J. Rousseau*, dans laquelle il prétendit mettre en pleine lumière le suicide de son héros, son œuvre suscita une énergique protestation de la part de Stanislas de Girardin, membre de la Chambre des députés et fils du marquis René de Girardin. La lettre de Stanislas de Girardin, venue quarante-six ans après la mort de Jean-Jacques, se bornant toutefois à faire valoir les preuves déjà connues, sans en apporter de nouvelles, nous l'aurions simplement mentionnée pour mémoire, si Musset-Pathay, par la faiblesse et l'inanité de sa réponse, ne s'était chargé, à sa manière, quoique bien malgré lui, de donner du poids à l'opinion qu'il combattait [3]. Ainsi, ne lui parlez pas du témoignage unanime de tous ceux qui ont constaté l'événement par eux-mêmes ; ce sont toutes personnes intéressées à tromper. Il aime bien mieux s'en rapporter à celles qui n'ont rien vu, qui n'ont rien connu que par ouï-dire, à Co-

---

1. 24 novembre 1770. — 2. *Lettre à Th. Le Vasseur,* 12 août 1769. — 3. *Lettre à M. Musset-Pathay,* etc., in-8°, 1824, par STANISLAS DE GIRARDIN ; — *Réponse à la lettre de M. Stanislas de Girardin,* etc., par MUSSET-PATHAY, in-8°, 1824. Voir aussi l'article de QUESNÉ, inséré au *Moissonneur* du 12 juillet 1824, en réponse à l'*Histoire de Musset-Pathay.*

rancez, à Mme de Staël, même au maître de poste de Louvres. — Ne lui citez pas les procès-verbaux des médecins et des magistrats. Que de procès-verbaux qui ne sont dus qu'à la complaisance ou à l'ignorance! — Ne lui opposez pas les contradictions de Corancez et de Mme de Staël. Ils ne se contredisent pas; ils diffèrent simplement et n'en méritent que plus de confiance. L'un parle de pistolet; l'autre de poison : pourquoi, si la dose de poison était insuffisante, Jean-Jacques n'aurait-il pas eu recours au pistolet? — Mais on n'a trouvé aucune trace de poison dans l'estomac : cela prouve que le poison était peu violent; on n'a pas entendu le coup de pistolet : c'est faute d'attention, ou parce que personne ne passait par là dans le moment. C'est donc bien en vain que Girardin s'était flatté de faire changer Musset-Pathay. Musset-Pathay, pas plus que Corancez, ne consentit à reconnaître son erreur. Seule, Mme de Staël eut assez de largeur d'esprit pour avouer qu'elle s'était trompée.

La discussion paraissait épuisée. Cependant la médecine, la médecine aliéniste principalement, voulut dire aussi son mot dans la question. Il ne semble pas toutefois qu'elle y apportât un contingent de lumières bien considérable, car les médecins ne se sont guère moins divisés que le commun des simples historiens, ou même n'ont pas craint de conclure à l'encontre des données de la science.

Nous connaissons l'opinion de Morin. Mercier, dans une brochure qui paraît fort savante, se vanta d'expliquer, par la maladie de Rousseau, son caractère, ses habitudes, et presque sa vie toute entière. Cependant, après avoir déclaré que cette maladie le disposait incontestablement au suicide, il n'en fut pas moins forcé de s'incliner devant les faits et, de même que Morin, il se prononça en faveur de la mort naturelle [1].

Enfin, il arriva un moment où l'Académie de médecine elle-même et les revues spéciales retentirent de ces débats.

Dubois d'Amiens s'engagea le premier dans cette voie. Son mémoire, lu par Bouchardat à l'Académie de médecine, conclut hardiment au suicide. Rousseau avait le cerveau dérangé ; il était hypocondriaque, malade, en proie au délire de la persécution ; tout, dans son état, favorise l'hypothèse du suicide. Il est un point notamment qui est capital : il a renvoyé Mme de Girardin. « Tout le suicide est là, s'écrie Dubois. Qu'on me cite, à moi, médecin, un malade qui ne demande pas de secours, qui ne veuille aucun témoin [2] ! »

Mais, lui répondent, chacun de leur côté, les docteurs Chéreau et Delasiauve, cette méthode est bien dangereuse. Un individu est fou, donc il s'est donné la mort ; qui ne voit le vice d'un tel raisonnement ? D'une façon générale, on a beaucoup abusé de la folie pour expliquer les crimes et les actions des hommes. Dans le cas particulier de Rousseau, elle fournit à peine une considération dont il y ait à tenir quelque compte.

Que le rapport ne soit pas très scientifique, personne ne le nie ; il est, en tous cas, ce qu'étaient la plupart des rapports de l'époque. Qu'on le remarque d'ailleurs ; s'il y avait eu un trou de balle, ce ne

---

1. Docteur MERCIER, *Explication de la maladie de Rousseau*, etc., in-8°, 1859. — 2. *Bulletin de l'Académie impériale de médecine* (mai 1866). Article de DUBOIS D'AMIENS.

serait plus une simple faute d'ignorance qu'il faudrait reprocher aux six ou sept médecins et magistrats qui ont figuré dans cet acte, mais une véritable complicité. En définitive, conclut Delasiauve, si peut-être la mort naturelle n'est pas absolument prouvée, il est certain que le suicide manque totalement de preuves[1].

On n'en finirait pas, si l'on voulait citer toutes les autorités. Dernièrement encore, un médecin allemand a voulu soumettre la question à un nouvel examen. Il attribue la mort de Rousseau à une paralysie du cœur. C'est une opinion qui, à notre connaissance, ne s'était pas encore produite[2]. En tout cas, on trouverait aujourd'hui fort peu d'auteurs ayant étudié la question, qui, d'une façon ou d'une autre, ne se prononcent pour la mort naturelle.

Nous ne sommes plus au temps où certains amis de Jean-Jacques mettaient une véritable complaisance et une sorte de passion à raconter et à démontrer son prétendu suicide. Pourquoi tant d'acharnement? Dans l'absence de preuves de part et d'autre, les présomptions seraient déjà en faveur de la mort naturelle, précisément parce qu'elle est naturelle; elles seraient encore de droit, parce que le suicide étant toujours, quoi qu'on dise, un acte infamant, il n'est permis de l'imputer sans preuves à

---

1. *Union médicale*, 5 juillet 1866; Article de Achille CHÉREAU et brochure in-8°. (A consulter, à cause des nombreuses autorités citées.) — *Journal de médecine mentale*, 1866; article de DELASIAUVE. — Voir aussi BARNI, *Histoire des idées morales et politiques au XVIIIe siècle*, 1867. — 2. P. J. MÖBIUS, *J.-J. Rousseau's krankheitgeschichte* (*Histoire de la maladie de J.-J. Rousseau.*) Leipzig, Vogel, 1889.

personne. Mais il se trouve qu'ici, c'est la mort naturelle qui est prouvée, tandis que le suicide n'est fondé que sur des doutes, sur des suppositions, sur des bruits sans consistance, sur des témoignages apocryphes ou sans valeur.

CHAPITRE XXXII

Sommaire : I. Appels persistants de Rousseau à la postérité. — Obsèques de Rousseau à Ermenonville.— Pèlerinages au tombeau de Rousseau. — Thérèse Le Vasseur après la mort de Rousseau.
II. Influence de Rousseau immédiatement après sa mort. — Son influence en général pendant la Révolution française.— Jusqu'à quel point est-il responsable de la Révolution.
III. Honneurs rendus à Rousseau par la Révolution. — Fête à Montmorency en l'honneur de Rousseau.— Fête à Genève. — Translation des restes de Rousseau au Panthéon. — Fête à Lyon.
IV. Déplacements divers des restes de Rousseau. — Son corps est-il encore au Panthéon? — Influence de Rousseau depuis la Révolution.

I

Non omnis moriar. Il n'est personne à qui l'on puisse appliquer mieux qu'à Rousseau cette parole du poète : Toute sa vie, il a travaillé et posé pour la postérité. Mécontent et dégoûté de ses contemporains, persécuté, outragé, méprisé (du moins il se l'imaginait) par la génération présente, il avait reporté tout son espoir vers celle qui devait suivre : ses *Confessions*, ses *Dialogues*, ses *Rêveries*, beaucoup de ses lettres, ne sont que des appels persistants à la postérité. Aujourd'hui, semblait-il dire, l'injustice, l'outrage, le mépris ; demain la réhabilitation et la justice.

Le 2 juillet 1778, la postérité a commencé pour lui, et elle a, en partie au moins, réalisé ses espérances. Ce n'est pas qu'elle ait offert avec le passé toute l'opposition qu'il rêvait. Pendant sa vie, il avait eu, quoi qu'il en dise, ses triomphes aussi bien que ses déboires, des admirateurs autant et plus que de détracteurs; après sa mort, il continua à être discuté, au moins il ne fut pas oublié. Son influence se perpétua par ses livres; il fut loué plus peut-être qu'il ne l'avait jamais été; il fut parfois combattu et réfuté; sa mémoire, devenue plus célèbre, reçut la consécration du temps; il y eut l'école de Rousseau, et aujourd'hui, après cent ans passés, le silence n'est pas encore fait sur sa tombe.

Un des premiers soins du marquis de Girardin fut de lui préparer une sépulture convenable. Il y avait, dans la partie la plus pittoresque du parc, un petit lac environné de coteaux et de bois, et au milieu du lac, une île de 50 pieds sur 35, plantée de peupliers, qui renfermait déjà depuis longtemps un petit monument élevé à la mémoire de Julie[1]; c'est dans ce lieu mélancolique et enchanteur, choisi un jour par Rousseau lui-même, qu'on résolut de déposer son corps. Girardin le fit embaumer et le renferma dans un cercueil en bois de chêne revêtu de plomb à l'intérieur. Il fit mettre dessus des médailles rappelant le nom, l'âge, la date de la mort du défunt; puis, le samedi 4 juillet, à 11 heures du soir, accompagné du médecin Le Bègue, de Corancez, de Romilly, beau-père de Corancez, du procureur fiscal Bimont, entouré d'une foule sympathique et émue qui s'étendait jusque sur les coteaux voisins, il le fit descendre dans la tombe qui lui avait été préparée. Peu de temps après, s'élevait dessus un mausolée d'une belle simplicité, revêtu d'inscriptions et orné de bas-reliefs[2]. Désor-

---

1. GRIMM, *Correspondance littéraire*, juillet 1778. — 2. Lettres du marquis de Girardin à Sophie, comtesse de X, juillet

mais l'île des Peupliers allait s'appeler l'Élysée et devenir un lieu de pèlerinage fréquenté par les curieux et les dévots de Rousseau.

Le concierge et les gens du pays auraient pu profiter de cette affluence pour se faire une source de revenus ; mais ils aimaient mieux, dit-on, garder les objets ayant appartenu au grand homme que de s'en dessaisir à prix d'argent. On cite des personnes qui auraient en vain offert cent louis d'une paire de sabots ou d'une touffe de cheveux, et l'on rapporte que Fabre d'Églantine, ayant emporté un sabot, fut poursuivi pendant plusieurs lieues par le propriétaire et forcé de restituer son larcin [1]. Beaucoup de visiteurs gravaient sur la pierre leurs noms ou des sentences tirées de la *Nouvelle Héloïse* ou de l'*Émile*. Par malheur, il n'y eut pas seulement des dévots. Plusieurs ne craignirent pas de souiller le monument, de gratter les anciennes inscriptions et de les remplacer par des épigrammes ou des injures ; de sorte que Girardin se vit forcé de ne permettre l'entrée qu'à des personnes connues. Parmi ces pèlerins d'un nouveau genre, il faut citer la reine Marie-Antoinette, accompagnée de toute la cour ; Louis XVI seul refusa de s'approcher [2].

1778 ; *du marquis de Girardin à Rey*, 8 août 1778. — *Lettre de Le Bègue de Presle*, juillet 1778. — *Journal de Paris*, 6 juillet 1778. — *Procès-verbal de l'inhumation de J.-J. Rousseau*, placé à la suite de la *Lettre de Stanislas de Girardin à Musset-Pathay*, en date du 8 juin 1824. Brochure in-8, 1824. — 1. QUESNÉ, *Particularités inédites*, etc. — *Moniteur du Quintidi*, 15 fructidor an VI. —

2. GRIMM, *Correspondance littéraire*, juin 1780. On dit que Bonaparte, premier consul, passant par Ermenonville, refusa aussi de visiter la maison qu'avait habitée Rousseau. Conduisez-y, dit-il, mon frère Louis ; c'est un philosophe, c'est un niais. — BARNI, *Histoire des idées morales et politiques au XVIIIe siècle*. 21e leçon.

Plusieurs, les plus fervents sans doute, ont publié leurs impressions, en prose ou en vers [1]. Un de ces opuscules, daté du 20 vendémiaire an III, nous apprend que le tombeau ne contenait que cette simple épitaphe : *Hic jacent ossa J.-J. Rousseau;* et, gravés en relief « les attributs de la vertu et du génie, la pique, le bonnet symbole de la liberté, et ces groupes d'heureux enfants qui, libres des liens qui enchaînaient leurs bras, semblent annoncer un nouvel âge d'or [2]. » Ce bas relief doit occuper encore aujourd'hui la même place. Celui dont parle M. John Grand-Carteret, et qui porte la signature de Le Sueur, 1782, ne paraît pas, en effet, en différer sensiblement [3]. Il rappelle pourtant assez imparfaitement la description que d'Escherny donne de ce qui existait en 1790 : bas reliefs aussi bien choisis que bien exécutés, se rapportant aux vertus, aux talents, à l'éloquence de l'illustre philosophe et aux services qu'il a rendus tant aux hommes qu'à leurs enfants [4].

Avant de quitter Ermenonville, il est à propos de dire un mot de celle qui, pendant plus de trente ans, avait été la compagne de Rousseau. Sans lui léguer une fortune, il ne la laissait pas au dépourvu. Maintes fois il avait recommandé à ses amis cette pauvre fille, qu'il croyait si dévouée. Dans une lettre importante, qu'on pourrait presque appe-

---

1. *Voyage de feu M. Le Tourneur à Ermenonville.* Aux *Œuvres de J.-J. Rousseau.* Édit. Poinçot (1788). Tome I. — 2. *Décade philosophique,* 20 vendémiaire an III. Relation suivie d'une pièce de vers par JOSEPH MICHAUD. — 3. JOHN GRAND-CARTERET, *J.-J. Rousseau jugé par les Français d'aujourd'hui,* p. 310. — 4. D'ESCHERNY, *De J.-J. Rousseau et des philosophes du XVIIIe siècle,* ch. XXV.

ler son testament, il lui avait adjoint sa filleule. « Quant à ce qui est entre vos mains, écrivait-il à Dupeyrou, je vous laisse absolument le maître d'en disposer après moi de la manière qui vous paraîtra la plus favorable aux intérêts de ma veuve, à ceux de ma filleule et à l'honneur de ma mémoire [1]. » Dupeyrou avait naturellement conclu de ces paroles qu'il aurait à répartir le produit des œuvres de son ami entre sa veuve et sa filleule ; mais Girardin, qui avait pris l'affaire en main, lui annonça faussement que cette dernière était morte. Qui l'avait induit en erreur? Thérèse, sans doute, Thérèse qui, dès le premier moment, avait agi sur le marquis de Girardin et lui avait exagéré sa misère. La chose s'éclaircit néanmoins ; nous ignorons si la fille de Rey eut sa part, mais nous savons au moins que Thérèse eut largement la sienne [2].

Girardin n'avait trouvé, à la mort de Rousseau, que fort peu de manuscrits, mais il s'occupait d'en réunir d'autres qui étaient épars de divers côtés. Il ne mentionne même pas les *Confessions*, qui pourtant devaient difficilement échapper à ses recherches. La veuve les aurait-elle aussi confisquées? Quoi qu'il en soit, il fut convenu entre lui et les deux dépositaires principaux, Dupeyrou et Moultou, qu'on ferait une nouvelle édition des Œuvres de Rousseau, au profit des ayants droit. Dupeyrou affirme que, de ce chef, Thérèse toucha 24,000 livres, et Streckeisen-Moultou que, quoique l'édition ait coûté fort cher, son grand-père et les héritiers de son grand-

---

1. *Lettre à Dupeyrou*, 12 janvier 1769. — 2. *Lettres du marquis de Girardin à Rey*, 8 août 1778; *de Dupeyrou à Rey*, 14 novembre, 7 décembre 1778 et 16 janvier 1779. Ces dernières sont insérées dans le *Recueil Bosscha*, conclusion.

père n'en payèrent pas moins à cette fille jusqu'à sa mort leur part de pension[1].

Elle-même avait personnellement ouvert une souscription pour publier les œuvres musicales de son mari, auxquelles il avait donné pour titre : *Les Consolations des misères de ma vie*[2].

Girardin garda Thérèse pendant un an environ et l'installa dans le chalet rustique qu'on avait préparé pour Rousseau ; mais il fut, dit-on, obligé de la chasser[3]. Elle se réfugia non loin de là, au Plessis-Belleville.

Fut-elle renvoyée à cause de sa conduite ou de son caractère ? L'un et l'autre est possible. Si l'on en croyait certaines rumeurs, son libertinage aurait daté de loin ; elle aurait eu des motifs secrets de rester dans le pays, et sa désolation de parade aurait eu pour but de couvrir des amours surannées et de bas étage. Cependant Stanislas de Girardin déclare qu'elle ne connut le palefrenier John que plusieurs mois, Mme de Vassy dit même, une année après la mort de son mari, et les curés d'Ermenonville et du Plessis lui donnèrent des certificats favorables[4]. Ces sortes de choses sont ordinairement d'une constatation difficile. Tout ce qu'on peut affirmer, et encore ce point n'est-il pas parfaitement

---

1. Streckeisen-Moultou, *Œuvres et corresp. de J.-J. Rousseau*. Introduction. — 2. *Lettres de Thérèse à Panckoucke et à Fréron*, 25 novembre 1778 et 18 février 1779. *Année littéraire de 1779*, t. II. — 3. *Le Moissonneur*, t. I, p. 21, article de Quesné. — 4. *Lettres de Mme de Vassy, née de Girardin, à Mme de Staël ; de Stanislas de Girardin à Musset-Pathay.* — *Certificats des deux curés* en date du 16 juin 1789 et du 31 octobre 1790. Insérés au *Recueil des pièces relatives à la motion faite à l'Assemblée nationale au sujet de J.-J. Rousseau et de sa veuve*. Imprimerie nationale, 1791.

éclairé, c'est qu'elle s'amouracha d'un certain Irlandais, palefrenier du marquis de Girardin, nommé John. Nous ne savons si elle l'épousa; mais il est plus probable que, pour garder le titre de veuve Rousseau, qu'elle n'aurait pas, dit Barrère, échangé contre une couronne, et surtout les profits attachés à ce titre, elle préféra vivre librement avec lui, mangeant tout l'argent qu'elle pouvait tirer de ses bienfaiteurs et se réduisant en fin de compte à la misère. Le maire du Plessis a donné des détails sur ce faux ménage [1].

Bachaumont toutefois ne parle pas de John, mais de Nicolas Montretout, avec qui il la marie en 1779, et Grimm, un an plus tard, ne donne encore son mariage que comme simplement prochain [2].

Les écarts de mœurs de Thérèse Le Vasseur n'empêchèrent pas Mirabeau de lui écrire une belle lettre, bien respectueuse [3], et l'Assemblée nationale de lui voter une rente de douze cents francs, plus tard portée à quinze cents [4].

Morin a vu dans ces témoignages d'estime [5] et dans les divergences sur les faits que nous signalions tout à l'heure un moyen de laver Thérèse des reproches qui lui sont faits [6]; mais il est bien possible

---

1. Article de QUESNÉ, au *Moissonneur*. — 2. BACHAUMONT, 27 novembre et 17 décembre 1779. — 3. *Corr. litt.*, octobre 1780. — 4. *Lettre de Mirabeau à M*^{me} *veuve Rousseau*, 12 mai 1790. — 5. Séances du 21 décembre 1790 et du 22 fructidor an II. — *Lettre de remerciements de Thérèse à l'Assemblée nationale*, 3 janvier 1791; (au *Recueil des pièces*, etc.) Voir aussi, *Protestation d'un député royaliste, ancien ami de Rousseau, contre le décret*; (*Ami du roi*, 31 janvier 1791.) D'après ce député Thérèse ne se faisait pas alors moins de 2,630 livres de revenu. — 6. G. MORIN, *Essai sur la vie et le caractère de J.-J. Rousseau*, ch. VIII. — GINGUENÉ, *Lettres sur les Confessions*, p. 137.

que Mirabeau et l'Assemblée nationale se soient peu renseignés. Thérèse signait veuve de J.-J. Rousseau, ce qui était à peu près vrai; on honorait la mémoire de Rousseau dans sa veuve ou dans celle qui se donnait comme telle, c'est là tout ce qu'on voulait.

Le dernier acte que nous connaissions de Thérèse est un acte d'ingratitude. Elle s'est jetée, dit-elle, dans les bras du marquis de Girardin; elle lui a remis tout l'argent comptant qui était dans la maison; elle l'a laissé s'emparer des manuscrits, de l'herbier, de la musique; elle a accepté en payement une rente viagère qui lui a été remboursée en assignats; presque octogénaire elle n'a plus pour vivre qu'une rente viagère sur des particuliers de Genève, qui est dificilement payée, et les quinze cents francs, accordés par la Nation, qui ne le sont pas non plus bien exactement[1]. Mais ces accusations sont contredites par tous les historiens, aussi bien que par le bon sens. Comment admettre que le marquis de Girardin, riche et bien disposé comme il l'était, n'ait pas même payé à Thérèse ce qu'il lui devait? Elle mourut au Plessis-Belleville, le 12 juillet 1801. Elle avait près de quatre-vingts ans.

II

Pendant les dix ou douze années qui suivirent sa mort, Rousseau eut le sort des grands écrivains qui ont remué beaucoup d'idées, qui ont fait école et ont le privilège de passionner l'opinion. La pu-

---

1. *Lettre de Thérèse à Corancez*, 27 prairial an VI.

blication des six premiers livres des *Confessions* produisit une surexcitation momentanée ; les écrits pour ou contre se multiplièrent. Nous ne mentionnons toutefois ce mouvement que pour mémoire, afin d'insister sur une autre glorification encore plus générale et plus puissante, et, dans tous les cas, d'un caractère plus officiel.

Arrive la période révolutionnaire : Alors Rousseau triomphe ; du fond de sa tombe, il inspire les résolutions et dirige les événements ; il est le véritable souverain de l'époque. Mais évidemment les Français ne se trouvèrent pas, sans préparation, devenus, du jour au lendemain, les disciples de Rousseau. S'ils le furent en 1789, ils devaient l'être la veille ; s'ils firent 1789 et ensuite 1793, ils y étaient préparés par quelque chose d'antérieur et ne firent que traduire dans les événements ce qu'ils avaient dans les idées. On peut voir dans les faits de la Révolution que Rousseau en fut le grand inspirateur ; il n'est pas difficile d'en conclure qu'il en fut à l'avance l'initiateur et le préparateur. « Jean-Jacques Rousseau, dit un écrivain très favorable à la Révolution, mourut en 1778, onze ans avant l'ouverture des États généraux. Il n'y avait pas, au côté gauche de la Constituante, un homme qui ne fût, à vrai dire, son disciple, et jamais philosophie n'obtint une exécution si complète de ses maximes. Cette influence a été généralement salutaire. Otez Jean-Jacques Rousseau du xviiie siècle ; n'y laissez que Montesquieu et Voltaire ; vous ne pourrez plus expliquer l'insurrection des esprits, leur ardeur à conquérir la liberté, leur enthousiasme, leur foi, les caractères, les vertus, les puissances, les grandeurs de notre Révolution, Condorcet, Mme Roland et la

Gironde, la tribune de la Convention[1]. » Ces paroles seraient confirmées au besoin par cent autres citations, prises dans n'importe quel parti. C'est un fait peut-être unique dans l'histoire qu'une révolution longue, difficile et d'une influence décisive sur les destinées d'un grand peuple, entreprise et accomplie au nom et sous l'inspiration d'un homme mort depuis dix ou quinze ans. Il est bon de montrer par des exemples que tel fut en réalité l'un des caractères de la Révolution française.

Dès le principe, les mandats donnés par les électeurs à leurs représentants aux États généraux manifestent l'influence de Jean-Jacques Rousseau. Les Cahiers du Tiers État étaient, en effet, pénétrés de ses idées ; ceux même de la Noblessse et du Clergé n'étaient pas sans en porter la marque. Quant aux discours prononcés dans les assemblées, depuis la Constituante jusqu'au Directoire, leur enseignement sur ce point est absolument décisif. Qu'on les prenne tous, les uns après les autres, à quelque nuance d'ailleurs qu'appartienne l'orateur, pourvu que ce ne soit pas à la droite de la Constituante, et l'on en trouvera à peine quelques-uns qui ne se prévalent de l'autorité de Rousseau[2]. On ne lui reproche qu'une seule chose, c'est « dans ce temple, le plus superbe de l'architecture sociale... d'avoir oublié l'insurrection, le premier, le plus beau et le plus incontestable droit des peuples ou-

---

[1]. *J.-J. Rousseau*, par LERMINIER. Article de la *Revue des Deux Mondes*, 15 novembre 1831. — [2]. On peut consulter à ce sujet : MERCIER, *De J.-J. Rousseau considéré comme l'un des auteurs de la Révolution*, 2 vol. in-8, 1791 ; — LA HARPE, *Lycée*. Articles sur Rousseau, sur Montesquieu, sur la philoso-

tragés[1]. » « On a dit : Montesquieu c'est la Constituante, Rousseau c'est la Convention ; ce partage est injuste. Sauf quelques discours de Mounier et de Mirabeau, le *Contrat social* a inspiré toute la Constituante, témoin le serment du Jeu de Paume, la nuit du 4 août, la déclaration des droits, et ces choses sont contraires aux idées de Montesquieu [2]. » « La meilleure Constitution qui existe, disait-on dès 1791, est la française, parce qu'on y a mieux étudié qu'ailleurs les principes du *Contrat social* [3]. »

Qu'il s'agisse de grandes ou de petites questions, de constitutions ou de lois, de droit international ou de droit privé, de l'intérêt général ou de l'utilité des particuliers, du clergé ou des émigrés, de religion, de justice, d'enseignement, de subsistances, de guerre, de finances, Rousseau suffit à tout, remplit tout de l'autorité de son nom ; chacun sait que, s'il peut persuader qu'il est de l'avis de Rousseau, sa cause est gagnée auprès de la majorité. Que de fois, tant son autorité est grande, ses idées ont été revendiquées par les partis contraires, au bénéfice des opinions les plus opposées.

---

phie au xviiie siècle, etc. ; — Nisard, *Histoire de la littérature française*, t. IV. Article Rousseau ; — Paul Janet, *Histoire de la philosophie morale et politique*, t. II ; — Barni, *Histoire des idées morales et politiques au* xviiie *siècle*, t. II. Leçons 27 à 31 ; — Léon Gautier, *Vingt nouveaux portraits* ; — Taine, *Les Origines de la France contemporaine*, et une foule d'autres ouvrages. Un seul partisan des idées nouvelles, l'Oratorien Daunou, osa, à notre connaissance, n'être pas en tout de l'avis de Rousseau, et encore, avec quelle religieuse timidité il se permet de signaler les taches de ce nouveau soleil : *De la religion publique ou Réflexions sur un chapitre du Contrat social*, par M. Daunou, de l'Oratoire ; *Esprit des Journaux*, 12 avril 1790. — 1. Mercier, sect. 2. — 2. Paul Janet, t. II, p. 505. — 3. Mercier, sect. 11.

Aussi, une grande partie de ce que, dans un certain langage, on appelle les conquêtes de la Révolution, est-elle l'application plus ou moins fidèle de ses théories. Sauf le régime représentatif, auquel, comme on sait, Rousseau était opposé, il n'y a rien en quelque sorte qui ne soit son œuvre. Tout le monde est d'accord pour lui attribuer l'introduction dans la pratique des gouvernements modernes du grand principe de la souveraineté du peuple. On lui fait également honneur des idées d'égalité civile et politique et de liberté individuelle ; on y peut joindre la toute-puissance de la loi, l'absorption de l'individu par l'État, l'écrasement des minorités, le fanatisme patriotique, qui a joué un si grand rôle dans les événements de cette époque, l'affaiblissement des idées de propriété, l'ingérence du pouvoir civil dans le domaine des consciences. La confiscation des biens de l'Église et des émigrés n'est que l'application des principes de Rousseau sur la propriété ; la constitution civile du clergé, l'abolition des vœux, comme contraires à la nature et favorisant le fanatisme, la suppression de ce qui restait encore des corporations, comme portant atteinte à l'unité nationale, sont la mise en pratique de son chapitre sur la *Religion civile*. La reconnaissance par Robespierre de l'existence de l'Être suprême et de l'immortalité de l'âme a la même origine. Et le peuple assemblé en permanence, et les élections perpétuelles, et les levées en masse, et l'éducation professionnelle et nationale, et le culte de la Raison, et les fêtes républicaines de la Jeunesse, de la Vieillesse, des Époux, de l'Agriculture, et le bouleversement des usages, des costumes, du langage, des manières, des sentiments, des choses et des noms, est-il un fait ou une institution où l'on ne retrouve en quelque sorte la signature de Rousseau?

De la grande tribune nationale et des actes officiels des gouvernements, voulons-nous descendre à des tribunes moins élevées ou aux événements de la rue, aux Jacobins, aux Clubs, aux réunions publiques, aux articles de journaux, aux livres, aux pamphlets, aux brochures, aux hommes et aux femmes de la Révolution, nous n'y retrouvons pas moins le nom de Rousseau; il est cité partout, il remplit tout de sa personne. Parmi ses disciples, Mme Rolland est une des plus brillantes, Robespierre se donne comme le plus fidèle. Il avait toujours le *Contrat social* sur sa table, comme une sorte d'évangile. Il écrivit, dit-on, son rapport sur l'immortalité de l'âme sous les ombrages de Montmorency et, en apôtre fidèle de la tolérance selon Rousseau, il envoya à l'échafaud quiconque osait le contredire. Charlotte Corday elle-même s'était nourrie des ouvrages de Rousseau, et Marat, « Marat au cœur sensible », comme on l'a appelé quelque part[1], faisait des lectures publiques du *Contrat social*.

La Révolution a la prétention d'imiter Rousseau jusque dans son style. Il est vrai que, le plus souvent, elle n'en fait que la caricature. Elle a ses tirades sentimentales qui se promènent dans le sang; elle a sans cesse à la bouche le bonheur de l'humanité; mais ses utopies humanitaires ne se réalisent qu'à force d'amputations.

---

1. *Lettre adressée au député girondin Ducos par sa femme.* Voir WALLON, *Histoire du tribunal révolutionnaire*, t. I, ch. XI.

Enfin, les communistes eux-mêmes doivent reconnaître la paternité de Jean-Jacques. Ils ont sa doctrine sur la propriété. Il est à remarquer que Babeuf, dans son procès, étayait son système par de nombreuses citations de Mably, de Diderot et de Rousseau [1]. Il est vrai que le communisme relève plutôt du *Discours sur l'Inégalité* que du *Contrat social;* que le premier est le code de la révolution sociale, comme l'autre est celui de la révolution politique ; mais, d'une façon comme d'une autre, c'est toujours Rousseau.

Quelques personnes cependant ont nié que Jean-Jacques Rousseau fût un véritable précurseur de la révolution, sous prétexte que, s'il eût vécu, il en eût répudié les violences. Que ce soit pour lui en faire un mérite ou un reproche, peu importe. Ainsi, peu de temps avant que parût le livre : *J.-J. Rousseau considéré comme un des auteurs de la révolution française* [2], il en avait paru un autre : *J.-J. Rousseau aristocrate* [3]. Autrefois on avait fait aussi un *Rousseau chrétien*. Tous ces ouvrages peuvent être vrais ; mais ils ont l'inconvénient de ne rien prouver. Jamais écrivain ne prêta plus que Jean-Jacques à des jugements divers, selon le choix qu'on faisait dans ses œuvres, par la raison que jamais aucun, avec une direction générale unique, ne fit plus d'échappées contradictoires à droite et à gauche.

Il est juste cependant de faire une distinction très importante à ce sujet. On peut, dans la révolution, considérer trois choses : les principes, les

---

1. *Moniteur*, 9 mai 1797. — 2. Par Mercier, 2 vol. in-8, 1791. — 3. Par Ch. F. Le Normand, in-8 de 109 p., 1790.

moyens et le but. Sur les principes, contrat social, souveraineté du peuple, omnipotence de la loi, etc., il ne peut y avoir l'ombre d'un doute : oui, Rousseau fut un révolutionnaire, et non pas un révolutionnaire vulgaire, mais un chef écouté et obéi, un maître puissant, un initiateur, un législateur. Sur le but, on peut voir par l'énumération de ce qu'on a appelé les conquêtes de la révolution, combien il y en a dont Rousseau peut réclamer la paternité. Il est sûr d'ailleurs qu'on ne se serait pas tant prévalu de ses idées, si on ne les avait pas partagées. « Les maximes de Rousseau, dit encore Mercier, ont formé la plupart de nos lois, et nos représentants ont eu tout à la fois la modestie et la loyauté d'avouer que le *Contrat social* fut, entre leurs mains, le levier avec lequel ils ont soulevé et enfin renversé ce colosse énorme du despotisme qui, depuis tant de siècles, foulait si cruellement la nation [1]. »

Quant aux moyens, on doit reconnaître que Rousseau fut constamment l'ennemi de la violence et des excès matériels. C'était chez lui affaire de tempérament. Non seulement la violence lui faisait horreur, mais un acte simplement énergique effrayait sa paresse. Jean-Jacques, avec une intelligence d'élite, était au fond un pauvre caractère. Nous avons au moins ici le bon côté de sa mollesse. Heureux si ses disciples, les Barrère, les Robespierre, les Lebon et tant d'autres avaient, comme lui, manqué de caractère. Sous ce rapport donc, ses disciples l'ont fort mal suivi. En face du Comité de Salut public et de la Terreur, il eût, s'il avait vécu,

---

1. MERCIER, sect. XI.

renié ses fils, et eût protesté contre l'usage ou l'abus qu'on faisait de son nom et de ses idées, comme il désavoua du reste ses partisans dans les affaires de Genève, après les avoir poussés. Qui nous dit que ses fougueux disciples ne lui auraient pas alors appris à ses dépens qu'on ne lâche pas impunément la bête révolutionnaire? On a mis en problème la question de savoir s'il était possible d'obtenir sans violence les fruits de la révolution. Il est sûr que Rousseau eût répudié ces fruits, s'ils n'avaient pu être obtenus qu'à ce prix. Pour lui faire donc sa part équitable de responsabilité dans les événements de la révolution, il faut dire qu'il est directement responsable des principes et des résultats, mais qu'il ne l'est qu'indirectement des excès et des violences. Il n'était pas fait pour la lutte, du moins pour la lutte dans la rue ou sur les champs de bataille. Il lui manquait pour cela les deux qualités premières, le courage et la discipline. Représentez-vous donc Jean-Jacques, le sabre à la main, payant de sa personne dans une insurrection populaire! Aussi a-t-il toujours détesté le métier de soldat. Il ne savait ni commander ni obéir; il n'était fort que la plume à la main. C'est pour cela que, par orgueil, au moins autant que par goût, il a toujours recherché la solitude.

III

Nous venons de voir ce que Rousseau a fait pour la Révolution; voyons maintenant ce que la Révolution a fait pour Rousseau.

Il y a peu de chose à dire de l'*Éloge de J.-J.*

Rousseau, mis au concours par l'Académie française en **1790**. Il fut présenté beaucoup de mémoires, en général fort médiocres ; plusieurs ont été publiés par les auteurs ; aucun ne fut couronné. D'Escherny avait doublé le prix, qui était primitivement de six cents francs, et avait concouru lui-même, mais il ne fut pas plus heureux que les autres [1]. Citons aussi une pièce de théâtre de Bouilly : *J.-J. Rousseau à ses derniers moments*, qui fut très goûtée dans le temps [2].

Pendant que les littérateurs faisaient l'éloge de Rousseau, que les poètes le chantaient, que les auteurs dramatiques le plaçaient sur le théâtre, les sculpteurs gravaient son image sur les pierres de la Bastille [3]. La mode n'était pas encore venue de prodiguer les statues ; mais évidemment Jean-Jacques était un des premiers qui eût des titres à une exception. Deux simples particuliers de Lusignan prirent l'initiative d'une souscription à un écu. Un des souscripteurs promit, pour le socle, les plus fortes pierres de la Bastille ; d'autres firent des vers [4].

Le 10 juillet, le buste de Rousseau ayant été porté en triomphe autour des ruines de la Bastille et dans les districts de Paris [5], le lendemain, l'Assemblée na-

---

1. D'Escherny, *De Rousseau et des philosophes du XVIIIe siècle*, ch. XXVI, et *Éloge de Rousseau*. — Baruel-Beauvert, *Vie de J.-J. Rousseau*, préface. — 2. 1791, in-8. Voir le *Moniteur* du 6 janvier 1791. — 3. *Moniteur* du 7 octobre 1791. Voir dans Quérard, *La France littéraire*, la liste des *Éloges*. pièces de vers, drames, comédies, composés à cette époque sur Jean-Jacques Rousseau. — 4. Prud'homme, *Révolutions de Paris*. Lettre du 20 janvier 1790. — Ern. Hamel, *La Statue de J.-J. Rousseau*, 1868, in-12. — 5. John Grand-Carteret, p. 520.

tionale vota unanimement la statue [1]. Cependant, huit mois plus tard, rien n'était encore fait. Dans l'intervalle, Voltaire et Mirabeau avaient été transportés au Panthéon, et le portrait en relief de Rousseau y avait figuré avec honneur. On ne pouvait faire moins pour lui que pour les autres. Deux députations, l'une de citoyens et de gens de lettres de Paris, l'autre d'habitants de Montmorency, vinrent donc le 27 août à la barre, réclamer l'exécution de la statue et la translation au Panthéon du *premier fondateur de la Constitution française*. Ces demandes, on le pense bien, furent accueillies avec transport [2]. On s'arrangea même de façon à ne pas paraître rendre tardivement à Jean-Jacques Rousseau des honneurs qu'on avait déjà rendus à d'autres, mais à rétablir en sa faveur une priorité qui lui appartenait éminemment. Une seule difficulté pouvait arrêter, l'opposition de Girardin; mais Girardin ne tiendrait-il pas à honneur de sacrifier ses préférences aux désirs de l'Assemblée? Et d'ailleurs, disaient quelques-uns, les restes de Rousseau sont la propriété de la nation, et non celle de Girardin [3].

---

1. *Moniteur* du 11 juillet 1790. Voir aussi *Recueil des pièces relatives à la motion*, etc. — *Projet de discours et de motions* de D'EYMAR, 29 novembre 1790. — *Discours et motions* de BARRÈRE, D'EYMAR, etc., 21 décembre 1790. La Révolution, a dit M. Auguste Castellant, n'a décrété qu'une statue, une seule, celle de Jean-Jacques Rousseau. (*Discours du centenaire de 1789*.) — 2. Il fut question d'un concours; Houdon refusa de concourir. *Réflexions sur les concours en général, et sur celui de la statue de J.-J. Rousseau en particulier*, par HOUDON, sculpteur du Roi, in-8 de 13 p. Cependant Houdon avait fait précédemment un buste de Rousseau, qui dut même être placé dans la salle des séances. (Décret de l'Assemblée nationale en date du 27 juin 1790.) — 3. Séance des 26 et 27 août 1791. (Au *Moniteur* du 30.)

Celui-ci refusa cependant. Il réussit même à faire agréer ses raisons par l'Assemblée, mais non par le club des Jacobins [1]. Or, comme dans ce beau temps de délations et de suspicions, il était dangereux de déplaire au club des Jacobins, Girardin jugea prudent de se soumettre. Il avait pour lui, il est vrai, des autorités considérables, l'auteur des révolutions de Paris [2] et, comme il dit, notre digne et malheureux ami Marat. Cependant, ajoute-t-il, il est le premier à désirer que ce dépôt sacré repose désormais sous la sauvegarde générale et les auspices de tout le peuple français. Il demande seulement, pour se conformer aux dernières volontés de Jean-Jacques, qu'il soit transféré dans les Champs-Élysées, dans une île de la Seine plantée de peupliers, et que, pour prix du sacrifice que le sentiment de l'amitié fait volontiers à celui de la patrie, son disciple et vieil ami soit relevé de la tache originelle par un baptême républicain, sous le nom d'Émile, et autorisé à ne plus être désormais mentionné que sous ce nom dans les actes et registres publics [3].

Malgré tout, l'exécution de la statue continuait à subir des retards. On avait beau les dénoncer à la tribune, en rendre responsables « un roi fourbe » (Louis XVI) et « un ministre hypocrite » (Rolland), tout était inutile. Il arriva même un jour que le buste de Rousseau ayant été mis en parallèle avec celui de

---

1. PRUD'HOMME, *Révolutions de Paris*, numéros du 27 août au 3 septembre et du 3 au 10 septembre 1791. — *Lettre de Girardin* lue à l'Assemblée le dimanche 4 septembre 1791. — *Moniteur* du 22 septembre 1791. — 2. Voir les numéros ci-dessus. — 3. *Lettre de René Girardin à la Société des Jacobins*. Quartidi, 2ᵉ décade de brumaire an II. Au *Moniteur* du 3 du 2ᵉ mois de l'an II de la République (24 octobre 1793). Girardin était membre du club des Jacobins.

Marat, ce dernier obtint la préférence[1]. En attendant, les législateurs faisaient placer dans la salle des séances les bustes de Rousseau et de Mirabeau, sculptés en relief sur des pierres de la Bastille[2] ; ou bien ils s'amusaient à recevoir des hommages de statuettes, de portraits, de nouvelles éditions des œuvres du grand citoyen. Ils étaient surtout heureux quand on leur apportait ses manuscrits et ordonnaient des recherches pour s'en procurer le plus possible[3].

Girardin, toujours empressé de plaire au gouvernement nouveau, n'avait pas manqué de se dessaisir en sa faveur de tous les manuscrits qu'il possédait. Il espérait que Dupeyrou ferait également hommage des siens à la Bibliothèque nationale de Paris. Mais Dupeyrou, qui était de Neuchâtel, préféra les donner à la bibliothèque de sa ville[4]. Ils y sont encore actuellement. Thérèse, de son côté, déposa solennellement sur le bureau de la Chambre le manuscrit des *Confessions*. Elle était rentrée en possession de ce trésor à la mort de Girardin, à qui, dit-elle, elle l'avait remis d'abord. Elle ne voulut pas, évidem-

---

1. *Moniteur*, octidi, 2ᵉ décade de brumaire an II. — 2. *Moniteur* des 7 et 8 octobre 1791.— 3. *Moniteur* du 15 avril 1791 ; dépôt de l'édition Poinçot, — 17 fructidor an II ; manuscrit de la *Nouvelle Héloïse* ; — 24 vendémiaire an III ; demande de manuscrits à un éditeur habitant Neufchâtel ; — brumaire an II. Dépôts divers ; — 2 nivôse an IV ; gravure ; — 16 et 18 pluviose, 9 thermidor an IV ; édition Didot, etc. Un peu plus tard, en 1797, un libraire crut honorer à la fois les noms de Rousseau et de Bonaparte, en dédiant au citoyen général en chef de l'invincible armée d'Italie une nouvelle édition du *Contrat social* de l'immortel Rousseau. (Voir QUÉRARD, article *Rousseau*.) — 4. *Note sur les manuscrits de J.-J. Rousseau remis au Comité d'instruction publique par le citoyen René Girardin père*, s. d. Bibliothèque de la Chambre des députés.

ment, négliger un aussi bon moyen de se ménager les faveurs de la Convention. Le paquet ne devait être ouvert qu'en 1801 ; mais au moyen de quelques distinctions plus ou moins subtiles, on ne fut pas embarrassé de l'ouvrir sur-le-champ. Du reste, les *Confessions* étant déjà publiées, le manuscrit perdait beaucoup de son prix [1].

La petite ville de Montmorency ne craignit pas de prendre l'avance sur la capitale, et de faire ce que Paris lui-même tardait à exécuter. La maison que Jean-Jacques avait habitée à Montmorency était occupée par un de ses admirateurs, nommé Chérin. Grâce aux soins de celui-ci, et sous sa direction, un monument rustique fut élevé au citoyen de Genève, dans un vieux bois de châtaigniers, au milieu duquel il venait autrefois se jeter dans les bras de la nature.

La fête d'inauguration eut lieu le 25 septembre 1791. La garde nationale, le maire, la municipalité, des députations des électeurs de 1789, de la Société fraternelle, de la Société d'Histoire naturelle, de la Société des Amis de la Constitution formaient le cortège. Des hommes portaient une grosse pierre extraite des cachots de la Bastille et ayant en creux le portrait du *dieu de la fête ;* le buste était soutenu par des mères de famille entourées d'enfants ; des jeunes filles en robes blanches, avec ceintures tricolores, marchaient au son d'une musique guerrière. Parmi les assistants, on remarquait un parent de Rousseau, des membres de l'Assemblée nationale, des poètes, Fabre d'Églantine, Bernardin de Saint-Pierre, Ducis, le naturaliste Bosc.

---

1. *Moniteur* du 8 vendémiaire an III.

Le buste est déposé à sa place; chacun le couronne de fleurs; des discours sont prononcés; le soir, seize cents lampions (encore dus après cinquante-deux ans, dit Quesné) éclairent les bosquets; les danses se prolongent jusqu'au jour; l'enthousiasme est général; enfin l'empressement à l'inauguration de la *Sainte Image* contraste heureusement, suivant certaines gens, avec l'isolement où on laisse Louis XVI et Marie-Antoinette dans leurs Tuileries. Peu d'années après, le monument disparut et les pierres furent dispersées [1].

Genève tint aussi à honorer la mémoire de son grand citoyen. On lui éleva une colonne de quarante pieds de haut, surmontée de son buste. La cérémonie d'inauguration fut ce que sont toutes ces fêtes : musique, comités populaires, officiers municipaux et représentants de la nation, chœurs de jeunes garçons et de jeunes filles portant la statue de la liberté, groupe de mères de famille, à la tête desquelles était la sœur de lait de Rousseau, fleurs et couronnes, chants et discours, repas patriotique et danses.

La fête, commencée en 1793, le jour anniversaire de la naissance de Rousseau, se continua à pareille époque, pendant cinq années. En 1798, Genève étant occupée par la France, le corps administratif déclara que « la patrie genevoise ayant cessé d'exister, il est hors de propos de célébrer la fête de notre grand patriote [2]. »

---

1. PRUD'HOMME, *Les Révolutions de Paris*, 24 septembre au 1ᵉʳ octobre 1791; — QUESNÉ, *Particularités*, etc. — 2. GABEREL, *J.-J. Rousseau et les Genevois*, ch. VI, § 1; — *Moniteur* du 11 juillet 1793. — Extrait des registres de *l'Assemblée nationale* de Genève; cité au *Moniteur* français du 7 janvier 1794.

Mais la grande cérémonie de l'apothéose était destinée à effacer toutes les autres. Plusieurs fois, comme on le sait, elle avait été demandée. Thérèse elle-même, accompagnée d'une députation de la Société républicaine de Franciade (Saint-Denis) avait apporté ses réclamations [1]. Le Comité d'instruction publique fut chargé d'étudier la question [2]. Lakanal, dans un long rapport, établit les titres de Rousseau à des honneurs exceptionnels, régla la composition et l'ordre du cortège et donna tout le programme de la fête. Elle fut fixée au 20 vendémiaire an III. Il avait d'abord été question du cinquième jour complémentaire; mais l'apothéose de Marat devant avoir lieu ce jour-là, pour la seconde fois, Rousseau se trouva en compétition avec Marat, et pour la seconde fois, Marat lui fut préféré [3].

Cependant, par une sorte de compensation, la fête de Rousseau fut autrement solennelle et brillante que celle du féroce révolutionnaire [4]. Les Genevois avaient obtenu d'y être largement représentés [5], et le club des Jacobins avait décidé de s'y transporter en masse [6].

Le 18 vendémiaire, dès 4 heures du matin, le corps de J.-J. Rousseau, pieusement déposé sur un char décoré avec richesse par les soins de l'écuyer Franconi, partait d'Erménonville et prenait lentement le chemin de Paris. Tout le long du par-

---

1. *Moniteur* du 27 germinal an II. — 2. *Moniteur* du 18 fructidor an II. — 3. Après le 9 thermidor, Rousseau prit sa revanche, et ses bustes furent plus d'une fois appelés à remplacer ceux de Marat. (JOHN GRAND-CARTERET, p. 520.) — 4. Séance du 26 fructidor an II, (au *Moniteur* du 29.) — 5. Séance du 23 floréal an II, (au *Moniteur* du 24.) — 6. Séance du 19 vendémiaire an III.

cours, des musiciens montés sur un autre char faisaient entendre des airs funèbres. Il avait été décidé qu'on irait par Émile (c'était le nouveau nom de Montmorency) ; on y arriva tard et l'on y passa la nuit. Cependant, sur l'observation faite à Ginguené, un des membres délégués par la Convention, que ce char couvert de dorures jurait avec la simplicité de Jean-Jacques, on se mit en devoir, avec des peupliers, des gazons, des pervenches, de disposer les choses d'une façon plus conforme à ses goûts.

Le 19, départ de Montmorency, avec accompagnement de gardes nationales, de jeunes filles jetant des fleurs ; passage par Franciade, arrivée à Paris. Réception, à l'entrée du jardin des Tuileries, par une députation de la Convention ; foule, nombreux cortège, musique, coups de canon, discours, dépôt du corps sous un petit temple élevé au milieu d'un grand bassin entouré de saules pleureurs, afin de rappeler l'Ile des Peupliers. Thérèse avait sa place marquée au cortège ; elle jugea à propos de se dispenser d'y venir ; en passant par Saint-Denis, on la remarqua avec indignation à la fenêtre d'un cabaret, avec son amant.

C'était le 20 que devait avoir lieu le déploiement de toute la pompe républicaine. La gendarmerie à cheval, les tambours, plusieurs musiques, les élèves du Champ de Mars, à pied et à cheval, figuraient sur divers points du cortège ; des groupes de musiciens, de botanistes, d'artistes, d'artisans, d'agriculteurs, chacun avec leurs trophées et leurs inscriptions, rappelaient les titres de Rousseau à la reconnaissance de la postérité ; les sections de Paris portaient les tables des droits de l'homme ; sur un char, des mères de familles, vêtues à l'antique, avec leurs enfants autour d'elles ou sur leurs genoux, glorifiaient l'auteur de l'*Émile* ; une Renommée en bronze couronnait les œuvres du philosophe ; les orphelins des défenseurs de la patrie entouraient les drapeaux de la France, de Genève et de l'Amérique ; il y avait jusqu'au char des enfants aveugles ; les habitants de Genève, de Saint-Denis, de Grosley, de Montmorency, figuraient avec leurs bannières aux places qui leur avaient été assignées ; les citoyens d'Ermenonville avaient l'honneur d'entourer le sarcophage. La Convention nationale, séparée du peuple par un simple ruban tricolore, et précédée du *phare des législateurs, le Contrat social,* marchait en avant du char qui portait la statue de Rousseau couronnée par la Liberté. Sur le piédestal de la statue étaient inscrits ces mots : *Vitam impendere vero* ; et au dessous : *Au nom du peuple français, la Convention nationale à J.-J. Rousseau, an III de la République* [1]. Enfin, pour que rien ne manquât à la fête, le Président de la Convention avait pu l'inaugurer en annonçant au peuple assemblé les nouvelles victoires que les soldats de la Liberté venaient de remporter sur le despotisme.

Au Panthéon, en face du sarcophage, triomphalement élevé sur une estrade, le président retraça les vertus de J.-J. Rousseau et les travaux sublimes qui lui assuraient l'immortalité ; il jeta ensuite des fleurs sur sa tombe au nom de la Nation ; puis, pendant que les groupes défilaient, la musique fit entendre ses plus beaux morceaux : les airs composés

---

[1]. Nous citons le programme ; mais il paraît que cette statue n'a jamais été exécutée.

par Rousseau avant tout, et aussi un hymne de Joseph Chénier[1], qui fut chanté alternativement par les vieillards et les mères, les représentants du peuple, les enfants et les jeunes filles, les Genevois, le peuple. Après une journée si bien remplie, la foule trouva encore le temps d'aller aux représentations théâtrales[2].

Rousseau fut placé tout à côté de Voltaire. Comme deux frères ennemis, ils étaient inséparables jusque dans la mort. En effet, à partir de ce moment, leurs restes eurent constamment un sort commun.

Gaberel, qui ne manque jamais une occasion de faire valoir ses compatriotes, remarque que les Genevois, qui formaient à Paris le club de la Montagne, voulant consacrer ce jour dédié à Rousseau par un acte qui pût honorer sa mémoire, fondèrent une Société de bienfaisance en faveur des Genevois malades. Voilà la seule note sérieuse au milieu de ce concert de folies. Il ajoute : « Pas un mot de politique n'est prononcé. » C'est difficile à croire[3].

Cinq jours après la grande apothéose de Paris, on célébrait à Lyon une fête analogue. Elle fut d'autant plus goûtée qu'on la fit coïncider avec la promulgation du décret supprimant le nom révolutionnaire de Commune affranchie et rendant à la ville son ancien nom de Lyon[4].

---

1. Trois mois auparavant son frère avait été décapité par la politique du *Contrat social*.— 2. *Moniteur* du 29 fructidor, et 2ᵉ sans-culotide an II. — *Décade philosophique* du 20 vendémiaire an III. *Hymne* de CHÉNIER. — QUESNÉ, *Particularités,* etc. Le portefeuille des portraits de Rousseau, à la Bibliothèque nationale, reproduit au numéro 71 l'apothéose et la translation au Panthéon. — 3. *Rousseau et les Genevois,* ch. VI, § 1. — 4. Lettre des députés Charlier et Pocholle à la Convention : (*Moniteur* du 1ᵉʳ brumaire an III.)

IV

Après avoir déposé au Panthéon les restes de Rousseau, il ne faudrait pas croire qu'on les y ait laissés dormir en paix.

Cet édifice ayant été restitué au culte en **1821** [1], un premier déplacement dut avoir lieu. Si l'on s'en rapportait au *Dictionnaire* de Feller et à la *Biographie* Michaud [2], les restes de Rousseau et de Voltaire auraient alors été transportés au Père Lachaise. Mais les registres du Père Lachaise sont muets à cet égard, tandis qu'une pièce officielle établit que les sarcophages et les cercueils furent descendus dans les caveaux du monument [3]. Un doute cependant demeurait dans certains esprits. Stanislas de Girardin, alors député, demanda au ministre où étaient les ossements de Rousseau, et exprima le désir de les replacer à Ermenonville, plutôt que de les laisser dans un cimetière vulgaire, au Père Lachaise.

« Ils sont encore au Panthéon, dans les caveaux, » répondit le ministre Corbière [4].

En **1830**, nouveau changement : le Panthéon fut rendu à sa destination profane ; Voltaire et Rousseau reprirent leur place primitive [5].

— *Lettre de Pocholle au botaniste Teypyer*, pour organiser le groupe des botanistes ; (*Revue rétrospective*, 2ᵉ série, t. 1, 1835, p. 159.) — 1. Il avait dû l'être, dès 1806 ; mais le décret n'avait pas été exécuté. — 2. *Dictionnaire* de FELLER, 8ᵉ édit., 1832. — *Abrégé chronologique de l'Histoire de France*, par le Pᵗ HÉNAUT, continuée par MICHAUD, de l'Académie française, 1836. — 3. *Procès-verbal* du déplacement en date du 29 décembre 1821 ; inséré dans l'*Intermédiaire des chercheurs et curieux*, numéro du 1ᵉʳ avril 1864. — 4. Séance de la Chambre des députés du 25 mars 1822. — 5. *Procès-verbal* du replacement, 4 septembre 1830 (même numéro de l'*Intermédiaire*.)

Enfin, en 1852, le Panthéon redevint l'église Sainte-Geneviève; Voltaire et Rousseau durent reprendre le chemin des caveaux.

Voilà ce que dit l'histoire officielle; mais, si l'on en croit certaines rumeurs, tous ces prétendus déplacements n'auraient rien de réel. Il paraît qu'il y en aurait eu un autre, qu'on aurait tenu secret et qui serait le seul véritable. En 1814, dit-on, lors de la rentrée des Bourbons, quelques royalistes ardents, indignés de voir dans un temple consacré à Dieu les restes des deux apôtres de l'impiété, auraient résolu de les faire disparaître. Une nuit donc, avec ou sans l'autorisation du Gouvernement, mais au moins avec sa tolérance tacite, ils auraient ouvert les cercueils, auraient mis les ossements dans un sac et les auraient jetés dans une fosse profonde, du côté de la barrière de la Gare, vis-à-vis de Bercy.

Cependant le secret n'aurait pas été si bien gardé qu'il n'en ait transpiré quelque chose. Il y avait un moyen bien simple de voir ce qui en était; il suffisait d'ouvrir les cercueils; mais, dans la crainte sans doute d'exciter autour de cette question plus de bruit qu'elle ne mérite, les gouvernements s'y sont toujours refusés. Les procès-verbaux témoignent à la vérité, que les cercueils sont bien ceux de Voltaire et de Rousseau et qu'on en a vérifié le bon état, mais sans les ouvrir. Vers 1864 seulement, dit le *Figaro*, ils auraient été ouverts et on les aurait trouvés vides; mais aucun procès-verbal ne constata l'opération et le public n'en connut pas le résultat. Aujourd'hui encore, les gardiens déclarent que les corps des deux philosophes sont renfermés dans leurs sarcophages; et si l'on se permet d'élever un doute, ils répondent sans hésiter que les bruits d'enlèvement ont été inventés par les ennemis de la Restauration. Au fond, personne n'est ou ne veut paraître renseigné. Un vieil employé, très au courant des affaires de la Préfecture de police, à qui nous avons demandé des renseignements, a répondu comme les autres, qu'il ne savait rien. Peut-être ne voulait-il pas parler. Dans l'état actuel de la question, il serait téméraire d'affirmer positivement que les tombeaux sont vides, mais c'est au moins l'opinion de beaucoup la plus probable [1].

Présentement les sarcophages occupent au Panthéon deux chapelles souterraines, en face l'une de l'autre. Ils n'ont rien de monumental, ni d'artistique et leur forme est des plus vulgaires. Au milieu de la caisse de celui de Rousseau est une porte entr'ouverte et, par l'ouverture, une main tenant un flambeau, symbole, disent les guides, de la lumière que ce philosophe répandit par ses écrits. A côté du sarcophage de Voltaire est sa statue sculptée par Houdon. Il n'y en a pas près de celui de Rousseau. On pourrait même presque dire qu'il a été jusqu'à ces derniers temps sans en avoir à Paris. Le gouvernement français a pourtant voulu à plusieurs re-

---

1. Voir sur ce débat : *Intermédiaire des chercheurs et curieux,* année 1864, numéros des 15 janvier, 15 février, 15 mars, 1er avril, 1er mai, 1er juin, 15 juin, 15 août. — *Correspondance littéraire,* 25 février 1762, 25 janvier et 25 juillet 1864. — *Figaro* du 28 février 1864.— *La Nation,* du 28 février et du 10 mars 1864. — DESNOIRESTERRES, *Voltaire et la Société française au* XVIIIe *siècle,* tome VIII, p. 518 et suivantes. — M. Jules Steeg, député de la Gironde et président du Comité du Monument, donne comme constant l'enlèvement du corps de Rousseau, en 1814. Le cercueil aurait-il donc été ouvert exprès pour lui ? (*Discours de M. J. Steeg,* lors de l'inauguration du 3 février 1889.

prises lui en élever une. En l'an IV, un concours fut ouvert, mais on n'en vint pas jusqu'à l'exécution. Il est vrai que Rousseau a figuré dans la foule des statues qui décorent le Jardin des Tuileries; mais il n'y resta pas longtemps et disparut en 1797. Enfin, en l'an VIII, le Directoire lui vota un monument avec statue. Le groupe, composé de cinq figures, fut d'abord placé aux Tuileries, puis dans le jardin du Luxembourg; il a eu le même sort que les autres, et nous ne savons ce qu'il est devenu [1].

A mesure que la Révolution avance et que le temps passe, Rousseau perd graduellement de son influence. Que les alliés aient respecté en 1815 le village d'Ermenonville et celui de Montmorency; cet acte de générosité a montré la diffusion de la littérature française; mais il est difficile d'admettre que les alliés fussent des disciples bien fervents de Rousseau [2]; que Genève lui ait élevé dans la petite île des Barques, au bout du lac, une belle statue, œuvre de Pradier; Genève, sa ville natale, était dans son rôle [3]; que l'Académie mette son éloge au concours; c'est un hommage rendu à l'écrivain au moins autant qu'au penseur, et qui est partagé par bien d'autres [4].

Le centenaire aurait pu réchauffer le zèle des purs disciples. A Paris, il a passé presque inaperçu et s'est à peu près borné à quelques discours et

---

1. JOHN GRAND-CARTERET, p. 519 et 520. — *Moniteur* du 28 nivôse an VII. — Détails et modèle du projet, (*Journal de Paris*, 19 prairial an VIII.) — 2. GABEREL, *Rousseau et les Genevois*, ch. VI, § 2; — *Journal du Commerce*, 8 février 1819. —

3. L'inauguration eut lieu le 24 février 1835, et la fête a continué à se célébrer chaque année. QUESNÉ, *Particularités*, et GABEREL, ch. 6, § 2. — 4. *Concours de 1868*, voir le rapport fait par VILLEMAIN.

poésies lus dans un cirque¹. Il ne saurait être comparé à celui de Voltaire. A Genève même, il n'a eu qu'un retentissement restreint, et s'est surtout manifesté par un certain nombre de brochures de circonstance².

Depuis quelques années pourtant, un retour très prononcé ramène la République française vers un des hommes qui ont le plus fait pour les idées qu'elle représente. Le Conseil municipal de Paris a pris, naturellement, la tête du mouvement et s'est occupé, à maintes reprises, d'élever une statue à Rousseau. Cependant, la première proposition, présentée en 1881, n'ayant pas abouti, de nouvelles demandes ont été faites; des comités, officiels et non officiels, se sont constitués; des concours ont été ouverts; une loi même, tombée depuis dans l'oubli, croyons-nous, a été votée, dans les derniers jours de 1881, par la Chambre des députés.

Le centenaire de la Révolution offrait une occasion favorable pour mettre les projets à exécution. Une statue, œuvre du sculpteur Paul Berthet, a été élevée sur la place du Panthéon³, et, le 3 février 1889, a eu lieu la cérémonie d'inauguration.

Cette fête, qui rappelle, sans l'égaler, celle de Vendémiaire an III, est principalement remarquable par le nombre et le ton des discours qui l'ont presque remplie. Sauf un seul, celui de M. J. Simon, tous s'appliquant à célébrer, moins le littérateur que le révolutionnaire, ont manifesté le caractère évident de la séance, qui était la Révolution se glorifiant

---

1. Voir les journaux du temps. — 2. Eug. Ritter, *Nouvelles recherches sur les Confessions*. — 3. Ne pas s'en rapporter aux dates inscrites sur le socle; on n'y compte pas moins de deux grosses erreurs.

elle-même dans la personne d'un de ses plus fameux précurseurs[1].

Gardons-nous, d'ailleurs, de rabaisser outre mesure l'influence du citoyen de Genève. Dès le temps de la Restauration, alors que triomphait le Voltairianisme, il y avait déjà moins de purs disciples de Rousseau; mais Voltaire et Rousseau restaient sans contredit les auteurs le plus lus en France et par suite dans le monde entier. On en peut donner pour preuve les nombreuses éditions de leurs œuvres datant de cette époque. Il est vrai que ce travail de diffusion n'était pas poussé uniquement en vue des auteurs eux-mêmes, mais qu'on avait fait de leurs personnes la grande arme, et comme le symbole de l'opposition libérale et de l'impiété. C'est autour de leurs noms que portait le fort de la lutte. Mais ces combats eurent nécessairement pour effet de servir à la diffusion de leurs idées, et, en les faisant connaître, de les faire aimer par les uns, détester par les autres.

Aujourd'hui, Rousseau n'est plus, comme il a été pendant quelques années, un oracle dont on révère toutes les paroles, un fétiche devant qui l'on se prosterne ; mais si l'on ne jure plus par son autorité, on continue à l'honorer comme un des pères de la société moderne, et trop souvent, on adopte, après examen et en les modifiant plus ou moins, ses utopies et ses erreurs.

On continue surtout à le lire. A Paris, les quais,

---

[1]. Voir, pour ce qui concerne la statue récemment érigée à Rousseau, et aussi quelques autres monuments ou fêtes plus modestes à Asnières, Ermenonville, Le Pressis-Belleville, Montmorency, le livre de M. JOHN GRAND-CARTERET, p. 521 et suiv.

les boulevards, le quartier des écoles sont encombrés de ses ouvrages. Il y en a pour toutes les conditions et pour toutes les bourses, depuis le livre de luxe ou l'édition compacte, jusqu'au petit volume à vingt-cinq centimes. En 1837, la bibliographie de Rousseau, dans la *France littéraire*, comprenait plus de quatre cents numéros. Il n'y a pour ainsi dire pas un événement dans sa vie, si petit qu'il soit, qui n'ait donné lieu à quelque monographie. Depuis 1837, ce mouvement ne s'est pas arrêté. Or, il est évident qu'un auteur qu'on lit tant, et dont on s'occupe tant, garde une influence très réelle.

Pour connaître la nature de cette influence, il pourrait suffire de parcourir ces volumes, où l'immoralité le dispute à l'erreur, où le sophisme s'étale dans tout son lustre, où la religion, la société, les gouvernements, la pudeur, la moralité, le devoir, la vertu sont outragés à chaque page. Est-il possible de garder un jugement sain au milieu de ces paradoxes, une âme honnête au milieu de ces turpitudes, une religion sincère au milieu de ces impiétés, un amour éclairé de l'humanité et de la patrie au milieu de ces théories révolutionnaires? Préfère-t-on la preuve inverse et veut-on juger l'arbre par ses fruits ; qu'on voie les choses et les hommes produits par ces doctrines. Quels sont les gens qui aiment Rousseau, qui le prônent, qui s'autorisent de ses systèmes, qui voudraient les appliquer? Il est arrivé, en effet, ce qui devait arriver : des théories impies ont produit l'impiété, des systèmes révolutionnaires ont enfanté la révolution.

En politique, nous ne sommes plus, si l'on veut, les disciples immédiats et aveugles du citoyen de Genève ; mais nous sommes issus des systèmes qu'il a inventés, et nous nous ressentons de notre origine. Si donc nous ne goûtons plus les fruits de l'arbre planté par Rousseau, cet arbre a produit des rejetons, qui se sont mêlés avec d'autres plantes, et c'est là que nous allons chercher notre nourriture. C'est ainsi que chaque siècle, tout en étant lui-même, est aussi en partie le produit du siècle qui l'a précédé. George Sand salue quelque part Rousseau du titre d'homme de l'avenir [1]. Il faut bien reconnaître, hélas! que ce mot, si l'on en réduit l'application au *Contrat social*, est rigoureusement vrai. Pourquoi le voltairianisme est-il aujourd'hui à peu près oublié, tandis que Rousseau, l'utopiste Rousseau, vit toujours dans les idées et dans les institutions? C'est que Voltaire n'a fait que démolir, que Voltaire n'est qu'une négation et qu'on ne vit pas de négations; que Rousseau, au contraire, a été, dans un sens, un homme de doctrine, un homme d'affirmation et de logique; qu'il a en outre été un homme d'éloquence et de passion. Or, il n'est pas de doctrine, si fausse qu'elle soit, qui ne puisse, dans ces conditions, faire son chemin et développer ses conséquences. « Le parti républicain, dit Littré, à travers les révolutions de 1830 et de 1848, provient de la grande commotion qui éclata à la fin du xviiie siècle. Alors, ce qui prévalait surtout, c'étaient des idées métaphysiques sur l'état social, c'étaient des inspirations anarchiques de J.-J. Rousseau et des souvenirs gréco-romains. Il s'en forma un enseignement fort hétérogène, discordant en lui-même, et incapable de donner des bases solides au nouvel édifice, qui dura peu [2].

1. *Revue des Deux Mondes*, 1er avril 1841. — 2. Littré, *De l'Établissement de la troisième république*, p. 384.

Telle est en effet notre histoire depuis un siècle. L'édifice, à la vérité, dura peu ; mais il se renouvelle sans cesse. Un orateur[1] n'a-t-il pas dit que la république est le provisoire perpétuel ?

En attendant, les ruines qui embarrassent le sol, aussi bien que les fausses maximes qui encombrent l'opinion, empêchent de rien construire de solide et de durable. Nous en sommes toujours plus ou moins aux idées de Rousseau. « Les pouvoirs publics, disait, il n'y a pas bien longtemps, Gambetta, aux applaudissements de la Chambre, ne sont pas des pouvoirs, ce sont simplement des organes du suffrage universel[2]. » Ces paroles sont le résumé du *Contrat social*. Et, de fait, du moment qu'on ne place pas la loi de l'ordre social dans l'autorité divine, il faut bien la regarder comme le résultat des volontés humaines. Au fond, droits de l'homme ou droit de Dieu, révolution ou christianisme ; il n'y a pas de milieu.

En religion, la *Profession de foi du Vicaire savoyard*, toujours répudiée par les hommes religieux, est dépassée par beaucoup de ceux qui ne le sont pas ; mais, si elle est dédaignée par les académies et les savants, et encore pas toujours[3], elle court les rues et les conversations ; elle fait le fond de la religion de l'honnête homme, qui, trop souvent, est la religion de l'homme qui n'est pas honnête. Et

---

[1]. M. Naquet. — [2]. *Discours de Gambetta*, en réponse au duc de Broglie, 15 novembre 1877. — [3]. En 1848, V. Cousin, ramené à des sentiments plus religieux, et devenu partisan de l'action sociale de l'Église, ne trouva rien de mieux que de proposer au peuple la première partie de la *Profession de foi du Vicaire savoyard* ; voir le volume de Cousin, *Fragments et Souvenirs*, p. 185.

puis, même dans les académies, n'a-t-elle pas contribué à déposer ce germe du doute qui a été développé et mûri par le positivisme, si éloigné d'ailleurs de Rousseau.

En littérature, notre siècle positif a délaissé la phrase sentimentale, romantique, un peu prétentieuse de Rousseau ; nous avons maintenant le style des affaires et du journal ; le style de Rousseau valait mieux. Il y a peu d'années encore, notre plus illustre romancier, George Sand, s'honorait d'être disciple de Jean-Jacques.

Le grand effort de Rousseau s'est porté du côté de l'éducation, et c'est en éducation que sa trace est restée la moins profonde. Il est assez de mode dans le monde actuel, officiel ou officieux, de l'instruction publique, de citer avec honneur le nom de Rousseau ; mais, malgré ces phrases, qu'on se garde bien de préciser ; qui songe aujourd'hui à l'*Émile?* Au milieu des lois, des décrets, des règlements, des essais de toute sorte sur l'éducation, qui se multiplient depuis quelques années, qui pense à s'inspirer sérieusement de Rousseau?

Rousseau a toujours répudié le jugement de ses contemporains et cherché son refuge dans la postérité. S'il avait pu l'apercevoir dans l'avenir, en aurait-il été satisfait? C'est peu probable. Il y aurait sans doute vu encore des complots et un parti-pris de persécution. L'accord n'existe certes pas sur son compte ; il n'y existera sans doute jamais ; mais il n'y a plus que bien peu de documents inédits à découvrir ; la discussion a été assez longue pour paraître épuisée ; la lumière est faite autant qu'elle peut l'être. Les jugements restent néanmoins assez divers et assez mêlés comme tous les jugements fondés sur l'opinion. Au fond, ils ont été rarement injustes, quelquefois sévères, le plus souvent indulgents avec excès. Aujourd'hui, on est en droit de les regarder comme définitifs ; le temps en pourra modifier quelques traits, mais la substance n'en sera pas changée.

BIBLIOGRAPHIE

Liste des Auteurs cités dans le présent ouvrage.

Alembert (d'). *Encyclopédie*, t. Ier, Introduction (1751).
— *Encyclopédie*, t. VII, article Genève (1758).
— *Justification de l'article Genève de l'Encyclopédie*.
— *Jugement sur la nouvelle Héloïse*.
— *Jugement sur Émile*.
— Discussion relative à J.-J. Rousseau, au sujet de la Comédie des *Philosophes*.
— *Éloge de Milord Maréchal*.
— *Correspondance* : surtout la correspondance avec Voltaire.

Arrêt de la Cour du Parlement qui condamne un écrit ayant pour titre Émile, etc. (1762); et Œuvres de Rousseau, éd. de Genève, t. I du Supplément.

Artiste (Journal l'), t. V (1840); 63 lettres inéd. de Rousseau à Mme de Verdelin.

Bachaumont. *Mémoires secrets pour servir à l'histoire de la République des lettres* (1762-1787), 36 vol. in-12.

Barante (de). *De la littérature française pendant le* XVIIIe *siècle*.

Barbier. *Notice des principaux écrits relatifs à J.-J. Rousseau* (1820), in-8°.

Barrère. *Éloge de J.-J. Rousseau*, présenté aux Jeux floraux (1787), in-8°.

Barruel-Beauvert. *Vie de Jean-Jacques Rousseau* (1789), in-8°.

Barni (Jules). *Histoire des idées morales et politiques en France au* XVIIIe *siècle* (1867), 2 vol. in-12.

Beaumont (Christophe de), archevêque de Paris. *Mandement condamnant l'Émile* (20 août 1762), in-4°.

Béranger. *J.-J. Rousseau justifié envers sa patrie*. (Œuvres de J.-J. Rousseau, édit. Poinçot, t. XXVIII.)

Bergier. *Le Déisme réfuté par lui-même* (1765), 2 vol. in-12.

Berquin. *Pygmalion*, scène lyrique de J.-J. Rousseau mise en vers (1775), in-8°.

Berthoud (Fritz). *J.-J. Rousseau au Val de Travers* (1881), in-12.
— *J.-J. Rousseau et le pasteur de Montmollin* (1884), in-12.

Bertrand (Alexis), professeur de philosophie à la Faculté des lettres de Lyon. *Le texte primitif du Contrat social*. Mémoire lu à l'Académie des Sciences morales et politiques, dans la séance du 4 avril 1891. (1891), in-8°.

Bibliothèque universelle de Genève. Deux lettres d'un jeune homme à son père, datées de 1764 (janvier 1835).
— *Voltaire et les Natifs de Genève*, par Joël

CHERBULIEZ (août 1853).
Bibliothèque universelle de Genève. Le Théâtre et la Poésie à Genève au XVIIIe *siècle* (mars 1873).
BONNET (Charles). *Lettre de Philopolis* (Mercure d'octobre 1755.
BORDES. *Profession de foi philosophique* (1763), in-12.
— *Lettre de M. de Voltaire au Docteur Pansophe* (1766), in-12.
Botanique de J.-J. Rousseau. 65 planches coloriées, d'après les peintures de Redouté (1822), in-4°.
BOUGEAULT (Alfred). *Étude sur l'état mental de J.-J. Rousseau et sa mort à Ermenonville* (1883), in-12.
BOUGY (Alfred DE). *Les Résidences de J.-J. Rousseau. — Fragments inédits de J.-J. Rousseau* (1883), in-12.
BOUTET (Religieux Antonin). *Vie de Mgr de Bernex*, évêque d'Annecy (1750), in-12.
BROUGHAM (Lord). *Voltaire et Rousseau* (1845), in-8°.
CARO. *La fin du* XVIIIe *siècle. — Études et portraits* (1880), in-8°.
CASTEL (le Père), jésuite. *L'homme moral opposé à l'homme physique de Rousseau*, in-12.
Censure de la faculté de théologie contre l'Émile (1762).
CERUTTI. *Lettres sur quelques passages des Confessions.* (Journ. de Paris, 2 décembre 1789).
CHAMPCENETZ. *Réponse aux Lettres sur le caractère et les ouvrages de J.-J. Rousseau* (par Mme DE STAEL) (1789), in-8°.

CHAS (Fr.). *J.-J. Rousseau justifié, ou Réponse à M. de Servan* (1784), in-12.
— *Éloge de J.-J. Rousseau, qui a remporté le prix à l'Académie des Jeux floraux* (1787), in-8°.
CHEREAU (Dr A.). Article sur le genre de mort de Rousseau. (*Union médicale*, 5-17 juillet 1866.)
CLARAPÈDE. *Considérations sur les miracles de l'Évangile*, etc. (1785), in-8°.
COIGNET (Horace). *Particularités sur le séjour de Rousseau à Lyon.* (Tablettes hist. et litt. Lyon, 28 décembre 1822).
COLLÉ (Journal de). (T. II: sur la comédie des *Philosophes*, par Palissot) (1807).
CONZIÉ (DE). *Notice sur Mme de Warens et J.-J. Rousseau* (1856) in-8°.
CORANCEZ. *De J.-J. Rousseau.* (Journ. de Paris, numéros 251-261, an VI).
— Article en réponse à La Harpe. (Journ. de Paris, 30 octobre 1778.)
Correspondance littéraire, par GRIMM, DIDEROT, etc., édition Tourneux (1882-82), 16 vol. in-8°.
Correspondance littéraire. (Revue mensuelle). Articles du 25 février 1862, des 25 janvier et 25 juillet 1864, in-4°.
COUSIN (Victor). *Du manuscrit d'Émile*, etc. (Journ. des Savants, septembre et novembre 1848).
COXE (William). *Anecdotes sur J.-J. Rousseau*, etc. (1790), 3 vol. in-8°.
DAUNOU. *De la religion publique*, etc. (Esprit des journaux, 12 avril 1790, in-12.)

Décade philosophique. (54 vol. in-8°). Articles du 20 vendémiaire an III, du 20 prairial an VII, divers articles de 1802 et 1803.

DEFFAND (Mme DU). *Correspondance complète de Mme du Deffand avec la duchesse de Choiseul, l'abbé Barthélemy*, etc. Publiée par le marquis de Saint-Aulaire (1877), in-8°.

DELASIAUVE. Article au *Journ. de médecine mentale* (1865), in-8°.

DELUC. *Lettres sur l'hist. physique de la terre.* Disc. prélim. (1798), in-8°.

DESESSARTZ. *Traité de l'éducation corporelle des enfants en bas âge.* (1re édit. in-12, 1760; 2e édit. in-8°, 1799.)

DESNOIRESTERRES. *Voltaire et la Société française au* XVIIIe *siècle* (1867-75), 8 vol. in-8°.

DIDEROT. *Œuvres*, édit. Assezat (1875), 20 vol. in-8°. Notamment *Essai sur les règnes de Claude et de Néron*.

DOPPET. *Mémoires* (apocryphes) *de Mme de Warens*, etc., publiés par C. D. M. P. (1786), in-8°.

— *Vintzenried, ou les Mémoires* (apocryphes) *du Chevalier de Courtilles* (1789), in-12.

DUBOIS D'AMIENS. Article sur le genre de mort de Rousseau. (*Bull. de l'Acad. imp. de médecine* du 17 mai 1866).

DUCOIN (Auguste). *Particularités inconnues*, etc. *Trois mois de la vie de J.-J. Rousseau.* (Juillet à septembre 1768) (1852), in-8°.

DUCROS, professeur à la Faculté des lettres de Poitiers. *J.-J. Rousseau* (1888), in-8°.

DULAURE. *Nouvelle description des environs de Paris* (1786-87), 2 vol. in-12.

DUPEYROU. *Lettre de M. X., relative à J.-J. Rousseau*, suivie de deux autres lettres (1765), in-8°.

DUSSAULX. *De mes rapports avec J.-J. Rousseau et de notre correspondance* (1799), in-8°.

DUTENS. *Lettre à M. de B.* (de Bure) *sur la réfutation du livre de l'Esprit d'Helvétius*, par J.-J. Rousseau (1779), in-12.

Encyclopédie. etc. (1751-72), 30 vol. in fol. (Voir D'ALEMBERT et ROUSSEAU.)

ENTREIGUES (Comte D'). *Quelle est la situation de l'Assemblée nationale.* (1790), in-8°.

ÉPINAY (Comtesse D'). *Mémoires.* Édit. Boiteau (1863), 2 vol. in-8°.

ESCHERNY (Comte D'). *Mélanges de littérature, de morale et de philosophie* (1811), 3 vol. in-12.

ESTIENNE (Charles). *Essai sur les Confessions de J.-J. Rousseau* (1856), in-12.

— *Essai sur les œuvres de J.-J. Rousseau* (1858), in-12.

EYMAR (D'). *Mes visites à J.-J. Rousseau, et autres articles de défense et de critique*, formant le t. II des *Œuvres inédites et supplément à la vie de J.-J. Rousseau*, publiés par MUSSET-PATHAY (1825), 2 vol. in-8°.

FAUGÈRE. *J.-J. Rousseau à Venise* (*Correspondant*, 10 et 25 juin 1888).

FAVART (Mme). *Les Amours de Bastien et de Bastienne* (parodie du *Devin du village*) (1753), in-8°.

FÉTIS. *Biographie universelle des musiciens*, 1864 (article Rousseau, t. VII).

FOCHIER (L.). *Séjour de J.-J. Rousseau à Bourgoin* (1860), in-8°.

FONTAINE (le P.), barnabite. *Éloge funèbre du cardinal Gerdil*, en 1802 (*Œuvres du cardinal Gerdil*, collection Migne, 1863).

FORMEY. *Examen philosophique de la liaison réelle qu'il y a entre les sciences et les mœurs* (1755), in-12.
— *L'Anti-Émile* (1762), in-12.
— *L'Émile chrétien* (1764), 2 vol. in-8°.
— *L'Esprit de Julie, ou extrait de la Nouvelle Héloïse* (1763), in-12.
— *Profession de foi du vicaire chrétien*, etc. (1764), in-8°.
— *Souvenirs d'un citoyen* (1789), 2 vol. in-8°.

FRÉRON. *Lettres sur quelques écrits du temps* (1749-54), 13 vol. in-12.
— *Année littéraire* (8 vol. in-12 par an, 1754-90), 292 vol. in-12.

GABEREL. *Voltaire et les Genevois* (1856), in-18.
— *Rousseau et les Genevois* (1858), in-18.

GEFFROY. *Gustave III et la Cour de France* (1867), 2 vol. in-12.

GENLIS (Mme DE). *Alphonsine*, préface (1806), 2 vol. in-8°.
— *Souvenirs de Félicie L.* (1807), 2 vol. in-12.
— *Mémoires inédits sur le XVIIIe siècle et la Révolution française* (1825), 10 vol. in-8°.

GERDIL (Cardinal). *Réflexions sur la théorie et la pratique de l'éducation, contre les principes de M. Rousseau* (1763), in-8°.
— *Discours philosophique sur l'homme considéré à l'état de nature et à l'état de société* (1769), in-8°.

GERUSEZ. Article *J.-J. Rousseau* dans la *Biographie universelle* de MICHAUD.

GINGUENÉ. *Lettres sur les Confessions de J.-J. Rousseau* (1791), in-8°.

GIRARDIN (René DE). *Lettre à Rey* (8 août 1778), suivie des *Lettres du Mis de Girardin à Sophie, comtesse de X.* (juillet 1778), et de Mme de Vassy, née de Girardin, à Mme de Staël (aux *Œuvres inédites de J.-J. Rousseau*, éditées par Musset-Pathay).

GIRARDIN (Stanislas DE). *Discours* prononcé à la Chambre des députés, à la séance du 25 mars 1822.
— *Lettre à Musset-Pathay* (1824), in-8°.

GODEFROI. *Histoire de la littérature au XVIIIe siècle* (1875), in-8°.

GRAND-CARTERET (John). *J.-J. Rousseau jugé par les Français d'aujourd'hui.* (Recueil d'études, d'articles et de notices, dus à la plume d'un grand nombre d'auteurs contemporains.) (1890), in-12.

GRASSET (J.-A.). *J.-J. Rousseau à Montpellier* (1854), in-8°.

GRÉTRY. *Mémoires, ou essai sur la musique* (1789), in-8°.

GRIMM. *Le Petit Prophète de Boehmischbroda* (1753), in-8° et in-12.

BIBLIOGRAPHIE. 615

GRIMM. Voir *Correspondance littéraire*.

HAMEL (Ernest). *La Statue de J.-J. Rousseau* (1867) in-12.

HOUDON. *Réflexions sur les concours en général et sur celui de J.-J. Rousseau en particulier* (1791), in-8°.

HOUSSAYE (Arsène). *Les Charmettes, J.-J. Rousseau et M*^{me} *de Warens* (1863), in-8°.

HUME (David). *Exposé succinct de la contestation qui s'est élevée entre M. Hume et M. Rousseau* (1766), in-12 (se trouve aussi, ainsi que plusieurs lettres et opuscules sur le même sujet, aux *Œuvres de J.-J. Rousseau*, édit. Poinçot ou édit. de Genève).

Iconographie de J.-J. Rousseau. Bibliothèque nationale, département des estampes, 1 vol. in-folio, coté D. C. 166.

Intermédiaire des chercheurs et curieux (année 1864). *Sur le sort des restes de Rousseau*.

IVERNOIS (D'). *Réponse aux lettres écrites de la campagne* (1764), in-8°.

JANET (Paul). *Histoire de la philosophie morale et politique* (1858), 2 vol. in-8°.

— *Les Origines du socialisme contemporain* (*Revue des Deux Mondes*, 1er août 1880).

Journal de Paris, in-8°. N^{os} du 6 juillet et du 30 octobre 1778, *Sur la mort de Rousseau*. De l'an VI, articles de Corancez. Du 19 prairial an VIII, *Sur le monument de Rousseau*.

Journal encyclopédique (1756-73), 288 volumes in-12. Article du 15 février 1766. *Désaveu des pasteurs suisses concernant les violences exercées contre Rousseau*.

LACRETELLE. *Histoire de France pendant le* XVIIIe *siècle*, t. XXII.

LA HARPE. *Lycée*.

— *Examen de l'ouvrage de Ginguené sur les Confessions de J.-J. Rousseau* (*Mercure* de 1792, 4e trimestre).

LAMARTINE. *J.-J. Rousseau, son faux Contrat social et le vrai Contrat social* (1866), in-12.

— *Le Manuscrit de ma mère* (1876), in-12.

LANJUINAIS. (Voir TOROMBERT).

LATOUR DE FRANQUEVILLE (Mme). *La Vertu vengée par l'amitié*, réunion de plusieurs écrits en faveur de Rousseau, in-8, et *Œuvres de J.-J. Rousseau*, edit. de Genève, VIe vol. du *Supplément*.

— *Correspondance originale et inédite de J.-J. Rousseau avec M*^{me} *Latour de Franqueville et M. Dupeyrou* (editée par DUPEYROU) (1803), 2 vol. in-8°.

LE BÈGUE DE PRESLE. *Relation des derniers jours de J.-J. Rousseau* (1778), in-8°.

LE FRANC DE POMPIGNAN. *Instruction pastorale de l'évêque du Puy sur la prétendue philosophie des incrédules modernes* (1763), in-4°.

LENORMAND (Fr.). *J.-J. Rousseau aristocrate* (1790), in-8°.

LÉON X. *Encyclique* du 29 juin 1881.

LERMINIER. *J.-J. Rousseau* (*Revue des Deux Mondes* du 15 novembre 1831).

LETOURNEUR. *Voyage à Ermenonville* (Œuvres de J.-J. Rousseau, édit. POINÇOT).
Lettres populaires, où l'on examine la Réponse aux lettres de la campagne (1765), in-8°.
LIGNE (Prince DE). *Lettres et Pensées* (1809), in-8°.
— *Œuvres du prince de Ligne*, etc. (1795-1811), voir le t. X.
LITTRÉ. *De l'établissement de la troisième république* (1880), in-8°.
LONGCHAMP et WAGNIÈRE. *Mémoires sur Voltaire* (1826), in-8°.
MARMONTEL. *Réponse de M. Marmontel à la lettre adressée par M. J.-J. Rousseau à M. d'Alembert*, etc. (1759), in-8°.
— *Mémoires* (1805), in-8° et in-12.
MARTIN DU THEIL. *J.-J. Rousseau, apologiste de la religion chrétienne* (1841), in-8°, (et au t. IX des *Démonstrations évangéliques* de l'abbé MIGNE).
MARTIN (Henri). *Histoire de France*, t. XVI.
MAUGRAS (Gaston). *Voltaire et J.-J. Rousseau* (1886), in-8°.
Mémoires de la Société d'histoire de Genève, t. XIX, XX, XXII.
MERCIER. *J.-J. Rousseau considéré comme un des auteurs de la Révolution française* (1791), 2 vol. in-8°.
MERCIER (Dr). *Explication de la maladie de Rousseau* (1859), in-8°.
Mercure de France (1672-1820), in-12. Divers articles.
METZGER. *J.-J. Rousseau à l'île Saint-Pierre* (1875), in-8°.

METZGER. *Une poignée de documents inédits concernant Mme de Warens.*
MILL (Stuart). *La Liberté* (trad. DUPONT-WHITE), in-12.
Moniteur. Époque de la Révolution.
MONTET (DE). *La Jeunesse de Mme de Warens.*
MONTET (DE) et RITTER. *Madame de Warens et son mari* (Revue suisse, N° de mai 1884).
MONTMOLLIN (DE). *Réfutation du libelle* (de Dupeyrou) *en faveur de M. Rousseau, dix lettres*, 1765. (Voir Œuvres de J.-J. Rousseau, édit. de Genève, Supplément, t. III.)
MOREAU (de la Sarthe). *Quelques réflexions philosophiques et médicales sur l'Émile.* (Décade philosophique, 20 prairial an VII.)
MOREAU (Louis). *J.-J. Rousseau et le siècle philosophique* (1870), in-8°.
MORIN (G. H.). *Essai sur la vie et le caractère de J.-J. Rousseau* (1851), in-8°.
MUGNIER (François), conseiller à la Cour d'appel de Chambéry. *Madame de Warens et J.-J. Rousseau* (1891), in-8°. (Nombreux documents et renseignements, extraits des Archives du Sénat de Savoie, de celles du département de la Haute-Savoie, de la ville d'Annecy, de la ville de Turin, de la Société florimontante d'Annecy, des Registres des paroisses, etc.)
MUSSET-PATHAY. *Le disciple de J.-J. Rousseau.* (Décade philos. 1802.)
— *Anecdotes inédites pour faire suite aux mémoires de Mme d'Épinay* (1818), in-8°.

Musset-Pathay. *Histoire de la vie et des ouvrages de J.-J. Rousseau* (1821), 2 vol. in-8°.
— *Réponse à la lettre de Stanislas Girardin sur la mort de Rousseau* (1824), in-8°.
— Morceaux d'histoire et de critique insérés à l'édition des Œuvres de J.-J. Rousseau faite par Musset-Pathay, notamment aux t. XIV, XVI et XVIII.

Nisard. *Hist. de la littér. française* (1874), t. IV.

Noël (Eugène). *Voltaire et Rousseau* (1863), in-12.

Nourrisson. *Le XVIII° siècle et la Révolution française* (1862), in-12.
— *La Politique de Rousseau.* (Correspondant, 25 août et 10 septembre 1883.)

Palissot. *Œuvres.*

Perey (Lucien) et Maugras (Gaston). *La jeunesse de Mme d'Épinay* (1882), in-8°.
— *Les dernières années de Mme d'Épinay* (1883), in-8°.

Petitain. Petitain a publié en 1819 une édition en vingt-deux volumes in-8° des œuvres de Rousseau. Il y a inséré, principalement aux tomes XXI et XXII, un grand nombre de morceaux de divers auteurs sur J.-J. Rousseau, plus un appendice aux *Confessions* composé par lui-même.

Pougens (Ch.). *Lettres philosophiques à Mme X.*, etc. (1826), in-12.

Poulet-Malassis. *Querelle des Bouffons* (1875), in-8°.

Prévost (de Genève). *Lettres sur J.-J. Rousseau.* (Archives littéraires de l'Europe, année 1804, t. II), in-8°.

Prud'homme. *Les révolutions de Paris.* in-8°. (Articles des 20 janvier 1790; 27 août au 3 septembre; 3 au 10 septembre, 24 septembre au 1er octobre 1791.)

Quérard. *La France littéraire* (1837-42), 10 vol. in-8°. Supplément (1852-62), 2 vol. in-8°. Article Rousseau.
— *Les supercheries littéraires dévoilées* (1869), 3 vol. gr. in-8°.

Quesné. Article au *Moissonneur* du 12 juillet 1824.
— *Supplément indispensable aux Œuvres de Rousseau*, etc. (1844), in-8°.

Rameau. *Erreurs sur la musique pratique dans l'Encyclopédie* (1755-56), in-8°.

Recueil des pièces relatives à la motion faite à l'Assemblée nationale au sujet de J.-J Rousseau et de sa veuve (1791), Imp. nat.

Regnault (R. P.). *Christophe de Beaumont, archevêque de Paris* (1882), 2 vol. in-8°.

Représentations des citoyens et bourgeois de Genève au premier syndic, avec les réponses du Conseil (1763), in-8°.

Revue des Deux Mondes, 15 novembre 1831, article de Lerminier.
— 1er juin 1841, article de George Sand.
— 1er janvier 1852 au 15 septembre 1856. *J.-J. Rousseau, sa vie et ses œuvres*, par Saint-Marc-Girardin.
— 15 nov. 1863, autre article de George Sand.

Revue des Deux Mondes, 15 janvier 1880. *L'Éducation en France depuis le XVIᵉ siècle*, par L. CARRAU.
— 1ᵉʳ juin 1880. *L'Apôtre de la destruction universelle*, par Em. DE LAVELEYE.
— 1ᵉʳ août 1880. *Les Origines du socialisme contemporain*, par Paul JANET.
— 1ᵉʳ avril 1881. *Psychologie du Jacobin*, par TAINE.
— 15 décembre 1883. *Études sur le XVIIIᵉ siècle*, par F. BRUNETIÈRES.
— 1ᵉʳ février 1890. *La maladie et la folie de Rousseau*, par F. BRUNETIÈRES.
RITTER (E.). *Nouvelles recherches sur les Confessions et la correspondance de J.-J. Rousseau* (1880), in-8°.
— *Le Conseil de Genève jugeant les œuvres de Rousseau*. Genève, 1883, in-8°.
— *La famille de Jean-Jacques*.
— *Jean-Jacques et le pays Romand*.
— *Une aventure de la jeunesse de Suzanne Bernard*.
— *Les idées religieuses de Mᵐᵉ de Warens* (Revue internationale, mai et juin 1889).
ROCQUAIN (Felix). *L'esprit révolutionnaire avant la Révolution* (1875), in-12.
ROUSSEAU (Jean-Jacques). Diverses éditions de ses œuvres, notamment :
L'édition La Porte (1764), 10 vol. in-8° (chez Duchesne);

ROUSSEAU (Jean-Jacques). L'édition d'Amsterdam (1769), 11 vol. in-8° et 6 vol. de supplément (chez Rey);
L'édition de Genève (publiée par Dupeyrou) (1782-90), 35 vol. in-8°, dont 12 de supplément;
L'édition Brizard (1788-93), 38 vol. in-8° (chez Poinçot);
L'édition Villenave et Depping (1817), 8 vol. in-8° (chez Belin);
Les deux éditions Musset-Pathay, surtout la seconde (1823-26), 23 vol. in-8°, plus 2 volumes d'œuvres inédites et supplément à la vie de J.-J. Rousseau (chez Dupont);
L'édition Petitain (1819-20), 22 vol. in-8° (chez Crapelet et Lefèvre).
A ces diverses éditions, et à plusieurs autres, sont joints des pièces, documents, écrits de polémique, de critique ou d'histoire de divers auteurs.
Écrits de J.-J. Rousseau qui ne sont pas dans les collections de ses œuvres.
— *Parabole sur la Religion* (Mem. de Mᵐᵉ d'Épinay, t. Iᵉʳ).
— *Pensées d'un esprit droit et sentiments d'un cœur vertueux*, suivi de *Mœurs et caractère*, publié par Villenave (1826), in-12.
— *Deux Lettres à Mᵐᵉ Delessert* (Revue rétrospective de 1834).

Rousseau (Jean-Jacques). *Lettre au comte de Saint-Aldegonde*, du 13 février 1774.
— *Soixante-trois lettres à Mme de Verdelin* (Artiste 1840).
— *Lettre à Mme d'Houdetot* (Bibliog. univ., 1er janvier 1848).
— *Préambule des Confessions* (Revue suisse, octobre 1850, reproduit par *l'Événement*, 19 et 20 juin 1851).
— *Fragments inédits*, publiés par F. Bovet et Alfred de Bougy (1853), in-18.
— *Lettres à Marc-Michel Rey*, publiées par Bosscha (1858), in-8°.
— *Œuvres et correspondance inédites*, publiées par Streckeisen-Moultou (1861), 2 vol. in-8°.

Roustan. *Offrande aux autels et à la patrie... réfutation du Contrat social* (1764), in-8°.
— *Examen critique de la deuxième partie de la Profession de foi du Vicaire savoyard* (1776), in-8°.

Sabatier (de Castres). *Les trois siècles de la littérature française* (1772), 3 vol. in-8°.

Sainte-Beuve. *Causeries du lundi*, 4 novembre 1850, sur les *Confessions*, — 22 juillet 1861, sur la *Correspondance de Voltaire*, les *Œuvres et la Correspondance inédites de J.-J. Rousseau*.

Saint-Marc Girardin (Voir *Revue des deux Mondes*).
— Article au *Journal des Débats* du 22 janvier 1862.

Saint-Pierre (Bernardin de). *L'Arcadie*, préambule.
— *Essai sur J.-J. Rousseau*.
— *Études de la nature*.
— *Correspondance*.

Sand (George). (Voir *Revue des deux Mondes*.)
— *Histoire de ma vie* (1856), in-18.

Sayous. *Le XVIIIe siècle à l'étranger* (1861), 2 vol. in-8°.

Scherer. *Melchior Grimm* (1856), in-8°.

Senebier. *Histoire littéraire de Genève* (1876), in-8°.

Servan. *Réflexions sur les Confessions de J.-J. Rousseau*, etc. (1783), in-12.
— *Jugement sur les ouvrages de J.-J. Rousseau* (*Gazette de France* du 8 mai 1812).

Stael (Mme de). *Lettre sur les ouvrages et le caractère de J.-J. Rousseau* (1788), in-8°.
— *Courte réplique à l'auteur d'une longue réponse* (1789), in-8°.
— *Réponse à Mme de Vassy, sur le genre de mort de Rousseau* (1789), in-8°.

Stanislas (roi de Pologne). *Réponse au discours de J.-J. Rousseau sur les sciences et les arts* (Mercure de 1751).

Streckeisen-Moultou. (Voir Rousseau.)
— *J.-J. Rousseau, ses amis et ses ennemis. Correspondances*, publiées par Streckeisen-Moultou (1865), 2 vol. in-8°.

Suard (Mme). *Essai de mémoires sur M. Suard* (1820), in-12.

TAINE. *L'Ancien régime* (1875), in-8°.
— *La Révolution* (1878-83), 3 vol. in-8°.
— *Psychologie du Jacobin* (Voir *Revue des Deux Mondes*).
TOROMBERT. *Principes de droit politique*, etc., suivi d'une *Réfutation du chapitre de la Religion civile* (du *Contrat social*) par LANJUINAIS (1825), in-8°.
TRÉVOUX (Journal de). Articles sur la *Nouvelle Héloïse* et l'*Émile* (mai 1762 et janvier 1763).
TRONCHIN (J.-R.). *Lettres écrites de la campagne* (1763), in-8°.
— *Réponse aux Lettres populaires* (1765), in-8°.
— *Suite des réponses aux Lettres populaires* (1766), in-8°.
VALLIER (G.). *Un billet inédit de J.-J. Rousseau.*
VANDEUL (Mme DE). *Mémoires sur Diderot* (1830), in-8°.
VASSY (Mme DE). (Voir RENÉ DE GIRARDIN.)
VERNES (Jacob). *Dialogues sur le Christianisme de M. Rousseau* (1763), in-8°.
— *Lettres sur le Christianisme de M. Rousseau* (1764), in-12.

VERNES (Jacob). *Examen de ce qui concerne le Christianisme, etc. dans les deux premières lettres de M. Rousseau* (1765), in-8°.
VILLEMAIN. *Tableau de la littérature française au XVIIIe siècle* (1829-38), 5 vol. in-8°.
VIRIDIT. *Documents recueillis par Marc Viridit* (1850), Genève, in-8°.
VOLTAIRE. *Œuvres*; principalement le *Poème sur le désastre de Lisbonne*; le *Poème sur la religion naturelle*; *Candide ou de l'optimisme*; les *Idées républicaines*; le *Sentiment des citoyens*; le *sermon des cinquante*; le *Dictionnaire portatif de philosophie*; les *Lettres sur les miracles*; la *Guerre civile de Genève*, la *Correspondance*, etc.
WALLON. *Histoire du Tribunal révolutionnaire* (1881-82), 6 vol. in-8°.
WALPOLE (Horace). *Lettres de Horace Walpole à ses amis*, etc. Traduction du comte DE BAILLON (1872), in-12.
XIMENÈS (Marquis DE). *Lettre à M. Rousseau sur l'effet moral des théâtres* (1758), in-8°.
— *Lettres sur la Nouvelle Héloïse* (1761), in-8°.

TABLE DES MATIÈRES

Chapitre XVIII. — *1762.*

Sommaire : Le Contrat social. — 1. Fragments inédits à joindre au *Contrat social.* 1
II. Du contrat, comme base de l'état civil. — De l'unanimité comme condition du contrat. — Le principe de Rousseau détruit tout état social et tout gouvernement. — De la clause du contrat : aliénation totale de l'individu. — Rousseau confond la liberté avec l'égalité. — De la violation du contrat. 5
III. De la volonté générale et de la souveraineté du peuple. — De la volonté générale et de l'intérêt général ou privé. — Caractères de la volonté générale. — De la loi. — Des assemblées du peuple. — De l'esclavage. — Résultat du système : le despotisme. — Passage de l'intérêt privé à l'intérêt général. — Du législateur 15
IV. Du gouvernement ou pouvoir exécutif. — Rôle du gouvernement. — Précautions à prendre contre le gouvernement 28
V. De la religion civile de Rousseau. — Règles, dogmes et pénalités de la religion civile. — Sur un chapitre additionnel du *Contrat social.* 30
VI. Résumé du système de Rousseau. — Tempéraments d'application apportés par Rousseau. — Jugements sur le *Contrat social* . . . 34

Chapitre XIX. — *1762.*

Sommaire : L'Émile. — I. Les antécédents de l'*Émile.* — Rousseau se propose de suivre la nature. L'a-t-il fait ? Variété des sujets traités dans l'*Émile.* — Difficultés d'une appréciation d'ensemble de l'*Émile.* 40
II. De l'éducation du premier âge. — De l'allaitement maternel. — Des soins physiques à donner à l'enfance. — Première éducation, complètement sensitive, sans aucun mélange de moralité. — Effets déplorables de cette méthode. 46
III. Nécessité de faire l'éducation de toutes les facultés. — Importance et choix des influences extérieures. — Rôle de la nécessité. — Éducation artificielle et autoritaire à l'excès. — Application à l'idée de propriété. — Pas de livres, pas d'explications. — Comment Émile apprend à lire. — Ce qu'on n'apprend pas à Émile. — Rousseau partisan déterminé de l'ignorance. — Il veut entraver même le jugement. — Premières notions de dessin, de musique et de géométrie. . . 61

IV. Des leçons de l'utilité. — Toujours des artifices et des compères. — Pratique des premières relations sociales. — Émile apprend un métier. — Rousseau ne met pas d'autre livre que *Robinson* entre les mains d'Émile 71

V. Le monde moral. — Les passions. — Emploi de l'amitié, comme dérivatif du dérèglement des sens. — Beaux préceptes sur la manière de régler ses affections. — De l'amour de soi. — De la vertu ; de la conscience ; Rousseau ne s'élève pas au-dessus du sensualisme. — De la politique. Union de la morale et de la politique. — Étude de l'histoire. — Manière de combattre l'amour-propre. — Préparation aux affections et à la pratique du monde : Les bonnes œuvres. — Étude pratique de la rhétorique. — Émile insulté 76

VI. Des idées intellectuelles et religieuses. — Rousseau ne pouvait choisir plus mal son temps pour y initier Émile. — Le jeune homme élevé en dehors de toute église ou association religieuse en choisira-t-il une à dix-huit ans. 90

Chapitre XX

Sommaire : Profession de foi du Vicaire savoyard. — I. Importance donnée à la religion par Rousseau. — Variations religieuses de Rousseau 96

II. Rousseau prend pour guides la conscience et le sentiment. — Des développements de la connaissance, depuis la perception sensible jusqu'à Dieu. — Spiritualité de l'âme. — Liberté. Existence du mal. — Justice divine. Vie future. — Morale. Conscience. — Dieu, principe de la morale. — Pas de prière. — La religion naturelle est-elle suffisante ? 100

III. Deuxième partie de la profession de foi. — Première objection : la révélation est inutile. — Deuxième objection : la révélation n'est fondée sur aucune preuve certaine. — Procédés d'argumentation de Rousseau. — Indifférence religieuse de Rousseau. — Conclusions contradictoires. — Parti que l'incrédulité a tiré de la *Profession de foi*. . 113

Chapitre XXI

Sommaire : L'Émile. — I. De la religion considérée comme moyen d'action sur les passions. — Autres moyens. — Émile apprend à connaître le monde. — Études qui conviennent alors ; éloquence, poésie, langues. — Moyens de se former le goût 128

II. Sophie, ou de l'éducation de la femme. — Premier principe de Rousseau : la femme est faite pour plaire à l'homme. — Différences entre l'éducation de la jeune fille et celle du jeune homme. — Du respect de l'opinion. — Des plaisirs du monde 136

III. Amours d'Émile et de Sophie. — Épisodes. — Voyage à la recherche de la meilleure des constitutions. — Choix d'une profession. — Mariage d'Émile. 140

IV. *Émile et Sophie, ou les Solitaires.* — Appréciation générale de l'*Émile*. 146

Chapitre XXII. — 1762-1763.

Sommaire : L'*Émile* devant les tribunaux et devant l'opinion. —
I. L'*Émile* a été pour Rousseau une source de soucis. — Part d'influence que purent avoir dans ces tracasseries 1° Choiseul et Mme de Pompadour ; 2° les Jésuites.   150
II. Arrivée de Rousseau en Suisse. — Décret du parlement de Paris. — Condamnation de l'*Émile* par la Sorbonne et par le Pape. — Mandement de l'archevêque de Paris 157
III. Jugements des contemporains : Mme Latour. — Mme de Créqui. — D'Alembert. — Malesherbes. — Conti. — Hume. — Le duc de Wirtemberg. — Grimm. — Le journal de Trévoux et les Jésuites. — Gerdil. — Le Franc de Pompignan. — Formey 161
IV. Arrêt de condamnation du Conseil de Genève. — Lettre du colonel Pictet en faveur de Rousseau. — Causes de la sentence : 1° Action de la France. — 2° Voltaire. — 3° Attitude des pasteurs 171
V. Condamnation en Hollande. — Condamnation à Berne. — Rousseau, chassé du canton de Berne, se réfugie à Motiers-Travers. . . . 188

Chapitre XXIII. — *Du 10 Juillet 1762 au 7 Septembre 1765*

Sommaire : J.-J. Rousseau au Val de Travers. I. Lettres de Rousseau au roi de Prusse et à Milord Maréchal. — Bienveillance de Frédéric II. — Deux lettres de Rousseau au maréchal de Luxembourg. — Arrivée de Thérèse. — Premières idées de départ. — Genre de vie de Rousseau. — Il prend le costume arménien. — Son état de santé à Motiers. — Projets de suicide. 192
II. Amitiés contractées par Rousseau ; Milord Maréchal. — Projet de se retirer avec lui en Écosse. — Départ de Milord Maréchal. — Témoignages d'honneur et d'estime donnés à Rousseau par les communes de Motiers et de Couvet. — Milord Maréchal assure à Rousseau 600 livres de rente viagère. — Mme Boy de la Tour et sa famille. — Le colonel de Pury. — Dupeyrou. — Laliaud. — D'Ivernois. — D'Escherny. — Tentative de réconciliation avec Diderot. — Séguier de Saint-Brisson. — Sauttersheim. — Visites nombreuses que reçoit Rousseau. — Sa correspondance 204
III. Relations de Rousseau avec Genève. — Il refuse de se prêter à aucune soumission. — Relations de Rousseau avec son pasteur. — Rousseau approche de la sainte table. — Effet que produit cette communion à Genève. — Appréciations de Voltaire et de Mme de Boufflers. — Projets de défense de Rousseau. — Brouillerie avec Moultou 223
IV. Lettre de Rousseau à l'*Archevêque de Paris*. — Le mandement et la personne de Christophe de Beaumont. — Réponse de Rousseau. — Impression de la *Lettre*. — L'introduction en est interdite à Paris et à Genève. — Effet que produit la *Lettre* à Genève. — Satisfaction de Voltaire 235
V. Rousseau législateur des Corses. — Ses relations avec Paoli et Buttafuoco. — *Projet de constitution pour les Corses* 246
VI. *Pygmalion*. — Soustraction d'une partie des papiers et de la cor-

respondance de Rousseau. — Rousseau travaille à ses *Confessions*. —
Autres travaux. — Impression du *Dictionnaire de musique*. . . 254

VII. Éditions générales des œuvres de Rousseau. — Les portraits de
Rousseau. — Projet d'une édition générale, faite à Motiers, sous les yeux
de l'auteur. — Dupeyrou se charge des embarras et des frais de l'édition générale 260

VIII. Passion de Rousseau pour la botanique. — Il apprend à faire
des lacets. — Usage qu'il fait de ses lacets 269

IX. Mort de Mme de Warens et du maréchal de Luxembourg. — Rapports de Rousseau avec Mme de Luxembourg 274

CHAPITRE XXIV. — *De juin 1762 au 7 septembre 1765.*

Sommaire : AFFAIRES DE GENÈVE. — I. Rousseau renonce solennellement à ses droits de bourgeoisie. — Représentations adressées au Conseil par les bourgeois de Genève. — Rousseau cherche à calmer les esprits. — *Lettres de la Campagne* 279

II. *Lettres de la Montagne*. — La question des miracles. — Le droit
de représentation et le droit négatif. — Impression des *Lettres de la
Montagne*. — Leur introduction clandestine en France. — Les *Lettres*
brûlées à Paris et à La Haye et interdites à Berne. — Attitude de Genève : le Conseil, les amis de Rousseau, les ministres. — Lettre de
Mably. — Guerre de brochures. — Rousseau prêche la modération. —
Les *Lettres* brûlées à Genève; nouvelles représentations 288

III. *Le Sentiment des Citoyens*. — Polémique de Rousseau avec
Vernes à ce sujet. — Attitude de Voltaire 303

IV. Rôle considérable de Voltaire dans les affaires de Genève. — Voltaire veut se réconcilier avec Rousseau. — Rousseau engage ses amis à
profiter des bonnes dispositions de Voltaire. — La médiation. — Les
Natifs. — Projets d'accommodement. — Blocus de la ville par les puissances médiatrices. — Rousseau envoie des conseils et des secours. —
Ses efforts en faveur de la pacification. — Pacification. — Nouveaux
conseils de Rousseau. — Le peuple s'associe à sa joie. — *Le Docteur
Pansophe*. — *La Guerre de Genève* 309

V. AFFAIRES DE MOTIERS. — Situation de Rousseau vis-à-vis de Montmollin, son pasteur. — Que devait attendre Rousseau 1° de Frédéric; —
2° du Conseil d'État; — 3° des pasteurs. — La classe des Pasteurs dénonce au Conseil d'État les *Lettres de la Montagne*. — Rousseau promet de ne plus écrire sur la Religion. — Montmollin cherche en vain à
se prévaloir des droits de son église. — Rousseau refuse de se présenter
au Consistoire. — Le Conseil d'État exempte Rousseau de la juridiction
du Consistoire. — Triomphe de Rousseau. — Il s'engage à ne plus
écrire. — Publications en sa faveur. — Les *Lettres* de Dupeyrou. —
Nouvelles excitations de Montmollin. — *La Vision de Pierre de la
Montagne*. — Lapidation de Rousseau. — Son départ de Motiers-Travers. — Enquête du châtelain. — Nouveaux désordres. — Mécontentement du Roi contre les Pasteurs 324

VI. Projets de départ de Rousseau. — La communauté de Couvet lui
offre un asile. — Dernière lettre de Dupeyrou. — Embarras de Mont-

mollin. — L'issue de ces démêlés ne satisfit personne. — Nouveau rescrit du Roi de Prusse. 346

CHAPITRE XXV. — *Du 7 Septembre au 2 Novembre 1765.*

Sommaire : Le séjour de Rousseau à l'Ile Saint-Pierre; récit tiré des *Rêveries*. — Rousseau, forcé de partir, se rend à Bienne. — Il quitte définitivement la Suisse. 354

CHAPITRE XXVI. — *Du 2 novembre 1765 au 4 janvier 1766.*

Sommaire : I. Rousseau à Strasbourg. — Bon accueil qu'il y reçoit. — Ses préoccupations d'avenir. — Il se décide à aller en Angleterre. 368
II. Rousseau à Paris. — Tolérance du Parlement. — Rousseau va s'installer au Temple, chez le prince de Conti. — Honneurs qu'il y reçoit. — Motifs qui hâtèrent son départ. 372

CHAPITRE XXVII. — *Du 4 janvier 1766 au 22 mai 1767.*

Sommaire : ROUSSEAU EN ANGLETERRE. — J. Arrivée à Londres. — Recherche d'un logement. — Arrivée de Thérèse. — Départ pour Wootton. — Accueil que Rousseau reçoit en Angleterre. — Installation de Rousseau à Wootton. — Lettre apocryphe du Roi de Prusse. 378
II. Tendre affection entre Hume et Rousseau. — Premières difficultés. — Revirement subit. — Réclamation de Rousseau contre la lettre du Roi de Prusse. — Griefs de Rousseau contre Hume. — Rupture de Hume et de Rousseau. — Indiscrétions des deux côtés. — Des amis communs cherchent vainement à s'interposer. — *Exposé succinct* de Hume. — Traduction de l'*Exposé succinct* par d'Alembert et Suard. — Nombreuses brochures. — Refroidissement d'amitié entre Milord Maréchal et Rousseau. — Pension du Roi d'Angleterre; Rousseau néglige d'en réclamer le paiement. 384
III. Genre de vie de Rousseau à Wootton. — La botanique. — La duchesse de Portland. — Les *Confessions*. — Défiances de Rousseau. — Départ de Rousseau. — Sa lettre à Davenport. — Ses extravagances à Douvres et sa folie. 415

CHAPITRE XXVIII. — *Du 22 mai 1767 au 14 août 1768.*

Sommaire : I. Le marquis de Mirabeau offre à Rousseau une retraite. — Passage de Rousseau à Amiens. — Rousseau à Fleury, chez le marquis de Mirabeau 427
II. Installation de Rousseau à Trye. — Luttes et difficultés domestiques. — Efforts de Conti pour le retenir. — Coindet. — Visite de Dupeyrou. — Défiances de Rousseau contre ses amis. — Il ne veut plus s'occuper que de botanique. — Ses plaintes et ses projets de départ. — Son départ de Trye. 434

III. Rousseau passe par Lyon. — Excursion à la Grande-Chartreuse. — Arrivée de Rousseau à Grenoble. — Accueil enthousiaste qu'il y reçoit. — Ses relations avec Bovier. — Recherches d'une retraite. — Visite de Rousseau aux autorités de Grenoble. — Susceptibilités et départ de Rousseau. — Lettre désespérée qu'il écrit à Thérèse. . 442

Chapitre XXIX. — *Du 14 août 1768 à la fin de mai 1770.*

Sommaire : I. Rousseau s'arrête à Bourgoin. — Le mariage de J.-J. Rousseau. — Mésintelligences de ménage. Rousseau est prêt de rompre avec Thérèse. — Affaire Thévenin. — Projets de départ. 452
II. Rousseau va s'établir à Monquin. — Amitié avec Saint-Germain. — Passion croissante de Rousseau pour la botanique. — Départ de Rousseau ; sa lettre à M. de Césarges. — Rousseau passe par Lyon. . 461

Chapitre XXX. — *Du mois de juin 1770 au 20 mai 1778.*

Sommaire : Rousseau a Paris. I. La statue de Voltaire. — Bustes de Rousseau 471
II. Installation de Rousseau à Paris. — Changement dans ses habitudes. — Sa fortune. — Ses travaux de musique. — Il reçoit deux mille écus de l'Opéra. — Ouvrages de Rousseau sur la botanique. — Relations mondaines de Rousseau. — Sa rupture avec Mme Latour. — Mme de Genlis. — Dusaulx. — Rulhières. — Bernardin de Saint-Pierre. — Corancez 474
III. Lectures des *Confessions*. — Publication des *Confessions*. — Examen et critique des *Confessions*. — Coup d'œil général sur la vie de Rousseau. — Jugement de Ginguené sur les *Confessions* et réponse de La Harpe. — Jugements de Servan et de Sainte-Beuve 503
IV. *Considérations sur le gouvernement de Pologne*. 532
V. Les *Dialogues*. — Pensées moroses et hallucinations de Rousseau. — Jugements de Rousseau sur lui-même. — Moyens pris par Rousseau pour assurer la conservation et la publication des *Dialogues*. . 536
VI. Les *Rêveries*. — Rousseau renversé et blessé par un . . .
VII. Rousseau songe à quitter Paris et à se retirer dans . . . Offres d'asile. — Départ de Rousseau pour Ermenonville . . .

Chapitre XXXI. — *Du 20 mai au 2 juillet 1778.*

Sommaire : I. Installation de Rousseau à Ermenonville. — Mort de Voltaire. — Occupations de Rousseau : la botanique, — la musique, — la promenade. — Visite de Moultou : Rousseau lui remet ses *Confessions* et d'autres manuscrits 552
II. Mort de Rousseau. — Récit de Le Bègue de Presle. — Récit de Thérèse. — Bruits de suicide. — Preuves établissant la mort naturelle 558

Chapitre XXXII

Sommaire : I. Appels persistants de Rousseau à la postérité. — Obsèques de Rousseau à Ermenonville. — Pèlerinages au tombeau de Rousseau. — Thérèse Le Vasseur après la mort de Rousseau. 573
II. Influence de Rousseau immédiatement après sa mort. — Son influence en général pendant la Révolution française. — Jusqu'à quel point est-il responsable de la Révolution ? 580
III. Honneurs rendus à Rousseau par la Révolution. — Fête à Montmorency en l'honneur de Rousseau. — Fête à Genève. — Translation des restes de Rousseau au Panthéon. — Fête à Lyon. 588
IV. Déplacements divers des restes de Rousseau. — Son corps est-il encore au Panthéon ? — Influence de Rousseau depuis la Révolution 599

Bibliographie 611

RENNES, ALPH. LE ROY, IMPRIMEUR BREVETÉ.

A LA MÊME LIBRAIRIE

LE CATÉCHISME CATHOLIQUE

Commentaire littéral et pratique, à l'usage des Catéchismes de Première Communion
de Persévérance et des Maisons d'éducation de tous les Diocèses

PUBLIÉ AVEC L'APPROBATION DE L'ORDINAIRE

Par l'Abbé P. POEY

AUMÔNIER DES DOMINICAINES DE PAU, DIRECTEUR DU « BULLETIN CATHOLIQUE »
DU DIOCÈSE DE BAYONNE

1 beau volume in-12. — Prix : 3 fr. 50. — Franco : 4 fr.

LES SACRÉS-CŒURS

ET

LE VÉNÉRABLE JEAN EUDES

PREMIER APÔTRE DE LEUR CULTE

Par le R. P. Ange LE DORÉ

SUPÉRIEUR GÉNÉRAL DE LA CONGRÉGATION DE JÉSUS ET MARIE

2 volumes in-8, avec portraits. — Prix . . . . 8 fr.

DE BAALBEK AUX PYRAMIDES

SYRIE, PALESTINE, ÉGYPTE

Par L. DOLHASSARY

1 volume in-12 avec couverture en couleur. — Prix . . . 3 fr. 50

LA RICHESSE DE LA FRANCE

Par le Marquis DE CHAPPUIS DE MAUBOU

Espérances. — Exposé de la situation devant l'Europe.
1 volume in-12 . . . . 3 fr. 50
Réalités. — La Religion, l'Armée. 1 volume in-12. 3 fr. 50
Hygiène économique. — Les moyens d'augmenter les revenus de Paris et de la France. 1 volume in-12. 2 fr. 50

Chaque volume forme un tout complet et se vend séparément.

EN ATTENDANT LE MÉDECIN

TABLEAU

Des premiers soins à donner en cas d'accident ou d'indisposition

ADOPTÉ OFFICIELLEMENT POUR LES ÉCOLES DE LA VILLE DE PARIS

Prix du tableau, sur beau carton, imprimé en deux couleurs, monté sur baguettes, pour suspendre . . . . 1 fr. 25

RENNES, ALPH. LE ROY, IMPRIMEUR BREVETÉ.

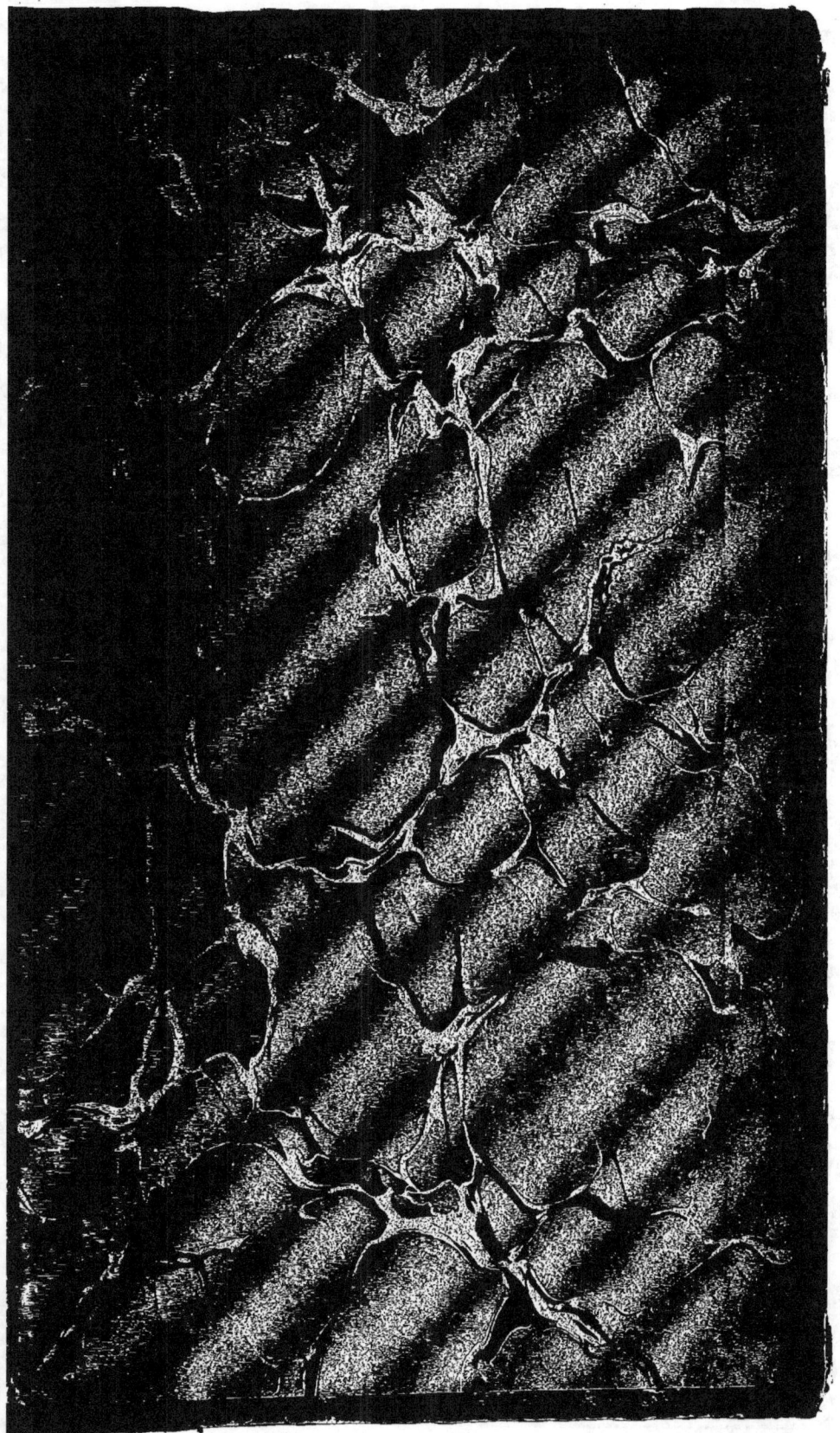

www.ingramcontent.com/pod-product-compliance
Lightning Source LLC
Chambersburg PA
CBHW071149230426
43668CB00009B/888